CONTROLE DE CONCENTRAÇÕES DE EMPRESAS

Estudo da experiência comunitária e a aplicação do artigo 54 da Lei 8.884/94

Maria Cecília Andrade

EDITORA SINGULAR

CATÁLOGO NA FONTE DO
DEPARTAMENTO NACIONAL DO LIVRO

A553c

Andrade, Maria Cecília Controle de concentrações de empresas: estudo da experiência comunitária e a aplicação do artigo 54 da lei nº 8.884/94/ Maria Cecília Andrade. - São Paulo: Singular, 2002. 484p.; 21cm

ISBN: 85-86626-07-4 1.

Concorrência - Brasil. 2. Investimentos - Brasil.
3. Empresas - Fusão e incorporação - Brasil.

CDD: 338.60480981

Diagramação e capa: Karen Fornari

Rua José Nóbrega Barbosa n.º 100
CEP 02336-090
Tel/Fax : (11) 3862-1242
www.editorasingular.com.br
singular@editorasingular.com.br

Impresso no Brasil (08 - 2002) Gráfica Phalas Athena

Aos meus pais,
que norteiam e iluminam
todos os passos da minha vida

SUMÁRIO

ABREVIATURAS UTILIZADAS 9
AGRADECIMENTOS 11
APRESENTAÇÃO 13
Introdução 15
1. Delimitação do objeto do estudo. Apresentação do plano de trabalho 15
2. Concentrações de empresas: noções relevantes 25
2.1 Algumas notas introdutórias 25
2.2 Fatores determinantes que levam as empresas a se concentrar 29
2.3 Da necessidade do controle 36
2.4 Do auxílio das ciências econômicas 37
3. Política econômica da concorrência: a evolução do controle de concentrações de empresas nas diversas comunidades jurídicas 39
3.1 Diretrizes básicas do que se entende por política econômica da concorrência 39
3.2 A Comunidade Européia: do Memorando da Comissão Européia de 1.º de dezembro de 1965 até o Regulamento do Conselho 4.064/89 47
3.3 A evolução brasileira: de crime contra a economia popular à garantia do exercício da livre concorrência 59

Capítulo 1. A experiência comunitária 75
1.1 O controle de concentrações de empresas fundado nos Tratados: breve enunciado 75
1.1.1 Sob a vigência do Tratado da Comunidade Européia do Carvão e do Aço 75
1.1.2 Na vigência do Tratado da Comunidade Européia 84
1.2 O controle de concentração de empresas sob a vigência do Regulamento (CE) 4.064/89 130
1.2.1 Definição de operação de concentração no Regulamento (CE) 4.064/89 130
1.2.2 Da dimensão comunitária da operação 145
1.2.3 Da exclusividade da aplicação do regulamento às concentrações de dimensão comunitária e a cooperação com os Estados-membros. Derrogações ao princípio do balcão ou interlocutor único 157
1.2.4 Da obrigatoriedade da notificação prévia: alguns aspectos processuais 178
1.2.5. Procedimento de investigação: análise preliminar 190
1.2.6 Análise da operação notificada que suscitou "sérias dúvidas" de compatibilidade com o mercado comum 194
1.2.7 Dos poderes de investigação da Comissão 205

1.2.8 Garantias processuais das partes 210
1.2.9 A determinação do mercado relevante do serviço ou do produto e do mercado geográfico: algumas diretrizes 219
1.2.10 Critérios de apreciação das operações de concentração 232
1.2.11 Efeitos extraterritoriais. A cooperação internacional: uma solução? 287
1.2.12 Aplicação residual dos artigos 81 e 82 às operações de concentração 294

Capítulo 2 – O Controle dos Atos de Concentração no Brasil 299
2.1 Da aplicabilidade da Lei 8.884/94 299
2.1.1 Delimitação do âmbito territorial 300
2.1.2 Delimitação das competências do CADE, SDE e SEAE 304
2.2 Da natureza contraditória do controle: preventivo *versus a posteriori* 309
2.2.1 Da possibilidade de consulta e dos seus efeitos 313
2.3 Atos sujeitos ao regime de notificação 317
2.3.1 A concentração econômica 317
2.3.2 Da obrigatoriedade de notificação dos atos de concentração 319
2.3.3 Derrogações? As controvérsias acerca dos atos de concentração no setor financeiro e as agências reguladoras 332
2.4. Fase instrutória 342
2.4.1 Da apresentação do ato de concentração e suas formalidades 342
2.4.2 Poderes de investigação: CADE, SDE e SEAE 352
2.4.3 Garantias processuais das partes 356
2.5. Da análise do ato de concentração 364
2.5.1 Alguns aspectos econômicos relevantes 364
2.5.2 Realização do balanço econômico: preenchimento das condições de eficiência econômica do § 1.º do artigo 54 374
2.5.3 Derrogações ao § 1.º do artigo 54 384
2.6 Fase decisória. Tipos de decisões 385
2.6.1 Autorização por decurso de prazo 386
2.6.2 Autorização: em razão de ausência de prejuízos à livre concorrência ou não-formação de posição dominante 388
2.6.3 Tratamento das restrições acessórias 390
2.6.4 Autorização mediante a assinatura de Compromisso de Desempenho 394
2.6.5 Não-aprovação da operação: efeitos 403
2.7 Da possibilidade de revisão da decisão de autorização de um ato de concentração 408
2.8 Da possibilidade de reapreciação de uma decisão de não-aprovação 413
2.9 Controle pelo Poder Judiciário. Limites? 415

Capítulo 3 – Controle de Concentrações de Empresas no Mercosul 419
3.1 O controle da concorrência no Mercosul: algumas questões institucionais prévias 419
3.1.1 Origem do Mercosul e algumas questões institucionais prévias 419
3.1.2 O processo evolutivo do controle da concorrência 424
3.1.3 Protocolo de Defesa da Concorrência do Mercosul (Protocolo de Fortaleza) 428
3.1.4 Perspectivas para a instituição de um controle de concentrações de empresas no Mercosul 431
BIBLIOGRAFIA 437
DOUTRINA – LIVROS 437
DOUTRINA – ARTIGOS 444

ABREVIATURAS UTILIZADAS

Ac. – acórdão
A.C. – ato de concentração
ALAC – Associação Latino-americana de Livre Comércio
ALADI – Associação Latino-americana de Integração
APFCLI – Annual Proceedings of the Fordham Corporate Law Institut
apud – segundo tal autor
ArqMinJustiça – Arquivos do Ministério da Justiça
BILA – Boletim de Integração Latino-Americana
CADE – Conselho Administrativo de Defesa Econômica
CCE – Comissão das Comunidades Européias
CDE – Cahiers de Droit Européen
CE – Comunidade Européia
CECA – Comunidade Européia do Carvão e do Aço
Cf. – confirmar
CF – Constituição da República Federativa do Brasil
CMC – Conselho do Mercado Comum
CMLR – Common Market Law Review
Col.- Coletânea de Jurisprudência do Tribunal das Comunidades Européias
CPN – Competition Policy Newsletter
DOU – Diário Oficial da União
ECLR – European Competition Law Review
ed. – edição
EEA – European Economic Area
EEE – Espaço Econômico Europeu
EFTA – European Free Trade Agreement
Européias
GATT – Acordo Geral sobre Tarifas Aduaneiras e Comércio
GJCEC – Gaceta Jurídica de la CE y de la Competencia
GMC – Grupo do Mercado Comum
ICLQ – International and Comparative Law Quarterly
IRCL – International Review of Competition Law
IRELA – Instituto de Relaciones Europeo-Latino Americanas
JOCE – Jornal Oficial das Comunidades Européias
MERCOSUL – Mercado Comum do Cone Sul
NAFTA – Acordo de Livre Comércio da América do Norte
OPA – Oferta Pública de Aquisição
op. cit. – obra citada
p. – página
PFort – Protocolo de Fortaleza
POP – Protocolo de Ouro Preto

Proc. – Processo
RAE – Revue des Affaires Européennes
RAI – Revue des Affaires Internationales
RBCC – Revista Brasileira de Ciências Criminais
RCDIP – Revue Critique de Droit International Privé
RDA – Revista de Direito Administrativo
RDE – Revista de Direito Econômico
RDMIEF – Revista de Direito Mercantil, Industrial, Econômico e Financeiro
REJJF – Revista de Estudos Judiciários da Justiça Federal
RevAdm – Revista de Direito Administrativo
RevIBRAC – Revista do Instituto Brasileiros das Relações de Concorrência e Consumo
RevMercosul – Revista do Mercosul
RF – Revista Forense
RIDE – Revue Internationale de Droit Economique
RIE – Revista de Instituciones Europeas
RJC– Recueil de la Jurisprudence de la Cour
RMC – Revue du Marché Commun
RT – Revista dos Tribunais
RTDE – Revue Trimestrielle de Droit Européenn
SAM – Secretaria Administrativa do Mercosul
SDE – Secretaria de Direito Econômico
TJCE – Tribunal de Justiça das Comunidades Européias
TPI – Tribunal de Primeira Instância
Tratado CE – Tratado da Comunidade Européia
V. – Veja
v. – volume

AGRADECIMENTOS

O livro que agora se apresenta corresponde à dissertação apresentada em novembro de 1999 no Mestrado em Ciências Jurídico-empresariais na Faculdade de Direito da Universidade de Coimbra, em Portugal, e defendida em 22 de julho de 2000.

A demora para a sua publicação decorreu das discussões que se iniciaram em meados de 2000 acerca da possível reforma da Lei 8.884/94 e da criação da Agência Nacional de Defesa da Concorrência. Todavia, como esse debate encontra-se, no momento, suspenso, resolveu-se pela imediata edição do trabalho, não sem antes proceder a uma atualização da doutrina, legislação e jurisprudência no Brasil e na Europa.

Agradeço, inicialmente, a paciência e incentivo do meu orientador, o Dr. Jorge Manuel Coutinho de Abreu, professor de Direito das Empresas da Faculdade de Direito da Universidade de Coimbra, durante os dois anos em que estive em Portugal me dedicando a esse projeto.

Agradeço ao Prof. Dr. Rui de Moura Ramos, Juiz do Tribunal de Primeira Instância das Comunidades Européias em Luxemburgo, pela gentileza de me proporcionar uma estadia no referido tribunal, ensejo especial para concluir a pesquisa para a elaboração da dissertação e, pela primeira vez, ter um contato direto com a prática do direito comunitário, em especial, o direito da concorrência.

Gratidão especial ao Juan Antonio Rivière, Conselheiro da Direção-Geral da Concorrência da Comissão Européia em Bruxelas, com quem tive a oportunidade de trabalhar durante oito meses, e que tem sido, desde então, um grande amigo e incentivador constante da minha carreira.

Agradeço ao amigo Miguel França, que conheci na Direção-Geral da Concorrência, que, com muita dedicação e paciência, revisou a minha dissertação antes de ser apresentada à banca examinadora; às amigas Catarina Nunes de Oliveira Carvalho e Ana Isabel Afonso, ambas professoras assistentes na Faculdade de Direito da Universidade Católica do Porto, por todo o incentivo e amizade durante os dois anos em que estive em Portugal, ao Nuno Dias, pelo companheirismo não apenas nos momentos festivos, mas também nos mais difíceis. Finalmente, aos meus colegas do Pinheiro Neto Advogados, Ubiratan Mattos e Leonardo Peres Rocha e Silva, que reviram cuidadosamente o texto após a atualização feita em 2002.

APRESENTAÇÃO

Es para mí un gran honor y mucha satisfacción iniciar la presentación de este libro de María Cecilia Andrade relativo a la política de competencia aplicada en su vertiente más dinámica que es las concentraciones de empresas. La visión triangular entre Brasil, el Mercosul y la Unión Europea le permite explicar acertadamente que se trata de un tema central de gran importancia para la política de competencia en Brasil, la futura acción a nivel del Mercosul y de las relaciones económicas cada vez más importantes con la Unión Europea. María Cecilia ha acertado en ver que el tratamiento reglamentario de las operaciones de concentraciones tiene implicaciones para el desarrollo económico y el institucional.

El desarrollo de la doctrina mediante las decisiones de las autoridades de competencia pone en evidencia como se aplica la ley, y también pone en evidencia sus defectos, inconvenientes y posibilidades de mejora o evolución. Es con este espíritu de análisis jurídico que se puede ir logrando transparencia y seguridad jurídica. La tesis de María Cecilia aporta con su reflexión la urgencia de perseguir las mejores soluciones para cada uno en su momento. Brasil se sitúa a dos niveles de responsabilidad en la política de competencia ya que por su posición y dimensión tiene además que animar el proceso del Mercosul como grupo de países llamados a integrarse económicamente.

La política de competencia no puede imponerse sino que debe nacer y crecer con el ritmo del propio país para hacerlo mejor gobernable. Se trata de un esfuerzo constante.

Es además una gran satisfacción para mí haber podido conocer à María Cecilia, después de su iniciativa de ir a la Universidad de Coimbra, cuando estuvo colaborando conmigo durante casi un año en la Dirección General de la Competencia de la Comisión Europea. Durante este tiempo pude apreciar sus cualidades profesionales y a ella le permitió consolidar su visión de la practica de la política de competencia en la Comisión Europea. Sus cualidades como abogada quedan reflejadas en la ponderación y claridad del análisis del tema bastante complejo de las operaciones de concentración. Estoy seguro que tiene por delante una brillante vida profesional y académica.

Juan Antonio Rivière

Introdução

1. Delimitação do objeto do estudo. Apresentação do plano de trabalho

O objetivo desta dissertação foi proceder a um estudo sobre o controle de concentrações de empresas, a fim de demonstrar a importância da experiência européia para o Brasil e para o Mercosul. Para tanto, revela-se indispensável a realização de uma breve regressão histórica[1]-[2] para a sua correta compreensão[3] dentro do contexto atual dos ordenamentos jurídicos comunitário e sul-americano.

---

1 Verificar, portanto, na *perspectiva histórica*, a partir de que momento se iniciou a preocupação com os efeitos do fenômeno das concentrações de empresas e a sua necessidade de regulamentação. No entanto, não se irá fazer uma investigação histórica, sociológica ou política das doutrinas econômicas. Buscou-se apenas compreender o fenômeno da concorrência e até que ponto esta pode ser objeto de políticas condutoras de mercado. Evidentemente que este estudo tem como foco de atenção o controle de concentrações de empresas, e é sob esse ângulo que este fenômeno é analisado. A questão que se coloca, contudo, é saber até onde existe uma influência no guião condutor do mercado. Dito de outro modo: a política da concorrência escolhida pode ter influência sobre a criação (pelo poder legitimado para tanto) e sobre a interpretação (tanto do órgão da esfera administrativa como dos tribunais) das normas de defesa da concorrência?

2 Segundo Leopoldino da Fonseca, *Direito econômico*, p. 6, as relações jurídicas variam segundo os lugares, a cultura e a época e, por isso, "o Direito se desgarra de um pressuposto ideológico de chegada ao ápice, para se voltar a um fundamento também ideológico de partida para o futuro. A norma jurídica deixa de ser a consagração da perfeição, para se transformar num instrumento para alcançar-se o bem-estar cada vez maior e sempre perfectível do desenvolvimento econômico".

3 Outros temas do direito da concorrência, como os acordos restritivos da concorrência (por exemplo relativos a preços, à produção, à distribuição, ao desenvolvimento técnico, ao fornecimento, práticas discriminatórias), o abuso de posição dominante, as empresas comuns, os grupos de empresas, os auxílios estatais, a liberalização de mercados, as empresas públicas, apesar de também serem importantes, não constituíram objeto da investigação. Por outro lado, não se deve esquecer, que em face do dinamismo dos mercados,

O tema escolhido envolve uma série de critérios e conceitos que ultrapassam o universo exclusivamente jurídico, sendo portanto inevitável o surgimento de dúvidas e dificuldades. A esses problemas somaram-se ainda a imensa bibliografia a ser lida e o tempo exíguo para a conclusão da tese. Posso, entretanto, afirmar que, como resultado do período dedicado à dissertação, o meu amadurecimento profissional foi significativo, e certamente esse primeiro passo será de extrema importância na longa jornada que ainda irei enfrentar.

Após essa investigação, pôde-se concluir que a política da concorrência não possui um conceito estático. O seu significado sofreu alterações no decurso do tempo e, dependendo dos valores a serem defendidos num determinado contexto histórico, social e econômico, o objetivo buscado pela "política da concorrência" estará em constante mutação[4], provocada pela opção por uma economia de mercado e pela livre iniciativa. Parece ser esse o reflexo da globalização dos mercados. Assim, os fins pretendidos pelas normas da concorrência e a sua interpretação, tanto pelos tribunais como pelos órgãos do Estado encarregados da fiscalização e do controle do mercado, estarão, também, continuamente se modificando.[5] Não obstante, isso não significa que seja um processo aleatório ou sem direcionamento; pelo contrário, a política de defesa da

---

as práticas empresariais constituem fenômenos dinâmicos, em que freqüentemente uma prática analisada nunca vem sozinha. Dessa forma, qualquer referência que se venha fazer a esses conceitos será apenas pela sua estreita conexão com a operação de concentração objeto de exame, sem que signifique um compromisso maior em explorá-los em detalhes.

4 Nesse sentido ver Giorgio Bernini, *As regras da concorrência*, p. 347.

5 Apenas a título de *esclarecimento prévio*, segundo M. Waelbroeck, A. Frignani, *Trente-cinq années de politique communautaire de la concurrence*, p. 5-6, os Relatórios sobre Política da Concorrência da Comissão Européia são indicados como uma das fontes do direito comunitário da concorrência, ao lado dos tratados, dos regulamentos, das diretivas, da prática da Comissão e da jurisprudência do Tribunal de Justiça e do Tribunal de Primeira Instância. Os relatórios estão indicados dentro da prática da Comissão, com as decisões, as comunicações, as respostas às questões escritas dos membros do Parlamento Europeu e a publicação da *Competition Policy Newsletter*. Acrescentam ainda que, por meio dos relatórios, a Comissão Européia torna pública a sua opinião sobre questões da atualidade, apresenta resumos de

concorrência integra hoje o conjunto das políticas de desenvolvimento de qualquer Estado moderno e a sua aplicabilidade é considerada critério de atração para a iniciativa privada.[6]

A defesa da concorrência assume, portanto, uma natureza nitidamente instrumental, regulando os mercados, os operadores econômicos e até os Estados soberanos. Miguel Gorjão-Henriques afirma com muita precisão que, "reflectindo a consciência de que o domínio temático onde pretendemos intervir é particularmente atreito a pré-compreensões *ideológicas* e a concepções sistémicas e sociais, como o demonstra toda a evolução do pensamento económico, levando a que o rigor que se propugna ver transcrito nas normas tenda a ser inversamente proporcional ao grau de confiança que se atribua ao funcionamento do mercado. Não é possível uma perspectiva individual *neutra*, no sentido estrito da

---

acórdãos dos tribunais e das suas próprias decisões de maior relevância. Assim, citamos o prefácio do Relatório de Política da Concorrência de 1997, que trata dessa "evolução" dos fins buscados pela concorrência ao enunciar ser dispensável entrar em pormenores acerca dos objetivos "tradicionais" que a Comissão procura por meio da política da concorrência e passa a considerar os *três* principais propósitos a serem *igualmente* perseguidos: o *primeiro*, os efeitos da efetivação da União Econômica e Monetária; *segundo*, a cooperação com a política a favor do emprego; e *terceiro*, o alargamento da União com a adesão dos países oriundos da Europa Central e Oriental.

6 Para Gesner de Oliveira apud Paula Forgioni, *Os fundamentos do antitruste*, p. 12-13, os *três fatores* que se destacam no campo da *concorrência internacional* são os seguintes: a formação de blocos sub-regionais; o processo de desestatização, desregulamentação e re-regulamentação e a função objetiva do investidor global. Ressalta ainda que "as empresas globais, ao elaborarem suas estratégias de investimento, privilegiam mercados com regras transparentes e harmonizadas. Enganam-se aqueles que supõem que regras mais lenientes em matéria antitruste serviriam como fator de atração para o capital globalizado. Os agentes sabem que aquilo que hoje constitui uma facilidade amanhã poderá se tornar expediente de práticas anticompetitivas por empresas rivais. Neste sentido, a ausência de regras claras e conhecidas de defesa da concorrência não constitui fator de atração, mas, pelo contrário, representa fator inibidor ao investimento estrangeiro. Países sem sistemas modernos e eficientes de defesa da concorrência tenderão a se marginalizar, tornando-se mercados de segunda categoria, desconectados da economia global".

palavra, nem mesmo uma análise que se 'reduza' a uma juridicidade puramente tecnicizada (não há direito despido da referência a valores, ideias e interesses). Não é por isso igual defender que o direito da concorrência visa realizar a eficiência económica, a protecção da economia interna, a limitação do poder económico das empresas ou a defesa dos interesses de certas classes de pessoas ou tipos de estruturas. E isso não será nunca esquecido nem subalternizado, na certeza de que não será igualmente objecto de um qualquer '*intolerantismo*'".[7]

O tema "concentrações de empresas" levanta diversas possibilidades de análise, partindo dos instrumentos jurídicos para a sua concretização, dos motivos que levam uma sociedade a preocupar-se com essas operações ou ainda dos efeitos que causa em outros ramos do direito (por exemplo no direito comercial, no direito do trabalho, no direito tributário ou no direito do consumidor). Esses aspectos, apesar da indiscutível importância, fogem ao propósito do presente estudo. Destaque-se apenas que o ponto de partida para a análise foi o direito da concorrência, fundando-se na premissa de que o mesmo é acima de tudo um direito instrumental para a realização de políticas públicas.[8]

O foco deste trabalho partiu do seguinte ponto: *o controle de concentrações de empresas* em relação à estrutura concorrencial do mercado, no âmbito dos ordenamentos jurídicos comunitário, brasileiro e, por último, refletindo sobre uma eventual alternativa a ser adotada pelo Mercosul.

Ressalte-se que a perspectiva que se busca é a *jurídica*, mesmo sabendo que, na maioria dos casos, as soluções ou as tentativas de compreensão do tema passam por análises econômicas[9] e até mesmo políticas. O estudo do controle de concentrações de empresas encontra-

---

7 Cf. Miguel M. T. F. Gorjão-Henriques da Cunha, *Da restrição da concorrência na Comunidade Europeia:* a franquia de distribuição, p. 22-23.

8 Cf. Paula Forgioni, op. cit., p. 171.

9 Paula Forgioni, op. cit., p. 154, ao comentar a grande discussão entre a Escola de Harvard e a Escola de Chicago e os "eventuais" benefícios alcançados por cada uma das orientações, conclui que "antitruste não significa apenas eficiência econômica" e que "as críticas que são lançadas à Escola de Chicago não significam que a teoria econômica seja inútil para a análise do antitruste. *'Although it does not provide to the law a single, glorious goal, it distinctly*

se inserido no grande leque de temas inerentes ao direito da concorrência.[10]-[11] A preocupação acerca do seu controle objetivando a preservação da estrutura concorrencial do mercado e a tutela do consumidor

---

has it uses.' A ciência econômica explicará muitos dos fenômenos que devem ser regulamentados pela Lei Antitruste, de sorte que, na medida em que explica a realidade, é um poderoso instrumental na mão do jurista".

10 Esta tutela da concorrência não se confunde com a repressão da *concorrência desleal*. Quando se fala em *concorrência desleal*, segundo A. Xavier, Subsídios para uma lei de defesa da concorrência, p. 14, o que se busca é "prevenir os casos em que o comportamento dos sujeitos económicos ofende as regras ainda que usuais, da moralidade e lealdade da concorrência". Completam ainda A. Carlos Santos, M. Gonçalves, M. Leitão Marques, *Direito económico*, p. 357-358: "abrange todo acto ou omissão, não conforme aos princípios da honestidade e da boa fé em comércio, susceptível de causar prejuízo à empresa de um concorrente, pela usurpação total ou parcial de sua clientela". Já a *legislação de defesa da concorrência*, segundo os últimos autores, op. cit., p. 358-359, consiste no "conjunto de leis que tem em vista a protecção do mercado contra restrições à concorrência imputáveis, quer a comportamentos isolados dos sujeitos económicos, quer a comportamentos coligados de grupos de empresas, independentemente da sua forma jurídica, quer ainda ao exercício abusivo de posições de domínio por parte de uma empresa ou empresas preponderantes no mercado e, bem assim, o controle das operações de concentração". Também neste sentido J. Thiesing, H. Schröter, I. Hochbaum, *Les Ententes et les Positions Dominates dans le Droit de la C.E.E. – Commentaire des Articles 85 à 90 du Traité C.E.E. et de Leurs Textes D'application* (Adapté de l'allemand par Raymond Dumey), p. 6, ao explicarem que as regras da concorrência aplicáveis às empresas são disposições do direito das *ententes,* que visavam proteger a liberdade da concorrência e, nomeadamente, evitar que esta não fosse falseada, e por isso diferiam das regras do direito da concorrência que objetivavam resguardar as empresas contra os métodos de concorrência desleal dos competidores. As disposições repressoras à concorrência desleal encontravam-se no ordenamento jurídico interno de cada Estado-membro. Advertiam os autores, entretanto, que a distinção conceptual que existia entre as duas matérias jurídicas não excluía a hipótese de que uma medida considerada ilegal na perspectiva do "direito das *ententes*" não pudesse ser ao mesmo tempo desleal contra um concorrente, sendo a situação inversa também verdadeira. Dão como exemplo o boicote, que seria uma prática incompatível com as exigências de uma concorrência leal e que poderia vir a corresponder no

adquiriu grande relevo no final do século passado, especialmente nos Estados Unidos.[12]

No continente europeu, o tema somente assumiu real e significativo destaque no final da década de 50, com a criação do mercado comum. A política da concorrência passa a ser, nessa época, de vital importância, pois foi um dos instrumentos utilizados para evitar que as barreiras que se pretendiam derrubar não fossem reerguidas pela prática de atos anticoncorrenciais. Na década de 60, passou a desempenhar um papel de defesa política e econômica, como uma reação ao poderio das grandes indústrias norte-americanas e, ao mesmo tempo, como um meio de fortalecimento das indústrias européias destruídas durante a 2.ª Guerra Mundial. Naquele período, verifica-se que a tese dominante foi no sentido da adoção de políticas estimulando as concentrações entre empresas européias. No que se refere à *regulação da estrutura*, existia a preocupação do controle no âmbito comunitário, mas a necessidade de

---

"direito das *ententes*" a uma prática que poderia vir a ser enquadrada como um acordo ou um abuso de posição dominante. No Brasil, Fábio Konder Comparato, Concorrência desleal, p. 33-34, inclui o direito de defesa da concorrência entre o que ele denomina *atos coletivos de concorrência desleal*. Afastando do campo de aplicação da lei de defesa da concorrência a concorrência desleal, J. Franceschini, Disciplina jurídica do abuso de poder econômico, p. 262, e mais recentemente, em Introdução ao direito da concorrência, p. 233.

11 Corroborando o entendimento de que o direito da concorrência encontra-se inserido no direito econômico, ver Isabel Vaz, op. cit., p. 11. Para a autora: "as identidades entre o regime jurídico da concorrência e o Direito Econômico manifestam-se ainda pela necessidade de conciliar princípios gerais e abstratos de Direito como requisito da segurança jurídica, em um campo onde a mobilidade dos fenômenos econômicos constitui a regra. E esta conciliação entre princípios gerais e segurança jurídica só se torna possível através da edição e da efetivação de medidas de política econômica, segundo as lições do Direito Comunitário da concorrência".

12 A doutrina, em geral, indica que, apesar de o direito antitruste moderno ter suas raízes na Inglaterra, ele veio efetivamente a se desenvolver nos Estados Unidos. Para um estudo acerca do direito antitruste norte-americano, consultar, por exemplo, William Letwin, *Law and economic policy in America – The evolution of the Sherman Antitrust Act* e Herbert Hovenkamp, *Federal antitrust policy*.

desenvolvimento e consolidação do mercado comum era maior. Assim, apesar do Tratado de Roma de 1957 trazer normas específicas acerca da defesa da concorrência (artigos 85 a 90 – atuais artigos 81 a 85),[13] não trata especificamente das concentrações de empresas, o que foi objeto de controvérsia durante um certo tempo, como será melhor examinado no decorrer deste trabalho. O Tratado da Comunidade Européia do Carvão e do Aço, por sua vez, por *razões de ordem política e econômica*,[14] determina a *autorização prévia* para qualquer ato direto ou indireto que resulte numa concentração de empresas, que implique o controle, sob qualquer forma manifestado (artigo 66). A regulamentação do controle de concentrações de empresas em outros setores da economia da Comunidade Européia ocorreu apenas em 1989, com a publicação do Regulamento (CE) 4.064.[15]

No Brasil, o primeiro diploma legal a referir-se às *concentrações de empresas* foi o Decreto-lei 869, de 18.11.1938, que regulamentou o artigo 141 da Constituição Federal de 1934, com o escopo de *proteção da economia popular* e não a defesa da concorrência.[16] Aliás, a defesa da concorrência é uma noção relativamente recente no ordenamento jurídico brasileiro. Desde já pode-se afirmar que os pressupostos sob os quais a lei brasileira e o regulamento comunitário se

---

13 A numeração de vários artigos do Tratado CE mencionados foi alterada, em razão da entrada em vigor do Tratado de Amsterdan em 1.º de maio de 1999. Adotou-se *o sistema uniforme de citação* introduzido pelo Tribunal de Justiça e Tribunal de Primeira Instância pela Nota Informativa publicada no *JOCE* 246/1, de 28.8.1999. Nos demais trechos do trabalho, adotou-se a nova numeração.

14 Cf. Sofia Pais, *O controlo das concentrações de empresas no direito comunitário da concorrência*, p. 17.

15 Regulamento (CE) do Conselho 4.064, de 21.12.1989, publicado no *JOCE* L 257, de 21.9.1990, p.13, alterado pelo Regulamento (CE) 1.310/97 do Conselho, de 30.6.1997, publicado no *JOCE* L 180, de 9.07.1997, p. 1.

16 Segundo o artigo 2.º, inciso III, do Decreto-lei 869, de 18.11.1938, consiste *crime contra a economia popular* promover ou participar de consórcio, convênio, ajuste, aliança ou fusão de capitais, com o fim de impedir ou dificultar, para o efeito de aumento arbitrário de lucros, a concorrência em matéria de produção, transporte ou comércio. Esse dispositivo legal previa uma pena de dois a dez anos de prisão e ainda o pagamento de uma multa.

fundaram foram diversos, o que entretanto não impede que se faça uma aproximação entre as duas legislações.

E qual a importância do presente tema? Tratando-se de controle de concentrações de empresas e, especialmente, controle *prévio*, o órgão encarregado de tal propósito, ao agir de maneira antecipada, determina como o mercado deverá ficar estruturalmente organizado, garantindo a manutenção da concorrência efetiva, ou qualquer outro objetivo que tenha sido eleito pela política da concorrência daquele ordenamento jurídico. Esse órgão atua sobre o grau de concentração do mercado como um regulador, ou, em outras palavras, como um verdadeiro *maestro do mercado*. Dessa forma, é importante conhecer os limites de intervenção desse órgão, como esse controle poderá ser realizado, quais os critérios que deverão ser utilizados e a relevância de cada um, até que ponto terceiros (consumidores, trabalhadores, outras empresas) poderão intervir numa operação, garantias processuais das partes etc.

Não obstante, o propósito deste estudo é modesto, pois restringe-se à realização de uma análise *jurídica*[17] do controle de concentrações de empresas, do seu significado para a defesa da concorrência e a manutenção das garantias constitucionais no Brasil.[18] Para isso foram

---

17 Eros Grau, *A ordem econômica na Constituição de 1988 (interpretação e crítica)*, p. 20, comenta que "o Direito não é simples representação da realidade social, externa a ela, mas sim um nível funcional do todo social. Assim, enquanto nível da própria realidade, é elemento constitutivo do modo de produção social. Logo, no modo da produção capitalista, tal qual em qualquer outro modo de produção, o Direito atua também como instrumento de mudança social, interagindo em relação a todos os demais níveis – ou estruturas regionais – da estrutura social global. Visto assim, o Direito não há de ser concebido exclusivamente como produto das relações econômicas, externo a elas, ou apenas como ideologia que oculta a natureza real das relações de produção, ou ainda, tão-somente como expressão da vontade da classe dominante e meio de dominação. Nível de um todo complexo – a estrutura social global – o Direito se compõe e resulta da sua própria interação com os demais níveis desse todo complexo. Por certo que as relações de produção capitalista não poderiam existir, nem reproduzir-se, sem forma do Direito a instituir as condições que conferem fluência à circulação mercantil".

18 V. artigo 170, incisos IV e V, da Constituição da República Federativa do Brasil de 1988: a manutenção da ordem econômica fundada na valorização

buscados os elementos e alicerces no direito comunitário europeu, mas não de uma maneira limitativa, pois o Brasil e a Comunidade Européia possuem realidades jurídicas, econômicas e sociais diversas e, por conseguinte, nem sempre as soluções encontradas num ordenamento jurídico são válidas para o outro.[19] De outro lado, não se deve esquecer que o recurso ao direito comparado, se bem utilizado, poderá ser um importante instrumento para a interpretação e avaliação de problemas que inevitavelmente irão surgir.[20]

O presente trabalho encontra-se assim estruturado: uma introdução e três capítulos. A introdução foi dedicada aos fundamentos básicos do controle das concentrações de empresas, a sua evolução histórica e os motivos das opções políticas dos ordenamentos jurídicos estudados. Adiante-se que, sob o ângulo analisado, a forma como as concentrações de empresas ocorrem não possui grande relevância, mas apenas os efeitos reais e potenciais que esse "agrupamento" pode vir a causar à concorrência. Em outras palavras, buscou-se delimitar as razões que levaram ao estabelecimento do controle do processo de concentrações de empresas.

No primeiro capítulo será tratada a experiência européia sob a perspectiva dos Tratados da Comunidade do Carvão e do Aço e da Comunidade Européia. Será efetuada uma investigação das principais decisões e jurisprudência relevantes e, ainda, a sua adequação ao modelo político escolhido. Nesse período, o fato mais importante é como a

---

do trabalho humano e na livre iniciativa, observando especialmente os princípios da livre concorrência.

19 Sobre as dificuldades em se fazer um estudo de direito comparado entre a Comunidade Européia e o Mercosul ver Paulo Casella, A comparative approach to competition law in the European Communities and the Mercosul, p.16-20.

20 Segundo Paula Forgioni, op. cit., p. 124:"essa análise técnica das discussões que se travaram, longe de se constituir mero exercício acadêmico, é válida para verificarmos que alguns dos problemas derivados do texto legal da Lei Antitruste e sua interpretação foram superados pela própria evolução legislativa brasileira, fruto da meditação sobre nossa realidade e não mera transposição de institutos alienígenas. Erros e acertos já foram cometidos e não podemos prescindir de seu estudo, sob pena de impossibilitar-se a correta inserção do antitruste no atual contexto brasileiro".

Comissão Européia, órgão determinador da política da concorrência no seio da Comunidade, tentou "driblar" a ausência de um regulamento próprio para o controle de concentrações de empresas e, ao mesmo tempo, pressionou os Estados-membros para que chegassem a um consenso sobre a matéria.

Em seguida, será analisado o Regulamento (CE) 4.064/89, as suas principais disposições e conceitos, os procedimentos de execução, assim como as primordiais decisões da Comissão e os acórdãos do Tribunal de Justiça e do Tribunal de Primeira Instância.

No segundo capítulo será estudada a experiência brasileira, em especial aquela que resulta da aplicação do artigo 54 da Lei 8.884, de 11.6.1994.[21] Além da análise legal, far-se-á uma aproximação entre a prática decisória do Conselho Administrativo de Defesa Econômica (CADE) e a experiência comunitária.

Por último, no terceiro capítulo, uma rápida reflexão sobre o Mercosul e o Protocolo de Defesa da Concorrência (Protocolo de Fortaleza), com o propósito de demonstrar a importância da aplicação das regras da concorrência para a consolidação do mercado comum objetivado.

Inicialmente, o projeto da presente dissertação comportava um último capítulo destinado às conclusões. No entanto, durante a sua maturação e, especialmente, na fase final de sua elaboração, que coincidiu com um estágio na Direção-Geral da Concorrência da Comissão Européia em Bruxelas, compreendi que este é um tema complexo, que se encontra em permanente evolução,[22] e que seria um risco tentar esta-

---

21 Lei de Defesa da Concorrência 8.884, de 11.6.1994, que transforma o Conselho Administrativo de Defesa Econômica – CADE em Autarquia , dispõe sobre a prevenção e repressão às infrações contra a ordem econômica e dá outras providências, publicada no *DOU*, Brasília, de 13.6.1994.

22 Como as recentes alterações introduzidas pelo Regulamento 1310/97, as propostas de reforma da aplicação dos artigos 81 e 82 do Tratado CE, o tratamento dos acordos horizontais, as novas comunicações orientadoras propostas para o tratamento das restrições acessórias e compromissos nas operações de concentração de empresas, ou ainda do tratamento simplificado de determinados tipos de operações, em 2001, o Livro Verde relativo à revisão do Regulamento (CE) 4.064/89, apresentado pela Comissão Européia em 11 de dezembro.

belecer quaisquer ilações definitivas. Para além disso, como uma aprendiz de jurista,[23] tenho consciência de que uma investigação, um estudo, nunca pode ser encerrada e, portanto, as conclusões nem sempre constituem a forma mais apropriada de se finalizar um trabalho, talvez a mais conformista...

2. Concentrações de empresas: noções relevantes

2.1 Algumas notas introdutórias

Em primeiro lugar, advirta-se que não se pretende aqui exaurir o tema "concentrações de empresas", mas apenas compreender as razões que levam os governos e a sociedade a se preocupar com a acumulação de riquezas/capital[24]-[25], os fatores determinantes que conduzem

---

23 Paulo Cunha, *Lições preliminares de filosofia do direito*, p. 78, ao comentar o brocardo latino, que define a *Justiça* como "Iustitia est constans et perpetua voluntas ius suum cuique tribuendi": "aí está: a Justiça não é um dado *quid* que se vá colher ali (seja no real terreno, seja no céu dos arquétipos), como a justiça do Museu de Nápoles colhe flores no prado primaveril. A justiça nunca está atingida e nunca o será, reclamando por isso o jurista uma perpétua e constante vontade de a concretizar. Com isto se aproxima o trabalho do verdadeiro jurista (modesto e sempre em demanda da Justiça, sempre certo de a não alcançar, mas sem desfalecer numa vontade constante e perpétua), do labor do autêntico amigo da sabedoria, o filósofo, que não se crendo senhor do saber, precisamente vai sempre em demanda da verdade, buscando, embora saiba que a pedra de Sísifo rolará novamente para o sopé da montanha, e haverá que escalar sempre, novamente".

24 Para uma detalhada evolução do movimento antitruste sob uma perspectiva histórica, com particular enfoque na realidade brasileira, ver Paula Forgioni, op. cit., p. 31-135.

25 Para Leopoldino da Fonseca, op. cit., p. 17, a concentração econômica veio ocasionar profundas mudanças no sistema jurídico, mudanças que vêm evidenciar que o antigo molde ideológico sustentado no pressuposto da igualdade e da liberdade de todos não poderia mais ser aceite sem uma acurada análise crítica. Para este, o direito econômico era exatamente o resultado jurídico dessa mudança, pois, por provocação da concentração capitalista, surgia como solução jurídica para salvar a liberdade de concorrência dentro de um quadro em que predominavam os valores sociais.

as empresas a se associar, os instrumentos utilizados para a concretização do ato e, por último, *os efeitos* que esse processo pode desencadear no mercado. Aliás, sob a perspectiva do ordenamento jurídico brasileiro, não se fala necessariamente em concentrações de empresas, mas sim em concentração econômica,[26] dando uma maior relevância à idéia de unidade econômica e ao exercício de uma atividade empresarial.[27]

No que diz respeito ao direito comunitário da concorrência, o conceito[28] de empresa apresenta algumas peculiaridades que o distinguem dos outros ramos do direito. Assume um caráter amplo[29] e o mais elástico possível, para abranger o maior número de situações. Não se

---

26 Segundo Borges da Fonseca, *Direito antitruste e o regime das concentrações empresariais*, p. 84, a idéia de concentração econômica ou empresarial é simples: expressa o aumento de riquezas em poucas mãos.

27 Nesse sentido, ver a posição de Borges da Fonseca, op. cit., p. 51.

28 Um estudo pormenorizado sobre o conceito de empresa pode ser encontrado em Coutinho de Abreu, *Da empresarialidade (As empresas no direito),* que no Capítulo V, trata da possibilidade ou não de se definir empresa num sentido único e inequívoco, e demonstra a sua inviabilidade dando como exemplo o significado que a empresa assume no direito da concorrência, p. 286-287: "no âmbito do direito comunitário da concorrência, são empresas os sujeitos jurídicos que exercem uma actividade económica (ou que estão em condições de exercê-la (empresas potenciais), e têm possibilidade de, em cooperação, restringir a concorrência e afectar as trocas comerciais entre os Estados-membros (cf.artigo 85.º do TCE – actual artigo 81.º), ou a possibilidade de, individual ou colectivamente, explorar de forma abusiva uma posição dominante com afectação do comércio intracomunitário (cf. artigo 86.º – actual artigo 82.º)". Sob a perspectiva exclusiva do direito comunitário, ver S. Poillot-Perizzetto, M. Luby, *Le Droit Communautaire appliqué à l'entreprise*, p. 25-41, e ainda Coutinho de Abreu, L'européanisation du concept d'entreprise, p. 10-29.

29 No entanto, o conceito de empresa em sentido amplo como é reconhecido no direito comunitário esbarra numa *dificuldade:* quando se faz necessário proceder a execução de uma decisão, consoante julgado de 21.12.1988 (PVC/89/190/CEE), p. 14 e ss: "os sujeitos das regras comunitárias da concorrência são empresas, conceito que não se pode confundir com o de personalidade jurídica para efeito de direito nacional. O termo 'empresa' não se encontra definido no Tratado; pode referir-se a qualquer entidade envolvida em actividades comerciais, podendo, no caso de um grande grupo industrial, justificar-se, conforme as circunstâncias, a aplicação de tal termo a uma

deve fazer qualquer analogia ou comparação com as definições encontradas nos ordenamentos jurídicos nacionais (dito dos Estados-membros), pois o que se busca sempre é a prossecução do fim comunitário, qual seja de um regime que garanta que a concorrência não seja falseada no mercado interno.[30]

Não se faz necessária a busca de lucro,[31] nem tampouco que seja dotada a empresa de personalidade jurídica.[32] O que importa apenas

---

sociedade-mãe e ou uma filial ou à unidade económica formada pela sociedade-mãe e pelas filiais. Apesar do conceito de empresa, enquanto sujeito das regras comunitárias da concorrência, não relevar do direito das sociedades, é necessário identificar, para efeitos de execução da decisão, uma entidade que possua personalidade jurídica. Haveria grandes dificuldades relativamente à cobrança de uma coima aplicada em conformidade com o artigo 92.º do Tratado CEE, se a decisão não tivesse como destinatária uma entidade jurídica. É, por conseguinte, normal, no caso de grandes grupos industriais, considerar destinatária da decisão a sociedade de controle do grupo ou a sociedade 'central', apesar de a própria empresa consistir na unidade formada pela sociedade-mãe e pelas suas filiais".

30 Artigo 3.º, alínea *g*, Tratado CE.

31 No Ac. do TPI, de 16.11.1995, Fédération française des sociétés d'assurance/ Ministério da Agricultura e da Pesca, no Proc. C-244/94, num pedido de decisão prejudicial apresentado pelo Conselho de Estado francês sobre a definição de *empresa*, entendeu que "um organismo sem fins lucrativos, que gere um sistema de seguro de velhice destinado a completar um regime de base obrigatório, instituído pela lei a título facultativo e funcionando dentro dos limites das regras definidas pelo poder regulamentar, designadamente no que se refere às condições da adesão, às contribuições e às pretensões, segundo o princípio da capitalização, constitui uma empresa na acepção dos artigos 85.º e segs. do Tratado. Efectivamente, um organismo deste tipo, mesmo que não prossiga uma finalidade lucrativa e mesmo que o regime que gere contenha determinados elementos de solidariedade, limitados e não comparáveis aos que caracterizam os regimes obrigatórios de segurança social, exerce uma actividade económica em concorrência com as companhias de seguro de vida". Os critérios utilizados pelo TPI para chegar a tal conclusão foram, essencialmente, o fato de que a inscrição nesse sistema era facultativa, e as prestações funcionavam de acordo com o princípio da capitalização, além de estar o princípio da solidariedade relativizado e com alcance limitado.

32 Thiesing et al., op. cit., p. 69, acrescentam que todas as pessoas físicas ou morais podem ser empresas, a capacidade jurídica na perspectiva do direito civil não se faz necessária.

é que haja o "exercício de uma atividade econômica de produção ou de intervenção não gratuita nas trocas de mercadorias".[33] Esse conceito decorre das interpretações da Comissão, confirmadas pelo TJCE. Acrescente-se ainda que não se distingue o exercício da atividade pública[34] da atividade privada, nem também a nacionalidade da empresa, ou onde a mesma se encontra localizada.[35]

No Brasil, não se pode falar ainda na construção jurisprudencial de uma concepção de empresa específica no direito da concorrência, pelo fato de este tema não ter sido objeto de controvérsia nos órgãos de defesa da concorrência nacionais.

Apesar de a Lei 8.884/94 não trazer em nenhum dos seus dispositivos um conceito, ao indicar em seu artigo 1.º que tem por objetivo a prevenção e repressão das infrações contra a ordem econômica deixa claro que o elemento determinante para a sua aplicação é o exercício de uma atividade econômica. Esse preceito é devidamente esclarecido pelo artigo 15 ao estabelecer que a lei se aplica às pessoas físicas ou jurídicas de direito público ou privado, bem como a quaisquer associações de entidades ou pessoas,[36] constituídas de fato ou de direito, ainda que

---

33 Cf. J. Campos, op. cit., p. 505.

34 Considerou o TJCE, 6.ª Secção, no Ac. de 23.4.1991, Proc. C-41/90 (Klaus Höfner e Fritz Elser/Comissão), que "um serviço público de emprego que exerça atividades de colocação pode ser considerado empresa para efeitos da aplicação das regras comunitárias da concorrência, dado que, no âmbito do direito da concorrência, este conceito se aplica independentemente do respectivo estatuto jurídico ou o modo de funcionamento (financiamento), a qualquer entidade que exerça uma atividade econômica". Sobre as críticas a este acórdão ver Coutinho de Abreu, op. cit., p. 295-298.

35 Nesse sentido, ver M. Waelbroeck, A. Frignani, *Commetaire J. Mégret – Le Droit de la CE – Concurrence 4*, p. 39.

36 V. Processo Administrativo 61/92, de 14.2.1996 (Federação Nacional de Empresas de Seguros Privados e Capitalização/Associação Médica Brasileira – AMB), em que se discutia a aplicabilidade da lei de defesa da concorrência às associações civis de profissionais liberais, sem fins lucrativos, e decidiu-se que "a legislação de defesa da concorrência busca prevenir e reprimir condutas que afetam a normalidade dos mercados de produtos e serviços, que não sejam regulados por leis especiais. Assim, ressalvadas as isenções legais, qualquer atividade produtiva, com fim lucrativo, seja para a produção de bens ou prestação de serviços, submete-se à legislação de defesa da

temporariamente, com ou sem personalidade jurídica, mesmo que exerçam atividade sob regime de monopólio legal.[37]

2.2 Fatores determinantes que levam as empresas a se concentrar

Ultrapassada essa questão preliminar, poder-se-ia então questionar quais os fatores que levam as empresas a se concentrar, quais os objetivos que estas visam alcançar, em que medida esse tipo de operação poderia ser objeto de controle e, por último, como esse controle se poderia realizar.

Inicialmente, podemos constatar que os modos mediante os quais uma concentração se realiza podem ser encarados sob duas perspectivas: a econômica e a jurídica[38].

---

concorrência, pois é exercida em determinado mercado, na disputa pela preferência do consumidor, a quem deve ser assegurado o direito de, soberanamente, escolher os bens ou serviços de que necessita para satisfazer as suas necessidades, ao preço que lhe convém. Admitir a imunidade das associações e entidades que congregam produtores e vendedores de bens ou prestadores de serviços seria o mesmo que autorizar a institucionalização do cartel, que, na grande maioria das vezes, se utiliza daquelas instituições para facilitar as suas ações, dando-lhes aparência legal".

37 O Protocolo de Fortaleza no Mercosul repete esta mesma fórmula, ao dispor em seu artigo 1.º que as suas regras aplicam-se aos atos praticados por pessoas físicas ou jurídicas de direito público ou privado, ou outras entidades que tenham por objeto produzir ou que produzam efeitos sobre a concorrência no âmbito do Mercosul, e que afetem o comércio entre os Estados-Partes. Esse tema será tratado no Capítulo 3.

38 Nesse ponto, seguimos a opção feita por Sofia Pais, op. cit., p. 15-16, ao concluir que uma definição unidimensional se afigurava uma tarefa praticamente impossível, dada a multiplicidade de formas que o fenômeno pode revestir e a variedade de técnicas jurídicas a que pode recorrer. Essa autora termina por optar pelas duas classificações clássicas: a *primeira*, sob uma perspectiva econômica, em concentrações horizontais, verticais ou conglomeradas; a *segunda* sob um ângulo jurídico, fundando-se na noção de perda ou redução da personalidade jurídica de uma determinada empresa. No *Brasil*, com um posicionamento similar, ver Pedro Dutra, A concentração do poder econômico e a função preventiva do CADE, p. 12.

Sob a perspectiva *econômica*, a concentração pode ter a sua origem num crescimento interno ou num crescimento externo da empresa. O *crescimento interno* faz-se por investimentos próprios da empresa, como, por exemplo, o recurso ao mercado de capitais ou utilização de reservas acumuladas provenientes de exercícios financeiros anteriores;[39] tal aspecto não é relevante para o presente estudo,[40] uma vez que este tipo de crescimento é considerado benéfico para o mercado.[41] Já o *crescimento externo* pode ser realizado[42] por meio da fusão e suas modalidades;[43]-[44] pela formação de um grupo de sociedades (igualitário ou

---

39 Cf. Houssiaux, *Le Pouvoior de Monopole – Essai sur les structures industrielles du capitalisme contemporain.*

40 Cf. P. Canellos, H. Silber, Concentration in the common market, p. 13.

41 A Lei brasileira 8.884/94, no artigo 20, § 1.º, dispõe que a conquista de mercado resultante de processo natural fundado na maior eficiência de agente econômico em relação a seus competidores não caracteriza a infração econômica prevista no inciso II do mesmo artigo, qual seja dominar mercado relevante de bens ou serviços. Calixto Salomão F.º, *Direito concorrencial – As estruturas*, p. 269, comenta uma situação em que a concentração seria preferível ao crescimento interno: quando as firmas que pretendem se concentrar possuem bens de capital complementares, que conjugados podem passar a produzir bens de diferente qualidade, o que não poderia ocorrer pelo crescimento individual de cada empresa.

42 Van Ommeslaghe, L'application des articles 85 et 86 du Traité de Rome aux fusions, aux groupes de sociétés et aux entreprises communes, p. 461, cita a hipótese de o exercício do controle e da influência determinante ser exercido por um órgão comum que nem sequer possuísse um estatuto jurídico, e funcionasse em virtude de um *gentlemen's agreement;* as associações instantâneas (*Arbeitsgemeinschaften* ou Consórcio), ou ainda outros instrumentos que permitissem a concentração com a criação de uma direção e controle único.

43 A respeito de fusões sob a perspectiva do ordenamento jurídico francês, ver o estudo de Michel Jeantin, *Droit de sociétés*, p. 372-400.

44 Segundo Houssiaux, op. cit., p. 310, a fusão constitui um meio de crescimento de empresa particularmente interessante, pois conferia imediatamente à empresa absorvente um equipamento fixo disponível, obtendo freqüentemente condições financeiras vantajosas. A fusão, entretanto, apresentava outras características. Em se tratando de uma fusão horizontal, aumentava a taxa de concentração no mercado. Em se tratando de uma fusão

não),[45] em que as empresas, apesar de terem uma independência jurídica, economicamente encontram-se na dependência ou subordinadas (legalmente ou simplesmente de fato) a uma sociedade-mãe, como por meio da aquisição de participações (totais ou parciais) em outras empresas, ou de um contrato, ou de participações cruzadas, ou da criação de uma empresa comum, ou ainda de uma oferta pública de aquisição (hostil ou não) etc.

As concentrações podem classificar-se ainda em horizontais, verticais ou conglomeradas.[46] As horizontais seriam aquelas que ocorrem entre empresas que se acham num mesmo "grau" ou estágio de atividade ou de serviço, e as verticais entre as empresas que estão em estágios diferentes de produção. Por sua vez, as conglomeradas abrangeriam uma diversidade de setores de atividade e estágios de produção, objetivando o desenvolvimento de poder econômico por meio da diversificação da produção e de suas atividades.[47]

---

vertical, introduzia um elemento de monopólio no mercado de fabricantes, ou um elemento de dominação no setor da distribuição dos produtos. Enfim, toda fusão reforçava a dimensão absoluta e, em conseqüência, o poder de dominação de uma empresa, podendo, portanto, contribuir para reforçar o poder de monopólio.

45 Segundo Michel Jeantin, op. cit., p. 401, a concentração *não igualitária* ocorre quando uma empresa vai progressivamente tomando o controle de sociedades que até então eram independentes e que irão se tornar suas filiais. Seria um fenômeno de dominação econômica de uma sociedade sobre várias outras. Essa aquisição do controle pode ocorrer graças a uma cessão dos direitos sociais que irá variar o seu regime se a empresa tiver ou não as suas ações cotadas na Bolsa, ou pelo aumento de capital por aportes de numerário. Já a concentração *igualitária* pode tomar a forma de uma simples aproximação entre várias sociedades, sem que nenhuma delas exerça sobre as outras uma influência dominante; ou, ainda, poder-se-ia criar uma estrutura de colaboração entre as sociedades, com uma estrutura mais ou menos estável, encarregada de assegurar um certo número de atividades comuns. Pode ocorrer, portanto, por meio da criação de uma filial comum ou de um agrupamento europeu de interesse econômico.

46 P. Canellos, H. Silber, op. cit., p. 13, denominam as concentrações horizontais de homogêneas e as verticais de heterogêneas.

47 Para J. Guyénot, Le régime juridique des ententes économiques et des concentrations d'entreprises dans le marché commun, p.139, essa forma de

Os *instrumentos jurídicos* utilizados para a realização de uma operação de concentração não possuem grande relevância no que diz respeito à apreciação dos seus efeitos sobre o mercado, visto que as práticas empresariais hoje em dia demonstram que não existe mais a adoção de um modelo puro de concentração, mas sim a associação de instrumentos variados visando atender interesses múltiplos.[48] Acrescente-se que as concentrações que interessam a este estudo são unicamente aquelas que pressupõem a existência de controle, ou seja, deverão ter como efeito o estabelecimento de um centro de decisão unitário, não importando que este seja exercido de forma individual ou conjunta.

Isso porque o objetivo do controle das concentrações de empresas, pela perspectiva da lei de defesa da concorrência, não é dos aspectos formais do processo em si. O que se busca verificar é se as metas visadas pela política da concorrência eleita por um determinado Estado ou comunidade, e que se encontram previstas na lei, são afetadas pela operação. No Brasil, essa orientação é incontestável, pois a Lei 8.884/94 trata no artigo 54 dos atos "sob qualquer forma manifestados", e o parágrafo terceiro refere-se àqueles "que visem a qualquer forma de concentração econômica"[49].

---

concentração apresentaria algumas vantagens, tornando a "grande empresa" menos vulnerável e mais móvel, pois passaria a operar em uma série de mercados, o que lhe permitiria uma maior flexibilização da sua conduta concorrencial por existirem diferentes graus de concorrência, apresentando-se a oferta e a procura nesses mercados em condições geralmente diferentes. Em conseqüência, essa "grande empresa" poderia praticar preços diferentes, objetivando realizar os benefícios que não obteria num mercado único no qual se exercesse uma concorrência mais acirrada.

48 Nesse sentido ver Van Ommeslaghe, op. cit., p. 459-460. No Brasil, Viviane M. Prado, *Noção de grupo de empresas para o direito societário e para o direito concorrencial*, p. 155, comenta: "para o direito concorrencial é relevante a característica da unidade da decisão e a sua conseqüência para o mercado da atuação do grupo empresarial como sendo o único agente econômico. Assim, para o controle das concentrações econômicas, não se considera a realidade das formas do direito societário, mas o modo como o controle é exercido no plano fático".

49 Com essa mesma posição ver Borges da Fonseca, op. cit., p. 83.

O processo de concentração empresarial é, portanto, um fenômeno inexorável e parte integrante da realidade atual. Restam entretanto duas indagações: quais seriam os fatores que levam as empresas a se concentrar, e quais os objetivos visados?

A doutrina aponta como um dos principais fatores que levam as empresas a se concentrar a busca pelo reforço da sua posição no mercado. Essa, pode ter como conseqüência, desejada ou não, a *eliminação ou enfraquecimento da concorrência real ou potencial.* Esse seria um dos efeitos mais perniciosos que resultariam de uma concentração. Nessa hipótese, teríamos a procura do poderio, da hegemonia econômica[50] e, eventualmente, da conquista de uma posição dominante ou de um monopólio (que não se confundem).

Mesmo assim, a simples detenção dessa posição num certo mercado, tanto sob a perspectiva comunitária como a brasileira, não se encontra vedada *per se*.[51] Com efeito, a busca da racionalização da

50 J. Guyénot, op. cit., p. 141-143, explica o fenômeno de *hegemonia econômica* como uma situação de poderio econômico que lhe serviria como meio de ação tanto para conquistar novos mercados como para impor a sua lei aos concorrentes. Essa hegemonia poderia ocorrer sem que necessariamente existisse uma posição dominante num setor e, mesmo se existisse um exercício abusivo desse poder, para o autor, o artigo 82 do Tratado CE não seria aplicável, pois o exercício abusivo de um poderio econômico seria de outra natureza, mais difícil de denunciar e sem dúvida mais perturbador no jogo da oferta e da procura, na medida em que a empresa, mesmo o grupo de empresas, busca se libertar das leis do mercado para desenvolver a sua própria política. Apesar de tentar estabelecer uma diferença entre essas duas situações, quais sejam o poderio econômico "puissance économique" e posição dominante, conclui, portanto, que é difícil determinar as fronteiras entre os conceitos.

51 Os problemas que se colocam em relação à posição dominante serão mais desenvolvidos no Capítulo 1, item 1.1.2.2. Adiante-se apenas que, no que diz respeito ao *direito comunitário*, o artigo 82 do Tratado CE veda apenas o seu exercício abusivo em um determinado mercado, enquanto sob a égide do Regulamento (CE) 4.064/89 encontra-se vedada a aquisição ou o reforço de uma posição dominante que cause entraves significativos à concorrência efetiva no mercado comum ou em uma parte substancial deste. No *Brasil*, no que diz respeito às posições dominantes, o artigo 20, IV, da Lei 8.884/94 também considera como infração à ordem econômica apenas o exercício da posição dominante de forma abusiva.

empresa e uma maior organização técnica,[52] proporcionando economias de escala e uma produção diversificada, constituem sinergias que poderiam dar à empresa uma maior flexibilidade em momentos de crise;[53] o melhor aproveitamento dos recursos disponíveis, por exemplo, em relação à distribuição (acesso a uma rede de distribuição mais eficiente que traria a redução dos custos e, portanto, terminaria beneficiando o consumidor que teria acesso ao bem ou serviço por um preço mais baixo);[54] ganhos ou economias tributárias, opção de investimento de capital, estratégia empresarial, aquisição de recursos humanos especializados ou tecnológicos (patentes, licenças).[55] Desse modo, para alguns autores haveria uma lógica da política antitruste tradicional ao proibir *per se* as concentrações empresariais[56] e favorecer as fusões.[57]

---

52 Houssiaux, op. cit., p. 313-314, argumenta que as empresas preferem o crescimento externo, pois a possibilidade de organizar uma produção a menor custo e uma distribuição mais racional dos produtos é muito menor. Esses resultados poderiam ser obtidos de maneira mais rápida e menos dispendiosa por intermédio da fusão, pois: a) a empresa absorvente adquire ao mesmo tempo novos equipamentos, novo pessoal e nova clientela da empresa absorvida; b) o risco de um investimento novo está reduzido, sobretudo a capacidade excedente; c) o financiamento da extensão de uma empresa é mais facilmente realizado por uma fusão do que por crescimento interno; d) quando a fusão reúne empresas de menor importância, é o meio mais eficaz de evitar que essas firmas passem pela fase crítica de crescimento das empresa.

53 Cf. J. Guyénot, op. cit., p. 140.

54 Com esse posicionamento ver Neide Malard, *Integração de empresas: concentração, eficiência e controle*, p. 50-52.

55 Nesse sentido ver Houssiaux, op. cit., p. 316.

56 Todas as vezes que fizermos referência às *concertações empresariais* ou *acordos entre empresas*, estaremos tratando das práticas anticoncorrenciais relacionadas com o comportamento das empresas previstas no artigo 81 do Tratado CE (acordos entre empresas, decisões de associações de empresas e práticas concertadas) para os quais a doutrina utiliza o termo francês *ententes*. O tema Defesa da Concorrência faz uso de muitos termos estrangeiros e, por esse motivo, nas oportunidades em que foi possível, optamos por adotar um termo da língua portuguesa.

57 Segundo Houssiaux, op. cit., p. 315, quando uma lei interdita as concertações empresariais, a fusão, que sob um certo ponto de vista é uma concertação

Esses seriam os fatores *clássicos*. Podem surgir, entretanto, outros motivos, inerentes às circunstâncias temporais, ao grau de desenvolvimento industrial, produção de riquezas e, especialmente, à concentração de capitais de um determinado Estado ou comunidade.[58] Os fatores que foram decisivos para as empresas se concentrarem nos Estados Unidos podem não o ter sido para a França, para a Alemanha, para a Comunidade Européia ou ainda para o Brasil. Foram processos evolutivos diversos, que ocorreram em fases diferentes da história, razão pela qual mais importante do que copiar as soluções encontradas em outros ordenamentos jurídicos é refletir por que naquele momento se optou por aquela solução e se aquele determinado momento da história daquela sociedade também pode ser comparado. Como se sabe, não existem legislações perfeitas, nem tampouco existe uma sociedade estática, acima de tudo quando se fala em atividade empresarial e em direito.[59]

---

empresarial definitiva, constitui um meio de ludibriar a legislação antitruste. Para o autor, a política antitruste condena geralmente as concertações empresariais e favorece as fusões, sendo os seus efeitos idênticos e irreversíveis. Como conseqüência, na medida em que as concertações empresariais são interditas, as fusões com caráter de colusão seriam cada vez mais freqüentes.

58 Cf. *Relatório sobre a Política da Concorrência 1990*, p. 254, a Comissão destaca que, em princípio, era difícil identificar os motivos que estão na base de uma operação financeira, pois estes, por muitas vezes, encontravam-se relacionados com outros, sendo impossível evitar sobreposições.

59 Isabel Vaz, op. cit., p. 109, comenta esse dilema do investigador, pois "as 'concentrações de empresas', além de acarretarem uma série de fatos extremamente complexos, com repercussões diretas na estrutura e na dimensão das empresas, receberam orientações oscilantes por parte da legislação e da jurisprudência. Como constituem um fenômeno inafastável do moderno capitalismo, mormente nos países industrializados, as concentrações de empresas exigem um posicionamento da legislação do local onde costumam ocorrer". Segundo Modesto Carvalhosa, *Poder econômico – A fenomenologia – Seu disciplinamento jurídico*, p. 17, em termos de economia moderna, a concentração econômica é fato inelutável e incoercível, com perspectivas cada vez maiores de se produzir, no espaço e no tempo.

2.3 Da necessidade do controle

As concentrações de empresas, apesar de não constituírem um fenômeno inédito na história econômica ou jurídica, vêm sendo objeto de uma maior atenção nos últimos tempos, isso porque, por vezes, apresentam-se como o meio mais seguro e/ou eficiente de preservar a continuidade das atividades das empresas e sua competitividade no mercado.[60]

A preocupação com o controle justifica-se porque as concentrações podem gerar efeitos não apenas positivos, mas também negativos, e, além disso, porque podem levar ao comprometimento do normal funcionamento do mercado, e ainda resultar na concentração do poder econômico nas mãos de poucos agentes. De fato, uma situação dessa espécie pode vir a comprometer o jogo da concorrência, deixando de existir uma "pressão concorrencial" no mercado, em prejuízo do sistema de liberdade econômica ou da livre concorrência.[61] Nesta dualidade de efeitos é que se encontra o cerne do problema das concentrações de empresas. A mensuração desses efeitos sobre o bem-estar econômico e a estrutura concorrencial dos mercados somente poderá ser verificada após uma análise específica.

Dessarte, o fenômeno das concentrações de empresas passa a interessar ao direito da concorrência, quando essa união provoca uma restrição à estrutura concorrencial, quando implica uma dominação do mercado, um reforço de posição dominante ou a criação de barreiras à entrada de novos operadores econômicos; ou seja, quando tenha por efeito restringir ou limitar a livre concorrência no mercado. O exame desses efeitos sobre o mercado, no entanto, irá depender da política econômica assumida em cada ordenamento jurídico, ou seja, o objetivo que se deseja alcançar naquela comunidade ou Estado.[62]

---

60 Na Comunidade Européia, por exemplo, antes da realização do Mercado Único em 1992, observou-se um crescimento do número de concentrações objetivando justamente a preparação para o alargamento dos mercados, o que iria acirrar a concorrência.

61 Nesse sentido ver Alonso Soto, La aplicación del artículo 85 del Tratado CEE a las concentraciones de empresas (Comentario a la sentencia "Philip Morris", de 17 de noviembre de 1987, p. 770.

62 Acrescente-se ainda o papel do direito em relação a esse fenômeno, como assinalou Borges da Fonseca, op. cit., p. 69: "o papel do direito, no entanto,

Estabelecidas estas premissas, pode-se questionar se efetivamente existe um número ideal de agentes no mercado. Apesar de serem prematuras nesta introdução quaisquer conclusões, adiante-se que uma mensuração desse tipo é praticamente impossível, pois a análise de uma operação de concentração deve ser efetuada perante um determinado mercado, consoante fatores econômicos e/ou concorrenciais (o maior peso dado a uns ou a outros fatores irá depender da legislação aplicável) que ali se encontram. Segundo Paula Forgioni, o Departamento de Justiça norte-americano sugere que mercados com no mínimo cinco empresas seriam competitivos.[63]

Menos pragmáticos, Peter C. Canellos, Horst S. Silber utilizam o termo *wide oligopoly*', isto é, oligopólio alargado, como o ideal para uma concorrência praticável, como um meio de garantir um certo grau de insegurança entre as empresas sobre a forma e o momento de iniciativas e reações. Para estes, tanto os *narrow oligopolies*, oligopólios estreitos, assim como os assimétricos não são favoráveis à concorrência, pois, "dentro de um oligopólio estreito, com três, quatro ou cinco empresas com mais ou menos o mesmo tamanho, o grau de insegurança da posição de cada unidade diminui em razão do processo de aprendizagem, pois dentro de algum tempo cada empresa irá descobrir que as suas ações induzem reações das outras".[64]

2.4 Do auxílio das ciências econômicas

A Economia constitui o grande auxiliar na interpretação e compreensão do fenômeno das concentrações de empresas.[65] Não obstante, não se deve esquecer que, apesar de imprescindível a análise econômica, as operações de concentração demandam ainda a aplicação da lei, em conformidade com as peculiaridades do caso concreto, que irão variar

---

não se restringe a dar legitimidade a novas configurações econômicas; deve, antes, conciliar interesses com base em valores como a justiça social e a função social da propriedade".

63 Cf. Paula Forgioni, op. cit., p. 369.

64 Cf. P. Canellos, H. Silber, op. cit., p. 11.

65 Cynthia Nascimento, Magali Klajmic, Compromisso de desempenho: uma abordagem introdutória, p. 34, ao tratarem do compromisso de desempenho

em razão da época ou do local onde uma operação irá produzir os seus efeitos.[66]

Os requisitos que possibilitam uma decisão de licitude de uma operação de concentração encontram-se definidos na lei e devem ser apreciados pelo intérprete na sua aplicação. É incontestável que durante os procedimentos de investigação do processo, apesar de estarem as autoridades competentes subordinadas à obediência da lei, irão predominar sempre os fatores econômicos, por exemplo, na determinação do mercado relevante afetado, ou ainda na avaliação do poder econômico que irá ser detido pela nova entidade empresarial formada. Na decisão a ser tomada, entretanto, a autoridade competente, utilizando os elementos de natureza econômica identificados no caso, deverá verificar se estes atendem aos requisitos enumerados na legislação daquele Estado ou comunidade para que a operação seja autorizada.

A análise de uma operação de concentração, todavia, não deverá estar restrita às teorias econômicas ou fórmulas matemáticas. O aplicador da norma deverá estar atento ainda às metas objetivadas pela política de defesa da concorrência escolhida.

O debate doutrinário nos Estados Unidos entre a Escola de Harvard e a Escola de Chicago ou a postura da CE em relação ao tema são enriquecedores, mas a eventual ou temporária "vitória" de uma ou de outra doutrina não significa que esta seja a mais correta ou racional.

---

no Brasil, comentam que "é de se notar a complexidade da matéria antitruste que evidencia muito fortemente, em todas as áreas que abrange, a dualidade entre a teoria jurídica e a econômica, uma permanentemente subsidiando a outra".

66 Nesse sentido ver o voto da Conselheira Neide Malard, no AC 41/95, de 6.3.1996 (Hoechst do Brasil/Rhodia S.A.), p. 70: "os modelos raramente se adequam automaticamente às situações fáticas. Nem mesmo os modelos legais positivistas prescindem do exercício lógico da subsunção do fato à norma. Há que fazer a análise do caso, atento à peculiaridade de cada mercado. A concorrência potencial e a concorrência efetiva do produto estrangeiro não são uma panacéia e, por certo, não resolverão os problemas estruturais da economia de mercado brasileira, construída ao abrigo do protecionismo e de toda sorte de privilégios concedidos pelo Estado, e caracterizada por uma forte concentração, que alguns teimam em defender, agora sob o argumento da globalização".

Lúcia Salgado, ao tratar do direito antitruste norte-americano, comenta que "as fraquezas do modelo e-c-d comumente apontadas pelos adversários, a pobreza teórica e o casuísmo, ajudaram a revelar, contudo, algumas das incertezas e limitações próprias à análise econômica dos casos antitruste; não é possível, por exemplo, afirmar de maneira categórica quais serão os efeitos em termos de bem-estar de uma fusão. Daí a necessidade de análise caso a caso".[67]

Logo, conclui-se que as Ciências Econômicas desempenham papel de extrema relevância na análise das operações de concentrações de empresas, mas não atuam sozinhas, nem as suas proposições são incontestáveis. As Ciências Econômicas encontram-se subordinadas aos parâmetros legais e ainda às considerações de ordem política, que poderão ter um peso maior ou menor, em razão dos propósitos que foram definidos em um determinado ordenamento jurídico.

3. Política econômica da concorrência: a evolução do controle de concentrações de empresas nas diversas comunidades jurídicas

3.1 Diretrizes básicas do que se entende por política econômica da concorrência

Como já defendido, tanto a elaboração da lei de defesa da concorrência como a sua aplicação fundam-se numa premissa anterior, que constitui a *política econômica de defesa da concorrência.* E o que se entende por política econômica[68] de defesa da

---

67 Cf. Lúcia Salgado, op. cit., p. 37.

68 Leopoldino da Fonseca, op. cit., p.19-24, tenta traçar o conceito de *política econômica* a partir de uma perspectiva jus-filosófica, trazendo a noção apresentada por Aristóteles do que se entende por *política, i.e.,* "capacidade de organização dos próprios homens que colocam objetivos a que é viável aspirar, o que é possível e o que é adequado ou conveniente, pois que o homem se vê efetivamente obrigado a intentar de maneira preferente as coisas que são possíveis e as coisas que são adequadas para uma determinada classe de pessoas. A *política* tem como finalidade organizar uma comunidade com vista a um determinado bem". Conclui que esse conceito apresenta dois elementos importantes para a compreensão do que seja política econômica: as *instituições,* ou seja, "conjunto dos elementos estruturais que se elaboram

concorrência?[69] Quais são os principais objetivos buscados por uma lei da concorrência? Quais os motivos que levam uma tal sociedade a fazer uma opção por uma determinada política e, conseqüentemente, por uma lei de defesa da concorrência?

Não constitui objeto deste trabalho a definição do conceito de política econômica. Buscou-se tão-somente compreender as razões prévias que justificam as atividades, em um primeiro plano, do Poder Legislativo (ao elaborar as leis); em um segundo plano, a aplicação dessas leis pelos agentes reguladores da concorrência; e, ainda, eventualmente, em um terceiro plano, o controle realizado pelo Poder Judiciário.[70]-[71]

---

e se constróem para implementar as ações políticas" e as *ideologias, i.e.*, "asidéias motoras, que se elaboram e se corporificam em políticas econômicas para a consecução do fim proposto". Com o "fracasso" do liberalismo sob a ótica de Adam Smith (teoria da mão invisível) e do *laissez-faire*, em que a *ordem natural da economia,* "segundo o pensamento da época, tanto no âmbito do Direito quanto no da Economia, não poderia jamais sofrer a interferência do Estado, porque tal intromissão levaria a uma situação de total desconcerto. O indivíduo, fundamentalmente livre, ao exercer a atividade econômica em seu interesse exclusivo, causaria uma conseqüência inarredável, como uma relação de causa e efeito, o bem da sociedade", passou-se ao entendimento de que "as medidas de política econômica passaram a interessar ao Direito, quer enquanto o Estado passou a emanar um conjunto sistemático de normas destinadas a reger a economia, quer enquanto esse conjunto normativo passou a interessar à Ciência do Direito".

69 P. Canellos, H. Silber, op. cit., p. 6, definem a *concorrência* como "um instrumento para organizar o processo econômico objetivando satisfazer todas as necessidades aos menores custos e preços, enquanto encoraja o progresso técnico. Ela coordena todos os diversos planos individuais das unidades econômicas do mercado". Essa definição, entretanto, talvez explique melhor o que seja política econômica da concorrência do que efetivamente a concorrência.

70 Lúcia Salgado, op. cit., p.18-19, adverte para o fato de que a legislação antitruste, particularmente em razão dos incentivos aos processos privados, pode ser objeto de manipulação e, em conseqüência, levar a resultados opostos aos pretendidos pelos diplomas legais. Para essa autora, a concorrência como instrumento de política é potencialmente político. Daí a importância do desenho institucional em que é operada para garantir a adequação da aplicação das regras aos objetivos expressos na lei.

A opção de um Estado ou de uma comunidade por uma certa política da concorrência passa necessariamente pela implementação de uma política pública, ou seja, pelos fins ou metas que se definiram como os propósitos a serem atingidos por aquela lei de defesa da concorrência.[72] Por outro lado, a controvérsia acerca de qual seria a "política correta" revela-se, em termos práticos, sem sentido,[73] pois a

---

71 Segundo Giorgio Bernini, op. cit., p. 346, em relação ao direito da concorrência, as modalidades e formas segundo as quais as instituições comunitárias emanaram a regulamentação pertinente devem ser examinadas sob uma *perspectiva histórica*, principalmente com base nas decisões da Comissão e do Tribunal de Justiça. Esse recurso às fontes, segundo o autor, constitui um "case law" e é indispensável para compreender e analisar os juízos de valor e as opções que presidiram e presidem ainda à aplicação concreta das regras, inevitavelmente gerais, contidas nos Tratados.

72 Por isso discordamos de Paula Forgioni, op. cit., p. 219-227, no ponto que ela chama "válvula de escape" e o "dilema" enfrentado, pois segundo essa autora haveria um "leque de interesses" protegidos pela Lei Antitruste: "interesse do mercado, interesse do consumidor, interesse nacional, bem comum, eficiência alocativa, interesse público etc.". Entendemos que a existência desses interesses não compromete a interpretação da Lei, pois esta sempre deverá ter em conta as diretrizes que foram ali estabelecidas. Se se admite a lei de defesa da concorrência como instrumental para a consecução de uma política pública (que é a tese defendida pela autora no seu livro e com a qual concordamos), como então agora "perder-se" em tais dilemas? Compreendemos que se o fim buscado, por exemplo, na Comunidade Européia é que a concorrência não seja falseada no mercado interno, visando a instituição e consolidação de um mercado comum, aquele leque de interesses apontado pela autora deverá ser levado em consideração, desde que para o alcance da meta proposta. Não se pode pretender, entretanto, que seja deixado ao livre-arbítrio do órgão de defesa da concorrência o interesse que deverá ser tutelado num determinado momento. O objetivo final e os parâmetros que se devem ter em conta já estão definidos (na UE, nos artigos 2.º e 3.º, alínea *g*, do Tratado CE; no Brasil, no artigo170 da Constituição Federal). O que não se pode admitir é que, no momento em que o órgão ou agência reguladora forem decidir, se confrontem com dilemas em relação a qual interesse devem tutelar num determinado processo, numa certa decisão a ser tomada. Esse procedimento comprometeria a tão buscada *segurança jurídica*.

73 Segundo Paula Forgioni, op. cit., p.152, as discussões entre os economistas da Escola de Chicago e de Harvard se estabelecem em torno de uma

eficácia de cada uma irá variar de ordenamento jurídico para ordenamento jurídico, e ainda em razão do momento histórico. A lei de defesa da concorrência reflete sempre uma opção política, o interesse que se busca tutelar com aquela norma. Por outras palavras, a lei de defesa da concorrência irá refletir o regime jurídico de um determinado Estado ou de uma comunidade.[74] -[75]

---

problemática central: qual o objetivo que deve ser perseguido pela lei antitruste e que tipo de concorrência deve ser protegida? Segundo essa autora, "essa excessiva generalização pode implicar a crença de que existe um objetivo único para toda e qualquer norma antitruste, independentemente do contexto em que se insere e dos conflitos de interesses existentes. As discussões meramente econômico-teóricas acabam, assim, por desviar o ponto fulcral da Lei Antitruste: ela é instrumental a uma determinada política econômica, possuindo, por conseqüência, objetivos bem próprios, diversos daqueles das demais leis antitruste (...) Aparecem claras, então, as armadilhas que se colocam pelas fórmulas matemáticas: a aparente certeza e segurança jurídicas que proporcionam é afastada pelo comprometimento do sistema, que deve dar-se pelo seu indevido enrijecimento. Sua aplicação, portanto, deve ser temperada pelos princípios embasadores da Lei Antitruste. Buscar a concorrência, por si só, é uma função que não é dada ao antitruste. Bem assim, o antitruste não se resume a problemas relacionados com a 'eficiência econômica'".

74 J. Guyénot, op. cit., p. 146, lembra que as soluções aos problemas jurídicos das concentrações são determinadas pelas escolhas para a política geral de orientação e de gestão de uma economia. Washington Souza, *Primeiras linhas de direito econômico*, p. 193-194, comenta que "a proibição, a permissão, a limitação, o controle do exercício do Poder Econômico pelo Estado definem o elemento primacial do regime político e do regime jurídico, aos quais ele deve submeter-se. A própria estrutura da Ordem-Jurídico-Político-Econômica configura-se a partir dessa definição de princípios, pois tanto a ação do Estado, como grande parte da própria ação econômica privada, agora estarão motivadas, controladas ou regulamentadas no sentido do interesse geral que a política econômica procura assegurar. Não permanece a convicção de que o interesse social se cumpra pela garantia do equilíbrio entre os interesses particulares. Trata-se de conduzir os próprios destinos da sociedade por caminhos econômicos considerados ideologicamente como os mais justos e mais desejáveis".

75 Lúcia Salgado, op. cit., p.87-88, no que diz respeito à política econômica nos Estados Unidos, aponta uma série de evidências que demonstram essas

E o que se entende por regime jurídico da concorrência? Isabel Vaz o define como um sistema composto por um conjunto de normas e instituições que regulam as formas de aquisição do poder econômico e o seu exercício, segundo os valores adotados pela ordem jurídica.[76] Esses valores seriam justamente aqueles que foram definidos pela política econômica escolhida.[77]

---

circunstâncias: "de outra parte, a política antitruste é tida por muitos como uma das únicas, senão a única, trincheira do interesse público dentro do conjunto de atividades regulatórias do governo. Os principais proponentes da teoria do interesse privado como motivador das políticas regulatórias vêem a legislação antitruste como uma exceção à regra (...) Robert Bork (1978) argumentou que 'a história legislativa do Sherman Act (...) mostra uma clara e exclusiva intenção de política de promover o bem-estar do consumidor (...) a noção de interesse público que a legislação antitruste protagoniza é importante para Stigler e Posner. Segundo Posner (1971), é o que justifica sua defesa da 'regra de direito' (*rule of law*) com a predominância do Judiciário em oposição à regulação econômica protagonizada pela burocracia do Executivo". Alonso Soto, op. cit., p.771-774, comenta o processo que a Espanha atravessou para escolher o modelo do controle de concentrações de empresas nacional. As dúvidas foram entre o modelo utilizado na Alemanha, que prevê a obrigatoriedade da notificação prévia ao *Bundeskartellamt* de todas as operações de concentração que atinjam um patamar mínimo (existe ainda um rigoroso sistema de sanções na hipótese de desobediência a esse preceito legal, apesar de ressalvada a possibilidade ao Ministro da Economia de autorizar uma concentração que tivesse sido proibida anteriormente, quando verificasse que a mesma se revelava necessária por motivos de interesse geral, e desde que não colocasse em perigo o sistema de economia do mercado); e o sistema que vigora na França, que prevê a obrigação de submeter a um órgão administrativo as fusões e concentrações que alcancem um determinado patamar, cabendo a decisão final ao Ministro de Economia e ao Ministro do setor econômico interessado, na França,. A Espanha optou pelo último modelo, na opinião desse autor, "conscientes de que o controle das concentrações empresariais é um *importante instrumento de política econômica*, cuja utilização deve ficar nas mãos do Governo". Com o mesmo posicionamento, ver Helio Campagnucio, *O grande desafio do CADE*, p. 23.

76 Cf. Isabel Vaz, op. cit., p. 262.

77 Em determinados contextos, essa circunstância pode configurar um *problema* num processo de integração de mercados. Nicolas Moussi, op. cit., p. 404-405, explica que "as políticas nacionais de concorrência na Comunidade

Assim, se o que se pretende é a proteção da economia popular, tutela-se o consumidor. Se o "bem jurídico" a ser protegido é o mercado interno, tutela-se a manutenção e/ou a preservação das estruturas do mercado; se é a indústria nacional, institui-se um regime que protege da concorrência externa.[78]

Essas premissas irão também refletir-se na política escolhida para reger o processo de concentrações de empresas, pois, dependendo

---

Europeia originária – e certamente na Comunidade alargada – diferiam muito entre si, o que favorecia as discriminações entre empresas concorrentes. A política de concorrência dos países que tinham numerosas empresas controladas pelos poderes públicos e que recorriam mais frequentemente à planificação para dirigir a sua economia era menos severa que a dos países que tinham mais confiança na livre concorrência e que tinham sectores públicos mais reduzidos. Na ausência de uma política comunitária, a diversidade das leis antitruste no mercado comum favorecia singularmente as empresas multinacionais e as *ententes* internacionais, porque elas encontravam os meios de tornear as disposições nacionais".

78 Defendendo a obrigação que o Estado tem de tutelar o mercado interno no Brasil em razão do artigo 219 da Constituição Federal, que o declara como patrimônio nacional, encontramos Sampaio Ferraz, *Lei de defesa da concorrência, origem histórica e base constitucional*, p.183-184, ao sustentar que o Estado, como agente normativo e regulador da atividade econômica, e em observância ao artigo 174, também da Constituição Federal, deve exercer, na forma da lei, a sua função fiscalizadora. E continua: "como agente normativo e regulador, o Estado também, de certa forma, tem a incumbência de gerir o mercado, não como o seu patrimônio, mas como patrimônio nacional. Neste sentido, a sua função de incentivar e até planejar, indicativamente para o setor privado, a atividade econômica. Isto, é claro, não significa substituir-se à iniciativa privada na determinação das suas próprias políticas, pois, nesse caso, estaria o Estado, inconstitucionalmente, alterando o fundamento da ordem econômica (artigo 170), mas o autoriza, como agente normativo, a promover incentivos, num quadro geral de um planejamento econômico, e, como agente regulativo, a exercer gestões persuasivas em favor do bom funcionamento do mercado, das quais podem resultar recomendações e compromissos, bem como acordos de cavalheiros e protocolos de intenção". Com idêntico posicionamento, ver Dinorá Grotti, Intervenção do Estado na economia, p. 85, e Luís Fernando Schuartz, Poder econômico e abuso de poder econômico no direito de defesa da concorrência brasileiro, p. 26.

do objetivo buscado, terá de se optar entre um posicionamento liberal em relação ao processo concentracionista, pela absoluta proibição, ou por regimes intermediários.[79] Aliás, essa é uma das grandes questões que se colocam ao tema em particular.[80]

Esses valores eleitos irão direcionar o Poder Constituinte[81] e o legislador ordinário na elaboração da norma[82] e, posteriormente, orientarão a aplicação da lei pelo órgão competente.

---

79 Em Portugal, Azeem Bangy, Legislação da defesa da concorrência em Portugal, p. 43-44, comenta que o pressuposto fundamental que está na base da legislação da defesa da concorrência portuguesa é o entendimento de que a concorrência não é um fim em si mesma, mas antes um meio, um instrumento para atingir determinados objetivos de política econômica: "este dispositivo que estou a me referir é o chamado critério do Balanço Económico. Este mecanismo constitui a chave mestra da nossa legislação de concorrência, na medida em que possibilita ajustar a política da concorrência à realidade nacional e conciliar as restrições à concorrência com o imperativo dos objectivos gerais de desenvolvimento económico e social".

80 Tratando também esse dilema, na perspectiva dos ordenamentos jurídicos norte-americano, comunitário, canadense e francês, temos Leopoldino da Fonseca, Admissibilidade de atos que limitam a concorrência, p. 5-16, que comete apenas um equívoco: em relação ao direito comunitário, o autor faz remissão às normas do Tratado CE, quais sejam os artigos 81 e 82, que entretanto, desde a entrada em vigor do Regulamento (CE) 4.064/89, não são utilizados para o controle de concentrações de empresas. Ressalte-se ainda que o balanço efetuado pela Comissão Européia ao analisar uma operação é *essencialmente concorrencial* (ver esse tema pormenorizadamente no Capítulo 1, item 1.2.10.

81 Como leciona Seabra Fagundes, *O controle dos atos administrativos pelo Poder Judiciário,* p. 1, "o Poder Constituinte, manifestação mais alta da vontade coletiva, cria o Estado (ou reconstrói) por meio da Constituição, lei básica em que lhe determina a estrutura geral, institui a autoridade, delimitando a organização dos poderes públicos, e define os direitos fundamentais do indivíduo. A Constituição é, assim, a expressão primária e fundamental da vontade coletiva, organizando-se juridicamente no Estado, que com ela principia a existir e segundo ela demanda do seus fins".

82 Como Mauricio Costa, O princípio constitucional de livre concorrência, p.16-17, em relação ao *ordenamento jurídico brasileiro* esclarece: "a Constituição brasileira é impregnada de uma escolha de ideologia econômica que delimita claramente as possibilidades de política econômica abertas ao governo, assim

A legislação de defesa da concorrência geralmente busca regular as duas principais faces que o mercado pode vir a apresentar: a *primeira*, no que diz respeito ao *comportamento* dos agentes econômicos no mercado, e a *segunda*, relativo às *estruturas* desse mercado. Desse modo, na maioria das legislações de defesa da concorrência encontramos normas relacionadas aos comportamentos das empresas, ou seja, que tratam das práticas empresariais que são permitidas, regimes de exceções e de isenções. Em relação à *estrutura*, estaremos diante de normas que dispõem sobre o processo de concentração entre empresas, independentemente da forma que se apresentem, e os efeitos que podem vir a provocar no mercado que, dependendo do caso, podem interessar à estrutura ou ao comportamento.[83]

Diante do fato em espécie, o intérprete irá se deparar com a possibilidade de efetuar uma análise estritamente concorrencial, tomando em consideração apenas "os efeitos da concentração sobre a concorrência, proibindo a operação que restrinja ou elimine a concorrência efectiva", ou ainda um balanço econômico, "no qual terá igualmente em consideração as vantagens económicas e sociais da operação que compensem os efeitos negativos sobre a concorrência".[84] Não obstante, como já foi referido, essa dualidade de interpretação não se encontra à livre escolha do aplicador da norma, mas está sujeita aos imperativos da lei de defesa da concorrência, que determinará as diretrizes a serem observadas naquele ordenamento jurídico.[85]

---

como ao poder legislativo. Toda regra infraconstitucional relativa à atividade econômica deve respeitar este quadro constitucional".

83 Alonso Soto, op. cit., p.771, explica que o objetivo prioritário das normas sobre o controle das concentrações é o de estabelecer uma certa supervisão das estruturas competitivas existentes no mercado, que impeça a aparição de situações de concorrência imperfeita, isto é, daquelas situações em que o produto ou o serviço é controlado por um pequeno número de empresas de grande capacidade econômica, de maneira que possam determinar os comportamentos no mercado.

84 Cf. Sofia Pais, op. cit., p. 31-32.

85 Sem querer antecipar o tema, que será desenvolvido adiante, nessa dualidade de interpretação e aplicação da norma é que se encontra a grande diferença entre o sistema de controle das concentrações brasileiro e o comunitário, pois, para o primeiro, a presença de eficiências econômicas poderá determinar

3.2 A Comunidade Européia: do Memorando da Comissão Européia de 1.º de dezembro de 1965 até o Regulamento do Conselho 4.064/89

A preocupação acerca do controle de concentrações de empresas na Comunidade Européia passou por diversas fases e perspectivas de regulamentação. Esse processo iniciou-se no fim da Segunda Guerra Mundial, que teve como uma de suas conseqüências mais nefastas a destruição quase total da economia européia. Naquela altura surgiram os primeiros movimentos para a reconstrução e reestruturação da economia, e a grande mola propulsora foi o projeto de formação de um mercado comum. Esse projeto deu o seu primeiro passo no âmbito da Comunidade do Carvão e do Aço por meio do Tratado de Paris, de 18.4.1951, firmado entre a Alemanha, França, Bélgica, Luxemburgo, Itália e Holanda. Havia a clara intenção de estendê-lo para os outros setores da economia, o que terminou por ocorrer em 25.3.1957, quando foi finalmente celebrado o Tratado de Roma.

Esse último Tratado, no seu artigo 2.º, estabeleceu como *missão* promover, em toda a comunidade, o desenvolvimento harmonioso e equilibrado das atividades econômicas, um crescimento sustentável e não inflacionista que respeitasse o ambiente, um alto grau de convergência de comportamentos das economias, um elevado índice de emprego e de proteção social, o aumento do nível e da qualidade de vida, a coesão econômica e social e a solidariedade entre os Estados-membros. A criação de um mercado comum e a instituição de uma moeda única seriam os instrumentos a ser aplicados em conjunto com as ações e as políticas comunitárias, para a consecução dessa meta.[86]

---

a autorização do ato sob análise, enquanto no segundo sistema, dificilmente a Comissão irá atender este tipo de ponderação.

86 Nicolas Moussi, op. cit., p. 399, comenta a *necessidade* da política da concorrência na formação do mercado comum, pois "o estabelecimento das condições normais da concorrência era necessário para se chegar à supressão de todas as protecções que serviam de obstáculo às trocas comerciais e que fragmentavam a economia europeia. Estas condições normais de concorrência exigiam, primeiramente, regras e processos com vista a corrigir o efeito das intervenções dos Estados ou das situações de monopólio e em segundo lugar, regras que se impusessem às empresas a fim de evitar que os duplos

Dessarte, a política comunitária de defesa da concorrência[87]-[88] encontra as suas diretrizes básicas no artigo 3.º, alínea *g*,[89] e no artigo 4.º,[90] ambos do Tratado da Comunidade Européia. Verifica-se, portanto, que a política comunitária da concorrência se revela como importante

---

preços tivessem o mesmo efeito que os direitos aduaneiros, que um *dumping* pusesse em perigo produções económicas sãs e que a repartição dos mercados se substituísse à sua divisão. Portanto, a política da concorrência tem os seguintes objectivos a atingir: a) manter a abertura e a unidade do mercado comum; b) manter a pluralidade de operadores económicos de cada sector; c) obrigar as empresas a rever constantemente as condições nas quais desenvolvem as suas actividades, a fim de racionalizar ao máximo a produção e a distribuição no mercado comum e adaptar-se constantemente ao progresso tecnológico, permitindo-lhes continuar a ser competitivas no mundo".

87 Não há nenhuma definição legal do que possa ser considerado como "concorrência" em direito comunitário. Todavia, o TJCE, ao interpretar as normas do Tratado, no exame do caso concreto, como, por exemplo, no acórdão de 22.10.1986, Proc. 26/76, Metro SB-Grossmärkte GmbH & Co. KG/CCE, Col., TJCE, 1977, entendeu que "a condição prevista nos artigos 3.º e 85.º do Tratado CEE (actual artigo 81.º do Tratado CE) de não falsear a concorrência implica a existência no mercado de uma concorrência eficaz (*workable competition*); isto é, de um grau de concorrência necessário para que sejam respeitadas as exigências fundamentais e alcançados os objetivos do Tratado e, em especial, o estabelecimento de um mercado único que crie condições análogas às de um mercado interno. Tal exigência reconhece que a natureza e a medida da concorrência possam variar em função dos produtos ou serviços em causa e da estrutura dos mercados sectoriais em vista".

88 Segundo Thiesing et al., op. cit., p. 7, as regras da concorrência comunitárias são parte integrante do seu ordenamento jurídico público, e portanto, são de direito público imperativo. As empresas não se podem subtrair à aplicação dessas disposições para aplicar uma outra ordem jurídica.

89 Artigo 3.º, Tratado CE: para alcançar os fins enunciados no artigo 2.º, a ação da Comunidade implica, nos termos do disposto e segundo o calendário previsto no presente Tratado:

(...)

g) Um regime que garanta que a concorrência não seja falseada no mercado interno.

90 Artigo 4.º, Tratado CE: para alcançar os fins enunciados no artigo 2.º, a ação dos Estados-membros e da Comunidade implica, nos termos do disposto e segundo o calendário previsto no presente Tratado, a adoção de uma política

instrumento da Comunidade Européia para a implementação do mercado comum.[91]-[92]

A noção de concorrência para o direito comunitário irá depender de uma análise em concreto da situação que seja objeto de questionamento, pois "as restrições à concorrência que o Tratado admite em certas condições, por razões resultantes da necessidade de conciliar os vários objetivos a prosseguir, encontram nas exigências dos artigos 2.º e 3.º um limite para além do qual o enfraquecimento do jogo da concorrência poderia prejudicar as finalidades do mercado comum".[93] Não obstante, isso não significa que haja a liberdade total de ação das empresas. O que se busca é a consecução do fim visado pela integração, qual seja a efetivação das liberdades de circulação de mercadorias, pessoas, prestação de serviços e de fluxo de capitais[94]-[95].

---

econômica baseada na estreita coordenação das políticas econômicas dos Estados-membros, no mercado interno e na definição de objetivos comuns e conduzida de acordo com o princípio de uma economia de mercado aberto e de livre concorrência.

91 Para Albert Borschette, *Les controles européens des concentrations*, p. 354, a concorrência contribui para a realização dos objetivos do Tratado, estimulando a competitividade entre as empresas e, portanto, o poderio das economias européias. Ela é um poderoso fator de iniciativa, que conduz as empresas ao caminho do progresso tecnológico, estimula a inovar, a inventar e a pesquisar métodos de produção mais racionais e mais econômicos. A concorrência é também o melhor sistema que corresponde à democracia. Pode-se mesmo afirmar que a ação no domínio da concorrência preenche uma função política essencial nos países industrializados do Ocidente, visto que vela para que as decisões econômicas sejam tomadas por uma pluralidade de grupos, mantendo contudo um certo equilíbrio entre os poderes.

92 Segundo Giorgio Bernini, op. cit., p. 347, "o *caráter instrumental* das regras da concorrência no quadro da realização dos objetivos definidos pelo Tratado CEE legitima um método de interpretação destas regras, que tem em consideração o contexto econômico e social no qual estas estão destinadas a operar. Este contexto constitui um verdadeiro quadro de referência que está, pela sua própria natureza, em constante mutação, mas sempre dentro dos objetivos previamente delimitados no Tratado".

93 Cf. Ac. do TJCE, de 21.2.1973, Proc. 6/72, Europemballage Corporation e Continental Can Company Inc/ CCE, Col., TJCE, 1973.

94 Manuel Porto, *Teoria da integração e políticas comunitárias*, p. 270, explica que, com a tomada de medidas visando a efetivação das quatro liberdades,

A concorrência permitida é denominada efetiva, *workable competition*,[96] ou seja, aquela que "tem por finalidade garantir a presença no mercado de um número suficiente de empresas independentes funcionando em condições adequadas a proporcionar aos consumidores[97] e utilizadores uma razoável possibilidade de escolha",[98] observando a missão primeira da Comunidade. Por isso, a livre concorrência pode ser sacrificada em razão dos valores inseridos no artigo 2.º do Tratado CE.

---

muitas das formas que os Estados-membros utilizavam para proteger os seus mercados nacionais passaram a ser proibidas (por exemplo, a abolição das medidas quantitativas e medidas de efeito equivalente, o estabelecimento de uma pauta aduaneira comum). Mesmo assim, os países não deixaram de continuar a proteger-se, e, por isso, "não querendo contudo denunciar os compromissos internacionalmente assumidos que haviam levado ao desaparecimento passaram a ser utilizadas outras formas de restrições às trocas e à concorrência". Justamente nesse ponto é que a importância da política da concorrência revela-se: como um instrumento destinado à garantia do sucesso do processo de integração da Comunidade Européia.

95 Nicolas Moussi, op. cit., p. 406, afirma que "o liberalismo do Tratado não tem, pois, o sentido *do laisser-faire, laisser-passer*, mas o sentido de uma liberdade ordenada". P. Canellos, H. Silber, op. cit., p. 150, entendem que a busca por uma concorrência efetiva "é a essência do liberalismo econômico".

96 Cf. Isabel Vaz, op. cit., p. 100, "para Raymond Barre, a 'concorrência efetiva' implica uma noção dinâmica, em oposição ao modelo estático tradicional. Ela se estabelece entre firmas de dimensões, de custos, de horizontes diferentes e políticas diversas. Ela tende ao progresso, isto é, a uma melhoria dos métodos econômicos de produção, a uma diferenciação crescente das qualidades e dos tipos de produtos e ao desenvolvimento de novos produtos. Ela permite a difusão de benefícios devidos a este progresso, a favor dos clientes (sob forma de preços baixos) e a favor dos fatores de produção (sob forma de elevação de suas remunerações)".

97 V. *Relatório sobre Política da Concorrência 2000*, p.3, sobre a interação entre política da concorrência e consumidores: "embora normalmente se aceite que a política da concorrência melhora a eficiência global da economia, é surpreendente que o seu efeito mais evidente, ou seja, o seu efeito sobre os consumidores, seja freqüentemente negligenciado. Os consumidores deveriam estar mais bem informados, os seus interesses deveriam ser tomados mais em consideração e deveriam participar mais diretamente nas questões de concorrência".

98 Cf. João Mota de Campos, *Direito comunitário – O ordenamento económico da União Europeia*, p. 491.

A conclusão a que se chega é que o beneficiário das regras sempre é o *consumidor*[99]-[100], a quem é proporcionada uma maior possibilidade de escolha de bens e serviços, com uma maior qualidade e a preços mais baixos. Além disso, observa-se que, por meio da defesa da concorrência, pretende-se atingir a finalidade primeira da União Européia, que é a integração dos mercados nacionais, o progresso técnico e da infra-estrutura, assim como o bem-estar social, político e econômico dos Estados-membros.[101]

A criação do mercado comum (como instrumento da integração européia) trouxe à tona algumas situações que até então não constituíam uma grande preocupação no âmbito comunitário;[102] por exemplo:

---

99 A Comunicação da CCE de 11.09.1996, p. 3, sobre os *Serviços de interesse geral na Europa*, considera a política da defesa da concorrência como um dos fatores importantes para a prosperidade da economia da União, pois "as forças do mercado permitem uma melhor afetação dos recursos e uma maior eficácia na prestação dos serviços, beneficiando sobretudo o consumidor que obtém melhor qualidade a menor preço".

100 Nesse sentido ver Nicolas Moussi, op. cit., p. 401, ao tratar da necessidade de observância *do princípio da equidade* na aplicação da política da concorrência pois, na sua opinião, a criação de um mercado comum era benéfica para os *consumidores*, pois estes "teriam daí em diante a possibilidade de escolha entre os produtos nacionais e os produtos dos parceiros, importados sem restrições quantitativas e sem direitos aduaneiros. As empresas menos eficientes seriam obrigadas a modernizar-se. Esta alternativa ia ao encontro do interesse dos consumidores e dos contribuintes dos países da Comunidade".

101 A *política da defesa da concorrência* prevista na alínea *g* do artigo 3.º, Tratado CE, é um dos instrumentos previstos para a consecução do artigo 2.º do mesmo diploma legal: a Comunidade tem como missão, por meio da criação de um mercado comum e de uma União Econômica e Monetária e da aplicação das políticas ou ações comuns a que se referem os artigos 3.º e 4.º, promover, em toda a Comunidade, o desenvolvimento sustentável e não inflacionista que respeite o ambiente, um alto grau de convergência dos comportamentos das economias, um elevado nível de emprego e de proteção social, o aumento do nível e da qualidade de vida, a coesão econômica e social e a solidariedade entre os Estados-membros.

102 Nicolas Moussi, op. cit., p. 444, refere-se ao fato de que "a criação do mercado comum provocou uma série de transformações na evolução

i. a verificação da necessidade de uma adequação das empresas européias à nova dimensão do mercado comum, pois já não se falava em mercados nacionais e sim no mercado dos seis Estados-membros;

ii. a falta de estrutura das empresas européias em concorrência com as grandes empresas de países terceiros, especialmente norte-americanas;[103]

iii. a necessidade de supressão de certos obstáculos à integração no domínio do direito fiscal; no direito das sociedades (no que dizia respeito às fusões e a possibilidade de criação de uma empresa européia)[104]; no direito econômico e ainda diferenças nas legislações sobre a propriedade industrial, licenças, marcas, concorrência desleal e numerosas prescrições e normas técnicas do setor industrial;

iv. a preocupação com o controle das concentrações que conduzissem a uma monopolização de um determinado mercado na Comunidade.

No que se refere às concentrações de empresas, ao contrário do Tratado CECA, o Tratado CE não abordava a matéria, o que provocou sérias discussões desde os anos 60 até a aprovação do Regulamento (CE) 4.064/89 do Conselho, de 21.12.1989, relativo ao controle das operações de concentrações de empresas[105]-[106]. O cerne da discussão era

---

estrutural dos países da Comunidade. Ela incitou nomeadamente as empresas, cuja dimensão era concebida em função de um mercado nacional restrito a adaptar essa dimensão a um mercado que de início era de 175 milhões e depois de 260 milhões de consumidores".

103 Segundo M. Drancourt, H. Lepage, Obstacles psychologiques (et politiques) aux concentrations et aux fusions intracommunautaires, p. 135: "numerosas empresas francesas não tinham, até então, uma vaga idéia do que fosse uma concorrência internacional. A abertura de fronteiras constitui para esta categoria de empresas um verdadeiro *eletro-choque*".

104 Ressalte-se que o Tratado CE, no artigo 293, prevê dentro das negociações obrigatórias que deveriam estabelecer os Estados-membros entre si, em benefício dos seus nacionais, "o reconhecimento mútuo das sociedades, na acepção do segundo parágrafo do artigo 48, a manutenção da personalidade jurídica em caso de transferência da sede de um país para outro e a possibilidade de *fusão* de sociedades sujeitas a legislações nacionais diferentes", ou seja, admite a possibilidade de fusões internacionais.

a possibilidade da aplicação das normas do Tratado CE, ou seja, os artigos 85 e 86 (atuais artigos 81 e 82), ao controle de concentrações de empresas, e, se aplicáveis, dentre os dois artigos, qual o dispositivo que se destinava melhor a tal revisão.

Em razão dessa lacuna, que gerava incertezas e dúvidas, em dezembro de 1965 a Comissão apresentou o Memorandum de la Commission de la Communauté Economique Européenne sur la concentration dans le Marché Commun,[107] em que emitia a sua posição acerca das concentrações no mercado comum. Naquela altura, havia

---

105 Publicado no JO L 395, de 30.12.1989, p. 1, alterado pelo Regulamento (CE) 1.310/97 do Conselho, de 30.6.1997, publicado no JO L 180, de 9.7.1997, p. 1.

106 No que diz respeito à discussão doutrinária sobre a *base jurídica do regulamento*, ou seja, sobre a pertinência da utilização do artigo 87 e/ou do artigo 235 (atuais artigos 83 e 308), o problema remete-se à possível inconstitucionalidade da invocação do artigo 308, pois o mesmo consagraria um sistema de controle de concentrações de empresas que revogaria expressamente dispositivos do Tratado, excluindo a aplicabilidade dos regulamentos de execução dos artigos 81 e 82. Sobre esta discussão, ver, por todos, Sofia Pais, op. cit., p. 189-196. Verifica-se, portanto, que não se deve esquecer que o regulamento é uma fonte de direito comunitário de natureza secundária ou derivada "adoptada pelas instituições comunitárias com vista à prossecução de certos objectivos do Tratado". O artigo 83 do Tratado CE autoriza o Conselho, sob proposta da Comissão, e, após consulta ao Parlamento Europeu, adotar regulamentos e diretivas conducentes à aplicação dos princípios enunciados nos artigos 81 e 82. Já o artigo 308 dispõe no sentido de que, se uma ação da Comunidade for considerada necessária para atingir, no curso de funcionamento do mercado comum, um dos objetivos da Comunidade, sem que o Tratado tenha previsto os poderes de ação necessários para o efeito, o Conselho, deliberando por unanimidade, sob proposta da Comissão, e após consulta do Parlamento Europeu, deverá adotar as disposições adequadas. Segundo Mota Campos, op. cit., p. 37, "com o artigo 235.º CEE (203.º CEEA) teve-se precisamente em vista facultar-lhes esses meios ou instrumentos de acção – pelo que esta disposição pode considerar-se verdadeiramente fundamental para o aprofundamento do processo de integração comunitária e para a desejada eficácia da acção desenvolvida no quadro institucional das Comunidades". Com efeito, o artigo 308.º é considerado um meio de suprir lacunas do Tratado, pois este traça apenas objetivos e políticas a serem perseguidos para a consecução de um propósito, qual seja a promoção em toda a

um consenso geral[108] dos benefícios[109]-[110] que os processos de integração poderiam trazer para o mercado comum, especialmente entre as pequenas e médias empresas dos diversos Estados-membros. A

Comunidade do desenvolvimento sustentável e não inflacionista que respeite o ambiente, um alto grau de convergência dos comportamentos das economias, um elevado nível de emprego e de proteção social, o aumento do nível e da qualidade de vida, a coesão econômica e social e a solidariedade entre os Estados-membros (artigo 2.º, Tratado CE).

107 *Memorando da Comissão Econômica Européia sobre a concentração no Mercado de 1.º de dezembro de 1965.*

108 O que não significa dizer que não existiram dúvidas quanto aos efetivos benefícios do processo de concentrações de empresas para a integração européia, como as dúvidas levantadas por Robert Lecourt, Concentrations et fusions d'entreprises, facteurs d'integration européenne?, p. 6, "qual a influência que a reunião de empresas exercerá na formação da Europa (...)?", p. 7, "a concentração é também para a integração européia um motor ou um freio?" M. Drancourt, H. Lepage, op. cit., p. 134, apontam os *seis* principais temas (na perspectiva nomeadamente francesa) que deveriam ser enfrentados naquela altura: a persistência de um clima nacionalista (inexistiam condições estruturais e jurídicas para agrupamentos de dimensão intracomunitária), o peso do passado protecionista, a desconfiança em relação às grandes empresas, o desconhecimento do mundo exterior (o problema da língua, idéias preconceituosas enraizadas, "os alemães são mais trabalhadores, mais produtivos, mais agressivos no plano comercial que os franceses"), o desconhecimento das características dos mercados dos países parceiros gerava mal-entendidos e provocava fracassos, o perfil dos consumidores era diferente de um país para outro, as incertezas quanto ao futuro europeu, o peso norte-americano. Apesar da postura extremamente crítica, esses autores terminam por concluir que a abertura das fronteiras teria por efeito reforçar a concorrência entre as indústrias européias e incitá-las a unirem-se contra a ofensiva norte-americana.

109 Cf. *Memorandum sur la concentration dans le Marché Commun...*, p.656-657, as pequenas e médias empresas se encontravam com algumas desvantagens em relação às grandes empresas, como nas condições de compra, nas condições de responder à procura, organização da distribuição, na possibilidade de realizar estudos dos mercados, de aceder ao mercado de capitais etc. Essas desvantagens justificariam o tratamento favorável às concentrações entre empresas européias, desde que essa política comunitária não se caracterizasse como um incentivo à manutenção das

Comissão via, portanto, com bons olhos o processo concentracionista. Além disso, era uma forma de reação ao grande poderio da indústria norte-americana "les géants américains"[111] que invadiu a Europa. Por outras palavras, criavam-se grandes grupos/conglomerados que pudessem competir em nível de igualdade tanto no mercado comum como no internacional.

Como instrumento regulador das concentrações, a Comissão elegeu o artigo 86 do Tratado de Roma (atual artigo 82 do Tratado CE), o que proporcionou um grande debate doutrinário, pela sua inadequação ao controle das estruturas.[112] Van Damme,[113] por exemplo, criticava a opção européia de estimular as concentrações, pois, na sua opinião, as vantagens econômicas apontadas eram desprovidas de fundamentos práticos. Para P. Canellos e H. Silber, sob o *aspecto econômico*, esse posicionamento da Comissão era questionável, pois menos desejável ainda seria permitir ou mesmo induzir as "médias e eficientes empresas

---

estruturas existentes, e ainda que se tivesse em conta as informações econômicas peculiares de cada setor da indústria.

110 Para Nicolas Moussi, op. cit., p. 398, pelo fato de não existir um controle prévio, as instituições comunitárias, ao favorecerem a concentração entre pequenas e médias empresas, impediam a monopolização de alguns mercados pela integração vertical desmedida de empresas dominantes. Esse autor termina por completar, repetindo os argumentos clássicos da altura em defesa das concentrações, p. 402-403, afirmando que um acordo entre empresas excepcionalmente vai ao encontro dos interesses dos consumidores e pode ser admitido se objetivar a pesquisa, a especialização e a cooperação para a melhoria das condições de produção e distribuição. As concentrações, pelo contrário, eram em princípio admissíveis, porque o mercado alargado pela integração econômica necessitava de empresas maiores, melhoria das estruturas, de racionalização da produção e de obtenção de economias internas, o que terminaria por beneficiar os consumidores.

111 Cf. Y. Loussouarn, La concentration des entreprises dans la Communauté Économique Européenne, p. 237. Para a maioria da doutrina, apenas por meio das concentrações se poderia evitar o domínio da indústria norte-americana no Mercado Comum Europeu, como advertia Van Damme, *La politique de la concurrence dans la C.E.E.*, p. 345-347.

112 O estudo detalhado desse Memorando será efetuado no Capítulo 1, item 1.1.2.

113 Cf. Van Damme, op. cit., p. 352.

européias" a consolidarem-se em unidades colossais para enfraquecerem a posição dominante de algumas empresas americanas. Isso porque, no momento em que o poder das empresas americanas pudesse ser reduzido, os novos gigantes (no caso, os europeus) poderiam jogar economicamente de forma similar aos americanos.[114] Para eles, as evidências fáticas não sustentavam os argumentos de que por intermédio das concentrações seriam alcançadas economias de escala, benefícios em relação à pesquisa e ao desenvolvimento e ainda relativos à gestão. Não se encontravam demonstradas quaisquer evidências de que as concentrações eram necessárias para melhorar a eficiência das indústrias e para atingir as metas econômicas descritas pela Comunidade Européia. Assim, a concentração de médias empresas eficientes não deveria ser promovida. Pelo contrário, a alteração do grau de concorrência em vários setores da indústria deveria ser mantida sob controle, para prevenir o surgimento de estruturas do mercado que fossem incompatíveis com o conceito de concorrência praticável.[115]

Mesmo sob essas críticas, a política industrial observada pela Comunidade Européia foi no sentido de incentivar as concentrações entre as pequenas e médias empresas européias, especialmente quando as mesmas estivessem localizadas em Estados-membros diversos, como forma da consolidação do mercado comum. Entendia-se também que essas concentrações seriam benéficas para a concorrência, pois provocariam economias de escala, conduziriam à racionalização da produção e da distribuição dos produtos no mercado comum e favoreceriam o progresso técnico. Dessarte, apenas aquelas concentrações que dificultassem o funcionamento da concorrência é que seriam objeto de restrições, assim como as concentrações que limitassem em excesso a liberdade de escolha e de iniciativa dos consumidores, fornecedores e compradores.[116]

Numa fase posterior, verificou-se que a política de incentivos às concentrações entre empresas européias, quando realizada sem a

---

114 Cf. P. Canellos, H. Silber, op. cit., p. 15.

115 Cf. P. Canellos, H. Silber, op. cit., p. 35.

116 Cf. Thiesing et al., op. cit., p. 229. Nesse sentido ver também Nicolas Moussi, op. cit., p. 432.

observância de determinadas regras ou cautelas, também poderia pôr em causa a missão da Comunidade.[117] Concomitantemente, em 1972, o Tribunal de Justiça decidiu o célebre caso Continental Can e, logo em seguida, em 1973, a Comissão apresentou perante o Conselho uma proposta, iniciando-se a discussão do projeto de regulamentação das concentrações de empresas.[118]

Esse processo de regulamentação perdurou dezesseis anos, ocorrendo inúmeras discussões e períodos de inatividade, principalmente pela absoluta falta de consenso entre os Estados-membros para a sua aprovação. Além disso, o receio dos Estados-membros era que a Comissão detivesse um grande poder em setores de extrema relevância como as políticas industrial e econômica nacionais.[119] De fato, tanto a legislação alemã como a francesa outorgavam prerrogativas ao Poder Executivo de autorizar determinadas operações que foram interditadas pelas autoridades competentes, sob o argumento de aplicação do interesse público ou nacional.[120] Existiam ainda problemas relacionados com a

---

117 Segundo Y. Loussouarn, op. cit., p. 237-238, o liberalismo em relação às concentrações deu lugar ao *abuso*.

118 No sentido da necessidade de um instrumento jurídico adequado para o controle de concentrações de empresas ver Albert Borschette, op. cit., p.356, e Nicolas Moussi, op. cit., p. 465-467.

119 Aliás, o grande problema que se levanta quando se discute a política da concorrência é a sua relação com a *política industrial* de um determinado Estado, ou seja, até que ponto as escolhas relativas à concorrência podem influir na política industrial e, especialmente, em se tratando de controle de concentrações de empresas, até que ponto essas duas políticas podem andar lado a lado sem se chocarem. Na Comunidade Européia, por exemplo, a doutrina dividiu-se. Nicolas Moussi, op. cit., p. 469, defendia a necessidade e reconhecia a possibilidade de compatibilidade entre as duas políticas, pois, segundo ele, "é certo que a política da concorrência e os seus instrumentos não podem nem devem substituir a política industrial comunitária e os seus instrumentos. O papel destes últimos é facilitar as reestruturações necessárias em vários setores. A política de concorrência e os seus instrumentos só podem criar um clima favorável a um novo desenvolvimento industrial da Europa. Condição prévia da política industrial, a política de concorrência é-o também da política econômica. De fato, só num clima de sã concorrência pode ser prosseguida a

divisão de competência entre as autoridades nacionais e a Comissão, além de conflitos nas relações entre o direito comunitário e o direito interno.[121]

Apenas em abril de 1988 e após o impacto do acórdão Philip

---

convergência das economias dos Estados membros da Comunidade". Já A. Jacquemin, em posição oposta, considerava não só "perigoso" atribuir à mesma entidade a apreciação de interesses de política de concorrencial e industrial, como recordou que o papel da política da concorrência não era garantir "uma melhor distribuição regional das atividades ou salvaguardar o emprego, mas atacar práticas de mercado ou estruturas que limitem a concorrência atual ou potencial de forma substancial". Ressalte-se, entretanto, que na CE, cada vez mais se reconhece a necessidade de harmonizar essas duas políticas, como se verifica, por exemplo, no *Relatório sobre a Política da Concorrência*, 1991, p. 11, quando a Comissão chama atenção para o fato de que a sua opção por um sistema de mercados abertos e concorrenciais na Comunicação de 1990 relativa à política industrial reafirmou o papel que pretendia atribuir à política de concorrência a fim de promover a competitividade da indústria comunitária. Segundo a Comissão, essa política adquiriu uma importância cada vez maior no âmbito do processo para a união econômica e monetária e da realização do mercado interno, cujos benefícios só poderiam ser atingidos graças a uma vigilância constante na aplicação das regras da concorrência. Esse tema voltou a ser objeto dos *Relatórios sobre a Política da Concorrência* apresentados posteriormente, sempre reforçando a total compatibilidade entre as políticas da concorrência e industrial.

120 Aliás Louis Vogel, Contrôle des concentrations et politique industrielle, p. 59, assinala que as ligações entre o direito da concorrência e a política industrial são patentes: o direito da concorrência permite agir diretamente sobre a estrutura dos mercados e o tamanho das empresas e a política industrial é, antes de tudo, uma política das estruturas industriais, que, por esse motivo, na maioria dos países, o Poder Executivo desempenha um papel de extrema relevância na prática do controle da concorrência, podendo autorizar determinadas operações que a princípio tenham sido interditas pelo órgão administrativo sob os fundamentos do interesse geral ou do interesse público.

121 Uma análise das diversas propostas de regulamentação do controle de concentrações de empresas nesses dezesseis anos pode ser encontrada em Van Damme, op. cit., p. 383. Xavier de Roux, Dominique Voillemont, *Le droit de la concurrence de la C.E.E.*, p. 155-160, Giorgio Bernini, op. cit., p. 373, e Sofia Pais, op. cit., p. 171-188.

Morris (esse tema será desenvolvido adiante) é que as negociações do Regulamento foram efetivamente retomadas. Acrescente-se ainda a grande pressão decorrente da iminente realização do mercado interno,[122] quando os diversos Estados-membros, que ainda se mostravam reticentes em relação a essa discussão, despertaram para a necessidade de adoção de um regulamento específico. Por outro lado, a Comissão terminou por renunciar diversos pontos considerados polêmicos, nomeadamente no limiar do montante dos negócios submetidos à sua apreciação, que foram definidos muito acima do pretendido, diminuindo consideravelmente o alcance da sua competência na análise das concentrações.

Com a adoção do Regulamento (CE) 4.064, em 21.12.1989, a Comunidade Européia passou a ter um sistema de defesa da concorrência completo, com garantias de segurança jurídica, objetivando sempre a realização do mercado comum. Aliás, não se deve esquecer que o controle de concentrações de empresas encontra-se inserido na política da concorrência, e, portanto, o Regulamento constitui, da mesma forma, um mero instrumento de consecução das políticas comunitárias. Reforçando essa tese, a Comissão Européia, ao justificar a incorporação do Regulamento, indicou motivos de ordem econômica e política, além dos efeitos que um processo de reestruturação da indústria européia sem qualquer controle pudesse vir a causar.[123]

3.3 A evolução brasileira: de crime contra a economia popular à garantia do exercício da livre concorrência

Por sua vez, a prática brasileira em analisar as concentrações empresariais é recente, apesar de este fenômeno ter sido regulamentado pela primeira vez em 1938. O Decreto-lei 869, de 18 de novembro,[124] tratava das concentrações, mas sob a perspectiva de crime contra a

---

122 Esse tema foi objeto dos *Relatórios sobre a Política da Concorrência* da Comissão Européia nos anos de 1986, p. 12 e 16-17, de 1987, p. 13, e de 1988, p. 12-15.

123 Cf. *Relatório sobre a Política da Concorrência*, 1989, Comissão Européia, Bruxelas, p. 33-34.

124 Esse decreto regulamentava o artigo 141 da Constituição de 19.11.1937: a lei fomentará a economia popular, assegurando-lhe garantias especiais. Os crimes contra a economia popular são equiparados aos crimes contra o

economia popular. Verifica-se que o seu artigo 2.º, inciso III, considerava *crime*, punido com prisão de dois a dez anos, além de multa, promover ou participar de consórcio, convênio, ajuste, aliança ou fusão de capitais, com o fim de impedir ou dificultar, para o efeito de aumento arbitrário de lucros, a concorrência em matéria de produção, transporte ou comércio. Esse decreto, todavia, nunca foi aplicado, mas revela a visão política e econômica intervencionista que havia no País[125] e que perdurou de forma marcante até o princípio da década de 90.

Em 1942, o assunto voltou mais uma vez à tona, com o Decreto-lei 9.085, de 25 de março, que vedava o registro civil das pessoas jurídicas, quando o seu objeto ou circunstâncias relevantes indicassem destino ou atividades ilícitas ou contrárias ou nocivas ao bem público, à segurança do Estado, da coletividade, à ordem pública e social, à moral e aos bons costumes. Por meio desse decreto seria possível ainda recusar o registro, a fusão, a venda e a organização de sociedades e até mesmo contratos e quaisquer negócios jurídicos que ali pudessem ser enquadrados.

Em 1945 entrou em vigência o Decreto-lei 7.666, de 22 de junho, que visava coibir "os atos contrários à ordem moral e econômica"; criou-se pela primeira vez uma "Comissão Administrativa de Defesa Econômica", coincidindo com um período em que o País ainda não estava suficientemente receptivo a regras desse gênero. Tanto que nunca chegou a ser efetivamente implementado, tendo sido revogado com a derrubada do Estado Novo.[126]-[127]

Em 1946 entrou em vigor uma nova Constituição, que previa

Estado, devendo a lei cominar-lhes penas graves e prescrever-lhes processo e julgamento adequados à sua pronta e segura punição.

125 Sampaio Ferraz, *Lei de defesa da concorrência...*, p. 176-177, comenta que esse dispositivo legal "se inscrevia num cenário cujo pano de fundo temia as formas concentracionais como distúrbios na estrutura do mercado. Esta visão penal das distorções mercadológicas colocava, assim, a economia do País a meio passo entre o franco intervencionismo, nos sobretons políticos e uma concepção estrutural conservadora, na tintura legal".

126 *Ip. lit.* Sampaio Ferraz, ibidem, p. 177.

127 Paulo Frontini, Caracterização de condutas contrárias à ordem econômica – Notas sobre a nova lei antitruste, p. 102-103, comenta que essa lei, chamada vulgarmente como Lei Malaia, de autoria do Ministro da Justiça da época, Agamenon Magalhães, causou tanta repulsa que foi revogada

em seu artigo 148 que a lei iria reprimir toda e qualquer forma de abuso de poder econômico, inclusive as uniões ou agrupamentos de empresas individuais ou sociais, qualquer que fosse a sua natureza, que tivessem por fim dominar os mercados nacionais, eliminar a concorrência e aumentar arbitrariamente os lucros. Já se constatava, portanto, uma mudança de tratamento do fenômeno concentracionista no Brasil, pois as concentrações de empresas deixaram de ser encaradas como um crime contra a economia popular, passando a configurarem apenas como nocivas quando se apresentassem como um *abuso de poder econômico.*[128] Permanecia, entretanto, o caráter penal, pois, segundo a doutrina tradicional da época, só poderia ser considerado um abuso de poder econômico se a tríade presente no dispositivo constitucional estivesse presente (dominar mercados nacionais, eliminar a concorrência e aumentar arbitrariamente os lucros), além da existência de dolo.[129]

Não obstante, o tema cai novamente no "esquecimento", e esse dispositivo constitucional somente veio a ser regulamentado em 1962, pela Lei 4.137/62,[130] que regulava a repressão do *abuso do poder econômico*. O artigo 2.º dispunha que se consideravam como formas de abuso do poder econômico: dominar os mercados nacionais[131] ou eliminar total ou parcialmente a concorrência por meio de ajuste ou acordo

---

no mesmo ano, dias após a destituição de Getúlio Vargas. Esse autor acrescenta ainda que na bibliografia histórica há o registro de que o Decreto-lei 7.666 ajudou a derrubar Vargas do poder.

128 Agamenon Magalhães, considerado no Brasil como um dos precursores da necessidade de se aplicar no Brasil uma legislação em defesa da concorrência, definia em *Abuso de poder econômico*, p. 601, o poder econômico como "o que resulta da posse dos meios de produção. Quando êsses meios de produção, em certos setores da atividade, são dominados por um indivíduo ou um grupo de indivíduos, são dominados por uma emprêsa ou por um grupo de emprêsas, evitando que outros dêles também possa dispor, há abuso do poder econômico".

129 Nesse sentido ver Maurício Costa, O princípio constitucional de livre concorrência, p. 18-19.

130 Apesar da forte campanha levada a cabo desde 1948 pelo seu maior defensor, Agamenon Magalhães, op. cit.

131 O uso da expressão "dominar os mercados nacionais" foi objeto de alguma controvérsia naquela altura. Discutia-se se o legislador se referia a todo o

entre empresas, ou entre pessoas vinculadas a tais empresas ou interessadas no objeto de suas atividades; aquisição de acervos de empresas ou de cotas, ações, títulos ou direitos; coalizão, incorporação, fusão, integração ou qualquer outro modo de concentrações de empresas; concentração de ações, títulos, cotas ou direitos em poder de uma ou mais pessoas físicas; acumulações de direção, administração ou gerência de mais de uma empresa; cessão parcial ou total das atividades de empresa promovida por ato próprio ou de terceiros; criação de dificuldades à constituição, ao funcionamento ou a desenvolvimento de empresa.

A primeira observação que se pode efetuar sobre essa lei é que a repressão ao abuso de poder econômico continuava a ser o seu maior escopo, mas este deixou de ter natureza penal e de ser punido com pena de prisão.[132]-[133] Além das maneiras típicas de concentrações de empresas, outros fenômenos que não interessavam ao controle das concentra-

---

mercado nacional em termos geográficos ou apenas ao mercado relevante. Para B. Schieber, O conceito de dominação dos mercados nacionais na lei antitruste, p. 27, a expressão "mercados nacionais" implicava a idéia de mais de um mercado nacional dentro do território nacional, e a inadequação do preceito a um só mercado que abrangesse todo o território nacional serviria mal aos fins da lei, já que permitiria que o domínio econômico do país fosse feito em parcelas do mesmo território. B. Schieber termina por concluir que não existia razão para crer que a Lei 4.137/62 proibia apenas o domínio de todo o território nacional como o único mercado relevante para os fins desse abuso de poder econômico.

132 V. artigos 7.º, 43 e 47 da Lei 4.137/62.

133 Aliás, essa natureza penal foi criticada por Sampaio Ferraz Jr., Lei de defesa da concorrência..., cit., p. 179-180. Segundo esse autor, a "orientação (penal), que já vinha desde a vigência da Constituição de 1946 ('A lei, que se refere o artigo 148, é penal', dizia Pontes de Miranda em seus *Comentários à Constituição de 1946*, vol. IV), passou a prevalecer de tal modo que, em 1985, tomava corpo uma corrente segundo a qual, com a Constituição então vigente (1969), estariam mesmo derrogadas as disposições coativas atinentes à matéria que estritamente não se enquadrassem num dos termos do trinômio constitucional: dominação de mercados nacionais; eliminação de concorrência; e aumento arbitrário de lucros". No mesmo sentido, Isabel Vaz, op. cit., p. 10-11, explica que um dos motivos para que tal fato ocorresse foi a equivocada concepção de que o direito de defesa da concorrência estaria inserido no âmbito do direito penal, dado aos rígidos princípios que

ções também se encontravam enquadrados, pois diziam respeito aos comportamentos das empresas no mercado, e não a sua estrutura, como por exemplo a criação de dificuldades à constituição, ao funcionamento ou a desenvolvimento de empresa. Essa lei, inspirada no Sherman Act norte-americano na maioria dos conceitos utilizados, assim como as anteriores, também foi destinada ao insucesso. A maior preocupação naquela altura não era exatamente o controle das estruturas do mercado brasileiro, mas sim as práticas comerciais das empresas, nomeadamente em relação ao aumento abusivo de preços e ao desrespeito pelo consumidor. Por outro lado, a intervenção estatal na ordem econômica foi a grande tônica nessa fase, sem esquecer a instabilidade econômica sempre presente, e, por isso, o controle de preços foi o grande enfoque da política de defesa da concorrência brasileira.[134]-[135]

---

existem nessa perspectiva, *ex vi nullum crimen nulla poena sine lege*, restando o órgão impedido de "aplicar a Lei n.º 4.137/62 em inúmeras oportunidades, em razão da inexistência de tipificação expressa de uma prática abusiva. O órgão foi classificado de inoperante e omisso, quando, na real verdade, muitas vezes estava legalmente impedido de aplicar certas sanções, porque o dinamismo das atividades econômicas havia permitido a certos agentes praticar que dificultou imenso a sua aplicação".

134 Paulo Frontini, op. cit., p. 103, comenta que os resultados da atuação do CADE entre 1964 e 1985 foram modestos, porque no "quadro jurídico dos Atos Institucionais – regime militar – sob o império do chamado 'milagre brasileiro' ou sob o impacto da 'crise do petróleo' e do impasse da dívida externa e da moratória, parece que não existiam condições sociopolíticas de combater o poder econômico". Pedro Dutra, A concentração do poder econômico. Aspectos jurídicos do art. 54 da Lei 8.8894/94, p. 21, destaca os dois grandes marcos da ordem econômica brasileira nesse período: a total eliminação das condições para que o órgão de defesa da concorrência existente, o CADE, criado em 1962, pudesse regular a concorrência e assim contribuir decisivamente para o aprimoramento de um mercado competitivo. Outro marco foi a concentração do poder econômico verificada em determinados mercados da economia brasileira.

135 Calixto Salomão, op. cit., p. 234-235, apresenta esse tema sob a perspectiva do direito societário brasileiro. Segundo ele, esse incentivo estatal às concentrações refletiu-se na Lei das Sociedades Anônimas brasileira (Lei 6.404/76) que se caracterizava por uma alta percentagem de capital não

As concentrações empresariais não eram tão freqüentes, apesar da política de incentivos ao desenvolvimento industrial brasileiro,[136] sob a supervisão do Estado, mesmo que indiretamente.[137]-[138] Essa situ-

---

votante (2/3), o que teria por conseqüência a possibilidade da aquisição de um controle majoritário com apenas 16,7% do seu capital total. Criou-se um sistema em torno da figura do acionista controlador, sem a proteção correlata das minorias, e ainda uma ausência de responsabilidade do acionista controlador. A regra do artigo 117 previa apenas uma responsabilidade interna. O autor termina por concluir que, "em presença de uma tal concentração de poderes e de uma tão diminuta responsabilidade prevista em lei, a aplicação da teoria da desconsideração da personalidade jurídica aparece não apenas como uma maneira de restabelecer o equilíbrio nas relações privadas entre credor e devedor, mas, também, como um necessário contrapeso ao poder do controlador, com importantes efeitos concorrenciais". Nesse mesmo sentido ver Viviane Prado, op. cit., p. 144-145.

136 Ver os comentários de Sampaio Ferraz, Lei de defesa da concorrência..., cit., p. 177-178, sobre o programa de metas do governo de Juscelino Kubitschek e as suas conseqüências para a economia brasileira.

137 Segundo Modesto Carvalhosa, op. cit., p. 16, no Brasil "o poder público, visando ao equilíbrio da economia interna, e à consecução de seu programa de desenvolvimento nacional, em têrmos de recuperação de seu atraso em relação aos países desenvolvidos, vinha promovendo uma política de concentração econômica nos setores das instituições financeiras, da indústria e do comércio, utilizando leis fiscais e dos poderes de contrôle que lhe outorgavam as leis sobre mercado financeiro, a fim de forçar os setores de serviços, fabrico e comércio à concentração". Pedro Dutra, A concentração do poder econômico. Aspectos jurídicos..., p. 21, comenta que essa intervenção estatal era caracterizada pela criação de empresas estatais que produziam bens e prestavam serviços, formação de empresas para liderar grupos empresariais também estatais; rígido controle de preços; cerrada e ampla barreira alfandegária; reservas de mercado demarcadas; planos de desenvolvimento econômico por meio dos quais as estratégias empresariais e a vontade do consumidor se viram submetidas à decisão dos seguidos governos federais. Ver ainda os comentários de Sampaio Ferraz Jr., *Lei de defesa da concorrência...*, p. 180-181, e ainda o mesmo autor em A concentração econômica e a fiscalização administrativa, p. 66-67, sobre a desorientação provocada no que diz respeito à aplicação da Lei 4.137/62, em razão dos Planos Nacionais de Desenvolvimento implementados pelo Governo Federal. No mesmo sentido ver Borges da Fonseca, op. cit., p. 72.

ação verifica-se, inclusive, pela ausência de previsão legal de um controle específico em relação às concentrações, pois o artigo 74, que tratava da *fiscalização* dos atos, ajustes, acordos ou convenções entre empresa de qualquer natureza, não mencionava especificamente as concentrações de empresas, aspecto que gerava alguma controvérsia na doutrina.[139] Outro motivo para a sua ineficácia teria sido a atuação do Poder Judiciário, suspendendo a execução das decisões do CADE.[140]

Esse foi o quadro da legislação concorrencial brasileira até o final da década de 80, quando se observam o fim da ditadura militar e a transição do modelo econômico vigente, de natureza nitidamente intervencionista para uma política mais liberal. Acompanhando esse

---

138 Neide Malard, op. cit., p. 57, exemplifica alguns casos de concentrações de empresas que foram aprovados pelo CADE sob a vigência da Lei 4.137/62 (recorde-se que essa lei tipificava as hipóteses de concentração que eram proibidas), e que servem a título ilustrativo, em razão das dificuldades em conseguir qualquer jurisprudência desse período: a simples compra de empresa concorrente não é por si só abuso de poder econômico (Proc. 20.402/80); que a concentração de empresas, não constituindo meio utilizado para o exercício do domínio do mercado ou da eliminação da concorrência, não configura abuso de poder econômico (Proc. 20/75), que a integração de empresas subsidiárias mediante fusão ou incorporação com a que lhes detenha o controle acionário não implica procedimento abusivo (Proc. 20.654/68), que é razoável a aquisição do controle acionário de empresa concorrente quando esta se encontre em difícil situação econômica e a transação representa manutenção de empregos sem prejuízo para o mercado consumidor (Proc. 20.304/60); que inexiste prática restritiva quando a aquisição do controle acionário da empresa concorrente seja do interesse da economia nacional ou quando se apresente como solução última para as dificuldades financeiras daquela, ou, ainda, quando visa impedir desemprego e não impeça o consumidor de escolher entre produtos concorrentes (Proc. 50/75); que a acumulação de direção, administração ou gerência de mais de uma empresa só configura abuso de poder econômico se resultar a dominação de determinado ramo do mercado nacional ou a eliminação, ainda que parcial, de concorrência (Proc. 29/68).

139 Vide comentários de Sampaio Ferraz Jr., A concentração econômica e a fiscalização administrativa..., p. 70. Borges da Fonseca, op. cit., p. 78, entende que, sob a égide dessa lei, as concentrações econômicas não estavam sujeitas à obrigação de notificação e aprovação do CADE.

140 Ver comentários de Paula Forgioni, op. cit., p. 127.

panorama de mudanças políticas, em 1988, é promulgada uma nova Constituição, que pela primeira vez elege *a livre concorrência* como um dos princípios orientadores da ordem econômica nacional. Nesse período, iniciam-se a abertura da economia às importações, a desregulamentação dos mercados e a privatização de empresas estatais, que redefiniram completamente o cenário político-institucional do país em relação à política de defesa da concorrência.[141]

O modelo econômico[142]-[143] consagrado na atual Constituição Federal do Brasil funda-se na liberdade de iniciativa e na valorização do trabalho humano, observando os ditames da justiça social, tendo por objetivo assegurar a existência digna de todos.[144]-[145] Essa ordem

---

141 Cf. Edgard Antonio Pereira, Pontos para uma agenda econômica para a ação antitruste, p. 14.

142 Segundo Fábio Ulhoa Coelho, *Curso de direito comercial*, p. 193, "no direito brasileiro em vigor, a constituição econômica tem perfil neoliberal. Significa isso que se baseia nos princípios tradicionais do liberalismo econômico – a propriedade privada, a liberdade de iniciativa e a de competição – temperados com a afirmação de certas conquistas sociais, consolidadas principalmente na última metade do século – a função social da propriedade, a defesa do consumidor, busca do pleno emprego etc.".

143 Leopoldino da Fonseca, op. cit., p. 53, comenta que, "historicamente, é a partir da Primeira Guerra Mundial que o conceito de Constituição econômica toma impulso, que será ainda mais desenvolvido e concretizado a partir da crise do capitalismo de 1929 e mais ainda depois da Segunda Grande Guerra. Se a Revolução Francesa e a Independência norte-americana trouxeram em seu bojo os fundamentos filosóficos do constitucionalismo do século XIX, com a ideologia dos direitos do homem e do cidadão, como forma de defesa contra o absolutismo monárquico vigorante até então, as duas grande guerras e a crise do capitalismo no século XX trouxeram a idéia da Constituição econômica, em que pretende regular as relações econômicas". E o que se entende por *constituição econômica*? Segundo Washington Souza, op. cit., p. 167, seria "o conjunto de temas econômicos, quer esparsos por todo o texto, quer localizados em um 'título' ou 'capítulo' das Constituições, vem sendo denominado por Constituição Econômica. Significa, portanto, que o assunto econômico assume sentido jurídico em grau constitucional. A partir daí decorre a 'ordem jurídica', ou melhor, 'jurídico-econômica' vigente".

144 V. artigo 170, *caput*, da Constituição Federal.

145 Fábio Ulhoa Coelho, *Curso de direito comercial...*, p. 181, observa que um

econômica eleita deve harmonizar-se com os princípios ali enumerados,[146]-[147] interessando-nos no momento, especialmente, o respeito pela livre concorrência[148] e pela defesa do consumidor. O propósito dessa nova ordem econômica é a garantia da liberdade de iniciativa, subordinada ao cumprimento do seu valor social.

---

setor da doutrina considera que, "a partir do balizamento constitucional da livre iniciativa por valores de 'justiça social e bem-estar coletivo', que a exploração da atividade econômica com puro objetivo de lucro e de satisfação pessoal do empresário seria, sob o ponto de vista jurídico, ilegítima. É, por exemplo, o entendimento de José Afonso da Silva (1976:673). A natureza neoliberal da ordem econômica prevista pela Constituição não tem, entretanto, tal extensão. A equiparação, em importância, da livre iniciativa e dos valores normalmente desconsiderados pelo empresário egoísta (a defesa do consumidor, a proteção do meio ambiente, a função social da propriedade etc.) apenas afasta a possibilidade de edição de leis, complementares ou ordinárias, disciplinadoras da atividade econômica, desatentas a esses valores". Completa adiante o raciocínio, que "da norma constitucional ordenadora da economia (o artigo 170 da CF) apenas se pode concluir inconstitucionalidade de regras jurídicas que eventualmente não reflitam a mesma igualação valorativa, estabelecida no texto fundamental, entre a livre iniciativa, a defesa do consumidor, a proteção do meio ambiente etc.".

146 O artigo 170, da Constituição Federal enumera os seguintes princípios: soberania nacional, propriedade privada, função social da propriedade, defesa do meio ambiente, redução das desigualdades regionais e sociais, busca do pleno emprego e tratamento favorecido para as empresas de pequeno porte constituídas sobre as leis brasileiras e que tenham a sua sede e administração no Brasil.

147 Aliás, como foi reconhecido no AC 08012.011337/99-83, de 11.10.2000 (Copersucar Armazéns Gerais S/A e outras): "Uma leitura crítica do Título VII da Constituição da República Federativa do Brasil – Da Ordem Econômica e Financeira – revela à primeira vista que qualquer visão terá que centrar-se num ambiente contextual. O princípio da defesa da livre concorrência deve ser implementado levando em conta todos os demais princípios. Em outras palavras, a política econômica da livre concorrência deve aliar-se a todas as demais ações, porque sempre depende de cada uma delas e porque exerce sempre influência sobre todas elas".

148 Ressalte-se que os conceitos de livre iniciativa e livre concorrência, apesar de complementares, são distintos, na lição de Miguel Reale apud Mártires Coelho, A defesa da livre concorrência na Constituição de 1988, p. 16-17:

Encontra-se prevista ainda como norma programática no § 4.º do artigo 173 que "a lei reprimirá o abuso de poder econômico que vise à dominação de mercados, à eliminação da concorrência e ao aumento arbitrário de lucros".[149] A primeira observação a ser feita é que a

---

"começo por observar que, pela primeira vez na história de nosso Direito Constitucional, a livre concorrência foi elevada à dignidade de princípio constitucional, como se acha consagrada no artigo 170 da Lei Fundamental em vigor, e isto depois de, no caput desse mesmo artigo, declarar-se que a ordem econômica no Brasil se funda, entre outros, sobre o valor da iniciativa privada. Por sinal que esta é referida destacadamente logo no artigo 1.º da Carta, não se devendo olvidar que esse artigo é de natureza manifestamente preambular, pois enumera quais são os princípios fundamentais de nosso Estado Democrático de Direito. Assim sendo, não é esse ou aquele outro dispositivo isolado da Constituição que nos permitirá captar o novo sentido da nova ordem econômica, mas sim todo o contexto de suas disposições". Ver também comentários de José Carlos Martins Proença, Concentração empresarial e o direito da concorrência, p. 5: "verifica-se, via de conseqüência, que o princípio da livre concorrência tem um significado próprio que o distingue do princípio de livre iniciativa. Aquele que se apresenta como um elemento desejável, ou mesmo necessário, para possibilitar a presunção de que a livre iniciativa promove a realização do bem comum, o que é, a seu turno, um elemento favorável para que a livre iniciativa reencontre o seu valor social. A livre concorrência, assim, desempenha um papel fundamental para que a livre iniciativa possa gozar da presunção de beneficiar a coletividade. Trata-se de um elemento importante para valorização social da livre iniciativa".

149 Em relação a esse dispositivo legal, o AC 61/92 (Federação Nacional das Empresas de Seguros Privados e Capitalização/Associação Médica Brasileira) esclarece que "concorrer é disputar a preferência do consumidor quer pelo preço quer pela quantidade do produto. Qualquer artifício utilizado pelo agente para restringir ou obstar essa disputa, limitando ou reduzindo o poder de escolha do consumidor, importa a eliminação da concorrência, e prejudica o mercado tanto do lado da produção quanto do consumo. Assim, há que se dar ao vocábulo 'eliminação' sentido relativo, e não absoluto. Se a eliminação de um concorrente se dá em razão da superioridade tecnológica de certo produto ou serviço, não há se falar em prejuízo para o mercado, pois a preferência do consumidor foi soberanamente canalizada para algo que ele considera melhor ou mais barato. Dessa eliminação não cogita a lei de defesa da concorrência. A expressão eliminação da concorrência tem,

repressão do "abuso de poder econômico"[150] deixa de constar como princípio orientador da ordem econômica nacional, passando a estar condicionada aos preceitos enunciados no artigo 170, em especial a livre concorrência.[151]

Esse dispositivo legal foi inicialmente regulamentado pela Lei 8.158, de 8.1.1991, que entretanto não revogou a lei anterior, criando uma situação extremamente conflituosa e talvez, também por esse motivo, inoperante. No que se refere às concentrações de empresas, o seu controle encontrava-se previsto no artigo 13, que determinava alteração à redação do artigo 74 da Lei 4.137/62 e, ao contrário do regime atual,

---

pois, um sentido de prejuízo ao mercado, aferível sempre no contexto econômico em que ocorre".

150 Sampaio Ferraz Jr., *Lei de defesa da concorrência...*, p. 182-183: "como a Constituição fala em abuso de poder econômico, em si, é um fenômeno normal no processo de produção e circulação da riqueza. O que a lei deve reprimir é o seu abuso. Abuso de poder é desvio de finalidade. Significa, genericamente, o uso de poder econômico de modo a prejudicar e até inviabilizar a liberdade e a justiça econômica. A busca do lucro, enquanto condiciona e possibilita a acumulação de capitais, explica o aumento da dimensão da empresa. No regime da concorrência, este processo pode conduzir a ajuste, coalizões, fusões, incorporações ou integrações, como instrumentos de competição. Em conseqüência, o fenômeno de poder econômico não é uma exceção no jogo do mercado, mas um dado virtualmente constante das relações econômicas. Em outras palavras, a Constituição aceita fazer parte da economia de mercado o uso estratégico do poder, a fim de obter posições de maior predominância no interior de sua estrutura. O abuso ocorre quando neste uso estratégico estamos diante de um desvio de finalidade". Este autor defende ainda que o Estado tem o dever de "atuar preventivamente, a fim de obviar a concorrência de situações prejudiciais a uma concorrência eficiente e, até mesmo, evitar as condições capazes de levar o agente ao abuso do poder econômico, é o sucedâneo constitucional de sua função fiscalizadora".

151 Para Isabel Vaz, op. cit., p. 100-101, por ter sido a expressão *abuso do poder econômico* "que na Constituição de 1967 constava como princípio da ordem econômica e social" deslocada para a condição de § 4.º do artigo 173, "significa que a preservação da livre concorrência é mais importante na hierarquia constitucional vigente do que a repressão aos abusos de poder econômico". Ver o estudo bastante elucidativo sobre o tema de Maurício Costa, O princípio constitucional de livre concorrência, p. 7-26.

exigia uma notificação e aprovação prévia da Secretaria de Direito Econômico de qualquer ajuste, acordo ou convenção, sob qualquer maneira manifestados, que pudessem limitar ou reduzir a concorrência entre empresas. Dentro desses atos, o § 2.º do artigo 74 estabelecia a inserção entre os atos que deveriam ser notificados daqueles que visassem qualquer forma de concentração econômica, fosse por meio de fusão ou incorporação de empresas, constituição de sociedade para exercer o controle de empresas ou qualquer outro modo de agrupamento societário ou concentração econômica, cuja conseqüência implicasse a participação da empresa ou grupo de empresas resultante em vinte por cento de um mercado relevante de bens ou serviços.

Verifica-se, portanto, uma evolução, apesar dos defeitos que a lei apresentava, e que lamentavelmente voltaram a ser repetidos na legislação atual, como a presunção de ilicitude da operação apenas em razão do percentual de participação no mercado, sem levar em conta as peculiaridades de cada setor de bens ou serviços. Todavia, é indubitável que se trata de uma presunção *juris tantum*, admitindo prova em contrário. Aliás, nem poderia ser diferente a conclusão, uma vez que a análise econômica indica outros fatores extremamente relevantes na mensuração do poder econômico, e não somente a participação no mercado.[152]

Apresentada a evolução da política da concorrência brasileira, conclui-se que apenas com a lei de 1991 o ordenamento jurídico nacional passou a deter um verdadeiro instrumento de controle de concentrações de empresas, embora pouco utilizado. Na realidade, somente com a entrada em vigor da legislação atual e com a evolução do cenário político e econômico no país é que surgiu lugar para que a cultura da defesa da concorrência pudesse ser implementada e desenvolvida. Deixou de constituir uma "obrigação" para o CADE e Secretarias auxiliares a prática do controle dos preços e o consumidor ganhou um instrumento de defesa adequado, qual seja a Lei 8.078, de 11.9.1990, que instituiu o Código de Defesa do Consumidor.

Em 11.6.1994, a atual lei de defesa da concorrência (Lei 8.884) foi promulgada, que, dentre outros temas, tem por finalidade a preven-

---

152 Esse aspecto será tratado em relação ao ordenamento jurídico comunitário no Capítulo 1, item 1.2..10, e em referência ao ordenamento jurídico brasileiro no Capítulo 2, item 2.5.1.

ção e repressão das infrações contra a ordem econômica, orientada pelos ditames constitucionais de liberdade de iniciativa, livre concorrência, função social da propriedade, defesa dos consumidores e repressão do abuso de poder econômico. Com essa nova lei, a repressão ao abuso de poder econômico deixou de ser o objetivo principal do sistema de defesa da concorrência nacional, passando a integrar os princípios a serem observados, ressaltando entretanto a sua obediência à garantia da livre concorrência.[153]-[154] Outro aspecto importante a ser destacado é o parágrafo único do artigo 1.º, que elege a coletividade como titular dos direitos tutelados. Em outras palavras, a Lei 8.884/94 não se destina à proteção de interesses privados, mas sim à defesa e preservação da estrutura competitiva do mercado, o que irá, conseqüentemente, beneficiar o consumidor.

Observa-se, por conseguinte, uma evolução no ordenamento jurídico brasileiro em relação à política de defesa da concorrência.[155] Da sua utilização deturpada como instrumento controlador de preços no passado, ou ainda como defesa direta dos direitos do consumidor, passou-se a buscar a defesa dos mercados e da atividade econômica em um novo contexto, no qual os benefícios para o consumidor constituem não apenas os efeitos diretos da sua atuação, mas sim uma vantagem que atinge uma dimensão muito mais extensa, ao ser proporcionada maior transparência dos mercados, a possibilidade de ingresso de novos operadores econômicos, de produtos ou serviços, de inovações tecnológicas, da modernização da indústria e, finalmente, um aumento

---

153 Nesse mesmo sentido, ver Leopoldino da Fonseca, op. cit., p. 90. Isabel Vaz, op. cit., p. 283, adverte, entretanto, que é preciso fazer uma distinção entre o princípio (livre concorrência) e a norma (repressão ao abuso de poder econômico), de modo a permitir a apreensão de toda a amplitude e prevalência do primeiro sobre a segunda. Com um posicionamento *contrário* ver Paula Forgioni, op. cit., p. 226.

154 Segundo comentário de Gesner de Oliveira, *Concorrência: panorama no Brasil e no mundo*, p. 3, "com a estabilização dos preços obtida pelo Plano Real, foi possível deslocar a ênfase da política sobre aspectos estruturais, abrindo uma nova etapa, n a qual preponderou a defesa da concorrência sobre a vertente intervencionista de defesa da economia popular".

155 Essa mudança, aliás, foi bem recebida na comunidade internacional, como se observa do trabalho de Dallal Stevens, Competition law in Brazil, p. 261.

da competitividade dos operadores econômicos nacionais.[156] Aliás, verifica-se hoje uma entrada considerável de empresas estrangeiras no país, geralmente por meio de associações e aquisição de empresas nacionais,[157] como forma de conquistar o potencial mercado consumidor brasileiro. Essa circunstância também tem sido acompanhada pelo CADE, tendo em vista a preservação da competitividade no mercado nacional, isso porque, apesar dos benefícios positivos que podem ser trazidos pelas empresas estrangeiras (por exemplo, novas tecnologias ou investimentos financeiros facultando a reestruturação em diversos setores), pode também abrir uma porta à criação de posições dominantes ou ainda à eliminação da concorrência potencial.[158]

A política atual assumida no País é no sentido de fomento à reestruturação do setor industrial como uma reação à concorrência internacional e instrumento de fortalecimento do mercado interno, como

---

156 Assumindo essa nova face, a controvérsia que existira quanto à sua natureza jurídica deixa de existir, assumindo uma natureza nitidamente administrativa, como afirma, *e.g.*, Paulo Frontini, op. cit., p. 102.

157 V. AC 133/97, de 19.8.1998 (Madeco S/A, Ficap S/A),AC 08012.000164/99-03, de 2.6.1999 (Du Pont do Brasil/Haci Ömer Sabanci), AC 122/97 (Cervejarias Reunidas Skol/Carlsberg A/S).

158 Com o mesmo posicionamento, Gesner de Oliveira, *Concorrência: panorama no Brasil e no mundo*, p. 17, comenta que "uma parcela significativa das operações refletiu no mercado brasileiro os desdobramentos de transações realizadas no plano mundial, redefinindo estratégias de grupos internacionais (...) Note-se, neste ponto, a importância de um controle eficiente e estritamente técnico de atos de concentração em uma economia como a brasileira. Sua ausência poderia permitir um domínio excessivo por grupos específicos com o consequente desestímulo a novos entrantes e amortecimento dos fluxos de capitais externos (...) Alerte-se, naturalmente, para o risco oposto e igualmente nocivo de substituir as antigas restrições ao capital estrangeiro por qualquer tipo de discriminação contra o capital forâneo. A entrada de fluxos externos de investimento é, em princípio, benéfica à concorrência ao propiciar a entrada de novas empresas e aumentar a rivalidade entre os participantes do mercado doméstico"; e ainda José Carlos Martins Proença, op. cit., p. 12-13: "nessa encruzilhada de interesses estabelece-se o direito da concorrência que, se tem finalidade imediata de defender as estruturas de mercado competitivas, não se pode olvidar a outras considerações que, como as de política industrial, vêm ditadas pela política econômica em cada etapa da história".

justificou o CADE ao conceder uma autorização ao AC 79/96 (Panex/Alcan Alumínio/Alumínio Penedo) no mercado das panelas e panelas de pressão. Essa operação de concentração iria robustecer a posição competitiva das empresas em face da possibilidade de entrada de novos concorrentes, que certamente *observavam com interesse o potencial de crescimento do mercado brasileiro.*[159] Advirta-se, entretanto, que, apesar de política industrial e política de defesa da concorrência não se confundirem, nada obsta que as mesmas sejam conduzidas paralelamente.[160] O que não pode ocorrer, entretanto, é um conflito[161] dentro da própria estrutura governamental, revelando-se necessária a existência de um projeto político transparente, com metas definidas e, principalmente, que respeite as regras da concorrência.

---

159 Ver AC 79/96, de 19.11.1997 (Panex/Alcan Alumínio/Alumínio Penedo).

160 Aliás, como registra Gesner de Oliveira, *Concorrência: panorama no Brasil e no mundo*, p. 15-16, o CADE não tem obstruído a reestruturação produtiva no país, tendo que "o percentual de casos em que o CADE impôs condição para aprovação (taxa de intervenção) declinou sensivelmente nos últimos anos. A taxa de intervenção em atos de concentração registrou 2,7%, em 1998/99, contra 50%, em 1994/96". Segundo ele, essa evolução ocorreu em razão de "mudança de entendimento, a partir de 1996, de que a aprovação de uma operação pode ser decidida pelo CADE desde que a transação não apresente efeitos anticoncorrenciais. No período de 1994-96 havia prevalecido a noção de que a aprovação de uma operação exigiria, em todos os casos, a verificação de eficiências".

161 Segundo J. J. Fonseca, op. cit., p. 8, "a questão, no entanto, não se restringe à pretensão de compensar as imperfeições do mercado pela intervenção legal, uma vez que, na realidade, são aceitas condutas anticoncorrenciais pelos benefícios que tragam à coletividade. Por isso, o direito antitruste é marcado de proibições e derrogações a elas. Retrata, em verdade, um paradoxo". Paula Forgioni, op. cit., p. 102, "a questão que naturalmente se apresenta versa sobre o início da intervenção estatal na economia brasileira: em qual período identificamos o seu nascimento? Sem a pretensão de discutir tema estranho ao objeto principal deste trabalho, tomamos por certo o fato de que intervenção estatal, no Brasil, sempre houve. Por exemplo, desde os tempos coloniais, a coroa portuguesa regulamentava a atividade econômica no Brasil (ainda que não para fomentá-la), implementando, como dissemos, uma política fiscalista. Ora, se não atuasse sobre a economia, como poderia implementar a referida política pública?".

Capítulo 1. A experiência comunitária

1.1 O controle de concentrações de empresas fundado nos Tratados: breve enunciado

1.1.1 Sob a vigência do Tratado da Comunidade Européia do Carvão e do Aço[1]

O controle de concentrações de empresas nos mercados do carvão e do aço, diferentemente do que ocorre em outros setores, é regulamentado expressamente no Tratado CECA, sendo esse aspecto justificado pela doutrina por fatores de ordem política e econômica.[2] Além do fato de que os Estados signatários do Tratado de Paris[3] eram apenas seis e, por isso, a possibilidade conciliar os interesses divergentes era maior, no período pós-guerra, como os grandes cartéis alemães nesses setores haviam sido desmantelados, existia um temor generalizado na Europa de que os mesmos voltassem a se reunir.[4]

---

1 Nos termos do artigo 97 do Tratado CECA, o seu termo de validade irá ocorrer em 23.7.2002. O exame do controle de operações de concentração sob a égide desse Tratado, entretanto, revela-se de extrema importância para compreender o tratamento que será dado ao tema em outros setores da economia.

2 Nesse sentido ver, por exemplo, Nicolas Moussi, op. cit., p. 434-435, J. Mégret, *Le droit de la Communauté Économique Européenne*, p. 657-658, e Sofia Pais, op. cit., p. 27.

3 Como também é designado o Tratado CECA, por ter sido firmado na cidade de Paris.

4 B. Goldman, *Cours de droit du commerce et de la concurrence dans le Communautés Européennes*, p. 305, explica que o problema das concentrações no domínio do carvão e do aço foi um dos pontos fundamentais nas negociações do Tratado, pois a grande concentração das indústrias nesse setor e, de uma maneira geral, na Alemanha havia sido considerada como um dos fatores determinantes do deslanchamento da Segunda Guerra Mundial. Assim, um dos principais esforços dos Países Aliados após a rendição da Alemanha foi promover a descartelização e a desconcentração da indústria carbonífera e siderúrgica dessa região. Nesse mesmo sentido ver Nicolas Moussi, op. cit., p. 434-435.

No decorrer da sua vigência, verifica-se que a Comissão raramente proibia as concentrações nesse setor, aplicando uma política bastante flexível. Mesmo quando se constatava que uma operação poderia ser prejudicial às relações concorrenciais, a sua opção era pela aprovação, mas sob rigorosas condições.

O artigo 66 do Tratado CECA prevê um sistema de controle de concentrações de empresas fundado na notificação prévia, atingindo qualquer operação, quer esta se refira a um produto ou a vários produtos, quer ela se efetue por meio de fusão, aquisição de ações ou elementos do ativo, empréstimo, contrato ou qualquer outra forma de aquisição de controle.

Da análise desse dispositivo legal verifica-se que:

i. abrange qualquer operação de concentrações de empresas;
ii. não interessa o instrumento jurídico utilizado para essa concentração, mas apenas que o resultado seja uma concentração de empresas;
iii. é indispensável que haja a aquisição do *controle* da empresa.

Para estar sob o âmbito de aplicabilidade da norma, pelo menos uma das partes deve desempenhar uma atividade de produção no domínio do carvão e do aço[5], atingindo ainda as empresas ou organizações que operam apenas como distribuidores, desde que não seja venda aos consumidores domésticos ou ao artesanato.[6] A ação praticada deve ter por conseqüência direta ou indireta uma concentração de empresas. Outros efeitos exigidos por regras do Tratado CE ou do atual Regulamento (CE) 4.064/89, como a afetação do comércio entre os Estados-membros, não são mencionados, podendo-se concluir que o controle pode ser exercido sobre operações que repercutam apenas nos mercados nacionais.[7] Acrescente-se ainda, que a competência para decidir sobre as operações de concentrações nesse setor é exclusiva da Comissão,

5 O que se entende por *carvão* e *aço* encontra-se definido no Anexo I do Tratado CECA.

6 Cf. artigo 80 do Tratado CECA. Verifica-se, portanto, que sob essa delimitação encontram-se incluídas tanto as concentrações verticais como as horizontais.

7 Embora o Tratado faça expressa referência ao seu âmbito de aplicabilidade *territorialmente*, ou seja, apenas em relação aos territórios delimitados no artigo 79.

encontrando-se vedada a possibilidade de exame pelas autoridades nacionais.[8]

Diferentemente da orientação adotada pelo Tratado CE e, posteriormente, pelo Regulamento (CE) 4.064/89, sob a égide do Tratado CECA, o que importa é o *controle* e não o conceito de posição dominante. O artigo 66 faz referência às hipóteses de fusão, aquisição de ações ou elementos do ativo, empréstimo, contrato *ou qualquer outro meio de controle*. Esse conceito levantava algumas dúvidas, pois englobava qualquer tipo de operação que implicasse a perda da autonomia econômica, sem que necessariamente ocorresse uma alteração na sua estrutura, como no caso das reorganizações no interior dos grupos de empresas.[9]

Por essa razão, a Comissão publicou uma Comunicação[10] definindo os elementos que caracterizam controle para o efeito de aplicabilidade do artigo 66, e seriam aquelas circunstâncias de fato ou de direito que dessem a possibilidade de estabelecer a ação de uma empresa nos domínios da produção, dos preços, dos investimentos, do fornecimento ou das vendas. Em outras palavras, significa o "poder de de-

---

8 Jean-Mathieu Cot, Jean-Patrice de La Laurencie, *Le contrôle français des concentrations*, p. 32, explicam que, em se tratando do Tratado CECA, a exclusão do controle das autoridades francesas não resulta do caractere de direito especial dessas disposições, ou de uma exclusão explícita, mas em razão da superioridade ou primazia das normas comunitárias em relação às nacionais. Concluem que não existem dúvidas de que a autoridade nacional não pode aplicar o artigo 66 do Tratado CECA. Nesse ponto, pode-se questionar: poderia a autoridade nacional aplicar a sua própria legislação? Em outras palavras, poderia haver uma "dupla barreira" à operação? Segundo Dominique Berlin, op. cit., p. 12, essa situação não encontra amparo legal em se tratando das empresas que se estão enquadradas no artigo 80 do Tratado CECA.

9 B. Goldman, op. cit., p. 309, adverte para o fato de que essa definição de controle não permitia separar inteiramente os domínios respectivos dos artigos 65 e 66 do Tratado, pois, em certos casos, as concertações empresariais formavam-se pela constituição de uma nova empresa (uma filial de vendas, por exemplo) submissa ao controle das partes do acordo, que mantinham a sua independência jurídica e econômica.

10 Decisão 24/54 da Comissão de 6.5.1954 (respeitante ao regulamento de execução do n. 1 do artigo 66 do Tratado, relativo aos elementos que constituem o controle de uma empresa.

terminar o comportamento comercial de uma empresa e, portanto, sua política de concorrência".[11]

A única derrogação existente é em relação aos bancos ou estabelecimentos financeiros que adquirissem participações em empresa desse setor no momento da sua criação, ou do aumento do seu capital, objetivando a sua venda no mercado, desde que não exercessem os direitos de voto inerentes a essas participações.[12]

O exame da operação é efetuado relativamente ao "produto ou produtos em causa submetidos à sua jurisdição", o que significa dizer que o tipo de análise determinado pela norma é estritamente concorrencial.[13] A apreciação da licitude da operação deverá ser realizada exclusivamente em relação ao mercado do carvão e do aço e, portanto, nas hipóteses em que uma operação engloba outros setores de atividade econômica, o Tratado CECA é aplicado com outras regras comunitárias da concorrência. Essa situação pode ocorrer, por exemplo, quando uma das empresas exerce simultaneamente atividades no mercado do aço e no fabrico de produtos destinados à indústria do automóvel.

Antes da adoção do Regulamento (CE) 4.064/89, consoante à prática decisória da Comissão, em primeiro lugar, verificava-se a aplicabilidade do artigo 66 do Tratado CECA e, em seguida, dos artigos 81 e 82 do Tratado CE.[14] No entanto, segundo Dominique Berlin, esse tipo de situação gerava certa insegurança jurídica, uma vez que o pragmatismo da Comissão, ao aplicar o Tratado CECA, não encontrava condições de ser exercido da mesma maneira em relação ao Tratado CE, havendo uma diferença na interpretação dos mesmos problemas, nomeadamente em se tratando de empresas comuns, ou de restrições acessórias às operações de concentração.[15]

---

11 Cf. Dominique Berlin, op. cit., p. 15.

12 Cf. artigo 2.º da Decisão 24/54 da Comissão de 6.5.1954.

13 O que não implica que, na prática, a análise leve em consideração critérios de ordem econômica, como veremos adiante.

14 Com análise similar, verificar Decisão de 16.12.1974, Gelsenberg AG no *Quatriéme Rapport sur la Politique de Concurrence*, p. 85-86, e ainda decisão de autorização concedida para GKN, Smethwick, Warley, West Midlands, ao adquirir 75% do capital da Sachs AG, München no *Sixième Rapport sur la Politique de Concurrence*, p. 104-105.

15 Cf. Dominique Berlin, op. cit., p. 29.

Com a aprovação do Regulamento (CE) 4.064/89, o procedimento manteve-se, mas novas dificuldades se apresentaram, pois passou a ser necessária a realização de duas notificações prévias e, pior, com procedimentos diversos. As empresas eram obrigadas a cindir a operação de concentração, executando duas notificações. Esse procedimento, além de demorado, revelava-se extremamente dispendioso, como verificou-se na operação[16] para a aquisição da empresa AST, com o objetivo de retomar as atividades do grupo ILVA do domínio dos aços especiais. Nesse caso foram analisados quatro mercados de produtos no âmbito do Tratado CE (aço inoxidável laminado a frio, chapa magnética e distribuição de produtos siderúrgicos não oxidáveis), tendo sido a operação aprovada em relação a esses mercados sem encargos ou condições. No mesmo dia foi também aprovada a operação concernente aos produtos que eram abrangidos pelo Tratado CECA[17], em uma decisão em separado.

Todas as operações de concentrações nos mercados do carvão e do aço estão, de início, submissas a uma prévia notificação à Comissão, que poderá vir a autorizá-las se a concentração não conceder às partes o poder de: a) determinar os preços, controlar ou restringir a produção ou distribuição, ou impedir a concorrência efetiva numa parte importante do mercado dos referidos produtos; b) subtrair-se às regras da concorrência resultantes da aplicação do Tratado, designadamente pela instituição de uma posição artificialmente privilegiada, e que implique vantagem substancial no acesso a estabelecimento ou aos mercados.[18]

Na apreciação de uma operação de concentração, sob a vigência do Tratado CECA, a Comissão deverá ainda ter em conta o *princípio da não discriminação,* o que significa que deverá avaliar a importância das empresas da mesma natureza existentes na Comunidade, na medida em que considere justificada para evitar ou corrigir as desvantagens resultantes de uma desigualdade nas condições da concorrência.[19] Essa

---

16 Cf. Decisão da Comissão de 31.1.1994, *XXIV Relatório da Política de Concorrência,* 1994, p. 547-548 (Proc. IV/M 0484).

17 Cf. *XXVII Relatório da Política da Concorrência,* 1997, p. 196; e Decisão da Comissão IV/M 0925 de 11.8.1997, e Decisão CECA 1.243, de 28.7.1997.

18 Cf. artigo 66, n. 2, do Tratado CECA.

19 Cf. artigo 4.º, alínea *b*, c/c o artigo 66, nº 2, ambos do Tratado CECA.

previsão legal vem atenuar o rigor dos critérios estabelecidos para a compatibilidade da operação de concentração com o mercado do carvão e do aço, encontrando-se a Comissão, entretanto, subordinada ao controle do Tribunal de Justiça.[20]

Esse dispositivo legal tem permitido que a Comissão realize um balanço econômico das operações de concentração, e da sua prática decisória verifica-se uma preferência pelas decisões de autorização, e, nos casos mais críticos, acompanhadas de condições e obrigações.[21]-[22]

O artigo 66, n. 3, trata das hipóteses em que as operações de concentração encontram-se isentas de autorização prévia. Para tanto, a Comissão deverá analisar a importância dos elementos do ativo das empresas, com a natureza da operação, e se esta estiver em conformidade com as exigências do § 2.º, deverá ser excepcionada. A Decisão 25/67 da Comissão dispõe sobre as hipóteses em que poderá ser concedida uma isenção de autorização prévia.[23] Verifica-se, ainda, que nessa decisão os critérios utilizados estão fundados na tonelagem e percentagem da produção, e não no princípio do montante dos negócios que irá posteriormente ser adotado pelo Regulamento (CE) 4.064/89.[24]

---

20 As decisões da Comissão não são absolutas, dispondo as partes e terceiros interessados da faculdade de interpor recursos perante o Tribunal de Justiça, como dispõe o artigo 33 do Tratado CECA.

21 Essa é a posição unânime da doutrina, como podemos conferir: Jean-Mathieu Cot, Jean-Patrice de La Laurencie, op. cit., p. 34, Giorgio Bernini, op. cit., p. 353, Dominique Berlin, op. cit., p. 17, e. J. Mégret, op. cit., p. 664.

22 Segundo Nicolas Moussi, op. cit., p. 436, no que diz respeito ao mercado do *aço*, em 1970 foi publicado um documento denominado *Grandes lignes d'une politique de concurrence en matière de structures de l'industrie sidérurgique*, no qual a Comissão, em razão das estruturas peculiares do setor, da necessidade de racionalização da produção, do progresso tecnológico e da concorrência internacional, tinha considerado essencial à manutenção de uma concorrência efetiva no setor siderúrgico que fosse incentivada a concentração entre as empresas visando a formação de um oligopólio com uma dezena de grandes grupos ou empresas independentes.

23 Essa decisão encontra-se publicada no *JO* 154, de 14.7.1967, p. 11, edição especial, fascículo 1, p. 101, e foi alterada pela Decisão 2.495/78/CECA, de 20.10.1978, p. 21, edição especial 8, fascículo 2, p. 60.

24 Dominique Berlin, op. cit., p. 16, justifica essa diferença pelo fato de os setores do carvão e do aço se encontrarem, nomeadamente depois de 1978,

Durante a sua aplicabilidade, diversos fatores influenciaram as decisões da Comissão nesse setor:[25]-[26]

i. no Relatório da Concorrência de 1974, verifica-se que uma das preocupações eram as concentrações que colocassem em risco a independência recíproca entre os grandes grupos siderúrgicos da Comunidade, mas ao mesmo tempo havia uma declarada intenção de formação de empresas transnacionais. Por esse motivo, permitiu-se que a Thyssen-Hütte adquirisse uma participação no capital da Solmer, mas condicionada ao percentual máximo de 25%, objetivando a manutenção de uma mínima independência entre os três grupos, que deveriam permanecer totalmente independentes na sua atividade comercial, com exceção da tomada de decisões em comum relativas aos investimentos e à produção da Solmer; que os grupos iriam se abster de concluir novos acordos e de ajustar suas práticas ou de estabelecer linhas pessoais recíprocas entre suas empresas sem a autorização da Comissão; que o aumento da capacidade de produção da Solmer deveria ser aprovado previamente pela Comissão a fim de que a parte da produção de cada grupo na Solmer permanecesse inferior a sua produção própria;[27]

---

em um período de crise estrutural no qual as preocupações relativas ao excesso de capacidade de produção eram mais importantes que aquelas que diziam respeito aos efeitos sobre a procura. Certamente, toda consideração relativa ao montante dos negócios não deveria ser excluída, reaparecendo, a título complementar, a sua incidência sobre a produção mínima. Nesse mesmo sentido ver Giorgio Bernini, op. cit., p.352-353.

25 Essa aplicação do artigo 66 do Tratado CECA foi bastante elogiada. Segundo Dominique Berlin, op. cit., p. 28-29, havia contribuído para corrigir a capacidade concorrencial da indústria siderúrgica comunitária.

26 Segundo Nicolas Moussi, op. cit., p. 436, "em geral, a Comissão tende a aproximar a política das concentrações seguida no domínio do carvão e do aço da política praticada nos sectores que relevam do Tratado da C.E.E.: quer dizer, procura encontrar a justa medida entre a severidade do Tratado da C.E.C.A. e a tolerância da C.E.E. face às concentrações e às posições dominantes".

27 Cf. *Quatriéme Rapport sur la Politique de Concurrence, 1974*, p. 81-82. Ver, no mesmo sentido, decisão de 6.6.1978, Arbed/Neunkirchen/Rodange-Athus.

ii. busca de racionalização ou reforço das redes de distribuição existentes, ajudando os produtores ou negociantes a penetrarem nos novos mercados no interior da Comunidade;[28]

iii. preocupação com as importações provenientes de países terceiros e a concorrência mundial.[29] Esse argumento foi utilizado na decisão de 14.12.1977,[30] que autorizou a criação de um grupo siderúrgico composto por empresas produtoras e financeiras. Nessa análise foram constatados, principalmente, dois fatores: o primeiro, de que, apesar de a posição das empresas ser reforçada, existiam no mercado comum outros produtores que também tinham posição significativa no mercado ou na importação comparáveis com a participação do novo grupo no mercado; o segundo, de que havia um movimento crescente de importação de produtos a preços altamente competitivos. Apesar da participação de grupos financeiros na operação, a Comissão não levantou qualquer obstáculo, sob a justificativa de que essa participação era de extrema importância para o saneamento da situação financeira de várias empresas que tomavam parte naquela operação;

iv. necessidade de reestruturação do setor em razão do seu envelhecimento, com objetivo de modernização da indústria e racionalização da produção.[31]-[32]

---

28 Cf. *Quatriéme Rapport sur la Politique de Concurrence*, p. 86. Esse objetivo justificou a decisão de autorização *Sacilor* de 19.7.1974.

29 Cf. *Cinquième Rapport sur la Politique de Concurrence,* p. 69-70. Ver ainda a Decisão de 2.4.1975 que autorizou a aquisição da maioria das ações da sociedade Stahlweke AG (SSW) pela sociedade Fried Krupp Hüttenwerk AG (FKH), p. 13, e a autorização de aquisição pela Klöckner-Weke AAG Duisburg de uma participação majoritária do capital da Eisenwek-Gesellschaft Maximilianshütte mbH, Sulzbach-Rosenberg, de 22.12.1976, p. 32.

30 Cf. *Septième Rapport sur la Politique de Concurrence*, 1977, p. 142.

31 Por exemplo, decisão de 18.6.1981, p. 54 (*Onzième Rapport sur la Politique de Concurrence,* p. 79-80), que autorizou a criação de uma *joint venture* (Roheisengesellschafts Saar mbH – Rogesa) por duas empresas siderúrgicas (Dillinger Hüttenwerke e Stahlwerke Röchling-Burbach).

32 Cf. *Neuvième Rapport sur la Politique de Concurrence*, 1979, p. 86; *Dixième Rapport sur la Politique de Concurrence*, 1980, p. 105; *Onzième Rapport sur la Politique de Concurrence*, 1981, p. 79; *XXIII Relatório sobre a Política de Concorrência*, 1993, p. 191.

Mesmo com a "saída" da crise dos anos 70/80 e a retomada do crescimento econômico, a prática decisória da Comissão em flexibilizar a aplicação do artigo 66 do Tratado CECA permaneceu, como pode ser comprovada na decisão de autorização concedida em 18.12.1990 a *Ruhrkohle Aktiengesellschaft* para obter uma participação na *Gewerkschaft Augusta Vitoria* no domínio do carvão. A Comissão ponderou que o projeto não concederia a adquirente o poder de determinar os preços no mercado da hulha e dos produtos hulhíferos, assim como não conferiria à mesma uma posição privilegiada da qual decorresse uma vantagem substancial em termos de acesso ao mercado. Pesaram ainda a situação econômica desfavorável para a exploração de carvão e as dificuldades persistentes em matéria de vendas.[33]

Na prática, observou-se uma certa estabilidade nesse setor no desenrolar da última década, não tendo surgido operações que causassem maiores repercussões. Essa estagnação decorreu, na realidade, pelo fato de que o apelo para a modernização do setor não se revelou suficiente para a competição com outras fontes de abastecimento mais baratas e menos poluentes.[34] Aliás, as decisões de autorização mais recentes justificam-se na diminuição da importância do carvão no mercado, na existência de fontes alternativas de abastecimento[35], no alargamento dos mercados e na entrada de novos concorrentes.[36]

Para concluir, quando o Tratado CECA foi adotado em 1951, já existia a previsão de que o mesmo teria uma duração de 50 anos a contar da sua entrada em vigor. Dessa forma, em razão da iminência do seu termo final – em 23.07.2002 –, a Comissão buscou uma aproximação entre as duas ordens jurídicas, reforçando a coerência da política da concorrência.[37] Em 1997, foi instituída uma Comunicação[38] com o

---

33 Cf. *XXI Relatório sobre a Política de Concorrência*, 1991, p. 373.

34 Como se verifica no *XXII Relatório da Política de Concorrência*, 1992, p. 50-52, a preocupação com o meio ambiente vai se tornar uma das diretrizes orientadoras da Comissão Européia, inclusive na execução de sua política de concorrência, especialmente em razão da sua consagração no Ato Único Europeu, e incorporado no Tratado CE em seu artigo 130-R.

35 Cf. *XXVI Relatório sobre a Política de Concorrência*, 1996, p. 212.

36 V. *Relatório sobre a Política da Concorrência*, 1996, p. 192.

37 V. *XX Relatório da Política da Concorrência*, 1990, p. 104-105.

38 Cf. Comunicação da Comissão, 98/C 66/05, de 2.3.1998, p. 36.

objetivo de alinhar os procedimentos processuais entre as operações de concentração no âmbito do Tratado CECA e CE, especialmente em relação às publicações, concessão de oportunidade para as partes se manifestarem antes da adoção de uma decisão de proibição ou de autorização mediante condições e, por último, uma uniformização dos prazos.

1.1.2 Na vigência do Tratado da Comunidade Européia

1.1.2.1 Da polêmica acerca da necessidade de controle

Em primeiro lugar, é importante destacar que o Tratado CE não faz qualquer referência ao controle de concentrações de empresas. Várias são as interpretações que a doutrina aponta para essa lacuna:

i. reduzido número de concentrações que havia naquela época nos outros setores (excluindo, portanto, o aço e o carvão);[39]

ii. grande interesse em estimular a formação de empresas com dimensão comunitária para fazer face à concorrência internacional, especialmente em relação aos Estados Unidos;[40]

iii. desconhecimento da extensão do problema quando o Tratado foi elaborado;[41]

iv. deliberada vontade[42] dos autores do Tratado de Roma em não

---

39 Nesse sentido, ver Sofia Pais, op. cit., p. 41, e Michel Germain, Louis Vogel, *Traité de Droit Commercial,* p. 743.

40 Segundo Nicolas Moussi, op. cit., p. 436-437, havia uma tolerância do Tratado CE a respeito das concentrações e das posições dominantes, em razão das condições econômicas e políticas em que foi elaborado, pois, na maior parte dos setores econômicos que esse Tratado iria regulamentar, não existiam estruturas oligopolistas muito arrojadas, muito menos possibilidades reais de exploração de uma posição dominante por uma empresa. Pelo contrário, alguns Estados-membros, designadamente a França e a Itália, sentiam a necessidade de ver as suas pequenas e médias empresas agruparem-se para fazerem face à concorrência comunitária e internacional. Nesse sentido ver também A. Pappalardo, Le Règlement CEE sur le Contrôle des Concentrations, 1990, p. 4, e Manuel Porto, op. cit., p. 275-276.

41 Cf. Alonso Soto, op. cit., p. 776-777.

42 Na opinião de Sergio Neri, Le controle des concentrations, p. 343, a interpretação fundada na busca da vontade dos autores não possui um

tratar da matéria. Para um determinado setor da doutrina essa intenção denunciava-se pelo fato de já existirem, em outros ordenamentos jurídicos, sistemas de controles de concentrações de empresas, como nos Estados Unidos, na Alemanha, na Inglaterra e no próprio Tratado de Paris (Tratado CECA).[43] Outra corrente tentava justificar em razão de um documento preparatório não oficial do Tratado, em que constava que o tema fora discutido nos trabalhos, mas ao final não houve consenso entre os Estados-membros, principalmente pela hesitação em atribuir à Comissão um poder de controle tão amplo que pudesse suplantar a política industrial nacional;[44]-[45]

---

papel decisivo, pois a lei, em seu sentido lato, desde a entrada em vigor, possui uma vontade autônoma que, na medida em que o tempo passa, se liberta cada vez mais do seu legislador historicamente conhecido. Graças a essa autonomia, ela [a lei] pode adaptar-se às novas situações que o legislador não tinha, em sua origem, previsto, e que resultam da evolução dos fatos aos quais ela se aplica.

43 Neste sentido ver Van Ommeslaghe, op. cit., p. 464-466. Em sentido oposto, sendo essa a corrente predominante, encontramos P. Canellos, H. Silber P., op. cit., p. 155-156, que entendiam não existirem condições para a realização de quaisquer comparações entre o Tratado CE e o Tratado CECA, pois, apesar da aparente lógica desse raciocínio, exatamente por esse motivo seria uma forma muito perigosa de argumentação, porque simplificava os possíveis propósitos das omissões desse Tratado. Para eles, o que parecia mais provável é que os autores tivessem intencionalmente deixado o tema em aberto, para que, no futuro, controles de concentrações de empresas mais apropriados pudessem ser desenvolvidos baseados na experiência acumulada. Entendiam ainda que os autores do Tratado deveriam ter previsto que formulações básicas do artigo 82, como "exploração abusiva" e "restrição da concorrência", poderiam ser interpretadas em razão das necessidades que surgissem.

44 Van Damme, op. cit., p. 359, assim como P. Canellos, H. Silber P., op. cit., p. 154-156, criticam os autores que fazem referência ao *Relatório Spaak ou Relatório Messina*. Para eles, não se deve atribuir nenhum valor significativo aos trabalhos preparatórios do Tratado e de suas leis de ratificação, pois eram apenas relatórios das diferentes delegações, que não foram publicados, ou seja, era como se não existissem e, em razão de sua natureza, eram impróprios para servirem como fonte de interpretação de direito internacional.

45 Nesse sentido ver J. Mégret, *Le Droit de la Communauté Économique Européenne*, p. 639.

v. hipótese de que o "espírito" do artigo 85 (atual 81) era destinado a responder a todas as formas de "acordo", o que poderia incluir alguns tipos de concentração, ou porque eles haviam considerado suficiente apenas a regulamentação das posições dominantes, sancionando o seu abuso.

Não se pretende, entretanto, realizar a investigação dos fatos ou tecer teorias a respeito dos motivos que determinaram a inexistência de regras sobre o controle de concentrações de empresas no Tratado CE. O objetivo proposto limita-se tão-somente compreender, nas oportunidades em que foi necessário estabelecer um controle sobre certas operações que se revelaram críticas ou prejudiciais ao mercado comum, a solução "eleita" pela Comissão Européia.

Por outro lado, além das dificuldades enfrentadas no início do processo de integração européia, existia uma crença generalizada dos benefícios e, acima de tudo, da necessidade de concentrações de empresas dentro da Comunidade Européia. Não havia muita segurança, contudo, sobre como, e até que ponto, aquela proposta de integração iria evoluir.[46] Talvez, por esse motivo, algumas matérias que afetavam diretamente a soberania, a política industrial ou ainda questões econômicas não foram tratadas de forma explícita no Tratado CE.

O controle das estruturas é considerado matéria tão delicada no seio da Comunidade Européia, que a proposta de um regulamento para as concentrações esteve em debate durante 16 anos, tendo sofrido diversas alterações antes de ser aprovada em 1989.[47] Temas como a base jurídica do Regulamento, o montante do volume dos negócios para se estabelecer a dimensão comunitária, o conflito entre a competência dos Estados-membros e da Comissão (acusada de deter demasiado poder em questões intrinsecamente ligadas à política industrial nacional) e a possibilidade de acordar uma derrogação, foram alguns dos pontos mais

---

46 Sobre os obstáculos psicológicos às concentrações intracomunitárias naquela época, ver M. Drancourt, H. Lepage, op. cit.

47 Segundo Michel Germain, Louis Vogel, op. cit., p. 743, no curso da elaboração do Regulamento sobre o controle das concentrações, as disputas de poder haviam sido tão acirradas, que a solução que talvez pudesse ser a mais eficaz fora sacrificada pela que parecesse a mais aceitável.

delicados durante todo esse período. A revisão prevista para 1993 só teve lugar em 1997 e, nessa oportunidade, quando se intencionava retomar alguns desses temas críticos, também não logrou o êxito pretendido. Isso porque a Comissão não conseguiu estender sua competência, como será tratado no item 1.2.1.

Todavia, era evidente que não poderia existir essa lacuna no ordenamento jurídico comunitário, pois não seria coerente controlar outras espécies de atos restritivos à concorrência e deixar o campo livre para as concentrações que provocassem efeitos danosos ao equilíbrio e à manutenção da competitividade no mercado comum. Tal situação revelava-se confusa e por vezes contraditória, porquanto, se duas (ou mais) empresas quisessem realizar um acordo de cooperação horizontal (com caráter concentrativo ou não), deveriam solicitar uma autorização prévia em observância ao artigo 81 e ao Regulamento 17/62. Se, no entanto, essas duas (ou mais) empresas, para atingirem a mesma finalidade, se reunissem por meio de um ato de concentração, este não se encontrava subordinado a qualquer espécie de controle. Havia, por conseguinte, uma desarmonia entre as normas do Tratado acerca da política da concorrência, pois tratava desigualmente uma mesma situação jurídica, causando prejuízos ao mercado comum e aos consumidores.[48]

Logo, a única solução viável naquela época, foi a utilização dos instrumentos que se encontravam à disposição, quais sejam os artigos 81 e 82 do Tratado CE[49]. Historicamente essa abordagem é fundamental, pois, antes da adoção do Regulamento (CE) 4.064/89, durante as décadas de 60 a 80, muito se discutiu a respeito da aplicação de um ou de outro dispositivo legal do Tratado com o propósito de controle das concentrações. Por outro lado, no atual sistema brasileiro, verifica-se que as condições de aprovação de um acordo ou contrato são idênticas às das concentrações, repetindo-se a situação conflituosa que existia na Comunidade Européia, o que desperta alguma perplexidade, como será discutido no Capítulo 2.

A prática da Comissão e do Tribunal iria revelar, no entanto, que a utilização dos artigos 81 e 82, em oportunidades diversas, foi uma

---

48 Nesse sentido ver Albert Borschette, op. cit., p.354, e Sergio Neri, op. cit., p. 347-348.

49 Um breve estudo desses dispositivos legais será efetuado a seguir no item 1.1.2.2.

forma de pressão sobre os Estados-membros e o Conselho para a elaboração da proposta do regulamento das concentrações (no caso Continental Can) e, posteriormente, para a sua aprovação (no caso Philip Morris).[50] De fato, nem o artigo 81 nem o 82 se encontravam destinados ao controle de concentrações de empresas e, por isso, nas oportunidades em que foram aplicados com essa finalidade, deram origem a grandes controvérsias nos setores doutrinário e empresarial.[51]

1.1.2.1.1 *Memorando sobre a Concentração no Mercado Comum, de 1.º.12.1965* – Esse tema foi apresentado e discutido de maneira formal pela Comissão no Memorando sobre a Concentração no Mercado Comum, de 1.º.12.1965. Nesse documento foram expostos os resultados de dois estudos encomendados pela Comissão a especialistas, acerca da possibilidade de utilização do artigo 81 ou do artigo 82 para o controle de concentrações de empresas. Naquela altura, a maioria dos especialistas consultados concluiu pela aplicabilidade do artigo 81, desde que após a concentração subsistissem empresas juridicamente distintas e que a concorrência restasse sensivelmente restringida. Essa interpretação, no entanto, não englobaria todas as hipóteses de concentrações de empresas, deixando de fora, por exemplo, as fusões (pois estas teriam por conseqüência o surgimento de uma nova empresa); e ainda aquelas operações que não implicassem na realização de qualquer das práticas previstas no artigo 81, n. 1, do Tratado CE, como a aquisição de participações financeiras por meio de compra de ações na bolsa.

---

50 Essa era a opinião de Michel Germain, Louis Vogel , op. cit., p. 743, e de Jean-Bernard Blaise, Application des règles de concurrence du traité aux opérations de concentration, p. 471.

51 P. Canellos, H. Silber P., op. cit., p. 159, apontam uma solução diversa. Para eles, tanto o artigo 81 como o artigo 82 poderiam ser utilizados conjuntamente para o controle de concentrações de empresas, desde que os requisitos de cada um estivessem presentes. Portanto, o artigo 81 seria aplicável quando se tratasse de concentrações consensuais, e o artigo 82 para as tomadas de controle e outros atos unilaterais. Para ele, "este esquema poderia ser mais efetivo do que a imposição de controles exclusivos sob um artigo ou outro". Em que pesem os argumentos dos autores, esta não seria solução mais lógica e muito menos a mais segura juridicamente. Defendendo uma posição também semelhante a destes autores, ver Thiesing et al., op. cit., p. 236.

O resultado desse estudo, todavia, não obteve a aprovação unânime da doutrina[52] e muito menos da própria Comissão, que concluiu pela inaplicabilidade do artigo 81, pois o processo de concentrações de empresas não se relacionava com "comportamento das empresas", mas sim com uma "alteração em sua estrutura interna", que causaria, mesmo que indiretamente, uma limitação da concorrência.[53] Já o artigo 81 pressupõe a existência de um acordo, uma decisão ou uma prática concertada que impeça, restrinja ou falseie a concorrência no mercado comum, enquanto em uma concentração de empresas se pressupõe que venha a ocorrer uma alteração na sua estrutura interna, consolidando uma direção econômica unitária.

Dessa forma, a Comissão não adotou o resultado do estudo realizado, pois, mesmo o artigo 81 não fazendo qualquer distinção entre as concertações empresariais e as concentrações entre empresas, para ela, a interpretação da norma não deveria ser apenas literal, mas deveria levar em conta outros fatores, como a sua finalidade, os critérios que são utilizados e as suas conseqüências jurídicas, para só então ser possível concluir pela possibilidade de sua aplicação aos casos de concentrações

---

52 Por exemplo, para Van Ommeslaghe, op. cit., p. 472-477, que se colocou contra a aplicação literal do artigo 85 do Tratado (atual artigo 81) e propôs uma análise crítica, seguindo os fundamentos daquele dispositivo legal. O ponto de partida do autor é a distinção feita, com apoio no direito comparado, entre as restrições à concorrência, que se originam de concertações empresariais, e as que resultam de concentrações. Nos Estados Unidos, como ele exemplifica, os critérios de apreciação dos efeitos do artigo 1.º do Sherman Act são diferentes dos considerados no artigo 7.º do Clayton Act; "ele repousa numa apreciação política essencial, onde parte-se do princípio em que as concertações empresariais são per se proibidas, salvos exceções, e as concentrações não devem ser proibidas, ao menos que conduzam a uma situação de monopólio ou abuso de posição dominante", e que "este princípio da proibição per se que atinge as concertações empresariais em diversas legislações antitrust, inclusive no Tratado de Roma, dificilmente se aplicaria às concentrações". O autor conclui que o artigo 81, n. 3, do Tratado CE era mal adaptado às fusões e outros meios de concentração. Com a mesma posição ver A. Pappalardo, Le règlement CEE sur le contrôle des concentrations, p. 5.

53 Cf. Memorando da Comissão, de 1.º.12.1965, p. 670.

de empresas. Para a Comissão os principais problemas em empregar o artigo 81 eram os seguintes:

i. nos países onde existia legislação de defesa da concorrência, os dispositivos aplicados às concentrações e às concertações empresariais eram diversos, porque havia uma "opinião geral de que as concertações empresariais iam de encontro ao interesse geral, ao menos que pudessem ser provados os seus efeitos positivos em cada caso"; ao contrário das concentrações, que eram "proibidas apenas excepcionalmente, quando ultrapassavam os limites toleráveis do poder econômico".[54] Conclui-se, portanto, que, "se por considerações de política da concorrência, a interdição de concertações empresariais é considerada como a regra, e a interdição das concentrações como a exceção, a aplicação uniforme da mesma interdição aos dois casos não poderia conduzir a resultados racionais";[55]
ii. os critérios positivos anunciados no n. 3 do artigo 81 para autorizar uma operação não eram apropriados às concentrações, pois na maioria dos casos seria impossível apreciar, *a priori,* com tanta certeza, os seus reflexos no mercado. Acrescente-se que, por implicar a concentração na eliminação total da concorrência entre as empresas existentes, a condição de que os efeitos positivos da autorização de uma restrição à concorrência fossem alcançados dificilmente seria satisfeita;
iii. o caráter *temporário* das autorizações concedidas contido no n. 3 do artigo 81. O Regulamento 17/62 prevê a possibilidade de reexame para verificar se as condições legais sob as quais uma determinada autorização foi outorgada continuam a ser satisfeitas. Essa situação revelava-se incompatível com as concentrações, que implicavam uma modificação na estrutura interna das empresas e, portanto, por razões de *segurança jurídica,* exigiam uma definitividade da decisão. Isto porque a apreciação da licitude ou não de uma operação de concentração é realizada em função de critérios negativos, como ultrapassagem de certos limites do exercício do poder econômico admissíveis em um determinado mercado;

---

54 Cf. *Memorando da Comissão*, de 1.º.12.1965, p. 671.
55 Cf. *Memorando da Comissão*, de 1.º.12.1965, p. 671.

iv. a sanção de nulidade da operação não poderia ser aplicada às concentrações de empresas pela difícil possibilidade de restabelecimento de uma situação anterior. A solução mais desejável seria a criação de hipóteses de desconcentração ou, ainda, a adoção de um recurso semelhante ao previsto no n. 5 do artigo 66 do Tratado CECA;
v. ainda seria inaplicável por razões de ordem temporal, pois o Regulamento 17/62 prevê a concessão de autorizações com duração limitada, assim como a sua revogabilidade;
vi. por último, as operações de concentração realizadas sem a utilização dos meios previstos no n. 1 do artigo 81 (acordos entre empresas, decisões de associações de empresas e práticas concertadas), como por exemplo mediante a aquisição de uma participação em bolsa, não poderiam ser atacadas, criando uma situação de desigualdade de tratamento entre as operações de concentração.[56]

Em relação ao artigo 82, o estudo encomendado pela Comissão concluiu que, em alguns casos, as concentrações poderiam constituir uma exploração abusiva de uma posição dominante no mercado comum ou em uma parte substancial deste, nomeadamente quando visassem a aquisição ou reforço de tal posição. Ou seja, uma concentração que objetivasse unicamente a aquisição ou reforço de uma posição dominante não seria uma prática interdita *per se*.

Como dito anteriormente, a opção da Comissão foi pelo artigo 82, pois o considerava mais adequado ao controle das estruturas, não apresentando os mesmos problemas enfrentados pelo artigo 81. Para o artigo 82 é indiferente o meio utilizado para se caracterizar uma infração ao dispositivo legal. Impedimentos do artigo 81, como a distinção entre concentrações antigas e recentes inexistiam, assim como o caráter revogável e temporário das autorizações. A aplicação do artigo 82 faria com que a licitude das concentrações não dependesse de uma apreciação em função de um critério negativo (a não-exploração abusiva de uma posição dominante). A interdição não se aplicaria, salvo raras exceções, e não seria necessário um longo e custoso procedimento de notificação prévia das concentrações. As empresas seriam livres, em

56 Neste sentido ver Van Ommeslaghe, op. cit., p. 476.

caso de dúvida quanto à licitude de uma operação, para solicitar um atestado negativo em conformidade com o artigo 2.º do Regulamento 17. Consoante às conseqüências jurídicas de uma infração ao artigo 82, o artigo 3.º do Regulamento 17 confere à Comissão o poder de dirigir às empresas infratoras uma recomendação visando fazer cessar a infração, ou obrigá-las, por via de decisão, a colocarem um fim na operação.[57]

Em face destes argumentos, a Comissão concluiu que uma concentração de empresas que se traduzisse em uma monopolização do mercado deveria ser tratada, salvo exceções, como uma exploração abusiva de uma posição dominante na forma do artigo 82. Essa interpretação corresponderia ao sistema e aos objetivos do Tratado CE, uma vez que os artigos 81 e 82 constituíam instrumentos indispensáveis ao funcionamento do regime de concorrência instaurado na União Européia.[58]-[59]

1.1.2.2 Dos instrumentos legais disponibilizados

Antes de tratar dos principais desenvolvimentos da política assumida pela Comissão em relação às operações de concentração e da análise dos acórdãos mais importantes do Tribunal de Justiça naquele período, é fundamental que sejam estabelecidas as diretrizes essenciais orientadoras da aplicação dos artigos 81 e 82 do Tratado CE. Evidentemente que os temas ligados a esses dispositivos legais, assim como os problemas que se colocam relativamente a cada um, não serão examinados, uma vez que a sua abordagem é feita exclusivamente em razão do controle de concentrações de empresas.

---

57 Cf. *Memorando da Comissão*, de 1.º.12.1965, p. 674.

58 Cf. *Memorando da Comissão*, de 1.º.12.1965, p. 676.

59 Mais uma questão que dividiu a doutrina: a opção da Comissão pelo artigo 82, sendo irrelevante no entanto para a proposta da tese o aprofundamento dessa controvérsia. Na hipótese da existência de um maior interesse sobre o tema, favor consultar Van Damme, op. cit., p. 356-366. Defendendo a opção da Comissão ver J. Mégret, op. cit., p.641, e J. Guyénot, *Le régime juridique des ententes économiques et des concentrations d'entreprises dans le marché commun*, p. 129-130.

1.1.2.2.1 *Quanto à aplicabilidade do artigo 81: algumas noções importantes* – O artigo 81 tem por objeto as chamadas *ententes*, no direito francês ou os *kartels*, no direito alemão, ou seja, visam especialmente os acordos entre empresas,[60] as decisões de associações de empresas[61] e as

---

60 Assim como o conceito de empresa, o sentido em que se interpreta o *acordo entre empresas* adquire uma feição mais ampla possível, independentemente da noção que se possa ter no ordenamento jurídico de cada Estado-membro. Pressupõe uma manifestação de vontade entre duas ou mais empresas de reagirem de certa maneira no mercado. Pode revestir-se de um caráter formal ou não, em que se criam obrigações para as partes, que não precisam ser estritamente jurídicas. Encontram-se também proibidos os acordos horizontais e os verticais (não obstante essa proibição esteja sendo revista, consoante as propostas traçadas no *Livro Verde sobre as Restrições Verticais de 1996* e suas conclusões). Pode-se falar, inclusive, no *gentlemen's agreement* ou *Frühstückskartelle,* em que inexiste uma vinculação ou obrigatoriedade legal, mas apenas moral, comprometendo-se as partes de se comportarem de maneira determinada, visando alguma espécie de restrição, condicionamento, ou falseamento da concorrência dentro do mercado comum. Para ser encarado como um acordo, sequer é necessário que o mesmo produza efeitos concretos anticoncorrenciais no mercado comum, basta que seja potencialmente capaz de restringir, emperrar ou falsear o jogo da concorrência. Podem ser *bilaterais* ou *multilaterais*, não importando a forma como são designados ou o caráter extrínseco que possam vir a assumir, como no Ac. de 11.1.1990, no qual o Tribunal de Justiça (Sexta Secção), Proc. C-277/87 (Sandoz prodotti farmaceutici SpA/Comissão), considerou como um acordo, e não um comportamento unilateral, "o envio sistemático por um fornecedor aos seus clientes de faturas com a menção 'exportação proibida', quando este envio se insere num conjunto de relações comerciais contínuas reguladas por um acordo geral preestabelecido, resultante do consentimento dado pelo fornecedor ao estabelecimento de relações comerciais com cada cliente, previamente a qualquer fornecimento, e da aceitação tácita pelos clientes da linha de conduta adotada pelo fornecedor a seu respeito, aceitação essa comprovada pela renovação de encomendas em condições idênticas, sem quaisquer protestos".

61 Entende-se por *associações de empresas* qualquer tipo de reunião entre pessoas físicas ou jurídicas, organizadas em forma societária ou não, mas que mantenham a sua independência e autonomia, pouco importando que as mesmas possuam ou não personalidade jurídica. Seria um modo de cooperação entre as empresas visando a consecução de um objetivo comum

práticas concertadas[62] que possam vir a afetar o comércio entre os Estados-membros ou tenham por objetivo ou efeito impedir, restringir ou falsear a concorrência no mercado comum. Cuida, portanto, de condutas dentro do mercado comum. O *fator comum* a todos essas condutas é a existência de um *concurso de vontades* com intuito anticoncorrencial, que pode se manifestar sob diversas maneiras. Enquanto nos acordos entre empresas e nas práticas concertadas observam-se vontades juridicamente autônomas, essa circunstância não corresponde à realidade nas decisões de associações de empresas, em que se verifica a presença de uma vontade coletiva.

---

anticoncorrencial, não considerando os efeitos concretos daquele determinado comando, desde que o mesmo tenha por objetivo provocar efeitos anticoncorrenciais.

62 Apesar da dificuldade de conceituação, pode-se afirmar que, na *prática concertada,* as empresas assumem um comportamento específico com a finalidade de produzir efeitos anticoncorrenciais no mercado comum, podendo haver ou não prévia combinação ou decisão de agir daquela forma específica, mas que inevitavelmente vem a produzir ou tem grandes possibilidades de vir a falsear, prejudicar, restringir ou impedir a concorrência no mercado comum. Alguns exemplos do que foi considerada *prática concertada* pelo TPI: "a participação em reuniões que tenham por objeto a fixação de objetivos de preços e volumes de vendas, reuniões em que são trocadas informações entre os concorrentes sobre os preços que pretendam praticar, sobre os limites de rentabilidade, sobre as limitações dos volumes de vendas que considerem necessárias ou os seus valores de vendas, uma vez que as informações assim comunicadas são necessariamente tomadas em conta pelas empresas participantes para determinar o seu comportamento no mercado" (V. Ac. do TPI, 1.ª Secção, de 17.12.1991, Proc. T-4/89, BASF AG/Comissão). Aliás, segundo o TPI, "os critérios de coordenação e de cooperação que permitem definir o conceito de prática concertada devem ser entendidos à luz da concepção inerente às disposições do Tratado relativas à concorrência e segundo a qual qualquer operador económico deve determinar de maneira autónoma a política que pretende seguir no mercado comum. *Embora esta exigência de autonomia não exclua o direito dos operadores económicos se adaptarem inteligentemente ao comportamento verificado ou previsto dos seus concorrentes,* opõe-se rigorosamente a qualquer estabelecimento de contactos, directo ou indirecto, entre tais operadores, que tenha como objecto ou efeito, quer influenciar no mercado de um concorrente actual ou potencial, quer revelar a um tal concorrente o comportamento que decidiu ou prevê vir a adoptar do próprio mercado".

Questão principal que se coloca é acerca da aplicabilidade do n. 1 do artigo 81 do Tratado CE em relação aos acordos celebrados no interior de um grupo de empresas,[63] entre a empresa-mãe e suas filiais, e se esse acordo determina uma conduta anticoncorrencial dentro do mercado comum. Já se tem como pacífico o entendimento tanto da Comissão como do TJCE de que as filiais ou empresas-filha, apesar de dotadas de personalidade jurídica distinta da sociedade-mãe, não têm autonomia para acordar.[64] Tal juízo deriva da circunstância de que, por pertencerem ao mesmo grupo, não estariam em concorrência entre si, sendo apenas uma mera "repartição de tarefas" para atingir o objetivo último visado pelo grupo como uma unidade econômico-empresarial (*single economic unit*).[65]

No entanto, se a empresa-filha celebra um acordo fora do grupo com uma empresa terceira, nessa hipótese, passa aquela a responder

---

63 Trata-se da consagração da *Disregard Doctrine* pelos tribunais comunitários. Segundo Sofia Pais, op. cit., p. 79, "com esta concepção, o Tribunal procura aproximar-se das realidades econômicas, garantindo uma aplicação mais eficaz do Direito Comunitário". Para Jean de Richemont, Concentrations et abus de positions dominantes. Article 86º du Traité de Rome. Affaire Continental Can, p. 475, era inadmissível a teoria da desconsideração da personalidade jurídica, pois colocaria em confronto o princípio da responsabilidade limitada e toda a noção de empresa em causa.

64 Como decidiu o TJCE no Ac. de 21.1.1973, Proc. 6/72 (Europemballage e Continental Can/Comissão).

65 Engrácia Antunes, *Os grupos de sociedades – Estrutura e organização jurídica da empresa plurissocietária,* ao abordar a questão dos grupos de sociedade no direito da concorrência, p. 153-163, perfilha esse entendimento, pois, para o autor, se o ato tido como anticoncorrencial (prática concertada ou abuso de posição dominante) foi praticado no âmbito das relações externas, "então a realidade material do controlo intersocietário deverá primar sobre o princípio da separação das personalidades jurídicas das sociedades agrupadas: tal comportamento será de imputar à própria sociedade-mãe ou mesmo ao grupo como um todo". Se foi praticado no âmbito das relações internas, para ele seria uma "circunstância excludente da natureza anticoncorrencial desse mesmo comportamento, que será interpretado como uma mera operação de reorganização interna de uma única empresa, sem efeitos para o mercado e a concorrência". É o que o autor chama de *inter-enterprise conspirancy*, pois as normas –jurídico-concorrenciais se aplicariam apenas aos acordos *interempresariais*, e não aos *intra-empresariais*.

pelos efeitos anticoncorrenciais desse ato. Discute-se,[66] então, tão-somente a questão da imputação da responsabilidade, se seria da sociedade-mãe (se esta lhe determinasse aquela conduta), se a mesma seria solidária (com a sociedade-controlada) ou individual.[67]

O artigo 81 do Tratado CE tipifica algumas hipóteses em que estariam caracterizados os acordos, as decisões e as práticas concertadas que são proibidas, não significando, entretanto, que seja uma exposição taxativa: *fixar, de forma direta ou indireta, os preços de compra ou de venda, ou quaisquer outras condições de transação; limitar ou controlar a produção, a distribuição, o desenvolvimento técnico ou os investimentos; repartir os mercados ou as fontes de abastecimento; aplicar, relativamente a parceiros comerciais, condições desiguais no caso de prestações equivalentes, colocando-os, por esse fato, em desvantagem na concorrência; subordinar a celebração de contratos à aceitação, por parte dos outros contraentes de prestações suplementares, que, pela sua natureza ou de acordo com os usos comerciais, não têm ligação com o objeto desses contratos.*

O n. 2 do artigo 81 do Tratado CE estabelece as sanções para o descumprimento do seu n. 1. São considerados *nulos* os acordos, decisões de empresas e práticas anticoncorrenciais. Essa nulidade é absoluta e opera os seus efeitos *ex tunc*, ou seja, retroagem para o momento da celebração do acordo, da decisão ou da prática concertada. Ressalte-se que a cominação de nulidade pode ser apenas parcial, se apenas certas cláusulas forem portadoras do vício e estas não sejam determinantes na vontade de contratar.[68]

Por outro lado, o n. 3 do artigo 81 do Tratado prevê duas hipóteses de inaplicabilidade das disposições do seu n. 1: a possibilidade de

---

66 Para M. Waelbroeck, A. Frignani., op. cit., p. 47-48, a Comissão assumiu como princípio a imputação da responsabilidade à sociedade-mãe na sua prática quando os atos constitutivos da infração são executados pela filial sob a direção da sociedade-mãe, ela (a Comissão) imputa a responsabilidade à última. Mesmo quando não é possível estabelecer que a sociedade-mãe tem um papel motor, ela pode ser sancionada, conjuntamente com suas filiais.

67 Cf. Jorge de Jesus Ferreira Alves, op. cit., p. 41-42.

68 Segundo Ac. do TJCE, de 28.2.1991, Proc. C-234/89 (Delimitis/Comissão): "o facto de o contrato não satisfazer as condições para a aplicação de uma isenção por categoria não implica necessariamente que o contrato no seu

admissão de determinados acordos ou qualquer categoria de acordos entre empresas, de certas decisões ou qualquer categoria de decisões de associações de empresas e de determinadas práticas concertadas ou qualquer categoria de práticas concertadas, quando tais procedimentos contribuam para melhorar a produção ou a distribuição dos produtos, ou quando tais procedimentos promovam o progresso técnico ou econômico.

Ressalte-se que nas duas autorizações exige-se que seja reservada aos consumidores uma parte eqüitativa do lucro resultante, que não sejam impostas às empresas quaisquer restrições que não sejam indispensáveis à consecução desses objetivos e, por último, que não seja aberta a possibilidade a tais empresas de eliminar a concorrência no mercado relativamente a uma parte substancial dos produtos em causa. Esses requisitos devem estar presentes cumulativamente, sob pena de não ser concedida a isenção buscada pelo interessado.[69]

1.1.2.2.2 *O artigo 82 do Tratado CE* – Da análise do artigo 82 podem ser extraídas algumas premissas:

i. A norma não proíbe a existência ou aquisição de uma posição dominante, mas a sua utilização abusiva;
ii. Não existe definição legal do que seja posição dominante;
iii. As hipóteses previstas nas alíneas *a* a *d* são meramente exemplificativas;[70]
iv. A prática que se encontra vedada é exclusivamente o uso abusivo dessa posição dominante dentro do mercado comum, ou em parte substancial deste;

---

todo esteja ferido de nulidade, na acepção do n.º 2 do artigo 81 do Tratado. A nulidade apenas se aplica aos elementos do acordo que estejam proibidos pelo n.º 1 do artigo 81. O acordo no seu todo apenas estará ferido de nulidade quando esses elementos não possam ser separados do próprio acordo (n.º 40, p. I-990)".

69 A análise do preenchimento dessas condições é uma das atribuições da Comissão Européia, mas, de acordo com a proposta apresentada no Livro Branco sobre a Modernização da Aplicação das regras dos artigos 81 e 82, deverá ser também das autoridades encarregadas da aplicação das regras da concorrência dos Estados-membros.

70 O artigo 82 apresenta de forma exemplificativa algumas práticas que podem constituir um abuso, como a imposição, de forma direta ou indireta, de preços

v. Não são admitidas derrogações;
vi. Goza de aplicabilidade direta.[71]

Verifica-se, portanto, que a finalidade da norma não é punir a posição dominante, pois "não interdiz nem a situação de monopólio nem sequer a aquisição de tal situação em virtude de crescimento interno de uma empresa ou, eventualmente, das concentrações de empresas".[72] O conceito de posição dominante deriva das interpretações da Comissão e do TJCE na análise dos casos concretos.

No multirreferido Memorando de 1965, a Comissão estabeleceu que a *posição dominante* pressupõe a existência de "um poder econômico, o que quer dizer, a faculdade de exercer no funcionamento do mercado uma influência notável e, em princípio, previsível para a empresa dominante. Esta faculdade econômica de uma empresa dominante influenciar o comportamento e as decisões econômicas de outras

---

de compra ou de venda ou outras condições de transação não eqüitativas; limitar a produção, a distribuição ou o desenvolvimento técnico em prejuízo dos consumidores; aplicar, relativamente a parceiros comerciais, condições desiguais no caso de prestações equivalentes, colocando-os, por esse fato, em desvantagem na concorrência; subordinar a celebração de contratos à aceitação, por parte dos outros contraentes, de prestações suplementares que, pela sua natureza ou de acordo com os usos comerciais, não têm ligação com o objeto desses contratos. Destas práticas apontadas observa-se que as mesmas atingem sempre os parceiros comerciais e os consumidores e, efetivamente, originam-se de uma situação de poderio econômico que possibilita esta entidade empresarial determinar regras no mercado.

71 Essas normas, além de portarem *primazia* sobre as normas dos ordenamentos jurídicos nacionais, dispõem de *aplicabilidade direta*, pois, de acordo com João Mota de Campos, *Direito comunitário – O ordenamento jurídico comunitário*, v. 2, p. 241, "as razões da aplicabilidade directa do direito comunitário decorrem igualmente da jurisprudência do TJCE segundo o qual o Tratado CE instituiu uma ordem jurídica própria, concebida como instrumento de integração de Estados participantes que ao concluírem esse Tratado limitaram os seus direitos soberanos criando um corpo de direito aplicável aos seus súbditos e a eles próprios e que se impõe às suas jurisdições".

72 João Mota de Campos, op. cit., p. 542.

empresas, quer ela (a faculdade econômica) seja utilizada ou não em um dado sentido. Uma empresa que pode excluir, quando ela deseja, as outras empresas concorrentes do mercado pode, desde já, dispor de uma posição dominante e determinar de uma forma decisiva o comportamento de outras empresas, mesmo se a sua própria parte do mercado é também relativamente fraca".[73] O TPI, por sua vez, no acórdão de 12.12.1991, Proc. T-30/89 (Hilti AG/Comissão), entendeu que "a posição dominante a que se refere o artigo 86.º do Tratado (actual artigo 82.º) se caracteriza por uma situação de poderio económico detido por uma empresa, que lhe permite criar obstáculos à manutenção de uma concorrência efectiva no mercado em causa, dando-lhe a possibilidade de adoptar comportamentos em larga medida independentes relativamente aos seus concorrentes, aos seus clientes, aos consumidores".[74]

A posição dominante mostra ainda a possibilidade de adoção de um comportamento independente no mercado, sem preocupar-se com outros operadores econômicos. Pode representar uma situação de monopólio ou não.[75] Segundo a Comissão, esse poderio econômico pode se originar de diversos fatores que, isoladamente levados em conta, não seriam necessariamente determinantes, e que, dentre esses fatores, a existência de quotas de mercado de grande dimensão é altamente significativa. É preciso, todavia, ter sempre em conta a sua evolução no mercado comum, e considerar a empresa no contexto de suas relações econômicas.

Essa noção foi clarificada no acórdão Hoffmann-La Roche/Comissão,[76] que estabeleceu a responsabilidade objetiva da empresa ou grupo de empresas que se encontrem nessa posição, pois, "independentemente da existência de intenção de exercê-la em prejuízo dos parceiros comerciais ou de consumidores. É suficiente que o prejuízo seja o resultado de um comportamento que lhe permita tirar 'desarrazoadamente' vantagem de uma restrição da concorrência devido à sua

---

73 Cf. *Memorando da Comissão*, de 1.º.12.1965, p. 675.

74 Esse entendimento confirma uma posição já estabelecida pelo TJCE, que também o adotaram nos acórdãos de 14.2.1978, United Brands/Comissão, Proc. 27/76, Recueil, p. 207, e Ac. de 13.2.1979, Hoffmann-La Roche/Comissão, Proc. 85/76, Recueil, p. 461.

75 Ver noção de posição dominante coletiva nesse item..

76 Cf. Acórdão de 13.2.1979, Hoffman-La Roche/Comissão, Proc. 85/76, Recueil, p. 461.

posição no mercado comum. Assim, o Tratado CE, ao não condenar a posição dominante, impõe entretanto uma responsabilidade da empresa, empresas ou grupo de empresas que ocupem esta posição no mercado a obrigação de observar o seu comportamento, e práticas".

O abuso de posição dominante deve ser susceptível de afetar o comércio entre os Estados-membros, e deve ser aferido em função do mercado comum ou em parte substancial deste. Isso quer dizer que não importa o local onde a posição dominante se apresenta, se dentro da Comunidade Européia ou em um país terceiro, desde que os efeitos do abuso possam ser sentidos no interior do mercado comum.[77] Não obstante, a avaliação do TJCE é efetuada sempre em razão de elementos objetivos de fato ou de direito, que possam vir a atingir o comércio entre os Estados-membros, ou seja, a situação posta em causa deve "permitir considerar com um grau de probabilidade suficiente que ele possa exercer uma influência directa ou indirecta, actual ou potencial, nas correntes de trocas entre Estados-membros, de uma forma que possa prejudicar a realização dos objectivos de um mercado único entre Estados".[78]

Entretanto, para se delimitar o âmbito de aplicabilidade do artigo 82, é importante que seja realizada a determinação do mercado relevante. O que se entende por mercado relevante[79] para a verificação de um eventual abuso de posição dominante no direito comunitário decorre não apenas da análise econômica, mas também das orientações e interpretações da Comissão e do TJCE, devendo o mesmo ser estabelecido no caso em concreto, sob as seguintes dimensões:

i. *Geográfica* – o mercado relevante geográfico constitui a área em que as empresas fornecem produtos ou serviços, em que as condi-

---

77 Essa noção de *afetação do comércio entre os Estados-membros* é a mesma utilizada na avaliação do artigo 81 em relação às *concertações empresariais*. Nesse sentido ver o Ac. do TJCE, de 11.12.1980, L'Oréal/De Nieuwe AMCK, considerando 28.

78 Cf. Ac. de 15.12.1994, do TJCE, Proc. C-250/92, DLG/Comissão. Nesse caso foi considerado que "uma sociedade de compras que proíbe os seus membros de participarem noutras formas de cooperação organizada em concorrência direta com ela, as trocas intracomunitárias podem ser afetadas, na acepção dos artigos 81, n.º 1, e 82 do Tratado, mesmo que os produtos de base abrangidos sejam em parte importados de países terceiros".

79 Esse conceito será apresentado com maior detalhamento no item 1.2.9.

ções da concorrência são suficientemente homogêneas e que podem distinguir-se de outras áreas geográficas vizinhas devido ao fato, em especial, de as condições da concorrência serem consideravelmente diferentes nessas áreas.[80] Dessa forma, para a Comissão e o TJCE, a posição dominante não precisa efetivamente ocorrer em todo o mercado comum europeu, mas apenas em parte substancial deste que apresente tais características. A interpretação fundada apenas nesse critério, no entanto, é ineficiente;

ii. *Econômica ou em razão do produto ou serviço em causa* – deverá ser apreciado "em função das características dos produtos em causa, devido às quais esses produtos estão particularmente aptos a satisfazer as necessidades constantes e são pouco intermutáveis com outros produtos".[81] Um princípio importante e bastante utilizado pela Comissão para avaliar a intermutabilidade ou substitutibilidade de um bem ou serviço é o *da elasticidade cruzada da procura*, ou seja, "se um pequeno aumento do preço de um produto provoca aumento sensível da procura de outros produtos, então eles são substituíveis, pertencem ao mesmo mercado dos produtos"[82] dentro da lógica do utilizador razoável.

Não obstante, esses critérios não devem ser utilizados isoladamente, sendo indispensável o exame de outros fatores econômicos de relevância, como a estrutura e o volume de produção, o consumo do produto em causa, assim como os hábitos e as possibilidades econômicas dos vendedores e dos consumidores.[83]

Já a noção de *abuso* ou *exploração* de posição dominante dependerá de diversos fatores a serem apurados na análise do caso concreto, não sendo possível estabelecer um conceito estático. Entretanto, constitui um *forte indício* da ocorrência dessa situação, quando se veri-

---

80 V. Comunicação da Comissão relativa à definição de mercado relevante para efeitos do direito comunitário da concorrência (CO 97/C 373/03), item II.8.

81 Cf. Ac. do TJCE de 21.2.1973, Proc. 6/72, Europemballage e Continental Can/Comissão.

82 Cf. Coutinho de Abreu, Aspectos do direito económico da União Europeia..., p.11.

83 Cf. Coutinho de Abreu, ibidem, p.11.

fica que uma empresa utiliza de sua posição privilegiada no mercado,[84] manipulando-a, assim como os seus concorrentes potenciais, fornecedores e consumidores,[85] e que possa pôr em risco ou atentar contra os objetivos do Tratado CE.[86]

O Memorando da Comissão define que existe exploração abusiva de uma posição dominante quando "o comportamento de uma empresa não se encontra em compatibilidade com os objetivos fixados no Tratado, sendo que as práticas abusivas de uma empresa dominante poderiam se manifestar em face dos concorrentes atuais e potenciais, em face dos fornecedores e dos utilizadores, mas a sua existência ou não deve ser apreciada caso a caso, em função dos objetivos traçados no Tratado",[87] consagrando sempre um **posicionamento finalista**. Por outro lado, da prática decisória da Comissão verifica-se que a sua análise não se circunscreve à forma jurídica que reveste um acordo ou uma prática, concentrando-se antes no seu impacto econômico, isto porque, para ela, um acordo ou uma prática pode ser lícita se efetuada por empresas que não se encontram em posição dominante.[88]

---

84 Observe ainda que esse abuso sequer precisa existir no mercado em que a empresa detenha a posição dominante (desde que haja conexões estreitas entre esses mercados e o mercado em que a empresa detenha a posição), como reconheceu o TPI o Ac. de 6.10.1994, Proc. T-83/91, Tetra Park II/ Comissão.

85 O TJCE considerou abuso de posição dominante, *por exemplo*, no Ac. de 12.12.1991, do TPI, 2.ª Secção, HILTI/Comissão, "o fato de uma empresa prolongar inutilmente o processo de concessão de licenças obrigatórias sobre patentes que detenha, formulando exigências manifestamente exageradas quanto ao montante dos direitos a pagar por essas licenças", e, ainda, no mesmo Ac., "o fato de uma empresa recusar fornecer separadamente certos produtos, exercer pressões sobre os distribuidores independentes no sentido de os levar a adotar as suas próprias práticas discriminatórias e recusar honrar a garantia que beneficiam os aparelhos que comercializa quando estes tiverem sido utilizados com artefactos conexos produzidos por outros fabricantes".

86 Cf. J. Guyénot, op. cit., p. 136, essa visão finalista é excessivamente instrumental, pois é evidente que, se uma empresa ou um grupo de empresas praticar um ato ou um procedimento que constitua um atentado à concorrência, o mesmo deverá ser sancionado.

87 Cf. *Memorando da Comissão*, de 1.º.12.1965, p. 676.

88 V. *Relatório sobre a Política da Concorrência,* 1994, p. 137.

O abuso de posição dominante, em princípio, é exercido *individualmente*. O artigo 82 do Tratado CE não faz qualquer remissão à possibilidade de abuso de posição dominante por mais de uma empresa. Tem-se observado, todavia, em certas situações, empresas, que, apesar de serem unidades econômicas autônomas, encontram-se unidas por laços e interesses econômicos conjuntos, *justamente por deterem parte considerável do mercado tido como substancial* e, por esse motivo, poderiam adotar determinados procedimentos que viriam a configurar-se como *abuso de posição dominante*. Em uma primeira análise, não haveria como adotar o artigo 82 do Tratado CE, discutindo-se, então, se seria a hipótese de aplicação do artigo 81, n.1, do Tratado CE,[89] pois a empresa ou grupo de empresas poderiam executar atos anticoncorrenciais por meio de acordos ou práticas concertadas.

A jurisprudência do TJCE tem se colocado no sentido de admitir a possibilidade do exercício de abuso ou exploração de posição dominante coletiva, desde que as empresas em causa estejam suficientemente ligadas entre si para adotarem uma mesma linha de ação no mercado. Segundo a Comissão,[90] "já não é possível negar a existência de posições dominantes detidas em conjunto" e "o conceito de posição dominante coletiva não torna de modo nenhum redundante o artigo 85.º do Tratado (atual artigo 81.º), que se aplica aos acordos horizontais que, por

---

89 Thiesing et al., op. cit., p. 236, defendem a aplicação finalista da norma, ou seja, que em muitos casos talvez seja mais fácil provar que as empresas detêm coletivamente uma posição dominante, do que justificar a existência de uma *entente* ou um cartel nos termos do artigo 81, n. 1, do Tratado CE. Esses autores defendem, portanto, a aplicação da norma no seu sentido *útil* ou *finalista*, ou seja, atendendo as finalidades determinadas pelo Tratado CE (artigo 3.º, *f*), pois a Comissão poderia optar, de acordo com as circunstâncias do caso examinado, entre decidir aplicar o artigo 81 ou o artigo 82. Para esses autores, por meio da intervenção com o artigo 81, a Comissão obtém a supressão da prática da *entente*, a prática uniforme abusiva também deixa de existir igualmente... No entanto, esse posicionamento não é unânime, pois gera a tão assustadora (e inevitável...) insegurança jurídica.

90 A *primeira vez* que a Comissão utilizou a noção de *posição dominante coletiva* foi no caso Vidro Plano já citado, em que o comportamento comercial de três empresas italianas no setor dos vidros foi considerado como uma exploração abusiva de posição dominante coletiva, porque restringia por

inexistirem laços econômicos suficientemente fortes entre os seus membros, não engendram uma posição dominante coletiva. O artigo 85.º (atual artigo 81º.) proíbe determinadas formas de comportamentos de colusão, enquanto o artigo 86.º (atual artigo 82.º) se aplica aos comportamentos unilaterais".[91]

Ao contrário do artigo 81 do Tratado CE, o artigo 82 não traz qualquer previsão quanto às sanções aplicáveis na hipótese de configuração de abuso de posição dominante. A resposta está no artigo 12 do Regulamento 17/62, que autoriza a Comissão a proceder *inquérito geral,* e, se a mesma verificar que em um determinado setor econômico a concorrência encontra-se afetada pelas práticas previstas no artigo 82 do Tratado CE, tem o poder de aplicar multas na forma prevista no artigo 15 do mesmo diploma legal. A parte legitimamente interessada em saber se o seu comportamento é susceptível de estabelecer a intervenção da Comissão, pode requerer um *Certificado Negativo.*[92]

De uma forma geral, esses são os caracteres principais identificados pela doutrina e pela jurisprudência para a noção de posição dominante e o seu abuso. Retornamos ao problema a que nos dedicamos: o controle das estruturas fundado nas regras do Tratado CE.

1.1.2.3 A evolução decisória da Comissão e a principal jurisprudência do Tribunal de Justiça

Esclarecidas as premissas necessárias para se compreender a política adotada pela Comissão no citado Memorando de 1965 e a posição assumida pelo Tribunal de Justiça nas oportunidades em que foi solicitada a sua intervenção, passamos agora a analisar os dois principais casos decididos no lapso temporal que antecedeu a publicação do Regulamento (CE) 4.064/89. Com o acórdão Continental Can foi preparado o "terreno" para a apresentação da proposta de regulamento das concentrações, e com o acórdão Philip Morris foi criada uma situação de extre-

---

parte dos consumidores a possibilidade de escolha no que dizia respeito às fontes de abastecimento, e limitava as hipóteses de escoamento dos outros produtores comunitários de vidro plano.

91 Cf. Ac. de 8.10.1996, do TPI (3.ª Secção Alargada), Proc. Compagnie maritme belge transports SA o./Comissão.

92 V. artigo 2.º do Regulamento 17/62.

ma insegurança jurídica, pressionando os Estados-membros a chegarem a um consenso em relação ao tema.

1.1.2.3.1 *O caso Continental Can* –
O caso Continental Can foi o primeiro no qual a Comissão Européia estabeleceu o controle de um ato de concentração no âmbito comunitário utilizando o artigo 82 do Tratado CE. Resumidamente, os fatos que deram origem à atuação da Comissão foram os seguintes:

i. a Continental Can era uma empresa multinacional, de origem norte-americana, com sede em Nova York, que produzia embalagens metálicas e outros materiais de embalagem, máquinas para fabricar e utilizar essas embalagens. Ela possuía os direitos de propriedade industrial para a exploração, dos quais concedeu licenças internacionais;
ii. em 6.2.1969, a Continental Can obteve a maioria do capital e, por conseqüência, o controle da Schmalbach-Lubeca-Werke, uma grande empresa que fabricava embalagens metálicas e outras, bem como máquinas para fechar latas. No decurso daquele mesmo ano elevou a sua participação social para 85,5% do capital social;
iii. em 16.2.1970, a Continental Can celebrou um acordo com uma concessionária de origem neerlandesa, a Thomassen, nos termos dos quais a Continental fundaria nos Estados Unidos uma sociedade *holding*, a Europemballage Corporation, e lhe cederia uma participação na Schmalbach;
iv. nesse acordo foram ainda estabelecidos pactos de preferência de aquisição de ações entre a Europemballage e a Thomassen;
v. em 20.2.1970, a Europemballage Corporation foi criada, tendo as participações da Continental Can na Europa e da Schmalbach sido transferidas para essa empresa;
vi. em 16.3.1970, a Europemballage anunciou uma oferta pública de aquisição das ações da Thomassen, ao mesmo tempo em que a Thomassen noticiava uma oferta de subscrição;
vii. em 8.4.1970, a Europemballage adquiriu ações e obrigações convertíveis da Thomassen, elevando a sua participação que era de 10,4% para 91,07%;
viii. a Comissão, tendo assumido a postura de observadora dessas transações empresariais, enviou cartas de objeções ao abrigo do artigo 82 e posteriormente entrou em negociações com as empre-

sas, sem sucesso. Em 9.12.1971, a Comissão tomou uma decisão, sob o fundamento de que a Continental Can teria cometido uma infração ao artigo 86 (atual artigo 82) do Tratado CEE, nomeadamente, ao adquirir, por intermédio da Europemballage Corporation, cerca de 80% das ações e obrigações convertíveis da empresa Thomassen, pois esse ato teve por efeito eliminar praticamente a concorrência no mercado dos produtos das embalagens metálicas em uma parte substancial do mercado comum;

ix. a Europemballage Corporation e a Continental Can, inconformadas, recorreram perante o Tribunal de Justiça, requerendo a anulação da decisão da Comissão;

x. o Tribunal de Justiça, em seu acórdão de 21.2.1973, anulou a decisão da Comissão, mas sob o fundamento de que a análise do mercado fora efetuada de maneira equivocada, confirmando o entendimento da Comissão no sentido de que havia ocorrido uma infração ao artigo 86 do Tratado (atual artigo 82).[93]

Restou assim consagrada uma tese, que até então se encontrava apenas na teoria: a possibilidade de aplicação do artigo 82 como instrumento de controle de concentrações de empresas.[94] A grande questão que esse recurso colocou ao Tribunal foi saber *se*, e *em que medida,* o artigo 82 do Tratado CE permitia a Comissão exercer um controle sobre o reforço das posições dominantes, nomeadamente sobre as concentrações de empresas. Entendeu o Tribunal que *o fato de uma empresa em posição dominante reforçar essa posição a ponto de o grau de domínio*

---

93 Dando início às *críticas* a esse posicionamento do Tribunal, Jean de Richemont, op. cit., p. 489, especulava sobre as razões que levaram o Tribunal de Justiça a confirmar a decisão da Comissão no caso Continental Can: "teria sido o Tribunal influenciado pela campanha dirigida contra as sociedades multinacionais e transnacionais? Teria sido ela seduzida pelas queixas expostas ao Parlamento Europeu pelo Memorando da Comissão de 1965? Ou ainda pela criação e iniciativa da Comissão do escritório de 'casamentos' para a aproximação das empresas da Comunidade? Teria ela pensado que já era tempo de pôr fim às concentrações não controladas?".

94 Segundo Albert Borschette, op. cit., p. 355, esse acórdão teria uma grande importância para a ação futura da Comissão no domínio das fusões tendentes a entravar substancialmente a concorrência.

assim atingido prejudicar substancialmente a concorrência, ou seja, deixar subsistir apenas empresas dependentes, no seu comportamento, da empresa dominante, pode constituir um abuso.[95] Esse fato sucederia quando uma empresa em posição dominante a reforça por via de concentração, e, como conseqüência, a concorrência efetiva ou potencial entre os produtos em causa for praticamente eliminada numa parte substancial do mercado comum.[96] Completou ainda que, independentemente de qualquer infração, pode ser considerada abusiva a detenção de uma posição dominante levada a um ponto tal que os objetivos do Tratado sejam prejudicados por uma modificação substancial da estrutura da oferta, que a liberdade de comportamento do consumidor no mercado seja gravemente comprometida e quando exista a eliminação prática de qualquer concorrência.[97]

As *críticas* que se colocaram a esse acórdão referem-se aos fatos que demonstram ter ocorrido um erro de interpretação do artigo 82,[98] pois, *em primeiro lugar*, esse dispositivo legal não traz desde logo uma proibição *per se* à posição dominante ou à sua aquisição; *em segundo lugar*, ele condena a posição dominante se existe uma exploração abusiva dessa situação; *em terceiro lugar*, os exemplos de exploração abusiva dizem respeito apenas às práticas incidentes no mercado que provocam prejuízos aos consumidores ou para os parceiros comerciais. No caso Continental Can, ao contrário, tratava-se apenas de medidas estruturais, que tiveram como conseqüência o reforço de uma posição dominante, que não constituiria um abuso nos termos do artigo 82.

O Tribunal partiu do pressuposto de que a interpretação do artigo 82 deveria ser efetuada de maneira finalista, ou seja, como um meio a serviço do artigo 3.º, alínea *g*, do Tratado CE. Em outras palavras, deveria se ter em conta a meta de instituição de um regime que garantisse

95 Cf. Acórdão Continental Can, considerando 26.

96 Cf. Acórdão Continental Can, considerando 28.

97 Cf. Acórdão Continental Can, considerando 29.

98 Alonso Soto, op. cit., p. 780, critica a posição adotada pela Comissão e pelo Tribunal, pois, para esse autor, o artigo 82 não autorizava considerar que as concentrações de empresas ou o reforço de uma posição dominante constituem um comportamento abusivo ou um grave atentado à concorrência. Nesse mesmo sentido, ver Xavier de Roux, Dominique Voillemont, *Le droit de la concurence de la C.E.E.*, p. 152.

que a concorrência não fosse falseada no mercado comum, assegurando um grau de concorrência necessário para que fossem respeitadas as exigências fundamentais e alcançados os objetivos do Tratado e, em especial, o estabelecimento e a manutenção de um mercado único que criasse condições análogas às de um mercado interno.[99] Assim, a única questão que deveria ser respondida é se o artigo 82, ao utilizar a expressão "explorarem de forma abusiva", estaria se referindo apenas aos comportamentos das empresas susceptíveis de atingir diretamente o mercado, de prejudicar a produção, a distribuição, os clientes ou ainda os consumidores, ou se aludia também às modificações estruturais da empresa que tivessem por efeito alterar gravemente a concorrência numa parte substancial do mercado? A posição do Tribunal foi no sentido de que a distinção entre as medidas que afetavam a estrutura da empresas e as práticas com incidência no mercado não era determinante, uma vez que qualquer medida estrutural, a partir do momento em que aumentava as dimensões e a potência econômica, seria passível de afetar as condições do mercado.[100] Dessa forma, para o Tribunal, os meios utilizados não tinham a menor importância, mas apenas os *efeitos*, ou seja, se mediante o reforço da posição dominante a empresa conseguiria entravar a concorrência, tendo o mesmo estabelecido que o nexo de causalidade entre a posição dominante e a sua exploração abusiva não tinha interesse, o que quer dizer que os meios empregados para fortalecer essa posição no mercado tinham pouca relevância. Importaria tão-somente saber se a empresa em posição dominante iria consolidar a sua posição a ponto de travar substancialmente a concorrência, explorando a posição que já possuía.

Por outro lado, para o Tribunal, era inadmissível que uma alteração da concorrência, sendo proibida quando resultasse de comportamento abrangido pelo artigo 81, se tornasse lícita se esse comportamento fosse levado a cabo sob a ação de uma empresa dominante e conseguisse materializar-se em uma integração de empresas. Na existência de lacunas, não era possível supor que o Tratado, tendo proibido no artigo 81 determinadas decisões de simples associação de empresas que alteram a concorrência sem a suprimir, no entanto, admita como lícito no artigo

99 Sobre a opção da política da concorrência na Comunidade Européia, ver Introdução, item 3.

100 Cf. Acórdão Continental Can, considerandos 20 e 21.

82 que empresas, após terem realizado uma unidade orgânica, pudessem atingir uma potência dominante tal que qualquer possibilidade de concorrência seria, na prática, afastada.[101] Por outro lado, procurou-se garantir no mercado a concorrência efetiva ou potencial,[102] que, mesmo não estando expressamente mencionada no artigo 82, encontrava-se imperativamente submissa ao artigo 3.º, alínea *g*, do Tratado CE. Tal posicionamento justificava-se porque a finalidade última que se busca é a realização de um mercado comum em que a concorrência não seja falseada.[103]

Outro aspecto, também objeto de crítica, foi a utilização da expressão "praticamente eliminada", por ser excessivamente *ambígua e vaga*.[104] E, justamente por carecer de uma maior precisão, o próprio Tribunal reconheceu que essa eliminação da concorrência não precisaria ser total. Ela necessitaria ser justificada de forma suficiente, ou seja, provar que a concorrência foi afetada de tal maneira que os competidores residuais não podiam constituir um contrapeso significativo.[105] Exatamente na tentativa de confirmar a sua tese, a Comissão cometeu um erro no que diz respeito à apreciação do mercado relevante, o que motivou a anulação da decisão pelo Tribunal.[106]

---

101 Cf. Acórdão Continental Can, considerando 25.

102 Como Sofia Pais adverte, op. cit., p. 87, "na verdade, só preservando uma concorrência potencial é que as autoridades comunitárias podem restabelecer a concorrência, e só com o restabelecimento desta é que conseguem defender os consumidores. É por isso que, na apreciação da situação concorrencial existente no mercado, além de analisarem as quotas de mercado, dimensões dos concorrentes e estudarem as relações entre os agentes económicos, devem investigar a capacidade de reestruturação e de resposta, a nível de concorrência, que podem dar as empresas que não fazem parte da operação em estudo".

103 Consoante *XXVI Relatório sobre a Política da Concorrência*, outro grande problema enfrentado foi a *tentativa de exclusão do mercado comum o principal concorrente*, isso porque, "embora uma empresa em posição dominante possa defender a sua posição concorrendo com outros operadores, tem a particular responsabilidade de não diminuir ainda mais o grau de concorrência existente no mercado".

104 Neste sentido ver Sergio Neri, op. cit., p. 349.

105 Cf. Acórdão Continental Can, considerando 29.

106 Segundo Jean de Richemont, op. cit., p. 475, e Sofia Pais, op. cit., p. 94, essa decisão foi acusada de sofrer influências da Section VII do Clayton

Mesmo assim, consagrou-se a possibilidade do controle das concentrações de empresas na Comunidade Européia, mesmo indiretamente e *a posteriori*,[107] e ainda, mesmo que esta não fosse a solução mais conveniente ou mais acertada, era evidente que a permissão estabelecida pelo Tribunal para a aplicação do artigo 82 por intermédio do acórdão Continental Can não dispensava um Regulamento.[108]

Na prática, mesmo sem uma determinação legal nesse sentido, estabeleceu-se um *sistema de notificação prévia informal* por parte das empresas interessadas em saber acerca da compatibilidade com o mercado comum da operação pretendida.[109] Por outro lado, a própria Comissão, por meio do poder que lhe era conferido pelo artigo 11 do Regulamento

---

Act norte-americano, que proíbe toda aquisição, direta ou indireta, de qualquer garantia votante ou de bens do ativo de qualquer outra pessoa, a não ser que ambas as partes protocolem perante o FTC (Federal Trade Commission) uma notificação nesse sentido. Para os autores, entretanto, esse posicionamento da Comissão era completamente descabido, pois, enquanto nos Estados Unidos havia uma lei proibindo expressamente esse tipo de aquisição, na Comunidade Européia, o que se observou foi uma interpretação forçada de um dispositivo legal que sequer tinha essa finalidade. Entretanto, como conclui acertadamente Sofia Pais, p. 96, "os objectivos do Tratado encontram-se em plena construção, na qual participa de forma activa o Tribunal; daí que se lhe deva reconhecer a possibilidade de privilegiar uma interpretação finalista das disposições do Tratado, em detrimento de uma análise literal, pois só aquela permitirá assegurar uma eficaz integração comunitária".

107 Cf. *Dixième Rapport sur la Politique de Concurrence,* 1980, p. 34

108 Albert Borschette, op. cit., p. 356, comenta que a permissão do Tribunal para aplicar o artigo 82 às concentrações não resolvia o problema, pois o objetivo perseguido pela instauração de um sistema de controle de concentrações de empresas é a manutenção de um regime que assegure que a concorrência não seja falseada no mercado Comum, ou seja, a satisfação do artigo 3.º, alínea *g*, do Tratado CE. "Ora, o movimento de concentração que se observa depois de alguns anos, com as suas modificações irreversíveis na estrutura concorrencial de um grande número de mercados, tem tomado uma amplitude tal, que coloca o risco de que em alguns casos as empresas possam se subtrair da aplicação das regras da concorrência. Para manter um regime de concorrência efetiva no interior do Mercado Comum era necessário portanto recorrer a novos instrumentos."

109 Cf. *Dixième Rapport sur la Politique de Concurrence,* 1980, p. 113.

17/62, levando em conta a importância das partes no mercado posto em causa, solicitava informações dos elementos necessários para a apreciação das suas posições e o efeito da operação no mercado comum. A terceira via pela qual o controle se instaurou foi mediante a apresentação de queixas por empresas terceiras que se consideravam lesadas pelas operações de concentração dos seus concorrentes.[110]-[111]

A Comissão estabeleceu toda sorte de pressão perante o Conselho para a aprovação de um regulamento. O *Dixième Rapport sur la Politique de concurrence* determinou que a existência de uma posição dominante é presumível com a detenção de parte do mercado correspondente entre 40% a 45 %, o que quer dizer que o critério ambíguo que havia em relação à expressão "eliminar praticamente a concorrência" passa a ter um limiar tangível. O reforço dessa posição dominante poderia ocorrer por via da concentração e ser susceptível de apresentar um caráter abusivo, quando atentasse contra estrutura do mercado e tivesse por resultado criar obstáculos à manutenção de um grau de concorrência existente (quando a concorrência já se encontrava enfraquecida justamente pelo fato da posição dominante preexistente) ou ao desenvolvimento dessa concorrência.[112]

Entretanto, a própria Comissão admitia que, perante a experiência dos casos analisados, a utilização do artigo 82 com esse propósito era extremamente difícil. Por outro lado, essa "doutrina" firmada no caso Continental Can é que permitia a Comissão exercer uma certa

---

110 Cf. *Neuvième Rapport sur la Politique de Concurrence*, 1979, p. 91.

111 Sofia Pais, op. cit., p.110-111, menciona a possibilidade ou não de a Comissão poder efetuar o controle mediante a utilização de Comunicações das acusações ou, ainda, adotando medidas cautelares, e chega à conclusão de que essa possibilidade existia, "desde que observadas as regras no documento da Comissão denominado 'Nota Prática sobre Providências Cautelares', onde resumidamente exigem que sejam observadas as seguintes condições: a existência de fortes indícios de que foram violadas normas de concorrência do Tratado, as providências devem ter o carácter de urgentes, e devem também ter por objectivo impedir situações que causem danos sérios e irreparáveis às partes que requerem a sua aplicação, ou impedir situações intoleráveis para o interesse público. São sempre medidas de carácter temporário, e meramente conservadoras do *status quo*".

112 Cf. *Dixième Rapport sur la Politique de Concurrence,* 1980, p. 112.

vigilância das grandes operações de concentração, prevenindo a sua realização ou, ainda, consentindo uma alteração nos projetos para que fosse alcançada uma conformação estrutural desejável do ponto de vista da concorrência.

Não obstante, foram constatadas dificuldades para o emprego do artigo 82 como mecanismo de controle de concentrações de empresas, ressurgindo mais uma vez o mesmo tipo de críticas, ou seja, de que aquele dispositivo legal não era destinado para tal finalidade, e, ainda, de que nem o artigo 82 nem o acórdão Continental Can definiam em que consistia uma concentração, quais os procedimentos a serem observados pelas empresas, garantias processuais (como o exercício do direito ao contraditório) e de investigação.[113]-[114] De fato, para se aplicar o artigo

---

113 A constatação da inadequação do artigo 82 ao controle de concentrações de empresas, segundo Frank Fine, The Philip Morris judgment: does article 85 now extend to mergers?, p. 334, mostrou-se evidente para a Comissão, muito antes da "tinta do acórdão *Continental Can* secar", porque cinco meses após esse julgamento a Comissão apresentou a sua proposta do regulamento sobre as concentrações perante o Conselho. Bem, à outra conclusão também pode-se chegar, qual seja de que o acórdão Continental *Can* serviu como um instrumento preparatório das intenções da Comissão em se adotar um regulamento específico para essa situação esdrúxula. Albert Borschette, op. cit., p.355, comenta que, após o grande incentivo e apoio às concentrações intracomunitárias, passou-se a observar, pouco a pouco, conflitos provenientes das incessantes concentrações na Europa. Para esse autor, de uma forma geral, a constituição e o reforço de uma posição dominante, por natureza, são geradores de abusos em face dos consumidores, mesmo se elas se justificassem por motivos de eficiência econômica. Todo o conjunto indica que, a partir de um certo limiar, a grande dimensão não é favorável para a rentabilidade, para o emprego ou para o crescimento, porque as grandes empresas operam em muitos mercados, o que dá uma margem de manobra suplementar. Conclui pela urgente necessidade de um arsenal jurídico que permitisse estabelecer as distinções entre as operações de concentração, consoante sejam mais ou menos poderosas, ou consoante o setor da atividade que lhes diz respeito.

114 Para Thiesing et al., op. cit., p. 234, o fato de que a Comissão tenha aplicado essa decisão com fulcro no artigo 82 não significa que o assunto do controle de concentrações de empresas estivesse resolvido no âmbito da Comunidade, nem tampouco que a Comissão passasse a deter poderes de exigir a

82 era preciso que pelo menos uma das empresas que estivessem na operação de concentração já detivesse uma posição dominante. Por outro lado, o controle só poderia ser exercido após a realização da operação, o que por si só não era muito aconselhável sob o aspecto jurídico ou econômico.

Mesmo tendo sido consagrado o artigo 82 do Tratado CE como uma panacéia para o problema das concentrações, a verdade é que a doutrina Continental Can não voltou a ser utilizada pela Comissão Européia com intuito de controle de concentrações de empresas.[115] Isso porque, nos casos reexaminados pela Comissão, não foi adotada nenhuma decisão de proibição, sob diversos fundamentos, por exemplo: pela não caracterização da existência de uma posição dominante no mercado comum, a operação apresentada não era uma verdadeira concentração, as empresas desistiram do projeto de concentração, ou ainda porque realizaram modificações no projeto no sentido de sua "aprovação".[116]

1.1.2.3.2 *O caso Philip Morris* – O tema "controle de concentrações de empresas" somente voltaria a ter destaque com a Decisão Philip Morris[117] e a sua posterior ratificação pelo Tribunal de Justiça. Nesse caso observamos uma completa reviravolta na situação: a aplicação do artigo 81 a uma aquisição de participação minoritária como controle de concentrações de empresas.[118] Ressalte-se ainda que, em se tratando de

---

dissolução posterior das concentrações, que, mediante o reforço de poder dominante, atinja uma situação de *quase-monopólio*. E isso justifica-se tendo em vista que essa situação de *quase-monopólio* pode ter origem, por exemplo, de um agrupamento de empresas, sem que qualquer uma delas exercesse uma posição dominante previamente.

115 Ressalte-se, entretanto, consoante advertia J. Mégret, op. cit., p.651-652, não se deveria considerar o acórdão Continental Can como uma decisão isolada e sem futuro. Com o passar do tempo, percebe-se que este constitui um verdadeiro precedente e que possui influência em uma série de questões fundamentais, que irão orientar a interpretação do artigo 82, como no que se refere à interpretação das noções de posição dominante e de exploração abusiva, ou ainda afetação do comércio entre os Estados-membros.

116 Cf. J. Mégret, op. cit., p. 651.

117 Nesse sentido ver Sofia Pais, op. cit., p. 145.

118 Segundo Dominique Berlin, op. cit., p. 42, uma aquisição ou tomada de participação consiste no ato por meio do qual uma empresa adquire

aquisição de participação majoritária, em que o controle de uma concorrente era adquirido (ou seja, uma verdadeira concentração), não havia como adotar o artigo 81 do Tratado CE, pois apenas com a incorporação do Regulamento (CE) 4.064/89 é que este tipo de operação passou a ser submetido a alguma forma de controle.

E a questão que se colocava era a seguinte: em se tratando de uma participação minoritária, até que ponto esta poderia conferir o controle de uma empresa? A hipótese mais simples é quando essa participação ocorra em uma empresa na qual o capital encontra-se disperso, ou seja, dividido entre muitos acionistas. Mesmo assim não é possível responder ao problema de se determinar um critério ou uma linha divisória que permita distinguir a aquisição de uma simples participação minoritária de uma concentração. A Comissão, no seu Memorando de 1965, já havia estabelecido que o artigo 81 não seria aplicável à hipótese de aquisição de ações em bolsa, pois nesse caso seria necessária a existência de duas vontades convergentes para se caracterizar um acordo entre empresas, o que de modo algum se configuraria em uma obtenção de ações em bolsa ou em uma oferta pública de aquisição. O outro impedimento é que, após a operação, as empresas deveriam permanecer independentes economicamente, o que efetivamente não se verificava em uma concentração. Segundo Dominique Berlin, a única solução alcançada pela Comissão e pelo Tribunal de Justiça foi estender ao máximo a aplicabilidade do artigo 81, buscando uma interpretação finalista a essas hipóteses, em razão da ausência de regulamentação específica das concentrações na época em que essas decisões foram adotadas. A única exceção encontrada foi o Caso Continental Can em que uma aquisição de participação (nesse caso majoritária) foi examinada sob a égide do artigo 82.[119]

O caso Philip Morris[120] tem a sua origem fática no acordo celebrado entre a Rembrandt Group e a Philip Morris Incorporated no ano

---

diretamente ou indiretamente os direitos de voto nas instâncias dirigentes ou de controle de uma concorrente.

119 Cf. Dominique Berlin, op. cit., p. 42.

120 As descrições dos fatos foram efetuadas de forma sintética. Maiores detalhes sobre o processo podem ser consultados no relatório do Ac. do TJ (Sexta Secção), de 17.11.1987, British American Tobacco Company Ltd e R.J.

de 1981, por meio do qual a segunda empresa havia adquirido a metade do capital em ações em uma sociedade *holding* controlada pela primeira empresa, a Rothmans Tobacco. Esse acordo continha ainda cláusulas destinadas a manter o equilíbrio entre as partes, no que se referia à sua participação direta ou indireta no capital da Rothmans International (sociedade anônima, com sede social no Reino Unido, e que com suas filiadas formava um grupo que exercia as suas atividades, sobretudo no fabrico e venda de cigarros e outros produtos da indústria do tabaco, e que detinha uma participação no mercado europeu entre 12% a 15%, e 50% do mercado do Benelux). Além disso, concediam-se reciprocamente o direito de recusa prévia em casos de cessão da sua participação no capital da Rothmans International.

Esse acordo previa ainda o direito a ambas as partes de nomear número igual de administradores para o Conselho de Administração da Rothmans International, bem como a colaboração entre a Philip Morris e a Rothmans International nos setores da distribuição, fabrico, conhecimentos, pesquisa etc. Tal acordo foi denunciado perante a Comissão pela R.J. Reynolds Industries Inc. e, posteriormente, pela British American Tobacco Ltd, sob o fundamento de que a Philip Morris passaria a exercer uma influência significativa no comportamento da Rothmans International, que era anteriormente a sua direta concorrente, violando, portanto, o n. 1 do artigo 81 e o artigo 82 do Tratado CE.

Diante desses fatos, em 19.5.1982, a Comissão enviou uma acusação formal à Rembrandt e à Philip Morris, na qual lhes imputava a inobservância de normas inseridas no Tratado. As empresas recuaram e efetuaram as alterações sugeridas pela Comissão no sentido de permitir a aprovação do seu acordo. Os vínculos anteriores de cooperação desapareceram, assim como a Philip Morris deixou de ser acionista na Tobacco Holding, possuindo, entretanto, uma participação no capital social correspondente a 24,9% dos votos na Rothmans. A Rembrandt se manteve como única proprietária da Tobacco Holding, conservando o controle sobre a Rothmans. Por último, a Comissão obteve da Philip Morris uma série de compromissos de que as empresas continuariam em concorrência e que sobre qualquer tentativa de modificar a

---

Reynolds Industries Inc/Comissão (Proc. Apensos 142 e 156/84), Colectânea de 1987, p. 4487/45586.

configuração do acordo que restou estabelecido a Comissão deveria ser notificada em 48 horas. O direito de preferência concedido reciprocamente e o preço da transação permaneceram.

Diante dessa situação, a Comissão entendeu que o acordo encontrava-se compatível com as normas do Tratado, e em 16.12.1983 comunicou à Reynolds e à BAT as conclusões do procedimento efetuado, arquivando as denúncias. A Reynolds e a BAT, inconformadas, em 4 e 20.7.1984, propuseram, respectivamente, dois recursos de anulação da decisão da Comissão perante o Tribunal de Justiça sob o fundamento de que a Comissão havia aplicado erroneamente os artigos 81 e 82 do Tratado CE, cometendo o equívoco manifesto ao acreditar que os compromissos subscritos pela Philip Morris e pela Rembrandt eram suficientes para evitar uma infração a esses artigos.

O acórdão proferido pelo Tribunal foi no sentido de que o exame das acusações formuladas pelas recorrentes contra a apreciação das diferentes cláusulas dos acordos não demonstrou que a Comissão errara ao declarar que não estava provada a existência de um objetivo ou de um efeito anticoncorrencial.[121] -[122]

Entretanto, a *questão principal* colocada e apresentada por esse caso ao Tribunal foi saber se, e na hipótese de uma resposta positiva, em que condições a aquisição de uma participação minoritária no capital de uma empresa concorrente poderia traduzir uma violação aos artigos 81, n. 1, e 82 do Tratado CE. A resposta do Tribunal referente ao artigo 81, n. 1, foi positiva, tendo se posicionado no sentido de que, se o fato de uma empresa adquirir uma participação no capital de uma empresa concorrente não significa, em si, um comportamento que restrinja a concorrência, pode, todavia, constituir um meio susceptível de influenciar o comportamento comercial das empresas em causa, restringindo ou falseando a concorrência no mercado em que essas duas empresas desenvolvem as suas atividades comerciais.[123] Tal seria o caso, nomeadamente,

---

121 Cf. Acórdão Philip Morris, considerando 59.

122 Ver crítica de Frank Fine, The Philip Morris judgment: does article 85 now extend to mergers?, p. 340, Dominique Berlin, op. cit., p. 45, e ainda C. Bellamy, Mergers outside the scope of the new merger regulation – Implications of the Philip Morris judgment, p. 18.

123 Cf. Acórdão Philip Morris, considerando 37.

se, mediante a obtenção de uma participação ou por intermédio de cláusulas acessórias ao acordo, a empresa que investiu detiver um controle de direito ou de fato sobre o comportamento comercial da outra empresa, ou se o acordo previr uma cooperação comercial entre as empresas ou criar estruturas passíveis de promover uma tal cooperação.[124]

A primeira conclusão a que se chega é que houve uma mudança completa da política da concorrência em relação à tese consagrada no Memorando de 1965,[125] ou seja, de que o artigo 81 não seria aplicável às aquisições de participação que viessem a constituir uma operação de concentração.[126] Observa-se, portanto, que o Tribunal de Justiça concedeu à Comissão um meio de controlar as operações de concentrações também sob a égide do artigo 81 do Tratado CE, desde que consideradas algumas condições.[127]

A segunda observação que pode ser feita é que esse acórdão não realizou distinção alguma entre tomadas de participação majoritárias ou minoritárias, passando, contudo, a ser possível a aplicação do artigo 81 a qualquer tipo de aquisição, desde que esta estivesse apta a influir no comportamento comercial da empresa concorrente de forma a restringir a concorrência, o que poderia se traduzir em duas hipóteses: a cooperação comercial e a obtenção do controle de direito ou de fato.[128] Note-se ainda, que o Tribunal deixou claro que, "se o acordo reservasse à empresa que investiu a possibilidade de reforçar em um estágio ulterior a sua posição, adquirindo o controle efetivo da outra empresa, o artigo 81 poderia ser aplicável, pois foram considerados não apenas os efeitos

---

124 Cf. Acórdão Philip Morris, considerando 38.

125 Segundo a própria Comissão, *Relatório sobre a Política da Concorrência,* 1987, p. 102, as considerações do Tribunal de Justiça implicavam que, contrariamente à concepção jurídica dominante até aquele momento, certas formas de aquisição de participações em empresas eram abrangidas pelo artigo 81.

126 Nesse sentido, ver Jean-Bernard Blaise, Application des règles de concurrence du traité aux opérations de concentration, p. 473, que entendia que a distinção que era feita anteriormente entre comportamentos e estruturas da empresa estava se desfazendo.

127 Nesse sentido ver J. Mégret, op. cit., p.647.

128 Cf. Jean-Bernard Blaise, op. cit., p. 474.

atuais do acordo mas também os potenciais e a possibilidade do acordo se inscrever num plano a um prazo mais longo".[129]

Isto quer dizer que as participações minoritárias poderiam ter um efeito restritivo da concorrência, se habilitassem a empresa adquirente poder reforçar posteriormente sua participação e exercer um controle efetivo sobre a outra empresa, devendo entretanto essa análise ser efetuada em concreto.[130] Assim, esses acordos deveriam ser examinados em face de seu contexto econômico, à luz da situação econômica do mercado em questão, principalmente em se tratando de sociedades multinacionais que desempenhavam as suas atividades em escala mundial, não podendo ser abstraídas as suas relações fora do contexto da Comunidade Européia, o que teria por conseqüência saber até que ponto aquele acordo poderia fazer parte de uma política de cooperação global das partes integrantes.[131]

Lembre-se, entretanto, que essa decisão foi tomada em razão do seu "contexto econômico", qual seja o mercado dos cigarros, que era considerado naquela altura extremamente oligopolista e concentrado, dispondo as empresas daquele setor como únicos instrumentos para o crescimento de suas participações no mercado, a publicidade e a aquisição de empresas.[132] Por outro lado, decorre também dessa análise que o simples fato de comportamentos de empresas serem aptos de, potencialmente, violar as normas da concorrência não os livrava de ser abrangidos pelas proibições dos artigos 81 e 82, por revestirem a forma de um ato jurídico "normal".[133] Ou melhor, deveria se ter em conta não apenas

---

129 Cf. Ac. Philip Morris, considerando 39.

130 Nesse sentido ver Jean-Bernard Blaise, op. cit., p. 475, Dominique Berlin, op. cit., p. 45.

131 Cf. Ac. Philip Morris, considerando 40.

132 Para C. Bellamy, op. cit., p. 25, era duvidoso que o Philip Morris se aplicasse a outras circunstâncias de mercado concorrencial, por exemplo, uma aquisição de ações entre concorrentes que não possuíssem poder de mercado e existisse um grande número de outros concorrentes nesse mesmo mercado. Afinal, o processo de aquisição de participação é parte de um processo dinâmico de desenvolvimento industrial e reestruturação. Para o autor, a menos que alguma "rule of reason" fosse desenvolvida nessa área, existia um perigo real de que o Philip Morris "proibisse muito".

133 Cf. *Relatório sobre a Política da Concorrência,* 1987, p. 102.

os efeitos atuais de um determinado acordo, mas também os seus efeitos potenciais, independentemente do meio utilizado.

Diante dessa confirmação, a questão subseqüente que se coloca é saber se o artigo 81 poderia ser aplicado a uma aquisição de participação que conferisse o controle de uma empresa. Realmente, mesmo que esse ato se efetuasse por intermédio de um acordo celebrado entre duas entidades economicamente autônomas, passariam a ter um só centro de decisão, caracterizando, ao final, uma verdadeira concentração. Ora, nessa hipótese, o artigo 81 não encontraria subsunção legal, pois o mesmo exige que as empresas permaneçam independentes após a conclusão do acordo.[134]

Essa dúvida mais uma vez dividiu a doutrina, pois, para uma determinada corrente, se as empresas não estivessem em posição dominante, mas esta resultasse da operação, elas não seriam condenadas pelo artigo 82, mas pelo artigo 81.[135]-[136] A outra corrente defendia que a tomada de participação tratada no caso Philip Morris cingia-se a um acordo concluído entre duas empresas que, após a sua entrada em vigor, continuavam independentes. Era evidente que essa independência era apenas jurídica, e não econômica, porque a conclusão a que se chegou era de que tal acordo iria possibilitar o exercício de influência sobre o "comportamento comercial".[137]

A própria Comissão Européia, no seu Relatório da Concorrência de 1988, é que vai delimitar o alcance da aplicação dessa nova doutrina Philip Morris, esclarecendo que os acordos relativos à aquisição de uma participação no capital de uma sociedade concorrente são abrangidos pela proibição dos acordos, decisões e práticas concertadas, a partir do

---

134 Com essa posição ver C. Bellamy, op. cit., p. 20.

135 Cf. Dominique Berlin, op. cit., p. 44.

136 Note-se, contudo, que, segundo Sofia Pais, op. cit., p. 107, "a maioria da doutrina, avisadamente, continua a pautar-se com prudência pelos limites estabelecidos na redacção do artigo 86.º, ou seja, afirmam que devem ser excluídos do seu campo de aplicação os casos de aquisição de posição dominante [...] sublinhe-se, finalmente, que com a entrada em vigor do Regulamento (CE) n.º 4.064/89 o problema foi largamente resolvido, dado que as autoridades comunitárias passaram a dispor de uma base legal para o controle das concentrações que *criam* uma posição dominante".

137 Cf. Jean-Bernard Blaise, op. cit., p. 476.

momento em que influenciam o comportamento comercial das empresas em causa, restringindo ou falseando o jogo da concorrência, não sendo necessário que o acordo preveja ou promova uma cooperação comercial entre as empresas concorrentes. Basta que, graças à obtenção da participação, uma sociedade obtenha o controle de direito ou de fato do comportamento comercial das outras, não sendo relevante o fato de que a participação que permite o controle venha a ser adquirida de uma só vez ou progressivamente.[138]

O Tribunal determinou algumas regras ou condições que deveriam ser observadas pela Comissão ao examinar aquisição de participação de uma empresa no capital de uma concorrente. Deveria, portanto, verificar se o acordo que apenas previa um investimento passivo numa empresa concorrente não teria como verdadeiro objetivo o controle dessa empresa, eventualmente em uma fase posterior, ou o estabelecimento de uma cooperação entre as empresas com vista a uma partilha de mercado. A Comissão, para provar que existia uma violação ao artigo 81, n. 1, deveria demonstrar que o acordo tinha por objetivo influir no comportamento concorrencial das empresas no mercado em questão.[139]-[140]

No que diz respeito às empresas comuns, a doutrina coloca a questão de saber até que ponto o artigo 81 poderia ser aplicado à hipótese de criação de uma empresa comum com o caráter concentrativo (em razão da controversa distinção entre concertações empresariais e concentrações de empresas, pois as primeiras relevariam a aplicação do artigo 81, enquanto as segundas, o artigo 82). Como Sofia Pais salienta, "a doutrina Philip Morris termina por conduzir o intérprete a uma situação "irônica" por meio da qual a Comissão poderia exercer, ainda que de forma não assumida, um efetivo controle das concentrações, mediante a disposição que proíbe as concertações empresariais restritivas da concorrência, cuja utilização ela afirmara inadequada a tais fenômenos no Memorando de dezembro de 1965"[141]

---

138 Cf. *Relatório sobre a Política da Concorrência,* 1987, p. 102.

139 Cf. Ac. Philip Morris, considerando 44.

140 Para C. Bellamy, op. cit., p. 25, parecia ser difícil, na maioria dos casos, encontrar evidências suficientes para deduzir a existência de um plano a longo prazo, mas, se este existisse, poderia ser um fator significante na avaliação.

141 Cf. Sofia Pais, op. cit., p. 153.

Um outro ponto apresentado pela doutrina é se a "doutrina Philip Morris" seria aplicável às transações de valores mobiliários (*stock exchange transactions*), realizadas em Bolsa de Valores, e ainda às ofertas públicas de aquisição. Partindo-se da premissa de que o artigo 81 estaria destinado a qualquer tipo de acordo, em princípio, seria admissível.[142]

Essa decisão da Comissão, bem como o acórdão do Tribunal de Justiça, são encarados pela generalidade da doutrina como uma forma de pressão sobre o Conselho e mesmo uma ameaça aos Estados-membros mais reticentes quanto à necessidade de se ter um regulamento próprio para controle de concentrações.[143] Por outro lado, surgiu também um receio de que a Comissão pudesse utilizar dos seus poderes, contando com a ratificação posterior do Tribunal.

Não se vislumbra aqui uma volta à discussão sobre qual era o melhor instrumento para o controle de concentrações – o artigo 81 ou o artigo 82 –, pois a verdadeira mensagem que o acórdão Philip *Morris* trazia era a premência de um instrumento adequado para esse fim, mediante a aprovação de um regulamento específico.

Apesar disso, essa "doutrina" não voltou a ser aplicada pela Comissão ou pelo Tribunal, tendo sido observado um aumento do número de concentrações de empresas, tanto por meio de operações intercomunitárias entre empresas que buscavam aumentar a sua capacidade concorrencial[144] como de operações internacionais envolvendo

---

142 C. Bellamy, op. cit., p. 21-22, no entanto, aponta uma série de obstáculos no âmbito prático e legal, pois, para ele, esse dispositivo legal trata de acordos entre empresas, categoria na qual haveria grande dificuldade em se enquadrar, por exemplo, o investidor individual. Se fosse admitida a sua aplicação, haveria, da mesma forma, problemas em relação à sanção do artigo 81, n. 2, qual seja a nulidade. Por outro lado, em não se admitindo a sua aplicação, um problema específico se colocaria ainda concernente à aquisição de controle em que alguns valores ou ações fossem adquiridos da forma ordinária na bolsa de valores e outros fossem obtidos diretamente por acordos dos seus proprietários majoritários, pois apenas a última hipótese estaria submissa ao artigo 81.

143 Nesse sentido, ver Dominique Berlin, op. cit., p. 44, Alonso Soto, op. cit., p. 788, Sofia Pais, op. cit., p. 140-141.

144 Nesse sentido ver A. Pappalardo, Le règlement CEE sur le contrôle des concentrations..., p. 7-8.

empresas de países terceiros, que, em razão da perspectiva do mercado único de 1992, procuravam se estabelecer no mercado comum europeu. Aliás, toda essa movimentação fez a Comissão ressaltar a importância da criação de um instrumento de controle das concentrações de dimensão comunitária, com o propósito de melhor acompanhar as alterações estruturais relevantes, nomeadamente nos mercados altamente concentrados e, se fosse caso, proibi-las quando fossem susceptíveis de obstar à manutenção de uma concorrência efetiva.[145]-[146]

1.1.2.3.3 *Outras decisões da Comissão* – Os outros casos que se destacam antes da entrada em vigor do Regulamento (CE) 4.064/89 não caracterizaram, efetivamente, a volta da aplicação das "doutrinas" Philip Morris ou Continental Can:

i. Caso Tetra Park – foi analisada a possibilidade de reforço de uma posição dominante no mercado mediante a aquisição de uma licença exclusiva de uma nova tecnologia, atrasando a entrada de um novo concorrente no mercado. É evidente, entretanto, que o âmago da questão era a detenção de uma licença exclusiva, e não a concentração de empresas. Nesse caso, como essa licença era abrangida pelo regulamento de isenção por categoria ao abrigo do artigo 81, n. 3, do Tratado CE, e tendo a Comissão ameaçado a retirada desse benefício, a Tetra Park (beneficiária da licença exclusiva) aceitou renunciar qualquer exclusividade e a BTG (detentora da patente) concordou em negociar com a empresa concorrente (Elopak) uma licença não-exclusiva, facultando que essa empresa utilizasse essa tecnologia, deixando portanto de existir infração ao artigo 82.[147]
ii. Caso Irish Distillers Group – foi efetuada uma oferta conjunta pelos três principais produtores e vendedores de bebidas alcoólicas na Comunidade Européia (Allied Lyons, Guiness e Grand Metropolian) para a aquisição do Irish Distillers Group, o único

145 Cf. *Relatório sobre a Política da Concorrência,* 1988, p. 14.
146 Nesse sentido ver também Van Bael, F. Bellis, op. cit., p.364.
147 Cf. Decisão da Comissão de 29.7.1987, e *Relatório sobre a Política da Concorrência*, 1988, p. 70.

produtor de *whisky* irlandês. Foi feita uma denúncia à Comissão pelo grupo a quem a oferta se destinava, que motivou o envio de uma Carta de Objeções aos proponentes, por compreender que o acordo entre os três *parecia* constituir uma infração ao artigo 81, n. 1, do Tratado CE. Os termos do acordo foram alterados, acatando as sugestões da Comissão, tendo as partes assumido uma série de compromissos perante a Comissão que garantiam, no seu entender, afastar a infração aos artigos 81 ou 82. O processo foi encerrado.[148]

iii. Caso Rhône-Poulenc/Monsanto – a Rhône-Poulenc informou a Comissão acerca de um compromisso preliminar relativo à aquisição da totalidade das unidades de produção da Monsanto nos Estados Unidos, Tailândia e Reino Unido, que fabricavam dois produtos farmacêuticos. Na seqüência da análise dos mercados dos produtos em causa, a Comissão concluiu que a Rhône-Poulenc não detinha uma posição dominante na Comunidade e, por isso, não havia razão para aplicar o artigo 82. Apesar das elevadas quotas no mercado, não se constatava a independência de comportamento por parte do laboratório francês. A Comissão verificou também que, em relação aos produtos em causa, não existia qualquer obstáculo real, nem no que diz respeito à entrada na CEE de produtos provenientes de países terceiros, nem no âmbito do comércio entre os Estados-membros, razão pela qual a operação foi autorizada.[149]

O problema do controle de concentrações de empresas na Comunidade Européia foi discutido durante duas décadas, ao mesmo tempo em que a proposta de um regulamento específico para cuidar da matéria era debatida no Conselho.[150]-[151]. O que a realidade revelou em todos esses anos é que nem o artigo 81 nem o artigo 82 do Tratado CE estavam destinados ao controle de concentrações de empresas. Por outro lado, os

148 Cf. *Relatório sobre a Política da Concorrência,* 1988, p. 75.

149 Cf. *Relatório sobre a Política da Concorrência,* 1989, p. 83.

150 Como se verifica no *Quatrième Rapport sur la Politique de Concurrence,* 1974, p. 21, a 1.ª Proposta de Regulamento foi apresentada perante o Parlamento Europeu em 20.7.1973, mas não logrou sucesso nas discussões, tendo o Conselho apresentado como principal objeção ou motivo de preocupação a necessidade de coerência entre a política industrial em nível nacional e eventuais decisões que pudessem ser tomadas no plano

Estados-membros, ao atrasarem o processo de exame e aprovação da proposta da Comissão, agravavam um problema extremamente delicado: a *insegurança jurídica*. Isso porque, após o acórdão Continental Can, apesar de ter sido consagrado um *procedimento informal de "notificação prévia" das operações*, já não se tinha tanta certeza do posicionamento da Comissão a respeito do tema e o alcance da interpretação dos artigos 81 e 82 do Tratado CE.

De fato, sempre restaria uma zona cinzenta em que as empresas não saberiam exatamente qual o procedimento a ser observado no caso concreto, assim como, por outro lado, poderiam ser surpreendidas com uma ação da Comissão por atos cometidos, por vezes, involuntariamente. Acrescente-se que a própria morosidade do sistema de execução aplicável ao artigo 81 para se obter um certificado negativo ou uma exceção não se adequava ao método das operações de concentração, que exigia uma atuação mais dinâmica da Comissão. Isso porque o Regulamento 17/62 não determinava um prazo para a Comissão decidir se um acordo infringia ou não o artigo 81, ou ainda se daria o direito a um certificado negativo ou uma exceção.[152]

O que se verificou, na prática, é que com o acórdão Philip Morris a Comissão atingiu o seu objetivo, pois no Conselho de 30.11.1987 a proposta relativa ao controle das operações de concentração voltou a ser discutida, e dessa vez com uma reação favorável dos seus membros.[153] Finalmente, em 21.12.1989, a proposta da Comissão foi adotada pelo Conselho, tendo entrado em vigor em 21.12.1990.[154]

---

comunitário em matéria de concentração. Para um exame mais aprofundado das discussões e controvérsias acerca do processo para a aprovação do Regulamento (CE) 4.064/89, ver Sofia Pais, op. cit., p. 173-188.

151 Cf. Albert Borschette, op. cit., p. 357, ao contrário do Tratado CECA, a proposta de 1973 não previa a notificação de todas as operações de concentração, tanto pela impossibilidade de exercer um controle eficaz das concentrações como também porque incompatível com a atitude sempre favorável da Comissão em relação ao processo de integração dos mercados.

152 Cf. Frank Fine, *Mergers and joint ventures in Europe:* the law and policy of the EEC, p. 46-47.

153 Cf. *Relatório sobre a Política da Concorrência,* 1988, p. 56.

154 Com mesmo posicionamento, ver Jacques H.-J. Bourgeois, Berend-Jan Drijber, Le règlement C.E.E. relatif au contrôle des concentrations: un

Esse Regulamento, entretanto, segundo a maior parte da doutrina, revela justamente a natureza do compromisso assumido entre concepções opostas, seja da Comissão em relação aos Estados-membros, seja dos Estados-membros em relação à Comissão, seja entre os próprios Estados-membros. Esse comprometimento se traduz no próprio texto final do Regulamento, que tenta conciliar uma série de interesses conflitantes, colocando sérios problemas de interpretação.[155] Por esse motivo, logo após a entrada em vigor do Regulamento, a Comissão editou algumas Comunicações visando esclarecer dúvidas em relação às restrições acessórias às operações de concentração[156] e à distinção entre empresas comuns com caráter de concentração e empresas comuns com caráter de cooperação.[157]

1.1.2.4 O problema das empresas comuns: cooperação ou concentração?

Antes da aprovação do Regulamento (CE) 4.064/89, o principal problema em relação às empresas comuns consistia em diferenciar entre as que possuíam caráter de concentração e aquelas de cooperação, pois, dependendo de seu enquadramento, estariam submissas a regras de apreciação diversas.

Se a hipótese fosse de cooperação, a operação deveria ser considerada sob a égide do artigo 81, n. 1, do Tratado CE. Em se tratando de concentração, consoante o Memorando da Comissão de 1965, a operação estaria isenta de controle. Em termos práticos, o que se verificava é que o primeiro enquadramento era efetivamente muito mais rigoroso que o segundo, não obstante a linha diferenciadora entre as duas categorias ser bastante tênue, razão pela qual o ideal era que o exame fosse efetuado caso a caso, tendo em conta a complexidade econômica de cada operação, mercado e partes envolvidas. A Comissão admitia, inclusive, que, nos casos complexos, os artigos 81 e 82 do Tratado CE poderiam ser simultaneamente aplicados,[158] adotando a Comissão uma

premier commentaire, p. 23, e Jean-Bernard Blaise, Contrôle des opérations de concentration, p. 746.

155 Cf. Jean-Bernard Blaise, Contrôle des opérations de concentration, p. 745-746.

156 Comunicação 90/C 203/5, de 14.8.1990, p. 5.

157 Comunicação de 25.7.1990. Esse tema será desenvolvido no item 1.2.3.1.

158 Cf. *Sixième Rapport sur la Politique de Concurrence*, 1976, p. 42.

análise econômica na aplicação das regras da concorrência. Essa situação, entretanto, gerava uma grande incerteza jurídica.

A Comissão, em um estudo publicado no *Sixième Rapport sur la Politique de Concurrence,* apresentou algumas regras que poderiam auxiliar na diferenciação. Eram consideradas como concertações empresariais as empresas comuns que serviam ao reagrupamento de certas funções, como as empresas de compras em comum, as empresas de venda em comum, assim como as empresas comuns de pesquisa e desenvolvimento. O artigo 81 seria aplicável a tais reagrupamentos na medida em que os acordos concluídos entre as operações interessadas tivessem a natureza de afetar sensivelmente a concorrência no mercado comum, assim como o comércio entre os Estados-membros. Todavia, a interdição visada pelo artigo 81, n. 1) não seria aplicável, quando da criação de uma empresa comum nascesse *uma unidade econômica autônoma* que preenchesse todas as funções de uma empresa.

Era determinante, então, saber se a cooperação nos moldes da empresa comum tinha por objeto ou por efeito limitar sensivelmente a concorrência entre os fundadores, ou entre estes e outras empresas. A aplicação da interdição de uma concertação empresarial tinha como pressuposto que, depois da sua criação, as empresas-mãe da empresa comum permanecessem ao menos concorrentes entre si[159]. Esse posicionamento da Comissão visava excluir qualquer possibilidade de uma posterior cooperação entre as empresas que tivesse por propósito ou efeito restringir a concorrência.

Não era necessário que as empresas-mãe cessassem por completo as suas atividades em benefício da empresa comum, mas apenas que elas deixassem de ser concorrentes atuais ou potenciais naquele mercado que se encontrava sob a "responsabilidade" da empresa

---

159 Entretanto, segundo Dominique Berlin, op. cit., p. 37, a existência de tal estrutura economicamente independente não era suficiente e não constituía elemento determinante para decidir pela não aplicabilidade do artigo 81. Segundo o 4.º *Rapport*, os elementos que deveriam se ter em conta em cada caso eram a importância das empresas e dos mercados interessados, o peso econômico da atividade integrada em relação às outras atividades, a estrutura dos mercados e o contexto geral das eventuais relações entre os parceiros, para que se pudesse estabelecer se se tratava de uma concertação empresarial ou de uma concentração.

comum. Assim, a determinação do mercado ou dos mercados em causa assumia uma grande importância.[160]-[161]

A Comissão estabeleceu uma "orientação", considerando existir uma unidade econômica e, nesse caso, uma concentração de empresas, quando três condições estivessem reunidas:

i. poder de direção único, que caracterizava todo o grupo horizontal, deveria ser exercido efetivamente. Este traduzir-se-ia na planificação financeira, nos investimentos e nos domínios essenciais da atividade econômica de todas as empresas participantes;
ii. os ativos de todas as empresas participantes deveriam ser definitivamente reagrupados sob essa direção única;
iii. um sistema de compensação dos riscos econômicos e financeiros colocava em evidência a identidade dos interesses dos participantes em seguimento ao objeto social comum que os levou a se reunirem.[162]

Essa nova orientação foi adotada pela Comissão ao examinar uma queixa feita pelo grupo japonês Yoshida Kogyo K. (YKK), o maior produtor mundial de fechaduras contra o grupo britânico Imperial Metal Industries (IMI) e o grupo alemão-suiço Heilmann, sob o fundamento

---

160 Como na Decisão Europcar/Inter-Rent, em que se constatou que a Compagnie des Wagons-Lits e a Volkswagen não eram concorrentes e, por isso, a criação da empresa comum não representava uma restrição da concorrência, *ex vi Relatório sobre a Política da Concorrência*, 1990, p. 101.

161 Sobre a análise da concorrência potencial efetuada pela Comissão, Sofia Pais, op. cit., p. 265, comenta que o fato de a Comissão se mostrar pouco rigorosa no exame desse requisito, dispensando uma verificação cuidadosa dos fatos concretos, originou conclusões baseadas em pressupostos freqüentemente contraditórias: "deste modo, choveram as críticas quanto aos testes aplicados, acusados de serem altamente 'teóricos', 'obscuros e sem fundamento em textos legais', baseados numa simples 'presunção não escrita' de que 'empresas internacionais podem entrar em qualquer mercado em que estão seriamente interessadas dado os seus avultados recursos financeiros e tecnologia avançada'".

162 Cf. *Séptieme Rapport sur la Politique de Concurrence*, 1977, p. 37.

de que essas empresas européias se uniram por acordos recíprocos e práticas concertadas no mercado comunitário. A Comissão, nas suas investigações, verificou os seguintes fatos:[163]

i. os grupos IMI e Heilmann se encontravam entre os mais importantes na Comunidade Européia nesse ramo, dispunham cada um de uma vasta rede de filiais e eram originariamente concorrentes, não apenas no interior do mercado comum, mas também no mercado exterior. Em razão da concorrência crescente das empresas de países terceiros, IMI e Heilmann decidiram coordenar dali para diante suas políticas no mercado, visando a integração de seus grupos nos planos financeiro e econômico, além de também dirigirem as suas políticas comerciais;
ii. no curso dos anos de 1964-1965, IMI e Heilmann acordaram reciprocamente uma participação de 50% no capital de suas filiais respectivas;
iii. em 1965, IMI e Heilmann fundaram uma sociedade de gestão comum na qual o capital era também dividido entre as duas empresas. Essa sociedade tinha como função harmonizar as atividades econômicas do conjunto das filiais em certos setores importantes, tais como a planificação financeira, os investimentos e a exploração dos direitos de propriedade industrial e comercial. Simultaneamente, a Heilmann foi encarregada de assegurar a gestão quotidiana de várias filiais estabelecidas em determinados países. A IMI assumiu a mesma função junto a outras filiais sediadas em outros países. Esse tipo de organização escolhida permitia aos participantes criarem um centro de decisão único para todas as medidas importantes no campo da política comercial, delegando totalmente a execução das decisões e da gestão quotidiana ao parceiro que melhor conhecesse o mercado de cada país;
iv. em 1967 IMI e Heilmann decidiram explorar conjuntamente todos os direitos de propriedade industrial e comercial pertencentes aos dois grupos;
v. no curso dos últimos anos, IMI e Heilmann haviam progressivamente racionalizado as suas atividades de concepção e produção

163 Cf. *Séptieme Rapport sur la Politique de Concurrence*, 1977, p. 37-38.

de suas diversas filiais e redefinido as atribuições de suas filiais na base de seu interesse comum;

vi. em 1975, IMI e Heilmann confirmaram em uma declaração comum que seus ativos constituíam um fundo de garantia única, e que este responderia solidariamente as obrigações de todas as filiais pertencentes ao grupo comum IMI-Heilmann.

Em razão desses fatos, a Comissão concluiu que os grupos IMI e Heilmann, anteriormente independentes, encontravam-se integrados em uma verdadeira unidade econômica, não se tratando apenas de uma unidade de gestão ou de desenvolvimento de projetos conjuntos. Não havia, portanto, por que intervir com base no artigo 81 em razão de acordos e decisões tomadas a esse efeito. Por outro lado, a aplicação do artigo 82 não se justificava, pois os grupos integrados não ocupavam uma posição dominante no mercado comum ou em uma parte substancial deste.

Esse posicionamento da Comissão, qual seja de optar claramente pela não-aplicabilidade do artigo 81, n. 1, às empresas comuns com caráter de concentração, foi objeto de críticas por Frank Fine,[164] pois, para esse autor, iria gerar a situação que ele denominou "aberração das concentrações parciais" ("partial merger aberration"). Isso significava que a Comissão, ao excluir determinados tipos de empresas comuns do alcance do artigo 81, n. 1, como era o caso examinado, e não enquadrando estas sob o artigo 82, criava uma verdadeira brecha no sistema de defesa da concorrência comunitário.

Por outro lado, na prática, o que se constata é que a Comissão se afastou dessa situação lacunosa, procurando estender o campo de aplicabilidade do artigo 81, n. 1, do Tratado CE ao máximo, evitando o vazio que se configuraria se fossem adotadas rigorosamente as diretrizes do Memorando de 1965.[165] Mesmo assim, essa atitude também foi objeto de críticas, pois as condições de isenção do artigo 81, n. 3, eram de difícil verificação, quando aplicadas aos fenômenos efêmeros de cooperação, e passavam a ser interpretadas de forma extremamente liberal

---

164 Frank Fine, *Mergers and joint ventures in Europe:* the law and policy of the EEC, p. 48-52.

165 Cf. Sofia PAIS, op. cit., p. 261-262.

na presença de uma empresa comum com caráter substancial de concentração, ainda que formalmente qualificada pela Comissão como uma concertação empresarial.[166]

1.2 O controle de concentração de empresas sob a vigência do Regulamento (CE) 4.064/89

1.2.1 Definição de operação de concentração no Regulamento (CE) 4.064/89

O artigo 3.º traz uma noção bastante extensa do que se considera uma operação de *concentração*,[167] pois tenta abranger todos os instrumentos, jurídicos ou não, que tenham como objetivo ou resultado a concentração de poder econômico, e impliquem uma modificação duradoura na estrutura das empresas.[168]

O n. 1 do artigo 3.º dispõe que se realiza uma operação de concentração:

a) quando duas ou mais empresas anteriormente independentes[169] se fundem;

---

166 Nesse sentido, e por todos, ver Sofia Pais, op. cit., p. 272-275.

167 Em razão da amplitude desse conceito, a sua aplicação não irá se revelar de grande simplicidade e, por essa razão, a Comissão publicou uma Comunicação Interpretativa em 31.12.1994, revisada pela Comunicação de 2.3.1998.

168 Nesse sentido, ver o considerando 5, que destaca como principal objetivo do Regulamento evitar que o processo de reestruturação industrial, encorajado pela integração progressiva dos mercados dos Estados-membros, não acarretasse "um prejuízo duradouro para a concorrência".

169 A. Pappalardo, Le Règlement CEE sur..., 1990, p. 11, entendia que a noção de independência poderia ser capaz de criar problemas. Para ele, a hipótese em que o legislador parece ter pensado era aquela na qual as empresas que efetuam a operação de concentração já estão ligadas uma a outra, pelo fato de o controle ser exercido por uma terceira empresa (sociedade-mãe). A exclusão do campo de aplicação do Regulamento se justificava pela falta de autonomia das empresas em causa e considerações análogas às que se colocavam relativamente à aplicação do artigo 81 aos acordos concluídos no seio de um mesmo grupo se repetiam Ele completava: "o correto seria

ou

b) quando

– uma ou mais pessoas,[170] que já detêm o controle de pelo menos uma empresa

ou

– uma ou mais empresas

adquirem direta ou indiretamente, por compra de partes de capital ou de elementos do ativo, por via contratual ou por qualquer outro meio, o controle conjunto ou de partes de uma ou de várias empresas.

A terceira hipótese de concentração prevista é a criação de uma empresa comum que desempenhe de forma duradoura todas as funções de uma entidade econômica autônoma, consoante a nova redação do n. 2 do artigo 3.º do Regulamento (CE) 4.064/89.[171]

---

constar no dispositivo legal que seria o caso de empresas 'independentes uma em relação à outra'. Como está, pode ser compreendido no sentido de que o Regulamento não se aplica, por exemplo, à fusão de duas empresas dependentes de sociedades-mãe diferentes, ou ainda aos casos nos quais apenas uma das empresas fosse, ao momento da fusão, independente". Dominique Berlin, op. cit., p. 66, adverte, entretanto, que, da mesma forma que o artigo 81 não exclui todos os acordos intragrupos de seu campo de aplicação, não é certo também que todas as fusões que ocorram no interior de um mesmo grupo escapem ao controle comunitário de concentrações. Para determinar se as empresas, partes de uma fusão, eram anteriormente independentes, é em relação ao critério estabelecido pelo artigo 3.º, n. 3, do Regulamento que se convém mencionar, uma vez que nem sempre o fato de uma empresa integrar um grupo significa que ela esteja sob o seu controle.

170 No que diz respeito à menção do vocábulo "pessoa", Sofia Pais, op. cit., p. 235, comenta que, "de facto, não seria possível conceber a fusão entre duas pessoas ou a sua aquisição por outras pessoas ou empresas; pois seria, obviamente, incompatível com a dignidade da pessoa humana. É claro que, se a questão for deslocada para o plano das actividades desenvolvidas, já se poderia aceitar, como afirmam Pierre Bos e outros, que indivíduos fundam a sua actividade económica ou concedam o controlo da sua actividade económica a outros indivíduos ou empresas".

171 Consoante a alteração introduzida pelo Regulamento (CE) 1.310/97, o artigo 3.º, n. 2, aplica-se também à empresa comum concentrativa (que passa a ser chamada de *full function joint venture* ou empresa comum que

A primeira noção que o dispositivo legal utiliza é a de *fusão*,[172] e, em se tratando de direito comunitário, o seu conceito deve ser buscado nas suas fontes, *in casu*, na 3.ª Diretiva de 9.10.1978.[173] Exige-se também que essas empresas sejam independentes antes da operação, o que quer dizer que deve inexistir qualquer fato que enseje a presença de *controle* de uma empresa em relação a outra.

Essa noção de *controle,* definida no artigo 3.º, n. 3, consiste na possibilidade do exercício de uma *influência determinante* sobre a atividade de uma empresa e decorre dos direitos, contratos, ou outros meios, que o conferem isolada, ou conjuntamente, e nomeadamente, dos direitos de propriedade ou de uso ou de fruição sobre a totalidade ou parte dos ativos de uma empresa, e dos direitos ou contratos que influenciam decisivamente na composição, nas deliberações ou nas decisões dos órgãos de uma empresa (ou seja, participações maioritárias, direitos de veto ou de convenções de afiliação etc.).

Esses elementos, porém, são apenas indicativos, ou seja, a sua presença poderá ou não determinar a existência de controle, e deverá ser analisada em conjunto com todas as circunstâncias legais e de fato do caso.[174] Na prática, a Comissão tem levado em conta o tamanho da

---

desempenhe de forma duradoura todas as atividades de uma entidade econômica autônoma), mesmo que implique na coordenação do comportamento concorrencial das empresas em causa, sendo a apreciação da coordenação efetuada sob o Regulamento das concentrações, mas segundo os critérios do artigo 81, n. 3, do Tratado CE, como será examinado no item 1.2.1.

[172] Segundo Van Bael, F. Bellis, op. cit., p. 391-392, a fusão em que as companhias são completamente absorvidas e perdem a sua identidade legal é pouco freqüente, e pouquíssimos casos foram explicitamente apresentados pela Comissão. Entretanto, esta examinou recentemente uma operação desse teor na decisão British Telecom/MCI (II), de 14.5.1997, no setor das telecomunicações, entre a empresa americana MCI e a britânica British Telecom.

[173] Publicada no *JO* L 295, de 20.10.1978.

[174] Como C. Bellamy, G. Child, op. cit., p. 318-319, chamam a atenção, nem sempre o fato de um acionista deter a maioria das ações significa que ele possua o controle. É preciso considerar também outros arranjos contratuais e legais que existam entre todos ou alguns dos acionistas, assim como as

participação e o direito de indicar membros do corpo de direção "management bodies", juntamente com qualquer outro fator que possa ser considerado relevante.[175] O controle pode ser adquirido pela pessoa ou pessoas, ou pelas empresas, que sejam titulares desses direitos ou beneficiárias desses contratos, ou que tenham o poder de exercer os direitos deles decorrentes.[176] Esse controle irá incidir sobre o conjunto ou partes de uma ou de várias outras empresas.[177] A aquisição do controle pode ser em conjunto ou em partes.

Sobre a necessidade do *exercício efetivo* do controle, o dispositivo legal não faz qualquer exigência. Deixa claro, entretanto, que desse controle deverá decorrer (tendo em conta as circunstâncias de fato e de direito) a possibilidade de exercer uma influência determinante sobre a atividade da empresa. Verifica-se, portanto, que o Regulamento ultrapassa uma visão excessivamente pragmática e centra-se sobre os aspectos econômicos da operação, ou seja, nos seus *efeitos*, independentemente dos meios utilizados para atingir aquele fim.

Ressalte-se, ainda, que a noção de controle que se encontra delimitada no Regulamento ultrapassa aquela definida no acórdão Phillip Morris.[178] Naquele caso, o controle cingia-se à possibilidade do exercício de uma influência determinante sobre o comportamento comercial da empresa, enquanto aqui essa influência se manifesta sobre a atividade da empresa de uma forma genérica, sem quaisquer exceções de setores de atividade. Não se pode olvidar, todavia, que, para a Comissão, esse controle deve ser exercido na tomada de decisões estratégicas, sendo irrelevante situações em que a influência incida em setores de menor importância.[179]

---

circunstâncias de fato de cada caso, para decidir se uma empresa é controlada conjuntamente.

175 Segundo Van Bael, F. Bellis, op. cit., p. 395, outros fatores poderiam ser: a posse de direitos de opções sobre ações não exercida, a existência de um contrato de fornecimento de longo prazo, de direitos sobre o ativo da companhia, ou dos direitos contratuais de participar da direção da empresa.

176 V. artigo 3.º, n. 4, do Regulamento (CE) 4.064/89.

177 V. artigo 3.º, n. 1, ibidem.

178 Neste sentido ver Sofia Pais, op. cit., p. 244-245.

179 Cf. *Relatório sobre a Política da Concorrência*, 1991, p. 383.

No que diz respeito à relação entre percentagem de *participação no capital* e controle, mister se fazem efetuar algumas precisões. Tendo em vista que uma participação minoritária pode dar origem ao controle sobre uma empresa,[180] conclui-se, de início, que não é necessária uma maioria absoluta para haver situações de controle.[181] Não obstante, uma dúvida pode surgir: a partir de que momento uma participação minoritária poderia dar origem ao controle? A resposta, infelizmente, não pode ser objetiva, pois irá depender das circunstâncias de cada caso, indicando a doutrina alguns fatores que são levados em consideração, como a dispersão do restante das participações e o envolvimento dos outros acionistas na administração da empresa.[182]-[183]

---

180 Como já havia sido reconhecido pelo Tribunal com o acórdão Philip Morris, apesar de a análise ali ter sido realizada sob a égide do artigo 81, n. 1, do Tratado CE.

181 Como reconheceu a Comissão recentemente na Decisão Mannesmann/ Vallourec, em que a aquisição de apenas 21% do capital de uma empresa sobre a outra possibilitou a origem de controle.

182 J. Briones, J. Folguera, A. Fonti, E. Navarro, *El control de concentraciones en la Unión Europea – La práctica de la Comisión Europea y las novedades introducidas en el Reglamento (CEE) 4064/89 por el Reglamento (CE) 1310/97*, p. 43, comentam que o importante não é o montante de ações, muito menos a detenção de uma maioria, mas sim que esse conjunto de ações (maioritário ou minoritário) confira, isolada ou conjuntamente com outras empresas, uma maioria de votos para estabelecer a estratégia competitiva da empresa e as decisões fundamentais dos órgãos decisórios da sociedade. Essa possibilidade de exercício de uma influência determinante poderia se dar pelo acionista minoritário, quando este ostentasse um direito de veto sobre o *Business Plan*, aprovação de projetos, nomeação dos membros da direção etc. Nessa mesma linha temos a decisão Coca-cola/Amalgamated Beverages GB, de 22.1.1997, na qual a Coca Cola Company (TCCC) era a maior acionista individual com 45% dos votos, mas inexistiam direitos formais relacionados com essa participação. Foi reconhecida a possibilidade do exercício de uma *influência determinante de fato* sobre a Coca Cola Enterprise (CCE) em relação às suas atividades comerciais, em virtude da dispersão do capital restante e, ainda, pelo fato de que, no passado, a TCCC sempre teve maioria absoluta nas assembléias (considerandos 5 a 10).

183 V. decisão Anglo American Corporation/Lonrho, de 23.4.1997, quando a Comissão, no considerando 38, tomou como relevantes ainda os seguintes

Em se tratando de *ofertas públicas* se estabeleceu um regime diferenciado, em razão da natureza desse tipo de operação, pois não havia qualquer sentido que as mesmas estivessem subordinadas a determinadas exigências do Regulamento. De fato, o controle preventivo dificilmente seria compatível com a necessidade de segurança e de rapidez que reclamavam as ofertas públicas. Buscando, contudo, uma compatibilidade entre esses caracteres especiais e a necessidade de controle, o Regulamento, no seu artigo 7.º, n. 3, dispensa os iniciadores de uma oferta pública de compra ou de venda de suspender os efeitos de sua operação (obrigação existente para os outros casos) em virtude do n. 1.[184] Para que tal hipótese seja possível, a oferta deverá ter sido notificada previamente e, durante o exame da Comissão, o adquirente não poderá exercer os direitos de voto inerentes às participações em causa, ou, caso os exerça, deverá se restringir à proteção do pleno valor do seu investimento, mas apenas com a autorização da Comissão.[185]

No que diz respeito à *via contratual*, a mesma deve ser compreendida como um reenvio a outras convenções, obviamente que não presidam a uma fusão, uma cessão de participação ou uma compra de ativos, pois esses casos já se encontram regulamentados, inexistindo razão para uma ressalva expressa na lei.

Esse controle pode também ser exercido de forma exclusiva ou conjunta, e é nesse ponto que alguns problemas podem se colocar: em primeiro lugar, em que consiste esse controle exclusivo, ou seja, a partir de que momento a Comissão considera que há um controle

---

fatores: a posição de outros grandes acionistas, a liderança industrial exercida pela AAC e as participações dos administradores (que seria fraca perante a AAC).

184 Esse dispositivo também deverá ser ampliado para abranger outros tipos de aquisição em Bolsa, conforme itens 187 a 189 do Livro Verde relativo à revisão do Regulamento (CE) 4.064/89, apresentado pela Comissão Européia em 11.12.2001.

185 Cf. artigo 7.º, n. 3, do Regulamento (CE) 4.064/89. Nesse sentido ver Dominique Berlin, op. cit., p. 68-69, ao comentar que essa dispensa apresenta duas faces, porque, se por um lado ela autoriza a realização provisória de uma oferta pública, por outro, se a concentração for considerada incompatível pela Comissão, ela poderá conduzir o adquirente ao dever de ceder os títulos adquiridos em condições desvantajosas.

exclusivo?[186] Em segundo lugar, a alteração de um controle conjunto para o controle exclusivo pode ser considerada uma operação de concentração? Uma terceira dúvida seria no caso de uma aquisição conjunta; como poderia ser feita a distinção entre uma empresa comum de natureza cooperativa e uma empresa comum de natureza concentrativa?

Esse último problema foi superado em parte pelas alterações introduzidas pelo Regulamento (CE) 1.310/97; e dizemos em parte porque, apenas no que diz respeito à obrigatoriedade ou não da notificação prévia, uma vez que apenas no momento da apreciação da operação é que a Comissão irá verificar quais são as regras de análise que efetivamente irão ser aplicadas.

O controle *exclusivo* seria aquele em que uma empresa pode decidir sozinha sobre as atividades e tomar as decisões estratégicas da outra empresa,[187] como ocorreu, por exemplo, no caso Société Generale de Belgique/Generale de Banque, no qual a Comissão considerou que o aumento de 20,94% para 25,96% da participação da Société Generale de Belgique conferia à primeira o controle exclusivo da segunda.[188]

O controle *conjunto*, por sua vez, seria aquele exercido pelas empresas-mãe, que têm a necessidade de chegar a um acordo quanto às decisões relativas à empresa comum. Nesse tipo de situação, se duas empresas detiverem cada uma metade do capital social de uma empresa comum,[189] ainda que não exista qualquer acordo entre elas, as empre-

---

186 Sobre as mudanças de controle, ver J. Briones, J. Folguera, A. Fonti, E. Navarro, op. cit., p. 56-64.

187 Cf. *Relatório sobre a Política da Concorrência*, 1991, p. 382. Este seria normalmente o caso, quando, após a aquisição, uma empresa detém mais da metade do capital. Se o restante dos acionistas não puder, individual ou conjuntamente, determinar as atividades comerciais de uma empresa, a aquisição de uma participação majoritária pode dar ao adquirente uma maioria relativa e, conseqüentemente, a possibilidade de controlar a empresa em causa.

188 Cf. *Relatório sobre a Política da Concorrência*, 1993, p. 169. Para chegar a essa decisão, a Comissão efetuou uma projeção das presenças na futura assembléia geral do Generale Banque, baseada na participação de todos os acionistas com mais de 0,06% do capital.

189 Como na decisão Siemens/Italtel, de 17.2.1995.

sas-mãe ver-se-ão permanentemente obrigadas a cooperar, com o propósito de evitarem votos de bloqueio recíprocos em decisões que afetem o funcionamento da empresa comum. Caso as participações sociais não sejam iguais entre as empresas-mãe, a situação de controle conjunto pode ser criada por direitos, contratos ou outros meios, desde que impliquem a necessidade de um acordo comum para chegar às decisões de estratégia da empresa comum.[190]-[191]

---

190 Segundo a Comissão, no *Relatório sobre a Política da Concorrência*, 1991, p. 383, as decisões mostravam uma variedade de operações em que eram concedidos direitos importantes às participações minoritárias, tendo por efeito que as atividades comerciais da empresa em causa eram efetivamente sujeitas ao controle conjunto de duas ou mais empresas-mãe. Era o caso, por exemplo, quando uma participação minoritária implicava nos mesmos direitos de voto e uma representação igual nos órgãos de direção e de fiscalização e/ou o direito de veto, direto ou indireto, sobre decisões comerciais estratégicas, tais como: a aprovação de orçamentos anuais ou plurianuais/planos comerciais estratégicos; a aprovação de grandes investimentos/lançamentos de novos produtos; a conclusão de relevantes contratos financeiros; a nomeação e a exoneração de membros do conselho de administração/gestores/quadro superiores. Entretanto, nas decisões Eridania/ISI e Mediobanca/Generali, a Comissão considerou que o direito de veto sobre a incorporação da empresa em causa noutras empresas, a sua liquidação, alterações do seu capital e uma mudança da sua sede social não eram suficientes para conceder ao acionista minoritário uma influência decisiva conjunta quanto ao comportamento comercial da empresa em causa no primeiro caso; e que o aumento do número de ações detidas não era suficiente para reconhecer essa operação como uma concentração, no segundo caso. No *Relatório sobre a Política da Concorrência*, 1993, p. 170, por exemplo, verificou-se que os direitos dos sócios devem ser suficientes e não devem se circunscrever aos que eram normalmente concedidos a outros acionistas minoritários de uma empresa; e ainda que um pacto de acionistas poderia caracterizar a existência de um controle conjunto como na decisão BHF/CCF/Charterhouse. Já na decisão Mitchell Cotts/Sofiltra, a Comissão entendeu que um acionista minoritário também poderia participar do exercício de controle conjunto, uma vez que este era o fornecedor de uma tecnologia essencial, dispunha de uma parte importante do capital e era associado às decisões principais por intermédio de um comitê de acionistas.

191 Sobre este tema ver comentários de J. Faull, A. Nikpay, *The EC law of competition*, p. 213-214.

A prática da Comissão, por sua vez, tem demonstrado que a mudança de um controle conjunto para um controle único ou exclusivo também é considerada uma concentração, como no caso ICI/Toxide, ou ainda no West/LB/Thomas Cook.[192]-[193]

Como visto, todas as hipóteses previstas encontram-se fundadas no conceito de *controle*. Nos últimos anos, com a modernização das práticas empresariais e a introdução de novas formas de negociação, a Comissão deparou-se com situações que despertaram dúvidas, como as que envolvem aquisições de participações minoritárias (acompanhadas de *interlocking directorship* ou administração interligada), e ainda alianças estratégicas, que apesar de não se enquadrarem no dispositivo legal, podem vir a produzir algum efeito anticompetitivo na estrutura concorrencial dos mercados.

Em razão disso, esses dois temas estão sendo objeto de debate na nova proposta de revisão apresentada pela Comissão Européia em dezembro de 2001. A Comissão tem admitido que as participações minoritárias e as *interlocking directorships* realmente podem facilitar a detenção de uma posição dominante coletiva, e, em razão do fato de que

---

192 Sofia Pais, op. cit., p. 251, coloca a hipótese de um dos acionistas deter o controle de uma forma "passiva", ou seja, apesar de possuir 50% do capital da empresa controlada, e não interferir de significativamente nas decisões estratégicas dessa empresa. *Será que ai o controlo é exercido em conjunto?* Para ela, nessa hipótese, não se poderia falar, rigorosamente, de um controle conjunto, pois quando o acionista "passivo" vende as suas participações ao acionista "activo" dá-se uma mera alteração formal, visto que na realidade o segundo acionista pôde sempre exercer um controle exclusivo. Nessa situação, "em nossa opinião, não se poderá, portanto, falar, de uma concentração resultante de uma alteração do tipo de influência determinante".

193 Esse posicionamento da Comissão é criticado por L. Cohen-Tanug et al., *La pratique communautaire du contrôle des concentrations – Analyses juridique, économique et comparative Europe, Etats-Unis, Japon*, p. 32. Os autores argumentam que, no caso de uma empresa comum de natureza concentrativa, seria essencial que as empresas-mãe estivessem ausentes do mercado relevante. Ocorre que, com a alteração introduzida pelo Regulamento (CE) 1.310/97, essa necessidade deixa de ser imperativa, em razão do artigo 2.º, n. 4, segundo parágrafo, do Regulamento (CE) 4.064/89.

outras jurisdições também submetem ao controle prévio de aquisição de participações minoritárias independentemente da aquisição de controle,[194] esse tema poderá ser revisto. Entretanto, é ressaltada a dificuldade de se "estabelecer uma definição apropriada capaz de identificar os casos em que participações minoritárias e as *interlocking directorships* exigiriam tal tratamento".[195] No que diz respeito às alianças estratégicas, a Comissão entende que as mesmas, por não implicarem em sua maioria em uma modificação definitiva na estrutura das empresas, não devem estar sob a égide do Regulamento (CE) 4.064/89, subordinando-se, todavia, às regras do artigo 81 do Tratado CE e dos diversos regulamentos de isenção por categoria.

No caso de concentrações no seio de um grupo, discute-se se a exigência de autonomia anterior estaria preenchida. Essa distinção é importante, porque, se as empresas já tinham uma relação de dependência e subordinação a uma sociedade-mãe, essas operações ficariam fora da égide do Regulamento, pois não implicariam em qualquer modificação da estrutura do mercado. A doutrina, nesse ponto, encontra-se dividida. Alguns autores entendem que a esse tipo de operação se deveria

194 O Livro Verde relativo à revisão do Regulamento (CE) 4.064/89, em seu item 118, comenta que "as regras de apreciação das concentrações na Alemanha, Áustria e Irlanda, por exemplo, são aplicáveis a uma aquisição de uma participação de 25%, independentemente das alterações de controle na acepção do Regulamento das concentrações. Nestes sistemas, pode ser exigida uma segunda notificação se, posteriormente, for adquirido o controle exclusivo. Do mesmo modo, regras britânicas no domínio das concentrações são aplicáveis, para além das aquisições de controle, a operações através das quais uma parte adquire a possibilidade de 'influenciar materialmente' outra parte. As regras em matéria de concentrações nos EUA (secção 7 do *Clayton Act*) são igualmente aplicáveis a situações que não satisfariam a definição de concentração no âmbito do Regulamento das concentrações. As questões relativas às *interlocking directorships* são abrangidas pela Secção 8 do *Clayton Act*. As regras dos EUA utilizam, nomeadamente, um 'critério de dimensão da operação', que pode ser aplicável a operações que não impliquem uma transferência de controle (na acepção do Regulamento das concentrações), desde que os títulos adquiridos ultrapassem o limiar de 50 milhões de dólares".

195 V. Livro Verde relativo à revisão do Regulamento (CE) 4.064/89, item 109.

aplicar o mesmo raciocínio empregado nos acordos firmados dentro de um grupo e, portanto, não se deveria falar em concentração de empresas.[196] Outro setor da doutrina posiciona-se em sentido contrário, alegando que nem sempre o fato de uma empresa integrar um grupo significa que não tenha autonomia econômica na tomada de suas decisões perante o mercado.

Aliás, as únicas exceções à obrigatoriedade de notificação prévia estão claramente delimitadas no artigo 3.º, n. 5, do Regulamento:

a) quando realizada por quaisquer instituições de crédito, instituições financeiras ou companhias de seguros cuja atividade normal englobe a transação e negociação de títulos por conta própria ou de outrem. Nesse caso foram impostas duas *condições*: a *primeira*, de que essa detenção seja apenas a título temporário, devendo essas participações serem vendidas no prazo máximo de um ano a contar da data da aquisição, admitindo o Regulamento, entretanto, a possibilidade excepcional de prorrogação desse período; a *segunda* condição é de que não sejam exercidos os direitos de voto inerentes a essas participações, com o objetivo de determinar o comportamento concorrencial da referida empresa ou desde que apenas exerçam tais direitos voto com o propósito de preparar a alienação total ou parcial de tal empresa, ou do seu ativo, ou a alienação dessas participações;[197]-[198]

---

196 Ver comentários sobre esse assunto neste capítulo, item 1.1.2.2.

197 V. artigo 3.º, n. 5, alínea *a*, do Regulamento (CE) 4.064/89. Esse dispositivo legal também está sob discussão, por ser excessivamente rigoroso e de uso escasso. A discussão vem à tona em razão do chamado *venture capital investment*, ou capital de risco, especialmente nos casos em que os investimentos (que na maior parte das vezes se assemelham a um empréstimo bancário convencional) são realizados em empresas de crescimento/de tecnologia a fim de oferecer algum capital a uma nova empresa durante a sua fase inicial de desenvolvimento, com objetivo último de introduzir a empresa na Bolsa a médio prazo. Para a Comissão, apesar de esses investimentos ocorrerem em pequenas e médias empresas, e que no longo prazo as mesmas serão benéficas para a concorrência no mercado, existem dificuldades em se criar uma isenção específica para esse tipo de operação, pois, apesar de muitas vezes o investidor em capital de risco ser uma

b) quando o controle for adquirido por uma pessoa mandatada pela autoridade pública por força da legislação de um Estado-membro sobre liquidação, falência, insolvência, cessação de pagamentos, concordata, ou qualquer outro processo análogo;[199]

c) quando as operações financeiras mencionadas na alínea *b* do n. 1 forem realizadas por sociedades de participação financeira constantes no n. 3 do artigo 5.º da Quarta Diretiva relativa às contas anuais de certas formas de sociedades.[200] Nessa

---

instituição financeira, também realizam-se operações dessa natureza conduzidas por uma filial de empresa industrial, ou, ainda, nos casos em que os investidores são especialistas do setor e investem em um grande número de atividades em um determinado setor, assumindo um papel muito mais ativo na condução dos negócios daquela empresa, possivelmente incluindo a transferência de ativos e/ou informações entre vários investimentos. Para maiores detalhes sobre essa discussão, v. itens 137 a 145 do Livro Verde.

198 A decisão CVC/Lenzing, de 17.10.2001, é um exemplo dos problemas que podem resultar de operações envolvendo empresas do setor financeiro e atividades industriais. Nesse caso, CVC, uma empresa de consultoria para fundos de investimento, estava adquirindo o controle da Lenzing, empresa com atuação nos mercados de fabricação e comercialização de fibras sintéticas de celulose para aplicação têxtil ou não, em engenharia, em filmes plásticos e na produção de papel. A CVC já detinha o controle sobre o grupo Acordis, que desenvolve atividades em vários setores econômicos ligados ao mercado de fibras sintéticas e de materiais específicos para aplicações nas áreas industrial, têxtil, médica e de higiene. Durante a investigação, verificou-se que, em decorrência da operação, estar-se-ia criando o maior produtor mundial no mercado de fabricação de fibras de *lyocell* para aplicação têxtil e no mercado de tecnologia de processos, e, assim, "eliminando ou restringindo seriamente qualquer forma de concorrência remanescente nesse setor, capacitando as partes a atuarem de forma independente dos possíveis concorrentes e clientes". Mesmo tendo as partes apresentado uma série de compromissos, a Comissão entendeu que os mesmos eram insuficientes, e proibiu a operação.

199 V. artigo 3.º, n. 5, alínea *b*, ibidem.

200 V. Quarta Diretiva 78/660/CEE do Conselho, de 25.7.1978, relativa às contas anuais de certas formas de sociedade, com a última redação dada pela Diretiva 84/569/CEE.

> hipótese, a aquisição de participação deve obedecer à *condição* de que o direito de voto correspondente às partes detidas seja exercido *exclusivamente* para manter o valor integral desses investimentos e não para determinar direta ou indiretamente o comportamento concorrencial dessas empresas.[201] A imposição desse limite tinha por intuito restringir os estabelecimentos bancários à sua atividade normal e evitar a constituição de grupos industriais dominados pelos bancos.[202]

Outra noção importante que o Regulamento não define é de *empresa em causa* em uma operação de concentração. Segundo Van Bael e F. Bellis, na prática, as empresas em causa são as partes da operação e não apenas relacionadas no sentido lato, como resultado, por exemplo, de terem obtido financiamento para a aquisição. Acrescentam ainda que o artigo 1.º do Regulamento é baseado na suposição da combinação de recursos para que o volume de negócios reflita a importância econômica da operação.

Como um princípio geral, todavia, as empresas em causa deverão ser aquelas que estão concentrando ou combinando seus recursos.[203]-[204] Assim, temos algumas hipóteses do que poderiam ser consideradas empresas em causa:

a) em se tratando de fusões, empresas em causa seriam as que se fundem;
b) relativamente a aquisições, o adquirente do controle e a companhia adquirida, ou ativos que são adquiridos;
c) concernente a *ofertas conjuntas,* objetivando a posterior divisão dos ativos da empresa-alvo, a transação pode ser vista

---

201 V. artigo 3.º, n. 5, alínea *c*, do Regulamento (CE) 4.064/89.

202 Nesse sentido ver Dominique Berlin, op. cit., p. 79, e Sofia Pais, op. cit., p. 304.

203 Cf. Van Bael, F. Bellis, op. cit., p. 378.

204 Não se tratando necessariamente de empresas privadas, como ocorreu na decisão Telia/Telenor, na qual foi proposta a criação de uma *joint venture* entre a Telia, maior operadora de telecomunicações da Suécia, e totalmente controlada pelo governo sueco, e a Telenor, maior operadora de telecomunicações da Noruega, e controlada pelo governo norueguês.

como duas operações separadas. Em cada uma delas, o ofertante e a parte do ativo a ser adquirida podem ser tratados como empresas em causa;

Em relação à última hipótese, uma questão que poderia ser apresentada: no caso de uma oferta conjunta realizada por meio de uma empresa comum, seriam tomadas em conta empresas em causa apenas a empresa comum e a empresa-alvo, ou as empresas-mãe também seriam incluídas no cálculo? Essa dúvida se justifica, pois o conceito de "empresas em causa" se baseia no fato de que, no caso de um controle conjunto (isto é, empresas comuns ou aquisições comuns), cada empresa-mãe possa disponibilizar os seus recursos para a empresa controlada conjuntamente. Por isso, no caso de uma empresa comum criada especificamente com o objetivo de deter e gerir várias participações individuais numa terceira empresa, a Comissão deverá examinar cuidadosamente, e a orientação existente é considerar as empresas-mãe do "veículo da aquisição" como sendo também empresas em causa nessa operação com a terceira adquirida. Esse tipo de abordagem revela-se necessário para evitar uma fuga ao Regulamento, pois pode ocorrer uma tentativa de fraudar o sistema instituído mediante a alteração da estrutura formal de uma operação, a fim de ter menos de duas empresas com um mínimo de 250 milhões de euros de volume de negócios no âmbito comunitário.[205]

---

205 Cf. *Relatório sobre a Política da Concorrência*, 1991, p. 381. Sofia Pais, op. cit., p. 215-216, também coloca essa questão, concluindo que "a solução deste problema tem, evidentemente que passar por uma análise rigorosa do estatuto da empresa comum, atendendo nomeadamente ao momento em que ela foi constituída (se foi criada no momento imediatamente anterior à aquisição da terceira empresa, é altamente provável que não se trate de uma verdadeira empresa independente mas apenas um 'mero' veículo de aquisição), ao seu ativo (é sintomática a inexistência de bens além dos necessários à realização da proposta de aquisição), bem como à participação das empresas-mãe na operação realizada (nomeadamente quanto à iniciativa da oferta, organização e financiamento). Desta forma, a empresa comum pode ser vista como uma verdadeira empresa autônoma e, nesse caso, apenas são consideradas como 'empresas em causa' a empresa comum e a empresa adquirida. De acordo com essa solução, o Regulamento só será aplicado se o volume de negócios da empresa comum, e o da empresa adquirida, ultrapassarem individualmente o limiar de 250 milhões de Euros

d) no caso de *troca de ativos* – por exemplo, quando o grupo AB troca os ativos B com o grupo WY pelos ativos Y. Cada transação pode ser vista como duas aquisições separadas, desde que após a operação cada grupo fique totalmente dissociado dos ativos com os quais partiu.[206] Entretanto, segundo C. Bellamy e G.Child,[207] no caso de uma troca de ativos feita no contexto de planos de racionalização entre o atual e o potencial concorrente, a Comissão pode concluir que as propostas não são concentrativas, mas devem ser analisadas sob a égide do artigo 81. Esse tipo de permuta de ativos e de negócios não deve ser confundido com as participações cruzadas, as quais, dependendo do seu contexto comercial e econômico, podem dar origem a uma concentração entre as empresas afetadas ou a uma coordenação das atividades da empresa que permanece independente;

e) referente à criação de empresas comuns, para a Comissão, cada uma das sociedades-mãe, assim como a própria empresa comum, é vista como uma empresa em causa. No caso de uma mudança de um controle conjunto para um controle exclusivo, a posição da Comissão é no sentido de que, independentemente da forma como esse controle se estabeleça, quer

---

(verificando-se, obviamente, os restantes requisitos). Outras vezes são as empresas-mãe as verdadeiras intervenientes no negócio, ou seja, a empresa comum foi apenas criada com o objetivo de servir como instrumento que faz a oferta à empresa adquirida. As empresas-mãe controlam, deste modo, indiretamente, a empresa adquirida através da empresa comum criada apenas com o desiderato de fazer tal aquisição. Neste caso a Comissão terá a obrigação de desvendar a realidade econômica que se esconde por trás da fachada. 'Empresas em causa', para efeitos do artigo 1.º, serão consideradas, portanto, as empresas-mãe e a empresa adquirida, devendo ser calculados separadamente os respectivos volumes de negócios para averiguar a aplicação do Regulamento".

206 Segundo a Comissão, no *Relatório sobre a Política da Concorrência*, 1991, p. 383, a divisão dos ativos de uma empresa entre os seus acionistas principais, com aquisição de um controle exclusivo sobre as parte desses ativos pelos diferentes acionistas, foi considerada uma operação de concentração na decisão Campsa.

207 Cf. C. Bellamy, G Child, op. cit., p. 315.

através da criação de uma empresa comum por duas sociedades-mãe, quer através da tomada de controle em comum de uma empresa terceira, deverá ser considerada cada uma das sociedades-mãe como "empresas em causa" na concentração.[208]

1.2.2 Da dimensão comunitária da operação

O artigo 1.º do Regulamento define os parâmetros que são considerados para avaliar se uma operação de concentração possui dimensão comunitária. A grande importância desse dispositivo é que o mesmo estabelece, inicialmente, os limites de competência entre as autoridades nacionais e a autoridade comunitária. Estes limites se fundam em critérios quantitativos, que exprimem o poder econômico e financeiro global das empresas participantes, o seu nível de atividade na Comunidade e o caráter transnacional da operação.[209]-[210]

No que diz respeito ao poder econômico e financeiro *global*, o montante do volume de negócios total realizado em escala mundial pelo conjunto das empresas em causa deve ser superior a 5 bilhões de euros.[211]

---

208 Cf. *Relatório sobre a Política da Concorrência*, 1991, p. 95.

209 Sobre a escolha do *critério do volume dos negócios*, J. Blaise, Contrôle des opérations..., p. 754, pondera que o Regulamento não toma por base participação no mercado, justamente pelas dificuldades por vezes encontradas no que diz respeito à determinação do mercado, ou seja, *a segurança jurídica sobrepõe-se à análise econômica*. Dominique Berlin, op. cit., p. 94, comenta que, apesar de todas as dificuldades na correta avaliação desse critério, os limites estabelecidos no volume dos negócios são, no que diz respeito à previsibilidade das empresas, bem preferíveis aos critérios fundados sobre as participações do mercado que necessita de delicadas análises econômicas.

210 Verifica-se, contudo, que a busca da segurança jurídica suplanta a análise econômica e, nesse ponto, encontramos uma diferença da lei brasileira, que toma o critério de parte do mercado, mas ressalte-se que aliado ao faturamento bruto anual, afastando, assim, em parte, as críticas que foram feitas a esse sistema. Este tema será melhor tratado no Capítulo 2, item 2.3.2.

211 Para Sofia Pais, op. cit., p. 199: "o critério do volume dos negócios a nível mundial, apelidado de 'limiar principal', visa garantir a aplicação do

Quanto às atividades *dentro da Comunidade*, o montante do volume de negócios total concretizado individualmente por pelo menos duas das empresas em causa deve ser superior a 250 milhões de euros,[212] a menos que cada uma das empresas em causa efetive mais de dois terços[213] do seu volume de negócios total na Comunidade em um único Estado-membro, o que caracterizaria o caráter transnacional da operação.[214]

Regulamento apenas às concentrações que envolvam empresas de grande dimensão, uma vez que, presume serem as únicas susceptíveis de afectar o comércio entre os Estados-membros, devendo, como tal, ser analisadas a um nível comunitário. Trata-se, portanto, de um critério de jurisdição, que procura assegurar à Comissão competência exclusiva para esse tipo de situações, ainda que, ao basear-se na dimensão das empresas participantes na concentração, não forneça quaisquer esclarecimentos sobre o grau de concentração existente no mercado".

212 A. Pappalardo, Le Règlement CEE sur..., 1990, p. 20, alertava que esse limite era muito elevado para ser considerado um critério *de minimis*, podendo provocar duas lacunas no controle comunitário: a primeira, na hipótese de uma grande empresa de um país terceiro, que não atingisse o montante de negócios dentro da Comunidade Européia, e pudesse adquirir o controle de uma grande empresa comunitária; e a segunda, se uma grande empresa da Comunidade pudesse obter o controle de um número indefinido de outras empresas de tamanho não negligenciável, que entretanto não alcançassem o montante mínimo.

213 Criticando o critério dos 2/3, ver L. Cohen-Tanug et al., op. cit., p. 36-37, pois para eles o mesmo tendia a excluir do controle comunitário certas reestruturações industriais maiores. Assim, a retomada da Hoesch pela Fried Krupp, que havia dado lugar a um dos principais produtores mundiais de aço, se encontrava fora do campo de aplicação do Regulamento, pela ausência de um volume de negócios combinados de 10 milhões de euros na Comunidade Européia. Outra crítica que os autores fazem é no sentido de que o tamanho das sociedades varia nomeadamente em função das características do setor industrial concernente. Esse critério do Regulamento, portanto, tem por conseqüência a fuga de importantes setores da indústria européia do Regulamento, que não podem se beneficiar do sistema de *guichet unique*, como o da alta tecnologia, edição, materiais de construção. Nesse sentido, ver também Martín-Crespo, La reforma del reglamento comunitario sobre el control de operaciones de concentración, p. 224, ao criticar o "espírito discriminatório" dessa regra de 2/3 e lamentando o fato de que a mesma não tenha sido revista na última alteração do Regulamento.

214 Cf. artigo 1.º, n. 2, alíneas *a* e *b*, do Regulamento (CE) 4.064/89.

São critérios cumulativos, ou seja, para a operação estar submissa ao controle comunitário, as três hipóteses devem estar presentes, o que afasta a possibilidade de a Comissão intervir em operações que não tenham relevância, como no caso de uma grande empresa ou grupo de empresas adquirir um pequeno distribuidor. Isso não significa, entretanto, que uma operação desse tipo não teria importância para o direito da concorrência comunitário. Na realidade, ela não interessaria ao controle das concentrações e sim, eventualmente, ao controle de condutas, sob a égide das regras do Tratado CE.[215]

A delimitação do campo de aplicação do Regulamento levantou muitas dificuldades e, durante longo tempo, foi o principal obstáculo dos trabalhos no seio do Conselho para sua aprovação. Por esse motivo, foram fixados patamares elevados, limitando o princípio da competência exclusiva da Comissão, e ampliando o âmbito de aplicação das regras de defesa da concorrência nacionais, escapando, assim, do controle da Comissão operações que teriam um impacto no âmbito do mercado comum.

Esses valores deveriam ter sido objeto de uma revisão ao final do ano de 1993,[216] que foi concretizada apenas em 1997 e, apesar de existir uma pretensão inicial de rever esses patamares mínimos, possibi-

---

215 Nesse sentido ver Dominique Berlin, op. cit., p. 97, e Sofia Pais, op. cit., p. 200.

216 Cf. Comunicado de Imprensa IP/93/38 da Comissão. No *Relatório sobre a Política da Concorrência*, 1993, p. 40-43, a Comissão justifica a sua decisão de pedido de adiamento da revisão do Regulamento (CE) 4.064/89: a razão principal foi *cautela*. Não há dúvidas de que o desejo da Comissão era reduzir os limiares dos volumes de negócio, aumentando assim o âmbito da sua competência no exame das operações de concentração. O fundamento apresentado era que havia, naquele momento, uma maior necessidade de um controle único e um tratamento eqüitativo do que em 1989, pois existia ainda uma série de operações que teriam interesse comunitário, mas que escapavam da sua competência, mas estavam sob a jurisdição de diversos Estados-membros simultaneamente, sob perspectivas diferenciadas, o que colocava em risco a segurança jurídica das partes e a rapidez da análise dos casos. As autoridades nacionais, entretanto, conservavam-se duvidosas quanto à necessidade e oportunidade da redução dos limiares, pois acreditavam que a aplicação do Regulamento ainda era relativamente recente, não tinha permitido adquirir uma experiência suficiente, e, ainda,

litando a intervenção da Comissão em um número maior de operações (especialmente naquelas que, apesar de não atingirem uma dimensão comunitária, prescindiam da ordem jurídica de mais de um Estado-membro), a revisão não logrou êxito.

De fato, os limiares não foram reduzidos, e não se pode dizer exatamente que o novo n. 3[217] do artigo 1.º seja uma alteração em concreto do "conceito" de dimensão comunitária. Configura-se muito mais como um paliativo, ao estabelecer outras possibilidades em que uma operação de concentração não atinja os limiares determinados no n. 2, também possa ter dimensão comunitária, que poderá ocorrer quando o montante do volume de negócios total realizado à escala mundial pelo conjunto das empresas em causa for superior a 2.500 milhões de euros; ou quando o volume de negócios total efetuado pela totalidade das empresas em causa em cada um de pelo menos três Estados-membros for superior a 100 milhões de euros.

Essa reforma, entretanto, mais uma vez, não logrou êxito.[218] Isso porque os novos limites estabelecidos não alcançaram os seus objetivos, persistindo o problema das notificações múltiplas, verificando-se ainda uma tendência ao aumento dessas notificações em razão não apenas da introdução da União Monetária em 1999, mas também da perspectiva de alargamento da União Européia em 2004.[219]

---

que os casos que até àquela altura não tinham atingido os limiares estabelecidos poderiam ser tratados adequadamente pelas legislações nacionais. Assim, temerosa de que a sua proposta fosse rejeitada no Conselho, e que reiniciasse uma "crise" como aquela que ocorreu durante os dezesseis anos que custaram para a aprovação do Regulamento em 1989, a Comissão decidiu adiar essa reforma para 1996.

217 Introduzido pelo Regulamento (CE) 1.310/97 do Conselho, de 30.6.1997.

218 Como informado no Livro Verde relativo à revisão do Regulamento (CE) 4.064/89 em seu item 24, em 2000, foram notificados apenas 20 casos ao abrigo do n. 3 do artigo 1.º, em comparação com 75 notificações múltiplas a três ou mais Estados-membros, representando ainda esse número apenas 5% das notificações efetuados ao abrigo do artigo 1.º.

219 Nos termos do Livro Verde relativo à revisão do Regulamento (CE) 4.064/89, em seu considerando 6: "confrontamo-nos atualmente com a perspectiva de uma União Européia com significativamente mais Estados-membros a partir de 2004 e a realização da União Monetária com fase final de

Em 11.12.2001 foi apresentada uma nova proposta de revisão do n. 3 do artigo 1.º do Regulamento (CE) 4.064/89,[220] com o propósito de preservar o princípio da subsidiariedade, ou seja, levando em consideração que na divisão de competências entre a Comunidade e os Estados-membros devem ser tomadas medidas no âmbito de competência mais apropriado, tendo em vista os fins a atingir e os meios disponíveis em cada esfera de jurisdição.[221] Acrescente-se que, na maior parte dos casos de múltiplas notificações, os mercados relevantes geográficos definidos pelas várias autoridades nacionais de defesa da concorrência ultrapassavam o âmbito do Estado-membro, demonstrando, portanto, a existência de interesses transfronteiriços. A necessidade de revisão foi percebida não apenas pela Comissão Européia, mas também pelas empresas e seus representantes legais, ao incorrerem em custos e outros tipos de despesas relacionados com a discrepância de harmonização das diferentes legislações de defesa da concorrência nos Estados-membros, com prazos e critérios de apreciação diferenciados. Adicione-se ainda, a falta de capacitação técnica das diferentes autoridades para lidarem com problemas de concorrência que ultrapassam o seu próprio Estado-membro,[222] e ainda problemas referentes não apenas à eficácia, mas também à previsibilidade jurídica e transparência.

---

introdução do euro a realizar em 2002. Simultaneamente, a tendência para a internacionalização, ou mesmo para a globalização, de empresas e mercados continua a um ritmo crescente".

220 Essa reforma teve a sua origem no Relatório de 28.6.2000 ao Conselho sobre a aplicação dos limiares previstos no Regulamento das concentrações, no qual a Comissão apresentou as suas preocupações em relação às múltiplas notificações, tendo sido feitos vários estudos complementares que deram origem ao Livro Verde apresentado em dezembro de 2001.

221 Ver o artigo 5.º do Tratado CE. Da mesma forma, o *Relatório da Comissão ao Conselho Europeu relativo à adaptação da legislação comunitária ao princípio da subsidiariedade* (COM 993) 545 final de 24.11.1993), indica que devem ser tomadas medidas no âmbito de competência mais apropriado, tendo em vista a prossecução dos objetivos e os meios disponíveis na Comunidade e nos Estados-membros.

222 Como no caso de mercados em transição, verificado pela Comissão no Livro Verde mencionado, em seu item 18, no caso Pirelli-BICC, decisão da Comissão de 19.7.2000: "ilustra o resultado de um processo em que a

A proposta apresentada pela Comissão para comentários da sociedade européia é a criação de uma competência automática nos casos sujeitos à exigência de notificações múltiplas, criando-se a presunção de um interesse comunitário.[223] Esse tema está aberto a discussões, esperando a Comissão proceder a uma reforma em relação a esse aspecto antes de 2004, quando está previsto o alargamento da União Européia.

A definição do que se entende por volume de negócios se encontra no artigo 5.º do Regulamento e inclui os montantes que resultam da venda de produtos e da prestação de serviços realizadas pelas empresas em causa durante o último exercício e correspondentes às suas atividades normais, após a dedução dos descontos sobre as vendas, do imposto sobre valor acrescentado e de outros impostos diretamente relacionados com o mesmo.[224] O cálculo do volume de negócios efetuado,

---

desregulação e harmonização européias conduziram efetivamente a um alargamento dos mercados *antitrust* relevantes. Neste processo, foi confirmado que o mercado era na realidade a nível do EEE com base no fato de os clientes se abastecerem cada vez mais de cabos elétricos a nível europeu, tendo em conta, nomeadamente, os procedimentos previstos nas diretivas comunitárias relativas aos concursos públicos. O processo Pirelli contrastou com casos anteriores que envolviam o mesmo setor: em 1993, os mesmos mercados eram ainda colocados de âmbito nacional".

223 Vale ressaltar que essa mesma proposta havia sido apresentada pela Comissão Européia em 1996 nas discussões que antecederam a alteração do Regulamento implementada pelo Regulamento (CE) 1.310/97. Naquela altura, a proposta foi rejeitada em razão das grandes discrepâncias no que diz respeito aos diferentes critérios de notificação nos diversos Estados-membros, o que já não ocorre. Para maiores detalhes sobre o tema, verificar itens 54 a 63 do Livro Verde relativo à revisão do Regulamento (CE) 4.064/89.

224 Dominique Berlin, op. cit., p. 106-107, comenta que, em relação ao limite de referência temporal, mesmo parecendo curto, é o mais prático, pois os cálculos estarão mais facilmente disponíveis. No que diz respeito à expressão "atividades normais", esta não se destaca por uma grande claridade, mas, sem dúvida, diz respeito a todas as operações correspondentes ao objeto social e entra no campo da gestão habitual da sociedade concernente. Quanto à hipótese de um lucro excepcional realizado no curso do último ano, resultantes de operações excepcionais, a noção de atividades ordinárias irá permitir a exclusão desta compatibilidade. Por último, o autor acrescenta que o que se pretende com este cálculo é chegar a um conhecimento do

quer na Comunidade, quer num Estado-membro, compreende os produtos vendidos e os serviços prestados a empresa ou a consumidores, seja na Comunidade, seja nesse Estado-membro.[225] Pouco importa se a operação de concentração é feita por empresas que não têm o seu domínio de atividade na Comunidade, desde que nela desenvolvam atividades que possam ser consideradas substanciais.[226]-[227] Assim, para o Regulamento, interessa apenas o local onde foram efetivadas as trocas comerciais, ou melhor, para saber se o volume de negócios foi executado num certo Estado, atende-se, por via de regra, à "sede" do comprador do produto ou serviço em causa, na data da transação.[228]

Ressalte-se que o princípio da igualdade de tratamento entre o setor público e privado também é resguardado, o que significa que as mesmas regras são aplicáveis ao setor público para o cálculo do volume de negócios de uma empresa que participe na concentração. O que importa, por conseguinte, é saber se as empresas constituem um grupo econômico dotado de poder de decisão autônomo, independentemente de quem detém o respectivo capital ou das regras de tutela administrativa que lhes são aplicáveis, sem prejuízo do n. 2 do artigo 86 do Tratado CE.[229]-[230] Evita-se, desse modo, que, em última instância, o Estado seja

---

valor real da atividade das empresas relacionadas, de modo a poder apreciar, de um lado, a dimensão da concentração projetada, e do outro, qual será o seu impacto sobre o mercado tendo em conta o volume dos negócios relacionados.

225 Cf. artigo 5.º, n. 1, do Regulamento (CE) 4.064/89.

226 Cf. considerando 11 do Regulamento (CE) 4.064/89.

227 Na decisão Fletcher Challenge/Methanex, uma empresa neozelandesa e uma empresa comunitária adquiriram conjuntamente o controle de uma empresa canadiana, tendo o volume de negócios realizado pelas partes na CE ultrapassado o limiar estabelecido no artigo 1.º do Regulamento e, portanto, a operação foi submetida à apreciação da Comissão, como consta no *Relatório sobre a Política da Concorrência*, 1993, p. 166.

228 Cf. Sofia Pais, op. cit., p. 212.

229 O n. 2 do artigo 86 do Tratado CE dispõe que as empresas encarregadas da gestão de serviços de interesse econômico geral, ou que tenham a natureza de monopólio fiscal, ficam submetidas ao disposto no Tratado, designadamente às regras da concorrência, na medida em que a aplicação dessas regras não constitua obstáculo ao cumprimento, de direito ou de fato, da missão particular que lhes foi confiada. O desenvolvimento das

considerado a sociedade-mãe das empresas por ele participadas, pois, se assim não fosse, seria preciso somar o volume de negócios de todas as empresas detidas por ele, em observância ao artigo- 5.º, n. 4,[231] o que terminaria por ser um trabalho, além de excessivo, desnecessário.

No que diz respeito aos *auxílios estatais*, o problema que se apresenta é se os mesmos deveriam ser incluídos no cálculo do volume de negócios. Na decisão Cereol/Continentale Italiana, no setor da trituração de sementes, a Comissão excluiu do cálculo do volume dos negócios o auxílio comunitário atribuído no âmbito da política agrícola comum. Essa exclusão foi motivada pelo fato de que o auxílio em questão não constituía uma ajuda à venda dos produtos transformados por uma das empresas envolvidas na operação de concentração, mas sim uma ajuda aos produtores das matérias-primas (sementes) utilizadas por essa empresa.[232]

Em 1998 a Comissão apresentou uma Comunicação em que procurou esclarecer o tema, consolidando o seu posicionamento ao estabelecer que qualquer ajuda destinada a uma das atividades normais de uma empresa em causa é susceptível de entrar no cálculo do volume dos negócios, na medida em que essa empresa seja a beneficiária desse auxílio, que o mesmo se encontre diretamente associado à venda dos produtos e à prestação de serviços efetuadas por essa empresa e que, por conseguinte, se reflita no preço, como um auxílio a favor do consumo de um produto que permite ao fabricante vender a um preço mais elevado do que o efetivamente pago pelos consumidores.[233]

---

trocas comerciais não deve ser afetado de maneira que contrarie os interesses da Comunidade.

230 V. decisão Maersk Air/LFV Holdings, de 6.7.1998, em que as ações da LFV eram detidas por uma empresa estatal sueca, mas, independentemente desse fato, o seu volume de negócios foi incluído para os efeitos do cálculo do artigo 5.º do Regulamento.

231 Cf. considerando 12 do Regulamento (CE) 4.064/89. Por todos, ver Sofia Pais, op. cit., p. 231.

232 Essa decisão, aliás, provocou alguma controvérsia na doutrina; ver M. Broberg, *The European Commission's Jurisdiction to Scrutinise Mergers,* p. 111.

233 V. Comunicação da Comissão 98/C 66/04, relativa ao cálculo do volume de negócios para efeitos do Regulamento (CE) 4.064/89.

Em se tratando de *grupos de empresas*, não são incluídas as transações ocorridas entre as empresas mencionadas no n. 4 do artigo 5.º, seguindo a linha adotada pela política da concorrência comunitária no tocante ao tema. No que concerne ao impacto das relações comerciais entre as sociedades-mãe e as empresas comuns, o mesmo é desprovido de maior importância para se avaliarem os efeitos da operação de concentração, inclusive porque essas relações pouco ou quase nada dizem respeito a terceiras empresas. Assim, nesse caso, o volume de negócios deve ser calculado com base no grupo consolidado. Para indicar se duas empresas fazem parte do mesmo grupo, é necessário considerar se uma exerce sobre a outra os direitos e poderes enumerados no n. 4, alínea *b*, do artigo 5.º do Regulamento. Esses direitos e poderes referem-se ao grau de controle exercido por uma empresa sobre a outra.[234] O conceito de controle colocado nesse dispositivo legal não é, entretanto, necessariamente o mesmo que se encontra definido no artigo 3.º, e aplicado para determinar se uma concentração está presente no campo de aplicação do Regulamento.[235]. Os direitos ou poderes enumerados no artigo 5.º, n. 4, alínea *b*, consistem, direta ou indiretamente, em:

a) detenção de mais da metade do capital ou do capital de exploração;
b) detenção do poder de exercer mais de metade dos direitos de voto;
c) detenção do poder de designar mais da metade dos membros dos órgãos de administração ou de fiscalização ou dos órgãos que representam legalmente a empresa.

Acham-se também listadas as empresas que devem ser inseridas no grupo com o intuito de calcular o volume de negócios para os fins do artigo 1.º, ns. 2 e 3, que deverá resultar da adição dos volumes de negócios:[236]

---

234 Segundo Sofia Pais, op. cit., p. 221, a opção pela enumeração de uma lista de situações de controle para efeitos do cálculo do volume de negócios, em vez de uma noção geral, à semelhança da estipulada no artigo 3.º do Regulamento, justifica-se por razões de segurança e simplicidade na operação a realizar.

235 Em razão dessa discrepância de conceitos, o Livro Verde também incluiu nos debates a possibilidade de harmonizar esses conceitos.

236 Cf. artigo 5.º, n. 4, do Regulamento (CE) 4.064/89.

a) da empresa em causa;
b) das empresas em que a empresa em causa possui os direitos ou poderes indicados no § 1.º (controle das subsidiárias);
c) das empresas que dispõem, numa empresa em causa, dos direitos ou poderes constantes no § 4.º (controle pelas sociedades-mãe);
d) das empresas em que uma empresa referida na alínea anterior possui os direitos ou poderes mencionados no § 4.º (outras empresas controladas pela sociedade-mãe);
e) das empresas em que várias empresas citadas nas alíneas *a* a *d* detêm os direitos ou poderes estabelecidos no § 4.º (outro grupo controlado pela empresa).

O n. 5 do artigo 5.º estabelece que no caso de várias empresas envolvidas na operação de concentração disporem, conjuntamente, dos direitos ou poderes de controle já mencionados, no cálculo do volume de negócios das empresas em causa (ou seja, o controle é exercido por várias "empresas em causa"), não deve ser tomado em consideração o volume de negócios resultante da venda de produtos e da prestação de serviços realizada entre a empresa comum e cada uma das empresas em causa ou qualquer outra empresa ligada a uma delas (artigo 5.º, n. 5, alínea *a*). Assim, as transações efetuadas dentro do grupo não têm qualquer relevância para o cálculo do volume dos negócios, pois se situam em um plano interno, não possuindo qualquer impacto econômico significativo para o mercado. Por outro lado, deve ser levado em conta o volume de negócios resultante da venda de produtos e da prestação de serviços efetuada entre a empresa comum e qualquer outra empresa terceira, devendo esse volume de negócios ser imputado em partes iguais às empresas em causa (artigo 5.º, n. 5, alínea *b*), mesmo que a empresa comum não seja detida em partes iguais.[237]

A *derrogação* ao princípio geral do volume de negócios encontra-se prevista no n. 2 do artigo 5.º, que dispõe no sentido de que, se uma concentração consistir na aquisição de parcelas com ou sem personalidade jurídica própria, de uma ou mais empresas, só será tomado em conta, no que se refere ao cedente ou cedentes, o volume dos negócios

---

237 Nesse sentido ver Sofia Pais, op. cit., p. 226.

respeitantes às parcelas que foram objeto de transação. Isso significa que para o cálculo do volume de negócios terá que ser efetuado o cálculo do volume de negócios pertinentes exclusivamente àquela parcela, o que pode, na prática, levantar dúvidas.

Essa derrogação, entretanto, apresenta uma ressalva, em se tratando de uma operação escalonada, ou seja, realizada em diversas fases, mas dentro de um período de dois anos. Essas transações devem ser consideradas como uma única operação de concentração, efetuada na data daquela que tenha ocorrido em último lugar.[238]-[239]-[240]. Apesar de o dispositivo legal fazer referência às transações ocorridas no passado, a Comissão admite a possibilidade de sua aplicação para o futuro, o que pode gerar algumas dúvidas, como, aconteceu no caso Winterhur/DBV, em que a operação examinada consistia numa série de transações que

238 Por esse motivo, na decisão Promodès/S21/Gruppo GS, de 10.3.1998, a Comissão afastou do âmbito da sua apreciação um futuro controle único que a Promodès poderia ter, em razão de um direito de opção de compra que poderia ser exercido em duas fases: nos primeiros dois anos a Promodès poderia adquirir 25% do capital da GS, e ao final do quinto ano, então, finalmente, a parte detida pela S21.

239 No âmbito da revisão proposta pelo Livro Verde relativo à revisão do Regulamento (CE) 4.064/89, esse tema também encontra-se sob discussão, pois a Comissão pretende incluir outras hipóteses que até o momento não têm sido alcançadas pelo dispositivo legal. Para a Comissão, essa mudança revela-se necessária não apenas em razão do princípio do balcão único ou *one-stop shop*, pois (item 130) "serviriam melhor ao objetivo geral de manter uma concorrência efetiva, uma vez que garantiriam que a totalidade dos efeitos de tais concentrações estava sujeita a uma apreciação coerente. Pelas mesmas razões do que as aplicáveis a qualquer outra concentração, uma aplicação mais rigorosa do princípio de balcão único deveria também reforçar a segurança jurídica para os implicados ou afetados pela concentração". As hipóteses que no entendimento da Comissão deveriam ser incluídas no dispositivo legal são as seguintes: i) operações que envolvam aquisição do controle conjunto de uma parte de uma empresa e o controle exclusivo de uma outra parte; ii) a permuta de ativos (*swaps*) entre duas empresas; iii) "creeping takeovers" ou "aquisições furtivas" através da Bolsa, especialmente no casos de situações hostis, isto é, quando a empresa-alvo e/ou alguns de seus acionistas minoritários não apóiam a aquisição.

240 V. J. Briones, J. Folguera, A. Fonti, E. Navarro, op. cit., p. 62-63

iriam ocorrer durante alguns meses após a sua aprovação pela Comissão. No decurso da operação, a empresa adquirente obteve uma participação minoritária, tornando-se posteriormente acionista majoritário da empresa-alvo. A decisão foi de compatibilidade, mas só foi possível porque as disposições que atingiriam aquele objetivo foram apresentadas pelas partes como condições suspensivas com caráter vinculativo e sujeitas a prazos rigorosos, mas submetidas à aprovação do acordo pela Comissão.[241]

No caso das instituições de crédito e de outras instituições financeiras, o cálculo do volume de negócios foi objeto de alteração no Regulamento (CE) 1.310/97. O critério atual consiste na soma dos juros e proveitos equiparados, das receitas de títulos (rendimentos de ações e de outros títulos de rendimento variável, rendimentos de participações, rendimentos de partes de capital em empresas coligadas), comissões recebidas, lucro líquido proveniente de operações financeiras, outros proveitos de exploração, deduzidos, se for o caso, do imposto sobre valor acrescentado ou outros impostos diretamente aplicáveis aos referidos proveitos. Deve ser considerado nesse cálculo também o volume de negócios da sucursal ou da divisão dessa instituição estabelecida na Comunidade ou no Estado-membro em causa.[242] Em se tratando das empresas de seguros, pelo valor dos prêmios ilíquidos emitidos, que incluem todos os montantes recebidos e a receber ao abrigo de contratos de seguro efetuados por essas empresas ou por sua conta, incluindo os prêmios cedidos às resseguradoras e após a dedução dos impostos ou taxas parafiscais cobrados com base no montante dos prêmios ou no seu volume total.[243]

Apesar da intenção de a Comissão ser louvável ao instituir regras tão detalhadas, pois tenta definir de maneira precisa o perímetro da dimensão de uma operação, o que proporcionaria uma maior segurança jurídica às empresas, na prática, a situação não se revela tão simples,

---

241 Cf. decisão relatada no *Relatório sobre Política da Concorrência*, 1994, p. 172.

242 Cf. artigo 5.º, n. 3, alínea *a*. Essas novas rubricas que devem ser somadas para o cálculo do volume de negócios estão definidas na Diretiva 86/635/CEE do Conselho, de 8.12.1986, relativa às contas anuais e às contas consolidadas dos bancos e outras instituições financeiras.

243 Cf. artigo 5.º, n. 3, alínea *b*, do Regulamento (CE) 4.064/89.

tendo sido levantados alguns problemas pelos operadores econômicos. Assim, objetivando esclarecer as dúvidas que se apresentavam, a Comissão publicou uma Comunicação Orientadora sobre o assunto, além do que constitui uma prática consolidada a realização de contatos informais prévios entre as partes notificantes e a Comissão no sentido de sanar dúvidas que possam decorrer da formalização de uma notificação.

1.2.3 Da exclusividade da aplicação do regulamento às concentra ções de dimensão comunitária e a cooperação com os Estados-membros. Derrogações ao princípio do balcão ou interlocutor único

1.2.3.1 O princípio do interlocutor único e a cooperação com os Estados-membros

A competência exclusiva da Comissão para aplicar o Regulamento encontra-se prevista nos seus artigos 1.º, 4.º, 8.º, 21 e 22. Os Estados-membros não podem aplicar a sua legislação nacional às operações de dimensão comunitária, salvo nos casos expressos no Regulamento.[244] É a consagração do princípio do sistema do balcão único ou interlocutor único *one stop shop* ou *guichet unique*, o que significa que a Comissão é a única autoridade competente para conhecer as operações de concentrações de empresas que tenham dimensão comunitária. Traz consigo, além da garantia da segurança jurídica, ao evitar decisões contraditórias e conflitos de competência entre a Comissão e as autoridades nacionais, um tratamento rápido das operações apresentadas à sua jurisdição.[245] -[246]

---

244 Cf. considerando 27 do Regulamento (CE) 4.064/89. As derrogações a esse princípio irão ser tratadas no Capítulo 1, item 1.2.3.

245 Trata-se de questão importante que irá ser discutida em relação ao Mercosul, pois os conflitos de competência poderão ser um problema na implementação do Protocolo de Defesa da Concorrência. De fato, o conflito que poderá surgir não será apenas no âmbito jurídico, mas também econômico e político. Se a solução for submeter ao controle do Conselho da Concorrência (órgão competente do Mercosul) todas as operações de concentração que afetem o comércio intraMercosul, evidentemente que quase todas as operações realizadas no Brasil deverão estar subordinadas a esse Conselho, o que poderá levantar uma série de problemas. Esse tema será melhor tratado no Capítulo 3.

Com essas regras buscou-se estabelecer um controle eficaz e único de todas as operações de concentrações em função do seu efeito sobre a estrutura da concorrência na Comunidade e, principalmente, que o Regulamento fosse o único instrumento legal aplicável às referidas concentrações.[247]

Apesar de largamente proclamado, esse princípio não se revelou tão absoluto, apresentando atenuações em três pontos. O primeiro, em razão dos problemas enfrentados pela Comissão durante as negociações para a aprovação do Regulamento no Conselho. Alguns Estados-membros criticavam o excesso de poder outorgado à Comissão em áreas delicadas como a política industrial e ainda outros interesses econômicos que fossem estritamente nacionais,[248] razão pela qual restou assegurada uma ampla cooperação entre a Comissão e os Estados-membros. Em segundo lugar, os altos limiares que foram estabelecidos no artigo 1.º deixaram fora do seu âmbito determinadas operações que não atingiam uma dimensão comunitária, apesar de produzirem efeitos no mercado comum e, por isso, ficaram subordinadas a jurisdições de mais de um Estado-membro, ou até a jurisdições fora da Comunidade Européia. Por

---

246 No *Relatório sobre a Política da Concorrência,* 1993, p. 40, a Comissão comenta que, ao fomentar uma maior integração dos mercados comunitários, cada vez existem menos mercados puramente nacionais..., mas chama a atenção para o fato de que quanto maior for o grau de integração, mais conveniente será que as empresas possam adequar a sua estratégia de aquisição de empresas numa base comunitária, em conformidade com um conjunto de regras comuns. Afigurava-se, por conseguinte, essencial que houvesse a maior convergência possível no âmbito dos objetivos, metodologia e procedimentos das políticas nacionais e comunitária no que diz respeito às operações de concentração. No que se refere ao fato de vários Estados-membros procurarem se aproximar cada vez mais da "política" e da legislação comunitária sobre a matéria, a presença de limiares tão altos elevava ainda mais o risco de operações se encontrarem submissas a mais de um controle. Além dos custos de tempo e dinheiro, aumentava o risco da insegurança jurídica no caso de conflito entre diferentes decisões. Nesse sentido ver A. Pappalardo, Les nouvelles régles en matière de contrôle communautaire des concentrations d'entreprises, p. 181.

247 Cf. considerando 7 do Regulamento (CE) 4.064/89.

248 Cf. L. Cohen-Tanug et al., op. cit., p. 13.

último, as derrogações ao princípio do interlocutor único que tiveram que ser concedidas, as quais serão tratadas adiante.

Como forma de conciliar os interesses nacionais e comunitários, encontra-se prevista uma intensa cooperação e comunicação entre a Comissão e as autoridades dos Estados-membros. Pode-se verificar que o artigo 6.º, n. 5, dispõe que a Comissão comunicará, sem demora, a sua decisão às empresas em causa e às autoridades competentes dos Estados-membros; o artigo 11, n. 2, dispõe que, no exercício dos seus poderes de investigação, sempre que a Comissão formular um pedido de informações a uma pessoa, empresa ou associação de empresas, enviará simultaneamente cópia desse pedido à autoridade competente do Estado-membro em cujo território se situe o domicílio da pessoa ou a sede da empresa ou da associação de empresas; ou ainda no mesmo artigo 11, n. 6, que dispõe que a Comissão enviará simultaneamente cópia da sua decisão à autoridade competente do Estado-membro em cujo território se situe o domicílio da pessoa ou a sede da empresa ou da associação de empresas.

A cooperação também se está prevista no artigo 12, n. 1, pois, a pedido da Comissão, as autoridades competentes dos Estados-membros procederão às verificações que a Comissão considere adequadas, estando ainda conjecturada a hipótese de agentes da Comissão prestarem assistência aos agentes dos Estados-membros. Por último, cite-se o artigo 19, n. 2, que garante às autoridades competentes dos Estados-membros o direito de formular quaisquer observações sobre os processos.

O Regulamento criou também um *Comitê Consultivo* no artigo 19, n. 3.[249] É composto por representantes das autoridades dos Estados-membros, que devem ter experiência em matéria de concentrações de empresas (artigo 19, n. 4). Esse Comitê possui competência para emitir parecer, não-vinculativo, existindo apenas a previsão de que a Comissão deverá tomá-lo em "máxima consideração", o que tem sido observado nos últimos anos, como nos casos Shell/Montecatini,[250] Procter&Gamble/VP Schiekedanz e BP/E.ON.[251] -[252]

---

249 A sua intervenção encontra-se prevista nos ns. 2 a 5 do artigo 8.º, bem como dos artigos 14 e 15, ou ainda na adoção de normas do artigo 23 do Regulamento (CE) 4.064/89.

250 Decisão Shell/Montecatini, de 8.6.1994.

251 Decisão BP/E.ON, de 20.12.2001.

1.2.3.2 Da possibilidade de remessa de uma operação de concentração de dimensão comunitária às autoridades nacionais competentes: cláusula alemã

O artigo 9.º dispõe que a Comissão pode, por via de *decisão,* remeter às autoridades competentes de um Estado-membro um caso de concentração. É chamada *cláusula alemã* pois introduzida no Regulamento por iniciativa da Alemanha, com apoio da Inglaterra, uma vez que esses países já possuíam um sistema de controle de concentrações bastante desenvolvido. Acrescente-se que a Alemanha temia que a política de controle de concentrações da Comunidade Européia não fosse tão austera quanto as suas próprias leis de controle.[253] Por outro lado, alguns Estados-membros haviam expressado a sua preocupação de que a Comissão poderia tratar de concentrações predominantemente nacionais, mas com dimensão comunitária, sem a devida consideração aos interesses públicos locais.[254]-[255]

---

252 Está prevista também uma cooperação entre a Comissão e o Espaço Econômico Europeu. Com a entrada em vigor do Acordo em 1.º.1.1994, a Comissão passou possuir competência para analisar processos com impacto em todo o EEE (que inclui além dos países que integram a União Européia, a Áustria, Finlândia, Principado de Liechtenstein, Noruega, Suécia e Suíça), embora sob reserva de estabelecer com o Órgão de Fiscalização do EFTA o processo de cooperação previsto no Protocolo 24 do Acordo EEE, e ainda do controle do Tribunal de Justiça das Comunidades Européias. Assim, atingindo os limiares previstos no artigo 57, n. 2, alínea *a*, desse Acordo, a competência é exclusiva da Comissão. Sobre esse acordo ver comentários de J. Briones, J. Folguera, A. Fonti, E. Navarro, op. cit., p. 341-343.

253 Nesse sentido ver Van Bael, F. Bellis, op. cit., p. 375-376. Também Dominique Berlin, op. cit., p. 117.

254 Nesse sentido ver Van Bael, F. Bellis, op. cit., p. 419. Também Dominique Berlin, op. cit., p. 117.

255 Segundo L. Cohen-Tanug et al., op. cit., p. 53, na prática, parece que a Comissão tem preferido o reenvio apenas nas hipóteses em que o mercado distinto é efetivamente de dimensões infranacionais (regional ou local em um único Estado-membro). A Comissão também tem optado, na falta de circunstâncias excepcionais, por não enviar as operações em que o mercado distinto invocado é constituído pela integralidade de um Estado-membro ou concernente a outros Estados-membros.

O reenvio pode ocorrer em duas hipóteses alternativas: ou o Estado-membro deve,[256] dentro de um prazo de três semanas a contar da data da recepção da cópia da notificação, informar à Comissão que uma operação de concentração corre o risco de criar ou reforçar uma posição dominante que tenha como conseqüência a criação de entraves significativos a uma concorrência efetiva no interior do seu território, que apresente todas as características de um mercado distinto,[257] *ou* que uma operação de concentração afeta a concorrência num mercado no interior desse Estado-membro, que tem todas as características de um mercado distinto, e não constitui uma parte substancial do mercado comum.[258]

Note-se que foram efetuadas duas alterações nesse dispositivo legal. A primeira no sentido de acrescentar a possibilidade do reenvio quando uma operação de concentração venha a atingir a concorrência num mercado no interior desse Estado-membro com todas as características de um mercado distinto, e que não constituísse uma parte substancial do mercado comum. Nesse caso, não é necessário demonstrar que tal operação corre o risco de criar ou reforçar uma posição dominante que venha a entravar a concorrência efetiva nesse mercado, justificando-se essa alteração, portanto, por ser evidente que o interesse para analisar a operação não é essencialmente comunitário, mas apenas do Estado-membro afetado com tal operação.

A segunda alteração foi no sentido de passar a admitir a remessa, na totalidade ou em parte,[259]-[260]-[261] caso exista um mercado distinto

---

256 Na proposta apresentada pelo Livro Verde relativo à revisão do Regulamento (CE) 4.064/89, está sendo considerada a possibilidade de que a remessa possa ser feita por iniciativa da Comissão.

257 Cf. artigo 9.º, n. 2, alínea *a*, do Regulamento (CE) 4.064/89.

258 Segundo o Livro Verde relativo à revisão do Regulamento (CE) 4.064/89, item 74, o n. 2, alínea *b*, do artigo 9.º, que foi introduzido para facilitar os pedidos de remessa mediante um critério menos rigoroso, foi utilizado com êxito apenas uma vez desde a sua introdução, no caso Govia/Conex (2000), que foi remetido para as autoridades do Reino Unido. Na proposta apresentada, pretende-se manter o dispositivo, mas facilitar o seu uso, ou seja, simplificar o critério geográfico, e ainda que o simples pedido de remessa seja suficiente, sem necessitar demonstrar a ameaça da criação ou reforço de uma posição dominante.

259 Apesar de a previsão expressa da possibilidade de reenvio parcial só constar a partir da alteração promovida pelo Regulamento (CE) 1.310/97, a

em causa, se considerar que esse mercado distinto é afetado. Regulariza assim uma prática decisória da Comissão que, contudo, apresenta alguns inconvenientes, pois viola o *princípio do balcão único* ao reconhecer o exame de uma mesma operação por mais de uma autoridade (a comunitária e a do Estado-membro) e, por conseguinte, a aplicação de regimes jurídicos diferentes. Acrescente-se, ainda, que um exame desse tipo, apesar de reforçar o poder das autoridades dos Estados-membros, pode gerar uma maior insegurança jurídica para as empresas envolvidas.[262]-[263]

Comissão já havia procedido dessa maneira anteriormente, como no processo Rheinmetall/British Aerospace/STN Atlas ao Bundeskartellamt (órgão competente alemão), apenas no que se referia a um setor restrito dessa operação, que abrangia ainda outros setores industriais, como as tecnologias marinhas, a engenharia de sistemas e os sistemas de defesa. Procedeu da mesma forma no processo em que a Promodès lançou uma oferta pública de aquisição sobre o seu concorrente Casino, que afetava diversos mercados varejistas, entre eles o de Paris e a sua área metropolitana, em que a Comissão optou por remeter algumas partes desse processo às autoridades francesas (*Relatório sobre a Política da Concorrência*, 1997, p. 73-74).

260 Segundo o *Relatório sobre a Política da Concorrência*, 1992, p. 21, a primeira vez que houve o reenvio parcial de um processo às autoridades nacionais foi na decisão Steetley/Tarmac, pois os mercados em causa e as implicações da operação de concentração eram claramente limitadas às partes de um território de um Estado-membro. Tratava-se de um processo de caráter excepcional, em que o mercado afetado se limitava claramente a certas regiões do Reino Unido.

261 V. decisão Promodès/S21/Gruppo GS, de 10.3.1998, em que a Comissão aceitou o pedido de reenvio formulado pelo Governo italiano no que se referia às províncias de Turin, Vercelli e d'Aoste, por revelar esse mercado as características de um mercado distinto no que dizia respeito à distribuição no varejo de bens de consumo. Mais recentemente, ver decisão BP/E.ON, de 20.12.2001, em que a Comissão aceitou o pedido de reenvio parcial formulado pelo Governo alemão/Bundeskartellamt em relação ao mercado de produtos derivados de petróleo, inclusive, em particular, os mercados de gasolina e óleo diesel para motores, óleos para iluminação e aquecimento (no varejo e atacado), combustíveis de aviação, óleo combustível pesado, betume e lubrificantes.

262 Nesse sentido ver Martín-Crespo, op. cit., p. 229.

263 Esta tem sido uma das críticas relativas ao dispositivo legal, o que levou a Comissão a incluir o tema nas discussões para a revisão do Regulamento

Esse reenvio é facultativo, e é a Comissão que julga a sua oportunidade. O n. 3 do artigo 9.º determina que, tendo em conta o mercado dos produtos ou serviços em causa e o mercado geográfico de referência na acepção do n. 7, se a Comissão entender que tanto o mercado distinto como o risco existem, ela tem a opção de se ocupar do caso, visando preservar ou restabelecer uma concorrência efetiva no mercado em causa, ou remeter o caso às autoridades competentes do Estado-membro em causa. Se a Comissão decidir pela remessa, não se deve esquecer que a legislação aplicável é a nacional, estando vedada a hipótese de aplicação do Regulamento, mesmo em se tratando de uma concentração de dimensão comunitária.

E o que se entende por *mercado distinto*? O Regulamento o definiu no seu n. 7: é o mercado geográfico de referência, constituído por um território no qual as empresas envolvidas intervêm na oferta e na procura de bens e serviços, no qual as condições de concorrência são suficientemente homogêneas, e que pode distinguir-se dos territórios vizinhos, especialmente devido a condições de concorrência sensivelmente diferentes das que prevalecem nesses territórios (isso significa que as empresas concernentes devem operar nesse mercado geográfico de uma maneira particular e sem comparação com as outras partes do mercado comunitário).

Para a apreciação desse mercado e a sua delimitação como distinto, tanto dentro do próprio Estado-membro como da própria Comunidade Européia, devem ser levados em conta alguns fatores, nomeadamente, a natureza e as características dos produtos ou serviços em causa, a presença de barreiras à entrada, as preferências dos consumidores; bem como a existência, entre o território em causa e os territórios vizinhos, de diferenças consideráveis de participações no mercado das empresas ou de diferenças de produtos substanciais.

(CE) 4.064/89 no Livro Verde apresentado em dezembro de 2001. O seu item 76 coloca a questão de que "existe uma grande preocupação em relação às regras nacionais, especialmente as regras processuais, que se aplicam a processos remetidos. Apesar de estes processos remetidos parecerem todos ter sido apreciados por autoridades nacionais por razões de concorrência, persiste a incerteza quanto à duração dos procedimentos nacionais e à proteção de segredos comerciais no tratamento dos processos remetidos".

Nos casos RWE/Thyssengas e Bayernwek/Isawerke, por exemplo, a Comissão decidiu pelo seu reenvio ao órgão competente alemão, o *Bundeskartellamt*, uma vez que os mercados da eletricidade e do gás na Alemanha se caracterizavam ainda por serem um sistema de monopólios geográficos, e os eventuais problemas de concorrência que pudessem ser levantados interessariam apenas aos mercados regionais da Alemanha.[264] Mais recentemente, temos o caso Vendex/KBB, em que a Comissão também optou pelo reenvio às autoridades neerlandesas, com base no fato de que a operação apresentava o risco da criação de uma posição dominante no setor varejista de produtos não alimentares nos Países Baixos e, ainda, que os padrões de consumo e os hábitos dos consumidores eram importantes fatores nos mercados varejistas, denotando nítidas características nacionais e, eventualmente, regionais ou locais. Dessarte, o setor varejista de produtos não alimentares nos Países Baixos pôde ser considerado um mercado distinto no território de um Estado-membro.[265]

Ressalte-se ainda que, em razão das alterações instituídas pelo Regulamento (CE) 1.310/97, esse mercado distinto não precisa constituir uma parte substancial do mercado comum, nem tampouco é preciso que essa operação crie ou reforce uma posição dominante em um mercado interior, basta que afete a concorrência num mercado no interior desse Estado-membro. Supera-se assim a controvérsia que havia anteriormente, na hipótese de o mercado distinto não ser uma parte substancial do mercado comum, saber se a Comissão era obrigada a remeter o caso para as autoridades nacionais.[266]

A decisão final é sempre da Comissão, podendo ser de remessa ou de recusa. Não faz o Regulamento qualquer exigência quanto aos critérios a serem tomados em consideração pela Comissão. Trata-se, contudo, de um poder discricionário, o que não significa que ela possa adotar suas decisões de maneira arbitrária, pois, por se tratar de um ato administrativo, está subordinado a certos requisitos que devem ser observados para a sua legalidade. Por outro lado, a Comissão trabalha em

---

264 Cf. *Relatório sobre a Política da Concorrência,* 1996, p. 188.

265 Cf. *Relatório sobre a Política da Concorrência,* 1998, p. 62.

266 Sofia Pais, op. cit., p. 322, discute essa controvérsia.

estreita cooperação com os Estados-membros, habilitados a se pronunciarem em qualquer fase do processo até a adoção da decisão final, assim como podem ter acesso ao *dossier*.[267] Não se deve esquecer, ainda, que a Comissão está sujeita ao controle do Tribunal de Justiça, consoante dispõe o artigo 9.º, n. 9, do Regulamento. Isso porque encontra-se prevista a possibilidade de os Estados-membros interporem recurso de anulação[268], e ainda de solicitarem medidas provisórias[269].

A Comissão está obrigada a decidir em prazos bastante rigorosos:

a) no prazo de seis semanas, se a Comissão não tiver iniciado o processo de verificação da operação de concentração previsto no artigo 6.º, n. 1, alínea *b*, consoante dispõe o artigo 9.º, n. 4, alínea *a*;
b) no prazo de três meses a contar da notificação, na hipótese de a Comissão ter dado início ao processo, nos termos do n. 1, alínea *c*, do artigo 6.º, sem que entretanto tenha promovido as diligências preparatórias da adoção das medidas necessárias ao abrigo do n. 2, § 2.º, e nos ns. 3 ou 4 do artigo 8.º para preservar ou restabelecer uma concorrência efetiva no mercado em causa, consoante dispõe o artigo 9.º, n. 4, alínea *b*.

Contudo, se, após o prazo de três meses supra-referido, a Comissão não tiver tomado as decisões de remessa ou de recusa, nem promovido as diligências preparatórias para a decisão, existe a presunção de que a decisão foi de remessa ao Estado-membro em causa.[270]

Na hipótese de uma decisão de remessa, o Estado-membro em causa só pode tomar as medidas estritamente necessárias para preservar ou restabelecer uma concorrência efetiva no mercado em causa. Trata-se da aplicação do *princípio da proporcionalidade*, ou seja, ao decidir, o Estado-membro deverá respeitar os imperativos do direito comunitário, em especial do direito da concorrência no que diz respeito ao controle de concentrações de empresas. Não seria lógico se o Estado-membro pudesse usar dessa faculdade para autorizar operações contrárias aos

---

267 Cf. artigo 19, n. 2, do Regulamento (CE) 4.064/89.
268 V. artigo 230 do Tratado CE.
269 V. artigo 243 do Tratado CE.
270 Cf. artigo 9.º, n. 5, do Regulamento (CE) 4.064/89.

interesses e princípios do direito comunitário, que, lembre-se, gozam de primazia sobre os do direito nacional. Assim, mesmo impedido de utilizar o Regulamento, ao aplicar a sua legislação nacional, o Estado-membro fica adstrito a observar a ordem jurídica comunitária.[271]

Acrescente-se ainda que apenas o Estado-membro detém esse direito, e não está obrigado a exercê-lo. Isso significa que as empresas não podem invocar essa possibilidade para que o seu projeto de concentração seja apreciado nacionalmente e não no âmbito comunitário.

Se assim não fosse, poderia ocorrer que as empresas julgassem que nacionalmente elas poderiam ser favorecidas, pois poderiam pesar aspectos de política industrial em pró da operação, que talvez no âmbito comunitário não tivessem tanta relevância.[272]

1.2.3.3 Da possibilidade de reenvio de uma operação de concentração de dimensão nacional à Comissão: cláusula holandesa

Uma operação que não tenha uma dimensão comunitária pode ser enviada à Comissão para ser apreciada. O artigo 22, n. 3, trata dos requisitos desse pedido. Nesse caso, a Comissão atua sempre a requerimento da parte interessada ou das partes interessadas, ou seja, do Estado-membro ou dos Estados-membros, que devem solicitar conjuntamente,[273] no caso em que uma operação de concentração atenda aos requisitos do artigo 3.º, mas não alcance os limiares mínimos para ter uma

---

271 Nesse sentido ver J. Blaise, op. cit., p. 773.

272 Nesse sentido ver Dominique Berlin, op. cit., p. 123.

273 Consoante nova redação dada pelo Regulamento (CE) 1.310/97, passou a ser possível que o pedido seja feito conjuntamente por dois ou mais Estados-membros. Essa mudança justificou-se, pois poderia ocorrer que uma operação de concentração afetasse mais de um Estado-membro, e não possuísse dimensão comunitária, o que ensejaria um conflito de jurisdições nacionais, situação que a Comissão visava evitar. Não obstante, vale salientar que essa alteração teve efeitos inócuos, pois até a conclusão do Livro Verde relativo à revisão do Regulamento (CE)4.064/89, a Comissão não tinha recebido um único pedido conjunto para tratar de um caso. Existem problemas no que diz respeito ao conceito de "comunicar uma concentração a um Estado-membro", se seria uma notificação formal, ou não; e ainda os diferentes prazos de notificação nos diferentes Estados-membros.

dimensão comunitária. Esse reenvio pode ser parcial e constitui uma faculdade apenas dos Estados-membros, não possuindo as empresas legitimidade para efetuarem tal requerimento. É necessário que essa operação afete não apenas o Estado-membro ou os Estados-membros em questão, mas também o comércio entre os Estados-membros, como foi reconhecido na Decisão RTL/Veronica/Endemol.[274]

Esta é a chamada cláusula holandesa *dutch clause* ou *clause hollandaise,* e, segundo William Elland, foi inserida no Regulamento por requisição da Itália, da Dinamarca, da Grécia, de Luxemburgo, dos Países Baixos e da Bélgica.[275] A sua justificação se deve ao fato de que muitos dos pequenos Estados-membros não dispunham de um controle de concentrações efetivo, sentindo-se expostos à desenfreada atividade de concentração como um resultado de o limiar acordado para a delimitação da competência da Comissão ter sido muito alto. Uma questão que se coloca: se a cláusula existe em função dos Estados-membros que não dispunham de uma legislação sobre o tema, como é que a operação iria ser "conhecida"? Segundo Domenique Berlin bastaria o "conhecimento indireto", ou seja, por meio de pedidos de autorizações que são realizados junto ao Ministério da Fazenda ou à Comissão de Valores Mobiliários para a execução da operação.[276]

Os poderes da Comissão encontram-se limitados às medidas necessárias para preservar ou restabelecer uma concorrência efetiva no território do(s) Estado(s)-membro(s) a pedido do qual a Comissão interveio (artigo 22, n. 5). Dito de outro modo, isso significa que a Comissão

---

274 Na decisão RTL/Veronica/Endemol, de 20.9.1995, no considerando 16, a Comissão reconheceu que a criação de uma empresa comum influenciaria as condições de acesso de novos candidatos aos mercados neerlandeses da radiodifusão televisiva e da publicidade televisiva, incluindo radiodifusores do exterior dos Países Baixos. Iria produzir também um impacto no mercado da aquisição de programas em língua estrangeira (principalmente inglês) nos Países Baixos. Foi levado em conta ainda o fato de que os canais de televisão públicos neerlandeses eram difundidos por meio das redes por cabo na Bélgica, e, por isso, uma alteração na estrutura do mercado neerlandês de televisão teria, assim, pelo menos um impacto indireto nos mercados de televisão da Bélgica.

275 V. William Elland, op. cit., p. 24, e Van Bael, F. Bellis, op. cit., p. 428.

276 Cf. Dominique Berlin, op. cit., p. 138.

possui competência apenas para procurar o restabelecimento da concorrência efetiva no(s) Estado(s)-membro(s) que solicitou(aram) a intervenção. Nesse caso, pouco importa se se trata de uma decisão de compatibilidade simples ou acompanhada de encargos e condições, ou até mesmo de incompatibilidade, desde que sejam aquelas consideradas estritamente necessárias ao restabelecimento da concorrência efetiva.[277]

No que diz respeito à controvérsia acerca da transitoriedade desse dispositivo legal,[278] não há dúvidas de que o mesmo continua em plena vigência. Verifica-se que essa transitoriedade achava-se sujeita à revisão dos limiares do artigo 1.º, n. 2, que deveria ter ocorrido em 1993, como já discorrido. Não obstante, os limiares se mantiveram, razão pela qual permanece a eficácia desse dispositivo legal.

As condições de apreciação são deixadas a cargo da Comissão, restando obrigatória apenas a observância dos procedimentos, como foi consagrado recentemente no acórdão Endemol/Comissão.[279] Nesse processo, a recorrente alegava que a solicitação do governo neerlandês foi no sentido de que se efetuasse a apreciação apenas em relação ao mercado da publicidade televisiva e não da produção televisiva. Para o Tribunal, entretanto, não restaram dúvidas de que o artigo 22, n. 3, do Regulamento 4.064/89 prevê, essencialmente, que a Comissão pode, a pedido de um Estado-membro, verificar se uma concentração sem dimensão comunitária é compatível com o Regulamento. O exame da Comissão é circunscrito tão-somente pelos termos do artigo 22. Assim, a título de exemplo, o seu n. 5 determina que a Comissão se limitará a tomar as medidas necessárias para preservar ou restabelecer uma concorrência efetiva no território do Estado-membro a pedido do qual a Comissão interveio. Em contrapartida, o artigo 22 não dá qualquer poder ao Estado-membro para controlar o procedimento a ser considerado pela Co-

---

277 Nesse sentido, ver D. Berlin, H. Calvet, H. Vallette-Villard, Concentrations (1er janvier 1995 – 31 décembre 1996), p. 575.

278 Van Bael, F. Bellis, op. cit., p. 428, argumentavam que a cláusula teria aplicabilidade apenas até a revisão em 1993. C. Bellamy, G. Child, op. cit., p. 377, seguem a mesma posição. Dominique Berlin, op. cit., p. 138, levanta **apenas a dúvida.**

279 Cf. Ac. de 28.4.1999, do TPI – Quarta Secção Alargada, Endemol/Comissão, proc. T-221/95, considerando 42.

missão, após lhe ter deferido o poder para apreciar a concentração em questão. Em resumo, o Estado-membro não possui qualquer poder ou competência para delimitar o âmbito de investigação da Comissão.[280]

Acrescente-se, ainda, que duas condições são colocadas: a primeira, a operação de concentração deverá causar problemas na concorrência de um Estado-membro ou dos Estados-membros em questão; a segunda, a operação de concentração deverá afetar o comércio entre os Estados-membros decorrentes dessa concentração. Esse foi o caso, por exemplo, da decisão Tuko/Kesko, na qual o órgão competente finlandês suscitou à Comissão que analisasse aquela operação, que, apesar de não possuir dimensão comunitária, afetava o comércio intracomunitário devido às suas repercussões sobre a importação dos produtos de consumo corrente na Finlândia e conduzia à criação de entraves ao acesso de potenciais concorrentes provenientes de outros Estados-membros. Por esses motivos a operação foi declarada incompatível com o mercado comum.[281]

1.2.3.4 Da possibilidade de salvaguarda de interesses nacionais legítimos

A última derrogação pode ocorrer no sentido da salvaguarda dos interesses fundamentais para os Estados-membros, prevista no artigo 21, n. 3, do Regulamento (CE) 4.064/89. De fato, podem existir

---

280 Esse dispositivo também está sendo revisto no âmbito do Livro Verde relativo à revisão do Regulamento (CE) 4.064/89, tendo em vista que todos os Estados-Membros, à exceção de Luxemburgo, introduziram regras em matéria de controle de concentrações de empresas. A última remessa sob o fundamento do n. 3 do artigo 22 foi efetuada em 1997 pelas autoridades neerlandesas no processo IV/M. 890 Blokker/Toys "R" Us.

281 Cf. decisão Kesko/Tuko, de 20.11.1996, nos considerandos 11 e 12, a Comissão entendeu que a aquisição da Tuko pela Kesko iria ter por efeito o encerramento do mercado para novos candidatos, incluindo aqueles potenciais de outros Estados-membros, em especial nos mercados finlandeses dos produtos de consumo. Por outro lado, ambas as empresas eram membros de diversos agrupamentos internacionais, em que participavam igualmente empresas do mesmo setor de outros Estados-membros e, por isso, essa operação teria uma influência significativa, direta ou indiretamente, efetiva ou potencialmente, na estrutura do comércio entre Estados-membros.

determinados interesses nacionais legítimos que justifiquem a intervenção direta da autoridade competente daquele Estado-membro. Ressalva-se aqui também a garantia da aplicabilidade do artigo 296 do Tratado CE,[282] desde que as medidas adequadas que os Estados-membros vierem a tomar sejam compatíveis com os princípios gerais e com as demais disposições do direito comunitário. A exigência de compatibilidade decorre do fato de que, se o Regulamento admite a adoção de decisões que sejam contrárias a um ato enquadrado no artigo 8.º, a sua condição é de que tais medidas não sejam, por outro lado, contrárias ao direito comunitário.[283]

As concentrações no setor dos armamentos militares, por exem-

---

282 Artigo 296, n. 1. As disposições do presente Tratado não prejudicam a aplicação das seguintes regras:
a) nenhum Estado-membro é obrigado a fornecer informações cuja divulgação considera contrária aos interesses essenciais da sua própria segurança;
b) qualquer Estado-membro pode tomar as medidas que ache necessárias à proteção dos interesses essenciais da sua segurança e que estejam relacionadas com a produção ou o comércio de armas, munições e material de guerra; tais medidas não devem alterar as condições de concorrência no mercado comum no que diz respeito aos produtos não destinados a fins especificamente militares.

283 Na decisão British Aerospace/VSEL, a Comissão aceitou o pedido das autoridades britânicas que a British Aerospace não notificasse a aquisição das atividades militares da VSEL, pois entendeu presentes os requisitos da alínea *b* do n. 1 do artigo 296 do Tratado CE. De fato, a parte da operação de concentração não notificada afetava exclusivamente a produção ou o comércio de armas, munições ou material bélico. As medidas adotadas pelo Reino Unido eram necessárias à proteção dos seus interesses fundamentais de segurança; as atividades militares em causa não tinham quaisquer repercussões sobre as atividades civis da British Aerospace, e a operação de concentração não tinha repercussões importantes sobre os fornecedores ou ministérios da defesa dos outros Estados-membros. Por outro lado, não foi dispensada a notificação das atividades civis da aquisição (*Relatório sobre a Política da Concorrência,* 1994, p. 194). Outras decisões no mesmo sentido foram tomadas em 1996, nos processos GEC/Thomson-CSF (II) e British Aerospace/Lagardère, nos quais ambas as operações foram divididas entre os interesses legítimos de segurança pública reconhecidos e a atividade comercial no setor civil.

plo, têm gerado algumas dúvidas, por exemplo, no que se refere à determinação do volume de negócios[284] e ainda quanto à obrigatoriedade de notificação. A prática da Comissão tem indicado que uma operação de concentração que utilize a faculdade do artigo 296 deve ser obrigatoriamente notificada e, mesmo assim, a decisão que vier a ser tomada pelas autoridades do Estado-membro pertinente deve estar em conformidade com o direito comunitário, não podendo provocar entraves significativos na concorrência efetiva no mercado comum ou do EEE.[285]

Quanto ao que se entende por *interesses legítimos*, a premissa é de que estes devem ser outros além daqueles previstos no artigo 2.º do Tratado CE, ou seja, devem estar além daqueles imperativos do direito comunitário. O próprio artigo 21, n. 3, do Regulamento (CE) 4.064/89 indica que os interesses legítimos deveriam ser relacionados com a segurança pública, a pluralidade dos meios de comunicação social e as regras prudenciais.

A doutrina é unânime em reconhecer que no interesse legítimo fundado na segurança pública se incluem matérias mais extensas do que aquelas puramente relacionadas com a defesa e, por analogia com o artigo 30, este poderia abranger, por exemplo, a proteção da saúde.[286]-[287]

---

284 A dúvida que se coloca nessas operações é se a mesma deveria ser dividida em setores militar e civil, e se o primeiro escaparia do controle comunitário. Em sendo dividida, sobre a pertinência ou não da inclusão da parte do volume de negócios do setor militar para que aquela operação seja considerada de dimensão comunitária. Sobre essa polêmica ver D. Berlin, H. Calvet, H. Vallette-Villard, op. cit., p. 524-526.

285 Segundo L. Cohen-Tanug et al., op. cit., p. 16, é preciso sublinhar que o alcance dessa exceção ao campo de aplicação do Regulamento é limitada às empresas produtoras de materiais especificamente militares. De mais, no caso em que tais operações "reservadas" tenham um efeito anticoncorrencial, a Comissão teria a possibilidade de impor um diálogo ao Estado-membro concernente para buscar uma adaptação das medidas tomadas às regras do Tratado CE (artigo 298, n. 1) e, em caso de uso abusivo do artigo 296, de recorrer diretamente ao Tribunal de Justiça em uma audiência a portas fechadas (artigo 298, n. 2, do Tratado CE).

286 Nesse sentido, ver C. Bellamy, G. Child, op. cit., p. 376. William Elland, op. cit., p. 23-24.

287 A Comissão admitiu que o setor da defesa nacional pode ser considerado como interesse público, pois reconheceu essa prerrogativa ao Estado francês

No que diz respeito à *pluralidade dos meios de comunicação*, não existem muitas dúvidas, justificando-se o mesmo por permitir a manutenção de diversas fontes de informação, considerando a multiplicidade de opiniões e pontos de vista da sociedade em geral[288].

Por último, em relação às *regras prudenciais*, os exemplos apontam que nessa categoria podem ser incluídas aquelas regulando os serviços financeiros, monitorando bancos, corretoras, companhias de seguros e também a boa reputação dos indivíduos, honestidade das transações e regras de solvência.[289]-[290] De outro lado, na Europa, as diretrizes da regulamentação das regras de prudência estão estabelecidas em diversas Diretivas emanadas do Conselho Europeu, que tratam do sistema

---

no processo IBM France/CGI. Essa operação consistia numa oferta pública de troca de participações, na seqüência da qual a IBM France obteve o controle da sociedade anônima francesa Campagnie Generale de l'Informatique (CGI). As autoridades francesas informaram a Comissão de que tinham tomado determinadas medidas pertinentes a duas filiais da CGI que participavam da concentração e cujas atividades se desenrolavam essencialmente no setor da defesa nacional. Essas medidas foram reconhecidas como legítimas pela Comissão no sentido de preservar os interesses franceses relacionados com a segurança pública (*Relatório sobre a Política da Concorrência,* 1993, p. 189).

288 V. Van Bael, F. Bellis, op. cit., p. 428, C. Bellamy, G. Child, op. cit., p. 377. Com uma opinião mais crítica, Dominique Berlin, op. cit., p. 133, pois entendia que era um conceito que trazia algumas dúvidas quanto à compatibilidade dos seus objetivos com os que têm que ser levados em conta para a aplicação do Regulamento, pois a pluralidade de fontes de informação e a de opiniões não são temas próprios do **direito da concorrência, que trata da diversidade de fontes de aprovisionamento, independência dos concorrentes e liberdade de escolha dos consumidores.**

289 Cf. William Elland, op. cit., p. 23-24.

290 A Comissão reconheceu o interesse legítimo do Reino Unido no que se refere às regras prudenciais na decisão Sun Alliance/Royal Insurance, em que, juntamente com a apreciação da concentração projetada pela Comissão do ponto de vista da concorrência, as autoridades britânicas procederam igualmente a uma análise de alteração do controle da empresa em conformidade com os requisitos estabelecidos pela sua legislação em matéria de seguros (*Relatório sobre a Política da Concorrência,* 1996, p. 187).

financeiro da União Européia. Essas Diretivas apontam regras e princípios comuns a serem observados pelos Estados-membros, existindo, no entanto, a possibilidade de que cada um destes possa determinar regras próprias em razão das peculiaridades e/ou do seu sistema financeiro nacional, desde que não estejam em conflito com as diretrizes instituídas.

Mesmo com regras razoáveis e aparentemente claras, em termos práticos, a situação não é tão simples assim. A desregulamentação dos serviços financeiros na Europa, a introdução do euro e as inovações tecnológicas têm causado uma grande reestruturação do setor financeiro europeu, com o propósito de garantir a competitividade no mercado não apenas comunitário, mas também internacional.[291] -[292]

Com isso, surge um novo dilema que até então não existia de forma tão transparente e que vem despertando uma relativa controvérsia, que é a desnacionalização dos bancos. Tem-se observado uma profunda alteração da estrutura do setor financeiro em âmbito nacional, o que vem despertando preocupações, especialmente dos Estados-membros afetados por tais operações.

Trata-se de tema recente, que começou a ser discutido de forma mais aprofundada no final da última década. Até então, o número de operações de concentração de empresas de dimensão comunitária envolvendo instituições financeiras era bastante reduzido, daí a ausência de *guidelines* sobre o assunto, diferentemente do que ocorre em outros setores econômicos, a exemplo da indústria automobilística ou telecomunicações.[293] Por outro lado, muitas das operações que foram notificadas

291 Segundo a OCDE, p. 17, "all these changes have been linked in various ways to technological developments significantly affecting the banking sector. Changes in information technologies, data processing and telecommunications are clearly linked to growth in the use of credit and debit cards, automated teller machines (ATMs), and on-line banking. They have also facilitated the creation of new financial products and could lead to the customisation of many existing ones".

292 Mohamed, National interests limiting E.U. cross-boarder bank mergers, p. 256, "the level playing field created in the E.U. single financial market has enabled banks and other financial institutions to seek partners and profits across the boarders".

293 Van Miert, *EU competition policy in the banking sector*, Belgian Bankers' Association, Brussels, 22 September 1998.

envolviam bancos que desempenhavam atividades de pequena extensão no mercado comum europeu.[294] Em outros casos, os bancos não desenvolviam atividades nos mesmos segmentos do mercado bancário e, por esse motivo, não suscitaram maiores questionamentos ou reflexões da Comissão Européia.

Em 1999, entretanto, pela primeira vez, foi debatido minuciosamente o tema interesse público nacional e aplicação de regras de prudência, no caso António Champalimaud ("Champalimaud") e Banco Santander Central Hispano ("BSCH"). Tratou-se de uma operação de permuta de ações mediante a qual o BSCH iria adquirir 40% do capital social das duas sociedades de gestoras de participações sociais do grupo Champalimaud, e o Champalimaud iria adquirir 1,6% do capital social do BSCH. A operação previa ainda a transferência de 100% das participações do BSCH no Banco Santander Negócios Portugal para o Banco Chemical Portugal, e de 47,7% do capital do Banco Santander Portugal para o Banco Pinto & Sotto Mayor. Foi estabelecido ainda um acordo de acionistas entre as partes. Ressalte-se que dentre as empresas controladas por Champalimaud encontrava-se a Mundial Confiança S.A., uma das maiores seguradoras de Portugal. Como resultado da operação, entendeu-se que o BSCH, por meio do referido acordo de acionistas, estaria obtendo o controle conjunto das duas sociedades gestoras de participações sociais e das demais empresas do grupo Champalimaud.

Essa operação foi notificada à Comissão Européia por possuir dimensão comunitária, sem ter sido, entretanto, comunicada às autoridades reguladoras portuguesas. Devido a esse fato, o Ministro das Finanças da Portugal adotou uma decisão de oposição à aquisição de uma participação qualificada na Mundial Confiança S.A., assim como, logo em seguida, o Instituto de Seguros de Portugal determinou a inibição do exercício dos direitos de voto resultantes da referida aquisição.

Criou-se um impasse entre a Comissão e o Governo português, uma vez que, de acordo com o artigo 21, n. 2, do Regulamento (CE) 4.064/89, os Estados-membros não poderiam aplicar a sua legislação nacional em matéria de concorrência às operações de concentração de dimensão comunitária, que era o caso em questão. A Comissão proferiu uma decisão determinando ao Governo português que suspendesse as

294 Como as decisões nos casos Kyowa/Saitama e Bank Americana/Nationsbank.

medidas adotadas, o que não foi feito, tendo este justificado a sua manutenção em razão da aplicação das regras de prudência, tendo em vista que a legislação portuguesa em matéria de sociedades de seguros estabelece a obrigatoriedade da notificação prévia de qualquer aquisição de uma participação qualificada numa empresa de seguros, o que não foi observado pelas partes.

Esse caso apresenta ainda um problema de ordem processual, dado que o governo português nem sequer efetuou o pedido de reconhecimento de interesse legítimo na forma do artigo 21, n. 3, do Regulamento (CE) 4.064/89.

Após diversas negociações entre as partes, a Comissão Européia e o Governo português, este último conseguiu garantir a entrada da Caixa Geral de Depósitos no Grupo Champalimaud, minimizando, assim, a influência que o BSCH exerceria no sistema financeiro português. O argumento utilizado pelo Governo português em todas as suas discussões com a Comissão Européia foi *a necessidade de proteger interesses nacionais e setores estratégicos para a economia nacional.*[295] A operação foi aprovada pela Comissão em 3.8.1999.

Este tem sido considerado um *leading case*, pois pela primeira vez discutiu-se em pormenores a competência da Comissão para examinar operações de concentração envolvendo instituições financeiras/seguradoras, quando um Estado-membro alega afetação de interesse nacional legítimo. Nesse caso, mesmo que a Comissão tenha preservado a sua competência no que diz respeito aos aspectos estritamente concorrenciais, teve que ceder à pressão do Governo português e negociar os termos da operação com as partes, garantindo a presença da Caixa Geral de Depósitos no grupo Champalimaud.[296]-[297]

---

295 Mohamed, op. cit., p. 259, comenta que "it appears that the state-sponsored peace arrangement to resolve the banking dispute with the Commission could strengthen public ownership in the financial sector. The state-owned CGD already controls more that a quarter of Portugal's banking market. The Government sought to justify CGSs dominant position in the Portuguese financial market as it is the only bank left in state hands. It further argued that there is nothing exceptional in maintaining a state presence in banking, citing Germany as a example".

296 Mohamed, op. cit., p. 256, "the terms of the case, however indicate that it is only a partial victory for the Commission, as the Portuguese Government managed to maintain and enhance its presence in its banking market by

Por fim, outro interesse, além dos previstos no Regulamento, deve ser comunicado à Comissão pelo Estado-membro e pode vir a ser reconhecido pela Comissão como tal, mas tão-só após a análise, e mediante decisão, que levará em conta os princípios gerais[298] e as demais normas de direito comunitário. Essa decisão da Comissão deve ser prévia à execução das medidas dos Estados-membros. A aplicação do direito nacional não é considerada um interesse legitimo. Por esse motivo, a Comissão Européia adotou medidas contra as decisões ministeriais do Governo português que impediram a aquisição proposta pela Secil Companhia Geral de Cal e Cimentos S/A e o Holderbank da empresa portuguesa Cimpor Cimentos de Portugal SGPS, por entender que as mesmas

---

allocating to the state-owned CGD a significant slice of the AC financial group. This view could also be supportable on the premise that BSCH did not get all it was supposed to get under the original merger deal approved by the Commission. The fact that the Commission could not defend its merger decision in its entirety could have a negative effect on future cross-boarder mergers. Until more legal clarity and certainty is established in relation to cross-boarder mergers, the bankers will seek for less prominent cross-boarder alliances as a means to prevent state interventions".

297 De qualquer forma, como lembra Batista Lobo, op. cit., "a aplicabilidade destes critérios específicos de natureza prudencial é cada vez mais reduzida devido aos esforços de harmonização que se verificam a nível comunitário". Mohamed, op. cit., p. 257, "there are several occasions on which the Members States have directly interfered with cross-boarder mergers activities. In early 1999 when Banque Nationale de Paris (BNP) made a takeover bid for Société Générale and Banque Paribas, the French Authorities made it clear that they opposed any foreign ownership of a principal French bank. The French Government threatened to intervene is the Spanish-based financial group BSCH interfered in this three-way bank battle (...) the Dutch banking and insurance group ING Group, which made a takeover bid for the French bank Crédit Commercial de France, had to withdraw the offer partly due to the reservations expressed by the Bank of France. It is a perfect example of the reluctance of the Member States to allow their financial institutions to fall into foreign hands".

298 Por exemplo, os princípios da proporcionalidade, certeza legal, legítima expectativa, eqüidade, a proteção dos direitos fundamentais do homem e ainda o da boa administração.

não se destinavam a proteger qualquer interesse legítimo reconhecido nos termos do artigo 21 do Regulamento (CE) 4.064/89.[299]

Na apreciação de casos dessa natureza, a Comissão deve verificar, em primeiro lugar, se o interesse público invocado pelo Estado-membro é compatível com o direito comunitário; e, em segundo lugar, se as medidas que o Estado-membro pretende adotar respondem aos princípios da proporcionalidade e da necessidade. Somente após esse exame a Comissão poderá atender ao requerimento realizado. As medidas deverão ainda estar limitadas ao estritamente indispensável para preservar o interesse legítimo considerado, respeitando o princípio da territorialidade.

Em 1995, pela primeira vez, foi apresentado pelas autoridades britânicas um pedido de proteção a um interesse legítimo diferente daqueles que se encontram expressamente previstos no dispositivo legal. Esse pedido incidia sobre a legislação que regula o setor do abastecimento de água do Reino Unido, que possui disposições específicas em matéria de concentrações, destinadas a salvaguardar o objetivo de garantir o abastecimento de águas, considerado esse serviço vital para os consumidores. Nesse caso, a Comissão reconheceu o interesse legítimo do Reino Unido e autorizou que o *Monopolies and Mergers Commission* (autoridade competente inglesa naquela época) apreciasse a operação, impondo, entretanto, a condição de que esse interesse público deveria se circunscrever às questões diretamente relacionadas com a aplicação da legislação complementar ao setor da água. Estabeleceu também a obrigação de que o órgão britânico deveria informar a Comissão sobre quaisquer medidas tomadas, para que esta pudesse controlar a sua adequação.[300]

Outra ressalva importante a ser feita é que não se deve utilizar esse instrumento para autorizar operações interditadas pela Comissão. Todavia, a hipótese mais verossímil não é uma aplicação dessa natureza, vislumbrando-se, na realidade, uma eventual pretensão de um Estado-membro querer fazer uso dessa faculdade para opor sua legislação.[301]

---

299 V. *Relatório sobre Política da Concorrência,* 2000, p. 73.

300 V. *Relatório sobre a Política da Concorrência,* 1995, p. 71.

301 Nesse sentido ver Jacques H., J. Bourgeois, B. Drijber, op. cit., p. 22, Dominique Berlin, op. cit., p. 129-130, e, por último, Sofia Pais, op. cit., p. 318.

1.2.4 Da obrigatoriedade da notificação prévia: alguns aspectos processuais

A implantação de um sistema preventivo do controle de concentrações de empresas constitui a característica mais importante do Regulamento (CE) 4.064/89, pois tanto o setor privado como as empresas dos Estados-membros passaram a conhecer previamente quais operações deveriam ser notificadas à Comissão,[302] afastando também a situação dúbia que existia de uma mesma operação ter que se submeter a diferentes jurisdições, na hipótese de seus efeitos repercutirem em mais de um Estado-membro.[303] Assim, o artigo 4.º, n. 1, do Regulamento consagra a obrigatoriedade da notificação prévia de uma concentração pelas partes intervenientes da operação.[304]

Por outro lado, a obrigatoriedade de notificação afasta-se da sistemática adotada no direito da concorrência comunitário no que diz

---

302 Ressalte-se que, dentro da Comissão Européia, o órgão responsável pela aplicação do Regulamento é a Direção-geral da Concorrência, por intermédio da *Merger Task Force*. Por outro lado, o simples fato de que as empresas tenham notificado previamente a Comissão não implica a determinação da sua competência, como deixou claro o TJCE no acórdão Gencor/Comissão, no considerando 76, ao rejeitar o argumento da Comissão segundo o qual, o recorrente, ao notificar-lhe do acordo de concentração para efeitos de apreciação e ao fazer da sua aprovação uma condição prévia à sua execução, se submeteu voluntariamente à sua competência (esse caso será melhor analisado no item 1.2.10).

303 Na prática, esse problema irá persistir, sendo objeto de discussão no Livro Verde para Revisão do Regulamento (CE) 4.064/89.

304 Artigo 4.º, n. 1, do Regulamento (CE) 4.064/89: as operações de concentração de dimensão comunitária abrangidas pelo presente Regulamento devem ser notificadas à Comissão no prazo de uma semana após a conclusão do acordo ou o anúncio de oferta pública de aquisição ou de troca ou a aquisição de uma participação de controle. Esse prazo começa a contar a partir da data em que ocorra o primeiro desses acontecimentos. Esse dispositivo legal também tem sido objeto de debate, em razão das notificações em diversas jurisdições com prazos diferenciados. Tem sido questionada também a forma de contagem de prazo em semanas e dias, tendo sido sugerida a adoção do conceito de dias úteis.

respeito à aplicação do artigo 81 do Tratado CE. Isso porque o Regulamento 17/62 não prevê a obrigatoriedade da notificação dos acordos, nem assinala qualquer multa na hipótese de o mesmo não ser comunicado à Comissão, embora a notificação nesses casos, geralmente, evite o risco de multas ou outras penalidades, se posteriormente o acordo for considerado contrário ao artigo 81. Sob a égide do Regulamento, a Comissão está obrigada a observar um prazo estrito para a adoção de uma decisão, que deverá ser definitiva,[305] enquanto sob o amparo do artigo 81, além de não existirem prazos predeterminados, as decisões são sempre temporárias, podendo ser revistas a qualquer momento.[306]

A única crítica relevante efetuada em relação ao sistema de notificação prévia instituído pelo Regulamento é que podem ser notificadas tão-somente operações que realmente venham a produzir efeitos obrigatórios para as partes,[307] como a conclusão do acordo, o anúncio

---

305 Apesar de estar sujeita ao controle do TJCE e do TPI, como veremos.

306 V. comentários de Van Bael, F. Bellis, op. cit., p. 488-490, sobre as vantagens e desvantagens da notificação de uma operação sob a perspectiva do Regulamento e sob a égide do artigo 81 do Tratado CE.

307 Segundo L. Cohen-Tanug et al., op. cit., p. 39-40, a Comissão tem recusado a notificação prévia de acordos que, mesmo obrigando as partes, tem a sua execução diferenciada no tempo, ou encontram-se subordinados à ocorrência de um evento, como a aquisição de uma participação minoritária com compromisso de detenção de controle submisso a um prazo muito longo (dez anos, por exemplo). Isso porque, apesar de haver um acordo juridicamente definido nos termos do artigo 4.º do Regulamento, a Comissão é reticente em examinar tais casos, na medida em que a sua apreciação é efetuada sempre em termos futuros e, portanto, analisar a estrutura de um mercado "teórico", fundada sobre estudos previsionais, revela-se uma tarefa por vezes arbitrária. Os autores comparam essa possibilidade com as regras presentes nos ordenamentos jurídicos norte-americano e alemão, que prevêem a possibilidade de notificação de projetos de operação de concentração, existindo, entretanto, uma grande diferença: no direito americano, a autorização de uma operação de concentração é válida apenas por um ano, e, se esta vier a se realizar após esse prazo, é necessária uma nova notificação; no direito alemão, o *Bundeskartellamt* poderá reverter a sua decisão de autorização, se, no momento, no qual as partes realizarem a operação, as circunstâncias do mercado tiverem se modificado em relação àquelas existentes no momento da notificação.

de oferta pública de aquisição ou de troca e a aquisição de uma participação de controle, afastando a possibilidade de notificação de projetos de operações de concentração ou até de uma pré-notificação.[308]

Alguns aspectos processuais de natureza formal:

a) *debate informal* – é assegurado às partes e terceiros interessados o direito de, antes de ser efetuada a notificação da operação, apresentarem um pedido de debate informal e estritamente confidencial acerca do projeto.[309] Esse debate proporciona às partes e aos seus advogados a oportunidade de obterem uma orientação sobre os temas que irão ter importância na apreciação da operação e ainda no preenchimento do Formulário CO, por exemplo, em relação ao cálculo do volume dos negócios, mercados relevantes afetados, participações das partes no mercado ou dos seus concorrentes, prazos etc.[310] Esse debate pode ser utilizado tanto para tratar aspectos procedimentais como para determinar as informações requeridas para a notificação, ou, ainda, para compreender quais os critérios que poderão possibilitar uma derrogação das regras de suspensão dos efeitos da operação;[311]

---

308 Na prática, a Comissão admite e até estimula os contatos informais entre as partes interessadas e a *Merger Task Force*, no sentido de orientar ou esclarecer sobre a legalidade de uma determinada operação.

309 Cf. considerando 10 do Regulamento (CE) 2.367/90, alterado pelo Regulamento 447/98.

310 Aliás, essa prática tem sido cada vez mais incentivada pela própria Comissão, visando inclusive afastar o problema das notificações incompletas, pois a dimensão e a complexidade de diversos casos que a Comissão irá apreciar significam que as informações a serem apresentadas desde o início deverão ser completas e pormenorizadas. V. *Relatório sobre a Política da Concorrência,* 1998, p. 64. Vale ressaltar ainda o documento *Merger: Best Practice Guidelines*, elaborado em conjunto pela Comissão Européia e o European Competition Lawyers Forum, que contém uma série de orientações visando evitar "Declarations of Incompleteness" nos termos do artigo 4.º, n. 2, do Regulamento (CE) 4.064/89, como ocorreu, por exemplo, nos casos Vodafone Airtouch/Mannesman e Vivendi/Canal+/Seagram.

311 Cf. C. Bellamy, G. Child, op. cit., p. 354. Segundo Van Bael, F. Bellis, op. cit., p. 491, esses "debates" podem ocorrer mais do que uma vez, a proposta de notificação pode ser submetida aos comentários iniciais da Comissão, mesmo antes de uma notificação formal ser feita, ou ainda, sem a identificação dos nomes das partes interessadas na operação.

b) *quem deve notificar* – as partes legitimadas para notificar a Comissão de uma operação de concentração são as pessoas ou empresas indicadas no artigo 4.º, n. 2, do Regulamento (CE) 4.064/89. Ressalte-se que apenas o terceiro interessado não dispõe de legitimidade para notificar uma operação de concentração. Até pouco tempo, a doutrina, em geral, era unânime em reconhecer que a Comissão não dispunha de poderes para iniciar um procedimento de investigação *ex officio*.[312] Entretanto, em 1995, a Telefónica e Sogecable na Espanha criaram uma empresa comum para a prestação de serviços aos operadores de serviços por cabo, de serviços audiovisuais e de televisão, atuando ainda, mesmo indiretamente, nos mercados de telefonia vocal e da comunicação de dados. As empresas em causa consideraram que se tratava de uma operação de dimensão nacional e não notificaram a Comissão, mas apenas o órgão competente espanhol, que autorizou a operação, tendo a empresa comum funcionado durante vários meses. Nesse caso, a Comissão, ao tomar conhecimento da operação, enviou uma nota de acusação nos termos dos artigos 14 e 18 pela omissão de notificação. As partes apresentaram a notificação, o que por si só demonstra que a Comissão, mesmo que de maneira indireta, tem poderes para exigir a realização de uma notificação.[313] Aliás, não poderia ser diferente,

---

312 Em sentido oposto ver J. Blaise, Contrôle..., p. 758, que entende que, implicitamente, o artigo 8.º, n. 4, consagra essa hipótese.

313 Cf. *Relatório sobre a Política da Concorrência,* 1996, p. 64. Aliás, esse caso apresenta uma peculiaridade: a Sogecable interpôs um recurso de anulação da decisão da Comissão e, ainda, um pedido de medidas provisórias que tinha por principal objetivo a suspensão do procedimento administrativo, ao qual a operação de concentração estaria sujeita, ou seja, *impedir a atuação da Comissão.* O Juiz Presidente do TPI, por despacho de 12.7.1996, Proc. T-52/96, Colectânea 1996, p. II-799 e ss, indeferiu o pedido da Sogecable, pois, apesar de ser uma das competências do Juiz comunitário exercer a fiscalização jurisdicional sobre os atos que a Comissão adota na sua qualidade de autoridade administrativa, estas não seriam extensivas à apreciação das questões sobre as quais a Comissão não teria ainda se pronunciado, pois envolveria, além de uma antecipação da discussão do mérito, uma confusão de procedimentos incompatível com o sistema de repartição de competência entre os órgãos jurisdicionais e administrativos

pois, ao instituir um sistema de controle prévio das concentrações de empresas, é evidente que uma interpretação em sentido contrário colocaria em risco todo o sistema;[314]

c) *formulário CO* – a notificação prévia deve ser sempre apresentada no formulário denominado CO, e, no caso de uma notificação conjunta, deve ser utilizado um único formulário.[315] Deve ser feita em uma das línguas oficiais da Comunidade, que deverá ser a do processo em relação às partes comunicantes.[316] Deve ser apresentado um original e mais 23 cópias, que, com os documentos de apoio, devem ser enviados para a sede da Comissão em Bruxelas;[317]

d) *conteúdo do formulário CO* – as partes estão obrigadas a fornecer as informações requeridas no formulário CO, que devem ser exatas e completas,[318] sob pena de incorrerem na multa prevista no artigo 14, n. 1, alínea *a*,[319] além da possibilidade de revogação de uma decisão como dispõe o artigo 6.º, n. 3, alínea *a*, ambos do Regulamento

---

comunitários. Por outro lado, a parte não provou a existência do *fumus bonis juris* e da urgência que justificasse a adoção de tal medida. A conclusão que se pode retirar desse despacho é que o TPI continuará desempenhando o seu papel no que diz respeito ao controle de concentração de empresas, ou seja, irá interferir apenas em casos de manifesta ilegalidade, ou erros de interpretação.

314 Ver comentário de D. Berlin, H. Calvet, H. Vallette-Villard, op. cit., p. 571-572, e também J. Briones, J. Folguera, A. Fonti, E. Navarro, op. cit., p. 293-294.

315 Cf. artigo 2.º, n. 1, do Regulamento 2.367/90. O formulário CO tem o seu modelo anexo a esse Regulamento, assim como a orientação para o seu preenchimento.

316 Cf. artigo 2.º, n. 3, ibidem.

317 Cf. artigo 2.º, n. 2, ibidem. A propósito, sobre o problema das notificações incompletas e a possibilidade que a Comissão tem de declarar uma notificação incompleta, retardando todo o processo de apreciação, ver J. Briones, J. Folguera, A. Fonti, E. Navarro, op. cit., p. 290-291.

318 Cf. artigo 4.º, n. 1, ibidem.

319 Nos termos do *Press Release* (IP/99/985) de 14.12.1999, a Comissão multou o Deutsche Post, a KLM, Anheuser-Busch e Scottish&Newcastle por terem prestado informações errôneas à Comissão. As multas variaram entre o máximo de 50.000 euros para o Deutsche Post, 40.000 euros para a KLM, e 3.000 para a Anheuser-Busch e Scottish&Newcastle.

(CE) 4.064/89.[320] A obrigatoriedade do fornecimento de uma determinada informação que conste no formulário CO pode ser dispensada, se, após o requerimento das partes, a Comissão entender que tal informação não é necessária para a apreciação do caso.[321] Se houver qualquer alteração de caráter material dos fatos constantes da notificação, que os seus autores tomem ou devessem ter tomado conhecimento, devem ser comunicadas imediatamente à Comissão;[322]

e) *prazos para notificação* – uma semana após a conclusão do acordo,[323] ou do anúncio da oferta pública de aquisição,[324] ou de troca ou da aquisição de uma participação de controle. Esse prazo começa a contar a partir da data em que ocorrer o primeiro desses acontecimentos,[325] podendo ser reiniciado em duas hipóteses:

---

320 Esse dispositivo legal foi utilizado pela primeira vez no caso envolvendo as empresas Sanofi-Synthélabom, em relação a uma *joint venture* entre os grupos Elf-Aquitaine e L'Oréal. Em razão de comentários de terceiros, a Comissão concluiu que as partes tinham prestado informações equivocadas a respeito de suas atividades no mercado francês, no qual detinham uma posição dominante, e que, portanto, a sua decisão de autorização anteriormente concedida estava fundamentada em informações incompletas e inexatas. As empresas foram ainda multadas em 50.000 euros por cada informação prestada erroneamente.

321 Cf. artigo 4.º, n. 2, ibidem. Segundo C. Bellamy, G. Child, op. cit., p. 354, na prática, a Comissão tem procurado usar esse poder de dispensar determinadas informações, particularmente no caso em que uma concentração não levanta nenhuma questão significativa em termos de aplicabilidade do Regulamento (CE) 4.064/89.

322 Cf. artigo 4.º, n. 3, do Regulamento 2.367/90.

323 Entretanto, C. Bellamy, G. Child, op. cit., p. 355, advertem que um memorando não-obrigatório entre empresas "heads of agreement" não irá acionar o requerimento de notificação. É preciso que exista um acordo suficientemente completo e obrigatório entre as partes.

324 Segundo Sofia Pais, op. cit., p. 418, no caso de oferta pública de aquisição ou troca, "o prazo para a notificação começa a correr desde a publicação do seu anúncio. Esta solução não significa, obviamente, que esse anúncio seja considerado uma operação de concentração, visto que tal oferta pode vir a ser retirada, provocar outras ofertas, ou revelar-se mesmo um insucesso, mas apenas que se procurou garantir a segurança e a celeridade exigidas pelos processos relativos a tais ofertas".

325 Cf. artigo 4.º, n. 1, do Regulamento (CE) 4.064/89.

i. se as informações ou os documentos entregues junto com a notificação estiverem materialmente incompletos;[326]
ii. quando for necessária a alteração de caráter material de qualquer fato constante na notificação, que os seu autores tomem ou devessem ter tomado conhecimento, que devem ser comunicadas imediatamente à Comissão.[327]

Na primeira hipótese, a Comissão deve comunicar às partes ou aos seus representantes da necessidade de revisão dos documentos, assinalando um prazo apropriado para que estes possam complementar as informações ou os documentos. A contagem do prazo somente reiniciar-se-á a partir da recepção pela Comissão desses documentos ou informações completos.[328]

Na segunda hipótese, se as alterações de caráter material forem susceptíveis de produzir um efeito significativo na apreciação da concentração, a notificação poderá ser considerada pela Comissão como desencadeadora de efeitos tão-somente após a recepção dessas informações. Esse fato deverá ser comunicado por escrito pela Comissão às partes ou aos seus representantes.[329]

A realização da notificação prévia deverá ser publicada imediatamente, indicando o nome dos interessados, a natureza da operação de concentração, bem como os setores econômicos envolvidos. Essa notificação visa dar a publicidade e o conhecimento apenas do fato da operação às partes interessadas e terceiros. Não entra em maiores detalhes, seja por motivos de espaço (nos documentos oficiais de publicação) ou ainda em respeito ao sigilo comercial das empresas envolvidas, garantia essa expressamente prevista no n. 3 do artigo 4.º do Regulamento (CE) 4.064/89.

Vale destacar a possibilidade de se fazer uma notificação simplificada para as chamadas "concentrações elegíveis",[330] ou seja,

---

326 Cf. artigo 4.º, n. 2, ibidem.
327 Cf. artigo 4.º, n. 3, ibidem.
328 Cf. artigo 4.º, n. 2, ibidem.
329 Cf. artigo 4.º, n. 3, ibidem.
330 V. Comunicação da Comissão relativa ao procedimento simplificado de tratamento de certas operações de concentração nos termos do Regulamento

aquelas que não causam problemas de concorrência. Nesses casos, a Comissão estimula contatos prévios à notificação cientificando a respeito de sua pretensão, devendo as partes colaborarem com o máximo de informações possíveis acerca dos produtos e mercados envolvidos na operação. A decisão sobre a aplicabilidade ou não desse procedimento é da Comissão Européia.

No caso de a Comissão considerar que a operação notificada não constitui uma concentração nos termos artigo 3.º do Regulamento das concentrações, ela dá a possibilidade de que o caso seja tratado como um pedido de certificado negativo ou como uma notificação para efeitos de uma isenção nos termos do artigo 81 do Tratado CE,[331] evitando custos de tempo e despesas financeiras, como ocorreu na Decisão ENW/Eastern, em que, apesar de as partes terem notificado a constituição de uma empresa comum com controle conjunto, a Comissão entendeu que

---

(CE) 4.064/89. As concentrações elegíveis seriam: i) aquisição por duas ou mais empresas do controle conjunto de uma empresa comum, desde que esta não exerça quaisquer atividades no espaço econômico europeu, ou, se exercerem, que essas atividades sejam mínimas (essa situação irá ocorrer quando o volume de negócios da empresa comum e/ou o volume de negócios das atividades transferidas for inferior a 100 milhões de euros no território do EEE; e o valor total dos ativos transferidos para a empresa comum for inferior a 100 milhões de euros no território do EEE); ii) fusão de duas ou mais empresas ou aquisição de uma ou mais empresas do controle exclusivo ou do controle conjunto de uma outra empresa, desde que nenhuma das partes da concentração exerça atividades comerciais no mesmo mercado de produtos e/ou mercado geográfico ou num mercado de produtos situado a montante ou a jusante de um mercado de produtos no qual opera qualquer outra parte na concentração; iii) fusão de duas ou mais empresas ou aquisição por uma ou mais empresas do controle exclusivo ou do controle conjunto de uma outra empresa (nesse caso, duas ou mais partes na concentração exercem atividades comerciais no mesmo mercado de produtos e no mesmo mercado geográfico ou uma ou mais partes na concentração desempenham atividades comerciais num mercado de produtos que se situe a montante ou a jusante de um mercado de produtos no qual uma outra parte na concentração realiza sua atividade), e desde que a sua participação de mercado combinada não corresponda a 15% ou mais no caso de relações horizontais e a 25% ou mais no caso de relações verticais.

331 V. artigo 5.º do Regulamento 2.367/90 e Seção 11 do Formulário CO.

não se tratava de uma *full function joint venture* e concedeu às partes o direito de optar como elas gostariam que a operação fosse tratada: como uma notificação na forma do artigo 2.º do Regulamento (CE) 4.064/89, ou como uma notificação no teor do artigo 4.º do Regulamento 17/62.[332]

Essa obrigação de notificação prévia tem como efeito a suspensão da operação até que a Comissão se pronuncie acerca da compatibilidade da operação com o mercado comum, consoante o artigo 7.º, n. 1, do Regulamento (CE) 4.064/89. Com as alterações introduzidas pelo Regulamento (CE) 1.310/97, deixa de constar o prazo de três semanas, compatibilizando-se, portanto, com a mudança que possibilita o alargamento da primeira fase da análise de um projeto de operação de concentração.[333]

A suspensão se justifica pela própria natureza preventiva do Regulamento, ou seja, preservar a utilidade da decisão final da Comissão, evitando, assim, que uma operação venha a ser colocada em prática, comece a produzir os seus efeitos jurídicos e, no futuro, venha a ser declarada incompatível com o mercado comum e com o EEE.

---

332 Cf. decisão ENW/Eastern, de 15.10.1998.

333 A nova redação não deixa dúvidas quanto ao período em que a operação fica em suspenso: até a decisão de que a operação, apesar de abrangida pelo Regulamento, não suscita sérias dúvidas quanto a sua compatibilidade com o mercado comum e, portanto, não se opõe à operação (artigo 6.º, n. 1, alínea *b*); ou a decisão de encerramento do processo declarando a compatibilidade da operação com o mercado comum (artigo 8.º, n. 2); ou, ainda, até a presunção de compatibilidade em razão da ausência de decisão da Comissão dentro dos prazos assinalados pelo Regulamento (artigo 10, n. 6). Assim, podemos concluir que, se a decisão é tomada na primeira fase, a suspensão deverá ocorrer por no mínimo um mês, a depender do tipo de decisão que irá ser tomada, em face da nova possibilidade de a Comissão adotar uma decisão de compatibilidade nos termos do artigo 6.º, n. 1, alínea *b*, acompanhada de condições e obrigações, podendo ainda proceder a análise das restrições acessórias nesse mesmo período. Se, entretanto, o processo seguir para uma segunda fase, ou, no último caso, em que a Comissão deixe de tomar qualquer decisão e aplique-se a presunção do artigo 10, n. 6, o prazo de suspensão da operação deverá se prolongar por mais quatro meses.

As *derrogações* a essa suspensão ocorrem em duas hipóteses:

a) em se tratando de uma oferta pública de compra ou de permuta que tenha sido notificada à Comissão, desde que o adquirente não exerça os direitos de voto inerentes às participações em causa, ou os exerça apenas tendo em vista proteger o pleno valor do seu investimento com base numa dispensa concedida pela Comissão nos termos do nº 4;[334]-[335]

b) a pedido fundamentado da parte interessada, devendo a Comissão ter em conta, na análise desse pedido, os efeitos que essa suspensão poderá produzir em uma ou mais das empresas em causa numa operação de concentração ou em relação a terceiros, e a ameaça à concorrência colocada pela concentração.[336] Na decisão Kelt/American Express, na qual se discutia o caso de uma empresa, com sérias dificuldades financeiras, que tentava uma reestruturação. Nesse caso, a Comissão reconheceu a possibilidade de derrogação, pois qualquer atraso nessa reestruturação financeira poderia causar sérios prejuízos às partes interessadas na operação.[337]

Ressalte-se que a redação desse dispositivo legal também foi alterada pelo Regulamento (CE) 1.310/97, deixando de constar a necessidade da ocorrência de um prejuízo grave numa ou mais das empresas implicadas na operação ou em terceiros, provavelmente pelos problemas de interpretação no que consistiria esse "prejuízo grave". Em vez disso, passou a constar a necessidade de fundamentação e os critérios que a Comissão deve ter em conta ao apreciar o pedido: em primeiro lugar, os efeitos que a suspensão poderá produzir numa ou mais das empresas em causa numa operação de concentração ou em relação a terceiros; em

334 Cf. artigo 7, n. 3, do Regulamento (CE) 4.064/89.

335 Segundo Sofia Pais, op. cit., p. 428, "tem-se considerado, com razão, que esta exceção é plenamente justificada, visto que as OPA não são formas comuns de concentração, uma vez que as empresas que realizam as OPA precisam de segurança, confidencialidade e rapidez. Acrescenta-se, ainda, que a não aquisição de participações da empresa alvo podia implicar a perda dessas participações em benefício de outros oferentes que não estivessem sujeitos ao Regulamento comunitário".

336 Cf. artigo 7.º, n. 4, do Regulamento (CE) 4.064/89.

337 Cf. *Relatório sobre a Política da Concorrência,* 1991, p. 403.

segundo lugar, a ameaça à concorrência que pode ser colocada pela concentração. Ressalte-se ainda que essa dispensa pode ser acompanhada de condições e obrigações[338] destinadas a assegurar condições de concorrência efetiva. Esse pedido pode ser requerido e concedido em qualquer tempo, quer antes da notificação, quer depois da transação.[339]

O Regulamento não institui como sanção a nulidade ou ainda incompatibilidade com o mercado comum, repercutindo os seus efeitos sobre a validade ou não da operação. Assim, a validade de qualquer transação em que foi inobservada a obrigação de notificação prévia encontra-se vinculada à decisão da Comissão de compatibilidade com o mercado comum, nos termos do artigo 6.º, n. 1, alínea *b*, ou do artigo 8.º, n. 2 ou 3, ou ainda da presunção de compatibilidade nos termos do artigo 10, n. 6.[340] Por outro lado, apesar de estar expressamente prevista a possibilidade de a Comissão aplicar multas pelo desrespeito à premissa básica do Regulamento, qual seja a notificação prévia, esta não constitui uma prática consolidada pela Comissão, apesar de já se observar uma evolução no seu posicionamento, como será tratado neste Capítulo.

Estão previstas ainda as seguintes sanções em se tratando de

---

338 Em sua *Comunicação da Comissão sobre soluções passíveis de serem aceites nos termos do Regulamento (CE) 4.064/89 do Conselho e do Regulamento (CE) 447/98 da Comissão (2001/C 68/03)*, considerando 12, esclarece a distinção entre condições e obrigações: a exigência de concretização de cada medida conducente à alteração estrutural do mercado constitui uma condição, por exemplo, alienar uma atividade. As medidas de execução necessárias para atingir este resultado constituem, em geral, obrigações impostas às partes, por exemplo, a nomeação de um administrador com o mandato irrevogável de proceder à venda dessa atividade".

339 Kerckhouve et al., *EU merger control: application and recent developments,* 2001, p.12-13, comentam que, dentre 345 notificações efetuadas em 2000, ocorreram derrogações apenas em três casos: Mannesmann/Olivetti/ Infostrada; AOM/Air, Liberté/Air Littoral, todas por não terem qualquer impacto anticoncorrencial no mercado relevante. O pedido foi rejeitado nos *casos* Rhodia/Donau Chemie/Albright & Wilson, e ainda no caso France Télécom/Global One, pois em ambos a Comissão entendeu não existirem quaisquer ameaças ou prejuízos para as partes em razão da suspensão dos efeitos da operação.

340 Cf. artigo 7.º, n. 5, do Regulamento (CE) 4.064/89.

notificações:

a) omissão de notificação – artigo 14, n. 1, alínea *a*;
b) informações inexatas ou deturpadas sobre a operação – artigo 14, n. 1, alínea *b*.

No que diz respeito à hipótese da uma notificação tardia, ela seria equivalente à hipótese de *omissão*, aplicando-se, portanto, a sanção correlata. Na prática, o que se percebe é que a Comissão não vinha aplicando as multas correspondentes, sob o argumento da complexidade do Formulário CO, e, ainda, que o escopo do Regulamento era inibir apenas a ausência de notificação. Entretanto, nas decisões mais recentes, observa-se a imposição de multas, admitindo, todavia, a possibilidade de solicitação de uma derrogação das mesmas. Evidentemente que se as empresas colocarem a concentração em vigor, o mesmo raciocínio ou benevolência da Comissão já não é esperado.

Uma falta de notificação que resultou em uma nota de acusação da Comissão foi no caso Telefónica e Sogecable na Espanha já citado, no qual as empresas em causa consideraram que se tratava de uma operação de dimensão nacional e não notificaram a Comissão, mas apenas o órgão competente espanhol, que autorizou a operação. Nesse caso, a Comissão enviou uma nota de acusação, nos termos dos artigos 14 e 18 pela omissão de notificação. As partes apresentaram a notificação, sem que houvesse a imposição de multas.[341].

Mais recentemente, a Comissão aplicou à Samsung uma multa no valor de 33.000 euros referente à aquisição da AST Research Inc, pois, apesar de a operação ter sido notificada em abril de 1997, a Comissão obteve informações de que a Samsung já havia adquirido o controle da AST desde janeiro de 1996 ou mesmo anteriormente a essa data.[342]

---

341 Cf. *Relatório sobre a Política da Concorrência,* 1996, p. 64.

342 Cf. decisão Samsung/AST, de 18.2.1998. Nesse caso, a Samsung reconheceu que tinha desrespeitado o Regulamento, embora não intencionalmente, motivo que foi levado em conta pela Comissão para a imposição da multa, apesar de que a mesma tenha ponderado que a infração abrangeu um período considerável, e, em se tratando de uma grande empresa que desenvolve importantes atividades no âmbito europeu, era de esperar que a Samsung tivesse conhecimento das regras comunitárias em matéria de controle de operações de concentração.

Pode-se citar ainda a Decisão 459/99 (A.P. Moller), de 10.2.1999, na qual a Moller, uma empresa dinamarquesa, deixou de notificar três operações alegando que, de acordo com a legislação do seu Estado-membro, nunca fora obrigada a apresentar contas consolidadas para a totalidade do grupo. Não obstante, tendo em conta os princípios de base da legislação comunitária, tais como a aplicabilidade direta dos regulamentos comunitários nos Estados-membros e o primado do direito comunitário, esse argumento não prosperou, e a empresa foi condenada a pagar 15.000 euros por operação que deixou de ser notificada, e ainda 6.000 euros por mês para cada um dos seis, três e vinte meses respectivamente, isto é, 174.000 euros relativos a vinte e nove meses, número total para as três operações.

A Comissão justificou que as multas deveriam ser aplicadas, em especial, tomando em consideração a ausência de notificação e a execução das operações sem a autorização da Comissão, que duraram significativamente. Acrescente-se que, para a Comissão, uma empresa multinacional como a A.P. Moller, cujos erros constituíam *um caso claro de negligência qualificada, que não poderia ser ignorada*, e, por isso, a Comissão tinha *o dever* de impor o princípio básico de que se deve evitar que as empresas realizem concentrações abrangidas pelo Regulamento das concentrações sem apresentar as notificações apropriadas, utilizando, por conseguinte, os poderes que lhe são conferidos pelo Regulamento para o efeito.[343]-[344]

1.2.5 Procedimento de investigação: análise preliminar

A notificação dá início à fase de exame da operação de concen-

343 V. decisão A.P. Moller, de 10.2.1999.

344 Aliás, como J. Briones, J. Folguera, A. Fonti, E. Navarro, op. cit., p. 295, comentam, nas decisões Samsung e Moller, apesar de terem sido impostas multas de caráter essencialmente simbólico, não deixam de ser significativas, e demonstram a determinação da Comissão de usar quando necessário dos poderes sancionadores que o Regulamento lhe atribui, com o fim de defender os princípios que são a base de seus poderes (a notificação das operações de concentração de dimensão comunitária e o respeito ao caráter preventivo do controle comunitário).

tração. A Comissão dispõe do prazo de um mês para tomar a decisão preliminar, que pode ser prolongado até seis semanas, se for efetuado um pedido de reenvio por um Estado-membro (artigo 9.º, n. 2), ou ainda, se depois da notificação de uma operação de concentração, as empresas em causa apresentarem compromissos objetivando uma decisão de compatibilidade em aplicação do n. 2 do artigo 6.º. Durante esse período, a Comissão deverá manter-se em contato estreito com todos os interessados diretos, para examinar com estes e, se possível, resolver por acordo mútuo os problemas práticos ou jurídicos que possa ter detectado quando do exame preliminar.[345] Nessa verificação, a Comissão irá observar se a operação de concentração é abrangida pelo Regulamento:

a) Se a resposta for negativa, deverá constar o fato por meio de uma decisão.[346]
b) Se a resposta for positiva, mas a operação não suscita sérias dúvidas quanto à sua compatibilidade com o mercado comum, decidirá não se opor a essa operação de concentração e declará-la-á compatível com o mercado comum. Ressalte-se que o Regulamento (CE) 1.310/97 pôs fim a uma grande discussão, ao estabelecer que a decisão que revela a concentração compatível com o mercado comum envolve igualmente as restrições *diretamente relacionadas com a realização da concentração e a ela indispensáveis*, deixando de ser necessária a passagem à segunda fase para execução de investigações aprofundadas.[347] Acrescente-se, ainda, que essa decisão de compatibilidade poderá vir acompanhada de condições e obrigações destinadas

345 Cf. considerando 11, do Regulamento (CE) 2.367/90, com a redação dada pelo Regulamento (CE) 447/98. Segundo C. Bellamy, G. Child, op. cit., p. 358, esse contato permite que as partes façam correções nos termos da transação ou outras mudanças que possam servir para remover "sérias dúvidas" que a Comissão pudesse ter acerca da compatibilidade da operação de concentração com o mercado comum.

346 Cf. artigo 6.º, n. 1, alínea *a*, do Regulamento (CE) 4.064/89.

347 Cf. artigo 6.º, n. 1, alínea *b*, do Regulamento (CE) 4.964/89. No que diz respeito a esse acréscimo decorrente do Regulamento (CE) 1.310/97, verifica-se que não é qualquer restrição acessória que é admitida, sendo indispensável o preenchimento de duas condições, concomitantemente: a primeira de que esta deve estar estritamente relacionada com a realização da concentração, e a segunda, de que seja necessária.

a garantir que as empresas em causa cumpram os compromissos assumidos para tornar a concentração compatível com o mercado comum.[348]

c) Se a resposta for *positiva* e a operação de concentração provoca sérias dúvidas quanto à sua compatibilidade com o mercado comum, será dado início ao processo.[349]

O Regulamento (CE) 1.310/97 acrescentou novas disposições que visam proporcionar maiores possibilidades de adequação de uma operação de concentração às condições do mercado, evitando adentrar pelo processo de investigação acerca da compatibilidade da concentração com o mercado comum. Assim, economizam-se tempo e custos com um processo. Aliás, essa prática já estava de certa forma consolidada pela Comissão, apesar das grandes restrições que se faziam à mesma pela ausência de previsão legal.[350]-[351] O novo n. 2 do artigo 6.º estabelece, portanto, a possibilidade que tem a Comissão de declarar a concentração compatível com o mercado comum nos termos da alínea *b* do n. 1, se se verifica que, na seqüência das alterações introduzidas pelas empresas em causa, uma operação de concentração notificada deixou de suscitar sérias dúvidas na acepção da alínea *c* do n. 1.

Essa decisão poderá ser acompanhada de condições e obrigações assegurando que as empresas em causa cumpram os compromissos assumidos perante a Comissão para tornar a operação compatível com o mercado comum.[352]-[353] Afastou também outro problema que se

---

348 Cf. artigo 6.º, n. 2, ibidem. Trata-se também de um acréscimo oriundo do Regulamento (CE) 1.310/97.

349 Cf. artigo 6.º, n. 1, ibidem.

350 A Comissão, quando aceitava esse tipo de compromisso, procurava sempre resguardar o interesse dos Estados-membros e de terceiros interessados, notificando-os dos compromissos oferecidos e das alterações introduzidas. Essa prática verifica-se, por exemplo, em uma série de decisões tomadas no ano de 1997: decisões Bank Austria/Creditanstalt, e Lyonnaise des Eaux/Suez, em que as partes assumiram compromissos ainda na primeira fase (*Relatório sobre Política da Concorrência,* 1997, p. 186-187).

351 Críticas nesse sentido ver D. Berlin, H. Calvet, H. Vallette-Villard, op. cit., p. 580, Martín-Crespo, op. cit., p. 213, e J. Briones, J. Folguera, A. Fonti, E. Navarro, op. cit., p. 303.

352 Aliás, esse era um problema que D. Berlin, H. Calvet, H. Vallette-Villard, op. cit., p. 583, levantaram antes da reforma, por inexistir previsão legal

apresentava: a ausência de consulta aos Estados-membros, fosse diretamente, fosse por meio do Comitê Consultivo. Com a alteração, o artigo 19, n. 1, passa a prever a obrigatoriedade da comunicação da decisão às autoridades competentes dos Estados-membros, devendo estar consignados nesse documento todos os compromissos que as partes pretendem que sejam considerados.[354] Por último, a possibilidade de adoção desse tipo de procedimento constitui uma *faculdade* da Comissão,[355] como se verificou na decisão CVC/Lenzing, na qual os compromissos oferecidos na primeira fase foram rejeitados.

Outra alteração de grande relevância diz respeito à competência concedida à Comissão de *revogar* as decisões adotadas nos termos do artigo 6.º, n. 1, alíneas *a* e *b*, se as mesmas tiverem sido tomadas com base em informações inexatas pelas quais uma das empresas em causa seja responsável, ou se tiver sido obtida fraudulentamente, *ou* se as empresas em causa violarem uma obrigação que acompanha a decisão.[356]

---

dessa possibilidade de decisão; como garantir que as partes iriam respeitar os compromissos assumidos?

353 Nos termos do considerando 11 da Comunicação da Comissão sobre soluções passíveis de serem aceites nos termos do Regulamento (CE) 4.064/89 do Conselho e do Regulamento (CE) 447/98 da Comissão (2001/C 68/03), tendo em conta que só na Fase II é realizada uma investigação aprofundada do mercado, os compromissos apresentados à Comissão na Fase I devem ser suficientes para eliminar claramente dúvidas sérias nos termos do n. 1, alínea *c*, do artigo 6.º do Regulamento 4.064. Vale salientar que nessa fase só serão aceitos compromissos em determinados tipos de situações, e o problema de concorrência suscitado deve ser de tal forma claro e as soluções de tal maneira inequívocas, que não é necessário empreender uma investigação aprofundada.

354 Ver a nova redação do artigo 19, n. 1, do Regulamento (CE) 4.064/89. Ver também os comentários de O. D'Ormesson, S. Kerjean, Le développement de la pratique des engagements en matière de contrôle communautaire des concentrations, p. 486.

355 Aliás, no *Relatório sobre a Política da Concorrência,* 1998, p. 60, a Comissão declarou que não se encontrava obrigada a aceitar qualquer compromisso na primeira fase, e não iria permitir que as partes abusassem desse procedimento mediante a não-apresentação de uma solução plenamente eficaz até o último momento, na esperança de que um compromisso viesse se revelar suficiente.

356 Cf. artigo 6.º, n. 3, alíneas *a* e *c*, do Regulamento (CE) 4.064/89.

Essas condições são alternativas, não sendo necessário que as mesmas ocorram cumulativamente. Outro dado importante é que nesse caso, a Comissão não se está vinculada ao prazo decisório de um mês do artigo 10, n. 1.[357]

Por último, ressalte-se que as decisões encontram-se submissas aos requisitos dos artigos 18 e 20 do Regulamento (CE) 4.064/89: consulta e audição prévia, e ainda do artigo 253 do Tratado CE. Em outras palavras, a Comissão está obrigada a fundamentar suas decisões, mencionando os elementos de fato e de direito que as norteiam.[358]

1.2.6 Análise da operação notificada que suscitou "sérias dúvidas" de compatibilidade com o mercado comum

1.2.6.1 Tipos de decisões e os seus efeitos

Partindo-se do pressuposto de que a Comissão optou por uma decisão nos termos do artigo 6.º, n. 1, alínea *c*, ou seja, de que operação de concentração estava abrangida pelo Regulamento e suscitava sérias dúvidas[359] de compatibilidade com o mercado comum, é dado o início a uma segunda fase do processo, que deverá terminar sempre com uma

---

357 Consoante o n. 4 do artigo 6.º do Regulamento (CE) 4.064/89, nos casos em que se refere o n. 3, a Comissão pode tomar uma decisão nos termos do n. 1, sem estar vinculada aos prazos mencionados no n. 1 do artigo 10.

358 Observe-se, entretanto, que isso não significa que a Comissão esteja obrigada a discutir todos os aspectos de fato e de direito que foram suscitados por cada interessado durante o processo administrativo. Basta expor os fatos e as considerações jurídicas que têm importância essencial na economia da decisão, como deixou claro o Ac. do TPI (Primeira Seção) de 19.5.1994, Proc. T-2/93, Société anonyme à participation ouvrière Compagnie nationale Air France/Comissão, Colectânea 1993, considerando 92, ou ainda o Ac. do TPI (Primeira Secção), de 12.1.1995, Proc. T-102/92, Viho Europe BV/ Comissão, considerando 76.

359 E o que seriam essas "sérias dúvidas"? Segundo Dominique Berlin, op. cit., p. 269, a utilização desse adjetivo parece indicar que, mesmo que exista uma dúvida (que não seja séria) sobre a compatibilidade da operação, a Comissão deverá pronunciar essa compatibilidade, o que pode parecer estranho. Segundo a Comissão, existem sérias dúvidas quando a quota do mercado combinada das partes atinge um nível "elevado" na seqüência da operação. E o que seria esse nível elevado ? Bem, na realidade, é impossível

decisão,[360] nos seguintes termos:

a) a conclusão de que a operação é *compatível* com o mercado comum, após a verificação de que a mesma preenche os requisitos de compatibilidade, o que pode vir ocorrer depois da introdução de algumas alterações pelas empresas em causa que correspondam aos critérios do artigo 2.º, n. 2, do Regulamento, observando o prazo de quatro meses. Isso significa que a operação em causa não cria nem reforça uma posição dominante de que resultem entraves significativos[361] à concorrência efetiva no mercado comum ou em parte des-

---

precisar, pois irá depender do mercado que está sendo analisado, e sobre o qual essa operação irá desencadear os seus efeitos. O que se pode concluir é que a análise da compatibilidade ou não de uma operação de concentração é sempre cercada pela impossibilidade de se apreciar, com segurança, o futuro. O que se busca portanto são probabilidades, e estas nem sempre encontram-se inseridas em regras estáticas, razão pela qual, apesar do alto poder discricionário que a Comissão possui, essa análise não poderia se realizar de outra forma. Advirta-se, apenas, que não se trata aqui de uma apologia da discricionariedade, pois, mesmo a Comissão possuindo esse poder de mensurar o que seriam dúvidas sérias, a mesma está adstrita aos aspectos legais do Regulamento, e ainda ao controle do Tribunal de Justiça.

360 A *obrigatoriedade* que essa fase do processo seja encerrada mediante uma *decisão* encontra-se prevista no artigo 8.º, n. 1, do Regulamento, sem prejuízo do artigo 9.º, que trata da possibilidade de remessa às autoridades competentes dos Estados-membros. Em princípio, possui um caráter declarativo e não constitutivo, razão pela qual os seus efeitos retroagem para o passado, atingindo a operação no momento da sua conclusão. Deve ser motivada e publicada nos termos do artigo 20 do Regulamento (CE) 4.064/89.

361 Com a globalização e o aumento do número de operações que devem ser notificadas em diversos países (as chamadas *multijurisdictional mergers*), surgiu uma nova discussão: apesar do sucesso do critério adotado pelo Regulamento fundado no conceito de *posição dominante no mercado*, sendo esse modelo adotado em diversas outras jurisdições, verificou-se a existência de um outro critério alternativo do controle de concentrações, que é o da *redução significativa da concorrência*. Conforme discutido no Livro Verde, em seu item 11, "segundo algumas opiniões, a ausência de harmonização global dos critérios de apreciação das concentrações é problemática", e, por esse motivo, a Comissão considera que, tendo sido adquirida uma

ta,[362] ou, ainda, aos critérios do artigo 81, n. 3, em se tratando da criação de uma *empresa comum de natureza concentrativa*, que tenha por objeto ou efeito a coordenação do comportamento concorrencial de empresas que se mantêm independentes. Essa decisão de compatibilidade pode vir acompanhada de condições e obri-

---

experiência significativa na aplicação do critério de posição dominante, "esta é uma oportunidade adequada para lançar um debate mais vasto sobre os méritos respectivos dos dois critérios, particularmente tendo em vista o desejo reconhecido de avançar para um maior grau de convergência global das normas relativas ao controlo das concentrações". Não obstante, a Comissão comenta no item 162, "que, do ponto de vista substantivo, note-se que existem muitas semelhanças entre o critério de posição dominante e o critério de redução substancial da concorrência. Os dois tipos de critérios envolverão, por exemplo, uma investigação sobre o âmbito do mercado relevante bem como uma apreciação da forma como o(s) mercado(s) será(serão) afetados(s) pela concentração projetada e com que limitações concorrenciais a entidade objeto da concentração se confrontará. Deve igualmente referir-se que, apesar da atual diferença nos critérios jurídicos, a grande maioria de casos tratados pela Comissão e por outras jurisdições importantes que utilizam o critério de redução substancial da concorrência revelou um grau significativo de convergência na abordagem da análise das concentrações". Apesar de a Comissão admitir o debate do tema no longo prazo, ressalvando expressamente que esse assunto não deverá ser objeto da revisão prevista, ela conclui em relação ao assunto que "a experiência da aplicação do critério de posição dominante não revelou lacunas importantes, nem conduziu freqüentemente a resultados diferentes das abordagens do critério de redução significativa da concorrência noutras jurisdições. A Comissão considera que a reforma deve basear-se nos princípios subjacentes ao Regulamento das concentrações, isto é, a necessidade de *garantir um controle eficaz, eficiente, justo e transparente das concentrações ao nível mais apropriado*".

362 Não obstante, na decisão De Beers/LVMH, de 25.7.2001, apesar de a Comissão ter aprovado a operação sem restrições, ela enviou uma Declaração de Objeções em relação ao Acordo de Fornecimento que regularia as relações comerciais entre a De Beers e seus clientes, tendo em vista que o mesmo violaria frontalmente uma série de regras do direito da concorrência, e, por isso, não poderia se valer da exceção do n. 3 do artigo 81 do Tratado CE, se não fosse adaptado.

gações[363] destinadas a garantir que as empresas respeitem os compromissos assumidos perante a Comissão com vista a alterarem o projeto inicial de concentração. Envolve também as restrições acessórias que se fizerem necessárias para a realização da operação e que com esta estejam diretamente relacionadas;[364]

b) a conclusão de que a operação é *incompatível*[365] com o mercado comum, correspondendo ao critério do artigo 2.º, n. 3, isto é, cria ou reforça uma posição dominante de que resultam entraves significativos à concorrência efetiva no mercado comum ou em uma parte substancial deste.[366]

Em primeiro lugar, ressalte-se que em qualquer das hipóteses trata-se de decisão que obriga os Estados-membros, que não poderão tomar quaisquer medidas em sentido do contrário. Na prática, quando a operação, nas condições em que é apresentada, revela uma alta probabilidade de ser considerada incompatível com o mercado comum, as partes buscam proceder a modificações para conseguir uma decisão de compatibilidade.

Essas modificações visam basicamente reduzir o reforço de uma posição dominante e, ao mesmo tempo, possibilitar o acesso de concorrentes ao mercado. Em outras palavras, tenta-se moldar a estrutura da operação no sentido de preservar a concorrência potencial no mercado, como ocorreu na decisão Air Liquide/BOC, na qual a Comissão entendeu que a operação proposta iria reforçar a posição dominante da BOC no Reino Unido e na Irlanda mediante a eliminação da entrada no mercado do seu concorrente mais credível e da redução da probabilidade de ingresso de outros fornecedores.[367] Pode ocorrer, por exemplo, que uma

---

363 Segundo Van Bael, F. Bellis, op. cit., p. 507, a Comissão não tem o direito de impor mudanças às partes, ela tem apenas o direito sugerir compromissos, cabendo às partes decidirem por fazê-los.

364 Cf. artigo 8.º, n. 2, do Regulamento (CE) 4.064/89.

365 Segundo J. Blaise, op. cit., p. 769, a decisão de incompatibilidade impõe-se sobre o juiz nacional, em virtude do princípio da primazia do direito comunitário, devendo ele retirar as conseqüências civis, na forma que o seu direito nacional prevê (artigo 21).

366 Cf. artigo 8.º, n. 3, do Regulamento (CE) 4.064/89.

operação seja considerada compatível relativamente a um determinado mercado relevante geográfico e incompatível com outro, como na decisão Orkla/Volvo, em que a Comissão constatou que, em relação à Suécia, a operação não causava problemas, mas, para ser executada na Noruega, alterações se fizeram necessárias.[368]

Em se tratando de uma decisão de incompatibilidade, podem surgir duas hipóteses: a *primeira*, é de que a operação foi devidamente notificada, suspensa, examinada e não tenha sido realizada. Nesse caso, a Comissão toma uma decisão declarando a sua interdição, e tendo sido observado o procedimento legal, não suscita grandes problemas, pois não deverá ter gerado efeitos no mercado.

Entretanto, se a operação já tiver ocorrido, seja pela ausência de notificação prévia, seja em desrespeito à determinação de suspensão da operação, a Comissão pode ordenar a *desconcentração*. Esta poderá ocorrer por meio da separação das empresas ou dos ativos agrupados ou a cessação do controle conjunto, ou qualquer outra medida adequada ao restabelecimento de uma concorrência efetiva.

Essas medidas poderão ainda ser tomadas na própria decisão declarativa de incompatibilidade ou interdição, ou ainda por intermédio de uma decisão distinta. Ou melhor, a Comissão tem a faculdade de optar pelo processo que julgar mais conveniente,[369] como sucedeu nas decisões RTL/Veronica/Endemol[370] e posteriormente na Kesko/Tuko,[371] que foram declaradas incompatíveis com o mercado comum, mas *após*

---

367 Segundo o *Relatório sobre Política da Concorrência,* 2000, p. 69, essa operação foi abandonada pelas partes em razão do fracasso das negociações com a *Federal Trade Commission* dos Estados Unidos.

368 V. Decisão Orkla/Volvo de 20.9.1995, considerandos 83, 111 e 123.

369 Cf. artigo 8.º, n. 4, do Regulamento (CE) 4.064/89.

370 V. decisão RTL/Veronica/Endemol, de 20.9.1995.

371 V. decisão Kesko/Tuko, de 19.2.1997, em que a Comissão obrigou a Kesko a vender todas as atividades da Tuko em produtos de consumo a um comprador que deveria ser um concorrente viável existente ou potencial independente, que não estivesse relacionado com o grupo Kesko, com recursos financeiros e capacidades suficientes que lhe permitissem manter e desenvolver as atividades alienadas como uma força competitiva ativa em concorrência com as atividades de produtos de consumo da Kesko.

terem sido concluídas, razão pela qual a Comissão optou por tomar as medidas para o restabelecimento da concorrência efetiva no mercado comum em decisão distinta.[372]

A decisão RTL/Veronica/Endemol gerou muitas críticas pelo seu "caráter inédito". Essa operação de concentração foi considerada incompatível com o mercado comum, apesar dos compromissos propostos pelas partes, tidos como insuficientes (considerandos 111/113) para restabelecer a concorrência efetiva naquele mercado.[373] Nesse caso, a Comissão optou por tomar medidas com o propósito de restaurar a concorrência efetiva por meio de decisão distinta, mas de uma forma inovadora e bastante duvidosa do ponto de vista jurídico: convidou as partes a proporem "medidas adequadas" no prazo de três dias visando a recuperação da estrutura concorrencial nos mercados da publicidade televisiva e da produção televisiva independente neerlandesa nos Países Baixos.

De fato, o artigo 8.º, n. 4, do Regulamento prevê apenas a possibilidade de a Comissão tomar uma resolução distinta no sentido de buscar o restabelecimento da concorrência efetiva. Mesmo em se tratando de uma operação já realizada, o procedimento adotado pela Comissão, sob o aspecto estritamente jurídico, não encontra qualquer amparo legal. Talvez se justifique do ponto de vista econômico, ou ainda político, visto que versava sobre uma operação de dimensão nacional e que já havia ocorrido.[374] Por outro lado, esse tipo de decisão revela ainda o poder que a Comissão dispõe, relativamente ao controle das estruturas,

---

372 Criticando essa posição da Comissão, ver D. Berlin, H. Calvet, H. Vallette-Villard, op. cit., p. 576.

373 Ver nesse sentido as decisões MCI/Worldcom/Sprint, Volvo/Scania e CVC/Lenzing

374 Procedimento semelhante pode ser verificado na decisão Tetra Laval/Sidel, de 30.10.2001, na qual a Comissão entendeu que a operação poderia criar uma posição dominante no mercado de fabricação de equipamento para embalagem utilizando resina PET, em especial em relação às máquinas SBM utilizadas para segmentos de produtos sensíveis, e ainda reforçar a posição dominante no mercado de equipamentos para embalagem com papelão asséptico e papelões assépticos no EEE, o que teria por resultado uma diminuição significativa da concorrência no mercado comum e no EEE. Nesse caso, os compromissos propostos pelas partes foram considerados insuficientes pela Comissão Européia. Como a operação havia

que, apesar de criticado, raras vezes é contestado perante o Tribunal de Justiça.[375]

A determinação de desconcentração, acompanhada de medidas para o restabelecimento da concorrência efetiva, também ocorreu na decisão Blokker/Toys"R"US, em que a Comissão examinou uma operação que já havia sido concluída, a pedido da autoridade neerlandesa (artigo 22, n. 3), decidindo-se pela sua total incompatibilidade com o mercado comum.

Quanto a uma decisão declarativa e não constitutiva, os seus efeitos retroagirão ao dia da conclusão do projeto, tenha sido ele notificado ou não, mesmo que a operação tenha se realizado com violação ao artigo 7.º, n. 1 ou n. 2. A incompatibilidade cobrirá igualmente as transações já efetuadas.[376] Assim, os efeitos dos atos que tenham sido

---

ocorrido mediante oferta pública de aquisição de ações da Sidel em Bolsa de Valores, e nos termos da lei francesa (onde ocorreu a operação), a mesma era incondicional e não se subordinou à obrigação de suspensão dos efeitos da operação nos termos do artigo 7.º, n.1, do Regulamento, a Tetra já havia adquirido cerca de 95% das ações da Sidel em outubro de 2001, quando a decisão de incompatibilidade foi anunciada pela Comissão. Em 30.11.2002, foi apresentado o Press Release (IP/02/174) informando que, levando em conta o interesse da Tetra em preservar o valor do seu investimento na Sidel, foi admitida a possibilidade de que a mesma viesse a escolher o método para proceder a alienação das ações, reservado o direito da Comissão de analisar e aprovar a estrutura da operação que vier a ser proposta.

375 Esse aspecto tem sido objeto de críticas, em razão da duração dos processos nos tribunais comunitários, que não incentiva a propositura de ações, e, por isso, também está sendo discutido no âmbito da reforma proposta pelo Livro Verde. Não obstante, para a Comissão, esse problema poderá ser afastado em razão de alterações das regras processuais do TPI implementadas em dezembro de 2001, visando a aceleração dos processos em vários domínios, que podem incluir o controle de concentrações. A conclusão apresentada pela Comissão no item 253 é no sentido de que, "independentemente do fato de a reforma dos procedimentos judiciais estar fora do âmbito da revisão do Regulamento de concentrações, a Comissão não considera que o atual sistema de controle jurisdicional seja incapaz de dar proteção jurídica adequada às empresas cujos planos de concentração são contestados no âmbito do Regulamento".

praticados pelo projeto de concentração, que foi objeto de uma decisão de incompatibilidade, serão considerados inválidos, ou seja, existiram, produziram efeitos jurídicos e as suas conseqüências deverão ser analisadas pelo juiz nacional onde aqueles atos produziram os seus efeitos.[377] Acrescente-se que esse tipo de decisão possui um único objetivo: cessar a concentração que se realizou, e jamais impor obrigações ou condições.[378]

As decisões nessa fase do procedimento deverão ser proferidas no período máximo de quatro meses a contar da data do início do processo.[379] A determinação de prazos rigorosos e a obrigatoriedade de sua observância são um dos imperativos desse Regulamento, constituindo, aliás, a essência do controle das operações de concentração. Essa circunstância se justifica dada a natureza dessas transações, que exigem decisões rápidas, sob pena de a operação não corresponder à sua funcionalidade ou ao fim pretendido. A severidade do Regulamento observa-se, inclusive, das suas próprias disposições, que declaram a compatibilidade da operação de concentração por *presunção,* na hipótese de a Comissão não tomar qualquer decisão nos termos do n. 1, alíneas *b* ou *c*, do artigo 6.º, ou nos termos dos ns. 2 ou do artigo 8.º, nos prazos fixados.[380]

Este prazo pode ser *excepcionalmente* suspenso devido a pedidos de informação, ao abrigo do artigo 11, ou se for necessário efetuar uma verificação, sob o teor do artigo 13.[381]

Uma decisão de compatibilidade pode ainda ser *revogada,* se a Comissão constatar que a declaração de compatibilidade tenha sido fundada em informações inexatas, ou quando as mesmas tenham sido obtidas fraudulentamente, ou ainda se as empresas envolvidas não respeitaram uma das obrigações previstas na sua decisão (artigo 8.º, n. 5).

1.2.6.2 O tratamento das restrições acessórias

Entende-se por restrições acessórias as cláusulas convencionadas

---

376 Nesse sentido ver Dominique Berlin, op. cit., p. 316-317.
377 Nesse sentido, ver Dominique Berlin, op. cit., p. 318.
378 Nesse sentido, ver Dominique Berlin, op. cit., p. 318-319.
379 Cf. artigo 10, n. 3, do Regulamento (CE) 4.064/89.
380 Cf. artigo 10, n. 6, ibidem.
381 Cf. artigo 10, n. 4, ibidem.

pelas partes que limitam a sua liberdade de ação no mercado. São inerentes à realização da operação de concentração, o que significa que, sem elas, a operação de concentração não poderia ser implementada, ou poderia ser executada apenas sob condições incertas, incorrendo as partes em altos custos, um longo período ou com poucas condições de sucesso.[382]

O artigo 8.º, n. 2, do Regulamento faz expressa referência à sua admissibilidade, ao estabelecer que a decisão que declara a concentração compatível com o mercado comum abrange igualmente as restrições necessárias diretamente relacionadas com a realização da concentração. No entanto, após examinar cláusulas de tal natureza em 11 anos de aplicação do Regulamento (CE) 4.064/89, em 4.7.2001 a Comissão apresentou a Comunicação 2.001/C 188/03,[383] na qual ela expôs a sua nova política em relação ao assunto.

Sob o argumento de *modernização* e ainda de adequação da sua sistemática de análise adotada nos casos elegíveis para aplicação do procedimento simplificado, a Comissão informa que tenciona deixar de proceder a apreciação das restrições acessórias nas suas decisões relativas às operações de concentração. No entendimento da Comissão, ela nunca teve a obrigação de apreciar e tratar formalmente as restrições, uma vez que os exames que foram efetuados no passado tiveram apenas um caráter declarativo. Com essa decisão, a Comissão passou a considerar que, se as restrições preenchem os requisitos estabelecidos no Regulamento (CE) 4.064/89, já estão abrangidas pelo segundo parágrafo da alínea *b* do n. 1 do artigo 6.º e pelo segundo parágrafo do n. 2 do artigo 8.º, estando automaticamente autorizadas.

Assim, a Comissão abandona o seu procedimento anterior de análise das cláusulas acessórias de maneira expressa em suas decisões, passando o exame da licitude de tais cláusulas a ser de responsabilidade das partes e dos seus advogados. Caso contrário, ou seja, se essas cláusulas não podem ser enquadradas nas regras do Regulamento (CE) 4.064/89, serão apreciadas segundo as dos artigos 81 e 82 do Tratado CE.

Alguns princípios são estabelecidos para que essas cláusulas sejam reconhecidas como restrições acessórias: devem ser acordadas

382 Cf. considerando 25 do Regulamento (CE) 4.064/89.

383 V. Comunicação da Comissão (2001/C 188/03) relativa às restrições diretamente relacionadas e necessárias às operações de concentração.

pelas partes, limitar a sua própria liberdade de ação no mercado, não podendo se tratar de restrições em detrimento de terceiros. Devem ainda estar diretamente ligadas ao objeto principal da operação de concentração e ser absolutamente necessárias à sua realização.[384] Ressalte-se que essas restrições encontram-se submissas à aplicação da regra da proporcionalidade, o que significa que a sua duração e o seu âmbito de aplicação material e geográfico não devem exceder os limites razoavelmente exigidos para a execução da operação de concentração.

A Comissão geralmente reconhece a ocorrência de três tipos de restrições acessórias: as cláusulas de não-concorrência, as licenças de direitos de propriedade industrial e comercial de *know-how* e os acordos de aquisição e de fornecimento. Apesar de a Comunicação fazer referência apenas a esses três tipos de restrições, evidentemente que não se trata de uma enunciação taxativa, podendo as mesmas manifestarem-se ainda por outras modalidades.[385]

As *cláusulas de não-concorrência* servem para garantir a transferência para o adquirente do valor integral dos ativos cedidos, que em geral compreendem os bens corpóreos e outros ativos incorpóreos, como a clientela que o cedente angariou ou o *know-how* que desenvolveu.[386] Segundo o recente entendimento externado pela Comissão, o seu período razoável de duração é de três anos, quando a cessão da empresa abrange elementos de clientela e o *know-how*, e de dois anos, quando envolve apenas elementos de clientela, não sendo essa regra absoluta, pois dependerá da análise do caso concreto.[387] Da mesma forma, em relação

---

384 Como a Comunicação deixa claro em seu § 8.º, "o que significa dizer que na ausência de tais acordos a concentração não poderia realizar-se ou se realizaria em condições mais aleatórias, a custos substancialmente mais elevados, num prazo consideravelmente maior ou com mais dificuldades. Os acordos destinados a proteger o valor transferido, a assegurar a continuidade do abastecimento após o desmembramento de uma antiga entidade econômica ou a permitir o arranque de uma nova entidade preenchem geralmente estas condições".

385 Nesse sentido, ver Van Bael, F. Bellis, op. cit., p. 480.

386 A Comissão examinou os efeitos/características de uma cláusula acessória de não-concorrência, por exemplo, na decisão Promodès/S21/Gruppo GS, de 10.3.1998, considerando 38, ou ainda na decisão Maersk Air/LFV Holdings, de 6.7.1998, considerando 34.

ao seu âmbito territorial, entende-se que a mesma deve se limitar apenas à zona em que o cedente tenha introduzido os seus produtos ou serviços antes da cessão.[388]

As *cláusulas de licença industrial e direitos comerciais de propriedade e de know-how* podem acompanhar uma cessão de empresas ou partes de empresas, a fim de permitir a exploração total dos ativos cedidos de direitos de propriedade industrial e comercial ou de *know-how*. Pode ocorrer, entretanto, que o cedente queira manter a titularidade desses direitos, com o propósito de explorá-los em outras atividades que não foram objeto da transferência, possibilitando a restrição acessória apresentar-se como uma licença industrial, como foi admitida na decisão Rhône-Poulenc.

Enfim, os *acordos de aquisição e de fornecimento* podem ocorrer quando se busca assegurar, temporariamente,[389] a continuidade do aprovisionamento de qualquer das partes relativamente aos produtos necessários às atividades mantidas (no caso do cedente) ou adquiridas (no caso do adquirente), tal como antes estavam garantidos pelo fato de

---

387 Segundo Van Bael, F. Bellis, op. cit., p. 480, a Comissão tem sido clara no sentido de que esse tipo de cláusula, acompanhando transferências apenas dos ativos, não é tipicamente necessária para a implementação dessa transferência e, portanto, não é considerado acessória. Por exemplo, na decisão Aceralia/Aristrain, de 15.1.1998, em que a Comissão considerou que uma cláusula de não-concorrência com duração de sete anos não era razoável, estabelecendo a sua duração para cinco anos desde a cessão dos ativos, limitada ao território da União Européia e ainda aos produtos da atividade econômica transferida. Em sua recente Comunicação, a Comissão informa que um período superior só poderá ser justificado num reduzido conjunto de circunstâncias, por exemplo, quando for possível demonstrar que a fidelidade dos clientes ao cedente se manterá por um prazo superior a dois anos, ou superior a três anos, quando o âmbito ou a natureza do *know-how* transferido justificar um período de proteção suplementar.

388 A Comunicação recomenda ainda que as cláusulas de não-angariação e de confidencialidade devam ser avaliadas da mesma forma que as cláusulas de não-concorrência.

389 Segundo a Comunicação, § 30, "a experiência e a prática anteriores da Comissão revelaram que a duração das obrigações de aquisição e de fornecimento se deve limitar ao período necessário para substituir as relações de dependência por uma posição autônoma no mercado", sendo a mesma justificável por um período de três anos.

pertencerem a uma mesma entidade econômica. Não se admite, todavia, que esses acordos sejam exclusivos, salvo circunstâncias excepcionais e com a demonstração da especificidade dos produtos ou ausência no mercado. A exclusividade deve ainda transpor outro obstáculo, que é o princípio da proporcionalidade, ou seja, que não existam outros meios – menos restritivos – de se chegar ao mesmo resultado.

Uma última questão pode ser colocada: em se tratando de cláusulas desproporcionais ao objetivo visado, a Comissão pode se recusar a autorizá-las? A resposta, apesar de simples, merece uma análise complexa, pois a Comissão deverá separá-las da operação de concentração e proceder a sua análise sob o artigo 81 do Tratado CE. Em termos práticos, entretanto, o que se observa é a adaptação destas restrições ao Regulamento, ou ainda a sua eliminação da operação de concentração para que a mesma seja aprovada.[390]

1.2.7 Dos poderes de investigação da Comissão

O Regulamento (CE) 4.064/89, assim como o Regulamento 17/62, dotou a Comissão de uma série de poderes de investigação, justificando, portanto, a analogia para a interpretação autorizada no considerando 21 do Regulamento.[391] Por meio desses poderes, a Comissão passa a ter a possibilidade de obter as informações que julgar necessárias para a apreciação das operações subordinadas ao seu controle. Apesar das críticas efetuadas contra o excesso de poder detido pela Comissão, ressalte-se que existem determinadas regras processuais a serem observadas como garantia da validade das provas.

Busca-se, desse modo, que a Comissão possa obter o maior número de informações possíveis sobre o mercado em causa, e, ainda, que

---

390 Nesse sentido, ver Van Bael, F. Bellis, op. cit., p. 484.

391 Ressalte-se que a proposta de modernização da aplicação dos artigos 81 e 82 pela Comissão Européia traz em seu bojo, igualmente, uma série de modificações no que diz respeito aos poderes de investigação estabelecidos no Regulamento 17/62. Essas mudanças, evidentemente, irão se refletir no Regulamento (CE) 4.064/89, sendo importante destacar as principais: i) possibilidade de a Comissão realizar inquéritos setoriais; ii) poder de recolher declarações; iii) poder de executar inspeções; iv) poderes mais amplos para solicitar informações das partes.

tenha a possibilidade de examinar a veracidade das mesmas para não comprometer uma futura decisão, porque não é apenas "o destino" da empresa que está "em jogo", mas as próprias estruturas do mercado.[392] Esses poderes podem ser reunidos em dois tipos diversos: o poder de requisitar informações e o de proceder a verificações.

O *poder de requisitar informações* encontra-se previsto no artigo 11 e pode ser exercido junto aos Governos, às autoridades competentes dos Estados-membros, às pessoas que executam o projeto de concentração, bem como às empresas e associações de empresas.[393] Ao formular o pedido, a Comissão é obrigada a indicar os fundamentos jurídicos e seu objeto, assim como as sanções previstas na hipótese de fornecimento de dados inexatos. Na hipótese de não cumprimento do pedido, ou ainda se as informações prestadas forem incompletas, a Comissão pode solicitá-las por via de decisão, que especificará as informações exigidas, fixando um prazo para o cumprimento e sanções pelo descumprimento, que passam a ser bem mais rigorosas.[394]-[395]

No que diz respeito à obrigação dos Estados-membros em atender os requerimentos da Comissão, não há a menor dúvida, e nesse caso sequer se discute a questão de sua soberania, pois, além do comprometimento da Comissão com a confidencialidade, esses mesmos Estados possuem o encargo de cooperação com a Comunidade Européia no cum-

---

392 Nesse sentido ver Dominique Berlin, op. cit., p. 295-296.

393 Segundo L. Cohen-Tanug et al., op. cit., p. 45, na prática, a Comissão tem feito o uso intensivo da faculdade de enviar questionários às empresas em causa e de interrogar clientes e concorrentes destas empresas. São questionários longos, repetitivos e que devem ser respondidos em prazos muito curtos. Segundo os autores, ainda, a Comissão tem se apoiado nos comentários muito hostis das centrais de compra (decisão Nestlé/Perrier) ou de concorrentes (Havilland) nos casos mais difíceis. Essas respostas não são completamente acessíveis às empresas em causa, colocando aqui o problema da igualdade e do respeito aos direitos de defesa.

394 C. Bellamy, G. Child, op. cit., p. 364, na prática, quando um destinatário tem dificuldades em fornecer a informação requerida, é possível discutir o requerimento com a *Merger Task Force* e prorrogar os prazos concedidos no sentido de satisfazer o pedido.

395 Nesse caso, a multa aplicada seria a do artigo 14, n. 1, alínea *c*. Entretanto, Dominique Berlin, op. cit., p. 279, assevera que, na realidade, esse pedido de informações não é uma decisão com força jurídica obrigatória (no sentido

primento da sua missão.[396] Por outro lado, os interesses públicos realmente relevantes estão protegidos pelo artigo 21, n. 3, do Regulamento.

Entretanto, considerando um país terceiro que não possua quaisquer compromissos políticos, econômicos ou sociais assumidos com a União Européia, o problema ultrapassa a esfera do direito comunitário, transferindo-se para o campo do direito internacional[397] e, ainda, dos efeitos extraterritoriais de aplicabilidade do Regulamento.

Na hipótese, porém, de uma empresa ou associação de empresas não prestarem as informações solicitadas no prazo fixado pela Comissão, ou se as fornecerem de modo incompleto ou inexato, a Comissão poderá solicitá-las por via de decisão, a qual, nesse caso, deverá obedecer a um maior rigor e formalismo (condizente com a categoria

---

do artigo 249 do Tratado CE, e, portanto, se a mesma não for cumprida, esse ato não pode ser considerado como uma violação a uma regra jurídica. A contrapartida é que essa requisição também não poderá ser objeto de um recurso perante o Tribunal de Justiça, levando-se em conta a jurisprudência do Regulamento 17/62. Ele acrescenta ainda que a única sanção, além da pecuniária, prevista no Regulamento sobre a recusa de resposta das empresas, reside na possível passagem ao procedimento de demanda formal. Em outros termos, a ausência de resposta ao primeiro estágio do procedimento não constitui, ela mesma, uma infração ao direito comunitário.

396 Cf. artigo 5.º do Tratado CE: Os Estados-membros tomarão todas as medidas gerais ou especiais capazes de assegurar o cumprimento das obrigações decorrentes do presente Tratado ou resultantes de atos das Instituições da Comunidade. Os Estados-membros facilitarão à Comunidade o cumprimento de sua missão. Os Estados-membros abster-se-ão de tomar quaisquer medidas susceptíveis de pôr em perigo a consecução dos objetivos do presente Tratado.

397 Essa é uma questão complexa do ponto de vista jurídico, mas, em termos práticos, resolve-se. Por exemplo, no caso de uma empresa estrangeira estabelecida na Comunidade Européia, discute-se se a mesma poderia se recusar a fornecer informações relativas à filial ou à mãe instalada em um território de um Estado terceiro, sob o motivo de que a legislação desse último sancionaria penalmente toda infração ao segredo dos negócios. Segundo Dominique Berlin, op. cit., p. 278-279, em se tratando de empresas estabelecidas em países terceiros, o Estado, no qual ela esteja, deverá fazer uso prudente dos seus poderes de interdição, sobretudo se as ditas empresas têm um interesse de que essa concentração se realize. Isso porque a Comissão

jurídica desse tipo de ato, podendo ser objeto de recurso perante o Tribunal de Justiça), o que significa que ela deve especificar as informações exigidas, fixar um "prazo adequado" para a prestação das mesmas e indicar as sanções previstas. A Comissão também é obrigada a enviar cópia da sua decisão à autoridade competente do Estado-membro em cujo território se situe o domicílio da pessoa ou sede da empresa ou associação de empresas.[398]

Dispõe ainda a Comissão do *poder de efetuar verificações*. Os artigos 12 e 13 versam sobre a possibilidade de visitas às empresas pelos agentes encarregados de recolher provas e mandatos para esse efeito. O artigo 12 cuida da verificação executada pelo próprio Estado-membro a pedido da Comissão. Trata-se de recurso pouco utilizado pela Comissão, principalmente devido aos aspectos práticos. Isso porque, em referência a operações de dimensão comunitária que afetam, na maioria das vezes, pelo menos dois Estados-membros, a Comissão teria que realizar múltiplas demandas junto a cada um destes, o que pode provocar problemas de coordenação da análise das diversas informações,[399] sem esquecer-se do rigor dos prazos que devem ser observados.

Por sua vez, o artigo 13 trata dos poderes que a Comissão dispõe em matéria de verificações/inspeções. Aliás, mesmo que o primeiro procedimento tenha sido a requisição de informações, a Comissão pode efetuar visitas a qualquer momento.[400] Essas visitas podem ser feitas pelas autoridades competentes dos Estados-membros ou por agentes da própria Comissão, que devem estar munidos de um mandato, no qual deverão estar indicados o objeto e a finalidade da verificação, assim

---

(além dos poderes de sanção) dispõe de meios de suspender o procedimento, na medida em que as informações que foram requeridas não tenham sido fornecidas. Assim, a situação se "resolve", pois as empresas preferem colaborar com a Comissão do que ter a sua operação suspensa.

398 Cf. artigo 11, ns. 5 e 6, do Regulamento (CE) 4.064/89. Acrescente-se, ainda, que o prazo de quatro meses para a tomada de decisão previamente previsto no artigo 10, n. 3, do Regulamento (CE) 4.064/89, fica automaticamente suspenso em obediência ao artigo 9.º, n. 1, alínea *b*, do Regulamento 2.367/90, prolongando-se essa suspensão até o dia do desaparecimento da causa da suspensão, o que significa até o momento da apresentação das informações solicitadas pela Comissão.

399 Cf. Dominique Berlin, op. cit., p. 293.

como a sanção prevista para tal. Como no caso do pedido de informações, as empresas ou associações de empresas não são obrigadas a atender o requerimento da Comissão, mas, se porventura aceitarem se submeter à inspeção, devem fornecer os elementos solicitados de forma completa e precisa, sob pena de incorrer nas sanções previstas.

Na hipótese de essa inspeção ser efetuada pelo Estado-membro a pedido da Comissão, a mesma deve ser exercida nos termos determinados pela Comissão, facultada a possibilidade de os seus agentes prestarem assistência aos agentes do Estado-membro no desempenho de suas funções. Se verificação for feita por funcionários da própria Comissão, esta tem a obrigação de notificar, previamente e em tempo hábil, a autoridade do Estado-membro no qual a mesma irá ser realizada. Acrescente-se que essa obrigação de notificação prévia da visita ocorre apenas para os Estados-membros, não estando a Comissão obrigada a notificar antecipadamente a empresa.[401]

Na hipótese de haver recusa, a Comissão só poderá efetuar a verificação mediante uma decisão, que deverá indicar o seu objeto e finalidade, designando uma data e as sanções pelo seu descumprimento.[402] Essas penalidades são extremamente pesadas, estando prevista a multa do artigo 14, n. 1, alínea *d*, que pode variar entre 1.000 a 50.000 euros, e ainda uma sanção pecuniária compulsória que pode atingir o montante de 25.000 euros por dia de atraso, como dispõe o artigo 15, n. 1, alínea *b*.

Durante a inspeção, obrigatória para as empresas e associações de empresas, os agentes da Comissão têm poderes para: inspecionar livros e outros documentos comerciais (o que significa que não são apenas os documentos escritos, mas também os eletrônicos, fotográficos, mi

---

400 Cf. Dominique Berlin, op. cit., p. 282.

401 Segundo Dominique Berlin, op. cit., p. 285, sob a égide do Regulamento 17/62, a Comissão prefere efetuar as chamadas *visitas surpresas*, com o intuito de recolher a maior quantidade de provas possíveis da infração que estaria sendo cometida. Entretanto, o objeto e a natureza do controle de concentrações não buscam estabelecer a existência de uma infração constituída, mas prevenir a ocorrência de uma situação, razão pela qual esta não é uma prática de grande utilização pela *Merger Task Force*.

402 Cf. artigo 13, n. 3, do Regulamento (CE) 4.064/89.

crofilmes etc.),[403] copiar ou exigir cópia ou extrato dos livros e documentos comerciais, solicitar *in loco* explicações orais, ter acesso a todas as instalações, terrenos e meios de transporte das empresas.

Se as empresas ou associações de empresas se recusarem a "colaborar" com a Comissão, não permitindo a realização do procedimento de verificação, essa dispõe ainda do poder de solicitar ajuda ao Estado-membro, que deverá prestar a *assistência necessária* para que os agentes da Comissão possam executar a diligência em questão.[404]

1.2.8 Garantias processuais das partes[405]

1.2.8.1 Direito de manifestação das partes e outros interessados

Durante o processo e antes das decisões dos artigo 7.º, n. 4, 8.º, ns. 2, 3, 4 e 5, e 14 e 15, encontra-se garantido não apenas o direito de audição das partes interessadas, mas também a oportunidade de se pronunciarem em todas as fases do processo, até a consulta do Comitê Consultivo sobre as objeções contra elas formuladas.[406] Está prevista ainda a figura do auditor,[407] que, no que diz respeito à aplicação do Regulamento (CE) 4.064/89, tem como principais funções:

a) participar na fase de teste do mercado;

---

403 Segundo Dominique Berlin, op. cit., p. 289, "não é possível constar todos os tipos de documentos que podem ser examinados e, por isso, os agentes nunca são limitados, nem no mandato, nem na decisão quanto aos documentos que podem verificar (...) os agentes da Comissão têm ainda o direito de acesso aos armários, 'placards', cofres nos quais os documentos estejam guardados. Podem ainda requerer ao pessoal da empresa para abrir os seus móveis de arrumação, e examinar os documentos ali guardados (se houver recusa, eles não podem aceder aos móveis, devendo entretanto consignar a ocorrência no processo)".

404 Cf. artigo 13, n. 6, do Regulamento (CE) 4.064/89.

405 Ressalte-se que o Livro Verde apresenta como proposta a introdução de taxas processuais para as notificações de concentração de empresas, o que atualmente não ocorre.

406 Cf. artigo 18, n. 1, do Regulamento (CE) 4.064/89.

b) analisar pedidos de confidencialidade das informações;

c) garantir os direitos processuais fundamentais das partes.

O artigo 11 do Regulamento 2.367/90 estabelece a distinção entre os *interessados,* quanto à possibilidade do exercício das prerrogativas de manifestação. Assim, seriam interessados:

a) partes notificantes da operação de concentração;

b) outros interessados diretos, ou seja, que participem da operação, mas que não sejam as partes notificantes, tais como o vendedor ou a empresa objeto da concentração;

c) terceiros, ou seja, pessoas físicas ou jurídicas que as manifestem um interesse legítimo, incluindo clientes, fornecedores e concorrentes, e principalmente membros dos órgãos de administração ou de gestão das empresas em causa ou representantes conhecidos dos trabalhadores dessas empresas;[408]

d) interessados relativamente aos quais a Comissão tenciona tomar uma decisão ao abrigo dos artigos 14 e 15 do Regulamento (CE) 4.064/89.

Essa distinção revela-se importante, pois a extensão das prerrogativas previstas no artigo 18 do Regulamento (CE) 4.064/89 não é igual para todos os interessados. Em relação às pessoas, empresas e associações de empresas (que seriam as partes notificantes), esse dispositivo legal aplica-se na sua íntegra. Encontra-se também garantido o direito das partes de terem acesso ao dossiê, ressalvando, simultaneamente, o legítimo interesse das empresas de que seus segredos comerciais não sejam divulgados.[409]

A decisão que vier a ser proferida pela Comissão será baseada

---

407 A figura do auditor conselheiro existe desde 1982, tendo sido reforçada as suas atribuições em recente decisão da Comissão de 23.5.2001.

408 O Livro Verde da Comissão mencionado indica que, apesar de os consumidores não apresentarem freqüentemente comentários em relação a operações de concentração, "a Comissão receberia de bom grado quaisquer sugestões sobre o apoio que poderia dar a fim de incentivar e facilitar os grupos e seus pontos de vista em relação a concentrações abrangidas pelo âmbito de aplicação do Regulamento e que afetam os seus interesses" (item 243).

exclusivamente nas manifestações/documentos relativamente às quais as partes interessadas tenham tido a oportunidade de fazer valer as suas observações.[410] Isso significa que nenhum princípio de direito ou de fato novo pode ser utilizado pela Comissão para fundamentar a sua decisão, sob pena de inobservância do direito do contraditório das empresas, podendo fulminar a sua decisão de nulidade, que poderá ser declarada pelo Tribunal de Justiça.

Entretanto, apesar de as operações de concentração interessarem, em princípio, apenas às partes e aos objetivos da Comunidade Européia (definidos no Tratado CE e pela sua política da concorrência especialmente), uma operação de concentração pode afetar terceiros, como os trabalhadores, os consumidores, os fornecedores e outros concorrentes. Por esta razão, o Regulamento assegura o direito de serem ouvidos, nos artigos 4.º, n. 3, 11 e 18, n. 4.[411]

Dessa forma, encontra-se prevista a publicação do fato da notificação, indicando os nomes dos interessados, a natureza da operação de concentração, bem como os setores econômicos envolvidos, resguardado o interesse legítimo das empresas na não-divulgação dos seus segredos comerciais.[412]

Dentro dos poderes da Comissão de requisitar informações, está igualmente prevista a possibilidade de a Comissão ou de as autoridades competentes dos Estados-membros poderem também ouvir outras pessoas físicas ou jurídicas, na medida em que considerem necessário, estando estas sujeitas, do mesmo modo, a sanções pecuniárias compulsórias caso apresentem informações inexatas, ou fora do prazo fixado pela Comissão (artigo 14, n. 1, alínea *c*. Esse dispositivo foi utilizado pela Comissão pela primeira vez em relação à empresa

---

409 Nesse sentido ver comentários de J. Briones, J. Folguera, A. Fonti, E. Navarro, op. cit., p. 311.

410 Cf. artigo 18, n. 3, do Regulamento (CE) 4.064/89.

411 O considerando 19 do Regulamento estabelece que convém assegurar o direito de as empresas em causa serem ouvidas pela Comissão logo que o processo tenha sido iniciado; que convém igualmente dar aos membros dos órgãos de direção ou de fiscalização e aos representantes reconhecidos dos trabalhadores das empresas em causa, bem como aos terceiros que provem ter um interesse legítimo, a oportunidade de serem ouvidos.

412 Artigo 4.º, n. 3, do Regulamento (CE) 4.064/89

Mitsubishi Heavy Industries, por não ter prestado as informações solicitadas quanto à *joint venture* que estava sendo analisada entre as empresas Kvaerner e Ahlström. A empresa foi multada em 50.000 euros, tendo sido aplicada ainda uma sanção pecuniária compensatória no valor de 900.000 euros.[413]

Caso quaisquer pessoas físicas ou jurídicas que comprovem ter um interesse suficiente e, ainda, os membros dos órgãos de administração ou de direção das empresas visadas, ou os representantes devidamente reconhecidos dos trabalhadores dessas empresas solicitem ser ouvidos, em princípio será dado deferimento ao respectivo pedido.[414]

Recentemente a Comissão ponderou sobre questões levantadas por terceiros (concorrentes) na decisão Coca-cola/Amalgamated Beverages GB,[415] no sentido de que a nova entidade poderia se dedicar a diversas práticas anticoncorrenciais, como preços predatórios, disposições de exclusividade, cláusulas de subordinação e venda casada. No entanto, segundo a Comissão, esse receio das partes referia-se a comportamentos eventuais que poderiam ou não ocorrer, análise que fugia do âmbito do Regulamento, que se limitava a cuidar das conformações das estruturas do mercado.

Na prática, o grande problema que se coloca relativo à intervenção de terceiros é no que diz respeito ao alcance da mesma. Dito de outra maneira, até que ponto ou em que medida essa intervenção poderá influenciar uma decisão? Isso porque, além de situações que possam ter alguma razoabilidade, o que se vislumbra é a abertura da possibilidade de

---

413 Segundo o *Relatório sobre Política da Concorrência,* 2000, p. 73, "as medidas foram tomadas por ter a Comissão considerado que o comportamento da Mitsubishi constituiu uma grave infração à legislação comunitária, uma vez que as informações solicitadas eram necessárias para a devida avaliação da operação Ahlström/Kvaerner. Ao adotar essa decisão, a Comissão pretendeu sublinhar a sua determinação em fazer respeitar as regras da União Européia em matéria de controle das operações de concentração, o que pressupõe o fornecimento de informações corretas tanto das partes na concentração como dos concorrentes a quem é solicitado o seu contributo".

414 Cf. artigo 18, n. 4, do Regulamento (CE) 4.064/89.

415 Cf. decisão Coca-cola/Amalgamated Beverages GB, de 22.1.1997, considerandos 212 e 213.

que terceiros/concorrentes, sem qualquer fundamento, inconformados com uma determinada decisão da Comissão, venham tentar conturbar ou modificar uma situação jurídica já definida.[416]

O Tribunal de Primeira Instância, chamado a se manifestar justamente sobre o alcance do direito de um *terceiro concorrente*, efetuou algumas precisões sobre o tema no acórdão Kayserberg SA/Comissão.[417] Nesse caso, a Kayserberg SA pretendia a nulidade da decisão da Comissão que declarou compatível com o mercado comum e o funcionamento do EEE a operação de concentração entre a Procter&Gamble/VP Schickedanz (II) após a assunção de determinados compromissos pelas partes. Na opinião da recorrente, o fato de a Comissão ter concedido apenas dois dias para que a mesma apresentasse as suas observações relativamente às propostas de compromissos da P&G e, ainda, por não ter sido consultada sobre a versão final dos compromissos estabelecidos constituiriam uma violação ao artigo 18, ns. 3 e 4, do Regulamento (CE) 4.064/89.

O Tribunal de Primeira Instância deixou claro que, em relação ao artigo 18 do Regulamento, a posição de terceiros, tal como a recorrente, não poderia ser comparada às das pessoas, empresas ou associações de empresas interessadas, visadas nos três primeiros números daquele dispositivo legal, pois aos terceiros, uma vez que eram apenas susceptíveis, eventualmente, de sofrer os efeitos incidentes da decisão, apenas era reconhecido, pelo artigo 18, n. 4, o direito de serem ouvidos pela Comissão, a seu pedido, a fim de externarem o seu ponto de vista sobre os efeitos prejudiciais para si do projeto de concentração notificado, na condição de lhe terem feito esse pedido e provado terem interesse bastante para esse efeito. Por outro lado, esse direito processual considerado deveria ser conciliado com o respeito dos direitos de defesa e com a

---

416 Por exemplo, como sugere A. Brown, Judicial review of commission decisions under the merger regulation: the first cases, p. 301, em relação ao acórdão Société anonyme à participation ouvrière Compagnie nationale Air France/ Comissão citado, em que as "queixas" da Air France sugerem mais a sua rivalidade com a British Airways do que efetivamente alguma imprecisão na decisão da Comissão.

417 Ver Ac. do TPI (Segunda Secção Alargada), de 27.11.1997, Proc. T-290/ 94, Kayserberg/Comissão, Colectânea 1997, p. II-2137.

finalidade principal do Regulamento, que é assegurar a eficácia do controle e a segurança jurídica das empresas submissas à aplicação.[418]

No caso analisado, o Tribunal verificou que a empresa recorrente tinha se manifestado em diversas partes do processo, inclusive sobre os compromissos finais estabelecidos. No que diz respeito ao prazo, o TPI precisou que, no aspecto fático, a recorrente apresentou as suas observações essenciais sobre o compromisso proposto pela P&G, tendo inclusive solicitado algumas alterações. Por outro lado, o artigo 15, n. 2, do Regulamento 2.367/90 não previa qualquer obrigação específica quanto à duração do prazo fixado pela Comissão, e a simples circunstância de a recorrente ter tido apenas dois dias úteis para expor os seus comentários quanto às modificações propostas pela P&G ao projeto de concentração não era susceptível de provar que o seu direito de ser ouvida, conferido pelo artigo 18, n. 4, do Regulamento, tivesse sido violado pela Comissão. Para o TPI, essa prerrogativa processual concedida aos terceiros não poderia pôr em causa a celeridade que caracterizava o regime do Regulamento, que impunha à Comissão que tomasse as suas decisões em prazos estritos.[419]

Quanto ao outro argumento do recorrente, de que não lhe tinha sido concedida a oportunidade para se manifestar sobre a versão final dos compromissos, para o TPI, os direitos processuais conferidos aos terceiros pelo artigo 18, n. 4, não previam esse benefício. Por outro lado, o artigo 18, n. 1, somente outorgava às pessoas interessadas ocasião de darem a conhecer o seu parecer em todas as fases do processo até a consulta do Comitê Consultivo, a propósito das objeções feitas contra elas. E conclui no sentido de que apenas as empresas em causa e as outras pessoas interessadas devem, uma vez que são, em princípio, as únicas destinatárias da condição imposta, ser colocadas em condições de exporem utilmente a sua opinião sobre as objeções suscitadas contra os compromissos propostos, a fim de lhes permitir, eventualmente, a introdução das alterações necessárias e assegurar o respeito dos seus direitos de defesa.[420]

Aliás, esse acórdão veio apenas confirmar a posição do Tribunal

418 V. considerandos 105, 108 e 109 do acórdão Kayserberg/Comissão citado.
419 V. considerando 113 do acórdão Kayserberg/Comissão citado.

sobre esta matéria, pois a mesma já havia sido apreciada, ainda que sob outro ângulo, qual seja dos *trabalhadores*, no acórdão Comité central d'entreprise de la Société génerale des grandes sources e o./Comissão.[421] Nesse processo, o sindicato dos trabalhadores das empresas interpôs um recurso de anulação contra a decisão da Comissão de autorizar a operação de concentração entre as empresas Nestlé/Perrier, alegando que esta iria ter por conseqüência uma importante supressão de postos de trabalhos e comprometer benefícios coletivos de grande número de trabalhadores, pois iria pôr em causa uma convenção coletiva de trabalho firmada em 1989 com a Perrier, uma das partes da operação.[422] Sem adentrar no mérito do processo, ficando apenas nas questões processuais, no que diz respeito à legitimidade dos trabalhadores para utilizarem a faculdade do artigo 230 do Tratado CE, esta restou definitivamente reconhecida, mas apenas aos trabalhadores legitimamente representados, inclusive porque o Regulamento (CE) 4.064/89 manifestava em diversos pontos a sua vontade de garantir que fossem tomados em conta os interesses coletivos dos referidos trabalhadores no decurso do processo administrativo, nomeadamente no seu considerando 19 e no artigo 18, n. 4, do Regulamento. Por outro lado, o próprio artigo 2.º, n. 1, alínea *b*, exigia que a Comissão efetuasse um balanço econômico da operação de concentração em causa, no qual poderiam ser consideradas, se fosse o caso, razões de ordem social.[423] Entretanto, quanto à extensão desses direitos, pelos mesmos motivos deduzidos no processo descrito anteriormente, foram reconhecidos apenas os previstos no n. 4 do artigo 18 do Regulamento, ou seja, o direito a serem ouvidos, a seu pedido, e após demonstrarem que gozam de um interesse suficiente para esse

---

420 V. considerando 120 do acórdão Kayserberg/Comissão citado.

421 V. Ac. do TPI (Segunda Secção Alargada) de 27.4.1995, Proc. T-96/92, Comité central d'entreprise de la Société génerale des grandes sources e o./ Comissão, Colectânea 1995, p. II-1213 e ss. No mesmo sentido ver o Ac. do TPI (Segunda Secção Alargada) de 27.4.1995, Proc. T-12/93, Comité central d'entreprise de la société anonymeVittel e o./Comissão.

422 Cf. considerando 22 do acórdão Comité central d'entreprise de la Société génerale des grandes sources e o./Comissão citado.

423 Cf. considerandos 28 e 29 do acórdão Comité central d'entreprise de la Société génerale des grandes sources e o./Comissão citado.

efeito, entendendo-se que, para isso, basta que os representantes dos trabalhadores das empresas visadas mostrem que a sua presença nas mesmas é reconhecida nos termos do direito nacional aplicável.[424]

Verifica-se, portanto, que, apesar de o Tribunal ter admitido a intervenção, restringiu consideravelmente o seu alcance. Por outro lado, restou clara a determinação do Regulamento, que é a realização do balanço concorrencial em primeiro lugar, e só então podem ser apreciados os outros fatores, desde que não venham a entravar a concorrência efetiva no mercado. Questões como o risco da perda de postos de trabalho não constituem razão suficiente, na ótica do Regulamento, para autorizarem a concessão de medidas provisórias, ou, ainda, para terem alguma relevância na apreciação da Comissão e, em última instância, do TPI.

Em várias partes do Regulamento encontra-se expressa a referência à questão da garantia do sigilo comercial, *ex vi* os já citados artigos 11, 12 e 18 do Regulamento (CE) 4.064/89. Ao analisar uma operação de concentração, a Comissão recebe uma série de dados comerciais das partes e sobre as suas atividades, que somente podem ser utilizados para os efeitos visados pelo pedido de informações, de controle ou de audição.[425] Estão também a Comissão, as autoridades competentes dos Estados-membros, bem como os seus funcionários e agentes, proibidos de divulgar as informações obtidas nos termos do Regulamento, que pela sua natureza sejam abrangidas pelo sigilo comercial.[426]-[427] Essa proibição, entretanto, não prejudica a publicação de dados gerais ou estudos que não contenham informações individualizadas relativas às empresas ou associações de empresas.[428]

Por último, acrescente-se que as informações que a Comissão

---

424 Cf. considerando 56 do acórdão Comité central d'entreprise de la Société génerale des grandes sources e o./Comissão citado.

425 Cf. artigo 17, n. 1, do Regulamento (CE) 4.064/89.

426 Cf. artigo 17, n. 2, ibidem.

427 Ver artigo 287 do Tratado CE. Segundo Dominique Berlin, op. cit., p. 328, a jurisprudência tem entendido como segredo dos negócios as informações relacionadas com a rentabilidade, o volume dos negócios, a clientela, as práticas comerciais, os custos, os preços, a participação no mercado, restando entretanto uma zona de incerteza das fronteiras das informações secretas por natureza, em que irá imperar o poder discricionário da Comissão, ao apreciar se aquela informação pode ou não ser divulgada.

recolhe destinam-se exclusivamente à apreciação dos projetos de operações de concentração, razão pela qual estas não podem ser divulgadas para outros fins, quer seja em matéria fiscal, penal ou aduaneira.

1.2.8.2 Direito ao recurso

A garantia do direito ao *recurso* está contida no artigo 16 do Regulamento, mas é uma faculdade limitada. Com efeito, o Tribunal de Justiça poderá conhecer, no exercício da competência de plena jurisdição na acepção do artigo 229 do Tratado CE, dos recursos interpostos contra as decisões[429] da Comissão em que tenha sido aplicada uma multa ou uma sanção pecuniária compulsória, podendo suprimir, reduzir ou aumentar a multa ou a sanção pecuniária compulsórias aplicadas. Observa-se, portanto, que o controle que o Tribunal desempenha é restrito, ou seja, não pode reformar a decisão da Comissão, nem tampouco emitir qualquer opinião sobre a motivação que levou a Comissão a aplicar aquela multa. A sua apreciação irá limitar-se aos aspectos legais da decisão.

A legitimidade para interpor o recurso, em princípio, é das partes notificantes da operação, ou a quem se destinou a multa ou a sanção pecuniária compulsória. Não obstante, não está vedada a hipótese de que um terceiro interessado também venha a interpor um recurso, desde que demonstre a existência de um interesse legítimo.[430]-[431]

Essa possibilidade de um terceiro recorrer de uma decisão de compatibilidade (o que seria mais lógico) tem sido objeto de críticas, pois pode dar margem a abusos, como por exemplo, a utilização de tal faculdade para retardar ou entravar uma operação, com o único fim de inco-

---

428 Cf. artigo 17, n. 3, do Regulamento (CE) 4.064/89.

429 Ressalte-se que o TPI, no acórdão de 24.3.1994, Proc. T-3/93, considerou que uma declaração oral do porta-voz do comissário responsável pela concorrência corresponde à definição dos atos susceptíveis de serem objeto de recurso de anulação, pois essa declaração produzia efeitos jurídicos obrigatórios. Na realidade, tratava-se de uma declaração no sentido de que a concentração da British Airways e a Dan Air não necessitava ser notificada à Comissão, pois a operação não tinha dimensão comunitária. Para o TPI, a dispensa de notificação tornava possível a realização da operação, que provocaria efeitos no mercado, em relação a terceiros e ao próprio Estado-membro, sendo irrelevante a forma como esse ato se apresentasse.

430 Nesse sentido, ver Jacques H., J. Bourgeois, B. Drijber, op. cit., p. 21., o

modar ou prejudicar os seus concorrentes.[432]

1.2.9 A determinação do mercado relevante do serviço ou do produto e do mercado geográfico: algumas diretrizes

A primeira tarefa da Comissão para analisar os efeitos de uma concentração na concorrência, ou seja, analisar como os mercados serão atingidos por uma operação e, principalmente, o poder de mercado da nova entidade resultante da concentração, é determinar o mercado relevante do produto ou do serviço afetado. Trata-se de investigação de extrema importância, pois quanto mais extenso um mercado seja definido, em razão do produto ou em razão do lugar, menor vai ser a probabilidade de que aquela operação de concentração resulte em uma posição dominante.

A Comissão executa duas investigações: primeiramente para verificar o mercado do produto ou do serviço, e depois define o mercado geográfico. Uma série de fatores de ordem econômica é utilizada para a delimitação desses mercados. Por razões óbvias, foge à nossa pretensão querer adentrar em questões de fundo relacionadas com a análise econômica. Realizamos apenas uma rápida descrição das principais diretrizes consideradas pela Comissão para este exame.[433]

A seção 6, n. 1, do Formulário CO define um mercado do produto relevante como aquele que compreende todos os produtos e/ou serviços considerados permutáveis ou substituíveis pelo consumidor devido às suas características, preços e utilização pretendida. Um mercado do produto relevante pode, em alguns casos, ser composto por um certo número de produtos e/ou serviços individuais que apresentam aspectos

---

direito de recurso de terceiros interessados se define, por analogia, com a jurisprudência Cofaz (affaire 169/84, Rec. 1986).

431 Sobre esse tema, consultar o item 1.2.8.

432 Ver comentários de L. Cohen-Tanug et al., op. cit., p. 50.

433 Para um aprofundamento do tema, consultar, por exemplo, os seguintes trabalhos: Francis Fishwick, The definition of the relevant market in the competition policy of the European Economic Community, p.174-281. Com uma perspectiva mais atualizada, Cento Veljanovski, The economics of the relevant market in EC competition law, p. 4-10.

físicos ou técnicos amplamente idênticos e que sejam permutáveis.

Para o estabelecimento de mercados de produto relevante separados, a Comissão deve considerar a inexistência de um grau de substitutibilidade suficiente entre os produtos em causa e a presença de condições de concorrência diferentes, apesar de os próprios produtos serem inteiramente substituíveis entre si ou mesmo idênticos, como verificou-se, por exemplo, nas decisões Alcatel/Telettra e Tetra Park/Alfa Laval.[434]

A análise da substitutibilidade de um produto ou serviço é efetuada tanto sob a perspectiva da *procura* – por parte dos clientes e consumidores, em terem a possibilidade de mudarem de produto, como sob a da *oferta* – ou seja, se os fornecedores em setores de produtos relacionados podem modificar rapidamente a sua produção ou parte dela para o setor do produto considerado. A Comissão tem entendido que, para pertencerem a um mesmo mercado, os produtos devem competir em um grau que garanta a concorrência efetiva entre eles. Essa concorrência deve existir ou começar a curto prazo, e não se basear apenas numa alteração da procura ou da oferta a médio ou longo prazo.[435] Por outro lado, observe ainda que esse posicionamento não é absoluto, pois podem ocorrer determinadas situações em que, apesar de haver um grau de substitutibilidade suficiente para conduzirem a condições homogêneas de concorrência, produtos que de um ponto de vista técnico são inteiramente permutáveis ou mesmo idênticos, podem estar sujeitos a diferentes situações de concorrência no mercado, em especial atendendo a uma estrutura da procura diversificada, como produtos virtualmente idênticos a variados clientes e/ou são destinados a uma utilização diversa, tais como componentes de automóveis vendidos nos mercados de equipamento original e de substituição.[436] Ou ainda fatores como o preço[437] e a prática do mercado, que inclui a perspectiva dos consumidores, concorrentes, divisões adotadas por organismos internacionais, como a dos remédios (o uso da ATC – Anatomical Therapeutic Classification, reco-

434 Na decisão Tetra Park/Alfa Laval, de 19.7.1991, a Comissão concluiu que as máquinas de embalagem asséptica em garrafas de plástico e vidro não faziam parte do mesmo mercado de produto que as máquinas de embalagem asséptica em cartões para efeitos da análise da notificação.

435 Cf. *Relatório sobre a Política da Concorrência,* 1991, p. 398.

nhecida e empregada pela Organização Mundial de Saúde – OMS[438]).

Apesar de tais premissas parecerem relativamente simples, na prática, trata-se de tarefa extremamente complexa, que envolve análise econômica, superando, como já explicitado, a pretensão deste trabalho.[439]-[440] Por isso, a generalização ou consagração de um ou de outro fator pode se mostrar perigosa, por exemplo, em se tratando do preço, pois este nem sempre revela a substitutibilidade de um produto ou serviço. Isso porque quando se tem um aumento de preço de um determinado produto, a tendência do consumidor é substituí-lo; mas é preciso que o

---

436 Ver, por exemplo, a decisão Varta/Bosch, de 31.7.1991, em que restou claro que o mercado do equipamento original é distinto do mercado de substituição, e ainda a decisão Magneti Marelli/CEAC, em que a operação de concentração afetaria o setor das baterias de chumbo, e este deveria ser dividido em quatro mercados distintos: o das baterias de propulsão, das estacionárias, de equipamento original das baterias para automóveis e o de substituição das baterias para automóveis. Os dois primeiros pertenceriam ao setor das baterias industriais e diferenciariam entre si em termos de tecnologia, utilização e clientela.

437 Como foi utilizado na decisão Crown Cork & Seal-Carnaud Metalbox, de 14.11.1995, (considerando 15), para concluir que o mercado das embalagens de aerossóis é distinto do mercado das folhas de flandres, pois existiam variações de preço entre 5% e 200%, consoante o tipo de produto, o tipo de impressão, o comprimento da série de produção e a dimensão da embalagem.

438 Por exemplo, na decisão Ciba-Geigy/Sandoz, no mercado dos *produtos farmacêuticos,* foram utilizadas as classes terapêuticas definidas na Anatomical Therapeutic Classification (ATC), que é reconhecida e empregada pela OMS. Essa classificação permite agrupar os medicamentos segundo a sua composição, propriedades terapêuticas e indicações.

439 Dominique Berlin, op. cit., p. 169, criticava a análise econômica superficial que sobressaía das decisões da Comissão ou da Corte de Justiça. L. Cohen-Tanug et al., op. cit., p. 71, completam esse raciocínio ao argumentarem que um exame mais rigoroso poderia levar à construção de uma ordem de referência, permitindo que a mesma fosse mais previsível para as empresas.

440 Dominique Berlin, op. cit., p. 169-175, enumera alguns dos critérios econômicos de análise para a determinação do mercado relevante utilizados pela Comissão Européia e pelo Tribunal de Justiça. Ver também Cento Veljanovski, op. cit., p. 4-10, ao comentar a Comunicação da Comissão sobre a definição de mercado relevante de 1998.

preço do segundo não seja excessivamente dissuasivo, em razão das possibilidades econômicas dos consumidores. Por último, advirta-se que não é apenas necessário que os produtos ou os serviços em causa possam render os mesmos resultados, mas ainda que possam ser empregados da mesma maneira ou de forma equivalente pelo consumidor.

Na prática decisória da Comissão, observa-se que, para considerar produtos pertencentes ao mesmo mercado, é necessário existir um alto grau de substitutibilidade, o que é um exercício por vezes arbitrário.[441] Verifica-se ainda uma tendência em apreciar essa substitutibilidade em função da elasticidade da demanda, em que se utilizam as características próprias do produto.[442] Para a Comissão, o emprego do critério da elasticidade da oferta (significa a possibilidade de outros produtores se apresentarem no mercado ou de responder a este) liga-se mais à definição da posição dominante e ainda à apreciação da concorrência potencial, tendo um papel de menor importância para a determinação do mercado do produto, mas não significa que o mesmo não seja levado em consideração no exame do caso concreto.

Definido o mercado do produto ou serviço, passa-se à segunda etapa, que é a delimitação do *mercado geográfico*. É por meio da sua delimitação que se poderá analisar a área ou áreas, em termos geográficos, na qual (nas quais) a nova empresa irá enfrentar a concorrência atual ou potencial. Consoante as regras estabelecidas no FO Seção 6.ª, n. II, o mercado geográfico compreende a área em que as empresas em causa fornecem e procuram produtos ou serviços relevantes, em que as condições de concorrência são suficientemente homogêneas e podem

---

441 Van Bael, F. Bellis, op. cit., p. 438, criticam a atuação da Comissão ao determinar o mercado relevante, pois, segundo eles, este resulta sempre em um exercício arbitrário, incidindo ainda a pressão do tempo em razão dos curtos prazos que a Comissão deve observar ao decidir. Segundo os autores, a Comissão, nos casos em que a operação não levanta muitos problemas, evita tomar uma decisão final no que diz respeito à definição do mercado, concluindo que, qualquer que seja a alternativa de decisão no caso, a mesma seria correta, não existindo risco de que a operação fosse declarada incompatível com o mercado comum.

442 Elas deverão ser suficientemente homogêneas para que os produtos possam ser considerados pelo consumidor como similares e, portanto, substituíveis, com reserva feita ao preço e a estratégia das marcas.

distinguir-se de áreas geográficas vizinhas devido ao fato, em especial, de suas condições da concorrência serem consideravelmente diferentes nessas áreas. Para esse exame, a Comissão deve levar em conta os seguintes fatores:

a) a natureza e características dos produtos ou serviços em causa;
b) a existência de obstáculos à entrada;
c) as preferências dos consumidores;
d) as diferenças consideráveis das participações de mercado das empresas entre áreas geográficas vizinhas;
e) as diferenças substanciais de preços.

Segundo a prática decisória da Comissão, há ainda outros fatores que também podem sugerir mercados geográficos separados ou que, entretanto, não devem ser tidos como absolutos, como a ausência de barreiras à entrada (que diminui a importância dada à detenção de altas quotas no mercado), inexistência de diferenças de preços entre as áreas; presença dos principais fornecedores em todos os Estados-membros; níveis relevantes de comércio internacional/importações; baixos custos de transportes; se o mercado encontra-se ou não em um diferente estágio de desenvolvimento nas diferentes áreas.[443]

São empregados ainda os chamados indicadores de ordem geral e as características da oferta e da procura. Dentre os denominados *indicadores gerais* encontram-se incluídas as diferenças substanciais em termos de preços, as distinções consideráveis das partes de mercado das empresas ou a sua presença no mercado em áreas vizinhas e a localização dos principais fornecedores.[444] Já a utilização dos critérios da demanda e da oferta vai ter relevância diferenciada na análise, pois, em razão do mercado comum, a *demanda*, em si, não é muito influenciada pela legislação comunitária, e a sua verificação compreende o uso de fatores como a língua e diversidades culturais,[445] a fidelidade a uma

---

443 Cf. *Relatório sobre a Política da Concorrência,* 1991, p. 391-392.

444 Citam-se como exemplos as decisões Rhône-Poulenc/SNIA II, em que a ausência de diferenças de preços para um produto intermédio (fibras têxteis de *nylon*) permitiu concluir que se tratava de um mercado correspondente à Europa Ocidental, ou na decisão Thomson/Shorts, em que a presença de

marca e os padrões finais de aquisição dos consumidores.[446] No que diz respeito à *oferta*, a qual já sofre os efeitos da legislação do mercado interno, são aplicados fatores como os entraves ao acesso ao mercado,[447] custos de transportes,[448] sistemas de distribuição e aspectos gerais dos fluxos comerciais.[449]-[450]

De um modo geral, normalmente se considera que a ausência de obstáculos às importações ou às novas entradas constitui um fator de

---

um fornecedor nacional de equipamento de defesa foi considerada suficiente para o estabelecimento da existência de um mercado nacional (*Relatório sobre a Política da Concorrência,* 1993, p. 177). Ou ainda na decisão Mannesmann/Vallourec/Ilva, na qual os preços também tiveram um papel decisivo no sentido de reconhecer a existência de um mercado geográfico separado.

445 Apesar de não ter sido necessário efetuar uma investigação precisa acerca desse fator, ao examinar o mercado de música *on-line*, na decisão Vivendi/ Canal+/Seagram, o fator cultural foi cogitado pela Comissão para a delimitação do seu âmbito geográfico, pois "terceiros têm indicado que existem alguns fatores que indicam que o mercado é nacional, e a exemplo da cultura e questões linguísticas".

446 Como na decisão Nestlé/Ntalgel, em que se verificou que o mercado de sorvete é predominantemente nacional, devido ao perfil dos consumidores e aos hábitos de consumo nacionais e a fidelidade à marca nacional (*Relatório sobre a Política da Concorrência,* 1993, p. 177). No mercado dos jornais também foi reconhecida a existência de um mercado nacional, em razão das especificidades lingüísticas e culturais (decisão Newspaper Publishing, *Relatório sobre a Política da concorrência,* 1994, p. 179).

447 Por exemplo na decisão Electrolux/AEG foi reconhecida a existência de um mercado europeu de eletrodomésticos devido às disposições européias relativas ao equipamento elétrico, ou na decisão Philips/Hoechst, em que o mercado dos discos ópticos magnéticos foi reconhecido como o mundial, devido às normas relativas a esse produto estabelecidas à escala mundial pela ISO (*Relatório sobre a Política da Concorrência,* 1994, p. 179). Contrariamente, na decisão Telia/Telenor, no mercado de telecomunicações, o mercado relevante geográfico foi definido como nacional, em razão de diferenças no sistema regulatório da Suécia e da Noruega, inclusive no que diz respeito a métodos de tarifação e acesso a usuários finais.

grande importância na integração do mercado comum e implica, assim, condições de concorrência homogêneas. Também no que se refere a um mercado integrado, não podem ser mantidas diferenças substanciais de preços entre áreas vizinhas. De igual forma, leva-se em conta que uma presença significativa de todos os grandes fornecedores na maioria dos Estados-membros indica normalmente um indício a favor de um mercado comunitário.[451]

E qual seria o *significado das participações no mercado*? O considerando 15 do Regulamento sugere que se pode presumir que as operações de concentração em que o *market share* das empresas no mercado relevante não ultrapassa 25%, nem no mercado comum, nem numa parte substancial deste, não seria susceptível de entravar a concorrência efetiva. Verifica-se, entretanto, que essa premissa não é absoluta, pois a prática da Comissão revela que o mero fato de a empresa

---

448 Na decisão Crown Cork & Seal-Carnaud Metalbox, em que os mercados das latas para produtos alimentares se caracterizavam por serem essencialmente nacionais ou regionais transfronteiras, em razão dos elevados custos de transporte e a necessidade da proximidade em relação ao cliente, pois os produtos que se acondicionavam em latas eram perecíveis, exigindo os clientes pontualidade na entrega e fiabilidade absoluta (considerandos 42, 43 e 46).

449 Como na decisão Kali und Salz/MDK/Treuhand, de 14.12.1993, considerando 32, em que o nível irrelevante das importações de potássio da Alemanha foi considerado indicativo de um mercado distinto.

450 Alguns novos fatores foram empregados pela Comissão na decisão Saint-Gobain/Wacker-Chemi para indicar que o mercado geográfico do carboneto de silício para aplicações abrasivas era o do EEE e não o mundial, como normas industriais diferentes e disparidades quanto às características do produto (as utilizadas na UE, dos Estados Unidos, do Japão, da China ou ainda da Polônia eram diferentes); ausência de confiabilidade nos fornecedores situados fora do EEE; proximidade com a clientela; direitos de importação (que eram mais baixos para os produtores do EEE); medidas *antidumping* sobre as importações.

451 Cf. *Relatório sobre a Política da Concorrência,* 1991, p. 389, por outro lado, a liberalização de certos setores da economia, como o das telecomunicações, tem contribuído para o reconhecimento de um mercado geográfico mais amplo, por exemplo, na decisão Siemens/Italtel, de 17.2.1991, considerando 30.

deter mais de 25% de *market share* não significa necessariamente que a mesma detenha uma posição dominante neste; e o inverso também é verdadeiro: nem sempre a simples detenção de uma participação inferior a esse percentual indica a existência da compatibilidade, no máximo uma mera presunção.

A participação no mercado, apesar de ser um elemento indicador da detenção de poder, não é essencialmente determinante. Nesse ponto, a prática comunitária afasta-se da norte-americana, que geralmente utiliza o chamado *Herfindahl-Hirshman Index* para aferir o grau de concentração no mercado, que estabelece em termos quantitativos o critério de compatibilidade da operação de concentração com a estrutura concorrencial do mercado sob exame.[452]

No formulário CO estão as instruções para proceder à notificação prévia de uma operação de concentração. As operações horizontais que não atinjam 15% e as verticais que não chegam a 25% encontram-se isentas de realizar essa notificação, uma vez que somente se consideram mercados afetados quando a operação em causa alcançar esses limiares.[453]

A prática decisória da Comissão, porém, revela que existem muitas concentrações que não resultariam aumento de participação no mercado, ou apenas um aumento muito pequeno nos mercados relevantes e, nessas circunstâncias, mesmo diante de altas participações indivi-

---

452 Nesse sentido ver Sofia Pais, op. cit., p. 366. Para Dominique Berlin, op. cit., p. 195, entretanto, o índice HHI preenche a função que tem na ordem comunitária os limiares expressos no artigo 1.º do Regulamento (CE) 4.064/89, condicionando a intervenção do controle. No Brasil, apesar de esse índice ser freqüentemente utilizado para se verificar o grau de concentração no mercado, o critério de participação no mercado indica, em princípio, apenas a necessidade de submeter aquela operação de concentração à apreciação pelo órgão competente.

453 Segundo Sofia Pais, op. cit., p. 368-369, o que significa, em termos práticos, que os critérios relativos às partes de mercado foram, de certa forma, ainda mais reduzidos: no caso de concentrações horizontais, os limiares das quotas de mercado desceram de 25% para 15%. As justificações geralmente apontadas para essa solução baseiam-se em razões de conveniência administrativa, isto é, procura-se facilitar o papel da Comissão na aplicação do Regulamento. Sobre a regra *de minimis* e a eliminação da concorrência potencial ver Van Bael, F. Bellis, op. cit., p. 466-467.

duais, a Comissão tem preferido autorizar a concentração quando elas não alteram de forma significativa o *status quo ante* nos mercados afetados.

Acrescente-se ainda que a importância do *market share* irá variar consoante a fase de desenvolvimento do mercado em causa,[454] sendo de extrema relevância na análise que a Comissão efetua acerca do lapso temporal em que foram detidas participações elevadas e o contexto do mercado.[455] Por outro lado, quando a Comissão constata que é dispensável a definição do mercado geográfico, pois a operação em si não gera problemas no que diz respeito à estrutura concorrencial, ela tem se escusado dessa tarefa, como na decisão Siemens/Italtel citada anteriormente (considerandos 33 e 34).

Um dos fatores apreciados pela Comissão para a delimitação do mercado geográfico de um produto ou serviço é a existência de *barreiras à entrada* de novos concorrentes, atuais ou potenciais.[456] Isto é, busca-se analisar se naquele mercado há ou não condições para que um concorrente, atual ou potencial, entre no mercado em estado de igualdade com aquela nova empresa. Esse exame tem recebido especial atenção da Comissão para a concessão de autorizações de operações de concentração, mesmo quando as partes detêm grandes fatias do mercado.

A *concorrência atual* consiste no poder dos atuais concorrentes

---

454 Como na decisão Tetra Park/Alfa Laval e na decisão Digital/Philips, em que a Comissão declarou que a existência de *market shares* elevados em mercados em crescimento e envolvendo tecnologia moderna não indica necessariamente um poder de mercado.

455 Revela-se, portanto, a ponderação efetuada por Lúcia Salgado, op. cit., p. 172, parcialmente equivocada, ao afirmar que, "em contraste com a abordagem norte-americana, a regulamentação européia não considera – de maneira explícita – os impactos em termos de eficiência que poderiam contrabalançar os efeitos anticompetitivos, nem utiliza qualquer critério de mensuração *market share*. A avaliação do tamanho das empresas é feita apenas em termos absolutos (dimensão do faturamento)". De fato, apesar de não portar grande importância o denominado balanço econômico, a participação das empresas no mercado, ou seja, o *market share* é tomado em consideração pela Comissão, embora não seja o único critério determinante da compatibilidade ou não de uma operação.

456 Por exemplo, a análise efetuada na decisão Telia/Telenor.

e sua habilidade em restringir a conduta no mercado da nova empresa, e é considerada a partir da análise de fatores como partes no mercado, capacidade de produção, recursos financeiros, seu acesso à tecnologia e à eficácia da rede de distribuição, a qualidade dos seus produtos ou serviços. O indicativo mais óbvio do poder da concorrência atual é a parte no mercado dos concorrentes da nova empresa.[457].

Já a *concorrência potencial* consiste no poder de expansão das empresas já presentes no mercado, assim como da possibilidade de novas entradas, encontrando-se estritamente jungida à natureza das barreiras à expansão ou à entrada no mercado relevante.

Quanto às *barreiras à entrada*, esse termo não deve ser compreendido apenas como as barreiras legais, ou seja, de ordem legislativa ou regulamentar do Estado-membro, mas também as de ordem econômica. As *legais* emanam de determinações oriundas do próprio Estado-membro e podem se apresentar como restrições a empresas estrangeiras na liberdade de estabelecimento e no comércio mediante as fronteiras, sob a forma de monopólios legais, afetando tanto as empresas nacionais como as estrangeiras, ou ainda sob como legislações protetoras.[458] Por sua vez, as barreiras *técnicas* podem se manifestar como direitos de propriedade intelectual, sendo um fator de extrema importância para a Comissão em sua avaliação do poder das partes no mercado. Por último, as *econômicas* consistem na avaliação do poderio econômico das outras empresas no mercado, ou seja, verificando se esse lhes possibilitariam a

---

457 Cf. Van Bael, F. Bellis, op. cit., p. 451.

458 Como as que foram consideradas na decisão Orkla/Volvo, de 20.9.1995, no que diz respeito à cerveja e à legislação ambiental na Noruega, pois nesse país encontra-se proibida a venda de cerveja com teor alcoólico por volume superior a 7%, e as que detêm um índice superior a 4,5% só podem ser vendidas em determinadas estações detentoras de monopólio legal, ou ainda hotéis e restaurantes com licença para tal (considerando 45). Quanto à legislação ambiental, as garrafas não reutilizáveis estão sujeitas a um imposto especial, além de um pagamento especial às empresas responsáveis pela reciclagem do vidro, fazendo com que o montante total que onera as garrafas norueguesas cheguem a 1,83 coroa, em comparação com o preço do produtor por garrafa de 2,5 coroas. Ressalte-se que as cervejas engarrafadas não estão sujeitas a impostos, assim como as latas estão sujeitas a um imposto ainda mais elevado que as garrafas *one way*.

entrada no mercado de uma maneira racional e menos dispendiosa.

A existência de barreiras econômicas foi reconhecida na decisão Coca-Cola/Amalgamated Beverages GB,[459] em que um dos principais obstáculos considerados pelos concorrentes potenciais foram os altos custos do lançamento de um produto e da distribuição em relação ao mercado das bebidas do tipo cola na Grã-Bretanha.[460]

No formulário CO outros elementos também são requisitados pela Comissão para proceder à sua análise, como indicação da estrutura da oferta e da procura nos mercados afetados pelo projeto, as condições de entrada, a presença de acordos de cooperação, associações comerciais (Seção 8), e diversos dados do mercado quando a operação possui efeitos chamados conglomerados (Seção 9).[461] A prática da Comissão indica ainda outros fatores que são levados em consideração, como a indicação de alternativas para fornecedores e consumidores (mesmo que haja uma certa benevolência em razão da contestabilidade das importações oriundas de países terceiros); o poder dos compradores no merca-

---

459 V. decisão Coca-cola/Amalgamated Beverages GB, de 22.1.1997, considerando 101.

460 Nesse sentido, ver Van Bael, f. Bellis, op. cit., p. 453-455, que apontam alguns exemplos de barreiras à entrada: padrões nacionais e pedidos de autorização regulatória; preferência por produtos domésticos; monopólios de distribuição; diferenças de preferências dos consumidores por produtos básicos; o custo do transporte; diferenças da gama de produtos e tipos de serviços providenciado em diferentes áreas; diferenças nos canais de distribuição utilizados pelos fornecedores em diferentes áreas; o grau ao qual os consumidores encontravam-se limitados por acordos de compra exclusiva impedindo potenciais fornecedores concorrentes; diferenças lingüísticas e culturais; a importância de uma entrega em prazo curto favorecendo a produção local

461 Segundo Van Bael, F. Bellis, op. cit., p. 465, o propósito dessa análise era avaliar, independentemente de qualquer ligação vertical ou horizontal entre os mercados nos quais as partes operavam, se existiam outras vantagens das quais qualquer uma das partes poderia se beneficiar como conseqüência da concentração que pudesse reforçar a sua posição nos respectivos mercados. Assim, a vantagem mais considerada tem sido o acesso de uma das partes aos recursos financeiros da outra, mas a Comissão tem levado em conta que, invariavelmente, os concorrentes também dispõem de poder financeiro, e que este motivo não dá à nova empresa a habilidade de atuar

do, a existência de vantagens competitivas;[462] a possibilidade que a nova empresa terá para oferecer uma maior gama de produtos;[463] as regras relativas aos contratos públicos; alterações de tecnologia; tendências à liberalização, etc.[464] De fato, o formulário CO exige uma série de informações de caráter econômico que a rigor fogem da análise jurídica. Somese ainda o fato de que a Comissão pode solicitar ainda outros dados, o que torna difícil a tarefa de estabelecer um determinado padrão de procedimento do órgão controlador, pois este irá quase sempre depender do caso que se encontra sob análise.

Na prática, a Comissão busca fazer uma avaliação do mercado geográfico da forma mais dinâmica possível, considerando sempre a consolidação do mercado interno e a abertura do mercado em relação à concorrência internacional. Assim, mesmo que esse mercado, *a priori*, revele-se com características essencialmente nacionais, mas haja condições homogêneas de concorrência por intermédio das fronteiras nacionais e em razão da expectativa do alargamento das fronteiras e da intensificação das trocas intracomunitárias, uma concentração entre empresas de diferentes Estados-membros tem sido vista pela Comissão Européia como parte de uma tendência ao crescimento do comércio transfronteiriço

---

de forma independente no mercado. A outra vantagem seria o acesso de uma das partes aos recursos tecnológicos da outra, que também não têm influenciado, tendo muito mais uma função de sustentar a busca da posição dominante, fundada principalmente nos efeitos verticais e horizontais.

462 Como o *Relatório sobre a Política da Concorrência,* 1991, p. 395, enumera: a capacidade financeira, os conhecimentos tecnológicos, as capacidades de produção mais elevadas, uma gama de produtos mais ampla dando a possibilidade de um conjunto de acordos ou de subsídios cruzados, uma rede de distribuição, um acesso exclusivo ou preferencial aos canais de distribuição, a existência de acordos de fornecimento de longo prazo com clientes etc.

463 Por exemplo, a Comissão analisou na decisão Tetra Park/Alfa-Laval, de 19.7.1991, ao investigar se a capacidade de oferecer uma gama de produtos mais completa que os seus concorrentes reais ou potenciais constituiria uma vantagem significativa para a Tetra Park em termos das suas vendas futuras de máquinas de embalagem, porque poderia criar ou reforçar posições dominantes nos mercados dessas máquinas e respectivos cartões.

464 Ver, por exemplo, os fatores apreciados na decisão Siemens/Italtel, e também na decisão Telia/Telenor.

no mercado do produto afetado, não afastando a possibilidade da existência de mercados mundiais em setores específicos.[465].

O último passo, após a delimitação dos mercados afetados e da constatação da existência de um poder dominante ou da possibilidade de reforço, é saber se, depois da realização da operação de concentração, serão criados efeitos anticoncorrenciais que venham a originar um entrave significativo em relação à concorrência efetiva no mercado comum ou em parte deste, como será tratado a seguir.

Essa análise supera a delimitação do mercado afetado, pois, mesmo se a empresa detiver a posição dominante em um dado mercado, os seus efeitos poderão repercutir em outro. Dessarte, necessária se faz a verificação dos efeitos de uma operação de concentração nos aspectos vertical, horizontal e conglomerado, devendo investigar não apenas se há exclusão da concorrência existente, mas igualmente a possibilidade de eliminação da concorrência potencial.

A apreciação dos efeitos horizontais da concentração consiste,

---

465 Cf. *Relatório sobre a Política da Concorrência,* 1991, p. 47. Aliás, para se considerar um mercado como mundial, há alguns fatores que devem ser levados em conta, como a existência de custos de transportes, taxas relativamente baixas em relação ao valor do produto e que não impliquem em significantes restrições a importação. No *Relatório sobre a Política da Concorrência,* 1993, p. 46, é constatada a presença de um mercado mundial em muitos setores. O processo Philips/Thompson/Sagem era especialmente ilustrativo desse aspecto, pois ainda que as empresas-mãe dessa empresa fossem as principais fabricantes comunitárias do produto em causa, o seu acordo foi autorizado, uma vez que o mercado desse produto tinha uma dimensão manifestamente mundial e existiam importantes concorrentes em países terceiros. Tratava-se, com efeito, de situar cada operação no seu contexto e de tomar em consideração todos os elementos econômicos e fáticos. Tanto a evolução tecnológica como a abertura progressiva dos mercados dos países terceiros, devido, nomeadamente, à liberalização resultante dos acordos bilaterais ou regionais concluídos pela Comunidade ou ainda das negociações no âmbito do GATT, têm conduzido a um alargamento de fato de inúmeros mercados. Assim, ao situar o comportamento das empresas comunitárias nesse contexto mais vasto, a Comissão encontra-se em condições de avaliar se esses acordos poderiam ser autorizados e permitiriam à indústria comunitária melhorar a sua competitividade.

geralmente, num exame estático da situação, por meio da análise das atividades das empresas no mercado, que irá informar se a operação dará ou não origem a uma sobreposição entre as suas participações.[466] No que diz respeito aos efeitos verticais e conglomerados, a Comissão busca desenvolver uma aproximação mais dinâmica[467], pois as concentrações verticais entre fornecedores e clientes podem produzir dois tipos de efeitos: exclusão nos mercados a montante (acesso aos fornecimentos) ou a jusante (acesso às vendas) mediante o reforço das barreiras à entrada. A Comissão avalia, portanto, os riscos de exclusão da concorrência, tendo em conta a limitação ao acesso ao fornecimento ou às vendas. Finalmente, em relação às concentrações conglomeradas, a apreciação é efetuada quanto à possibilidade do reforço de uma posição dominante ou de uma situação de poderio econômico por meio da criação de vantagens competitivas significativas decorrentes principalmente da combinação de recursos financeiros.

1.2.10 Critérios de apreciação das operações de concentração

1.2.10.1 Balanço econômico ou balanço concorrencial?

A característica mais importante do Regulamento é a instituição do controle prévio das operações de concentrações de empresas. A sua conseqüência imediata é facultar que a Comissão, ao examinar os projetos que lhe são propostos, possa procurar, sempre que possível, e em conjunto com as empresas relacionadas com a operação, caminhos, vias, correções, que possibilitem que a operação sob análise se enquadre nas

---

466 Nesse sentido ver Sofia Pais, op. cit., p. 372-373. Essa análise, por exemplo, pode ser verificada na decisão Crown Cork & Seal-Carnaud Metalbox.

467 Por exemplo, a que foi efetuada na decisão Mannesmann/Hoesch, na qual a Comissão, apesar da elevada participação de mercado detida conjuntamente entre a MRW e a Hoesch no mercado alemão de condutas de gás, assim como as vantagens concorrenciais relativamente aos restantes concorrentes alemães, aceitou a criação de uma empresa comum que viria deter uma posição dominante nesse mercado, pois considerava que aquela posição teria um caráter temporário devido ao fato de serem iminentes as alterações estruturais no que dizia respeito à possibilidade de empresas estrangeiras acederem àquele mercado, em razão da entrada em vigor de diretivas comunitárias de abertura do mesmo.

exigências do artigo 2.º, n. 2, do Regulamento.[468] Em outras palavras, o controle prévio permite a busca de alternativas que fazem com que uma determinada operação de concentração torne-se compatível com o mercado comum.[469] A decisão de incompatibilidade, que seria a outra opção da Comissão, tem sido utilizada em situações excepcionais, nas quais a operação pode sinalizar o fechamento do mercado ou ainda os efeitos anticoncorrenciais, que possam ser facilmente observados.[470]

A análise que a Comissão efetua é nitidamente pragmática, fundada em fatores econômicos, e leva em consideração diferentes aspectos da concorrência, incluindo a estrutura dos mercados em causa, a concorrência real e potencial (proveniente do interior ou do exterior da Comunidade), a participação das empresas no mercado, as possibilidades de escolha de terceiros, a existência de barreiras à entrada, os interesses dos consumidores[471] e o progresso técnico e econômico. A valoração que é dada a cada um desses elementos irá depender do caso concreto.

O objetivo visado pela Comissão ao realizar essa análise é preservar e incentivar a concorrência efetiva no mercado comum, tendo sempre em conta os propósitos fundamentais mencionados no artigo 2.º do Tratado CE, incluindo o intuito de reforço da coesão econômica e

---

468 Segundo a Comissão no *Relatório sobre a Política de Concorrência,* 1990, p. 37, os critérios de avaliação resultantes do artigo 2.º do Regulamento indicam claramente que se trata de um controle baseado no princípio da proteção da *livre concorrência*. No entanto, a avaliação do impacto de uma operação de concentração leva em conta outros fatores que devem orientar a Comissão na sua apreciação, como será desenvolvido neste Capítulo.

469 O que significa que a mesma não deverá criar ou reforçar uma posição dominante de que resultem entraves significativos à concorrência efetiva no mercado comum ou em parte substancial deste.

470 Como no caso MSG Media Service, no qual, apesar dos compromissos que foram propostos pelas partes no sentido de sanar a incompatibilidade com o mercado comum, a Comissão os considerou insuficientes e declarou a incompatibilidade dessa operação com o mercado comum (*Relatório sobre a Política da Concorrência,* 1994, p. 181), ou ainda na decisão Gencor/ Lonrho, de 24.4.1996, pois viria a criar um posição dominante duolística prejudicial à concorrência efetiva no mercado comum e o funcionamento do EEE.

471 O interesse dos consumidores tem sido cada vez mais objeto de atenção da Comissão Européia. O *Relatório sobre Política da Concorrência,* 2000,

social da Comunidade contido no artigo 158 do mesmo diploma legal.[472] Essa referência sugere que, ao avaliar uma operação de concentração, a Comissão deverá estar atenta aos interesses especiais de uma região menos desenvolvida da Comunidade Européia, ou seja, deverá buscar o equilíbrio entre as diferenças econômicas e sociais existentes.

Acrescente-se que essa análise, além de prévia, é prospectiva. Isso significa que a Comissão irá examinar os efeitos de uma operação de concentração não sob a perspectiva do quadro concorrencial do mercado no momento presente, mas tendo em conta a estrutura concorrencial futura.[473]

Por último, a verificação cingir-se-á sobre a compatibilidade ou não de uma operação de concentração com o mercado comum, isto é, se ela cria ou reforça uma posição dominante da qual resultem entraves significativos para a concorrência efetiva no mercado comum, ou em

---

p. 4, comenta o caso TotalFina/Elf Aquitaine, no qual "a operação foi autorizada mediante a condição de alienação de instalações de transporte e armazenagem com objetivo de preservar a concorrência no mercado varejista de combustível de aquecimento para uso doméstico e do LPG, mantendo consequentemente uma pressão no sentido da descida de preços. No mercado da venda de combustíveis nas auto-estradas, a exigência de alienação de 70 estações de serviço permitirá a entrada no mercado de um grande operador varejista (Carrefour), o que virá reforçar a concorrência não só a nível de preços, mas também a nível do fornecimento de serviços adicionais aos consumidores".

472 Essa é a orientação fornecida pelo considerando 13 do Regulamento (CE) 4.064/89, revelando o seu caráter dualista e aparentemente contraditório da análise a ser efetuada, ou seja, a preservação de uma concorrência efetiva aliada a imperativos socioeconômicos dos artigos 2.º e 158 do Tratado CE.

473 Nos termos do considerando 265 na decisão Volvo/Scania, de 14.3.2000, a Comissão examinou "os elementos estruturais que eram susceptíveis de alterar as condições de concorrência e que justificariam uma interpretação mais dinâmica do significado de quota do mercado das partes na concentração. Concluiu-se que esses fatores estruturais poderiam, por exemplo, incluir a capacidade dos concorrentes efetivos restringirem as ações da nova entidade, a expectativa de um aumento significativo na concorrência potencial por parte de concorrentes poderosos, a possibilidade de uma rápida entrada no mercado ou o poder de compra por parte de importantes clientes. Em especial, a Comissão tomou em consideração a questão da prevista concorrência substancial real e potencial e o efeito de processos de concurso".

uma parte substancial deste.[474]

1.2.10.1.1 *O n. 1 do artigo 2.º do Regulamento (CE) 4.064/89* - O n. 1 do artigo 2.º estabelece os elementos ou circunstâncias que a Comissão deverá ter em conta ao analisar uma operação de concentração. O primeiro deles é a necessidade de preservar e desenvolver uma concorrência efetiva no mercado comum, atendendo, nomeadamente, à estrutura de todos os mercados em causa e à concorrência real ou potencial de empresas situadas no interior ou no exterior da Comunidade. O segundo é a posição que as empresas em causa ocupam no mercado e o seu poder econômico e financeiro; as possibilidades de escolha de fornecedores e clientes; o seu acesso às fontes de abastecimento e aos mercados de escoamento; a existência, de direito ou de fato, de barreiras à entrada no mercado; a evolução da oferta e da procura dos produtos e serviços em questão; os interesses dos consumidores intermédios e finais, bem como a evolução do progresso técnico e econômico, desde que tal evolução seja vantajosa para os consumidores e não constitua um obstáculo à concorrência.[475]

Nesse dispositivo legal encontramos um dos pontos críticos do Regulamento, que é tentativa de harmonizar dois tipos de sistemas de análise de operações de concentração: o balanço concorrencial e o balanço econômico.

Entende-se por *balanço concorrencial* a análise que busca limitar a função do controle de concentrações à salvaguarda das estruturas concorrenciais no Mercado Comum. O julgamento sobre as concentrações deve, portanto, cingir-se a uma apreciação dos seus efeitos sobre a manutenção de uma concorrência efetiva.[476] O *balanço econômico e social* consiste em realizar uma apreciação global dos efeitos da concentração, não apenas em relação à concorrência, mas também do ponto de vista de outros objetivos, como o progresso econômico e técnico e a política social. Essa perspectiva adotada inspira-se no modelo francês e no artigo 81, n. 3, do Tratado CE[477] e deve

474 Artigo 2.º, ns. 2 e 3 do Regulamento (CE) 4.064/89.

475 Para Van Bael, F. Bellis, op. cit., p. 436, esses fatores são apenas complementares na análise.

476 Cf. J. Blaise, op. cit., p. 763.

refletir ainda a preocupação com a coesão econômica e social.[478]

Em referência à alínea *a*, o Regulamento é bastante claro no sentido de que uma decisão de compatibilidade deverá sempre ser concedida objetivando não apenas a preservação da concorrência efetiva no mercado comum, mas também o seu desenvolvimento. Os fatores a serem pesados no momento da apreciação serão a estrutura de todos os mercados em causa afetados pela operação e a concorrência real e potencial.

Quanto à alínea *b*, é preciso separá-la em duas partes. A primeira, quando enumera elementos estritamente econômicos, como a posição que as empresas ocupam no mercado; as possibilidades de escolha de fornecedores e utilizadores; o seu acesso às fontes de abastecimento e aos mercados de escoamento; a existência, de direito ou de fato, de barreiras à entrada; a evolução da oferta e da procura dos produtos e serviços em questão e os interesses dos consumidores intermédios e finais. Aqui poucos problemas se apresentam, pois esses fatores constituem os critérios que efetivamente orientam a Comissão na análise das

---

477 Dominique Berlin, op. cit., p. 230, adverte que, apesar da invocação da semelhança desse dispositivo legal com o artigo 81, n. 3, qualquer aproximação poderia ser errônea, pois partem de pressupostos diferentes. A utilização do n. 3 do artigo 81 é feita após a constatação de que o acordo não passa no teste do n. 1 do artigo 81; haveria portanto o resgate de uma concertação empresarial que havia sido interditada previamente. Tal previsão não existe sob o Regulamento (CE) 4.064/89, no qual os critérios que não sejam os estritamente concorrenciais não podem, em princípio, intervir. A função, contudo, não pode ser a mesma, apesar de o conteúdo do critério ser similar.

478 Cf. J. Blaise, op. cit., p. 763. No mesmo sentido Jacques H., J. Bourgeois, B. Drijber, op. cit., p. 17-18, comentam que a aplicação do Regulamento faz parte da política comunitária. Isso quer dizer que a necessidade de coordenar sobre um plano de direito material a política da "coesão econômica e social" e outras políticas é real. O debate que se travou no Conselho referia-se a questões fundamentais da coesão econômica da Comunidade. É, todavia, perfeitamente defensável a tese segundo a qual, em acompanhamento à missão definida no artigo 3.º, *g*, o legislador comunitário (e *mutatis mutandis* a Comissão ao aplicar o Regulamento), não apenas pode, mas deve, ter em conta outras missões que lhe são confiadas tendo em vista a realização dos objetivos da Comunidade.

operações, como tratado anteriormente.

Já a segunda parte, ao incluir a evolução do progresso técnico e econômico,[479] aliada ao considerando 13 (que diz que a Comissão deve ter em conta os artigos 2.º e 158 do Tratado CE), é que causava as maiores polêmicas. Questionava-se até que ponto a inclusão desses fatores deveria realmente influenciar a Comissão quando da análise de uma operação de concentração, isso porque o artigo 2.º do Tratado CE cuida de aspectos gerais dos objetivos comunitários, enquanto o artigo 158 trata da necessidade da busca da coesão econômica e social na Comunidade Européia. A Comissão poderia ainda ter em conta a competitividade das empresas que se encontram situadas em regiões que têm grande necessidade de reestruturação, nomeadamente em razão do seu atraso no desenvolvimento.[480] Durante a discussão do Regulamento, e mesmo após a sua aprovação, havia um grande temor de que esses dispositivos legais autorizassem a Comissão a interferir em setores de política interna dos Estados-membros e não apenas da concorrência.

Na realidade, o próprio n. 1 do artigo 2.º do Regulamento, objeto

---

479 Louis Vogel apud Sofia Pais , op. cit., p. 384-385, adverte que a aproximação da referência feita ao progresso técnico é legítima para definir o conteúdo dessa noção, mas já não para estabelecer o seu alcance, isto é, "a noção de progresso técnico e econômico não permite 'isentar' uma concentração restritiva da concorrência; é apenas um elemento a ter em conta na apreciação dessa restrição. (...) desse modo, as concentrações num mercado não competitivo, ainda que conduzam a um tal progresso, não devem ser autorizadas, visto que num mercado não competitivo não se pode esperar ver qualquer progresso do tipo visado pela política da concorrência, ou seja, havendo progresso técnico, ele será confinado à empresa em posição dominante".

480 A Comissão utilizou esse argumento na decisão Kali und Salz/MDK/ Treuhand, de 14.12.1993, para autorizar a operação de concentração em relação ao mercado alemão dos produtos de potássio para agricultura, mesmo reconhecendo que esta operação iria conduzir ao reforço da posição dominante em tal mercado. Essa decisão, entretanto, possui algumas peculiaridades, pois aquela operação de concentração estava incluída no plano de reestruturação e privatização das empresas da antiga República Federativa da Alemanha. Por outro lado, segundo a Comissão, autorizando ou não a operação, o reforço dessa posição dominante ocorreria e, naquela situação, considerada excepcional, tais efeitos prejudiciais à estrutura do

de tanta discussão, apresenta uma resposta muito clara para a polêmica: a influência dessas circunstâncias tem como condicionante que a evolução seja vantajosa para os consumidores e não poderá constituir um obstáculo à concorrência. Isso significa que, na perspectiva do Regulamento, o que efetivamente importa, afinal de contas, é a preservação e o desenvolvimento da concorrência efetiva no mercado comum. Ou melhor, o balanço concorrencial vai sempre prevalecer sobre o balanço econômico.[481]-[482]

Na prática, observa-se que, apesar da aparente prevalência do denominado balanço concorrencial, a política eleita pela Comunidade Européia é a garantia da defesa da concorrência como um instrumento, ou seja, um meio para atingir os objetivos perseguidos pela Comunida-

---

mercado não surgiriam, pois, a curto prazo, a empresa adquirida desapareceria no mercado caso não fosse comprada por outra empresa e a sua participação no mercado fosse transferida para a empresa adquirente e, por último, não existisse qualquer alternativa de aquisição menos restritiva à concorrência. Estando preenchidas essas três condições, a Comissão entendeu que esse resultado se encontrava em sintonia com os objetivos fundamentais de reforço da coesão econômica e social na Comunidade e, por isso, a operação deveria ser declarada compatível com o mercado comum.

481 Ver comentários de J. Blaise, Contrôle des opérations..., p. 764, e L. Cohen-Tanug et al., op. cit., p. 59. Ver também o acórdão Comité central d'entreprise de la Société génerale des grandes sources e o./Comissão citado (item 1.2.8.1)

482 A Comissão, no *Relatório sobre a Política da Concorrência,* 1990, p. 17, comenta justamente essa necessidade de ligação da política da concorrência com outras políticas, pois a política da concorrência constitui um elemento integrante e essencial de um conjunto de atividades da Comunidade e exemplifica com a *política tecnológica*, pois, "embora seja desejável um certo grau de cooperação no domínio da investigação, a eliminação de uma concorrência efetiva afastaria o principal estímulo à inovação e à aplicação de novas tecnologias"; com a política *antidumping*, pois, "a indústria européia tem o direito legítimo de ser protegida de práticas comerciais desleais e ilícitas, mas a intensidade e a duração desta proteção não podem pôr em causa as regras de concorrência do Tratado; e por último, a *coesão econômica e social*, pois apesar dos fundos estruturais serem parte essencial do programa do mercado interno no que diz respeito às regiões menos favorecidas, 'é essencial que os auxílios concedidos fora destas zonas sejam rigorosamente controlados'".

de.[483] Essa concepção afasta-se por completo da noção do direito antitruste norte-americano, que entende a concorrência como um fim em si mesma, e, por esse motivo, justifica-se a utilização da *rule of reason*, pois busca atenuar os rigores do Sherman Act e do Clayton Act. Dominique Berlin lembra que as críticas que têm sido colocadas em relação à atitude das autoridades comunitárias sobre esse ponto não têm fundamento, pois existem duas diferenças essenciais que impedem não toda a comparação, mas uma maior aproximação entre as perspectivas americana e européia. A primeira é que as regras estabelecidas no n. 1 do artigo 2.º não impõem que a Comissão deva fazer uma análise puramente concorrencial, enquanto a análise americana que leva os tribunais a aplicarem uma *rule of reason* é conduzida por uma base de parâmetros exclusivamente concorrenciais. A segunda razão, que não é menos importante que a primeira, é que a construção de um mercado comum tem um papel primordial na apreciação das operações, preocupação esta que não há no direito americano.[484]

O entendimento de concorrência para o direito comunitário irá depender da análise em concreto da situação que seja objeto de questionamento, pois "as restrições à concorrência que o Tratado admite em certas condições, por razões resultantes da necessidade de conciliar os vários objetivos a prosseguir, encontram nas exigências dos artigos 2.º e 3.º um limite para além do qual o enfraquecimento do jogo da concorrência poderia prejudicar as finalidades do mercado comum".[485] A concorrência permitida é a efetiva *workable competition*, ou seja, aquela que "tem por finalidade garantir a presença no mercado de um número suficiente de empresas independentes funcionando em condições adequadas a proporcionar aos consumidores e utilizadores uma razoável possibilidade de escolha",[486] observando sempre a missão primeira da Comunidade. Dessa forma, a livre concorrência na União Européia pode ser sacrificada em razão dos valores inseridos no artigo 2.º do Tratado CE.[487]

483 Consagrados nos artigos 2.º e 3.º, alínea *g*, do Tratado CE, como foi versado na Introdução, item 3.2.

484 Cf. Dominique Berlin, op. cit., p. 155.

485 Ac. do TJCE, de 21.2.1973, Proc. 6/72, Europemballage Corporation e Continental Can/Comissão, Col. TJCE., 1973.

Evidente que essa "solução" não é tão simples, nem a Comissão parece muito decidida diante de um dispositivo legal aparentemente contraditório, que impede de afirmar seguramente a consagração de um balanço econômico no Regulamento.[488] Aliás, a sua própria origem é conflituosa: lembre-se dos obstáculos e dúvidas que os Estados-membros sempre colocaram relativamente ao poder que a Comissão pudesse dispor em relação à política econômica e industrial nacional.

1.2.10.1.2 *A controversa utilização de critérios de eficiência econômica pela Comissão* - Assim, no aspecto estritamente legal, o que se conclui é que a realização de um balanço estritamente concorrencial não é obrigatória. A Comissão poderá utilizar outros critérios não essencialmente competitivos, fundando-se essa possibilidade justamente na busca da consecução do objetivo maior, que é a formação e a consolidação do mercado único europeu. Por outro lado, sabendo que o direito da concorrência assume um caráter instrumental no que diz respeito à implementação de políticas públicas e que na Comunidade Européia a política da concorrência encontra-se atuando paralelamente com outras políticas, como a do emprego, a do incentivo à competitividade das empresas, ou do meio ambiente, uma maior ou menor ênfase a

---

486 Cf. J. Campos, op. cit., p. 491.

487 Em termos mais restritos, ou seja, sob a ótica do Regulamento, a *concorrência efetiva* se apresenta de certa forma estritamente ligada à noção de entrave significativo, que irá ser tratado adiante.

488 Sofia Pais, op. cit., p. 399, comenta: "em conclusão, podemos afirmar que, apesar de a Comissão declarar, com base em critérios concorrenciais, a operação de concentração, no caso de Havilland, incompatível com o mercado comum, parece deixar a porta aberta à consideração, no futuro, de factores não exclusivamente concorrenciais, quando afirma que não se pronuncia sobre a pertinência de tais factores para o balanço a efectuar à luz do artigo 2.º do Regulamento. Daí que não se deva considerar excluída a possibilidade de a Comissão, no futuro, no âmbito dos seus poderes discricionários, nomeadamente na concretização do teste de um entrave significativo à concorrência efectiva, ter em conta as várias referências feitas ao longo do Regulamento a interesses extraconcorrenciais, efectuando deste modo um certo balanço económico". Infelizmente este prognóstico não irá prosperar, pois, com raras exceções, a Comissão tem mantido a sua posição de efetuar um balanço essencialmente concorrencial.

um determinado aspecto do balanço concorrencial ou econômico irá depender da necessidade que a Comunidade Européia sentir naquele instante.[489]

Apesar de a utilização dos critérios que não sejam estritamente concorrenciais ser colocada em segundo plano, alguns movimentos têm sido identificados no sentido de seu uso, como as eficiências econômicas,[490] a *failing firm defence* ou a competitividade das empresas em causa em relação à concorrência internacional.[491] Contudo, não é recomendável a retirada de conclusões precipitadas, ou em sentido contrário ao que dispõe o Regulamento.

No que diz respeito às eficiências econômicas,[492] por exemplo,

---

489 Dominique Berlin, op. cit., p. 227-229, afirma que "a natureza do controle de concentrações pode variar em função da relatividade da noção de concorrência efetiva e a direção imprimida ao balanço concorrencial (...) é assim que a concorrência e mais largamente a política da concorrência não é um fim em si, mas uma parte integrante da política econômica geral: esta é a razão pela qual as conseqüências quanto ao controle desta integração da concorrência conduzem ao alcance sobre a operação litigiosa fundada sobre um balanço econômico e não mais unicamente concorrencial".

490 Entretanto, a Comissão ressaltou no *Relatório sobre a Política da Concorrência,* 1991, p. 11, que a relação entre eficiência econômica e concorrência é agora largamente reconhecida pelos governantes de todo mundo e os próprios consumidores ganham cada vez mais consciência das vantagens que podem obter do bom funcionamento dos mecanismos do mercado. E conclui, p. 20, que "as concentrações de empresas podem responder a uma lógica de eficiência econômica permitindo uma melhor exploração das economias de escala e de aprendizagem, podendo deste modo contribuir para a adaptação da estrutura da indústria comunitária ao desafio colocado pela integração do mercado interno e pela mundialização da economia. Esta indústria deve, no entanto, preservar uma estrutura concorrencial, tendo em vista manter um ambiente em que as empresas européias sejam chamadas a dar o seu melhor e tendo em vista assegurar a participação dos consumidores europeus dos benefícios deste grande mercado. É, por conseguinte, preciso evitar o reforço ou a criação de posições dominantes, que constituem reações defensivas e negativas ao processo de abertura criado pela realização do mercado interno, ou respostas à internacionalização da economia, sem garantir a manutenção de uma concorrência efetiva no interior da Comunidade".

a Comissão empregou esse conceito de maneira reservada para impedir a implementação da operação Aérospatiele-Alenia/De Haviland.[493] As partes notificantes haviam argumentado sobre uma hipotética redução de custos, mas a Comissão afastou essa possibilidade, pois "*sem prejuízo de saber se tais considerações eram relevantes para a apreciação, nos termos do artigo 2.º do* Regulamento, estas poupanças teriam um impacto insignificante na operação global, e ainda, mesmo que fossem uma conseqüência da concentração *per se*, eram poupanças que poderiam ser efetuadas pelo proprietário da *De Havilland* ou por qualquer outro potencial comprador". Verifica-se, portanto, que a Comissão escusou-se de emitir qualquer posicionamento no sentido da relevância de tais critérios nessa decisão.

Já na decisão Mannesman/Vallourec/Ilva,[494] em que, apesar da existência de um duopólio vir a ser reforçada, a Comissão observou incidentemente, *sem invocar esses elementos como a motivação de sua decisão*, que a operação iria permitir uma redução importante das

---

491 Por exemplo, na decisão Mannesmann/Vallourec/Ilva, de 31.1.1994, considerandos 115/124, em que a presença dos produtores japoneses no mercado, mesmo que de forma reduzida, e ainda, a probabilidade de os fornecedores da Europa Oriental (que detinham vantagens em termos de custos, nomeadamente no que diz respeito à mão-de-obra) entrarem rapidamente no mercado da Europa Ocidental, foram considerados, mesmo que indiretamente, fatores decisivos para que a Comissão autorizasse a criação da empresa em comum, mesmo colocando em risco que esta tivesse por efeito a criação de um duopólio.

492 A inclusão da possibilidade de exame das eficiências econômicas é objeto de debate no Livro Verde. Sobre o tema, ver comentário de M. Monti, Antitrust in the US and Europe: a history of convergence, "como ganho de eficiência, não estou fazendo referência a redução de custos, mas os tipos de eficiências que possuem relevância para as autoridades de defesa da concorrência, ou seja, aquelas de longo termo e redução estrutural nos custos marginais da produção e distribuição, que surge como um resultado direto e imediato da operação, e que não podem ser alcançados por outros meios menos restritivos e que serão repassados de forma razoável para o consumidor de forma permanente, mediante redução de preços ou melhoria da qualidade dos produtos e serviços".

493 V. decisão Aerospatiale-Alenia/de Havilland, de 2.10.1991.

capacidades das partes e uma especialização dos seus locais de produção, o que leva a crer que essas eficiências produtivas tenham sido tomadas em consideração para legitimar a operação. L. Cohen-Tanug *et alli* criticam que a Comissão faça uso desse tipo de argumentação, mas não admita claramente, e acrescentam que o alcance de uma decisão destas não deve, entretanto, ser exagerado, pois não contém nenhuma referência explícita ao argumento de ganhos de eficiência e à noção de balanço econômico, o que sugere uma falta de modificação da doutrina administrativa nesse domínio.[495]

Recentemente, na decisão Gencor/Lonrho,[496] as partes alegaram que, por meio da operação, poderiam ser atingidas sinergias consideráveis e assim reduzir os custos. A Comissão, entretanto, logo afastou a possibilidade da utilização de tal tipo de argumento, pois, no seu entender, mesmo que houvesse sinergias, elas "não teriam quaisquer vantagens para os consumidores, uma vez que a operação criaria uma posição dominante conjunta nos mercados das platinas e do ródio e constituiria um obstáculo à concorrência nestes mercados". Na decisão Nordic Satellite Distribution,[497] da mesma forma, as partes notificantes alegaram que a operação, a curto e médio prazo, iria melhorar a distribuição da televisão por satélite na região nórdica e, ainda, na opinião das partes, a longo prazo, a nova empresa comum permitiria que os outros operadores de televisão procedessem a uma significativa racionalização das suas atividades, em benefício dos consumidores. A Comissão não aceitou essas justificativas, entendendo que aquela integração vertical não era necessária para alcançar esses efeitos.[498]

1.2.10.1.3 *A utilização da failing firm defence* - A utilização da tese da empresa em dificuldade, *failing firm defence*, tem sido objeto de um debate, mas também não pode ser vista como uma alteração do posicionamento da Comissão. Essa teoria consiste na idéia de que os

494 V. decisão Mannesmann/Vallourec/Ilva, de 31.1.1994.

495 Cf. L. Cohen-Tanug et al., op. cit., p. 82-83.

496 V. decisão Gencor/Lonrho, de 24.4.1996, considerandos 212/214.

497 V. decisão Nordic Satellite Distribution, de 19.7.1995, considerandos 145/152.

498 V. decisão WorldCom/Sprint.

efeitos de uma posição dominante criada ou reforçada por uma concentração, em que uma das partes fosse uma empresa em dificuldade, poderiam ser compensados pelo custo econômico e social que representaria a liquidação judicial da empresa em questão. De fato, o desaparecimento do aparelho produtivo e a necessidade pelos operadores do mercado em realizar novos investimentos para reajustar a oferta e a procura implicariam em custos de transação importantes. No direito americano, essa exceção foi elemento de controvérsia e não é aceita pelas autoridades da concorrência, a não ser em condições muito estritas[499]. No direito alemão, esse tipo de consideração pode ser tomada pelo Ministério Federal da Economia, quando decide autorizar uma operação que tenha sido previamente proibida pelo Bundeskartellamt.[500] No Brasil, também é admitida, mas sob restrições, como será tratado adiante.

No direito comunitário, apesar de o Regulamento não fazer qualquer referência à sua utilização, a Comissão reconheceu a sua validade na decisão Kali und Salz/MDK/Treuhand,[501] mas também sob condições muito rigorosas: que a empresa em dificuldades fosse obrigada a sair do mercado a curto prazo caso não fosse adquirida por outra empresa; que a participação de mercado de tal empresa, no caso de esta sair do mercado, seria absorvida pela empresa adquirente; que não existisse qualquer solução alternativa menos restritiva da concorrência. Foi exigida também a ausência de nexo causal, ou seja, que a posição dominante fosse provocada ou reforçada pela saída do mercado da empresa em dificuldades, e esta seria inevitável mesmo no caso de a concentração ser proibida, e não como conseqüência da concentração em si mesma.

Aliás, dessa decisão sequer pode-se reconhecer verdadeiramente a aplicação da *failing firm defence* nos moldes norte-americanos, pois para a Comissão o critério que prevaleceu foi o da manutenção da concorrência efetiva no mercado alemão (considerado um mercado distinto do restante do mercado comum). A Comissão também justificou a sua decisão no objetivo de reforço da coesão econômica e social, em razão

---

499 Ver as Horizontal Merger Guidelines de 1992 da Federal Trade Commission e do Department of Justice norte-americanos, que no seu item 5 estabelece as exigências para que tal argumento seja aceito.

500 Cf. L. Cohen-Tanug et al., op. cit., p. 83-85.

501 V. decisão Kali und Salz/MDK/Treuhand, de 14.12.1993.

da grave debilidade estrutural das regiões do Leste da Alemanha, que seriam afetadas pela concentração prevista, e as conseqüências muito graves que o encerramento da MdK teria para essas regiões.

A possibilidade de aplicação dessa teoria foi consagrada pelo Tribunal de Justiça no acórdão de 31.3.1998. Apesar de os recorrentes (terceiros inconformados com a decisão de compatibilidade) terem alegado que as circunstâncias colocadas pela Comissão para concluir pela inexistência de um nexo de causalidade entre a concentração e a deterioração da estrutura da concorrência não refletirem na íntegra as condições consideradas no âmbito da doutrina norte-americana da *failing firm defence,* para o TJCE não era, por si só, motivo que invalidasse a decisão da Comissão.[502] Mesmo que esse acórdão tenha determinado a nulidade do processo,[503] a doutrina, de uma maneira geral, levanta a dúvida se essa teoria passou a se constituir numa verdadeira defesa em se tratando de direito comunitário, permitindo "salvar" uma operação de concentração que, em princípio, seria declarada incompatível com o mercado comum, ou se o acórdão passou a possibilitar a formalização do argumento fundado na ruptura do nexo de causalidade entre a operação e o aumento do grau de concentração no mercado relevante.[504]

Na realidade, pode-se considerar que a aplicabilidade da *failing firm defence* constitui uma *exceção* no direito comunitário da concorrência, jamais uma "aceitação" à realização de um balanço econômico, pois a sua utilização esteve circunscrita a condições bastante particulares:

---

502 V. Ac. do TJCE, de 31.3.1998, França e o./Comissão (Proc. apensos C-68/94 e C-30/95), considerando 112.

503 A nulidade foi declarada em razão de não ter sido demonstrada uma relação de causalidade entre o fato de a Kali und Salz pertencer ao cartel de exportação e seu comportamento anticoncorrencial no mercado em causa ter sido considerado insuficiente e, ainda, em face da ausência de contrapesos suficientes da concorrência efetiva em relação ao pretendido grupo Kali und Salz e a SCPA.

504 Nesse sentido ver P. Noël, La théorie de l'entreprise en difficulté et la notion de position dominante collective en matière de contrôle communautaire des concentrations, p. 900, L. Cohen-Tanug et al., op. cit., p. 83-85, e F. Gonzales-Diaz, Commentaire sur l'arrêt de la Cour du 31 mars 1998 dans l'affaire Kali und Salz, p. 39-40.

o mercado relevante atingido era apenas o alemão, em especial uma região que era objeto de políticas específicas de reestruturação industrial no sentido de reintegrá-la, em primeiro lugar à Alemanha (tendo em vista a reunificação ocorrida em 1989) e, em segundo lugar, à própria União Européia.[505]-[506] Confirmando esse entendimento, deparamos com a decisão Saint-Gobain/Wacker-Chemie/NOM,[507] de 10.9.1997, em que as partes invocaram essa argumentação no requerimento de autorização, tendo sido o mesmo rechaçado pela Comissão, pois a sua aplicação só se justificaria se, mesmo na hipótese de a concentração ter sido proibida, o comprador detivesse ou reforçasse inevitavelmente a posição dominante. Além disso, naquele caso não se verificavam as condições estabelecidas na decisão Kali&Salz/MdK/Treuhand: a empresa em dificuldades desapareceria do mercado no futuro próximo caso não fosse comprada por uma outra empresa; a empresa adquirente retomaria a quota do mercado da empresa adquirida se esta viesse a desaparecer do mercado; e, por último, não haveria outra alternativa de compra menos prejudicial para a concorrência.[508]

Outro destaque importante a ser feito é que raramente as partes notificantes recorreram ao Tribunal de Primeira Instância ou ao Tribunal de Justiça para impugnar ou tentar anular qualquer decisão tomada pela Comissão. Esse fato pode ser justificado por duas razões: em *primeiro*

---

505 Nesse sentido ver P. Noël, op. cit., p. 913-914.

506 Aliás, como M. Germain, L. Vogel, op. cit., p. 752, defendem, no direito comunitário, "nem os imperativos de política econômica, nem a contribuição de uma operação de concentração à eficiência devem ser susceptíveis de perdoar uma operação cujo caráter anticoncorrencial tivesse sido demonstrado". No que diz respeito à decisão Kali und Salz e a utilização da teoria da *failing firm defence*, para os autores, é considerado um caso excepcional, pois a Comissão se referia à ausência de nexo de causalidade entre a concentração e a criação ou reforço da posição dominante. Em vez de reduzir a intensidade e a rivalidade concorrencial, a aquisição de uma sociedade em falência permitiria, ao contrário, fortificar a concorrência, e se inscreveria portanto no critério da apreciação colocado no artigo 2.º do Regulamento.

507 V. decisão Saint-Gobain/Wacker-Chemie/NOM, de 4.12.1996.

508 Recentemente a Comissão adotou uma decisão um pouco mais flexível em relação a esse tema no caso BASF/Eurodiol/Pantochim de 2001,

lugar, porque, em sua maioria, as decisões tomadas foram no sentido de compatibilidade com o mercado comum (em alguns casos acompanhadas de compromissos no sentido de corrigir quaisquer dúvidas que tivessem sido levantadas); em *segundo lugar*, devido à própria natureza das operações de concentração, que exigem decisões dinâmicas, o que dificilmente ocorre em se tratando de análises efetuadas no âmbito jurisdicional, cuja morosidade comprometeria a eficácia dos projetos de concentrações pretendidos.[509] Dentre as decisões de incompatibilidade, o único recurso interposto pelas partes foi no caso Cable/Telefónica, tendo sido o restante interposto por "terceiros": concorrentes, trabalhadores ou prejudicados com compromissos,[510] mas jamais pelas próprias partes notificantes.[511]

---

aproximando-se um pouco mais do conceito norte-americano. Essa nova política, entretanto, tem sido alvo de críticas, como pode se verificar no trabalho de N. Ersbøll, Commitments under the merger regulation, p. 357-364.

509 Nesse sentido ver A. Brown, op. cit., p. 296.

510 Como ocorreu no *caso* TotalFina/Elf, no qual a Comissão rejeitou uma lista de compradores proposta pela TotalFina para aquisição de estações de serviços de auto-estrada, o que incluiu a empresa "Le Mirabellier", que interpôs uma ação de anulação da decisão da Comissão com fundamento no artigo 230 do Tratado CE, e um pedido de adoção de medida provisórias, solicitando a suspensão da decisão contestada, e exigindo que a Comissão ordenasse à TotalFina Elf a suspensão da execução dos seus compromissos. O pedido de medidas provisórias foi rejeitado pelo Tribunal, sendo que o mérito, até o momento, não foi examinado.

511 Segundo o Livro Verde, em seu item 250, "verificou-se de qualquer modo um número não negligenciável de ações judiciais em casos de concentração e, mais importante ainda, vários recursos contra decisões de proibição. Na realidade, de 15 decisões de proibição 7 foram contestadas pelas partes notificantes, isto é, em 47% dos casos a decisão da Comissão foi (ou está atualmente a ser) minuciosamente analisada pelo TPI".

1.2.10.1.4 O conceito de posição dominante no Regulamento (CE) *4.064/89* - Ultrapassadas essas preliminares, verificamos que a compatibilidade ou não de uma operação de concentração com o mercado comum está, primeiramente, ligada à noção de *posição dominante*. Tal posição se caracteriza pela detenção de um poder econômico que permita à nova empresa criada a capacidade de exercer uma influência considerável sobre o preço sem perder a sua participação no mercado, ou se, por outro lado, é capaz de agir com uma apreciável independência em relação aos seus concorrentes.[512]

Advirta-se, entretanto, que, apesar de o artigo 82 do Tratado CE e o n. 2 do artigo 2.º do Regulamento partirem do mesmo conceito, qual seja *posição dominante*, a análise efetuada pela Comissão é diferenciada,[513] razão inclusive que explica o fato de as decisões da Comissão serem muito mais rigorosas no sentido de reconhecer a existência de uma posição dominante sob a égide do artigo 82 do Tratado do que sob o teor do Regulamento. Como já foi tratado anteriormente, enquanto a aplicabilidade do artigo 82 refere-se ao comportamento das empresas no mercado, ou seja, coibir a utilização dessa posição dominante de forma abusiva, o Regulamento busca controlar previamente as próprias estruturas do mercado, impedindo a criação ou o reforço de uma posição dominante, quando esta vier a causar determinados efeitos no mercado comum ou em uma parte substancial deste. Sob o artigo 82, portanto, o exame diz respeito a um comportamento que já ocorreu, ou que está ocorrendo, enquanto sob o Regulamento a análise é efetuada sobre a concorrência potencial, ou seja, a perspectiva de futuras limitações ou restrições que possam resultar daquele projeto de concentração em um dado mercado. Por último, acrescente-se que, apesar destas restrições, a jurisprudência do Tribunal relativa à definição de posição dominante sob o

---

512 Cf. Van Bauel, F. Bellis, op. cit., p. 433-434.

513 Nesse sentido ver Van Bael, F. Bellis, op. cit., p. 433-434, e C. Bellamy, G. Child, op. cit., p. 336-337. Com uma posição *contrária* ver Sofia Pais, op. cit., p. 363, para quem o teste aplicável para o artigo 2.º do Regulamento é o mesmo do artigo 82, pois ambas as disposições se dirigem à apreciação do perigo que o poder econômico das empresas em posição dominante pode representar para a concorrência efetiva no mercado comunitário, utilizando nesse exame freqüentemente os mesmos critérios.

fundamento do artigo 82 do Tratado continua a ter o seu valor na análise da operação de concentração, mas não de maneira absoluta.[514]

Para o Regulamento, será fundamental verificar se uma posição dominante foi criada ou reforçada impedindo a concorrência efetiva. A Comissão irá examinar os efeitos da concentração sob três aspectos:

a) horizontal;
b) vertical: verificar se o acesso de outros fornecedores aos clientes e de outros clientes aos fornecedores pode ser limitado de forma significativa como resultado da concentração;
c) conglomerado: se as partes não operam verticalmente ou horizontalmente, os efeitos da combinação das partes na posição concernente aos mercados sem relação direta.

Os critérios utilizados para se apurar a existência de uma posição dominante se harmonizam com os critérios do n. 1 do artigo 2.º do Regulamento, pois partem de um mesmo pressuposto, qual seja examinar se aquele poder econômico (que irá resultar da posição no mercado das empresas concorrentes e o seu poderio econômico e financeiro, ou ainda da situação dos fornecedores e clientes, barreiras à entrada e evolução da oferta e da demanda) possibilitará àquela nova entidade empresarial agir independentemente no mercado.

Assim, essa "posição dominante" será apreciada no âmbito de um "quadro concorrencial global".[515] Isso quer dizer que a criação ou o reforço de tal posição será declarado incompatível com o mercado comum se a concorrência efetiva for entravada de modo significativo, quer no âmbito de mercado comum no seu conjunto, quer numa parte substancial deste, sendo a assertiva inversa também verdadeira; ou seja, se a operação em causa não cria nem reforça uma posição dominante e a concorrência efetiva no mercado comum não é entravada de forma significativa, a operação deverá ser qualificada compatível com o mercado

---

514 CF. J. Blaise, Contrôle des opérations..., p. 766. Dominique Berlin, op. cit., p. 156, também critica a utilização dos mesmos critérios para a constatação de uma posição dominante sob a égide do artigo 82 do Tratado, pois, segundo ele, enquanto aquela análise é essencialmente de comportamentos de empresa, a análise do Regulamento é dos efeitos que a criação ou o reforço daquela posição dominante poderão gerar no mercado.

515 Cf. *Décimo Nono Relatório sobre a Política da Concorrência*, 1989, p. 12.

comum, independentemente do exame dos efeitos da operação na concorrência efetiva.[516] O processo de avaliação levará em conta diferentes aspectos do caso, incluindo a estrutura dos mercados em causa, a concorrência real e potencial (proveniente do interior e do exterior da Comunidade), o *market share* das empresas envolvidas, as possibilidades de escolha de terceiros, as barreiras à entrada, os interesses dos consumidores e o progresso técnico e econômico.[517]

Para J. Blaise,[518] contudo, essa análise da Comissão não era convincente, pois, segundo a jurisprudência do Tribunal, a posição dominante era considerada justamente aquela que impedia significativamente a concorrência, havendo, portanto, duas noções coincidentes, a menos que o Regulamento (CE) 4.064/89 quisesse dar um novo sentido àquela noção, diferente daquela já consolidada pelo artigo 82 do Tratado CE. Por outro lado, ele entendia que a apreciação do progresso econômico e técnico dificilmente poderia ser incluída no exame do impacto sobre a concorrência, pois, como demonstrava o artigo 81, n. 3, eram duas ordens de valores diferentes. Para ele, a solução desse conflito seria a combinação do artigo 2.º com o artigo 8.º do Regulamento, pois, quando a Comissão declarava a compatibilidade de uma operação de concentração com o mercado comum, ela poderia fazer essa decisão ser acompanhada de encargos e condições destinados à assegurar que as empresas concernentes respeitassem os compromissos que foram assumidos perante a Comissão. Os imperativos do n. 1 do artigo 2.º, todavia, deveriam

---

516 Foi isso que a Primeira Seção do TPI deixou bem claro no Ac. de 19.5.1994, Proc. T-2/93, Société anonyme à participation ouvrière Compagnie nationale Air France/Comissão, Colectânea 1993, p. II-323, no considerando 79, ao analisar o texto do artigo 2.º, ns. 2 e 3 do Regulamento: "resulta dessas disposições que a Comissão é obrigada a declarar que uma operação de concentração é compatível com o mercado comum quando estejam preenchidas duas condições, sendo, a primeira, que a operação em causa não crie nem reforce uma posição dominante e, a segunda, que a concorrência no mercado comum não seja entravada de forma significativa pela criação ou o reforço de tal posição. Na ausência de criação ou reforço de uma posição dominante, a operação deve portanto ser autorizada, sem que seja necessário examinar os efeitos da operação na concorrência efetiva".

517 Cf. *Décimo Nono Relatório sobre a Política da Concorrência,* 1989, p. 35.

518 Cf. J. Blaise, Contrôle des opérations..., p. 765-766.

apenas ser utilizados no que diz respeito à apreciação das estruturas do mercado e, posteriormente, impostos por meio dos encargos e condições.

Essa "solução",[519] entretanto, esbarra em alguns óbices, como na hipótese de uma decisão de compatibilidade que dispensasse encargos ou condições, ou ainda se, *a priori*, uma operação fosse considerada incompatível, mas por outras "circunstâncias" (justamente os imperativos do n. 1) a sua autorização fosse desejável? Por outro lado, seria também fazer letra morta ao prescrito no Regulamento, o que não deveria ser o desejo do Conselho e muito menos da Comissão.

Acrescente-se que a verificação da existência de uma posição dominante ou a possibilidade do seu reforço não é o aspecto mais importante do controle de concentrações de empresas, mas sim a busca pela preservação e desenvolvimento da concorrência efetiva no mercado comum. Privilegia-se assim mais a concorrência do que os concorrentes, ao contrário da análise que se efetuava sob a égide do artigo 82, em que o que se buscava coibir era o comportamento nocivo da empresa ao abusar de sua posição.

Outra questão que se coloca é se o reforço dessa posição dominante deve ser no mesmo mercado em que a empresa já detém uma posição dominante, ou se pode ocorrer em outro mercado. A Comissão admite que esse reforço pode sobrevir não apenas naquela parte do mercado, mas como poderia também ter efeitos verticais ou conglomerados. Esses efeitos poderão existir se essa operação leva a um reforço do poderio de compra da empresa, ocasionando o fechamento das fontes de aprovisionamento dos seus concorrentes.[520] Por outro lado, o reforço

---

519 Esse tipo de análise também foi sugerido no Brasil, e rechaçado da mesma forma pelo órgão competente nacional, como será tratado no Capítulo 2, item 2.1.

520 Consoante *Relatório sobre a Política da Concorrência,* 1998, p. 58, uma questão desse tipo começou a ser analisada no processo Wolter Kluwer/ Reed Elsevier, em um projeto que teria resultado na criação de uma das maiores editoras em âmbito mundial de publicações profissionais e especializadas. Nesse caso, a Comissão considerou que essa operação criava enormes preocupações no que dizia respeito a uma série de mercados dos produtos vizinhos, com diferentes dimensões geográficas: o mercado da edição acadêmica (âmbito mundial), o mercado de livros destinados a

do poder de venda pode conduzir aos efeitos de dependência de uma parte da clientela.[521]

No acórdão Tetra Park International SA/Comissão apresentou-se a questão de saber se a detenção de uma posição quase-monopolística em determinados mercados e de uma posição proeminente em outros distintos, mas estreitamente conexos, estaria numa situação comparável à detenção de uma posição dominante no conjunto desses mercados. A resposta, nesse caso, foi positiva, em se tratando de circunstâncias especiais, como ocorria no caso analisado (no qual a Tetra Park possuía 78% do mercado do acondicionamento em embalagens de cartão tanto assépticas como não assépticas, e no setor asséptico era cerca de 90%, o que tornava a sua posição privilegiada no outro setor) e, portanto, uma empresa que se encontrasse em uma situação desse tipo teria condições suficientes para que o seu comportamento pudesse ser abrangido pelo artigo 82 do Tratado.[522]-[523]

1.2.10.1.5 *O conceito de posição dominante coletiva no Regulamento (CE) 4.064/89* - Outro ponto que se apresenta é saber se o Regulamento é aplicável à prevenção da criação ou reforço de um oligopólio no

---

especialistas em direito e fiscalidade (em diversos Estados-membros), o mercado de material didático destinado a estabelecimentos escolares (no Reino Unido), o mercado de diversos tipos de publicações destinadas às empresas (Países Baixos), o mercado dos dicionários neerlandeses e o mercado de serviços prestados a partir de bases de dados em matéria de transportes (na Europa). Para a Comissão, essa estrutura de mercado impediria a manutenção da concorrência no mercado de publicações do domínio jurídico, fiscal e científico, com os conseqüentes efeitos negativos nos preços, resultando ainda no encerramento do mercado, uma vez que a conjugação dos recursos financeiros das partes, bem como dos seus direitos de propriedade intelectual, seria susceptível de desincentivar o investimento por parte de concorrentes existentes ou potenciais. Esse processo não chegou a uma decisão final, uma vez que as partes decidiram pela retirada da operação.

521 Cf. D. Berlin, H. Calvet, H. Vallette-Villard, op. cit., p. 623.

522 Cf. Ac. do TJ (Quinta Secção) de 14.11.1996, Proc. C-333/94P, Tetra Park International SA/Comissão, Colectânea 1996, p. I-5951 e ss, considerandos 28 a 31.

523 V. também comentário de Sofia Pais, op. cit., p. 365.

qual nenhuma das empresas que o compõe pode ser qualificada como dominante, ou melhor, se o Regulamento é aplicável à *posição dominante coletiva.*

Considera-se existente um *oligopólio* quando um pequeno número de concorrentes detém, cada um, uma alta participação no mercado, de forma que nenhum exerce individualmente uma posição dominante em face de seus concorrentes. Nesse mercado, uma concentração entre dois ou mais concorrentes pode não dar origem à criação de uma empresa dominante, mas pode ocorrer uma afetação significativa da concorrência, particularmente se aumenta a probabilidade de um comportamento paralelo, consciente ou não, das partes que restaram no mercado, em matérias como o preço.[524] O risco eleva-se se as barreiras à entrada são altas, se o mercado é mais maduro, com poucas inovações tecnológicas e com transparência de preços.[525]

O Regulamento, bem como o artigo 82, não faz alusão à possibilidade da existência de posição dominante coletiva; mas a hipótese contrária também é verdadeira, pois no texto do artigo 2.º do Regulamento, por seu turno, não encontramos qualquer menção expressa ao fato de que a posição dominante seja individual ou coletiva.[526]-[527]

A primeira situação em que a Comissão examinou essa questão sob a égide do Regulamento foi no caso Alcatel, deixando em aberto se o critério do artigo 2.º se estendia à posição dominante coletiva. Somente na decisão Nestlé-Perrier[528] é que esse conceito foi utilizado de maneira

---

524 Por exemplo, como decidiu a Comissão no caso Gencor/Lonrho, que declarou a incompatibilidade da operação de concentração com o mercado comum e o EEE, pois os quatro grandes fornecedores, que detinham 90% do mercado tinham consciência de que os preços no mercado das platinas era influenciado pelas suas decisões em matéria de produção, e que a oferta marginal era insuficiente para evitar as práticas monopolísticas.

525 Cf. C. Bellamy, G. Child, op. cit., p. 343.

526 Nesse sentido ver Van Bael, F. Bellis, op. cit., p. 472.

527 Contra essa interpretação jurídica extensiva, ver L. Cohen-Tanug et al., op. cit., p. 60, que entendem que esse tipo de interpretação revela apenas as deficiências do sistema institucional (impossibilidade de recorrer judicialmente, falta de um controle político), mas admitem que a doutrina econômica tem se mostrado favorável a esse tipo de interpretação.

528 V. decisão Nestlé/Perrier, de 22.7.1992.

inequívoca. Discutia-se uma oferta pública de aquisição (OPA) lançada por uma filial comum da Nestlé sobre a Perrier, os dois principais fornecedores no mercado das águas minerais não-gaseificadas em França. Nessa análise verificou-se que se tratava de mercado altamento concentrado, com a possibilidade de agravamento após a operação com a concentração dos dois principais fornecedores, uma baixa concorrência no âmbito de preços devido a uma baixa elasticidade da procura, um grau de transparência do mercado muito elevado, um fraco poder de compra dos varejista e atacadista, a maturidade do mercado, a reputação das marcas detidas pelas empresas notificantes e a ausência de uma concorrência potencial. Essa operação, não obstante, foi autorizada mediante a assunção de alguns compromissos, mas a sua importância decorre da interpretação da Comissão, justificada em razão do artigo 3.º, alínea *g*, do Tratado CE, que prevê o estabelecimento de um regime que garanta que a concorrência não seja falseada no mercado comum e, ainda, em razão de um dos precípuos objetivos do Tratado: a manutenção de uma concorrência efetiva.

De fato, se a restrição da concorrência efetiva quando resulta da posição dominante exercida por uma empresa é proibida, é evidente que esta não poderia ser permitida quando resultasse do seu exercício por mais de uma empresa, pois esse raciocínio implicaria na inversão dos propósitos consolidados no Tratado CE. Assim, utilizando essa interpretação teleológica, a Comissão consagra a possibilidade de aplicação do n. 3 do artigo 2.º do Regulamento às hipóteses do exercício de uma posição dominante oligopolística, como na decisão Gencor/Lonrho, em que foi interditada a criação de uma posição dominante duopolística nos mercados da platina e do ródio.[529]

---

529 Cf. decisão Gencor/Lonrho, de 24.4.1996. Nessa decisão foram levados em consideração os seguintes fatores em relação ao mercado da platina: transparência do mercado e homogeneidade, procura inelástica relativamente aos preços, não-detenção de poder suficiente, por parte dos compradores, para contestar o monopólio, previsão de um crescimento moderado da procura, maturidade das técnicas de extração e refinação, existência de obstáculos importantes à entrada e ausência de novas entradas significativas no mercado, presença simultânea em vários mercados e relações estruturais.

Essa interpretação foi acolhida pelo Tribunal de Justiça no Ac. de 31.3.1998,[530] ao decidir o recurso de anulação proposto pela França em face da decisão Kali und Salz, discorrido anteriormente. Esse acórdão consagra a interpretação finalística da Comissão, ao estabelecer que uma operação de concentração que crie ou reforce uma posição dominante das partes com uma entidade terceira, em relação à operação, é susceptível de se revelar incompatível com o regime de concorrência não falseada pretendido pelo Tratado.[531] Assim, se se admitisse que somente são abrangidas pelo Regulamento as operações de concentração que criam ou reforçam a posição dominante de uma das partes integrantes da operação, a sua finalidade seria parcialmente inviabilizada. Assim, o Regulamento estaria privando uma parte não desprezível do seu efeito útil, sem que isso se impusesse, tendo em conta o sistema geral do regime comunitário de controle das operações de concentração.[532]

A probabilidade da ocorrência de um comportamento anticoncorrencial paralelo por parte dos membros de um oligopólio pode demandar a análise de uma série de fatores.

No que diz respeito à *oferta*, a constatação de uma forte concentração de empresas; ou seja, analisam-se as posições respectivas no mercado ou as eventuais relações estruturais; a transparência do mercado e a existência de um produto homogêneo; se as técnicas de produção atingiram a maturidade; se há obstáculos importantes à entrada e à presença dos fornecedores com relações financeiras e evidentes em inúmeros mercados.

Quanto à *demanda*, a existência de um crescimento moderado, de uma procura inelástica, de compradores em posição fraca e, portanto, mais vulneráveis e sujeitos ao risco de um abuso potencial. Outros fatores como a ocorrência de possíveis pressões sobre esse tipo de comportamento exercidas por elementos concorrenciais exteriores ao oligopólio

---

530 V. Ac. de 31.3.1998 do TJCE, Proc. apensos C-68/94 e C-30/95, França/Comissão.

531 V. considerando 171 do Ac. de 31.3.1998 do TJCE, Proc. apensos C-68/94 e C-30/95, França/Comissão.

532 O TJCE voltou a repetir esse entendimento no acórdão Gencor/Comissão citado, considerandos 125, 151, 152, 155, em que manteve a decisão tomada pela Comissão no sentido de interditar a criação da posição duopolística.

(por exemplo, a força dos clientes) também são levados em consideração. Ressalte-se que, atualmente, a Comissão inclui na sua apreciação a possibilidade de ser criado um oligopólio dominante.[533]

---

533 Como no processo Rhône-Poulenc/SNIA, em que a Comissão examinou a possível existência de uma posição dominante de caráter oligopolístico entre a Europa (empresa comum criada para exercer as suas atividades no setor das fibras de *nylon* para aplicações têxteis) e a Du Pont, líder mundial, que, juntamente com a primeira, passaria a deter 66% do mercado. A Comissão decidiu, entretanto, que havia pouca probabilidade de um comportamento paralelo entre as duas empresas, pois os produtos não eram homogêneos, tratava-se de um setor instável devido a rapidez de novos produtos que, por outro lado, não se encontravam protegidos por patente, preços pouco transparentes, excesso de capacidade estrutural no mercado e pressões competitivas externas que limitavam a capacidade de as partes de aumentarem os preços. Já na decisão Kali-Salz/MdK/Treuhand a situação revelou-se um pouco mais complexa no que diz respeito ao mercado comunitário, excluindo a Alemanha, onde se observou claramente a possibilidade de paralelismo do comportamento anticoncorrencial entre a nova empresa e a empresa francesa SCPA, uma vez que passariam a controlar cerca de 60% das vendas de potássio. De fato, foi reconhecida uma série de vínculos estreitos entre a empresa francesa e a alemã, como a propriedade de uma empresa comum no Canadá e uma cooperação entre a Kali und Salz e a SCPA no âmbito de um cartel de exportações Kali Export GmbH com sede em Viena. Para autorizar essa operação, foi imposta uma série de compromissos no sentido de eliminar os vínculos entre as empresas. A Comissão também examinou essa possibilidade na decisão Crown Cork & Seal-Carnaud Metalbox, de 14.11.1995, em relação ao mercado do Benelux (Bélgica, Luxemburgo e Países Baixos), uma vez que o mercado das latas para produtos alimentares era considerado um mercado maduro, caracterizado por um crescimento lento, com um nível de inovação reduzido, que transformava as latas para produtos alimentares num produto-base conducente a uma ausência de concorrência. Entretanto, a possibilidade de um comportamento paralelo foi afastada devido a existência de importações significativas no Benelux oriundas da França e da Alemanha (considerando 101). Na decisão VEBA/Degussa, de 3.12.1997, a Comissão voltou a investigar se a operação daria origem a uma posição oligopolística, mas devido à ausência de transparência de preços no mercado investigado a possibilidade foi afastada (considerando 44). Mais recentemente a questão voltou a ser abordada nas decisões VEBA/VIAG e SCA/Metsä Tissue. Em

Apesar de ter sido consagrada a aplicação do Regulamento (CE) 4.064/89 às posições dominantes coletivas, não se pode dizer que os critérios utilizados também o foram. Na recente decisão BP/E.ON, a Comissão indicou que os fatores ali empregados para a análise foram: (i) concentração no fornecimento; (ii) homogeneidade dos produtos; (iii) simetria dos *market shares* das empresas envolvidas e dos custos de cada uma; (iv) transparência de preços; (v) possibilidade de retaliação; (vi) altas barreiras à entrada e ausência de concorrência potencial; e (vii) demanda inelástica sem possibilidade do exercício do poder de barganha por parte dos clientes. Mesmo assim, a Comissão chama a atenção para o fato de que "essa lista não é vinculativa nem exaustiva, nem tampouco todos esses elementos devem estar presentes para que reconheça a existência de uma posição dominante coletiva, servindo apenas como um mero conjunto de indicadores que serão considerados".[534]

Permanece, portanto, o problema indicado pela doutrina, verificando-se a necessidade de adoção de um conjunto de regras a ser utilizado pela Comissão, como forma de garantir uma maior segurança jurídica

---

relação à *primeira*, a Comissão entendeu que, juntamente com uma operação que estava sendo investigada pelo *Bundeskartellamt* na Alemanha entre as empresas RWE/VEW, as duas novas entidades teriam controlado muito mais de 80% do mercado alemão de eletricidade fornecida a partir da rede interconectada. Essa operação foi aprovada após serem oferecidos compromissos no sentido de que fossem alienadas participações em várias *holdings*, reduzindo as ligações entre os dois novos grupos. Em relação à *segunda*, a Comissão proibiu a operação, por ter entendido que o mercado de lenço de papel com marca na Finlândia apresentava todas as características de mercado com tendência à criação de posição dominante coletiva, tendo em vista que naquele país a demanda era inelástica, sem perspectivas de inovações tecnológicas, e que após a operação, por ser esse mercado excessivamente transparente, iriam restar apenas dois produtores. Por último, vale destacar a análise conjunta que a Comissão fez em 2001 nos casos BP/E.ON e Shell/DEA, ao concluir que, se as duas operações fossem implementadas, estaria sendo criada uma posição dominante coletiva das duas novas empresas no mercado de eteno, mais especificamente na extensão dos dutos operacionalizados pela empresa Aethylenrohrleitungsgesellschaft mbH & Co.KG na Alemanha.

534 V. considerando 42 da decisão BP/E.ON, de 20.12.2001.

às empresas e, ao mesmo tempo, impor limites às intervenções da Comissão em relação a esse tema.[535]

1.2.10.1.6 ***Influência determinante*** - E o que se entende por *influência determinante*? A primeira ressalva que se faz é que esse conceito ultrapassa o entendimento que restou consagrado na doutrina Philip Morris. Naquele acórdão, a aquisição de uma participação no capital de uma empresa concorrente não constituía, em si, um comportamento que restringisse a concorrência, podendo todavia consistir em um meio suscetível de *influenciar o comportamento comercial* das empresas em causa, restringindo ou falseando a concorrência no mercado em que essas duas empresas desenvolvessem as suas atividades comerciais.[536]

A influência determinante prevista no Regulamento caracteriza-se pela capacidade de poder influenciar o comportamento da outra empresa, não apenas no que diz respeito às atividades comerciais, mas a quaisquer outros setores estratégicos da empresa. Acrescente-se, ainda, que não se faz necessário que o exercício dessa influência seja efetivo, sendo suficiente que seja potencial, harmonizando-se contudo com a perspectiva de análise da Comissão, que sempre tem em conta os efeitos potenciais das operações. Esse entendimento da Comissão pode ser confirmado na decisão GE/Honeywell, na qual, para a análise do mercado de motores para aeronaves comerciais, foram incluídos os *market shares* das *joint ventures* nas quais a GE detinha participação.[537]

---

535 Com idêntico posicionamento ver P. Noël, op. cit., p. 914-915, e ainda J. Ysewyn, C. Caffarra, Two's company, three's a crowd: the future of collective dominance after the Kali & Salz judgment, p. 469-471.

536 Cf. acórdão Philip Morris, considerando 37.

537 Nos termos do considerando 47 da decisão GE/Honeywell, de 3.7.2001, "A Comissão entendeu que o *market share* da CFMI deveria ser atribuído à GE por uma série de razões. Em primeiro lugar, porque mediante o controle exercido sobre CFMI, GE poderia exercer influência decisiva sobre a sua política comercial. A Comissão entendeu ainda que os motores da CFMI não eram vendidos em concorrência com os motores da GE, e ainda que a SNECMA não concorria de forma independente nesse mercado, uma vez que esta última não era o principal fornecedor de motores para aeronaves comerciais. Finalmente, a Comissão concluiu que a SNECMA provavelmente não iria apresentar objeções em relação ao reforço da posição

1.2.10.1.7 ***Entrave significativo da concorrência*** - E o que se entende por *entrave significativo* à concorrência? A premissa da qual se deve partir é que esse entrave significativo somente é possível ocorrer quando existe a criação ou o reforço de uma posição dominante, o que não significa que a simples criação ou reforço de uma posição dominante pode levar a essa conclusão.

Depois, advirta-se que não é qualquer entrave que justifica a decisão de compatibilidade ou de incompatibilidade de uma operação de concentração. É preciso que este seja significativo, o que leva, por conseguinte, a um segundo questionamento: até que ponto um entrave pode ser considerado significativo para a concorrência e justificar a intervenção de um órgão controlador na operação? A resposta não é tão simples, ou tão exata, como se poderia pensar, pois uma concorrência perfeita é uma utopia. Na realidade, irá sempre depender das condições em que a concorrência se apresenta naquele mercado, revelando-se ainda indispensável a utilização dos critérios do n. 1 do artigo 2.º do Regulamento, ou seja, a análise das condições do mercado, as restrições ou entraves que já existam, como a detenção de direitos de propriedade industrial, barreiras à entrada, restrições legais de ordem pública etc.[538]

---

dominante da entidade empresarial formada após a operação no mercado de *motores* para aviação, uma vez que provavelmente iria beneficiar- se da maximização do lucro como um todo". A conclusão final, no considerando 51, foi de que, "levando ainda em consideração o fato de que a GE e a SNECMA não haviam concorrido no passado, e provavelmente não iriam concorrer no futuro em ofertas de aeronaves comerciais de grande porte, e ainda que nenhum dos motores da GE produzidos por fabricantes estranhos à *joint venture* concorre com qualquer dos motores da CFMI, era apropriado considerar a CFMI e a GE como uma entidade econômica, cuja participação no mercado deveria ser agregada para análise dos aspectos concorrenciais da operação proposta no mercado de motores para aeronaves comerciais de grande porte".

538 Segundo L. Cohen-Tanug et al., op. cit., p. 91, a apreciação da concorrência efetiva irá ser efetuada tendo como base índices diferentes a depender de como a estrutura do mercado se apresenta: monopolística ou oligopolística. Em caso de estrutura monopolística, a Comissão se esforça em colocar em evidência os elementos objetivos que dão ao autor uma vantagem decisiva em relação aos seus concorrentes e que lhe permite a adoção de

Por outro lado, em se tratando de um controle preventivo, essa análise é efetuada não apenas em razão das condições presentes do mercado, mas também das futuras. Essa circunstância revela o grande poder que um órgão controlador das operações de concentração pode deter sobre o mercado, pois ele não irá apenas proceder à verificação da compatibilidade com o mercado, mas também orientar a forma como deseja (ou espera) que o mercado funcione.[539]-[540] Ressalte-se, todavia, que esse poder não é exercido arbitrariamente, pois a Comissão encontra-se submissa, em primeiro lugar, aos critérios de apreciação inseridos no

---

comportamento independente, que seriam: a natureza do mercado em causa (estado de desenvolvimento, evolução tecnológica), as vantagens concorrenciais da empresa em posição de força e as barreiras à entrada susceptíveis de perenizar uma tal posição. No caso de uma estrutura oligopolística, o procedimento da Comissão será diferente. O importante será demonstrar que a natureza da indústria e as posições respectivas dos autores no mercado são susceptíveis de favorecer o desenvolvimento de uma colusão tácita. A análise deverá levar em conta: o produto (homogêneo e o fraco conteúdo tecnológico), a demanda (ausência de um forte crescimento, baixa elasticidade), as estruturas do mercado (a transparência de informação, a simetria das partes no mercado e a identidade das estruturas de custo) e a história do mercado (a existência de comportamentos paralelos em um passado recente).

539 Neste sentido ver Dominique Berlin, op. cit., p. 217-219.

540 Na decisão Coca-cola/Amalgamated Beverages GB, de 22.1.1997, entretanto, verifica-se uma situação paradoxal, que deverá merecer a atenção futura da Comissão, inclusive no sentido de acompanhar o cumprimento dos compromissos estabelecidos. Nesse caso, a Comissão entendeu que a operação era compatível com o mercado comum, porque, apesar da alteração na estrutura do mercado que iria ocorrer naquele mercado, não seria possível diferenciar suficientemente as oportunidades diretamente decorrentes da operação projetada e as oportunidades já presentes no âmbito da estrutura da empresa que existia de forma a concluir que a operação teria como efeito o reforço da posição dominante da CCSB no mercado das colas da Grã-Bretanha. A Comissão não tinha certeza de que aquela operação iria conduzir a um reforço de uma posição dominante que resultaria em um entrave significativo à concorrência efetiva no mercado comum. É uma situação no mínimo curiosa, e questiona-se qual seria a intenção da Comissão em deixar pairar essa dúvida...

n. 1 do artigo 2.º e, em segundo lugar, ao controle jurisdicional do Tribunal de Justiça, *ex vi* artigo 21, n. 1, do Regulamento.

Aliás, o Tribunal de Justiça tem sido bastante cauteloso ao responder essas indagações, como no acórdão Société anonyme à partipation ouvrière Compagnie nationale Air France/Comissão[541], no qual a Air France pretendia a anulação da decisão da Comissão que declarou compatível com o mercado comum a operação de concentração realizada entre a British Airways e a TAT. Para a empresa recorrente não se configurava a criação de uma empresa comum de natureza concentrativa, mas a tomada do controle da TAT pela British Airways, pelo fato de que a última possuía o direito ao exercício de uma opção de compra das ações não detidas na TAT. Para o Tribunal, entretanto, esses argumentos não prosperaram, pois a apreciação da compatibilidade de uma operação de concentração com o mercado comum deveria ser efetuada unicamente apoiando-se nas circunstâncias de fato e de direito existentes no momento da notificação dessa operação, e não em elementos hipotéticos, cujo alcance econômico não poderia ser avaliado no momento em que a decisão era tomada.[542]

1.2.10.1.8 ***Concorrência efetiva*** - O conceito de *concorrência efetiva* no direito comunitário deve ser compreendido como a concorrência praticável, "workable competition"[543]. Na prática, significa que os concorrentes existentes devem ter a capacidade de responder a toda alteração na demanda, de escapar das práticas de dominação e de surpreender a empresa em posição dominante; ou seja, devem dispor de reservas de matérias-primas e de capacidade industrial para corresponder rapidamente à demanda.[544] Entretanto, perante o Regulamento, ou seja, no exame de compatibilidade ou incompatibilidade de uma operação de concentração, a concorrência efetiva está diretamente ligada à noção de

---

541 Ver Ac. do TPI (Primeira Secção) de 19.5.1994, Proc. T-2/93, Société anonyme à participation ouvrière Compagnie nationale Air France/ Comissão, Colectânea 1993, p. II-323.

542 V. considerando 70 do acórdão Société anonyme à participation ouvrière Compagnie nationale Air France/Comissão citado.

543 Nesse sentido ver Dominique Berlin, op. cit., p. 226, Sofia Pais, op. cit., p. 378.

544 Cf. D. Berlin, H. Calvet, H. Vallette-Villard, op. cit., p. 623.

entrave significativo, pois, para que uma operação seja declarada compatível com o mercado comum, é preciso que desta não resulte um entrave significativo à concorrência efetiva.

Compreendendo que não é qualquer entrave que irá resultar em uma decisão de incompatibilidade, verifica-se que o conceito de concorrência efetiva também dependerá da análise que será efetuada, pois irá retratar a realidade econômica daquele mercado. Na decisão Kimberly-Clark/Scott Paper, por exemplo, um fator considerado decisivo para a Comissão foi a possibilidade de que, se aquela operação fosse autorizada, deixaria de existir uma concorrência intermarcas suficiente.[545]-[546] Mesmo assim, não se pode dizer que este seria um elemento que caracterizaria o "entrave significativo". Aliás, as decisões de incompatibilidade, em sua maioria, não dão muitos pontos de referência para traçar de maneira objetiva a fronteira entre o que é um "entrave significativo" a uma "concorrência efetiva" e o que não é, desde a histórica decisão Aerospatiale-Alenia/de Havilland,[547] passando pelas decisões no setor das telecomunicações, que serão tratadas a seguir, e pela recente Gencor/Lonrho.

---

545 V. decisão Kimberly-Clark/Scott, de 16.1.1996, *JO* L 183, de 23.7.1996, na qual a Comissão, no considerando 105, ao analisar a situação geral da concorrência, constatou que as empresas notificantes estavam presentes em todo o mercado comunitário e do EEE, com exceção da Finlândia, e que o seu poder em termos de marcas (Kleenex, Scottex, e Scottonell/Cotonelle) era tão grande que em alguns Estados-membros a marca passou a corresponder à denominação do próprio produto e, provavelmente, deveriam ser os únicos produtores com marcas totalmente pan-européias. Por outro lado, a força da marca revelava-se sob diversos aspectos, como da influência e da fidelidade que suscitavam e, por isso, os seus preços poderiam ser praticados de forma mais elevada. Assim, a sua distribuição era sempre assegurada, mesmo nos distribuidores que praticavam a venda de produtos com a sua própria marca, pois os produtos de marca continuam a ser necessários para atrair a clientela, oferecer uma gama de escolha adequada e proporcionar ao consumidor um produto de referência, relativamente ao qual os méritos das suas marcas podem ser avaliados (considerando 128).

546 Esse mesmo fator foi considerado decisivo na recente decisão de proibição adotada pela Comissão no caso SCA/Metsä.

547 V. decisão Aerospatiale-Alenia/de Havilland, de 2.10.1991.

Por último, esse entrave significativo à concorrência efetiva deve ocorrer no mercado comum, ou em parte substancial deste. A determinação do mercado relevante afetado pela operação de concentração é de extrema importância. Ressalte-se, entretanto, que os efeitos resultantes de uma operação de concentração nem sempre precisam suceder no mesmo mercado em que é criada ou reforçada a posição dominante. De fato, na decisão Gencor/Lonrho,[548] a Comissão decidiu declarar incompatível com o mercado comum a operação de concentração proposta no setor da platina entre a Impala Platinum Holdings Ltd, controlada pela empresa sul-africana Gencor, e a divisão de platina da Lonrho (LPD), uma filial sul-africana da empresa britânica Lonrho PLC. No entender das partes, apenas uma parcela relativamente pequena de suas vendas era efetuada no mercado comum. Para a Comissão, todavia, o mercado da platina era mundial e seus preços eram fixados nesse patamar; havia liberdade de circulação do produto e, dessa forma, os efeitos anticoncorrenciais da operação no mercado da platina repercutiriam na União Européia e no EEE, por exemplo, por meio dos preços da platina vendida na Europa.

1.2.10.1.9 ***Compromissos e obrigações*** - A noção de entrave significativo já mencionada pode ser compreendida ainda como *uma reserva de compatibilidade*, ou seja, se as circunstâncias que levaram aquela operação a ser considerada incompatível com o Mercado Comum forem eliminadas, a operação pode ser compatível.[549] Esta tem sido a prática da Comissão, ou seja, entre decidir por uma decisão de incompatibilidade e uma decisão de compatibilidade acompanhada de obrigações e condições, ela prefere a última hipótese. Estatisticamente, desde a instituição do Regulamento (CE) 4.064/89,[550] em 1.908 casos notificados, 1.845 decisões foram adotadas, dentre as quais apenas 18 decisões de proibições.[551]

548 V. decisão Gencor/Lonrho, de 24.4.1996, considerandos 14 a 18, 45 e 46.

549 Acompanhamos, portanto, o entendimento de Dominique Berlin, op. cit., p. 234.

550 Consoante estatísticas apresentadas pela Comissão Européia em relação às notificações apresentadas entre 21.09.1990 e 31.12.2001, disponível em: <http:// europa.eu.int/comm/competition/mergers/cases/stats.html>.

551 Dentre essas dezoito decisões de proibição, sete ocorreram desde que Mario Monti assumiu o posto de Comissário da Direção-geral da Concorrência da Comissão Européia.

Por outro lado, foram adotadas 86 decisões de compatibilidade seguidas de obrigações e condições, sob o fundamento da alínea *b* do n. 1 do artigo 6.º, e 57 decisões sob o fundamento do n. 2 do artigo 8.º.

Essas obrigações e encargos refletem geralmente a preocupação da Comissão com a manutenção da estrutura concorrencial nos mercados em causa, impedindo a criação de uma posição dominante. Buscam também propiciar condições de acesso ao mercado para concorrentes reais ou potenciais.[552] Ressalte-se que a Comissão, ao negociar com as partes modificações na operação proposta, passa a cuidar não apenas do controle, mas também do seu grau de concentração: "de observador imparcial, ela passa a estatuto de órgão regulador deste último".[553] -[554] É por essa razão que os compromissos propostos pelas partes[555] -[556] tão-somente no sentido de condicionar o seu comportamento

---

552 Segundo o *Relatório sobre a Política da Concorrência,* 1992, p. 20, as condições impostas pela Comissão consistiram, na maior parte dos casos, em obrigações, quer de venda de uma parte da entidade criada pela concentração, quer na retirada de certos mercados em que esta se tornaria dominante. Em todos os casos a Comissão teve sempre a mesma preocupação: a manutenção de uma estrutura concorrencial nos mercados em causa, impedindo a criação de uma posição dominante.

553 Nesse sentido ver Dominique Berlin, op. cit., p. 239.

554 Essas obrigações e condições, entretanto, têm sido consideradas excessivas, como argumentam L. Cohen-Tanug et al., op. cit., p. 102, ao comentarem o caso da decisão Nestlé/Perrier, que, segundo o Grupo Nestlé, esses compromissos representavam um custo entre 150 e 200 milhões de francos.

555 No *Relatório sobre Política da Concorrência,* 2000, p. 70, a Comissão deixa bastante claro que, "embora incumba à Comissão demonstrar que uma concentração cria ou reforça uma posição dominante, susceptível de entravar a concorrência, é da responsabilidade das partes demonstrar que as soluções que propõem irão eliminar os problemas identificados pela Comissão".

556 Em 2001, problemas quanto ao prazo para apresentação da proposta de compromissos levaram a uma decisão de proibição problemática no caso Schneider/Legrand. Segundo M. Monti, op. cit., "o primeiro pacote de remédios foi apresentado no último dia do prazo. Foram feitos testes de mercado pela *Merger Task Force*, e os resultados obtidos foram negativos. Foi apresentado um segundo pacote de remédios, após o encerramento do prazo legal, que eram de extrema complexidade, razão pela qual a Comissão

no mercado, em princípio, não são aceitos, pois estão fora do campo de aplicação do Regulamento das concentrações, que cuida apenas da estrutura do mercado.[557]

A orientação da Comissão Européia no que diz respeito aos compromissos foi recentemente revista, tendo sido publicada uma nova Comunicação,[558] refletindo a experiência da Comissão e estabelecendo alguns princípios gerais que se aplicam às soluções passíveis de serem aceitas, assim como os tipos precípuos de compromissos aceitáveis, requisitos específicos que as propostas de compromissos devem satisfazer em ambas as fases do processo e os principais requisitos a observar na execução dos referidos compromissos.

No âmbito do Regulamento (CE) 4.064/89, a Comissão encontra-se habilitada apenas a aceitar compromissos susceptíveis de tornarem uma operação notificada compatível com o mercado comum, ou

---

não pode aceitá-lo". De fato, a Comunicação informa explicitamente que a Comissão somente poderá aceitar compromissos oferecidos após o prazo legal, se esses inequivocadamente, e em face das informações disponíveis naquele momento, possam resolver todos os problemas concorrenciais identificados. O mesmo problema foi identificado na decisão GE/Honeywell, no qual foi rejeitado um segundo pacote de compromissos. Ver comentários sobre o tema em P. De Luyck, D. Giotakos, L. Petit, G. Garnier, *General Electric/Honeywell – An insight into the Commission's investigation and decision,* p.13, e ainda N. Ersbøll, Commitments under the merger regulation, p. 364. Este também é um dos temas que estão no Livro Verde, e que deverá ser revisto pela Comissão, de maneira a permitir que as regras processuais sejam "alteradas de forma a proporcionar mais tempo para todas as partes envolvidas para uma avaliação adequada da forma como solucionar os problemas de concorrência identificados".

557 Por exemplo, o compromisso proposto pelas partes na decisão Vivendi/ Canal+/Seagram em relação ao mercado de TV por assinatura na França e na Espanha. Segundo a proposta, quando fosse ser renegociado o contrato com a Universal Studios, esta deveria oferecer a oportunidade de negócio a todos os outros operadores de TV por assinatura na França e na Espanha, em condições não-discriminatórias. Esse compromisso foi rejeitado pela Comissão por ser essencialmente *comportamental.*

558 V. Comunicação da Comissão sobre soluções passíveis de serem aceites nos termos do Regulamento (CE) 4064/89 do Conselho e do Regulamento (CE) 447/98 da Comissão (2001/C 68/03).

seja, desde que esses compromissos sejam suficientes para levar a Comissão a concluir que a operação de concentração não cria nem reforça uma posição dominante na acepção do artigo 2.º, ns. 2 e 3, do Regulamento. Esse procedimento da Comissão pode ser observado nas decisões Gencor/Lonrho[559] e Nordic Satellite Distribution[560].

No caso Anglo American Corporation (AAC)/Lonrho,[561] a Comissão reconheceu que havia o risco de criação de uma posição dominante no mercado dos platinóides, de dimensão mundial, tanto a partir de fontes primárias como das transformadas. Esse risco surgiu na seqüência da aquisição de participações pela AAC e empresas ligadas na Lonrho, que foram consideradas pela Comissão como uma operação única que daria o controle da AAC sobre a Lonrho. A posição dominante resultava da forte quota no mercado acumulada pelas partes e da grande probabilidade de essa quota vir ainda a aumentar a curto prazo, devido ao fato de que a concorrência efetiva ou potencial nesse mercado era muito limitada. O compromisso assumido pela AAC foi no sentido de reduzir a sua participação na Lonrho, até um nível inferior ao limiar que lhe conferia o controle dessa última empresa, ou seja, 9,99%, o que afastaria, portanto, o risco de uma influência decisiva sobre a Lonrho.[562]-[563]

---

559 Nessa decisão, por exemplo, as empresas interessadas na aprovação da operação sugeriram uma série de compromissos, mas que diziam respeito apenas a aspectos procedimentais e, por esse motivo, sequer foram considerados pela Comissão. V. Ac. do TJCE de 25.3.1999, Gencor/ Comissão, Proc. T-102/96 (considerando 216).

560 V. decisão Nordic Satellite Distribution, de 19.7.1995, em que, no considerando 159, a Comissão estabeleceu que, no conjunto, os compromissos propostos não eram suficientes para solucionar os problemas em matéria de concorrência identificados, o seu âmbito era demasiadamente limitado, de ordem comportamental e de difícil controle e execução efetiva.

561 V. decisão Anglo American Corporation/Lonrho, de 23.4.1997.

562 V. considerando 131 da decisão citada.

563 No mesmo sentido ver decisão Allianz/Dresdner, na qual as preocupações da Comissão foram removidas mediante a celebração de um compromisso das partes para redução de sua participação na empresa Münchener Rück, seu maior concorrente, para 20,5% no final de 2003; e ainda de exercer o seu direito de voto apenas nessa proporção nas Assembléias Anuais da Münchener Rück. No mesmo sentido, ver decisão AOL/Time Warner.

Na decisão Crown Cork & Seal-Carnaud Metalbox[564], dentre uma série de condições e obrigações bastante complexas (ressalte-se que o controle foi tomado por uma empresa americana), foi assumido pelas partes o compromisso de facilitar a entrada de um concorrente no mercado dos aerossóis do EEE e/ou o aumento da capacidade de um concorrente existente, possibilitando que, num ou noutro caso, esse concorrente pudesse entrar em competição de uma forma eficaz com a Crown no mercado pertinente.

Ainda em relação aos compromissos, é primordial que fique claro que, acima da distinção efetuada entre compromissos de comportamento e de estrutura, o fator de maior importância a ser levado em conta pela Comissão no momento em que aprecia a operação, segundo a recente orientação do TJCE, é verificar se aquele compromisso poderá impedir, definitivamente ou de uma forma duradoura, a criação ou o reforço de uma posição dominante considerada nociva para o mercado. A recente Comunicação sobre soluções passíveis de serem aceites ressalta como *princípio* que os *compromissos devem ser susceptíveis de uma execução eficaz e a curto prazo e, uma vez executados, não devem exigir acompanhamento adicional.*[565]

Assim, é indiferente o modo de qualificação do compromisso. É certo que os compromissos de caráter estrutural, como a redução da participação do mercado da entidade resultante da concentração por meio da alienação de uma filial ou atividade, são, em princípio, preferíveis do ponto de vista da finalidade do Regulamento.[566] Isso porque, na medida

564 V. decisão Crown Cork & Seal-Carnaud Metalbox, de 14.11.1995, considerando 115.

565 V. considerando 10 da Comunicação da Comissão sobre soluções passíveis de serem aceites nos termos do Regulamento (CE) 4.064/89 do Conselho e do Regulamento (CE) 447/98 da Comissão (2001/C 68/03).

566 Tendo a Comissão ressaltado em sua Comunicação sobre soluções passíveis de serem aceites, nos termos do Regulamento (CE) 4.064/89 do Conselho e do Regulamento (CE) 447/98 da Comissão (2001/C 68/03), que a alienação de atividade viável é a forma mais eficaz de restabelecer a concorrência efetiva, pois consiste na criação das condições para o aparecimento de um novo concorrente ou para o reforço dos já existentes. A atividade a ser alienada deve ser viável, ou seja, ela deve ser existente, susceptível de ser explorada em uma base autônoma, evitando situações como a descrita no

em que impedem definitivamente, ou pelo menos duravelmente, a criação ou o reforço da posição dominante anteriormente identificada pela Comissão, não exigem, por outro lado, medidas de vigilância a médio ou a longo prazo.

Em sua recente Comunicação, a Comissão sugere, igualmente, a possibilidade de que venham a ser adotados compromissos alternativos, chamados *crown jewel,* na hipótese de que a alienação de uma atividade viável não seja possível naquele momento,[567] mas o seja posteriormente, como na decisão Nestlé/Purina, na qual foram identificados problemas de concorrência nos mercados da Espanha, Grécia e Itália. Em relação ao mercado espanhol, a primeira alternativa seria o licenciamento da marca Friskies da Nestlé, o qual deveria ocorrer num prazo determinado até o fechamento da operação. Se o mesmo não sucedesse dentro desse lapso temporal, as partes estariam obrigadas a alienar 50% de sua participação na *joint venture* Ralston Purina com a Agromelin S.A. (Gallina Blanca Purina JV), na Espanha.[568] A decisão Zeneca/Novartis também é interessante, pois as partes, visando obter a autorização da Comissão, apresentaram um extenso conjunto de soluções, que consistia não apenas em alienações de produtos que representavam vendas totais mundialmente superiores a 250 milhões de euros em 2000, mas também na concessão de licenças para os seus produtos e denúncia de acordos de distribuição relativamente a produtos de terceiros.[569]

Relatório sobre Política da Concorrência, 2000, p. 68, no caso TotalFina/Elf. Nesse caso, a Comissão rejeitou uma lista de compradores proposta pela TotalFina para a aquisição das estações de serviços de auto-estrada, que a empresa tinha se comprometido a alienar, pois, segundo o seu entendimento, dois dos adquirentes propostos não forneciam garantias suficientes quanto à sua viabilidade enquanto operadores potencial ou efetivamente presentes no mercado em questão e quanto à sua capacidade para manterem e desenvolverem uma concorrência efetiva. Reforçando, aliás, esse entendimento, ver M. Monti, The Commission notice on merger remedies – one year after.

567 Em razão, por exemplo, de direitos de preferência de terceiros ou à incerteza quanto à possibilidade de transferir contratos fundamentais, direitos de propriedade intelectual e de trabalhadores (considerando 22).

568 V. decisão Nestlé/Ralston/Purina, de 27.7.2001.

569 V. *Relatório sobre Política da Concorrência,* 2000, p. 71.

Mesmo assim, não se pode concluir, *a priori*, que compromissos de natureza comportamental, como a não-utilização de uma marca durante um certo período ou a disponibilização a terceiros concorrentes de uma parte da capacidade de produção da empresa resultante da concentração ou, mais genericamente, o acesso a uma infra-estrutura essencial em condições não discriminatórias, possam realmente impedir a criação ou o reforço de uma posição dominante. Nessas condições, segundo o TJCE, há que analisar caso a caso os compromissos propostos pelas empresas envolvidas.[570]-[571]

Um dos problemas relacionados à adoção de compromissos pelas partes como meio de superar uma incompatibilidade com o mercado comum, especialmente na primeira fase, diz respeito ao controle *a posteriori* dos mesmos. De fato, o sucesso dessa prática da Comissão consiste, justamente, na correta aplicação e no cumprimento dos compromissos estabelecidos, deparando a Comissão, como um dos maiores óbices, com a falta de recursos humanos suficientes na Merger Task Force.[572]

Não obstante, os operadores econômicos e a comunidade jurídica têm apresentado críticas em referentes ao reforço dessa política, e ao aumento do poder da Comissão como reflexo da mesma. Isso se deve ao fato de que a aceitação dos compromissos propostos pelas partes é uma faculdade da Comissão, que a possibilita, cada vez mais, pressionar as empresas. Para agravar ainda mais essa situação, o recurso ao Tribunal de Justiça não é viável nesses casos, pois, como visto, o seu exame restringe-se tão-somente aos aspectos legais da aplicação do Regulamento

---

570 Acórdão Gencor/Comissão citado, considerandos 319 e 320.

571 Aliás, a depender do problema de concorrência identificado, a Comissão em sua Comunicação admite outras possibilidades além da alienação de atividade, como rescisão de acordos de exclusividade existentes, ocorrido, por exemplo, nas decisões Gevaert/Du Pont, New Holland/Case e Rohm and Haas/Morton; ou, ainda, soluções que se destinem a facilitar a entrada no mercado, assegurando o acesso dos concorrentes às infra-estruturas necessárias, ou às tecnologias essenciais, como pode-se verificar nas decisões Air France/Sabena, Telia/Telenor e Vodafone/Mannesman.

572 Sobre esse problema, assim como um estudo completo sobre a natureza dos compromissos, O. D'ormesson, S. Kerjean, op. cit., p. 479-514.

4.064/89 pela Comissão, sem tornar possível o reexame dos aspectos econômicos.[573]

1.2.10.1.10 ***Decisões de incompatibilidade*** - Apesar da possibilidade que a Comissão tem de aprovar uma operação mediante a celebração de compromissos e obrigações, várias decisões de incompatibilidade foram tomadas nos últimos anos. Na decisão Nordic Satellite Distribution,[574] por exemplo, a criação de uma empresa comum para a transmissão dos programas de televisão via satélite aos operadores de cabo e aos utilizadores de serviços diretos para residências no mercado nórdico não foi autorizada, pois apresentava um elevado grau de integração vertical, desde a produção dos programas de televisão, passando pela exploração de redes de televisão por cabo e via satélite, até os serviços de distribuição a varejo para a televisão por assinatura e outros canais codificados, configurando-se a detenção de posição dominante em três mercados distintos.[575] Observe-se, entretanto, que essa decisão foi motivada pela circunstância de que o mercado das telecomunicações encontrava-se em uma fase transitória, em razão da sua recente liberalização, assim como a constante evolução das tecnologias. Desse modo, talvez até por cautela, tenha a Comissão optado por não autorizar a operação, pois correria o risco de influenciar negativamente a definição das futuras estruturas desse mercado, permanecendo a Comissão, entretanto, receptiva à apresentação de um novo projeto alterado, compatível com o mercado comum e com o funcionamento do acordo EEE.[576]-[577]

---

573 Como lembra N. Ersbøll, op. cit., p. 364, "os tribunais europeus podem rever apenas a legalidade das decisões da Comissão, e portanto, não são competentes para substituir compromissos impostos pela Comissão em suas decisões. Acrescente-se que os tribunais europeus também têm sido muito relutantes para rever análises econômicas complexas realizadas pela Comissão".

574 V. decisão Nordic Satellite Distribution cit.

575 No mercado dos serviços de repetidor de televisão por via satélite, e no da distribuição de televisão por assinatura e outros canais codificados para a transmissão direta às residências e no mercado das redes de televisão por cabo e distribuição.

576 Aliás, essa posição assumida pela Comissão encontra-se em consonância com o teor da Diretiva 90/388/CEE relativa à concorrência nos mercados

Da mesma forma, na decisão RTL/Veronica/Endemol,[578] também no setor das telecomunicações, a Comissão posicionou-se de maneira contrária à criação de uma empresa comum nos Países Baixos. Aliás, essa decisão foi apreciada pela Comissão apenas em razão do artigo 22 do Regulamento, pois o seu volume de negócios não atingia os limiares mínimos para ser considerada de dimensão comunitária. Nesse caso, a intervenção da Comissão ocorreu após a implementação da empresa comum, razão pela qual, posteriormente, foram tomadas medidas

---

dos serviços de telecomunicações (COM 95 /113 de 4.4.1995), que afirma, em especial, que as posições dominantes anteriormente detidas pelos operadores de telecomunicações nacionais, na seqüência da legislação nacional, não devem ser direta ou indiretamente substituídas por posições dominantes detidas por empresas privadas na seqüência de acordos comerciais. Nesse sentido ver também *Relatório de Política da Concorrência da Comunidade Européia,* 1998, p. 52, ao comentar os processos conexos Beterlsmann/Kirch/Premiere e Deutsche Telekom/ Betaresearch: "a Comissão decidiu proibir um importante projeto alemão no setor dos serviços de televisão digital. Esta intervenção revelou-se necessária a fim de evitar o encerramento neste setor de mercados em expansão a outros fornecedores de televisão por assinatura e de sistemas e serviços conexos, designadamente acesso à rede por cabo, tecnologia de descodificação digital e filmes e outros programas (...) esta decisão sublinha a decisão da Comissão de intervir sempre que necessário a fim de assegurar o não encerramento de novos mercados".

577 Em relação a novos mercados, ver *Relatório sobre Política da Concorrência,* 2000, p. 59: "o progresso tecnológico e a evolução do comércio que o acompanha continuaram a influenciar a natureza do trabalho da Comissão. Por exemplo, este ano foram analisados os primeiros casos relativos ao setor 'empresa a empresa' (B2B), e aos mercados eletrônicos na Internet. Embora esses intercâmbios possam conduzir a eficiências significativas e tenham um impacto pró-competitivo, podem também ter implicações negativas para a concorrência, tais como permitir aos operadores presentes no mercado excluírem certas empresas ou imporem a outras condições de venda ou compras agrupadas. A apreciação desses fatores continuará, por conseguinte, a constituir uma parte importante da análise da Comissão em casos futuros". Nesse sentido, ver decisão UTC/Honeywell/i2/ MyAircraft.COM, de 4.8.2000, e ainda a Decisão Vivendi/Canal+/Seagram.

578 V. decisão RTL/Veronica/Endemol, de 20.9.1995.

para o restabelecimento de uma concorrência efetiva em uma decisão separada.

Na decisão Kesko/Tuko,[579] no setor de venda de bens de consumo na Finlândia, também houve a declaração de incompatibilidade, pois, segundo a Comissão, mesmo tomando em consideração as soluções propostas pela Kesko, essa operação conduziria à criação de uma posição dominante que entravaria significativamente a concorrência efetiva nos mercados varejistas e *cash and carry*. Acrescente-se que, segundo a Comissão, essa operação teria repercussões no comércio intracomu-nitário, uma vez que afetaria a importação de consumo na Finlândia e conduziria à criação de entraves à penetração no mercado por parte de potenciais concorrentes provenientes de outros Estados-membros.

Uma outra decisão de incompatibilidade, que permite traçar algumas diretrizes, é a Saint-Gobain/Wacker-Chemie/NOM,[580] na qual a Comissão decidiu se opor à criação de uma empresa comum produtora e transformadora de carboneto de silício. Segundo a Comissão, se essa operação fosse autorizada, estariam reunidos os dois mais importantes produtores de carboneto de silício no EEE, que atingiriam quotas de mercado superiores a 60% no EEE nos mercados de carboneto de silício destinados a aplicações abrasivas e refratárias. Por outro lado, as empresas-mãe eram as líderes tecnológicas e as únicas empresas capazes de fornecer a gama completa dos produtos oriundos dessa matéria-prima. Nessa decisão foi ainda analisada a concorrência potencial dentro do EEE (que era extremamente reduzida) e ainda de países terceiros (Estados Unidos, Japão, China, Brasil, México, Venezuela, Ucrânia, Rússia).

Mesmo assim, não se verificou a hipótese de uma substitutibilidade no setor da oferta em razão de aspectos técnicos, diferenças significativas de preços e qualidade, que inviabilizariam qualquer possibilidade de substituição que não elevasse de maneira desproporcional os custos. Em relação à China e aos países do Leste europeu, foi identificada como viável a entrada de um concorrente potencial, mas em um período considerado muito longo (cinco anos) para determinar a autorização da operação (para a Comissão o razoável seria entre dois e

579 V. decisão Kesko/Tuko, de 20.11.1996.

580 V. decisão Saint-Gobain/Wacker-Chemie/NOM, de 4.12.1996.

três anos). A posição dominante criada, no entender da Comissão, seria tão poderosa, afastando a chance de prosperarem quaisquer argumentos no sentido de uma análise mais econômica em razão dos custos fixos elevados, das sinergias que poderiam resultar da operação ou da teoria da empresa em dificuldades (*failing firm defence*). Para a Comissão, mesmo na hipótese de que a empresa que estava passando por dificuldades financeiras viesse a cessar total ou parcialmente as suas atividades, a proibição seria menos prejudicial para os consumidores no EEE e para a concorrência do que a sua autorização.

Aliás, o compromisso proposto pelas partes no sentido de concordarem com a retirada dos direitos *antidumping* (que para elas seria o fato do baixo índice de importações) também foi tido como ineficaz pela Comissão, pois os direitos *antidumping*, em primeiro lugar, em nada alteravam o projeto inicial proposto e, em segundo lugar, pelo fato de que a decisão de impor, revogar ou alterar medidas *antidumping* é de competência exclusiva do Conselho, sendo irrelevante a concordância ou não das partes com as mesmas e, por último, porque, mesmo se estes direitos fossem retirados, a concorrência potencial só poderia ser exercida em um prazo muito acima do considerado razoável pela Comissão para autorizar a operação.

Com exceção da operação de concentração entre a Kesko e a Tusko (que não tinha dimensão comunitária e cingia-se ao setor do mercado varejista finlandês dos produtos de consumo), de um modo geral, grande parte das decisões de incompatibilidade limita-se a setores muito específicos, com mercados de características muito peculiares e que, de uma forma ou de outra, estão/estavam atravessando mudanças estruturais significativas. Essas circunstâncias podem levar a concluir que a Comissão, ao declarar a incompatibilidade de tais operações, foi apenas cautelosa e buscou preservar a concorrência efetiva em mercados nos quais era difícil fazer avaliações muito precisas de como o mesmo iria se acomodar, como por exemplo, no setor de telecomunicações após o encerramento do período das liberalizações. Nos outros casos de decisões de incompatibilidade, por exemplo, nos casos Volvo/Scania, WorldCom/Sprint e GE/Honeywell, verifica-se que a Comissão tem uma grande resistência em aceitar compromissos complexos e de difícil implementação, pois há uma dificuldade em determinar, com o grau de certeza necessário, que a concorrência efetiva será restaurada no mercado.[581]

---

581 V. considerando 32 da Comunicação sobre soluções.

1.2.10.2 A evolução do tratamento das empresas comuns

A distinção efetuada pela Comissão no Memorando de 1965 entre cooperação e concentração já foi tratada no item 1.1.2.4. Resumidamente, podemos dizer que esse documento estabelece que, nos casos em que a empresa comum assumisse todas as atividades, atuando como uma empresa independente e substituindo naquele mercado as empresas fundadoras, que se retiravam dali definitivamente, ocasionando uma *mudança da estrutura das empresas* que realizavam a operação, esta seria enquadrada como uma *concentração*, escapando portanto do alcance do artigo 81, n. 1, do Tratado CE. Se, ao contrário, a empresa comum não exercesse todas as funções de uma empresa independente, as sociedades fundadoras permanecessem naquele mercado e o seu efeito fosse a coordenação do comportamento, a mesma encontrar-se-ia sob o teor do artigo 81, n. 1, sendo considerada como uma concertação empresarial.

Essa diferenciação entre coordenação de comportamento e mudança na estrutura da empresa revelava-se bastante complicada e mesmo conflitante. É inegável que uma modificação de ordem estrutural possa influenciar o comportamento das partes e, ainda, que os investimentos efetuados para a criação de uma nova empresa também possam apresentar aspectos estruturais duráveis. Em uma grande maioria dos casos, um acordo que institui uma empresa comum pode "perseguir" ao mesmo tempo objetivos de "mercado" e de "estrutura".[582] Em razão dessas dificuldades, na prática, a Comissão optou por uma interpretação muito mais restritiva, enquadrando, na generalidade dos casos, os acordos como concertações empresariais, submetendo-os à análise sob a perspectiva do artigo 81, n. 1, do Tratado CE. Apenas excepcionalmente classificava-os como concentrações, o que não significa que a Comissão

582 Segundo A. Pappalardo, Le Règlement CEE..., 1990, p. 12-13, era preciso determinar de uma forma precisa o direito aplicável em cada caso, especialmente quando os aspectos cooperativos prevaleciam sobre os aspectos estruturais, ou se revelavam secundários. Para ele não parecia que a Comissão tenha conseguido se dotar de instrumentos de análise suficientemente precisos para efetuar uma distinção semelhante, nem nas Guidelines elaboradas por seus serviços, mas jamais adotadas oficialmente, nem nas decisões numerosas relativas a cada caso.

tenha optado por uma posição mais liberal na concessão do benefício do artigo 81, n. 3, do Tratado CE.[583]

Com o Regulamento (CE) 4.064/89, a situação pouco se modificou em relação aos conceitos, demonstrando que o raciocínio da Comissão permanecia basicamente o mesmo do Memorando de 1965.[584] A única alteração significativa verificada é que passou a ser obrigatória a prévia notificação dos acordos que tivessem natureza concentrativa, fato que não ocorria anteriormente. A própria Comissão tentou esclarecer a matéria no preâmbulo do Regulamento (CE) 4.064/89, no sentido de que este somente se aplicaria em se tratando de operações que envolvessem uma alteração duradoura na estrutura da empresa. Deveriam ser excluídas aquelas operações que tivessem por objeto ou efeito a coordenação de comportamento concorrencial de empresas que se mantinham independentes. Essas empresas deveriam ser analisadas à luz das normas adequadas dos regulamentos de execução dos artigos 81 e 82 do Tratado, ou seja, continuava a ser necessário efetuar essa distinção no caso de criação de empresas comuns.[585]-[586]

Para elidir as dúvidas que poderiam ser levantadas, a Comissão apresentou a Comunicação 90/C 203/06,[587] na qual buscou distinguir as

---

583 Neste sentido ver J. Blaise, Contrôle des opérations..., p. 751.

584 Nesse sentido ver Dominique Berlin, op. cit., p. 81 e 83, J. Blaise, op. cit., p. 752.

585 Cf. considerando 23 do preâmbulo do Regulamento (CE) 4.064/89.

586 Para J. Blaise, Contrôle des opérations..., p. 752, entretanto, não era certo que todas as dificuldades tivessem sido afastadas, e que a prática não revelaria situações intermediárias. Seria necessário então determinar qual das duas categorias teria uma função residual. A Comissão, em sua Comunicação, parecia admitir que seria a categoria das concertações empresariais, pois determinava que, se uma operação comportasse uma modificação duradoura na estrutura da empresa e uma coordenação de comportamentos anticoncorrenciais, e se os dois elementos eram inseparáveis, deveria ser aplicado o regime das concertações empresariais. Se os elementos eram separáveis, era conveniente avaliar a modificação da estrutura sob o império do Regulamento (CE) 4.064/89 e o elemento de coordenação (sob a condição de que não se tratasse de uma restrição acessória) sob o império dos artigos 81, n. 1, e 82 e do Regulamento 17/62.

587 Cf. Comunicação da Comissão 90/C 203/06, de 14.8.1990, relativa às operações com caráter de concentração e de cooperação nos termos do Regulamento (CE) 4.064/89.

empresas comuns de natureza cooperativa das empresas comuns de natureza concentrativa. Não se constatam grandes alterações em relação à doutrina firmada anteriormente, pois na essência a distinção firmada em 1965 permanecia. Ressalte-se que esse documento procurava, especialmente, clarificar a posição da Comissão, mas não portava qualquer caráter obrigatório para si, e muito menos para o Tribunal de Justiça ou para o Tribunal de Primeira Instância. A natureza restritiva da Comunicação revelava-se, pelo fato de que a Comissão, em suas análises, nunca esteve estritamente vinculada às suas orientações, tendo o seu posicionamento passado por uma evolução em razão do dinamismo do mercado e das peculiaridades que cada situação apresentava.

Assim, para que uma empresa comum fosse considerada de natureza concentrativa, era necessário que existisse um controle conjunto, que essa nova entidade econômica fosse constituída de forma duradoura[588] e que houvesse a ausência de coordenação de comportamento concorrencial.

Para que fosse considerada uma entidade econômica autônoma e constituída de forma duradoura, a empresa comum deveria reunir todos os recursos para funcionar como uma empresa economicamente independente, ou seja, deveria possuir recursos humanos e materiais suficientes para assegurar sua longa existência e permanência.[589]

---

588 Sobre o conceito de *base duradoura*, Sofia Pais, op. cit., p. 277, esclarece que o mesmo é muito controverso, porque essa característica é identificada pela Comissão com o requisito da autonomia da empresa comum em relação às empresas-mãe, isto é, "o carácter 'duradouro' da EC seria um indício de que ela é uma entidade económica independente, pelo que lhe devia ser atribuída natureza concentrativa e não cooperativa. A exigência de uma 'base duradoura' não seria, portanto, caracterizadora do conceito de EC, antes, funcionaria como factor de distinção entre concentrações e *ententes*; logo, não devia ter sido incluída na noção prévia de EC".

589 A Comissão entendeu que a criação de uma empresa comum entre a Aérospatiale, a Alenia e a British Aerospace não constituía uma operação de concentração e que deveria ser analisada sob a égide do artigo 81 do Tratado. Essa empresa comum estava sendo criada com o intuito de realizar estudos de viabilidade relativos a novas aeronaves e a fim de reunir progressivamente as atividades respeitantes às gamas de produtos existentes. Segundo a análise da Comissão, a empresa comum não seria uma empresa

O conceito de controle conjunto encontra-se definido no n. 3 do artigo 3.º do Regulamento e está fundado na possibilidade do exercício de uma influência determinante em função das características de fato e de direito. Pouco interessa a forma como esse controle se constituiu,[590]-[591] ou ainda a participação de cada sociedade-mãe na empresa comum, se se trata de acionistas ou participações minoritárias, desde que as decisões estratégicas da empresa fossem tomadas em comum. Em outras

---

plenamente funcional na primeira fase de sua existência, uma vez que ainda pairava uma certa incerteza quanto aos resultados dos estudos de viabilidade e ainda a conjugação das atividades presentes no domínio da aeronáutica apenas resultaria na mera criação de uma agência de vendas conjuntas. Além disso, os planos quanto a uma maior integração eram, nessa fase, ainda demasiado incertos para que a operação pudesse ser considerada como uma empresa comum em pleno funcionamento (*Relatório sobre a Política da concorrência,* 1995, p. 173).

590 Esse controle conjunto pode se originar de várias formas, como por meio de um acordo, que pode ser prévio à constituição da empresa comum, assim como posterior, com a alteração do controle mediante a transformação de uma filial comum em uma empresa comum. Esse controle conjunto também pode ser presumido quando uma participação minoritária possua um direito de veto e nessas hipóteses é imprescindível que haja uma colaboração entre empresas para que não se configure uma situação de bloqueio nas decisões; ou ainda quando o capital da empresa encontra-se muito disperso. Acrescente-se ainda que, segundo Van Bael, F. Bellis, op. cit., p. 398, o fato de que uma das fundadoras possa ter uma grande influência no dia-a-dia da administração da empresa comum em relação a um mercado, enquanto a outra tem uma grande influência em relativamente a outro mercado, não significa necessariamente que a empresa não seja controlada conjuntamente, particularmente quando essas influências se espelham entre si. Pode existir uma *joint venture* em que, apesar da participação minoritária, esta detenha uma proteção extensiva ou ainda que haja um direito contratual de tomar parte no controle de uma *joint venture*. De particular importância é a presença do direito de veto sobre as decisões estratégicas, como na aprovação do plano anual ou plurianual de metas ou planos do negócios, a aprovação dos maiores investimentos, o lançamento de novos produtos, a conclusão de um importante contrato de financiamento, a indicação e afastamento de membros do Conselho, da gestão ou de executivos seniores.

591 Nesse sentido ver C. Bellamy, G. Child, op. cit., p. 327-328.

palavras, essa participação deveria possibilitar a prática de uma influência decisiva nas atividades da empresa.[592]

A terceira premissa era de que a empresa comum deveria ter autonomia de decisão, ou seja, deveria ter autonomia para definir a sua política comercial e seu comportamento competitivo no mercado. Nesse caso, mais uma dificuldade se impunha, ou, mais precisamente, uma *contradição*: como conciliar a exigência de ausência de coordenação do comportamento concorrencial com o controle conjunto? Existia uma linha muito tênue que poderia orientar essa distinção: o controle conjunto ao qual a Comunicação se referia era aquele que era exercido pelas sociedades-mãe em relação à filial. A outra situação, e que era a mais importante, era saber se esse controle não deixava nenhum lugar à autonomia da filial comum.[593]

A verdade é que a Comissão estabeleceu várias diretrizes procurando distinguir as duas situações, mas que na prática não foram seguidas de forma estrita.[594] De fato, a atividade empresarial caracteriza-se por um constante dinamismo que, por vezes, não pode ser enquadrado em "fórmulas mágicas", revelando-se, em algumas ocasiões, difícil de separar o que é concentrativo do que é cooperativo em uma mesma empresa. Dominique Berlin, já prevendo a mudança que ocorreria em 1997, criticava essa "opção" comunitária (de discriminar as duas espécies de operação), pois, segundo ele, essa busca de diferenciação, ou seja, o estabelecimento de critérios diversificados encontrava-se fundado em um certo cartesianismo ou mesmo em uma lógica jurídica impregnada de taxinomia, que era própria dos juristas europeus. O direito americano, por exemplo, mais pragmático, não via nenhuma contradição ou nenhuma dificuldade em reconhecer aspectos concentrativos e cooperativos no interior de uma empresa comum e, ao mesmo tempo, aplicar a cada um desses elementos as regras que lhes eram próprias. O direito comunitário tinha uma visão diferente: "uma empresa deveria ter uma natureza e uma alma".[595]-[596]

---

592 Nesse sentido ver Sofia Pais, op. cit., p. 282.

593 Nesse sentido ver Sofia Pais, op. cit., p. 285-286.

594 Nesse sentido ver L. Cohen-Tanug et al., op. cit., p. 29.

595 Cf. Dominique Berlin, op. cit., p. 80-81.

596 Barry Hawk apud Sofia Pais, op. cit., p. 300-301, defende que "a opção por critérios formais, isto é, baseados na aquisição de participações ou activos

Numa situação em que uma empresa comum revelava aspectos concomitantemente de concentração e de cooperação, a orientação da Comissão era bastante clara no sentido de que, se os aspectos de coordenação e cooperação existiam de maneira inseparável na criação da empresa comum, a operação estaria fora do âmbito do Regulamento (CE) 4.064/89, sendo aplicável tão-só o artigo 81 do Tratado. Se, entretanto, os elementos de coordenação e cooperação pareciam destacáveis ou separáveis, apreciavam-se os de concentração sob a égide do Regulamento e os demais poderiam ser reconhecidos como restrições acessórias, aplicando a eles o artigo 81 do Tratado. Com essa distinção, mais um problema se colocava: a divisão de partes de uma mesma operação de concentração a apreciações diferentes, submissas a procedimentos variados, prazos diversos etc. Com a alteração do Regulamento, contudo,

---

acima de certos limiares, dariam uma maior segurança do que os critérios substanciais utilizados na Comunicação. Para Barry Hawk, os critérios utilizados pelas autoridades comunitárias não pareciam capazes de distinguir uma perspectiva racional, entre tipos de restrição ao comércio *funcionalmente* diferentes, situação que, segundo o autor, se explicaria pelo fato de, no Direito Comunitário, ao contrário do direito *antitrust* dos Estados Unidos, não é a *função* da restrição que determina o regime legal aplicável. Ou seja, no direito norte-americano, se a restrição da concorrência for justificada por razões válidas de eficiência (baseada numa integração econômica de recursos), a restrição – quer se revele através de um comportamento, quer através de uma estrutura – será analisada à luz da *rule of reason* (em que será feito o balanço entre vantagens e desvantagens da restrição). A restrição só é *per se* proibida se não há uma justificação econômica plausível (concentração ou cooperação – para a integração de recursos de duas entidades anteriormente independentes). Assim, a distinção econômica comportamento/estrutura não implica necessariamente a aplicação de regimes legais totalmente diferentes. Concluindo, é a *função* da restrição, segundo Barry Hawk, e não a sua *forma* (estrutura/comportamento) que é o fator distintivo. A questão fundamental não é, portanto, saber se a EC deve ser tratada como concentração ou como cooperação, mas sim a existência de uma verdadeira integração de recursos de produção, distribuição, etc., que faz presumir a eficácia econômica da operação. Na opinião deste autor, só o 'formalismo' existente no domínio do direito comunitário é que pode justificar a distinção entre EC cooperativas e concentrativas...".

essa situação foi completamente modificada, passando a Comissão a fazer a análise das empresas comuns sob a égide do artigo 81, n. 3, e do Regulamento conjuntamente, sem necessidade de apartar a operação, como será tratado adiante.

Como visto anteriormente, a Comissão nunca seguiu de perto as orientações dessa Comunicação, e, em uma série de decisões tomadas entre os anos de 1991 e 1993, começou a admitir que a presença de uma das empresas-mãe no mesmo mercado em que a empresa comum mantinha a sua atividade não seria tão nociva à sua estrutura. É a adoção da chamada *teoria da liderança industrial,* que, apesar de todas as críticas apontadas,[597] consiste em uma evolução nas concepções comunitárias. Segundo essa teoria, se apenas uma empresa-mãe se mantém no mercado da empresa comum, enquanto a outra fica inativa ou se retira definitivamente desse mercado, fica a empresa fundadora responsável pelo comportamento no mercado da empresa comum.[598]

A aplicação dessa teoria se justificava, pois o maior temor da Comissão não era o risco da coordenação do comportamento entre a empresa comum e a empresa-mãe no mercado comum,[599] mas sim o risco de coordenação de comportamento entre as próprias empresas-mãe. Em contrapartida, ela também passa a reconhecer que a coordenação do comportamento concorrencial como um critério de análise, pois esta poderia igualmente derivar das atividades das empresas-mãe em mercados de produtos vizinhos, associados aos mercados em que a empresa comum encontrava-se ativa, e o reconhecimento de uma

---

597 Van Bael, F. Bellis, op. cit., p. 478, ao comentarem o caso Eridania, criticam a utilização dessa teoria pela Comissão em relação às *joint ventures* concentrativas, pois, segundo eles, essa análise poderia trazer o risco de ser quase uma negação da justificação de exame dos efeitos no mercado da mudança da qualidade do controle. Tecendo *críticas* da mesma natureza, ver D. Berlin, H. Calvet, H. Vallette-Villard, op. cit., p. 539.

598 Cf. Sofia Pais, op. cit., p. 295.

599 Segundo a Comunicação, em qualquer caso, quando a coordenação do comportamento concorrencial das empresas-mãe ocorria em mercados geográficos situados fora da Comunidade ou do EEE, e não tinha qualquer efeito significativo sobre a concorrência no âmbito da Comunidade ou do EEE, considerava-se, apesar dessa coordenação, que a empresa comum tinha caráter de concentração.

situação ou de outra iriam depender essencialmente da análise do caso em concreto.

Esse novo posicionamento da Comissão pode ser verificado na decisão Philips/Thomson/Sagen, em que foi considerado que a interdependência entre os mercados de diferentes tipos de telas (plasmas, cristais líquidos, tubos catódicos etc.) atingia um grau que permitia ter como extremamente provável a coordenação do comportamento concorrencial tanto entre as empresas-mães como entre estas e as empresas comuns. Em sentido oposto, na decisão Harrisons&Crossfield/Akzo, a Comissão concluiu que, apesar de a empresa comum e as empresas-mãe produzirem, em parte, os mesmos produtos, não se constatava qualquer risco de coordenação, na medida em que os produtos da empresa comum e das empresas-mãe possuíam destinações completamente diferentes.

A segunda etapa dessa evolução foi no sentido de admitir, ainda que de maneira atenuada, a possibilidade de uma ou mais empresas-mãe permanecerem no mercado reservado à empresa comum, quando este fato não viesse a indicar um risco de coordenação do comportamento das empresas.

Seria, de certo modo, uma extensão da aplicação da regra *de minimis* prevista na Comunicação, como ocorreu, por exemplo, na decisão Siemens/Italtel, em que a Comissão admitiu a presença de uma filial da Italtel no mesmo mercado da empresa comum no que dizia respeito ao mercado da transmissão, setor em que o volume de negócios da mesma era inferior a 1,5% da totalidade do mercado. Também na decisão Voith/Sulzer II, em que o fator que levou a Comissão a considerar essa operação como uma concentração foi que, apesar de as empresas-mãe continuarem no mercado da empresa comum, esta poderia definir uma estratégia comercial comum com as empresas-mãe nos mercados da tecnologia do papel e, por isso, *não seriam concorrentes da empresa comum*,[600] ou ainda na decisão Shell Chemie/Elf Atochem, na qual a Comissão teve em conta, nomeadamente, o fato de que determinada empresa não era um importante cliente das empresas-mãe em resina de PVC, mercado a montante da empresa comum, no qual a Shell Chemie e a Elf Atochem permaneceram, embora modestamente, após a operação.

---

600 V. *Relatório sobre a Política da Concorrência,* 1994, p. 174-175.

O que se observa, de certa maneira, é a preparação da Comissão no sentido das reformas que foram efetuadas no ano de 1997, quando o único critério que passa a ser tomado em consideração é que a empresa comum desempenhe todas as funções autonomamente, correspondendo esse critério ao exercício duradouro, por uma empresa comum, de todas as funções de uma entidade econômica autônoma.[601]-[602]

---

601 A Comissão, no *Relatório sobre a Política da Concorrência,* 1997, p. 75, comenta que os principais elementos que permitem determinar se uma empresa comum desempenha todas as funções de maneira autônoma dizem respeito, nomeadamente, ao fato de a empresa comum poder dispor de todos os recursos necessários em termos de financiamento, de pessoal e de ativos corpóreos e incorpóreos. Na decisão ENW/Eastern, de 15.10.1998, por exemplo, em que, apesar de as partes terem proposto a constituição de uma empresa comum onde estava configurado o controle conjunto, a Comissão entendeu não se tratar de uma "full function joint venture", ou seja, uma empresa comum que desempenhasse de forma duradoura todas as funções de uma entidade econômica autônoma, pois a mesma não teria acesso a recursos suficientes, incluindo financeiro, pessoal e ativos, no sentido de conduzir as suas atividades em uma base duradoura. As circunstâncias principais que levaram a Comissão a chegar a essa conclusão foram que a mesma teria uma autonomia financeira limitada, e ainda porque o seu *staff* seria transferido de suas empresas-mãe.

602 Segundo Martín-Crespo, op. cit., p. 231, a modificação do Regulamento segue a tendência de melhorar o tratamento das empresas comuns e harmonizá-lo com a aplicação das normas do Tratado CECA. O marco desse Tratado é justamente o tratamento dado às mesmas, em que as empresas comuns com plena autonomia funcional (*full function*) são consideradas sempre concentrações e se submetem ao regime do artigo 66 do Tratado CECA. Já as empresas comuns que não gozam dessa autonomia funcional (*single function*), cuja única atividade é ser meramente auxiliar das empresas-mãe, são tidos como acordos restritivos entre empresas independentes e se valoram em conformidade com o estabelecido no artigo 65. Segundo J. González-Orús, Empresas en participación concentrativas y artículo 81 del Tratado CE: Dos años de aplicación del artículo 2(4) del Reglamento CE de control de las operaciones de concentración, p. 16, essa reforma, em seu conjunto merece uma valoração positiva, pois simplificou de maneira significativa a análise dos operadores econômicos no sentido de verificar se uma determinada operação de criação de uma empresa comum está sob o âmbito de aplicação do Regulamento (CE) 4.064/89. Por outro

Deixa então de haver a clássica distinção entre empresa comum de natureza cooperativa e de natureza concentrativa. A única distinção que se faz agora é no que diz respeito à sua capacidade de executar, com caráter permanente, todas as funções de uma entidade econômica independente.

A redação anterior do n. 2 do artigo 3.º do Regulamento (CE) 4.064/89 excluía a empresa comum que tivesse por objeto ou efeito a coordenação do comportamento concorrencial de empresas que se mantinham independentes do conceito de concentração. Aliás, mesmo se a empresa comum desempenhasse de forma duradoura[603] todas as funções de uma entidade econômica autônoma, mas houvesse uma coordenação do comportamento concorrencial, quer entre as empresas fundadoras, quer entre estas e as empresas comuns, também não seria abrangida pelo Regulamento. Com alteração efetuada pelo Regulamento 1.310/97, resultante em grande parte da prática decisória da Comissão em relação às empresas comuns, essa exclusão foi eliminada.

Anteriormente, para se classificar uma empresa comum como de natureza concentrativa era preciso inexistir a coordenação do comportamento concorrencial entre as empresas fundadoras, ou entre estas e as empresas comuns. Aliás, este constituía o critério principal de análise da Comissão, mas que deixou de ter caráter imperativo e, portanto, qualquer operação que tenha por objetivo a criação de uma empresa comum que desempenhe de forma duradoura todas as funções de uma entidade econômica, passa a ser considerada uma operação de concentração. Isso significa que aquelas situações duvidosas ou intermediárias, e que escapavam ao controle de Regulamento, agora encontram-se sob o seu âmbito.[604]-[605] A grande diferença é em relação aos critérios de

---

lado, a reforma proporciona maior rapidez e segurança jurídica para as empresas, em comparação com o sistema de autorizações do artigo 81 do Tratado CE.

603 Na decisão Saint-Gobain/Wacker-Chemie, por exemplo, a Comissão reconheceu que o fato de as partes notificantes manterem-se como acionistas da empresa comum projetada durante os sete primeiros anos, e não vender as respectivas ações durante esse mesmo período, caracterizaria a "base duradoura".

604 Nesse sentido ver M. Germain, L. Vogel, op. cit., p. 745: "enfim, as empresas comuns de agora em diante relevam a aplicação do Regulamento de

análise dessa empresa comum, pois, além do critério da criação ou reforço da posição dominante previsto no artigo 2.º do Regulamento (CE) 4.064/89, são utilizados os do artigo 81, ns. 1 3, do Tratado, aplicando-se, entretanto, o procedimento previsto no Regulamento (CE) 4.064/89. Nesse ponto, verifica-se que a alteração efetuada facilitou o procedimento de notificação das operações envolvendo empresas comuns.

Por outro lado, os critérios de análise passaram a ser bem mais rigorosos, pois, para que seja possível a adoção de uma decisão de compatibilidade, a empresa comum deverá ser apreciada não apenas em razão do artigo 2.º do Regulamento (CE) 4.064/89, mas também dos ns. 1 e 3 do artigo 81 do Tratado CE. No que diz respeito às restrições acessórias, a análise da sua pertinência ou não com a operação deverá também ser observada, e, se forem consideradas diretamente relacionadas e necessárias para a execução da operação, deverão ser apreciadas conjuntamente. No caso de não serem definidas como acessórias, deverão ser apreciadas normalmente, ou seja, de acordo com as regras do Regulamento 17/62.

---

concentração, mesmo quando elas dão lugar à coordenação. A existência de uma coordenação entre fundadoras ou entre fundadoras e empresas comuns não conduz mais à requalificação do conjunto da operação, nem exclui o controle das concentrações".

605 Na avaliação apresentada pela Comissão, em seu Livro Verde relativo à revisão do Regulamento (CE) 4.064/89, "entre março de 1998 e dezembro de 2000, foi notificado um total de 47 empresas comuns de pleno exercício com caráter cooperação. Destas, apenas uma notificação se baseou no critério do volume dos negócios estabelecido no n. 3 do artigo 1.º, enquanto os restantes 46 casos preenchiam o critério do n. 2 do artigo 1.º (...) a experiência demonstrou que estes casos estão bem adaptados ao tipo de apreciação mais estrutural do Regulamento das concentrações. A sua inclusão no âmbito do Regulamento das concentrações reduziu os custos e os prazos envolvidos na obtenção de uma autorização regulamentar para as empresas envolvidas nessas operações e o n. 4 do artigo 2.º permite que todos os aspectos de concorrência dessas operações sejam apreciados num único procedimento administrativo (...) sete dos casos dessas empresas foram considerados como suscitando problemas de posição dominante quer na primeira quer na segunda fase".

Na apreciação das empresas comuns que tenham por efeito ou objeto a coordenação do comportamento concorrencial de empresas que se mantêm independentes, a Comissão deverá ainda ter em conta dois novos critérios: em *primeiro lugar*, a presença significativa e simultânea de duas ou mais empresas fundadoras no mesmo mercado da empresa comum, num mercado situado a montante ou a jusante desse mercado ou num mercado vizinho estreitamente ligado a esse mercado. Esse novo critério reflete justamente a experiência da Comissão na análise desse tipo de operação, em que a presença de uma empresa-mãe no mesmo mercado da empresa comum, ou em outro conexo, *em princípio*, não compromete o seu caráter concentrativo, merecendo entretanto uma maior atenção se existem duas ou mais empresas-mãe presentes de forma significativa nesse mercado ou em outro conexo, devendo-se entender, nesse caso, mercado como o do produto ou serviço.[606]-[607] A valoração deverá também centrar-se no que irá se entender por *presença significativa*.

---

606 Sobre os critérios jurídicos e econômicos que a Comissão poderá ter em conta ao avaliar se houve ou não retirada definitiva das empresas-mãe do mercado da empresa comum, J. Briones, J. Folguera, A. Fonti, E. Navarro, op. cit., p. 88-92, citam os seguintes: cláusulas de não concorrência, contratos relativos à transferência de direitos de propriedade industrial ou intelectual, custo econômico excessivo de reentrada, custos de investigação e desenvolvimento do setor, contexto econômico específico do setor, canais de distribuição.

607 Para J. González-Orús, op. cit., p. 22-23, apesar de a regra do artigo 2.º, n. 4, não mencionar expressamente a hipótese de as empresas-mãe serem concorrentes potenciais no mesmo mercado objeto da operação, esta também deve ser considerada, pois "de ningún modo pues el tenor literal del artículo 2(4) excluye la posibilidad de tener en cuenta el que las matrices sean competidoras tan sólo potenciales. Además desde el punto de vista finalista de la disposición, los dos tipos de competencia deben de estar incluidas puesto que la restricción de competencia puede proceder tanto de la eliminación o reducción de la competencia actual como la potencial. La práctica decisoria de la Comisión ha resuelto la duda que pudiera existir confirmando que el artículo 2(4) puede ser también aplicable cuando las matrices son meramente competidoras potenciales. Así han sido considerados como mercados candidatos aquellos en que sólo una de las matrices estaba activa y la otra era meramente potencial o ninguna estaba activa pero varias de ellas eran competidoras potenciales". Ele também

Em *segundo lugar*, a possibilidade de as empresas envolvidas, apoiadas na coordenação diretamente resultante da criação da empresa comum, eliminarem a concorrência em relação a uma parte significativa dos produtos e serviços em causa. Esse segundo critério já provoca um pouco mais de dúvidas. Aqui, o exame deverá ser mais cauteloso, pois o mesmo irá refletir unicamente a coordenação derivada da empresa comum, afastando a possibilidade de análise de uma coordenação entre as empresas-mãe em mercados não relacionados com o da empresa comum.[608] Esse último caso deverá, portanto, ser analisado sob a égide do artigo 81, n. 1, do Tratado e observar o procedimento de execução do Regulamento 17/62.[609]

---

considera que, apesar de a norma falar apenas "no mesmo mercado da empresa comum", ele entende que os fatores de análise ali indicados não são uma lista exaustiva, pois, quando a lei fala que a Comissão "terá em conta designadamente", encontra-se aberta a possibilidade de examinar também riscos de coordenação vertical e conglomerado entre as empresas-mãe, como ocorreu no caso NC/Canal+/CDPQ/BankAmerica.

608 Nesse sentido, ver decisões nas JV Telia/Telenor/Schibsted e @Home Benelux B.V.

609 Segundo o *Relatório de Política de Concorrência da Comunidade Européia,* 1998, p. 68, nos primeiros processos que incluíram uma análise dos efeitos de uma operação de concentração nos termos do n. 4 do artigo 2.º já demonstram a existência de alguns aspectos comuns. A dimensão relativa do mercado abrangido pelo n. 4 do artigo 2.º e a do mercado da empresa comum, avaliados com vista a determinar a presença ou não de uma posição dominante, tem sido um importante fator na apreciação de uma provável coordenação do comportamento entre as partes. Normalmente, os incentivos comerciais e, por conseguinte, o risco de coordenação, são tanto menores quanto menor for o mercado da empresa comum em comparação com os mercados abrangidos pelo n. 4 do artigo 2.º. No entanto, tal não basta para inferir a inexistência de qualquer coordenação entre as empresas-mãe. A natureza dos próprios mercados também constituirá um fator a ter em conta na apreciação da Comissão. A natureza das ligações existentes entre as empresas-mãe é igualmente relevante para a determinação de uma relação de causalidade entre a operação notificada e os efeitos previstos pelo n. 4 do artigo 2.º, muito embora a sua existência não pressuponha automaticamente que haja esses efeitos. Uma vez mais, deverão ser tomados em consideração outros fatores antes de se poder realizar uma análise da matéria.

Geralmente, segundo a Comissão, isso significa que, no exame, se os efeitos dessas empresas comuns sobre o mercado forem principalmente *estruturais*, os critérios do n. 1 do artigo 81 dificilmente serão utilizados. Todavia, se duas ou mais empresas-mãe continuarem ativas no mercado da empresa comum, ou, sendo o caso, se a criação da empresa comum tiver por objeto ou efeito impedir, restringir ou falsear o jogo da concorrência entre as empresas-mãe em mercados situados a montante, a jusante ou em mercados vizinhos, nesse caso, a apreciação de todos os aspectos da criação da empresa comum quanto à concorrência deve ser efetuada no âmbito do mesmo procedimento, aplicando-se, entretanto, os ns. 1 e 3 do artigo 81 do Tratado CE.[610]-[611]

1.2.11 Efeitos extraterritoriais. A cooperação internacional: uma solução?

Trata-se de tema complexo, mas que não pode deixar de ser tratado em um estudo sobre o controle de concentrações de empresas. De fato, a aplicação extraterritorial das leis assume uma grande importância no direito da concorrência,[612] uma vez que certas operações

---

610 Ver considerando 5 do Regulamento (CE) 1.310/97, que introduziu as novas alterações no Regulamento (CE) 4.064/89.

611 Martín-Crespo, op. cit., p. 237, entende que a inclusão desse último critério poderia ser dispensável, pois causa uma incerta insegurança jurídica às partes, pois, ao outorgar um caráter alternativo, pode-se supor, por exemplo, que o fato de uma empresa comum demonstrar que não há concorrência das duas empresas-mãe no mercado da filial não serve para elidir a proibição se a Comissão considerar que, não obstante, a concorrência em uma parte substancial do mercado afetado resta eliminada. J. González-Orús, op. cit., p. 41-42, comenta que até o momento não ocorreram quaisquer casos de aplicação do n. 3 do artigo 81, e, mesmo que venham a ocorrer no futuro, os mesmos serão escassos, pelos seguintes motivos: "primero, el listón para considerar que hay una infracción al artículo 81.1, como acabamos de ver, se ha elevado mucho; segundo, es muy probable que si la Comisión anuncia a las partes una posible infracción al artículo 81.1, éstas presenten compromisos y la negociación que se entable htermine eliminando las dudas de la Comisión sobre la operación".

612 Para uma visão completa desse tema, ver E. Friedel-Souchu, *Extraterritorialité du droit de la Concurrence aux Etats-Unis et dans la*

ocorridas no âmbito territorial de um determinado Estado ou Comunidade podem afetar diretamente a estrutura de mercados que não estejam inseridos naquele contexto territorial, ou, ainda, quando se observa o número crescente de operações transnacionais. Além disso, nem sempre os interesses que justificaram a autorização de uma dada operação poderão coincidir com aqueles do Estado ou Comunidade afetado, ou ainda onde se pretende executar uma decisão.[613] Não obstante, a noção de extraterritorialidade esbarra ainda em outros obstáculos, como os conceitos de soberania e independência dos Estados.

A aplicação de uma decisão, em particular, em um ordenamento jurídico, no qual a autoridade comunitária não disponha de jurisdição, e, desta forma, não é possível executar a sua decisão, sempre foi um grande receio da Comissão Européia, que optou por uma abordagem mais discreta em se tratando da aplicação extraterritorial das regras da concorrência. Nos termos dos artigos 81 e 82, suas disposições são aplicáveis às concertações que sejam susceptíveis de afetar o comércio entre os Estados-membros e que tenham por objetivo ou efeito impedir, restringir ou falsear a concorrência *no mercado comum;* e, ainda, ao abuso de uma posição dominante exercido *no mercado comum ou numa parte substancial* deste, e que seja passível de atingir o comércio entre os Estados-membros. Ora, nesses casos, o campo de aplicabilidade fica limitado aos efeitos que possam ocorrer no mercado comum ou em parte substancial deste, não importando onde as empresas estejam sediadas ou a sua nacionalidade.

Segundo Dominique Berlin,[614] desde os primeiros tempos, as autoridades comunitárias conseguiram contornar a questão de funda-

---

Communauté Européenne, e P.Demaret, L'extraterritorialité des lois et les relations transatlantiques: une question de droit ou de diplomatie?

613 E. Friedel-Souchu, op. cit., p. 3-7, trata desse problema em relação aos Estados Unidos e à Comunidade Européia, destacando justamente a diferença de objetivos perseguidos. Segundo a autora, enquanto nos Estados Unidos os propósitos seriam a proteção do comércio interior e exterior, a proteção do consumidor, assim como o desenvolvimento das possibilidades de exportação das empresas americanas, na Comunidade Européia, seria um contexto mais geral, da construção do mercado comum, ultrapassando a perspectiva unicamente econômica.

614 Dominique Berlin, op. cit., p. 50.

mentação em limitar o comportamento anticoncorrencial ao território comunitário, mas sempre sob a perspectiva da *desconsideração da personalidade jurídica*, pois partiam da idéia de que uma concertação empresarial ou um abuso de posição dominante, mesmo que realizado materialmente por uma filial estabelecida na Comunidade, poderia ser imputado à sociedade-mãe estrangeira em razão da unidade econômica que as duas formavam. Havia uma certa resistência em aplicar a doutrina dos efeitos norte-americana pela sua "legitimidade duvidosa" em relação ao direito internacional público. Do mesmo modo, o Tribunal de Justiça, quando enfrentou essas situações, jamais fundamentou as suas decisões declarando a aplicabilidade da teoria dos efeitos extraterritoriais, tendo optado por se apoiar em um raciocínio diferente, ainda que não desprovido de uma certa ambigüidade, como acórdão do TJCE de 27.9.1988, A.Ahlström Osakeyhtiö e outros/Comissão.[615]

Em se tratando de concentrações de empresas, a alínea *a* do n. 1 do artigo 2.º do Regulamento (CE) 4.064/89 dispõe no sentido de que a Comissão terá em conta a necessidade de preservar e desenvolver uma concorrência efetiva no mercado comum, atendendo, nomeadamente, à estrutura de todos os mercados em causa e à concorrência real ou potencial de empresas situadas no interior ou no exterior da Comunidade. Essa regra repete, portanto, a opção dos artigos 81 e 82 do Tratado CE, ou seja, de que apenas são alcançados pelo campo de aplicação das regras comunitárias os atos que venham a restringir o mercado comum. Verifica-se ainda que as relações comerciais entre a Comunidade e Estados terceiros também não são atingidas por essas regras.[616]

No entanto, a Comissão Européia, timidamente, tem se esforçado em ampliar o seu campo de atuação fora da Comunidade Européia, mas evidentemente tem esbarrado em algumas dificuldades, como a efetivação da decisão Gencor/Lornho já citada. Nesse caso, a concentração realizou-se na África do Sul, tendo as partes espontaneamente notificado a Comissão Européia. Esta, após a análise da operação, entendeu que aquela operação iria produzir efeitos prejudiciais ao mercado comum e declarou a sua incompatibilidade, proibindo-a, mesmo sabendo

---

615 V. Ac. do TJCE de 27.9.1988 (Proc. apensos 89, 104, 114, 116, 117 e 125 a 129/85*)*, A.Ahlström Osakeyhtiö e outros/Comissão, p. 5193-5247.

616 Nesse sentido ver E. Friedel-Souchu, op. cit., p. 74.

que dificilmente poderia garantir que o seu comando seria obedecido, a não ser mediante retaliações econômicas.

A cooperação internacional entre as autoridades de defesa da concorrência dos diversos Estados surge como uma solução a esses problemas, tendo atraído o apoio do setor especializado.[617] Sem dúvida, é a que concede uma maior segurança jurídica, não obstante a existência de corrente em sentido diverso que propõe uma harmonização das legislações entre os diversos Estados[618] e até a criação de um órgão supranacional para julgar as questões internacionais antitruste e determinar as diretrizes a serem seguidas pelos tribunais nacionais.[619] Essa última proposta, entretanto, não parece ser a mais desejável; em primeiro lugar, devido às diferenças de desenvolvimento econômico entre os diversos Estados e, ainda, pelo fato de ser a política de defesa da concorrência um valioso instrumento de implementação de políticas públicas nacionais,[620] fatores que provavelmente não poderiam ser considerados em um tribunal de caráter internacional.

Assim, a solução "encontrada" pela Comissão Européia foi o estabelecimento dos acordos de cooperação para aplicação das regras da concorrência com os seus principais parceiros comerciais, como os Estados Unidos[621] e o Canadá.[622]-[623] Uma das decisões mais importantes

---

617 Neste sentido ver comentários de J. Briones, J. Folguera, A. Fonti, E. Navarro, op. cit., p. 340-347.

618 Como pregava P. Demaret, op. cit., p. 39, quando conclui que a resposta para os problemas que se colocavam no que dizia respeito à aplicação extraterritorial das leis eram o *direito* e a *diplomacia*, e que, a longo prazo, a *solução* dos conflitos deveria passar pela coordenação e harmonização das leis econômicas e as leis de procedimento dos Estados Unidos e dos Estados europeus. Aliás, esse tema tem sido objeto de debate na Organização Mundial do Comércio, e na reunião interministerial ocorrida em Singapura (dezembro de 1996) foi criado um Grupo de Trabalho para tratar o tema. Ver comentários de Pierre Arhel, Organisation Mondiale du Commerce, p. 57, e Karel Van Miert, La Organización Mundial del Comercio y la política de competencia: la necesidad de considerar negociaciones, p. 59-70.

619 Cf. Paula Forgioni, op. cit., p. 397-398.

620 Cf. Paula Forgioni, op. cit., p. 399.

621 V. Acordo de Cooperação entre o Governo dos Estados Unidos e a Comissão das Comunidades Européias no que diz respeito à aplicação das suas regras da concorrência, *JO* L 132, de 15.6.1995.

que demonstram a relevância que a cooperação internacional assumiu em se tratando de controle de concentrações foi na decisão Boeing/McDonnell,[624] quando efetivamente se constatou que a Comissão poderia intervir significativamente em outras jurisdições, desde que observados certos parâmetros e regras de colaboração, visando o respeito à soberania do outro Estado envolvido.

A decisão WorldCom/MCI[625]-[626] é considerada como a consagração da aplicabilidade do regulamento a operações ocorridas fora da CE, uma vez que essa operação realizou-se nos Estados Unidos, mas também foi formalmente comunicada à Comissão Européia. É de notar, portanto, o progresso nas relações entre as autoridades de defesa da concorrência norte-americana e européia, justificando-se dentro do contexto de cooperação internacional existente. O objetivo dessa cooperação é a prevenção e a garantia de efetividade dos compromissos que cada órgão veio a estabelecer em determinadas operações. Como destaca a Comissão, "as partes procederam às disposições adequadas, por forma a permitir um intercâmbio, entre o DoJ e a Comissão, das informações fornecidas pelas partes às duas entidades" (considerando 11), e

---

622 V. Acordo de Cooperação entre as Comunidades Européias e o Governo do Canadá no que diz respeito à aplicação das suas regras da concorrência, *JO* L 175, de 10.7.1999.

623 J. Briones, J. Folguera, A. Fonti, E. Navarro, op. cit., p. 340-341, comentam que a progressiva internacionalização da atividade econômica tem dado lugar a reflexões sobre a necessidade de uma maior cooperação entre as autoridades nacionais da concorrência e ainda sobre a criação de um organismo internacional em material de concorrência. Como o segundo objetivo encontra-se muito distante de atingir um consenso, a solução tem sido adoção de acordos bilaterais de cooperação intergovernamentais no sentido de coordenarem a sua atuação quando se depararem com operações que afetem os seus mercados.

624 V. Decisão 97/816, Boeing/McDonnell Douglas de 30.7.1997.

625 V. Decisão 287/99, WorldCom/MCI, de 8.7.1998.

626 Segundo M. Monti, op. cit., "the MCI WorldCom/Sprint (2000) and Alcoa/Reynolds (2000) cases are good examples of substantive convergences in relation to major global transactions despite different laws". Outros casos no qual ocorreu ampla cooperação com resultados positivos: decisões BP Amoco/Arco, Exxon/Mobil e Metso/Svedala.

ainda que, "no decurso da investigação e da apreciação da proposta de concentração, registrou-se um elevado nível de cooperação entre as duas entidades, que envolveu, nomeadamente, uma troca de pontos de vista preliminar quanto ao enquadramento analítico, coordenação dos pedidos de informação, participação de observadores do DoJ na audição oral, bem como reuniões e negociações conjuntas com as partes comunicantes" (considerando 12). Também no que diz respeito à execução: "procedeu-se a uma troca de correspondência entre o director-geral da Direção-Geral da Concorrência e o Attorney General responsável pela Antitrust Division, do Departamento de Justiça dos Estados Unidos da América, nos termos do artigo 4.º do acordo entre as Comunidades Européias e o Governo dos Estados Unidos da América, relativo à aplicação dos respectivos direitos da concorrência, na qual a Comissão solicitou ao DoJ cooperação no que se refere aos compromissos oferecidos simultaneamente à Comissão e ao DoJ. O DoJ confirmou que adotaria todas as medidas necessárias e adequadas para avaliar os compromissos, e se os considerar suficientes, para assegurar a sua aplicação efetiva" (considerando 164).[627]

Mesmo nos casos em que, apesar de ter ocorrido cooperação, as medidas adotadas foram diferenciadas, um dos argumentos utilizados pela Comissão é o de que uma mesma operação pode produzir efeitos diferenciados nas diversas jurisdições, especialmente nos casos em que

---

627 No *Relatório sobre Política da Concorrência,* 2000, p. 60, a Comissão comenta que "o objetivo de qualquer sistema de controle das operações de concentração consiste em garantir a ausência de efeitos negativos em qualquer mercado relevante, quer do âmbito do EEE, quer inclua todo o EEE. Tal é independente da dimensão desse mercado ou do país em que as empresas implicadas no caso projetado se encontram situadas. O fator crucial é que a necessidade de reestruturar o setor não justifique qualquer prejuízo para o consumidor e que quando as empresas necessitem de uma reestruturação existam meios para tal sem prejudicar a concorrência. As empresas que prevêem uma reestruturação têm que reconhecer a importância que a Comissão atribui à proteção da concorrência na UE, independentemente de se realizar a nível local, nacional, europeu, ou mesmo global". Demonstrando que para a Comissão não interessa a origem/localidade das empresas, ver recente decisão de proibição no caso SCA/Metsä Tissue.

os mercados analisados possuem características regionais, como ocorreu no caso Air Liquide/BOC de 2000. Nessa situação, apesar de a cooperação entre as autoridades norte-americanas e a Comissão ter sido bastante acentuada durante a investigação da operação, em razão dos efeitos em cada jurisdição, os remédios adotados foram diferenciados. No caso da União Européia, a Comissão entendeu que as preocupações concorrenciais levantadas pela combinação das duas empresas, uma com posição dominante na França e a outra com posição dominante no Reino Unido, poderiam ser resolvidas mediante a celebração de compromisso. Nos Estados Unidos, entretanto, não se discutia a eliminação de um concorrente potencial, mas um concorrente atual, e que a operação teria por efeito a redução de quatro players para apenas três, em um mercado considerado extremamente concentrado. Como as partes não chegaram a um consenso com a Federal Trade Commission norte-americana, essa operação foi abandonada.[628]

Os casos Dow Chemical/Union Carbide e AstraZeneca/Novartis também são bons exemplos do resultado da cooperação, tendo em vista que em ambas as decisões os remédios aplicados pela Comissão e pelo FTC foram customizados de forma a atender os problemas específicos identificados em cada jurisdição. Não obstante, mesmo já tendo ocorrido alguns precedentes de conclusões diversas acerca de uma mesma operação, a decisão de proibição adotada pela Comissão no caso GE/Honeywell causou grandes discussões e alvoroços nos dois lados do Oceano Atlântico. Isso porque a fusão apresentada por duas empresas norte-americanas foi aprovada com restrições pelas autoridades norte-americanas e proibida pela Comissão.[629]

---

628 Segundo M. Monti, *Antitrust in the US and Europe: a history of convergence*, "this divergence did not occur because of the different laws or different analytical approaches, but because of different competition concerns resulting from different market realities (...) as a result, the type of remedy that was satisfactory in the EU was not considered to be adequate in the US. Consequently, the FTC sought more far-reaching commitments from the parties, a requirement which ultimately led the parties to abandon the deal".

629 Uma discussão sobre os conflitos legais, políticos e econômicos da aplicação territorial do Regulamento (CE) 4.064/89 pode ser verificada no artigo de

Não obstante, o grande teste da aplicação extraterritorial do Regulamento (CE) 4.064/89 ainda não ocorreu. Ele seria a aplicação do referido regulamento a uma operação ocorrida num país terceiro, com o qual não tivesse sido celebrada qualquer espécie de acordo de cooperação. Nessa hipótese, seria possível questionar a possibilidade de implementação efetiva de uma decisão, especialmente nos casos de proibição. Essa é uma questão que tem se tornado premente no domínio do controle de concentrações de empresas, pois com a globalização dos mercados , e com o crescente reconhecimento de mercados mundiais, verifica-se a necessidade de criação de um conjunto de regras ou diretrizes acerca do tema em âmbito internacional.[630]

1.2.1 Aplicação residual dos artigos 81 e 82 às operações de concentração

Como já visto, um dos princípios sobre o quais o estudo do controle das concentrações de empresas em direito comunitário se fundamenta é o chamado *one-stop shop* ou do balcão único. No entanto, esse princípio esbarra em alguns óbices de natureza institucional, pois o próprio regulamento admite que em algumas situações tanto o artigo 81 como o artigo 82 podem ser aplicáveis às operações de concentração de dimensão comunitária. Isso porque o considerando 15, ao tratar da presunção de compatibilidade de uma operação, quando o *market share* resultante da operação não ultrapasse 25% no mercado comum ou em porção substancial deste, garante que as operações que resultem em uma participação no mercado inferior a 25% são passíveis de lhes ser aplicados os artigos 81 e 82 do Tratado CE.[631] Revela-se, portanto, uma situação em princípio contraditória e ensejadora de grandes discussões doutrinárias.

A. Ezrachi, Limitations on the extraterritorial reach of the European merger regulation, p. 140-141.

630 Esse, aliás, é um dos assuntos que estão presentes na Rodada de Negociações lançada em Doha no novembro de 2001. Para uma ampla discussão sobre o tema e propostas que estão em discussão, consultar Maria Cecília Andrade, *Concorrência,* p. 295-323.

Evidentemente que, por razões de segurança jurídica, o regulamento deveria ser o único texto aplicável às operações de concentração. Havia, entretanto, um grande obstáculo: o Conselho não poderia estabelecer que as regras do Tratado deixavam de ser aplicáveis, pois isso implicaria uma modificação no Tratado, um procedimento que a Comissão não propôs e que nenhuma delegação no seio do Conselho teria sugerido.[632]-[633] Isto se deve ao fato de que o regulamento é uma fonte de direito comunitário derivada e não poderia alterar o direito comunitário primário, ou seja, os artigos 81 e 82 do Tratado CE. Essa conduta somente seria possível mediante uma revisão do Tratado, o que não era o caso. No entanto, não há como negar o esforço do Conselho em privar os artigos 81 e 82 de efeito, ao declarar inaplicáveis às operações de concentração, com ou sem dimensão comunitária, o Regulamento 17/62 e os regulamentos correspondentes aplicáveis aos transportes por terra, água e ar.

A grande controvérsia doutrinária, todavia, foi em que medida e como seria possível aplicar os artigos 81 e 82 ao controle de concentra-

---

631 Apesar de o considerando 6 do Regulamento enunciar que os artigos 81 e 82 do Tratado eram aplicáveis a determinadas concentrações, segundo a jurisprudência do Tribunal de Justiça (referindo-se necessariamente aos acórdãos Continental Can e Philip Morris), não eram todavia suficientes para impedir todas as operações susceptíveis de se revelar incompatíveis com o regime da concorrência não falseado previsto no Tratado.

632 Segundo J. Blaise, op. cit., p. 776-777, "o regulamento não possui autoridade suficiente para modificar o campo de aplicação das disposições do Tratado. É verdade que o artigo 87.º (atual artigo 83.º) autoriza o Conselho a adotar regulamentos para a aplicação dos princípios que figuram nos artigos 85.º e 86.º (atuais artigos 81.º e 82.º). Entretanto, isso não o habilita a modificar o alcance destes artigos. Aliás, nada no texto do artigo 83.º autoriza a acreditar em uma idéia tal. Apenas uma revisão poderia limitar o campo de aplicação dos artigos 85.º e 86.º (atuais artigos 81.º e 82.º) em benefício do controle direto das concentrações". Para esse autor, a afirmação do artigo 22 do regulamento segundo a qual apenas ele é aplicável às operações de concentração é desprovido de qualquer efeito jurídico. Com a mesma posição ver Dirk Staudenmayer, *Les relations entre les articles 85 et 86 du Traite CE et le reglement communautaire de controle des concentrations*, p. 384.

633 Neste sentido ver Jacques H., J. Bourgeois, B. Drijber, op. cit., p. 22.

ções de empresas. Em uma primeira análise, poder-se-ia empregá-los apenas nas operações que não tivessem uma dimensão comunitária, mas, nesses casos, evidentemente que a competência também não seria exclusiva da Comissão, cabendo também aos Estados-membros, por intermédio dos seus órgãos jurisdicionais ou administrativos (a depender de cada caso), aplicar as regras do Tratado. Mesmo assim, a questão também não se resolvia de forma tão simples como parece, pois podemos acrescentar mais um dado ao problema: e se essa operação de concentração não tivesse dimensão comunitária, mas viesse a afetar o comércio entre os Estados-membros, poderia a Comissão adotar os artigos 81 e 82 do Tratado?

O artigo 22, n. 2, na sua antiga redação, afastava a aplicabilidade dos regulamentos de execução dos dispositivos do tratado, razão pela qual mesmo que a Comissão tivesse a intenção de aplicá-los esse procedimento seria impossível. Nessa situação, a solução apontada pelo TJCE, no caso da Comissão, era a aplicação das regras transitórias dos artigos 84 e 85, mas apenas àquelas concentrações desprovidas de dimensão comunitária.[634]

Segundo A. Pappalardo, em se tratando da *jurisdição dos Estados-membros*, a competência era diferenciada, a depender se seria o caso de adotar o artigo 81 ou o artigo 82, segundo a jurisprudência firmada dos tribunais. Em relação ao artigo 81, considerando o entendimento consolidado pelo acórdão Asjès, a competência era limitada. Em referência ao artigo 82,[635] em razão do acórdão Ahmed Saeed, os tribunais nacionais poderiam aplicar plenamente a interdição editada por esse artigo, sem que fosse necessária uma decisão prévia a título do artigo 84 ou 85 do Tratado CE.[636]-[637]

---

634 Cf. J. Blaise, Contrôle des opérations..., p. 778.

635 Para William Elland, op. cit., p. 26, o motivo para a permissão da aplicabilidade do artigo 82 é de que o mesmo não previa a hipótese de concessão de exceções, o que somente a Comissão poderia fazer em primeira análise.

636 Cf. A. Pappalardo, Le Règlement CEE sur..., 1990, p. 40-41. Nesse mesmo sentido ver Dirk Staudenmayer, op. cit., p. 388.

637 Sobre a possibilidade de virem a ser tomadas decisões contraditórias, ou seja, tanto a Comissão como os Estados-membros virem a decidir sobre

No que diz respeito a operações não visadas pelo artigo 3.º do Regulamento, a doutrina Philip Morris ainda seria aplicável, havendo dúvidas quanto à Continental Can, pois essa última pressupunha a aquisição do controle,[638] tema que era tratado pelo Regulamento .

Toda essa discussão, entretanto, permaneceu apenas no campo doutrinário, pois a Comissão jamais utilizou os dispositivos legais do Tratado CE para analisar concentrações de dimensão comunitária. No entanto, em razão da revisão efetuada no Regulamento (CE) 4.064/89, em 1997, esse tema volta a estar em pauta, pois o artigo 22, n. 2, passa a admitir a aplicabilidade dos regulamentos de execução dos artigos 81 e 82 em relação às empresas comuns sem dimensão comunitária, cuja atividade tenha por objeto ou efeito a coordenação do comportamento concorrencial de empresas que se mantenham independentes.

Essa mudança constitui uma conseqüência do novo tratamento que passou a ser dado às empresas comuns no Regulamento (CE) 4.064/89, pois o seu artigo 3.º passou a considerar como uma operação de concentração a criação de uma empresa comum que exerça de forma duradoura todas as funções de uma entidade econômica autônoma (*full function joint venture*). Assim, a Comissão, quando da apreciação desse tipo de operação, se verificar que a mesma preenche os requisitos do artigo 3.º, mas, entretanto, tem por efeito ou objeto a coordenação do comportamento concorrencial entre as empresas independentes, ao avaliar a coordenação desse comportamento, deverá ter em conta agora não apenas os critérios do n. 1 do artigo 2.º, mas também os ns. 1 e 3 do artigo 81 do Tratado CE.

---

uma mesma operação, Jacques H., J. Bourgeois, B. Drijber, op. cit., p. 23, explicam que não se tratava de um conflito entre o direito nacional e o comunitário, mas de um conflito entre uma decisão tomada em virtude do Regulamento (CE) 4.064/89 e de uma decisão tomada com base nos artigos 81 e 82. Em uma hipótese dessas, a prioridade é a aplicação do regulamento sobre a aplicação dos dispositivos do tratado.

638 Neste sentido ver Dirk Staudenmayer, op. cit., p. 390, e Dominique Berlin, op. cit., p. 63.

Capítulo 2 – O Controle dos Atos de Concentração no Brasil

2.1 Da aplicabilidade da Lei 8.884/94[1]

Neste capítulo será estudado o controle dos atos de concentração de empresas[2] no Brasil, na forma estabelecida pela Lei 8.884/94.[3]

---

1 Em 2000, numa tentativa de se resolverem os problemas institucionais enfrentados no ordenamento jurídico brasileiro, foi apresentado um Anteprojeto de Lei para Criação da Agência Nacional da Concorrência e do Consumidor, que unificava as competências e atividades da SDE, SEAE e CADE em um único órgão; e em termos conceituais, no que diz respeito aos atos de concentração, buscou-se incorporar os conceitos e critérios de análise estabelecidos no Regulamento (CE) 4.064/89. Esse Anteprojeto sofreu muitas críticas e esteve em discussão durante um ano, e, em novembro de 2001, no Congresso Internacional de Direito da Concorrência promovido pelo Instituto Brasileiro do Estudo das Relações entre Concorrência e Consumidor (Ibrac), em Foz do Iguaçu, foram apresentados dois Projetos de Lei: o primeiro que criava a Agência Nacional da Concorrência, e um segundo, que trazia mudanças na legislação material e processual. Apesar de positiva a iniciativa de reforma de legislação no Brasil, os debates de ambos os projetos foram interrompidos no final de 2001, persistindo, portanto, os problemas institucionais que serão tratados no decorrer deste capítulo.

2 Uma grande dúvida enfrentada durante a elaboração do presente trabalho foi a questão terminológica. O termo ato de concentração dá a idéia de que as concentrações de empresas pressupõem a presença de apenas um único ato formalizador, o que não corresponde à realidade. Detendo-nos apenas nos tipos de concentrações de empresas enunciados no § 3.º do artigo 54, verificamos que se trata, na realidade, a forma de implementação de cada um deles (fusão, aquisição de empresas, incorporação etc.), que pressupõe a realização de vários atos para atingirem o objetivo buscado. Pode-se argumentar, por outro lado, que a opção pelo termo "ato de concentração" foi feita pela possibilidade que existe de a operação ser apenas comunicada após a sua formalização. Esse aspecto também não retira a impropriedade ao termo, porque essa operação poderá não ser autorizada pelo órgão competente e, conseqüentemente, ser desconstituída, não atingindo portanto a sua finalidade, que seria promover a integração do poder econômico. Mesmo assim, no decorrer da exposição, utilizaremos o termo "ato de concentração", mesmo que impropriamente, por ter sido consagrado na lei brasileira e de corrente uso pela doutrina e jurisprudência nacionais. Vale ressaltar que a

Seguimos o método utilizado para o estudo do Regulamento (CE) 4.064/89: o exame dos dispositivos legais nacionais, aliado à prática decisória do órgão competente brasileiro. Essa opção justifica-se por permitir uma melhor compreensão do processo de interpretação da Lei de Defesa da Concorrência no Brasil. Além disso, realizar, nos pontos em que tal procedimento foi possível, uma análise comparativa entre a experiência comunitária e a experiência brasileira.[4]

2.1.1 Delimitação do âmbito territorial

Da mesma forma que ocorre no âmbito do direito comunitário, a questão dos efeitos extraterritoriais de uma lei de defesa da concorrência fomenta sempre muita discussão. De fato, encontramo-nos hoje diante de uma economia globalizada, na qual necessariamente as grandes operações afetam a economia de mais de um Estado soberano, o que pode originar controvérsias acerca da legislação aplicável.

O âmbito de aplicação da Lei 8.884/94 está delimitado, sem prejuízo de convenções e tratados de que o Brasil seja signatário, às práticas cometidas no todo ou em parte do território nacional ou que nele produzam ou possam produzir efeitos.[5]-[6]

Consagra-se, assim, no Brasil, a *doutrina dos efeitos* norte-americana, pois, independentemente do local onde o ato ou contrato foi

---

primeira versão do Anteprojeto mencionado na nota anterior adotou o termo "operação de concentração", seguindo o modelo europeu, tendo sido o mesmo abandonado nos Projetos de Lei posteriormente apresentados.

3 Lei 8.884/94, de 11.6.1994, que transforma o Conselho Administrativo de Defesa da Concorrência – CADE em Autarquia, dispõe sobre a prevenção e a repressão às infrações contra a ordem econômica e dá outras providências, publicada no DOU, Brasília, de 13.6.1994, e alterada pela Medida Provisória 2.055-2, de 11.10.2000, publicada no DOU, Brasília, de 13.10.2000.

4 Como admite o próprio CADE, a exemplo do que ocorreu durante a análise do A.C. 08012.011337/99-83, de 11.10.2000 (Copersucar Armazéns Gerais S/A e outras).

5 Cf. artigo 2.º da Lei 8.884/94.

6 Nesse mesmo sentido, ver Pedro Dutra, A concentração do poder econômico e a função preventiva do CADE, p. 17, e Fábio Ulhoa Coelho, *Direito antitruste brasileiro – Comentários à Lei 8.884/94*, p. 7-8.

celebrado, interessa apenas apurar se os seus efeitos repercutiram ou irão repercutir no território nacional, como se verificou no AC. 080000.013756/97-08 (National Starch/Grace Brasil)[7], que constituiu um desdobramento de uma transação realizada em âmbito mundial entre as empresas americanas National Starch and Chemical Company e W.R. Grace & Co.-Conn, na qual a primeira adquiriu todos os ativos da segunda relacionados com o negócio de fotopolímeros, tendo sido o ato notificado perante o CADE, que o autorizou. Pode-se citar ainda o A.C. 116/96 (Arco Química/ Olin Brasil Ltda.), no qual as implicações da operação no Brasil decorreram do fato de ambos os grupos possuírem subsidiárias no País, que se dedicavam exclusivamente à importação e distribuição de TDI – diisocianato tolueno.[8-9]

---

7 V. A.C. 80000.013756/97-08, de 26.8.1998 (National Starch/Grace Brasil).

8 V. A.C. 116/96, de 14.5.1997 (Arco Química/ Olin Brasil Ltda). Nesse mesmo sentido, ver A.C. 28/95, de 19.6.1996 (Nalco/Exxon Energy Chemicals Brasil), p. 441: "a lei antitruste brasileira – Lei 8.884/94, de 11 de junho de 1994 – foca, para a sua aplicação, o *princípio da territorialidade*, ressalvadas apenas as exceções decorrentes de convenções e tratados de que seja signatário o Brasil, na medida em que reprime os atos contrários à ordem econômica, praticados no todo ou em parte do território nacional. Aplica-se, ainda *princípio da ubiqüidade*, na medida em que se considera competente para punir as infrações cometidas no Exterior, que *produzam ou possam produzir efeitos no território nacional*. A adoção deste princípio encontra respaldo na Doutrina, como se verá adiante (...) Da mesma forma que no Direito Penal, há certos atos, no Direito da Concorrência, que embora praticados no estrangeiro afetam de tal forma o mercado interno que é como se fossem praticados no próprio território nacional: são as chamadas 'práticas a distância'. Para estas, a lei brasileira adota, concomitantemente, a *teoria da ubiqüidade*, em que são combinadas a *teoria da atividade* e a *teoria do efeito*. Aplica-se, em conseqüência, a lei brasileira, não somente aos atos praticados no todo ou em parte no território nacional, mas àqueles que nele produzem ou possam produzir efeitos. Se configurarem esses atos infrações contra a ordem econômica brasileira, seus responsáveis deverão ser punidos ou, eventualmente, absolvidos no Exterior".

9 Sob a égide da Lei 4.137/62, não havia disposição legal expressa no que diz respeito à possibilidade de sua aplicação extraterritorial, Isabel Vaz, Legislação de defesa da concorrência e extraterritorialidade, p. 266-267, relata um caso interessante: "o fato ocorreu por ocasião da notícia veiculada

Visando a garantia da efetividade da suas decisões, a lei determina ainda que reputa-se situada no território nacional a empresa estrangeira que opere ou tenha no Brasil filial, agência, sucursal, escritório, estabelecimento, agente ou representante. Aliás, o § 2.º do artigo 2.º é claro ao dispor que a empresa estrangeira será notificada e intimada de todos os atos processuais, independentemente de procuração ou disposição contratual ou estatutária, na pessoa do responsável por sua filial, agência, sucursal, estabelecimento ou escritório instalado no Brasil. Para

---

em revista brasileira (*Exame*, de 10.2.88), da fusão dos Grupos BBC – Brown Boveri e ASEA, implicando a criação de uma subsidiária comum no Brasil. O CADE solicitara informações às entidades situadas no País sobre as operações , recebendo resposta no sentido de que se tratava de um 'um fato perfeito e acabado a nível mundial', motivo pelo qual caberia apenas uma comunicação ao Conselho 'para efeito de conhecimento do fato'. As empresas salientaram que a fusão fora comunicada às autoridades dos países onde se localizavam suas sedes, a Suécia (ASEA) e Suíça (Brown-Boveri), bem assim aos órgãos competentes da Alemanha e dos Estados Unidos, onde existiam estabelecimentos do porte das empresas envolvidas situadas no Brasil. Não obstante, entendeu o CADE, à luz do disposto no artigo 74 da revogada Lei n. 4.137/62, que o acordo entre as subsidiárias brasileiras dos grupos Brown Boveri e ASEA estava sujeito a registro. As entidades instruíram o processo regularmente, tendo o CADE se manifestado favoravelmente à fusão, sem no entanto, aprofundar o exame quanto à competência do órgão. Como observa um especialista, no entanto, '*...o fundamento implícito da decisão do CADE sujeitando a registro a fusão das filiais é a premissa de que lei brasileira é aplicável a quaisquer acordos que afetem a concorrência no território nacional, independentemente de onde tenham sido eles celebrados*'. Mas a questão mais importante daquele episódio não havia sido objeto de apreciação pelo CADE: era circunstância de terem as empresas interessadas *consultado antes* da fusão, as autoridades da *Federal Trade Commission*, nos EUA e do *Bundeskartellamt*, na (outrora) Alemanha Ocidental (...) o CADE, ao fazer aquela exigência, já sinalizava para os agentes econômicos no sentido de que se o ato produzisse efeitos sobre a estrutura dos mercados ou sobre a concorrência no Brasil, a ele deveria aplicar-se a lei nacional. O fato preocupante é a convicção das empresas envolvidas de que deveriam submeter previamente o acordo às autoridades norte-americanas que européias encarregadas de aplicação das leis de defesa da concorrência, mas não às suas congêneres brasileiras. E isso precisa mudar, enquanto empecilho à aplicação da lei e ofensa ao princípio da soberania".

a lei, portanto, é irrelevante se a empresa-mãe se encontra sediada no estrangeiro, importando apenas que o ato ou contrato possa produzir ou tenha produzido efeitos no mercado brasileiro, respondendo a empresa por eventuais infrações administrativas que as empresas-filha venham a cometer.

Em se tratando de concentração de empresas, uma das conseqüências legais desse dispositivo é que para o cálculo do índice de jurisdição previsto no § 3.º do artigo 54 de R$ 400.000.000,00 (quatrocentos milhões de reais) deverá contar também o faturamento bruto anual da empresa-mãe estrangeira.[10]-[11]-[12]

---

10 V. A.C. 25/95, de 7.8.1996 (Santista Alimentos SA/Carfepe S.A.), p. 16.562, ao determinar que o critério do faturamento previsto no artigo 54, § 3.º, da Lei 8.884/94 leva em conta o faturamento não apenas da empresa requerente, mas de todo o grupo econômico a que pertence.

11 Cf. Isabel VAZ, Legislação de defesa da concorrência e extraterritorialidade, p. 268-269: "não há dúvidas de que o legislador brasileiro pretende – e os aplicadores da Lei assim têm agido – submeter às normas brasileiras os atos ou condutas que possam refletir-se nos mercados nacionais. O importante é que existam regras claras e que os agentes econômicos que atuam no território do País ou aqueles estrangeiros cujos atos ou condutas aqui produzam ou possam produzir efeitos, saibam que devem submeter-se aos ditames daquela Lei, cujos termos não deixam dúvidas quanto à sua aplicabilidade". Conclui dizendo que "a questão da *extraterritorialidade da lei de defesa da concorrência é também uma questão de soberania nacional de natureza econômica*, que não poderá ser ignorada nem afastada, sob pena de cometer-se grave afronta à Constituição Federal".

12 Fábio Ulhoa Coelho, *Direito antitruste brasileiro – Comentários à Lei 8.884/94*, p. 8, sobre a hipótese de um acirramento da competição entre duas empresas atuantes no mercado europeu, tendo apenas uma delas filial no Brasil, e acabe por repercutir no mercado nacional, comenta que: "a empresa sem interesses no Brasil impede, por exemplo, o acesso da outra à tecnologia empregada no produto comercializado em nosso mercado (artigo 21, VI). Nessa situação, caberá aplicar-se a lei antitruste brasileira, a despeito das dificuldades envolvidas com a concretização da sanção. Por outro lado, se a infração é cometida por empresa sediada no Brasil, mas os seus efeitos só se projetam em mercados exteriores, não se aplica a legislação brasileira, embora, por força de convenções ou tratado, possam as autoridades brasileiras, inclusive o CADE, colaborar na aplicação de legislações estrangeiras nesse caso".

2.1.2 Delimitação das competências do CADE, SDE e SEAE

Encontramos referência na legislação de defesa da concorrência brasileira à atuação de três órgãos durante a instrução e a fase decisória: o CADE, a SDE, a SEAE.[13]

O CADE – Conselho Administrativo de Defesa Econômica é um órgão judicante,[14] possuindo jurisdição em todo o território brasileiro. O Plenário do CADE é composto por um presidente e seis conselheiros, escolhidos dentre cidadãos com mais de trinta anos, de notável saber jurídico ou econômico e reputação ilibada, nomeados pelo Presidente da República depois de aprovados pelo Senado Federal.[15]

As diversas competências do CADE estão enumeradas no artigo 7.º; as mais importantes para o desenvolvimento do nosso tema consistem em: zelar pela observância da Lei e seu Regulamento e do Regimento Interno do Conselho; aprovar os termos de compromisso de desempenho, bem como determinar à SDE que fiscalize o seu respectivo cumprimento; intimar os interessados de suas decisões; requisitar informações de quaisquer pessoas, órgãos, autoridades e entidades públicas ou privadas, respeitando e mantendo o sigilo legal quando for o caso,

---

13 Além de estar prevista a manifestação da Procuradoria do CADE, como determina o artigo 10, inciso V, da Lei 8.884/94.

14 Fábio Ulhoa Coelho, *Direito antitruste brasileiro...*, p. 13, salienta que em se tratando de órgão judicante: "bem entendido, trata-se da chamada jurisdição administrativa e não da judicial, visto que o CADE não integra o Poder Judiciário, mas o Executivo, vinculado ao Ministério da Justiça. É, segundo parte da doutrina, uma entidade com caráter de órgão administrativo de função quase-judicial, categoria de que seriam exemplos, além do próprio CADE, também o Tribunal Marítimo, os Conselhos de Contribuintes e outros. Aos chamados órgãos administrativos quase-judiciais correspondem, contudo, apenas maiores formalidades na preparação e edição dos respectivos atos. Tais formalidades são muito semelhantes às praticadas no Judiciário. Mas a solenidade com que procura revestir seus julgamentos e o detalhamento legislativo da disciplina de tramitação de seus processos administrativos não são fatores suficientes para alterar a qualidade jurídica dos atos emanados do CADE. A sua natureza é igual às dos atos emanados dos demais órgãos administrativos".

15 V. artigo 4.º da Lei 8.884/94.

bem como determinar as diligências que se fizerem necessárias ao exercício das suas respectivas funções; contratar a realização de exames, vistorias e estudos; apreciar os atos ou condutas, sob qualquer forma manifestados, sujeitos à aprovação nos termos do artigo 54, fixando compromisso de desempenho, quando for o caso; responder a consultas sobre matérias que estejam no âmbito de sua respectiva competência etc.[16]

Um aspecto fundamental trazido pela Lei 8.884/94 foi a transformação do CADE em autarquia,[17] assegurando a sua independência.[18] Ressalte-se, entretanto, que essa independência não significa, como veremos, que as suas decisões não estejam sujeitas ao controle judicial, nem à obediência aos princípios administrativos.[19]

---

16 Outras competências do CADE, *q.v.* artigo 7.º, ibidem.

17 Segundo Seabra Fagundes, *O controle dos atos administrativos pelo Poder Judiciário*, p. 26: "as entidades autárquicas a que alude a lei são subórgãos nascidos pela vontade exclusiva do Estado, dele dependentes, e tendo como objetivo gerir interesses a ele peculiares. Integram o conjunto dos órgãos administrativos do Estado, embora destacados no núcleo central da Administração Pública. Por meio deles se dá a chamada descentralização por serviço. A sua personalidade jurídica é como um desdobramento da personalidade do Estado (...) Os atos praticados por essas entidades, ou seja, para usar da expressão do texto legal, pelos seus administradores ou representantes, são atos administrativos tanto formalmente, porque emanam de elementos componentes da Administração Pública, embora relativamente autônomos, como materialmente, porque têm conteúdo próprio dos atos administrativos".

18 Nesse sentido ver o comentário de Dallal Stevens, op. cit., p. 256.

19 Nesse sentido ver J. Franceschini, Introdução ao direito da concorrência, p. 234. Esse tema foi exaustivamente examinado pelo CADE no exame do A.C. 08012.08012.006762/2000-09, de 30.11.2001 (Banco Finasa de Investimentos S/A; Brasmetal Indústria S/A e Zurich Participação de Representação). Em razão do suposto conflito de competência entre o CADE e o Banco Central, a Advocacia-Geral da União foi chamada a pronunciar-se a respeito do tema, e concluiu que a competência seria exclusiva do Banco Central (esse tema será discutido em pormenores no item 2.3.3). A questão que se colocou a seguir foi saber se o CADE estaria ou não vinculado ao parecer da Advocacia-Geral da União, em razão do artigo 40, § 1.º, da Lei Complementar 72, de 10.2.1993, que dispõe no sentido de que os pareceres do Advogado-Geral da União são por este submetidos à aprovação do

A SDE – Secretaria de Direito Econômico, integra o Ministério da Justiça, e é dirigida por um secretário indicado pelo Ministro da Justiça e nomeado pelo Presidente da República.[20] A sua competência está delimitada no artigo 14 e consiste, principalmente, em zelar pelo cumprimento da Lei 8.884/94, monitorando e acompanhando as práticas de mercado; sugerir ao CADE as condições para a celebração de compromisso de desempenho e fiscalizar o seu cumprimento; receber e instruir os processos a serem julgados pelo CADE, inclusive as consultas, e, finalmente, fiscalizar o cumprimento das decisões do CADE.[21]

Presidente da República, e que, sendo aprovado e publicado com o despacho presidencial, vincula a Administração Federal, cujos órgãos e entidades ficam obrigados a lhe dar fiel cumprimento. Apesar de a maioria do Conselho ter se posicionado no sentido de que o CADE seria uma *autarquia independente*, e que não estaria obrigada a obedecer o parecer da Advocacia-Geral da União, o Presidente do CADE, em seu voto (vencido), ponderou que, "a despeito das características fundamentais das Autarquias, estas não possuem total independência em relação ao Poder Central da Administração. Tanto que, exemplificativamente, existem as chamadas Autarquias Especiais ou sob regime especial que, segundo Bandeira de Mello, 'gozam de teor de independência administrativa, em relação aos poderes controladores exercidos pelos órgãos da administração direta, mais acentuado que o da generalidade dos sujeitos autárquicos'. Ora, se a independência da Autarquia fosse total, desnecessária seria a existência da figura da Autarquia sob regime especial (...) Sinto-me, neste ponto, compelido a manifestar minha interpretação quanto ao conceito de controle autárquico. Pois, em meu entender, o controle sobre a Autarquia é a segurança do administrado de que a mesma não irá extrapolar suas limitações legais. O controle não significa poder de ingerência na atividade discricionária da administração indireta, o que seria ilegal. A idéia de controle se aproxima da verificação de legalidade dos atos administrativos, que pode ser exercida (e quanto a isto penso haver unanimidade) pelo Poder Judiciário sobre os atos administrativos. Não seria admissível, em um Estado de Direito, que órgãos da Administração Pública não estivessem sujeitos à verificação pelo próprio Poder Executivo, já que este tem o dever, como todos os Poderes do Estado, de manter a ordem social e a observância da Lei. E claro, ressalto novamente, que o poder de controle não é ilimitado nem aleatório, mas sim adstrito ao mérito de específicos comandos legais, quando existirem, e a genéricos preceitos relativos aos objetivos públicos para os quais foi criada a Autarquia".

20 V. artigo13 da Lei 8.884/94.

21 Outras competências da SDE, *q.v.* artigo 14, ibidem.

Por último, a atividade da SEAE – Secretaria de Acompanhamento Econômico, que integra o Ministério da Fazenda e que, dentro do sistema de controle dos atos de concentração, é responsável pela elaboração do parecer técnico mencionado no artigo 54, § 6.º.[22]

Em se tratando do controle dos atos de concentração, a importância do CADE destaca-se, cabendo-lhe *exclusivamente* o procedimento decisório.[23] Tanto a SDE como a SEAE desempenham uma atividade meramente auxiliar[24] durante a fase instrutória do procedimento, fornecendo os pareceres técnicos previstos na lei. A primeira, no que diz respeito aos aspectos jurídicos dos atos de concentração, e a segunda, relativamente aos aspectos econômicos. Acrescente-se que tanto a SDE

---

22 Segundo documento divulgado pela própria Secretaria de Acompanhamento Econômico, disponível em: <http://www.fazenda.gov.br/portugues/orgaos/seae/Abertura.html)>, a sua atividade dentro do sistema de defesa da concorrência consiste em produzir estudos e pareceres técnicos contendo uma análise econômica dos processos e atos de concentração, com as seguintes informações: descrição das operações, delimitação das empresas envolvidas, definição dos produtos, conceituação do mercado relevante, verificação da estrutura da oferta e da procura, exame das barreiras à entrada, avaliação dos impactos da operação e uma conclusão atestando se a operação é ou não passível de aprovação.

23 Nesse sentido, ver o problema que foi levantado no A.C. 28/95, de 19.6.1996 (Nalco/Exxon), no qual o Secretário da SDE determinou o arquivamento do processo, tendo posteriormente alterado a sua decisão prévia, para apresentar uma "sugestão de arquivamento", e ainda A.C. 87/96, de 13.8.1996 (Banco Francês Brasileiro/Americas Finance Company Limited).

24 Fábio Ulhoa Coelho, *Direito antitruste brasileiro...*, p. 37-38, comenta que "o legislador brasileiro preferiu atribuir ao órgão da Administração direta a competência investigatória e preparatória do julgamento da autarquia, mas como não existe vinculação hierárquica plena entre a Secretaria e o Conselho, o exercício dessas atribuições auxiliares podem acabar apresentando dificuldades administrativas de difícil solução (...) a definição de um órgão da Administração direta como auxiliar de uma autarquia implica necessariamente distorções nas relações de hierarquia, posto que a entidade auxiliada não dispõe de instrumentos correicionais da atuação do órgão de auxílio. O mais ajustado, para o futuro, será a criação, na própria autarquia, de órgão de investigação e preparação dos expedientes a serem apreciados pelo Plenário, reservando-se à SDE apenas as atribuições relacionadas com os demais aspectos de sua competência".

quanto a SEAE laboram como órgãos do Poder Executivo: a primeira, como Secretaria do Ministério da Justiça, e a segunda, como Secretaria do Ministério da Fazenda, comprometidas, acima de tudo, com as políticas de Governo.

O CADE, apesar de também estar vinculado ao Poder Executivo (Ministério da Justiça), por ser uma autarquia, dispõe de independência para a tomada de decisões. O seu comprometimento é apenas com a observância da Lei 8.884/94 e com as diretrizes da política de defesa da concorrência previstas na Constituição Federal.[25] Por essa razão os pareceres técnicos da SEAE e da SDE limitam-se a instruir o processo, não vinculando a decisão que vier a ser tomada pelo Plenário do CADE.[26]-[27] Aliás, com muita propriedade, Pedro Dutra[28] defende

---

25 Nesse sentido, ver voto da Conselheira Lúcia Helena Salgado e Silva no A.C. 83/96, de 18.6.1997 (Cia. Antarctica Paulista, Anheuser-Bush): "a concorrência é um valor da *perspectiva pública, da sociedade*, e não da perspectiva privada. Por isso a necessidade de uma política de Estado de defesa da concorrência. Essa *Política de Estado* está longe de se confundir com *políticas de governo*, que buscam resultados de curto prazo".

26 Nesse ponto concordamos com Pedro Dutra, Abuso do poder econômico: prevenção e repressão e a defesa da livre concorrência, p. 33-34, ao defender que "tanto a SDE como a SEAE são chamadas a opinar tecnicamente – e não politicamente –, e os seus pareceres não vinculam a decisão do Plenário do CADE, pois não há e não pode haver decisão de fundo político por tomar em processo administrativo, como a contida na apreciação feita pelo CADE de atos de concentração. Acrescenta ainda este autor que nos termos da Constituição Federal em vigor, a intervenção do Estado na ordem econômica só se pode dar na forma da Lei e assim não se pode cogitar da vontade individual do titular ou titulares do Poder Executivo de interferir em decisões cujos critérios são fixados em Lei específica".

27 Dessa forma, verifica-se que o CADE, em algumas de suas decisões, tem rejeitado os pareceres da SEAE e da SDE: A.C. 71/96, de 28.5.1997 (Electrolux/Umuarama), em que a definição de mercado relevante proposta pelas requerentes e incorporadas pela SEAE e pela SDE foi rejeitada pela relatora, e ainda no A.C. 08012.005846/99-12 de 30.3.2000 (Fundação Antonio e Helena Zerrener/Instituição Nacional de Beneficência/Empresa de Consultoria, Administração e Participações/Acap/Braco), no qual foram rejeitadas as recomendações feitas pela SEAE e SDE.

28 V. Pedro Dutra, Natureza e a finalidade dos pareceres técnicos da SEAE e da SDE, previstos no artigo 54, § 6.º, da Lei 8.884/94, p. 5-18.

que esses pareceres portam a mesma natureza jurídica que os laudos periciais, sendo tal analogia autorizada pelo artigo 83 da Lei 8.884/94, que prevê expressamente a aplicação subsidiária das disposições do Código de Processo Civil, como reconheceu o CADE no A.C. 08012.005846/99-12.[29]-[30]

2.2 Da natureza contraditória do controle: preventivo *versus a posteriori*

Segundo o artigo 1.º da Lei 8.884/94, o regime estabelecido é *preventivo* nas concentrações econômicas, e *repressivo* nas infrações contra a ordem econômica. Os atos de concentração não são, em princípio, considerados ilícitos; e, contrariamente à prática na União Européia, a lei brasileira não determina a obrigatoriedade de notificação prévia dos atos de concentração, deixando essa opção para as partes.

Não obstante, em 19.8.1998, o CADE publicou a Resolução 15, que disciplina as formalidades e os procedimentos, relativos aos atos de que trata o artigo 54 da Lei 8.884. O artigo 2.º dessa Resolução, que vem despertando inúmeras discussões, estabelece que o "o momento da realização da operação, para termos do cumprimento dos §§ 4.º e 5.º da Lei n. 8.894/94, será definido a partir do primeiro documento vinculativo firmado entre as requerentes, salvo quando alteração nas relações de concorrência entre as requerentes ou entre pelo menos uma delas e terceiro agente ocorrer em momento diverso".

Desse modo, faz-se letra morta ao *caput* do artigo 54 da referida lei, que permite a apresentação *a posteriori* do ato ou contrato, passando

---

29 V. voto da Conselheira-Relatora Hebe Romano, no A.C. 08012.005846/99-12, de 30.3.2000 (Fundação Antonio e Helena Zerrener/Instituição Nacional de Beneficência/Empresa de Consultoria, Administração e Participações /Acap/ Braco).

30 Não admitindo a aplicabilidade do Código de Processo Civil em se tratando de atos de concentração, ver J. Franceschini, Roteiro do processo penal-econômico na legislação de concorrência, p. 12, pois nesse caso não se poderia falar em processo, mas sim em procedimento e para este autor "o artigo 83 do mesmo diploma confere aplicabilidade subsidiária do Código de Processo Civil tão-somente aos 'processos administrativo e judicial previstos (naquela) Lei', não àquele procedimento".

a fomentar uma nova discussão, qual seja acerca do momento a partir do qual os atos de concentração devem ser comunicados aos órgãos de defesa da concorrência, e, ainda, sobre o que pode ser considerado como primeiro instrumento vinculativo da operação.[31] -[32]

Trata-se, no entanto, de discussão inócua,[33] pois o que deveria ser a preocupação do legislador – o início de efeitos jurídicos no mercado – não é evitada. Para tanto, seria imprescindível que o pedido de autorização determinasse a suspensão dos efeitos da operação, o que não ocorre no Brasil. Somente dessa forma, o objetivo do CADE – preservar a estrutura concorrencial do mercado –, ao publicar a mencionada Resolução, estaria atingido.

De fato, a simples notificação de um ato de concentração não determina a suspensão dos seus efeitos. Esta só irá suceder se as partes requerentes optarem por condicionar o ato a uma condição suspensiva.[34] Assim, na maioria das vezes, quando os atos são apresentados ao CADE

---

31 Cf. Pedro Dutra, Natureza e a finalidade dos pareceres técnicos da SEAE e da SDE..., p. 7-8: "em conseqüência, na experiência brasileira a quase totalidade dos atos de concentração são submetidos ao controle do CADE já em plena eficácia, em plena irradiação de seus efeitos sobre o mercado relevante em questão. Nesta hipótese, o exame do ato de concentração terá por objeto não o fato da integração do poder econômico a ocorrer, mas sim o fato da integração do poder econômico integralmente posto na ordem concorrencial".

32 Esse problema será analisado no item 2.4, mas podemos adiantar que, por razões de segurança jurídica, tanto para as partes requerentes como para o mercado, esse momento deve ser considerado como o da assinatura do primeiro documento que possa ser reconhecido como potencialmente vinculante, independentemente da produção de efeitos jurídicos no mercado.

33 Claro que apenas do ponto de vista teórico, sem examinar os efeitos práticos dessa discussão: multas por intempestividade da notificação.

34 No entanto, na Consulta 0061/00, de 13.12.2000 (Siemens AG), o Plenário do CADE se manifestou a respeito dos efeitos de uma condição suspensiva no sentido de que "negócio jurídico pendente de condição suspensiva é, perante o direito, ato existente e válido, apto a caracterizar potencial limitação à livre concorrência. A criação do vínculo é suficiente, nos termos do direito positivo brasileiro, para dar início ao termo de apresentação da operação ao CADE".

para a análise, já produzem efeitos jurídicos sobre o mercado relevante, e ainda em relação a terceiros.

Impõe-se às partes, portanto, obrigação geradora de insegurança jurídica, pois as compele a notificar, por vezes, certos projetos que sequer vão se concretizar, ou que estão ainda em estágio tão preliminar que não se sabe ao certo como a integração pretendida irá se realizar. Mais acertada seria a obrigatoriedade de notificar apenas a operação já concluída, ou em fase de conclusão, com a determinação da suspensão de seus efeitos até que a mesma fosse examinada. Para tanto, seria também necessária uma alteração em alguns aspectos procedimentais do sistema de defesa da concorrência brasileiro, simplificando as suas etapas, adotando um formulário de notificação mais simples[35] e concentrando o procedimento de análise em um único órgão. Aliás, esse órgão deveria ser dotado de uma maior autonomia, bem como de recursos suficientes para que tivesse condições de examinar uma operação em tempo real, que não comprometesse os objetivos visados pelos operadores econômicos ao implementá-la.

Por conseguinte, de acordo com a lógica de um controle a *posteriori*, a legislação brasileira prevê a possibilidade de desconstituição do ato de concentração no § 9.º do artigo 54[36] e ainda no artigo 55[37] da Lei 8.884/94. É inconteste, contudo, a contradição entre o regime de autorização escolhido pelo artigo 54 e a finalidade preventiva da lei contida no seu artigo 1.º.

---

35 Ver comentário acerca das exigências da resolução CADE.

36 O artigo 54, § 9.º, da Lei 8.884/94 dispõe que se os atos especificados naquele artigo não forem realizados sob condição suspensiva ou deles já tiverem decorrido efeitos perante terceiros, inclusive de natureza fiscal, o Plenário do CADE, se concluir pela sua não-aprovação, determinará as providências cabíveis no sentido de que sejam desconstituídos, total ou parcialmente, seja por meio de distrato, cisão de sociedade, venda de ativos, cessação parcial de atividade ou qualquer outro ato ou providência que elimine os efeitos nocivos à ordem econômica, independentemente de responsabilidade civil por perdas e danos eventualmente causados a terceiros.

37 Segundo o artigo 55 da Lei 8.884/94, a decisão de aprovação poderá ser revista pelo CADE, *ex officio* ou mediante provocação da SDE, se a decisão for baseada em informações falsas ou enganosas prestadas pelo interessado, se ocorrer a violação de quaisquer das obrigações assumidas ou não forem alcançados os benefícios visados.

Aliás, os riscos do controle *a posteriori* foram reconhecidos pela primeira vez no A.C. 08012.005846/99-12 (Fundação Antonio e Helena Zerrener/Acap), no qual o CADE tomou uma decisão inovadora, determinando a suspensão dos efeitos daquele ato de concentração, que já se encontrava formalizado. Sem entrar na discussão acerca do cabimento da medida cautelar adotada naquele caso, a justificativa apresentada pelo CADE foi de que a análise levaria no mínimo 120 dias e durante aquele período poderiam ocorrer significativas alterações no mercado e na concorrência do setor de bebidas. Assim, se sucedesse algum fato que pudesse prejudicar a concorrência do mercado de forma irreversível, qualquer decisão do CADE, no final do processo, poderia não proteger plenamente os objetivos da Lei.[38] O interessante nesse caso é que as razões que fundamentaram a cautela nada têm de inéditas, e poderiam ter existido em outros casos avaliados anteriormente pelo Conselho.

Acrescente-se ainda que essa medida foi tomada *ex officio* pelo CADE, sob a natureza jurídica de uma *medida cautelar* fundada nas disposições do Código de Processo Civil brasileiro.[39] Nesse caso, pode-se questionar se essa decisão constitui um precedente, ou seja, se o CADE irá adotar esta prática em análises posteriores[40]. É ainda prematuro

---

38 V. despacho do Plenário do CADE, de 14.7.1999, A.C. 08012.005846/99-12 (Fundação Antonio e Helena Zerrenner/Instituição Nacional de Beneficência/ Empresa de Consultoria, Administração e Participações /Acap/Braco).

39 Ressalte-se que a decisão não explicita de forma clara se os critérios técnicos (*fumus boni juris* e o *periculum in mora*) para a adoção de uma medida cautelar estavam realmente presentes.

40 Em 17.01.00, o CADE também adotou uma medida preventiva, mas em setor regulado, qual seja no setor de telecomunicações, no AC 53500.005134/ 99 (MCI Worldcom Inc., Sprint Corporation e France Telecom). Nesse caso, em outubro de 1999, a MCI e a Sprint notificaram o CADE o seu projeto de concentração, que também havia sido notificado perante o FTC norte-americano e a Comissão Européia. No entanto, no Brasil, quando ocorreu a privatização do setor das telecomunicações, a MCI adquiriu a EMBRATEL, e um consórcio composto pela SPRINT, National Grid and France Telecom adquiriu a Intelig (empresa espelho). A EMBRATEL e a Intelig eram, portanto, concorrentes no mercado de chamadas de longa distância nacionais

formular uma conclusão, mas não há dúvidas de que a porta se encontra aberta. Da mesma forma, não se pode esquecer a nota diferenciadora desse caso: a pressão da imprensa refletindo a reação dos sindicatos dos trabalhadores envolvidos, cervejarias de menor dimensão, fornecedores e consumidores em geral, uma vez que estavam envolvidas duas empresas líderes nos setores de refrigerantes e de cervejas brasileiras (Brahma e Antarctica).[41]

2.2.1 Da possibilidade de consulta e dos seus efeitos

O artigo 59 da Lei 8.884/94 previa um sistema de consulta prévia sobre a legalidade de atos ou ajustes.[42] Esse dispositivo, entretanto,

---

e internacionais. Este ato de concentração levantou graves problemas em relação ao mercado brasileiro das telecomunicações, pois era um típico caso de participações cruzadas, uma vez que a SPRINT detinha 25% de participações da Intelig, que era concorrente da EMBRATEL, que por sua vez era controlada pela MCI. A operação foi suspensa no Brasil através de um Medida Preventiva, tendo sido as empresas proibidas de trocar quaisquer tipos de informações, e a SPRINT teve o seu direito de voto suspenso nas decisões da Intelig.

41 No final da revisão deste trabalho, foram celebrados pelo Plenário do CADE dois "Acordos de Preservação da Reversibilidade da Operação" nos A.C. 08012.007861/2001-81 e 08012.001697/2002-89. Apesar da denominação jurídica inovadora, na realidade, as medidas têm efeito idêntico ao buscado no A.C. 08012.005846/99-12 (Fundação Antonio e Helena Zerrenner – Instituição Nacional de Beneficência, Empresa de Consultoria, Administração e Participações S/A – Ecap, Braco S/A). A diferença em relação à medida cautelar anteriormente adotada é que houve a "anuência" das empresas envolvidas. Verifica-se, portanto, que realmente encontra-se aberta a possibilidade para que o CADE venha a determinar a suspensão de efeitos da operação, sem que seja necessário proceder a qualquer alteração na legislação de defesa da concorrência ou ainda estabelecer um procedimento próprio, o que deverá, com toda certeza, gerar mais insegurança jurídica aos administrados.

42 Ainda sob o império do artigo 59 foi efetuada a consulta relativa ao A.C. 08012.007251/97-94, de 1º.4.1998 (Nitriflex/Central de Polímeros da Bahia), que na realidade mais se apresentava como uma requisição de autorização de um ato de concentração submisso a uma condição suspensiva, qual seja à

foi revogado[43]-[44] pela Medida Provisória 953/1995,[45] tendo o CADE, entretanto, aprovado a Resolução 18, de 25.11.1998, que regulamentou o procedimento de consulta. Essa resolução fundamenta-se no artigo 7.º, incisos XVII, XVIII e XIX, da Lei 8.884/94, que estabelece os poderes do CADE para responder a consultas sobre matéria da sua competência, instruir o público sobre os tipos de infração à ordem econômica e ainda elaborar o seu regimento interno, dispondo sobre seu funcionamento, na forma das deliberações, normas de procedimento e organização de seus serviços internos. De fato, os artigos 4.º e 26, inciso

---

autorização de um outro ato de concentração "principal". Nesse caso, a conclusão do CADE foi que o ato poderia ser aprovado, mas estaria subordinado à aprovação do A.C. 121/97, referente à aquisição pela Bayer de participação na CPB (que seria o ato "principal").

43 Críticas a essa revogação ver Paula Forgioni, op. cit., p. 194.

44 O que não significa que o CADE tenha deixado de apreciar consultas que lhe tenham sido formuladas, como verifica-se no A.C. 19/97, de 21.5.1997 (Secretaria de Agricultura e Abastecimento do Governo do Estado de São Paulo): "este Colegiado tem admitido o instituto da Consulta, mesmo após a revogação do artigo 59 da Lei n. 8.884/94. O *rationale* é que ao cidadão é reconhecido o direito fundamental de peticionar aos poderes públicos para acudir uma necessidade objetivamente identificada e ao CADE compete instruir os agentes. Isso é importante para desenvolver uma cultura da concorrência e emitir sinais positivos ao mercado. Alguns cuidados, todavia, devem ser tomados para assegurar esse desiderato. Deve-se avaliar a legitimidade da Consulta em razão do consulente, em razão da coisa e em razão da competência do CADE. O consulente deve ostentar um interesse institucional ou uma necessidade que guarde nexo lógico com a resposta pretendida. A coisa ou matéria tratada não poderá consistir prática já realizada ou conduta em curso que constitua uma infração à ordem econômica (artigo 21), tampouco ajuste ou acordo sujeito à apreciação do CADE *ex vi* do artigo 54. O assunto, obviamente, deve se inserir na competência legal da agência da concorrência. Se admitida a consulta, a resposta deverá ser objetiva. Para garantir sua concisão e clareza, a fundamentação da decisão deverá ser acompanhada de enunciado, de formato genérico, que poderá ser transformado em súmula de jurisprudência do CADE". V. também Voto de Consulta 20/97, de 22.10.1997 (Ferrero do Brasil Ind. Doceria e Alimentar Ltda.).

45 Posteriormente Lei 9.069, de 29.6.1995, que criou o Plano Real.

II,[46] do Regimento Interno do CADE, aprovado por meio da Resolução 12, de 31.3.1998, já demonstravam a intenção de ressuscitar o instrumento da consulta.

Assim, mesmo com a injustificada revogação efetuada pela medida provisória citada, restou uma brecha legal para que o CADE continuasse a responder as consultas que lhe fossem formuladas, mesmo que sobressaia a natureza discricionária do procedimento estabelecido, pela ausência de critérios a serem observados e os efeitos que poderão advir dessa apreciação.

O artigo 5.º da Resolução 18/98 dispõe que a consulta poderá versar sobre ato ou contrato em tese,[47] que poderá ser deferido liminarmente pelo relator, mediante despacho *ad referendum* do Plenário, apenas se a empresa consulente puder ser considerada como uma potencial participante direta de transação hipotética submetida à análise, ou o ato ou o contrato objeto da consulta não tiver sido realizado, não estiver na iminência de realizar-se, ou não tiverem ocorrido alterações nas relações de concorrência.

---

46 O artigo 4.º dispõe sobre o sistema de distribuição dos processos de competência do CADE e entre as classes ali discriminadas encontra-se a consulta. Já o artigo 26, inciso II, dispõe que serão aprovados em Resolução do Plenário, entre outras regras e procedimentos relativos às consultas ao CADE sobre matéria de sua competência.

47 Ou seja, o projeto de um ato ou um contrato, significando com isso que esse ato ou projeto não foi realizado, tendo as partes apenas consultado o CADE sobre a viabilidade desse ato ou contrato, como pode se verificar, por exemplo, na resposta apresentada pelo CADE em relação à Consulta 0068/00, de 13.12.2000 apresentada pela Souza Cruz e pela AMBEV sobre a possível constituição de uma *joint venture* para implantação de portal eletrônico focado em compras de MRO (*Materials, Repairs and Operations*). Para o CADE, essa *joint venture* teria a possibilidade de influir no processo de formação de preços, controlar os fornecedores e manipular a estrutura concorrencial do mercado. Havia ainda um receio do CADE referente à relevância do comércio eletrônico entre as empresas e os conceitos econômicos e jurídicos ainda incipientes relacionados ao tema. Assim, a conclusão da Consulta foi no sentido de que se tratava de um ato de concentração em tese, e por isso determinou que o mesmo deveria ser notificado, uma vez concretizado.

Na avaliação dessa consulta, nos termos do artigo 10, poderá, em primeiro lugar, ser indicado se aquele ato de concentração produz os efeitos previstos no *caput* do artigo 54 da Lei 8.884/94 e se preenche os requisitos de admissibilidade previstos no § 3.º do artigo 54 da mesma lei. Em relação à primeira possibilidade, não existe qualquer dificuldade, pois, se o ato gera os efeitos do *caput* do artigo 54 e ainda os do § 3.º, a resposta à consulta deverá ser pela necessidade de notificação ao CADE.[48] A situação inversa também não levanta dúvidas, pois se o ato provoca os efeitos do *caput* do artigo 54, mas não preenche os requisitos de admissibilidade do § 3.º, não se pode falar em ato de concentração, devendo no entanto ser notificado para apreciação pelo órgão competente.

A segunda e a terceira situações previstas no artigo 10 da Resolução 18/98 é que revelam o seu aspecto mais discricionário, pois nessa resposta poderá o CADE emitir um juízo sobre os aspectos relevantes do ato em tese apresentado ou ainda determinar outras providências que julgar necessárias. Ora, não há qualquer previsão do que signifique "emitir juízo sobre aspectos relevantes", o que poderá versar sobre mercado relevante, aspectos estruturais do ato, sugestões de alterações no sentido de sua autorização etc. O raciocínio analógico pode ser aplicado ao que denota "outras providências que julgar necessárias", pois, se o ato que foi submetido à consulta, em tese, ainda não existe, não se vislumbra a necessidade de providências cautelares ou preventivas no sentido de afastar qualquer efeito prejudicial que pudesse advir do mesmo.

---

48 Sobre essa possibilidade, Fábio Ulhoa Coelho, *Direito antitruste brasileiro...*, p. 133, antes da publicação da Resolução 18/98, entendia que a "a resposta conclusiva pela legalidade do negócio ou operação, proferida em regular processo de consulta, representa verdadeiro julgamento antecipado do caso e dá total segurança aos agentes econômicos acerca da inexistência de qualquer irregularidade. O Plenário do CADE, em outros termos, fica inteiramente vinculado à resposta que manifestar na consulta, não podendo alterá-la se não existirem fatos novos". Já Leopoldino da Fonseca, *Lei de proteção da concorrência...*, p. 159, defende que "o resultado da consulta é um parecer. Tem efeito consultivo e não decisório. Não se pode atribuir-lhe efeito parecido ao que decorre da sentença que decide um pedido declaratório".

Aliás, para a hipótese de um ato sob consulta que já tiver sido realizado ou se encontrar na iminência de ser realizado, e tiver ocorrido alteração nas relações de concorrência no mercado relevante, a própria Resolução 18/98, no seu artigo 6.º § 2.º, determina a sua conversão no procedimento do artigo 54 da Lei 8.884/94, não se vislumbrando qualquer outra possibilidade do que possam ser considerado como "outras providências". Todavia, a prática decisória do CADE relativa a esse procedimento tem indicado que os poderes previstos em tal resolução têm sido utilizados com razoável parcimônia, tendo a maioria das consultas sido convertida em ato de concentração.[49]-[50]

2.3 Atos sujeitos ao regime de notificação

2.3.1 A concentração econômica

O conceito-chave utilizado no direito de defesa da concorrência brasileiro é a *concentração do poder econômico.* Nesse ponto podemos traçar a primeira diferenciação em relação ao direito comunitário, no qual o conceito-chave que determina a existência ou não de uma operação de concentração é o *controle*.[51] De fato, interessa apenas ao CADE o exame daqueles atos que visem qualquer forma de concentração econômica e atinjam os índices de jurisdição estabelecidos.[52] Os seus

---

49 Ver Consulta 08012.003442/98-21, de 30.9.1998 (Sansuy S/A Indústria de Plásticos/Benecke-Kaliko AG).

50 Logo após a sua edição, esse procedimento foi bastante utilizado para tentar clarificar a definição de não apenas do que seria um ato de concentração, mas também relação ao conceito de primeiro documento vinculante previsto na Resolução CADE 15/98. Desde o início de 2002, entretanto, verifica-se que o Plenário do CADE, mais uma vez, alterou o seu entendimento acerca do procedimento de Consulta, e vem determinando o arquivamento daquelas que entende não preencher os requisitos da Resolução CADE 18/98, como ocorreu na Consulta 77/01, de 27.2.2002 (Souza Cruz/Ambev).

51 Apesar de a SEAE/SDE no seu *Guia para Análise Econômica dos Atos de Concentração Horizontal*, já destacarem a importância do conceito de controle.

52 Esse posicionamento do CADE pode ser verificado, por exemplo, na Consulta 0055/00, de 25.10.2000 (Telespart/Volex Group Plc), na qual o CADE

efeitos, quais sejam o prejuízo à livre concorrência ou o domínio de um mercado relevante, irão ser apurados posteriormente.

E o que se entende por concentração do poder econômico? Para Pedro Dutra, "a *concentração do poder econômico* consiste na soma de poder resultante de um ato jurídico de integração. Não seria a agregação capitalística, no sentido estrito, mas sim a faculdade de agir de quem tem meios para isso, não necessariamente quem tivesse capital". Dito de outro modo: seria a faculdade de agir e influir no mercado relevante independentemente. Na realidade, o autor aproxima bastante o conceito de *poder econômico* do conceito de *posição dominante* utilizado em direito comunitário da concorrência.[53] -[54]

Para que essa concentração de poder econômico se caracterize como um ato de concentração terá que haver, inevitavelmente, uma alteração duradoura nas estruturas das empresas integrantes do ato, que deverão formar uma unidade econômica com um único centro de decisão. Por isso, a simples concentração de poder econômico não recai necessariamente no âmbito do nosso estudo, pois essa concentração de poder econômico poderá abranger também as cooperações entre empresas que mantêm a sua independência jurídica, que estariam fora do alcance do controle estrutural.[55]

---

determinou a apresentação do exercício de opção de compra de 40% das quotas restantes da Telepart, mesmo tendo a operação de compra dos 60% iniciais sido notificada aos órgãos de defesa da concorrência por meio de outro ato de concentração. Nesse caso, as partes argüiram não apenas que o controle da Telepart já teria sido adquirido na primeira operação, como também que o Contrato de Opção de Compra do restante das quotas já teria sido analisado, sendo esses argumentos, entretanto, rejeitados.

53 Cf. Pedro Dutra, A concentração do poder econômico, aspectos jurídicos do artigo 54 da Lei 8.8894/94, p. 6.

54 Neide Malard, Integração de empresas: concentração, eficiência e controle, p. 55, entende que "as expressões 'dominar mercado' e 'domínio de mercado', como transpostas na legislação brasileira devem ser entendidas não como mero poder de agir, mas como o domínio abusivo, o abuso de posição dominante". Com a mesma posição ver Lúcia Salgado, op. cit., p. 182. Com um posicionamento contrário ver Varella Bruna, *O poder econômico*, p. 114-115.

55 Aliás, nesse ponto é que constatamos um dos maiores problemas da lei brasileira, ao abranger em um mesmo dispositivo legal atos que implicam

E como aferir esse poder econômico? A Lei 8.884/94 cria a presunção de que a simples detenção de 20% de participação em um mercado relevante configura a presença de uma posição dominante.[56] Na análise do caso concreto, após a determinação do mercado relevante do bem ou do serviço e o mercado relevante geográfico, são utilizados outros conceitos, como a investigação das participações detidas no mercado, a existência de vantagens competitivas, a estrutura da oferta e da procura.[57]

Acrescente-se, ainda, que a simples detenção de poder econômico ou de uma posição dominante não constitui, em si, uma violação às regras da concorrência. O que a lei não tolera e procura reprimir é a sua utilização abusiva. Por esse motivo, não se pode entender que a lei estabeleça uma proibição *per se* quando fala em *dominação de mercados*. A interpretação que se coaduna mais com o espírito da lei de defesa da concorrência brasileira seria no sentido de que, se os efeitos dos atos ali descritos for a aquisição de uma posição dominante ou, nos termos da lei, resulte na *dominação de mercados relevantes de bens ou serviços*, nesse caso, tais atos devem ser submetidos à apreciação do CADE.

2.3.2 Da obrigatoriedade de notificação dos atos de concentração

Consoante a redação do artigo 54 da Lei 8.884/94, encontra-se sujeita à apreciação do CADE qualquer espécie de ato que possa ter

---

alterações na estrutura e comportamentos, que evidentemente deveriam ser analisados sob perspectivas diferenciadas. Não obstante, verifica-se que as empresas, por cautela, têm notificado qualquer ato ou contrato que atinja os limiares do § 3.º do artigo 54, independentemente das suas características ou efeitos no mercado.

56 Artigo 20, § 2.º: Ocorre posição dominante quando uma empresa ou grupo de empresas controla parcela substancial de mercado relevante, como fornecedor, intermediário, adquirente ou financiador de um produto, serviço ou tecnologia a ele relativa.
Artigo 20, § 3.º: A posição dominante a que se refere o parágrafo anterior é presumida quando a empresa ou grupo de empresas controla 20% (vinte por cento) de mercado relevante, podendo este percentual ser alterado pelo CADE para setores específicos da economia.

57 Ver item 2.5, em que o tema é tratado detalhadamente.

como efeito a limitação ou o prejuízo à livre concorrência ou a dominação de mercado relevante de bens ou serviços. São efeitos alternativos, o que significa que, existindo uma situação ou a outra, devem ser notificados.[58]

Em relação ao primeiro efeito, poderiam desencadeá-lo não apenas as concentrações de empresas, mas também aqueles atos tidos como "concertações empresariais", por exemplo, acordos de cooperação, pesquisa e desenvolvimento, acordos ou contratos de distribuição exclusiva, decisões de empresas, ou de associações de empresas, práticas de vendas casadas, práticas de discriminação de preços, enfim, qualquer espécie de arranjo empresarial que possa afetar a livre concorrência no mercado relevante de bens ou de serviços.

Quanto ao segundo efeito, verifica-se a inserção do conceito de posição dominante oriundo do direito europeu, substituindo aquele de posição monopolística vigente na Lei 4.137/62. A aquisição ou o reforço do domínio é que deverão ser apreciados, pois a lei fala de forma genérica em dominação de mercados, o que significa que devem estar incluídos não apenas aqueles atos que impliquem a aquisição de um domínio, mas também aqueles que reforçam uma posição que aquela empresa ou grupo de empresas já detinha previamente.[59] -[60] Do mesmo modo que se

---

58 Ressalte-se que nos termos do artigo 54, § 4.º, da Lei 8.884/94, os atos de concentração devem ser notificados à SDE, em três vias, que imediatamente enviará uma via ao CADE e outra à SEAE.

59 Como decidiu o CADE no A.C. 79/96, de 19.11.1997 (Panex/Alcan Alumínio/ Alumínio Penedo): "no que tange ao mercado relevante de panelas de pressão, resulta em aumento de poder de mercado e conseqüente fortalecimento de posição dominante, em virtude da concentração sob um único controle das quatro marcas de maior participação no mercado. Como tal, revela sérios riscos de prejuízo a concorrência, mais especificamente a ocorrência de efeitos unilaterais, na forma de aumento de preços, por parte da empresa dominante". Nesse caso, o CADE aprovou o ato de concentração mediante celebração de compromisso de desempenho.

60 Nesse sentido, ver também o voto do Conselheiro Ruy Santacruz no A.C. 08012.005846/99-12 de 30.03.2000 (Fundação Antonio e Helena Zerrener/ Instituição Nacional de Beneficência/Empresa de Consultoria, Administração e Participações/Acap/Braco): "apenas os atos que criam ou reforçam poder de mercado podem ser alvo da intervenção antitruste preventiva, uma vez

observou no capítulo destinado ao direito comunitário, essa análise é efetuada em razão da concorrência potencial, ou seja, os efeitos que poderão sobrevir no futuro, se aquele ato for autorizado, e como a estrutura do mercado irá se conformar.[61]

O § 3.º do artigo 54 especializa a norma e acrescenta que estão incluídos nesses atos aqueles que visem qualquer forma de concentração econômica, seja por meio de fusão ou incorporação de empresas, constituição de sociedade para exercer o controle de empresas, ou qualquer tipo de agrupamento societário que implique participação de empresa ou grupo de empresas resultante em 20%[62] de um mercado rele-

---

que apenas estes criam ou aumentam a possibilidade de abuso de poder econômico. Sendo assim, o objetivo da prevenção antitruste é impedir a realização de atos concentradores de poder econômico que criem ou reforcem poder de mercado".

61 Como se verificou na análise do A.C. 08012.006169/98-51, de 20.1.1999 (AgipLiquigás S.A./Cia. São Paulo de Petróleo), no qual examinou-se a aquisição do controle acionário de uma empresa nacional por um concorrente potencial. Nesse caso, o acórdão exarado no caso conclui que, embora a AgipLiquigás "não participasse efetivamente da distribuição e comercialização dos produtos gasolina, diesel, álcool combustível e lubrificantes, exercia o papel de potencial entrante no mercado brasileiro, em virtude da posição de seu grupo controlador no mercado mundial e em especial a partir dos passos recentes do processo de desregulamentação do setor do petróleo".

62 Pedro Dutra, A concentração do poder econômico: aspectos jurídicos do artigo 54..., p. 16, fez uma dura crítica a este percentual estabelecido, pois entendia que a devida concentração do poder será aquela necessária à competitividade da indústria, desde que não importe significativa restrição à concorrência: "então (...) pode-se aceitar esse dispositivo legal que diz que 20% de participação em um determinado mercado relevante presume concentração? Que presunção é essa? Qual o dado de experiência que tomou o legislador brasileiro para estabelecê-la? A que serve portanto essa presunção? Nós que conhecemos a trajetória da Lei sabemos que isso aí foi posto como uma tentativa ideológica de punir grandes grupos, o que é um contra-senso, pois quem tem a tarefa de fiscalizar o mercado concorrencial é o CADE e não um legislador ideológico. Então, essa presunção carece de valor, de fundamento, e é para não ser lida, até porque o parágrafo 3.º em seu final diz, em boa hora, que o CADE poderá alterar esse percentual".

vante, ou em que qualquer dos participantes tenha registrado faturamento bruto anual no último balanço equivalente a R$ 400.000.000,00 (quatrocentos milhões de reais).[63]

Não é preciso, portanto, que o percentual de 20% seja alcançado como resultado da operação, mas apenas que uma das empresas detenha uma participação no mercado relevante de 20%.[64] Em relação ao critério do faturamento, o mesmo abrange não apenas as empresas

---

Também criticando esse percentual de 20% ver Leopoldino da Fonseca, *Lei de proteção da concorrência – Comentário à lei antitruste*, p. 150, e ainda Admissibilidade de atos que limitam a concorrência, p. 28, e Varella Bruna, op. cit., p. 117. Com um posicionamento mais *moderado* ver Calixto Salomão Filho, op. cit., p. 120-121, pois, para ele, a discussão sobre o percentual a ser utilizado revelava-se inócua, pois ali tratava-se muito mais de definir um critério de identificação, ou seja, determinar que tipo de estrutura econômica deveria estar sujeita a controle; e não se determinada estrutura era ou não ilícita: "tratando-se de um critério de identificação, o elemento mais importante parece ser o interesse (jurídico-político) de submeter um maior número de estruturas ao controle (...) Analisada em termos comparativos estritamente numéricos, a porcentagem adotada pelo legislador nacional parece ser razoável. O problema é que a discussão sobre o valor numérico da participação, meramente opinativa e necessariamente inconclusiva, mascara os reais problemas a serem resolvidos para determinação do poder no mercado relevante, que seriam: o objetivo da norma que requer a definição do poder no mercado, e os diferentes tipos de estruturas em que ele se manifesta".

63 Sobre a escolha desses dois tipos de critérios, quais sejam: participação no mercado e faturamento anual, Lúcia Salgado, em seu voto no A.C. 71/96, de 28.5.1997 (Electrolux/Umuarama), explica que "com esse método o CADE torna-se capaz de avaliar os efeitos potenciais sobre a concorrência de operações cuja iniciativa é de empresas já atuantes ou que ingressam no mercado brasileiro. De outro modo, poderia passar ao largo do escrutínio antitruste toda e qualquer operação envolvendo grandes empresas em processo de diversificação ou internacionalização da produção doméstica, o que reduziria sensivelmente o alcance da defesa da concorrência".

64 Alguns autores criticam esse dispositivo legal, pois pode ocorrer a hipótese em que uma empresa que detenha mais de 20% de participação em um mercado adquira uma outra empresa que não possua uma participação significativa, e que, nesses casos, a operação não teria qualquer relevância para análise. No entanto, convém não esquecer, em primeiro lugar, que o

diretamente envolvidas na operação, mas também as empresas integrantes do grupo econômico em âmbito mundial, como se verifica na prática decisória do CADE.[65]

Registre-se, ainda, que a lei não contém um regime de exceção relativamente a qualquer setor da economia, razão pela qual, em princípio, *qualquer* operação de concentração em que se verifique o preenchimento desses critérios está sujeita à jurisdição do CADE.[66] O instrumento jurídico utilizado também não possui relevância, desde que tenha como objetivo a concentração econômica e a possibilidade de gerar efeitos no mercado relevante em causa.[67] Outrossim, é indiferente para a

---

teste da participação no mercado não é decisivo e, além disso, a lei brasileira não tem por escopo cuidar apenas do reforço de uma participação no mercado, mas sim verificar se aquele ato irá implicar em limitação ou prejuízo a livre concorrência, ou resultar na dominação de mercados relevantes de bens ou serviços.

65 V. nesse sentido os A.C 08012.002740/98-02 e 08012.992730/98-41, de 19.8.1998 (Lazzuril Tintas/Elgin/ Sherwin Willians): "é óbvio que o critério de faturamento a ser adotado engloba o montante realizado pelo grupo inteiro, composto por quantas forem as subsidiárias ou sucursais que o constituem. De outro modo, se se adotasse como parâmetro o faturamento de uma simples sucursal, estar-se-ia menosprezando dramaticamente o potencial que um grande conglomerado tem de exercer poder econômico; e não é esse o alicerce que sustenta as diretrizes adotadas pelo CADE. A matriz e suas filiais mantém vínculo jurídico-econômico entre si, o que basta para as caracterizar como partes do mesmo grupo empresarial perante a legislação antitruste". Ver também A.C. 25/95, de 7.8.1996 (Santista Alimentos S.A./Carfape).

66 Ver adiante a discussão acerca do conflito de competência entre o CADE e o Banco Central.

67 Como aliás restou claro no voto do Conselheiro-Relator Arthur Barrionuevo Filho no A.C. 0029/95, de 29.1.1999 (Caraíba Metais/Mineração Caraíba Ltda.): "Em um dado momento do processo, algumas das empresas envolvidas tentaram se furtar à responsabilidade legal alegando as mais diversas filigranas jurídicas para demonstrar que as operações não haviam sido apresentadas porque lhes faltavam alguns requisitos de ordem formal. É essencial que fique bem claro que a Lei 8.884/94 é uma lei cujo objeto é econômico, ou seja, é a realidade econômica que ela destina a sua tutela. O bem jurídico protegido é a ordem econômica, sob o prisma da concorrência. Logo, os detalhes formais dos contratos não alteram a obrigação de apresentar, se os efeitos sobre o mercado se fazem sentir".

aplicação da lei se se trata de uma concentração horizontal, vertical ou conglomerada, encontrando-se as três espécies sujeitas ao controle.[68]

Já podemos, por conseguinte, traçar uma primeira diferença em relação ao sistema comunitário: o controle das operações de concentração está inserido no mesmo capítulo que trata dos atos e dos contratos que devem ser submetidos à apreciação do CADE. Conseqüentemente, os atos de concentração encontram-se sujeitos às mesmas regras de apreciação que outros atos ou acordos entre empresas que tenham por objeto ou efeito a cooperação, ou ainda que não impliquem concentração econômica. Resgatam-se, pois, os mesmos problemas que a Comunidade Européia enfrentou antes da aprovação do Regulamento (CE) 4.064/89, quando se discutia a pertinência da aplicabilidade do artigo 81 ou do artigo 82 do Tratado CE.

No caso comunitário, sob a égide do Tratado CE, sequer havia uma definição de ato de concentração, achando-se regulamentados apenas as concertações empresariais e os casos de abuso de posição dominante.[69] Na lei brasileira encontramos um conceito do que seja um ato de concentração para fins de controle. A crítica que aqui se faz resume-se, portanto, aos critérios de apreciação, pois não se pode pretender que

---

68 Para pormenores acerca dessa classificação das concentrações, ver Introdução. V. também Calixto Salomão Filho, op. cit., p. 266-289, que trata de alguns aspectos econômicos de cada espécie e ainda as eficiências que cada uma deve apresentar para ser considerada lícita.

69 As hipóteses das concertações empresariais e abusos de posição dominante constituem as "infrações", sob a perspectiva brasileira, e estão definidas nos artigos 20 e 21 da Lei 8.884/94, que traduzem, de uma forma geral, os conceitos dos artigos 81 e 82 do Tratado CE. No artigo 20, a lei define os *atos* sob qualquer forma manifestados (incluindo evidentemente os acordos, as decisões de empresas, e as práticas concertadas ou "conluios tácitos"), independentemente de culpa, os que tenham por objeto ou possam produzir os seguintes efeitos, ainda que não sejam alcançados: limitar, falsear ou de qualquer forma prejudicar a livre concorrência ou a livre iniciativa; dominar mercado relevante de bens e serviços; aumentar arbitrariamente os lucros; exercer de forma abusiva posição dominante. Já o artigo 21 traz uma enunciação, de maneira exemplificativa, das *condutas*, na medida em que configurem a hipótese prevista no artigo 20 e seus incisos caracterizam infração da ordem econômica.

problemas relacionados com a conduta das empresas no mercado sejam controlados da mesma maneira que aqueles concernentes à estrutura dos mercados. Por outro lado, essa situação cria um grande e dispensável inconveniente para as empresas: a necessidade de notificar qualquer espécie de acordo que atinja os montantes determinados no § 3.º do artigo 54, os quais nem sempre resultam em modificação da estrutura da empresa ou do mercado. Nesse ponto, a Lei de Defesa da Concorrência careceria de uma reforma, no sentido de buscar separar os atos que têm por efeito a alteração na estrutura das empresas e aqueles que visam apenas regular o comportamento das empresas no mercado, estabelecendo procedimentos de análise diferenciados e mais úteis para cada espécie.

Assim, em princípio, os atos que devem ser submetidos à apreciação do CADE podem ter por conseqüência ou efeito a limitação ou o prejuízo da livre concorrência ou resultar na dominação de mercados relevantes de bens ou serviços, mas deverão, necessariamente, preencher os requisitos do § 3.º do artigo 54. O instrumento jurídico para a realização do ato não tem qualquer relevância para a aplicação da norma. O que interessa é que haja uma alteração no que diz respeito à estrutura das empresas, ensejando a existência de uma unidade econômica.

Além das formas clássicas de concentrações de empresas, como a fusão e a incorporação, a lei refere-se ainda à constituição de sociedade para deter o controle de empresas ou qualquer tipo de agrupamento societário que implique participação de empresa ou grupo de empresas. Apesar da confusão terminológica, pois a lei faz menção à classe mais restrita de "agrupamento societário", e depois alude-se a grupo de empresas, a conclusão que se tira é que a verdadeira intenção do legislador era trazer para o controle qualquer espécie de concentração econômica, independentemente do instrumento utilizado para a sua manifestação. E não poderia ser diferente, pois dentro do espírito da própria lei de defesa da concorrência, que no seu artigo 15 estabelece que a mesma é aplicável às pessoas físicas e jurídicas de direito público ou privado, bem como a quaisquer associações de entidades ou pessoas, constituídas de fato ou de direito, ainda que temporariamente, com o ou sem personalidade jurídica, mesmo que exerçam atividade sob regime de monopólio legal.[70]

---

70 Sobre o conceito de empresa na Lei 8.884/94, ver Introdução, item 2.

Como visto, deverá ainda esse ato resultar em uma participação de 20% em um mercado relevante, ou uma das participantes da operação deverá apresentar um faturamento bruto anual equivalente a R$ 400.000.000,00 (quatrocentos milhões de reais). Atingindo quaisquer desses dois "índices de jurisdição",[71] existe uma presunção de que esse ato de concentração poderá produzir efeitos anticoncorrenciais ou resultará em uma posição dominante, logo, deverá ser notificado aos órgãos de defesa da concorrência.[72]

Nesse caso, poderá ainda ser colocada uma questão: conhecendo a aleatoriedade desses "índices de jurisdição", se ocorrer uma

---

71 Como salienta Pedro Dutra, A concentração do poder econômico e a função preventiva do CADE..., p. 15, são tais índices, *índices de jurisdição*, a alertar o interesse do julgador e a deflagrar-lhe a atuação e servem para fixar a linha a determinar o exercício da função preventiva do órgão de defesa da concorrência. Com a mesma posição ver Helio Campagnucio, O grande desafio do CADE, p. 21.

72 Aliás, o entendimento do CADE é que mesmo no caso em que o ato não caracterize uma concentração econômica, ou ainda produza efeitos anticoncorrenciais ou resultar em uma posição dominante, deve ser submetido à sua apreciação, desde que atinja qualquer um dos dois índices de jurisdição, como ocorreu no A.C. 08012.007.871/97-79, de 15.7.1998 (Becker Holding do Brasil/Eldorado Automotiva), em que se tratava nitidamente de uma *joint venture* de natureza cooperativa. Mencione-se ainda o A.C. 08012.007069/00-45, de 19.9.2001 (Mycogen Corporation/Dinamilho Carol Produtos Agrícolas), no qual foi determinada a aplicação de multas individuais por intempestividade em relação às cinco aquisições feitas anteriormente pelo Grupo Dow, controlador das empresas envolvidas na operação. Nos termos do acórdão, "deve restar absolutamente claro e inequívoco e, neste ponto, entenda-se o jargão do sistema antitruste, haver 'sinalização para os agentes de mercado' que somente ao Sistema Brasileiro de Defesa da Concorrência cabe decidir se, em determinada operação, existem ou não os pressupostos do artigo 54, o qual deve ser lido em sua inteireza. Quem realiza o controle de atos e contratos é o CADE e não ao agente econômico. Quem verifica se existe, ou não, a limitação ou prejuízo à concorrência é o CADE. Não é dado aos agentes econômicos decidir, de antemão, pela não apresentação de uma operação, a partir de sua livre interpretação do diploma legal. Os motivos de tal cautela se justificam em nome da adequada defesa da ordem econômica". Ver também A.C. 0029/95, de 29.1.1999 (Caraíba Metais/Mineração Caraíba Ltda.).

concentração de empresas que não atinja quaisquer um desses dois índices, causando prejuízo à concorrência ou resultando na dominação do mercado relevante de bens ou de serviços, poderá o CADE intervir *ex officio*? Entendemos que sim. O artigo 54, em seu *caput,* estabelece a premissa geral, isto é, explicita os tipos de atos que caem no seu âmbito de exame e, uma vez preenchidos aqueles requisitos, parece ser evidente que a operação ou o ato de concentração deverão ser necessariamente submetidos à apreciação do CADE. O fato de o § 3.º do artigo 54 determinar os índices considerados *mínimos* para que um ato precise ser comunicado não tem por si só o condão de excluir os que não alcancem aquele patamar mínimo, e que igualmente provoquem os mesmos efeitos nefastos à estrutura concorrencial.

Do contrário, uma exclusão dessa natureza levaria à perda de sentido do sistema de defesa da concorrência brasileiro, além de estar em manifesta incompatibilidade com o artigo 173, § 4.º, da Constituição Federal, bem como com a própria finalidade da Lei 8.884/94. Por outro lado, o Plenário do CADE possui plena competência para apreciar os atos ou condutas, sob qualquer forma manifestados, sujeitos à aprovação nos termos do artigo 54, como dispõe o artigo 7.º, inciso I, da mesma lei, sem que esse dispositivo legal faça qualquer tipo de exclusão.

A conclusão a que se chega, por conseguinte, é a de que os critérios previstos no § 3.º implicam apenas a obrigatoriedade da notificação dessas operações de concentração ao sistema de defesa da concorrência, tendo em vista que as operações prejudiciais ao mercado, assim como aquelas que geram uma posição dominante num mercado relevante, mas que não atinjam esse patamar mínimo, se constatadas pelo CADE, também deverão estar sujeitas à apreciação. Uma outra pergunta pode ser colocada: como o CADE poderia ter conhecimento dessas operações? A resposta é simples: na imprensa especializada (prática aliás utilizada pelo CADE), e ainda como resultante do artigo 54, § 10, que determina que as mudanças de controle acionário de companhias abertas e os registros de fusão, sem prejuízo da obrigação das partes envolvidas, devem ser comunicados à SDE, pela Comissão de Valores Mobiliários – CVM e pelo Departamento Nacional de Registro Comercial do Ministério da Indústria, Comércio e Turismo – (DNRC/MICT), respectivamente, no prazo de cinco dias úteis para, se for o caso, serem examinados.

O tratamento das joint ventures

Não obstante, um dos grandes problemas que a Comunidade Européia enfrentou em relação às *joint ventures* não constitui um obstáculo para a aplicabilidade da lei brasileira. Como tratado no Capítulo 1, os procedimentos de análise eram diferenciados, a depender do objetivo da *joint venture* em causa: em se tratando de *joint venture* com natureza cooperativa (utilizando a nomenclatura anterior às reformas introduzidas pelo Regulamento 1.310/97 do Conselho da Comunidade Européia), o regime empregado era o do artigo 81 do Tratado CE, muito mais rigoroso, com um processo moroso e, por isso, nem sempre desejável, mas onde se tinham em consideração aspectos de eficiência econômica; enquanto, em se tratando de *joint ventures* com natureza concentrativa, seria adotado o regime do Regulamento (CE) 4.064/89, em que era efetuado um balanço estritamente concorrencial, mas com as vantagens de uma verificação mais rápida.

Sob a égide da Lei 8.884/94, esse grave dilema do direito comunitário da concorrência não encontra espaço, pois as regras de apreciação, em se tratando de cooperação ou concentração, serão sempre as mesmas, quais sejam as do § 1.º do artigo 54, como se constatou no A.C. 08012.007.871/97-79 (Becker Holding/Eldorado Automotiva).[73] Nesse caso, a operação consistia em uma associação "joint venture"[74] entre a

---

73 V. A.C. 08012.007.871/97-79, de 15.7.1998 (Becker Holding do Brasil Ltda. e Eldorado Automotiva Ltda.).

74 A utilização do termo inglês no Brasil encontra-se generalizada tanto na doutrina, como nas decisões do CADE, justificando Maristela Basso, *Joint ventures – Manual prático das associações empresariais*, p. 41, pelo fato de que "a *joint venture* não é uma criação dos legisladores nacionais, pois nasce do interesse prático (...). A *joint venture* seria portanto uma figura jurídica originada da prática cujo nome não tem equivalente em nossa língua. A diversidade de sistemas jurídicos, de legislações, de um país a outro, faz com que a *joint venture* assuma diferentes fórmulas institucionais ou contratuais, através das quais as co-ventures (os participantes) conseguem atingir os seus objetivos". Segundo essa autora, a *joint venture* corresponderia a uma forma ou método de cooperação entre empresas independentes, denominado em outros países de sociedade de sociedades, filial comum, associação de empresas etc.

Becker Holding e a Eldorado, especialmente constituídas para criarem uma terceira empresa, a Becker Eldorado Indústria e Comércio Ltda., na qual as sócias participariam com 60% e 40%, tendo em vista a produção de 90 mil painéis/ano para o modelo Astra da General Motors, e 70 mil painéis/ano para o modelo Classe A da Mercedes-Benz. Essa operação foi submetida à apreciação do CADE, uma vez que a Becker Holding do Brasil era uma empresa subsidiária do grupo norte-americano Becker Group Inc., sendo a totalidade das suas quotas detida pela subsidiária européia do conglomerado Becker Group Europe, tendo sido verificado, portanto, um faturamento anual em âmbito mundial da ordem de US$ 1,2 bilhão de dólares.

Nesse caso, era nítida a ausência de concentração de poder econômico, revelando-se uma verdadeira *cooperação empresarial.* Fatores como autonomia econômica da *joint venture*, coordenação de comportamento concorrencial entre a *joint venture* e as sociedades-mãe, ou a possibilidade de eliminação da concorrência potencial, que teriam relevância sob o teor do artigo 2.º, n. 4, do Regulamento (CE) 4.064/89, não foram avaliados. Aliás, a investigação foi centrada em aspectos referentes tão-somente às concentrações, sem se ter em conta que aquela *joint venture* estava sendo criada com o objetivo único de cooperação empresarial, e não apenas se o ato traduziria, segundo a SEAE, na "criação ou elevação do poder de mercado", ou, segundo a SDE, em "alteração da estrutura do mercado relevante em análise, inexistindo a potencialidade de risco à concorrência". No CADE, o conselheiro-relator concluiu que o ato não acarretaria nenhum tipo de concentração no mercado relevante de autopeças, autorizando a aprovação sem restrições.

O propósito do questionamento feito não é acerca da pertinência da decisão de autorização, mas, como já afirmado, apenas observar a impropriedade da utilização de critérios valorativos para o exame de um ato de concentração, em um caso em que o efeito nítido é apenas cooperação empresarial.[75]-[76] Aliás, parece não haver um consenso a respeito

---

75 Poder-se-ia até questionar se uma decisão dessa natureza poderia ser revista ou até anulada, em razão da Teoria dos Motivos Determinantes, pois o agente responsável pela decisão final poderia ter sido induzido em erro, ao conceder a decisão de autorização ou de proibição, fundada em uma análise incorreta. Segundo Bandeira de Mello, op. cit., p. 98, de acordo com essa teoria, "os

de como as *joint ventures* devem ser tratadas no Brasil,[77] citando-se como exemplo o caso das cervejas (a proposta de criação de uma *joint venture* entre a Brahma e a Miller,[78] assim como entre a Antarctica e Anheuser-Bush[79]), em que, apesar de se tratar de operações que aparentemente iriam buscar efeitos semelhantes no mercado, o CADE tomou decisões díspares nos casos.[80]-[81] Isso se deve ao fato de não existir uma linha muito clara a dividir cooperação de concentração, nem tampouco uma orientação do CADE nesse sentido, o que pode gerar alguma insegurança jurídica ao operador econômico no caso concreto.[82]

---

motivos que determinam a vontade do agente, isto é, dos fatos que serviram de suporte à sua decisão integram a validade do ato. Sendo assim, a invocação de 'motivos de fato' falsos, inexistentes ou incorretamente qualificados, vicia o ato mesmo quando a lei não tenha estabelecido, antecipadamente, os motivos que ensejariam a prática do ato. Diante disso, se o agente enunciar os motivos em que se calçou, ainda quando não esteja obrigado a enunciá-los, o ato só será válido se estes realmente ocorreram".

76 V. também A.C. 08012.001776/98-14, de 12.8.1998 (TRW Automotive Systemas/Lucas Industries).

77 Ver sobre o *processo de formação* das *joint ventures* no Brasil perante a lei de defesa da concorrência em Lupatelli Jr. e Eliane Martins, Defesa da concorrência e "joint ventures" no Brasil, p. 180-185.

78 V. A.C. 58/95, de 11.6.1997 (Companhia e Cervejaria Brahma/Miller Brewing Company/Miller Brewing).

79 V. A.C. 83/96 (Cia. Antarctica Paulista/Anheuser-Bush International Inc.).

80 Pode-se argumentar que "cada caso é um caso", que eram operações que iriam produzir efeitos diversos no mercado brasileiro da cerveja, e por esse motivo a operação entre a Brahma e a Miller foi aprovada sob rigorosas condições, enquanto a realizada entre a Antarctica e Anheuser-Bush foi proibida. Mesmo assim esse argumento não afastaria a necessidade de estabelecimento de critérios valorativos diferenciados para as *joint ventures*.

81 V. nesse sentido o A.C. 119/97, de 22.10.1997 (Henkel S/A e Lord Industrial): "embora a presente operação tenha sido definida como uma *joint venture*, não há na nomenclatura societária legal uma definição clara e universal para esse tipo de associação (...) no entanto, do ponto de vista da defesa da concorrência, a *joint venture* de *prazo indeterminado* em nada se diferencia de uma fusão plena por aquisição ou incorporação". Verifica-se portanto, que não existe muita clareza tanto no tratamento jurídico como no uso do termo técnico no Brasil.

82 Sobre o assunto, vale mencionar a resposta à Consulta 0068/00, de 13.12.2000, apresentada pela Souza Cruz e pela Ambev sobre a possível

Não obstante, nos últimos anos, tem-se observado uma evolução no padrão de análise empreendido, valendo mencionar o caso envolvendo a Varig e TAM[83] para a criação de uma *joint venture* de comércio eletrônico denominada Plata, destinada à comercialização de serviços ligados ao turismo, tais como distribuição de passagens aéreas, locação de automóveis, reserva de hotéis, venda de pacotes turísticos etc. Apesar de ter sido examinada a concentração horizontal gerada, verifica-se uma tímida avaliação dos efeitos da cooperação. De fato, no que se denominou "Riscos da Operação", foi investigada a possibilidade de ação coordenada entre as empresas-mãe no mercado *upstream*. Desse modo, o acórdão considerou que, para que se viabilizasse a aprovação da operação, as empresas-mãe deveriam continuar a atuar de forma autônoma, sendo vedada a troca de quaisquer informações que não fossem aquelas necessárias para que a *joint venture* desenvolvesse as suas atividades no mercado relevante em causa. A decisão final entendeu ainda pela inclusão de cláusula no contrato social da *joint venture* proibindo o acúmulo ou sobreposição de funções de direção e gerência, bem como nos respectivos Conselhos das empresas-mãe, por pessoas comuns às

---

constituição de uma *joint venture* para implantação de portal eletrônico focado em compras de MRO (*Materials, Repairs and Operations*), que entendemos ser equivocada. Apesar de as partes terem argüido que se tratava apenas de um *ato de cooperação,* que escapava do conceito de ato de concentração, para o CADE, "ao contrário, a sistemática do artigo 54 demonstra que compete à apreciação do CADE qualquer ato, inclusive acordos de cooperação que indiquem, mesmo que por indícios, prejuízo à concorrência. Ao direito concorrencial interessa a concentração econômica, independentemente da forma que esta possua. Por isso, em termos legislativos, no âmbito do direito comparado, as poucos referências às *joint ventures* aparecem quase que exclusivamente nas leis antitruste". Apesar de concordamos com a premissa, qual seja de que para o direito da concorrência interessa qualquer forma de concentração econômica que possa produzir efeitos anticoncorrenciais, na legislação estrangeira, em especial na comunitária, o tratamento das *joint ventures* é diferenciado do tratamento de operações de concentração, sendo utilizados inclusive critérios próprios para análise dos seus efeitos. Para mais informações sobre esse assunto, consultar item 1.1.2.4.

83 V. A.C. 08012.002335/00-43, de 2.5.2001(Varig/TAM).

mesmas, afastando a possibilidade de ocorrência de participações cruzadas (*interlocking directorate*).

2.3.3 Derrogações? As controvérsias acerca dos atos de concentração no setor financeiro e as agências reguladoras

CADE x *Banco Central*

A Constituição Federal brasileira, ao tratar da Ordem Econômica e Financeira, não excepciona nenhum setor da aplicação do regime do direito de defesa da concorrência. Da mesma forma, o § 3.º do artigo 54 da Lei 8.884/94 não faz qualquer exceção ao setor da atividade desenvolvida pelas partes integrantes da operação.

Por outro lado, a Lei 4.595, de 31.12.1964, dispõe que é competência privativa do Banco Central a autorização, supervisão e fiscalização do Sistema Financeiro e, em especial no seu artigo 10, inciso X, alíneas *c* e *g*, que toda transformação, fusão, incorporação, alienação ou qualquer forma de transferência de controle das empresas desse setor deve ser autorizada pelo Banco Central.

Essa aparente contradição no ordenamento jurídico brasileiro tem provocado grandes discussões acerca do órgão que seria competente para a análise de atos de concentração entre instituições financeiras. Os defensores da tese segundo a qual a competência do Banco Central não teria sido alterada pela Constituição de 1988 fundamentam-na na hierarquia das normas, pois entendem que os dispositivos da Lei 4.595/64 teriam sido recepcionados pela Constituição Federal com eficácia de lei complementar, e ainda em razão das peculiaridades do setor bancário, que estaria sujeito a um alto grau de regulação, não existindo a livre iniciativa plena nesse mercado, estando a liberdade de competição subordinada ao interesse público.[84]

Em razão desse impasse, o CADE e o Banco Central celebraram um acordo de cooperação técnica que pretendia evitar situações conflituosas e, nomeadamente, decisões contraditórias. Esse acordo, que deveria ter sido implementado via prestação de consultoria, tinha como

---

84 Como explica Borges da Fonseca, op. cit., p. 144.

objetivo a realização de estudos setoriais, seminários, publicação de textos, disponibilidades de acervos de estudo e troca de informações e de conhecimento técnico do seu pessoal especializado. Para J. Saadi, o CADE deveria atuar em concentrações que não estivessem diretamente relacionadas à moeda, como os cartões de crédito. No que diz respeito às fusões e incorporações entre bancos, o papel do CADE deveria ser tão-somente de cooperação, mas o poder decisório permaneceria nas mãos do Banco Central.[85] Não obstante, esse acordo jamais foi implementado, e teve o seu termo de vigência encerrado em 8.12.2001.

Em 1996 foi apresentada ao CADE a operação de concentração entre o Banco Francês e Brasileiro S.A. e o Grupo Itaú, por iniciativa da Comissão de Valores Mobiliários (CVM), que enviou ao CADE uma consulta para que o mesmo se manifestasse acerca de sua competência para analisar transações entre instituições financeiras. Tal consulta só foi respondida no final de 2000, quando o Plenário do CADE concluiu, em conformidade com o artigo 54 da Lei 8.884/94, que o legislador atribuiu para si a competência para apreciação de toda e qualquer forma de concentração, incluindo as concentrações bancárias. Em 4.10.2000, o CADE julgou a aquisição, pelo BNY International Financing Corporation, de 40,8% do capital social do Banco Credibanco S.A. Essa operação foi aprovada sem restrições, tendo sido indicado na decisão que o *triggering date* para notificação seria a publicação da autorização do Presidente da República no Diário Oficial da União, em obediência ao artigo 52 das Disposições Transitórias da Constituição Federal.[86]

Em 25.4.2001, foi publicado o Parecer GM 020 da Advocacia-Geral da União, no qual esse conflito foi examinado, tendo sido feitos ainda alguns comentários a respeito da regulação das condições de concorrência entre instituições financeiras.[87] O parecer conclui que o Banco Central tem competência privativa para analisar tais operações, ao entender que alguns dispositivos da Lei 4.595/64 teriam sido

85 Cf. Jairo Saddi, op. cit., p. 51-52.

86 V. A.C. 08012.000765/00-41 de 28.11.2001 (Banco Credibanco/Credibanco/Distribuidora de Títulos e Valores Mobiliários/Marcop S/A Consultoria, Estudos e Planejamento/Creditrading Fomento Comercial).

87 Esse parecer resultou de uma consulta formulada pelo Ministro-Chefe da Casa Civil da Presidência da República, a pedido do Ministro da Fazenda.

recepcionados pela Constituição Federal como lei complementar, e por isso prevaleceria sobre a Lei 8.884/94, de natureza ordinária.[88] Para a Advocacia-Geral da União, a Lei de Defesa da Concorrência não poderia revogar a lei especial, ou, em outras palavras, os dispositivos da Lei 4.595/64 que tratam da competência do Banco Central para avaliar operações envolvendo instituições financeiras continuavam a portar eficácia.

Em razão da Lei Complementar 73/93, que determina que os pareceres da Advocacia-Geral da União aprovados pelo Presidente da República seriam vinculativos para a Administração direta e indireta, o que deveria incluir o CADE, a questão parecia resolvida. No entanto, em 28.11.2001, o CADE, ao examinar o A.C. 08012.08012.006762/2000-09 (Banco Finasa de Investimentos S/A; Brasmetal Indústria S/A e Zurich Participação de Representação), manifestou a sua discordância com o referido parecer, tendo argumentado, resumidamente, que para o CADE inexiste conflito de competência, mas apenas esferas de atuação diferenciadas para cada autarquia; e que o ordenamento jurídico brasileiro tem como princípios gerais da ordem econômica, estabelecidos na Constituição Federal, a livre concorrência e a repressão ao abuso de poder econômico, sem que esteja prevista qualquer isenção ou imunidade antitruste.

Cria-se, portanto, um impasse, e a conclusão a que se chega é da necessidade de conciliar essas duas faces, sem perder de vista, entretanto, as características da estrutura financeira do país, uma vez que a adoção de medidas que não levem em consideração esses aspectos poderá pôr em risco o seu sistema financeiro. Isso porque o setor financeiro possui algumas propriedades que o distinguem de outros setores econômicos, destacando-se, dentre estas, o papel que as instituições financeiras desempenham na execução da política monetária de um país.

Como conseqüência, trata-se de setor que geralmente apresenta um conjunto de regras e princípios mínimos a serem observados não apenas pelas instituições financeiras, mas também pelo Estado, com

88 Nos termos do parecer, "...é inequívoco que as disposições da Lei n. 4.595/64, que se referem a atribuições do Banco Central e das demais instituições financeiras, foram recepcionadas com a eficácia de lei complementar, somente podendo ser alteradas por lei de igual hierarquia".

o objetivo da manutenção da estabilidade da estrutura do mercado financeiro, mediante a proteção e o fortalecimento da moeda, a disponibilidade de crédito para o governo, empresas e consumidores e ainda a proteção dos utilizadores (depositantes, investidores) contra perdas resultantes de uma má gestão, de fraudes e falências dos fornecedores de serviços financeiros. Verifica-se, portanto, a existência de um interesse público *na correta regulação do sistema financeiro de um país.*

A outra face apontada, que não pode ser desconsiderada, é que as instituições financeiras também podem ser caracterizadas como um negócio, entendendo os doutrinadores que essas instituições ficam sujeitas às mesmas pressões e carências de outros setores econômicos que não se encontram regulados e que, por conseguinte, também devem estar subordinadas às regras de concorrência.

Acrescente-se a necessidade de se garantir a previsibilidade e a segurança jurídica aos operadores econômicos em relação aos procedimentos e critérios a serem observados na notificação de operações de concentração de empresas para análise concorrencial, não existente hoje no Brasil, o que se agrava ainda mais em se tratando de transações envolvendo empresas do setor financeiro.[89] -[90]

---

89 Paulo Coutinho e André Oliveira, Regulação prudencial e concorrência no setor bancário, p. 77, comentam que "a regulação de defesa da concorrência tem um caráter muito distinto da regulação prudencial, que tem tomado praticamente toda a atenção do Banco Central do Brasil (BCB) no que tange ao funcionamento do Sistema Financeiro Nacional. A criação do PROER, os incentivos à reestruturação do mercado bancário, as restrições de (*sic*) impostas para se formar e funcionar uma instituição financeira credenciada, visam garantir o equilíbrio econômico-financeiro das instituições. A análise de defesa da concorrência tem recebido pouca ou nenhuma atenção do BCB, muito embora lhe seja reservado um papel fundamental nessa forma de regulação".

90 Calixto Salomão Filho, op. cit., p. 219-220, admite a existência de uma competência concorrente, mas a sua conclusão é que a competência para análise de atos de concentração envolvendo instituições financeiras deve ficar com o CADE, pois "o Banco Central jamais exerceu a sua competência teórica em matéria concorrencial. Não é possível em qualquer justificativa ou exposição de motivos normativos identificar qualquer referência a análise da situação do ponto de vista concorrencial. Portanto, em sua profundidade,

A discussão está lançada, sendo possível vislumbrar três hipóteses de solução: pelo Poder Judiciário; por reforma legislativa; ou mediante a celebração de um convênio entre o CADE e o Banco Central, nos parecendo a última a mais recomendável.

No entanto, em face das peculiaridades do setor já discutidas, é importante destacar o papel determinante que o Banco Central deverá ter na análise da operação, não apenas do ponto de vista regulatório, aplicando as regras de prudência, mas, ao mesmo tempo, levando em consideração o seu impacto concorrencial no mercado, em conformidade com parecer elaborado pelo CADE.

Esta nos parece ser a solução mais adequada para o setor financeiro, levando em conta o *interesse público,*[91] tendo em vista que as preocupações aqui não se resumem aos problemas de natureza concorrencial, mas também aos que se encontram associados ao risco sistêmico e à busca da preservação da estrutura financeira do país.

Para que isso ocorra, o estabelecimento de um diálogo claro e transparente entre tais autoridades é indispensável,[92]-[93] sendo recomen-

---

o poder do BC não pode ser considerado *pervasive* e as condutas por ele aprovadas não podem ser tidas como imunes à aplicação do direito concorrencial e à revisão do órgão especificamente encarregado dessa função (CADE), pelo menos até que ele demonstre a efetiva assunção da fiscalização do setor financeiro, também do ponto de vista concorrencial". Ver também comentários de Jairo Saddi, op. cit., p. 33, e Borges da Fonseca, op. cit., p. 147.

91 Esse, aliás, em perfeita consonância com o parágrafo único do artigo 1.º da Lei 8.884/94.

92 Como comenta Baptista Lobo, op. cit., p. 287, "observam-se, em bastante ocasiões, referências às autoridades *antitrust* em geral, entendo-se como tal o órgão competente para a aplicação da disciplina geral (como, por exemplo, a *Antitrust Division* do Ministério da Justiça dos EStados Unidos, o *Conseil da la Concurrence* em França, a Comissão da União Européia, ou o *Bundeskartellamt* alemão), sendo assaz diversas as formas de interligação entre as entidades (...) são, todavia, previstas, em todos os ordenamentos, formas de colaboração e de coordenação entre os órgãos de supervisão sectorial e a autoridade *antitrust*. Essa colaboração é disciplinada de modo específico".

93 Sendo essa, igualmente, uma das recomendações da OCDE (...), p. 33: "in practically all OECD jurisdictions, bank mergers are reviewed by both prudential regulators and competition agencies. That creates a need for

dável que alguns temas devam ser objeto de discussão cuidadosa e posteriormente bem definidos, tais como:

i. problemas de natureza institucional existentes hoje no sistema nacional de defesa da concorrência devem ser previamente solucionados para se adequar às peculiaridades do setor financeiro (como prazos mais curtos, unificação dos órgãos de defesa da concorrência), evitando, assim, o risco sistêmico;
ii. índices de jurisdição para notificação diferenciados de outros setores econômicos, em face da não adequação do critério do faturamento e do *market share* previstos hoje no § 3.º do artigo 54 da Lei n. 8.884/94;
iii. celebração de um acordo de cooperação entre os órgãos de defesa da concorrência e o Banco Central, delimitando de forma clara e inequívoca o âmbito de competência de cada um;
iv. atenção especial ao tratamento sigiloso de informações, que, apesar de ser objeto de preocupação em qualquer operação de concentração, revela-se mais premente no setor financeiro;
v. inclusão na lei brasileira de definições de critérios que levem em conta o interesse público e que justifiquem a aprovação de uma operação.[94]

Agências reguladoras: ANEEL, ANATEL e ANP

No que diz respeito às privatizações nos setores que eram tradicionalmente objeto de monopólio estatal (setor energético, telecomuni-

co-operation between the two agencies to avoid inefficient overlap. It also makes it advisable to adopt clear procedures to ensure the joint review is as transparent and predictable as possible, hence does not unnecessarily interfere with private sector decision making. Several OECD countries, including Australia, Canada, Norway and the United States, have taken formal steps to promote such co-ordination".

94 Apesar de estar previsto no § 2.º do artigo 54 da Lei 8.884/94 a possibilidade de aprovação de uma operação por motivos preponderantes da economia nacional e do bem comum, esse dispositivo legal é de difícil conceituação e aplicação, como será tratado no item 2.5..2. Para o setor financeiro, o ideal seria uma norma mais flexível, que levasse em consideração apenas fatores relacionados com o interesse público, regras de prudência e outras tipicidades do setor.

cações, petróleo)[95] e à aplicabilidade do § 3.º do artigo 54 da Lei 8.884/94, alguns comentários devem ser feitos. Isso porque a implementação de um regime de livre concorrência deve ser executada de maneira cuidadosa, visando não apenas o estabelecimento de mercados concorrenciais e saudáveis, mas também o seu bom funcionamento.[96]

Ao se admitir a abertura de tais mercados, algumas premissas devem ser observadas, especialmente no que se refere à primazia do interesse público e à garantia de um *serviço mínimo indispensável*.[97]

---

95 O processo de privatização brasileiro encontra-se regulamentado pela Lei 9.074, de 7.7.1995, mas por razões lógicas não poderá ser tratado neste trabalho, pois fugiria ao seu objeto. Para uma visão global do processo sob a perspectiva do direito da concorrência, ver Alexandre Krammes, André Ilha, O Conselho Administrativo de Defesa Econômica (CADE) e as privatizações. Vale examinar o A.C. 08012.000035/00-68, de 14.3.2001 (Gas Brasiliano Distribuidora Ltda./ SNAM S.p.A./Societá Italiana per II Gas p.A.), e ainda o A.C. 08000.013801/97-52 (A.C. 155/97, de 30.5.2001 (CVRD/Valepar S/A)), que tentam clarificar o limite de competência dos órgãos de defesa da concorrência no que diz respeito à análise dos efeitos dos atos de concentração decorrentes de privatização de serviços públicos.

96 Como comenta Ana Maria Nusdeo, Agências reguladoras e concorrência, in: Carlos Ari Sundfeld (Coord.), *Direito administrativo econômico*, p. 160, "os antecedentes do processo de privatização e reorganização do funcionamento desses três setores são vários. Destaca-se a incapacidade de investimento do Estado para a expansão, universalização e modernização dos serviços, reclamando a sua transferência para grupos privados interessados na exploração econômica dos serviços e atividades e com capacidade financeira para seu desenvolvimento nos padrões hoje tidos como necessários. Porém, o movimento de privatização de setores econômicos anteriormente desenvolvidos tão-somente pelo Poder Público, no mundo todo, insere-se uma rediscussão dos limites da atuação do Estado na atividades econômica e até na prestação de serviços públicos (...) Privatização, assim, relaciona-se não apenas à transferência da titularidade de concessões, permissões e autorizações para exploração de certos serviços e atividades das pessoas de Direito Público para as de Direito Privado, mas também à criação de um ambiente de mercado e de concorrência nos setores privatizados".

97 Nesse sentido ver o conceito adotado no direito comunitário de *Serviço Universal Indispensável*, que, segundo Bernardo Urrutia, *The EU*

Por conseguinte, paralelamente à implantação de um quadro de livre concorrência, torna-se essencial a presença de agências reguladoras, com função primordial de fiscalizar esses novos operadores econômicos, assegurando o cumprimento de regras básicas inerentes a esses serviços, como qualidade, assistência técnica, serviços de emergência, assiduidade etc. Ressalte-se que essas agências têm objetivos diversos dos órgãos de defesa da concorrência, o que não afasta, contudo, a possibilidade e necessidade de que os mesmos atuem em harmonia e cooperação, como se verá adiante. Nesse contexto, e como conseqüência do Programa Nacional de Desestatização, foram criadas no País, inicialmente, três agências reguladoras,[98] que serão tratadas em seus principais aspectos quanto à análise de atos de concentração.

ANEEL

No setor da *energia elétrica*, criou-se a ANEEL – Agência Nacional de Energia Elétrica,[99] com a finalidade de regular e fiscalizar a produção, transmissão, distribuição e comercialização de energia elétrica, em conformidade com as políticas e diretrizes do Governo Federal.[100] Prevê ainda a Lei 9.427/96, no seu artigo 3.º, incisos VIII e IX, a atribuição de competência tendo em vista propiciar o estabelecimento de uma concorrência efetiva entre os agentes e impedir a concentração econômica no setor dos serviços e atividades de energia elétrica, bem como obstar o aparecimento de restrições, limites ou condições para empresas, grupos empresariais e acionistas, quanto à obtenção e transferência de concessões, permissões e autorizações, à concentração societária e à

Telecommunications sector during the 1990s: liberalisation, regulation and competition policy, no mercado das telecomunicações, consiste em garantir a existência de um serviço de telefonia acessível a totalidade da população como um serviço público.

98 Aliás, como bem lembra Ana Maria nusdeo, op. cit., p. 161-162, "detectada a possibilidade de funcionamento de um dado setor em regime de concorrência pelos reguladores, é necessária a organização de uma transição da regulação para a concorrência, bem como a definição de quais segmentos dentro de uma cadeia produtiva têm condições de ser desregulamentados".

99 Criada pela Lei 9.427, de 26.12.1996.

100 V. artigo 2.º, *caput*, da Lei 9.427, de 26.12.1996.

realização de negócios entre si. Tem ainda a ANEEL a função de zelar pelo cumprimento da legislação de defesa da concorrência, monitorando e acompanhando as práticas de mercado dos agentes do setor de energia elétrica.

Apesar de fazer menção às concentrações, a lei não atribui expressamente à agência a competência para apreciar os atos de concentração, razão pela qual podemos dizer que essa competência, em princípio, pertence ao CADE, cabendo-lhe atuar em cooperação com o órgão regulador.

ANP

No setor do *petróleo* foi criada a ANP – Agência Nacional do Petróleo, por meio da Lei 9.478, de 6.8.1997, que, nos termos do seu artigo 7.º, constitui entidade integrante da Administração Federal indireta, submetida ao regime autárquico especial, como órgão regulador da indústria do petróleo, vinculado ao Ministério das Minas e Energias. Dentre os seus objetivos, o artigo 8.º estabeleceu a finalidade de promover a regulação, a contratação e a fiscalização das atividades econômicas integrantes da indústria do petróleo, que, dentre as várias competências enunciadas, não trata do controle de operações de concentração no setor, o que nos leva a concluir que a ANP atua como mero colaborador dos órgãos de defesa da concorrência.

Esse entendimento, aliás, é reforçado pelo próprio artigo 10 da lei mencionada, ao estabelecer que, quando, no exercício de suas atribuições, a ANP venha a tomar conhecimento de situação de fato que possa configurar indício de infração da ordem econômica, deverá comunicá-lo imediatamente ao CADE e à SDE, para que estes adotem as providências cabíveis. Assim, em 22.3.2000, foi firmado um acordo visando o intercâmbio e cooperação técnica entre o CADE e a ANP, que em sua cláusula terceira prevê expressamente que os atos e contratos de que trata o artigo 54 da Lei 8.884/94, que afetem a concorrência no setor de petróleo, seus derivados e gás natural, devem ser notificados ao CADE via SDE, cabendo à ANP apenas a elaboração de parecer técnico acerca da operação comunicada.[101]

---

101 Ver análise no mercado de distribuição de combustíveis no A.C. 08012.006169/98-51, de 20.1.1999 (AgipLiquigás S.A./Cia. São Paulo de Petróleo).

ANATEL

No setor das *telecomunicações*, por sua vez, a Lei 9.472, de 16.7.1997, que criou a Agência Nacional das Telecomunicações, prevê no seu artigo 19, inciso XIX, que cabe a essa agência exercer, relativamente às telecomunicações, as competências legais em matérias de controle, prevenção e repressão das infrações da ordem econômica, ressalvadas as pertencentes ao CADE. Em nenhum momento é feita qualquer menção aos atos de concentração, razão pela qual não se levantam, portanto, quaisquer dúvidas de que caberá ao CADE a competência para a análise dos mesmos. Nesse sentido, foi celebrado um acordo criando uma Comissão para Cooperação Institucional entre as duas entidades,[102] o que tem facilitado o trabalho das mesmas, evitando situações de conflito de poder.[103]

---

102 V. Portaria Conjunta (CADE, ANATEL) 1, de 9.9.1998.

103 Aliás, mencione-se o comentário de Ana Maria Nusdeo, op. cit., p. 179 sobre o assunto: "ao tratar do relacionamento entre sistemas de defesa da concorrência e órgãos reguladores deve-se levar em consideração dois aspectos. Em primeiro lugar, a necessidade de se assegurar uma aplicação uniforme e sistêmica do Direito e das políticas concorrenciais no país como um todo. Do contrário, se as agências se pusessem a aplicá-los por sua conta, correr-se-ia o risco de incoerência e fragmentação da política da concorrência. Além disso, é conveniente que as agências, dotadas da capacitação técnica apropriada, sejam aproveitadas no tratamento de problemas que freqüentemente envolvem questões de grande especificidade e tecnicidade. No entanto, a transferência de poderes exclusivos às agências é uma alternativa perigosa, tomando-se em consideração risco de sua captura pelos interesses regulados, à medida em que o contato reiterado com os agentes econômicos atuantes no setor tende a produzir uma identificação entre os interesses das empresas e os de funcionários das agências". A solução, como ela bem lembra, p. 1.856, são os convênios entre as agências reguladoras e os órgãos de defesa da concorrência, mas ressalvando-se a "importância de que eles sejam utilizados e implementados no sentido do estreitamento das relações institucionais e da coordenação entre todos os órgãos envolvidos na proteção à concorrência – CADE, Secretarias e Agências –, preservadas suas competências. Isso para não se incorrer no risco de que os convênios venham produzir uma burocratização do sistema,

Por conseguinte, não se pode afirmar que essas situações constituam derrogações à aplicabilidade da lei de defesa da concorrência brasileira, mas apenas soluções políticas para circunstâncias excepcionais, em face das características peculiares de tais setores no mercado brasileiro. Por outro lado, não se pode negar a importância do papel das agências reguladoras nesse período pós-liberalização, pois indispensáveis à garantia do sucesso dos processos de privatização que vêm sendo desenvolvidos.[104]

2.4. Fase instrutória

2.4.1 Da apresentação do ato de concentração e suas formalidades

Prazos

Em uma primeira leitura do artigo 54 da Lei 8.884/94, pode-se concluir que os atos de concentração de empresas não necessitam ser notificados previamente para a sua execução. De fato, o § 4.º do citado artigo estabelece a obrigatoriedade de sua apresentação, deixando ao critério das partes o momento em que devem proceder, isso porque, ape-

---

com duplicação de tarefas, aumento de tempo das decisões, redução de casos julgados, colocando a perder o esforço empreendido pelo CADE e pelas Secretarias no aperfeiçoamento da coordenação entre si e do aumento de produtividade dos órgãos".

104 Segundo Bernardo Urrutia, op. cit., a perspectiva geral é que a longo prazo a política da concorrência venha a ter um papel mais relevante nos mercados das telecomunicações e serviços de convergência, do que necessariamente a política da regulação. Isso porque dificilmente a curto ou médio prazo essa substituição ocorreria de maneira satisfatória, pois, em primeiro lugar, uma série de práticas desses mercados não pode ainda ser considerada anticompetitiva na acepção das regras do Tratado CE; em segundo lugar, porque a maior preocupação nesse setor não é apenas a introdução da eficiência e concorrência no mercado, mas também a preservação do interesse público, como a questão do serviço universal, proteção de dados, segurança pública e proteção do consumidor; por último, porque nem sempre as forças do mercado ou a aplicação das regras da concorrência poderão eliminar determinadas restrições presentes nesses mercados, especialmente os regionais. A conclusão, é que não há uma disputa entre regulação e

sar de ser permitida a apresentação prévia, as partes dispõem de 15 dias úteis a contar da realização do ato para o encaminharem à SDE.[105]

Na prática, essa dualidade de opções vinha causando uma grande polêmica, em razão da contagem do prazo, pois as partes, na maioria das vezes, somente encaminhavam o ato para a apreciação do CADE após o seu fechamento. Assim, em um grande número de ocasiões levantou-se a dúvida sobre o momento a partir do qual deveria ser contado o período de 15 dias úteis. Tentando sanar esse impasse, o CADE editou a Resolução 15/98, que prevê, no seu artigo 2.º, que o momento da realização da operação, para os termos do cumprimento dos §§ 4.º e 5.º do artigo 54 da Lei 8.884/94, será definido *pelo primeiro documento vinculativo firmado entre as requerentes*,[106] salvo no caso de alteração nas relações de concorrência entre as requerentes ou entre pelo menos uma delas e um terceiro agente ocorrer em momento diverso.

---

concorrência, mas sim uma perspectiva de que, com a maturidade do processo de liberalização, aconteça uma evolução gradual do quadro regulador existente, assegurando uma maior flexibilidade para os operadores, sem contudo descuidar do interesse público.

105 O único órgão competente para receber o requerimento de autorização é a SDE, como ficou claro no A.C. 135/97, de 5.8.1998 (Polibrasil Polímeros/Polibrasil Resinas S/A).

106 Essa resolução veio confirmar um entendimento que vinha se consolidando pela prática decisória do CADE, como se verificou no A.C. 79/96, de 19.11.1997 (Panex/Alcan Alumínio/Alumínio Penedo), no qual se discutia o início da contagem do prazo. Nesse processo foram celebrados dois contratos: um entre a Panex e a Penedo em 1.º.1.1996, e outro entre a Panex e a Alcan em 1.º.5.1996. Em ambos os contratos a data fixada para a concretização do negócio foi 1.º.5.1996, com a transferência do controle acionário e dos ativos, embora a celebração do controle de compra e venda de ativos, transferência de direitos e obrigações e outras avenças tenha sido completado apenas em 6.5.1996. Segundo a relatora do processo, "embora consubstanciado materialmente no contrato principal celebrado em 01.01.96 e 06.05.96, passou de fato a produzir efeitos a partir de 01.05.96 (...) observa-se que os efeitos começaram a se produzir a partir da data convencionada pelas partes como do fechamento da operação, quando passa a prevalecer o interesse da proteção legal". Nesse caso, considerou-se, portanto, que a notificação foi feita intempestivamente, pois apresentada à SDE apenas em 27.5.1996, e por esse motivo foi aplicada uma multa.

Iniciou-se uma nova polêmica, em primeiro lugar, porque a resolução não é clara em especificar o que seria o instrumento vinculativo. O posicionamento do CADE tem sido no sentido de considerar como tal não apenas a assinatura do contrato, mas também de um simples memorando de entendimentos ou carta de intenções.[107] Essa resolução, além de ter gerado grandes dúvidas não só entre os operadores econômicos, mas inclusive dentro do próprio Plenário do CADE,[108]-[109] trouxe à tona

---

107 Por exemplo, foi reconhecido na Consulta 0069/00, de 7.2.2000 (Synteko Produtos Químicos S/A) e ainda na Consulta 0064/00, de 25.10.2000 (Cosan/Union DAS).

108 No A.C. 08000.017575I96-16, de 12.8.1998 (Mahle GmbH/Cofap), p. 106-110, as partes requerentes alegavam que o início do prazo somente poderia ser contado a partir do dia 26.6.1996, data designada para o pagamento do preço. No entanto, as cláusulas do contrato firmado entre as partes já davam às empresas compradoras o direito de acompanhar a gestão e a administração da empresa comprada e ainda de ser previamente consultadas sobre despesas, novos compromissos financeiros etc. O CADE apresentou o seu posicionamento, qual seja pela aplicação da multa por atraso no requerimento de autorização do ato, pois "o pagamento do preço pode coincidir com o fechamento do negócio e daí presumir início da capacidade de influência no comportamento concorrencial; pelo menos até prova em contrário. A alteração do contrato social da empresa adquirida é outro elemento importante, mas não decisivo em si. Pode ocorrer que a aquisição do controle, total ou parcial, da empresa adquirida tenha início numa data, o pagamento do negócio ocorrer meses depois e a alteração do contrato social ter lugar noutra data posterior. O que importa, portanto, para efeitos de contagem do prazo de apresentação, é o momento, efetivo ou presumido, a partir do qual o agente adquire a capacidade efetiva ou jurídica de influir no comportamento concorrencial, como um *plus* decorrente da operação submetida ao exame do CADE".

109 Um das polêmicas que surgiram no Conselho com a Resolução (CADE) 15/98 foi a respeito da aplicação de multa por intempestividade, em relação às operações que se realizaram sem comunicação prévia anteriormente à sua edição. O Conselho, naquela altura, encontrava-se dividido: alguns membros entendiam que a multa somente seria aplicável após a edição da Resolução 15/98, que teria consolidado o entendimento sobre o momento da apresentação das operações elencadas no artigo 54 da Lei 8.884/94, não sendo possível interpretação retroativa prejudicial, em consonância com o disposto no artigo 2.º, inciso XIII, da Lei 9.784/99, como se verifica no

uma nova discussão, pois teve como efeito a eliminação da possibilidade de se notificar uma operação após a sua realização, como a Lei 8.884/94 facultava anteriormente. Por outro lado, não ofereceu a solução para o real problema, que seria a preservação da estrutura concorrencial do mercado até a sua análise, visto que mesmo que determine uma notificação prévia compulsória, não impede que ocorra o *closing* da operação.

Antes da determinação de se notificar previamente uma operação a partir do "primeiro instrumento vinculante", o qual não possui um conceito definido, o que causa insegurança jurídica aos operadores econômicos,[110]-[111] seria recomendável aguardar o delineamento da

---

voto divergente apresentado no A.C. 08012.008482/98-23, de 9.6.1999 (Hercules/BetzDearbornn), e ainda no A.C. 08012.008063/98-09, de 8.3.200 (Halliburton Company/Dresser Industries, Inc.). Infelizmente, esse não foi o entendimento que prevaleceu. De uma forma geral, o CADE posicionou-se no sentido de que essa interpretação não era retroativa, e que o artigo 54, § 4.º, prevê a obrigatoriedade de apresentação do ato, que o critério utilizado pela lei é da produção de efeitos, e, por fim, que a nova resolução não trazia quaisquer elementos novos à ordem jurídica.

110 Ver votos divergentes do Conselheiro-Relator João Bosco Leopoldino da Fonseca e Afonso Arinos de Mello Franco no A.C. 08012.002120/99-09, de 5.6.2001 (Astra AB/Zeneca Group).

111 As dúvidas no que diz respeito ao primeiro documento vinculante são tantas, não apenas entre os operadores econômicos, mas também dentro do próprio Conselho. No A.C. 08012.001197/00-03, de 19.4.2001(Velocom/Bell Canadá), o Plenário do CADE concluiu que a operação era intempestiva, pois a data de assinatura da Carta de Intenções é que seria o primeiro documento vinculativo apresentado pelas requerentes, e não do Contrato. No entanto, em sentido contrário, verificar o A.C. 08012.002128/2000-99, de 5.6.2001 (The Thomson Corporation/Marquee Acquisition/Primark), no qual o CADE entendeu que um Contrato de Confidencialidade não poderia ser considerado o primeiro documento vinculativo, pois o mesmo "impedia, expressamente, a mera influência na administração da empresa adquirida. Deixava, igualmente, as partes absolutamente livres para desistir do negócio, ou entabular entendimento, sobre o mesmo objeto com terceiro. Nessas condições, do prisma jurídico, não há que se falar em realização do ato". Outro exemplo pode ser constatado na resposta à Consulta 0061/00, de 13.12.2000 (Siemens AG), no voto do conselheiro-relator: "A interpretação acima não é, ademais, incompatível com o entendimento também já

operação para a sua notificação, a qual deve ser obrigatória tão-somente após as partes se certificarem de que a mesma será concluída, e, nesse momento, determinar a suspensão dos seus efeitos até a conclusão do seu exame. Como já afirmado, uma mudança nesse sentido, no entanto, apenas seria possível com uma alteração do sistema de defesa da concorrência nacional, estabelecendo um procedimento simplificado, com prazos mais rigorosos, sem passagem por tantas instâncias administrativas. Necessária também uma modificação nos critérios de notificação da operação, visto que muitos dos atos que são hoje notificados sequer podem ser considerados um ato de concentração econômica *stricto sensu*, mas são notificados apenas por preencherem os requisitos do § 3.º do artigo 54.

Acrescente-se que um dos fatores que impulsionaram essa discussão foi o procedimento adotado pelo CADE em multar as empresas por intempestividade, mesmo naqueles casos em que as operações são autorizadas sem quaisquer questionamentos quanto à sua licitude.[112]

---

manifestado por outros Conselheiros e ex-Conselheiros deste colegiado, sobre a validade dos atos que não criam vínculos entre as partes. Esse entendimento é que os atos que não criam vínculos ou obrigações, não estipulam multas por inadimplemento de condição etc., não podem ser considerados como os atos de *realização* do negócio. A situação apresentada pelo i. Conselheiro Celso Campilongo não ocorre quando as partes num ato de concentração, ao invés de assinarem um 'Contrato', assinam uma 'Carta de Intenções' ou um 'Memorando de Entendimentos', estabelecendo uma série de outros atos ou condições para a realização do negócio, sem estipular, contudo, outros atos ou condições para a realização do negócio, sem estipular, contudo, nenhuma penalidade, ingerência financeira, administrativa, pagamento inicial etc.". Não obstante, visando escapar do risco de possíveis multas por intempestividade em razão da inexistência de um conceito claro e inequívoco do que seria esse documento vinculante, as empresas têm notificado operações que sequer existem, fundadas em simples Memorando de Entendimentos ou Carta de Intenções, que apenas demonstram o intento das partes em negociar, com regras relacionadas quase que exclusivamente a obrigações de confidencialidade. Ressalte-se, que por muitas vezes, tais operações sequer são concluídas.

112 Como ocorreu, por exemplo, no A.C. 08012.004234/2000-15, de 14.3.2001 (Alcan Aluminium Limited/Alusuisse Group Ltd.): tratava-se de operação realizada no exterior, que gerava aumento pouco significativo de

Esse tema comporta duas análises: a primeira, pela ótica da autoridade de defesa da concorrência, pois, estando os operadores econômicos cientes da obrigatoriedade da notificação nos casos em que há o preenchimento dos requisitos do § 3.º do artigo 54, evidentemente que a aplicação da multa é legal e dentro das suas competências. Mesmo nas situações em que as operações são autorizadas sem condicionamentos, a imposição da multa pode ser admitida, pois, em tese, foi desobedecido o comando legal do § 4.º do artigo 54 e ainda a Resolução (CADE) 15/98.

A segunda análise, entretanto, busca verificar o problema sob uma ótica mais ampla e tenta compreender as razões pelas quais os operadores econômicos teriam deixado de notificar suas operações, ou as tenham notificado fora do prazo previsto em lei. A primeira conclusão, e a mais óbvia, decorre da falta de divulgação da política e das regras da concorrência, o que, por muitas vezes, reflete os vários equívocos nos quais os operadores econômicos incorreram e continuam a incorrer. A segunda conclusão, mais complexa, procede das deficiências institucionais e legais delineadas e da jurisprudência do CADE, que tem se apresentado bastante conflitante, não colaborando muito para esclarecer essas controvérsias.

Partes notificantes

Tendo conhecimento de que o requerimento para a autorização do ato de concentração deverá ser efetuado por pelo menos uma das empresas integrantes, e o que determina a obrigatoriedade da notificação do ato é a participação dessas empresas ou do grupo de empresas correspondendo no mínimo a 20% de um mercado relevante, ou que pelo menos qualquer dos participantes tenha um faturamento bruto anual no último balanço equivalente a R$ 400.000.000,00 (quatrocentos milhões de reais), a determinação das partes integrantes do ato de concentração revela-se de extrema importância.

---

participação de mercado das empresas, e, apesar da inexistência de efeitos anticompetitivos na estrutura concorrencial do mercado relevante, foi aplicada multa por intempestividade.

O artigo 54, § 3.º, faz referência às empresas ou grupo de empresas,[113] e o artigo 15 estabelece que a lei se aplica às pessoas físicas ou jurídicas, de direito público ou privado, bem como a quaisquer associações de entidades ou pessoas, constituídas de fato ou de direito, ainda que temporariamente, com ou sem personalidade jurídica, mesmo que exerçam atividade sob regime de monopólio legal. Para a sua aplicação, portanto, é suficiente que se verifique o exercício de uma atividade econômica.

A SEAE, na antiga Portaria 39/99, utilizava o termo "agente econômico", conceituando este como qualquer unidade econômica que execute independentemente atividades de natureza econômica, isto é, todas as pessoas físicas ou jurídicas, empresas privadas ou instituições estatais ou municipais, industriais, comerciantes ou profissionais, entidades lucrativas ou sem fins lucrativos ou aqueles que, por qualquer motivo, participem como sujeitos ativos na atividade econômica.[114]-[115]

---

113 Borges da Fonseca, op. cit., p. 97, "a lei brasileira 8.884 não cuidou de posição dominante, como será visto no capítulo seguinte, quando disciplinou as hipóteses de concentração". Critica ainda o mesmo autor a lei de defesa da concorrência brasileira, ao afirmar que "uma característica da Lei n. 8.884 é a incorporação fragmentada de técnicas do direito europeu e dos países da União Européia (...)" e completa adiante, "o § 3.º do artigo 54 restringiu o alcance da técnica ao incluir os grupos, referindo-se tão-só aos grupos societários e deixando de fora a hipótese de cláusula geral (...)". Ora, nem precisava referir-se à chamada "cláusula geral" alemã, pois a lei é bastante clara ao dizer que se encontram abrangidas sob aquele dispositivo legal qualquer tipo de agrupamento societário... Como já mencionado, de nada vale a simples "transposição" das "soluções alienígenas", ou busca de soluções que funcionaram em determinados ordenamentos jurídicos, e querer implantar no nosso. É evidente que a chamada "cláusula geral" alemã possui uma justificativa, mas não quer dizer que seja a "solução" para o caso brasileiro.

114 A Portaria 39, de 29.6.1999 foi revogada e substituída pela Portaria Conjunta 50, de 1.º.8.2001, que não trata especificamente desse conceito.

115 Segundo Neide Malard, op. cit., p. 58, no caso de aquisição de ações com direito a voto, por exemplo, se a pessoa que vende as ações não é a própria pessoa jurídica adquirida, tanto a pessoa natural que realiza a transação quanto a pessoa jurídica cujas ações estão sendo adquiridas devem requerer a autorização do CADE, mesmo que esta última não esteja diretamente envolvida da transação.

O conceito que parece ser relevante para a identificação das pessoas que devem ser incluídas no requerimento de autorização, diferentemente do que se verifica na Comunidade Européia, não é o de controle, devendo estar presentes as empresas que contribuem para a concentração do poder econômico naquele mercado específico. Por outro lado, o problema dos grupos de empresas que se levanta no direito comunitário da concorrência não teria nenhuma importância sob a perspectiva do ordenamento jurídico brasileiro, pois o § 3.º do artigo 54 da Lei 8.884/94 fala em concentração econômica e, por isso, *em princípio*, os atos jurídicos celebrados entre empresas que pertencem a um mesmo grupo econômico não produzem qualquer efeito significativo na estrutura concorrencial do mercado, sendo classificadas essas concentrações como uma mera reestruturação do grupo.[116]-[117]

Alguns aspectos formais

Identificadas as partes requerentes, a apresentação do ato, se possível, deverá ser realizada em conjunto pelas mesmas, acompanhada da documentação necessária para a sua apreciação, perante a SDE, em três vias, atendendo as formalidades discriminadas no artigo 1.º da Resolução 15/98, distribuindo posteriormente as cópias ao CADE e à SEAE. Tanto a SDE como a SEAE dispõem, cada uma, de um prazo de 30 dias para a elaboração de um parecer técnico, devendo o procedimento, em seguida, ser encaminhado ao CADE para a apreciação no prazo de 60 dias.[118] Esses prazos, entretanto, podem ser suspensos enquanto não forem apresentados esclarecimentos e documentos imprescindíveis à análise do processo, solicitados pela SEAE, SDE ou CADE.[119]

---

116 Tratando desse problema ver trabalho de Pedro Dutra, Poder econômico: concentração e reestruturação, p. 9-30.

117 V. por exemplo: A.C. 177/97, de 24.6.1998 (Monsanto/Companhia Brasileira de Estireno), no A.C. 55/95, de 8.10.1997 (Colgate-Palmolive/ Itap), no A.C. 08012.009987/98-61, de 31.3.1999 (Innova S/A/Perez Companc Internacional), na Consulta 08012.003442/98-21, de 30.9.1998 (Sansuy S/A Indústria de Plásticos/Benecke-Kaliko) e ainda o *Relatório Anual*, CADE, 1998/1999, p. 87-89.

118 V. artigo 54, § 6.º, da Lei 8.884/94.

119 V. artigo 54, § 7.º, da Lei 8.884/94.

O CADE, na Resolução 15/98, procedeu a uma alteração nessa seqüência, ao dispor no artigo 7.º que o conselheiro-relator, em até 60 dias da data da distribuição do processo pelo CADE, participará aos membros do Plenário, por meio de informe precedido de consulta à SEAE e à SDE, se o ato ou contrato em exame carecerá, para a formação de sua convicção, de instrução complementar, sem prejuízo do exercício, a qualquer tempo, de requisitar informações e documentos, assim como determinar as diligências que se fizerem necessárias ao exercício das suas funções, como dispõe o artigo 9.º, inciso III, da Lei 8.884/94.

Essa alteração, que raras vezes foi implementada, suscitou vivas discussões.[120] Isso porque, apesar de o CADE dispor de competência para elaborar suas normas de procedimento, jamais poderia ir contra a norma estabelecida na Lei 8.884/94, inverter a ordem procedimental e dispensar[121] os pareceres técnicos da SEAE e da SDE, mesmo que precedidos de consulta. O fundamento apresentado pelo órgão era a *celeridade processual*,[122] uma vez que, em muitos casos, os atos de concentração dispensavam uma análise pormenorizada, mantendo-se ainda, nos casos mais complexos, o auxílio da SEAE/SDE. Ocorre que, apesar de louvável a iniciativa, encontra-se em dissonância com o ordenamento jurídico legal, comprometendo a segurança e a confiabilidade das decisões emanadas da autarquia. A justificação oferecida, qual seja a adoção do *princípio da instrumentalidade das formas* ou do *informalismo,* não se aplica nesse caso.[123]

---

120 Para manifestações defendendo o novo mecanismo: Gesner de Oliveira, Quem tem medo da desburocratização, p. A-3; Fábio Ulhoa Coelho, Direito da concorrência e seus custos, p. A-2. Críticas, consultar C. Francisco de Magalhães, Desburocratização com eficiência, p. A-3.

121 Mesmo que indiretamente, pois apesar de não estar explícita essa dispensa, na prática, significa que caberá ao CADE dizer quando será necessária ou não a intervenção das Secretarias.

122 Como se constatou no A.C. 71/96, de 28.5.1997 (Electrolux/Umuarama), em que, apenas um ano após a notificação do ato à SDE, os autos foram enviados para o CADE. A relatora sugere que sejam estabelecidos com maior rigor os prazos para apresentação dos pareceres técnicos, assim como a realização parcimoniosa de diligências.

123 Nesse sentido ver Gesner de Oliveira, Regimento Interno do CADE e segurança jurídica, p. 19: "a celeridade das decisões também contribui ao

Nesse ponto, a Resolução (CADE) 15/98 necessitaria ser revista ou, em última hipótese, a Lei 8.884/94 deveria ser alterada no sentido da criação de um procedimento simplificado para análise dos atos de concentração, ou que dispensasse a intervenção das Secretarias nos casos de menor relevância (estabelecendo, por exemplo, uma regra *de minimis*), *que também deveria ser definido por lei.*

O *princípio do informalismo*[124] no processo administrativo significa apenas que, "no silêncio da lei ou de atos regulamentares, não há para o administrador a obrigação de adotar excessivo rigor na tramitação dos processos administrativos, tal como ocorre nos processos judiciais. Ao administrador caberá seguir um procedimento que seja adequado ao objeto específico a que se destinar o processo".[125] Verifica-se, contudo, que esse princípio não autoriza a autarquia a legislar e, principalmente, em desrespeito à lei, pois, "quando essas leis traçam o rito que o processo deve obedecer, cumpre observá-lo porque a isso obriga o princípio do devido processo legal".[126]

Acrescente-se que o artigo 54, § 6.º, é claro ao dispor sobre a necessidade dos pareceres técnicos da SDE e da SEAE, bem como a exigência de que o exame a ser efetuado pelo CADE só possa ocorrer posteriormente. O *princípio da instrumentalidade das*

---

alcance da segurança jurídica, na medida em que propicia ao administrado um provimento administrativo compatível com a dinâmica das decisões estratégicas de mercado". Para ele, uma desburocratização do processo administrativo e ainda a aplicação do princípio da instrumentalidade das formas seriam necessários, pois (p. 15): "as exigências formais devem atender critérios de racionalidade e de busca da atuação da vontade concreta da lei, evitando-se o culto das formas como se elas fossem um fim em si mesmas", e p. 20: "neste sentido, as regras do presente regimento deverão ser interpretadas à luz dos princípios da instrumentalidade e economia processual, respeitados o contraditório e a ampla defesa de maneira a alcançar o objetivo de segurança jurídica".

124 Ou do *formalismo moderado*, como sugere Odete Medauar, *A processualidade no direito administrativo*, p. 122, pois, segundo ela, os termos "princípio do informalismo" dariam a entender que não existem ritos, nem formas no processo administrativo, o que não é verdade.

125 Cf. Carvalho Filho, *Manual de direito administrativo*, p. 651.

126 Cf. Carvalho Filho, op. cit., p. 651

formas[127] possui os seus méritos no que diz respeito à simplificação dos procedimentos, mas dando "a justa medida do *sistema de legalidade formal*".[128] Aliás, como bem lembra Odete Medauar, "evidente que exigências decorrentes do contraditório e ampla defesa, tais como a motivação, prazo para alegações, notificação dos sujeitos, não podem ser consideradas 'filigranas' ou formalidades dispensáveis, como por vezes é invocado ao se pretender ocultar razões pessoais subjacentes. Portanto, o princípio do formalismo moderado não há de ser chamado para sanar nulidades ou para escusar o cumprimento da lei".[129]-[130]

2.4.2 Poderes de investigação: CADE, SDE e SEAE

Como órgãos responsáveis pela instrução dos atos de concentração, tanto a SDE como a SEAE possuem poderes de investigação para a elaboração dos seus laudos técnicos. No requerimento de autorização devem constar os documentos e as informações exigidas no formulário que consta no Anexo I da Resolução CADE 15/98, bem como os comprovantes de recolhimento das taxas processuais. Na ausência de preenchimento de algum campo, o requerimento deverá ser obrigatoriamente

---

127 Segundo Odete Medauar, op. cit., p. 122, no direito administrativo, esse princípio consiste, "em primeiro lugar, na previsão de ritos e formas simples, suficientes para propiciar um grau de certeza, segurança, respeito aos direitos dos sujeitos, o contraditório e a ampla defesa; em segundo lugar, se traduz na exigência de interpretação flexível e razoável quanto a formas, para evitar que estas sejam vistas como um fim em si mesmas, desligadas das verdadeiras finalidades do processo".

128 Cf. A. Cintra, A. Pellegrini, C. Dinamarco, *Teoria geral do processo*, p. 272 (nossos destaques).

129 Cf. Odete Medauar, op. cit., p. 123.

130 Aliás, cite-se o movimento que atravessa o direito comunitário da concorrência para a modernização da aplicação dos artigos 81 e 82 do Tratado CE, e mais recentemente do próprio Regulamento (CE) 4.064/89 discorrido no Capítulo 1. Sobre esse tema, vale consultar o Livro Branco sobre a modernização das regras de aplicação dos artigos 85 e 86 do Tratado CE, Programa da Comissão 99/027, de 28.4.1999, e Livro Verde relativo à revisão do Regulamento (CE) 4.064/89, apresentado pela Comissão Européia em 11.12.2001.

acompanhado de uma justificação circunstanciada, para que se considere formalizada a comunicação do ato em obediência ao § 4.º do artigo 54 da Lei 8.884/94.[131] Qualquer alteração posterior dos dados constantes no requerimento deve ser imediatamente comunicada ao CADE.[132]

Em 1999 a SEAE publicou a Portaria 39,[133] justificada pela necessidade de definir os procedimentos de revisão dos atos de concentração, homogeneização dos pareceres e da sistematização e aprofundamento das análises, e adotou o Guia para Análise Econômica dos Atos de Concentração, acompanhado de dois questionários. Estes, bem como qualquer informação adicional solicitada no decorrer da análise, deveriam ser respondidos no prazo determinado pela Secretaria. Essas informações acrescentavam-se àquelas que já constam no requerimento de autorização estabelecido na Resolução CADE 15/98, o que despertou alguma controvérsia naquela ocasião.[134] A exigibilidade de tais questionários

---

131 Cf. artigo 1.º, parágrafo único, da Resolução 15/98.

132 Cf. artigo 3.º, parágrafo único, da Resolução 15/98. Note-se que, apesar do dispositivo legal não fazer referência a quem deve ser comunicada esta alteração, pressupõe-se que deva ser a SDE, também em três vias, que deverão ser enviadas para a SEAE e para o CADE.

133 Portaria 39, de 29.6.1999.

134 Sem ceder quanto à posição de que o CADE possui competência vinculada, a lição de Celso A. Bandeira de Mello, *Elementos de direito administrativo*, p. 116, é elucidativa: "não se confundem discricionariedade e arbitrariedade. Ao agir arbitrariamente, o agente estará agredindo a ordem jurídica, pois terá se comportado fora do que lhe permite a lei. Seu ato, em conseqüência, é ilícito e por isso mesmo corrigível judicialmente". Por esse motivo, a Portaria 39/99 da SEAE vinha sendo objeto de questionamentos. Ao fundamentar o seu poder de sancionar as empresas que omitem ou retardam o fornecimento de informações ou documentos, nos termos do artigo 26 da Lei 8.884/94, esquece-se que este dispositivo legal encontra-se relacionado com o processo administrativo de investigação de condutas, e por isso não se empregaria ao controle dos atos de concentração. Questionou-se também a competência da SEAE para aplicar multas, uma vez que esta, de acordo com o artigo 54, § 6.º, da Lei 8.884/94, no sistema de defesa da concorrência, estaria encarregada apenas de elaborar o parecer técnico sobre os aspectos econômicos do ato em causa. Defendendo a legalidade da Portaria 45/99 ver Luis Carlos Cazetta, A aplicação da multa prevista no artigo 26 da Lei 8.884/94 de 1994, pela Seae.

foi posteriormente suspensa, tendo sido essa portaria revogada e substituída pela Portaria Conjunta 50, de 1.º.8.2001, que introduz um novo Guia para Análise Econômica de Atos de Concentração Horizontal, sem novos formulários.[135]

A SDE também possui competência para requisitar informações de quaisquer pessoas, órgãos, autoridades públicas ou privadas, bem como determinar as diligências que se fizerem necessárias ao exercício de suas funções.

Apesar de a instrução ser da competência da SEAE e da SDE, o CADE também está autorizado a estipular as diligências que julgar essenciais para a sua decisão, podendo, portanto, requisitar informações de quaisquer pessoas, órgãos, autoridades e entidades públicas ou privadas[136] e contratar a realização de exames, vistorias e estudos.[137] Pode ainda o conselheiro-relator do ato de concentração, se verificar que é necessária uma instrução complementar, determinar às requerentes que prestem as informações que constam no outro formulário anexo à Resolução CADE 15/98, ou outras que achar mais convenientes à análise do caso,[138] como por meio de contatos telefônicos, questionários aos concorrentes, entidades representativas de consumidores, audiências, visitas etc. Essa situação já ocorreu, por exemplo, no A.C. 22/95 (Bayer S.A./Companhia Nitro Química do Brasil),[139] em que a relatora constatou que o processo não estava suficientemente instruído, razão pela qual foram executadas diligências junto à requerente e à sua concorrente, além de ter sido realizada uma audiência para esclarecer as dúvidas *remanescentes* sobre o processo; ou no A.C. 0812.007251/97-94

---

135 Esse guia foi instituído pela Portaria Conjunta SDE e SEAE 50, de 1.º.8.2001, e objetiva definir procedimentos para a análise de atos de concentração, tendo em vista a homogeneização dos pareceres emitidos pela SEAE e SDE, bem como a sistematização e o aprofundamento das verificações empreendidas pelas mesmas, com a finalidade de tornar mais transparente a avaliação de atos de concentração.

136 V. artigo 7.º, inciso IX, da Lei 8.884/94.

137 V. artigo 7.º, inciso XI, da Lei 8.884/94.

138 V. artigo 7.º, parágrafo único, da Resolução (CADE) 15/98.

139 V. A.C. 22/95, de 14.5.1997 (Bayer S.A/Companhia Nitro Química do Brasil).

(Nitriflex/Central de Polímeros da Bahia),[140] no qual foram efetuados contatos telefônicos com os clientes relatados das resinas de engenharia objetivando obter a mensuração dos aumentos de preços que poderiam advir com a aprovação do ato; e ainda no A.C. 103/96 (Santista Alimentos/Ideal Alimentos),[141] em que foram contatados os moinhos concorrentes para serem avaliados os efeitos positivos ou negativos decorrentes da operação.

A recusa, o retardamento deliberado ou a omissão das partes requerentes em fornecerem todas as informações imprescindíveis para a realização da análise tem sido um dos problemas levantados pelas autoridades para os longos atrasos dos processos na SDE ou na SEAE,[142]-[143] sendo essas condutas passíveis de ser sancionadas com multa diária de

---

140 V. A.C. 08012.007251/97-94, de 1º.4.1998 (Nitriflex/Central de Polímeros da Bahia).

141 V. A.C. 103/96, de 24.6.1998 (Santista Alimentos/Ideal Alimentos).

142 Tendo em vista que o artigo 54, § 8.º, determina a suspensão dos prazos enquanto a documentação que tiver sido solicitada não for entregue. Nesse sentido ver o A.C. 08012.004166/98-91, de 9.12.1998 (Companhia Siderúrgica Nacional-CSN/Thyssen-Krupp Stahl AG).

143 No A.C. 08012.00262/99-85, de 7.3.2001 (Hayes Wheels International/ Lemmerz Holding Gmbh) houve uma discussão em relação às informações prestadas de forma errônea, tendo o conselheiro-relator recomendado ao Conselho a aplicação de multa por enganosidade, pois teria ocorrido no mínimo negligência das partes. Não obstante, em razão da *boa-fé* das empresas em desfazerem o erro, nesse ponto, prevaleceu o voto do i. Presidente do CADE no sentido de que, "assim, foram as próprias partes quem, em momento posterior, trouxeram aos autos as informações verdadeiras, o que deve ser tido como boa-fé e tentativa de reparar seu erro, o qual, aliás, foi justificado por Hayes, que sempre entendeu que atos anteriores à atual legislação não estariam sujeitos à jurisdição do CADE. Portanto, se houve demora na prestação das informações, esta foi justificada pelo convencimento das partes. Pois, como vem entendendo o CADE ao longo de sua existência, *as alegações das partes devem ser consideradas de acordo com o princípio da boa-fé*. Logo, não é possível caracterizar o tipo legal definido no conceito de enganosidade, já que este exige demora 'injustificada', o que não ocorreu. Em conseqüência, sinto-me no dever de concluir por inexistência de enganosidade e de votar pela não aplicação de penalidade com relação a esse tópico".

5.000 UFIR, que pode ser elevada em até vinte vezes para garantir a sua eficácia.[144] De outro lado, a lei não estabeleceu um prazo mínimo ou máximo a ser observado pelas partes, o que também tem aumentado as controvérsias no que diz respeito às imposições de multas, como se verificou nos A.C. 188/97 (Dako do Brasil/General Electric do Brasil)[145] e A.C. 39/95 (Teka/Texcolor),[146] nos quais, apesar de as partes terem requerido a autorização tempestivamente, levaram um ano (no primeiro caso) e mais de um ano (no segundo caso) para atender o requerimento da SEAE no sentido de prestarem as informações solicitadas. Pela demora foi aplicada a multa prevista no artigo 54, § 5.º, da Lei 8.884/94.[147]

2.4.3 Garantias processuais das partes

O *direito ao contraditório* constitui garantia prevista constitucionalmente, nos termos do artigo 5.º, inciso LIV, da Constituição Federal brasileira. Por outro lado, nem os dispositivos da Lei 8.884/94 nem o Regimento Interno do CADE são muito claros a respeito do direito de manifestação das partes requerentes durante a fase instrutória do ato de concentração, mas apenas o direito de consulta aos autos.[148]-[149] As partes

---

144 O que irá depender da situação econômica do infrator. O artigo 27 da Lei 8.884/94 dispõe que a dosagem da pena poderá ser agravada ou não em razão da gravidade da infração; a boa-fé do infrator; a vantagem auferida pelo infrator; a consumação ou não da infração; o grau de lesão, ou perigo de lesão, à livre concorrência, à economia nacional, aos consumidores, ou a terceiros; a situação econômica do infrator; a reincidência, como dispõe o artigo 27 da Lei 8.884/94.

145 V. A.C. 188/97, de 18.3.1998 (Indústria e Comércio DAKO do Brasil/ General Electric do Brasil S.A.).

146 V. A.C. 39/95, de 18.2.1998 (Teka – Tecelagem Kuehnrich S/A/Texcolor S/A.).

147 Cf. artigo 54, § 5.º, da Lei 8.884/94: a inobservância dos prazos de apresentação previstos no parágrafo anterior será punida com multa pecuniária, de valor não inferior a 60.000 (sessenta mil) UFIR nem superior a 6.000.000 (seis milhões) de UFIR a ser aplicada pelo CADE, sem prejuízo da abertura de processo administrativo, nos termos do artigo 32.

148 Gesner de Oliveira, op. cit., p. 19, comenta que este direito "possibilita a reação do administrado contra decisões com as quais não se conforme, e o contraditório permite a colaboração deste com o conteúdo da decisão final,

limitam-se a prestar informações que lhes são solicitadas pela SDE, SEAE e até pelo CADE, sem que lhe seja dada oportunidade, na maioria dos casos, de discutir o teor e a relevância das mesmas para o exame do ato de concentração. As partes, em raras ocasiões, têm acesso às informações apresentadas pelos concorrentes, fornecedores e outras entidades consultadas no decorrer da análise do processo, o que pode, por vezes, cercear o seu direito ao contraditório, assegurado constitucionalmente. Acrescente-se que na hipótese de uma decisão final errônea, fundada em informações concedidas por terceiros, sequer o pedido de reapreciação de um ato de concentração é aplicável a essa pretensão, além de não se vislumbrarem muitas hipóteses nas quais o CADE venha a rever uma decisão que tenha tomado anteriormente.

Apesar de existir a possibilidade de recorrer ao Poder Judiciário para discutir um eventual desrespeito ao direito de defesa, na prática, os operadores econômicos aceitam as exigências e pedidos por vezes desfundamentados das autoridades de defesa da concorrência. Isso porque, em se tratando de operação de concentração de empresas, o que prevalece é o interesse na obtenção de uma decisão de autorização no menor espaço de tempo possível.

---

representando verdadeiro instrumento de democracia direta e de justiça para o caso concreto". Seguindo essa orientação, aos poucos, vem sendo observada uma evolução no procedimento do órgão, como a polêmica que se instalou quando da apreciação do A.C. 58/95, de 28.7.1997 (Cervejaria Brahma/Miller Brewing Company/Miller Brewing), no qual as partes requereram acesso às cópias da degravação da sessão de julgamento para esclarecer uma dúvida quanto à contagem de um prazo, tendo sido o pedido indeferido pelo CADE em manifesto desrespeito ao amplo direito de defesa. Tentando corrigir esses "equívocos", o CADE, em 8.9.1999, mostrou um Comunicado apresentando o serviço de degravação (*sic*) da íntegra das sessões de julgamento, que passou a estar à disposição dos advogados, jornalistas, representantes legais e outros com interesse legítimo.

149 Até o direito de consulta dos autos pelas partes requerentes e/ou seus representantes legais está sujeito a trâmites burocráticos nas Secretarias, em total dissonância com o disposto no artigo 3.º, inciso II, da Lei 9.781, de 19.1.1999, que estabelece como direito do administrado "ter ciência da tramitação dos processos administrativos em que tenha a condição de interessado, ter vista dos autos, obter cópias de documentos nele contidos e conhecer das decisões proferidas".

O recomendável seria um funcionamento mais transparente[150] durante todo o processo de análise, possibilitando às partes efetuarem alterações na estrutura da operação, que lhes permitissem obter uma decisão de autorização. Isso porque o Poder Judiciário não é o órgão recomendado para proceder ao reexame das decisões do CADE, especialmente em atos de concentração, em razão da habitual morosidade de sua atuação, que não se compatibiliza com a dinâmica das relações de mercado.[151]

Sigilo

Como já foi referido, para que seja realizada a apreciação de um ato de concentração, é preciso que as partes requerentes forneçam uma série de informações, muitas vezes sigilosas e de interesse estratégico para as empresas envolvidas. Por isso, é fundamental que o ordenamento jurídico ofereça garantias de que essas informações não serão divulgadas no mercado.

A Constituição Federal, no seu artigo 5.º, inciso LX, estabelece que a lei só poderá restringir a publicidade dos atos processuais quando a defesa da intimidade ou o interesse social o exigirem. Por outro lado, o inciso I do artigo 154 do CPC brasileiro determina que os atos processuais

---

150 Apesar de Gesner de Oliveira, op. cit., p. 18, entender que "a transparência, corolário do princípio da publicidade, permite a visibilidade da implementação da lei de defesa da concorrência, tanto para os sujeitos da decisão final quanto para a coletividade, titular dos bens protegidos pela Lei 8884/94. Contemplou-se tal visibilidade ao se assegurar, dentre outros pontos, o caráter público das sessões, das audiências de instrução e das agendas processuais dos membros do Plenário, ao se criar a figura da audiência pública para discutir tema genérico de interesse da defesa da concorrência, ao prever a disponibilização do Relatório ao público, ao criar-se a possibilidade de acesso de terceiro interessado aos autos por requerimento ao Relator e ao introduzir-se a obrigatoriedade de prestação de contas pelos membros do Plenário e pelo Procurador-Geral". Entretanto, como visto, apenas essas iniciativas não são suficientes para garantir a eficácia do procedimento.

151 O que não significa que as partes não possam recorrer ao Poder Judiciário, como se verá a seguir.

são públicos, correndo, todavia, em segredo de justiça os processos em que o interesse público assim o impõe, estando esse princípio consagrado, igualmente, no artigo 2.º da Lei 9.784/99

A Lei 8.884/94 também estabelece essas garantias no seu artigo 7.º, inciso IX, e no seu artigo 9.º, inciso III.[152] O primeiro, quando concede competência ao Plenário do CADE para solicitar informações, respeitando e mantendo o sigilo legal, quando for o caso; o segundo, quando atribui competência aos conselheiros do CADE para submeter ao Plenário a requisição de documentos e informações de quaisquer pessoas, órgãos, autoridades e entidades públicas ou privadas, conservando-as sob o sigilo legal, quando for o caso, bem como determinar as diligências que se fizerem necessárias ao exercício de suas funções. Do mesmo modo, a SDE está obrigada a respeitar o sigilo em obediência ao artigo 14, inciso V,[153] do mesmo diploma legal.

O Regimento Interno do CADE cuida do direito ao sigilo nos casos em que a lei o preveja ou ainda quando o interesse público assim o exigir. As partes requerentes deverão efetuar o pedido justificando a necessidade do sigilo em relação a documentos ou a informações perante o conselheiro relator, que, deferindo o pedido, determinará que esses documentos ou informações sejam autuados em separado.[154]-[155]

---

152 Dispositivos legais esses em total consonância com a Lei 9.784/99, que, apesar de posterior à lei de defesa da concorrência, estabelece em seu artigo 3.º, inciso V, que, dentre os critérios a serem observados nos processos administrativos federais, está a divulgação oficial dos atos administrativos, ressalvadas as hipóteses de sigilo previstas na Constituição. O artigo 46 é claro ao dispor que os interessados têm direito à vista do processo e a obter certidões ou cópias reprográficas dos dados e documentos que o integram, ressalvados os dados e documentos de terceiros protegidos por sigilo ou pelo direito à privacidade, à honra e à imagem.

153 O artigo 9.º, § 5.º, do Regimento Interno estabelece uma proibição semelhante em relação ao servidor do CADE, que não poderá divulgar qualquer informação constante nos autos, sem prévia e expressa determinação do relator ou do presidente, sob pena de responsabilidade (Constituição Federal, artigo 137).

154 Cf. artigo 10, §§ 1.º, 2.º e 3.º, do Regimento Interno do CADE. Destaque-se ainda o artigo 10 da Resolução CADE 16/98 (Código de Ética), que determina que é expressamente proibido ao servidor do CADE manifestar,

Saliente-se que se trata de sigilo apenas no que diz respeito a documentos ou a informações comerciais, não se referindo a sigilo do processo em si, como decidiu o CADE no A.C. 48/95, de 18.12.1995 (SKF & Dormer Tools S.A.).[156] Ficou também assegurado o sigilo das manifestações orais ou escritas dos membros do Plenário e do procurador-geral[157].

E qual seria a amplitude desse sigilo? Essas informações poderiam ser utilizadas em outras esferas? Por exemplo, se for constatado um ilícito fiscal por intermédio dessas informações, elas poderão ser empregadas? Na Comunidade Européia há uma disposição expressa proibindo a Comissão, as autoridades competentes dos Estados-membros, bem como os seus funcionários e agentes, de divulgarem as informações obtidas nos termos do Regulamento (CE) 4.064/89, que, pela sua

---

por qualquer meio de comunicação, divulgar, fornecer ou prestar informações, assumir compromissos, fazer promessas, fornecer cópias reprográficas referentes aos processos em tramitação no CADE pendente de julgamento, ou outras questões compreendidas nas atividades deste órgão, exceto se permitido por lei e devidamente autorizado pelo presidente ou relator, na forma do Regimento Interno do CADE.

155 No A.C. 22/95, de 14.5.1997 (Bayer S.A/Companhia Nitro Química do Brasil), a requerente solicitou confidencialidade em relação às informações fornecidas sobre a capacidade instalada, posicionamento no mercado de uma das empresas envolvidas na operação e política de preços. A relatora deferiu o requerimento parcialmente, apenas em referência às informações sobre custos, consumo cativo e capacidade produtiva.

156 V. A.C. 48/95, de 18.12.1995 (SKF & Dormer Tools S.A.), no qual a parte formulou uma consulta sobre um projeto de concentração em caráter confidencial, e o CADE, em razão da Resolução 4, de 30.11.1994, que dispõe no sentido de que os pedidos de confidencialidade para a tramitação de processos (no CADE) serão indeferidos de plano, determinou o seu arquivamento. A conclusão do acórdão é no sentido de que o CADE, ao se manifestar contrariamente à tramitação confidencial de processos do interesse público, não desconsiderou aqueles casos, excepcionalmente ressalvados em lei, em que se prevê a manutenção do sigilo, referente a certas informações, esclarecimentos ou documentos que lhe são encaminhados, o que caracteriza situação absolutamente diferenciada da tramitação sigilosa ou confidencial do procedimento administrativo.

157 Cf. artigo 10, § 5.º, do Regimento Interno do CADE.

natureza, sejam abrangidas pelo sigilo comercial.[158] Existe também uma proibição no sentido de que essas informações só poderão ser aplicadas para os efeitos pretendidos pelo pedido de informações, de controle ou de audição.[159] No Regimento Interno do CADE, o artigo 10, § 6.º, determina que as informações e documentos de caráter sigiloso fornecidos pelos requerentes ou por seus advogados não poderão destinar-se a terceiros. A lei não traz qualquer proibição de comunicação, razão pela qual esse dispositivo legal não pode ser interpretado como um impedimento ao CADE de fazer uso dessas informações para outros fins e, por isso, nada obsta que, se verificado um ilícito fiscal ou penal, o CADE não possa oficiar o Ministério Público ou a Receita Federal, por exemplo, para que adotem as medidas necessárias.

Participação de terceiros

A participação de terceiros na apreciação dos atos de concentração de empresas é nitidamente de *colaboração* com os órgãos responsáveis pela investigação e pela análise. O artigo 7.º, inciso IX, da Lei de Defesa da Concorrência concede ao Plenário do CADE competência para requisitar informações de quaisquer pessoas, órgãos, autoridades e entidades públicas ou privadas, possuindo a SDE igual competência.[160] A SDE costuma ainda publicar a notícia dos procedimentos de apreciação de um ato de concentração, no sentido de convocar os terceiros, especialmente os concorrentes, clientes, fornecedores e consumidores, para se manifestarem acerca da operação pretendida e, adicionalmente, ofertarem subsídios ao respectivo exame. Essa notificação visa dar publicidade e conhecimento apenas em relação à existência da operação, não entrando em pormenores, em respeito ao sigilo comercial das empresas envolvidas.[161]

---

158 Cf. artigo 17, n. 2, do Regulamento (CE) 4.064/89.

159 Cf. artigo 17, n. 1, do Regulamento (CE) 4.064/89.

160 V. artigo 14, inciso V, da Lei 8.884/94.

161 Mesmo admitindo o direito aos terceiros de consultarem os autos, o artigo 9.º, § 1.º, do Regimento Interno do CADE proíbe o acesso aos documentos e informações declarados sigilosos.

Não se vislumbra a possibilidade de terceiros interferirem de maneira relevante no procedimento de análise.[162]-[163] Nos casos em que os concorrentes se mostrem inconformados com um determinado ato de concentração, existe a possibilidade de recorrer ao Poder Judiciário.[164] Todavia, esse recurso, em princípio, não produz qualquer efeito suspensivo do ato.[165]-[166] Outro entendimento não poderia ter lugar, pois senão estaria aberta uma porta para que surgissem recursos apenas com o intuito de prejudicar as partes requerentes ou defesa de interesses privados, retardando o processo, o que seria inadmissível, em se tratando do exame de atos de concentração, que merecem diligência e

---

162 O artigo 54, § 9.º, Lei 8884/94, prevê a possibilidade de indenização a terceiros por perdas e danos que possam ser causados por um ato de concentração, mas apenas na hipótese de ser necessária proceder a sua desconstituição.

163 Não obstante vale mencionar o A.C. 08012.008101/99-79, de 30.5.2001 (Varig/Fundação Rubem Berta/Transbrasil/Amadeus Global Travel Distributions), no qual em razão de denúncia feita por terceiro (Sabre) de discriminação pela Varig em relação ao sistema de reservas aéreas, foi determinada à SDE a abertura de averiguações preliminares sobre possíveis práticas anticompetitivas, inclusive em relação à exclusividade nos contratos entre as companhias aéreas, sistemas SRC e agências de turismo.

164 Nesse sentido ver A.C. 08012.006169/98-51, de 20.1.1999 (*AgipLiquigás S.A./Cia. São Paulo de Petróleo*), e mais recentemente o A.C. n.º 08012.005846/99-12 de 30.03.2000 (Fundação Antonio e Helena Zerrener/Instituição Nacional de Beneficência/Empresa de Consultoria, Administração e Participações /Acap/Braco).

165 De fato, pode-se admitir a hipótese em que um terceiro inconformado ou prejudicado entre com uma medida cautelar perante o Poder Judiciário. Nesse caso, se for demonstrada a existência do *fumus bonis juris* e do *periculum in mora*, o juiz pode conceder a cautela, estabelecendo que o CADE venha a suspender o feito (que não poderá se furtar de cumprir uma determinação judicial).

166 J. Franceschini, Introdução ao direito da concorrência, p. 236, comenta em relação às *condutas*, que "tais princípios, todavia, não impedem o mau uso (ou abuso) das autoridades públicas, sejam elas judiciais ou administrativas, para fins anticoncorrenciais. Em verdade, não é incomum verificar-se a formulação de representações perante o CADE com objetivo de tão-somente afastar a concorrência, prejudicando o concorrente, acarretando-lhe penoso ônus processual, bem como sujeitando-o à execração e alarde públicos.

confidencialidade.[167] Esse posicionamento encontra respaldo na decisão do CADE no A.C. 08012.005846/99-12, no qual a conselheira-relatora, em seu voto, ao rejeitar a intervenção da Cervejaria Kaiser do Brasil S.A. no ato de concentração em questão, sustentou que "não há que se falar, portanto, em admissão de terceiro interessado, que alega ter seus interesses econômicos privados possivelmente afetados. Este princípio, o da presunção, não atribui a terceiro o direito de interferir nos atos de impulso do Administrador que age no interesse público (...) A relação existente entre quem informa a realização de ato ou do contrato e o Poder Público, fiscal da Lei e defensor dos interesses da coletividade, bem jurídico expressamente previsto na norma que regula a questão. Os demais atuam no feito, se provocado pela Autoridade, como meros informantes, em face da necessidade, às vezes, de elementos que subsidiem a formação do juízo de convencimento para o que se aprecia. O fato de o concorrente expressar a sua posição contestando, ou não, os atos realizados, não lhe dá o direito de ingressar como parte no procedimento administrativo de consulta, porquanto não se reveste este da instalação do contraditório, ainda que fosse. Trata-se de ação do Estado no plano do direito público, em que não se podem subjetivar interesses jurídicos de natureza privada".[168]

Tais recursos predatórios, quando repercutirem no mercado, merecem imediato repúdio e a rejeição da denúncia, sujeitando-se o Representante, neste caso sim, a Processo Administrativo por eventual infração à ordem econômica pela criação de dificuldades, sem prejuízo de possível configuração de denunciação caluniosa".

167 Não obstante, nem a Lei 8.884/94, nem tampouco as resoluções do CADE indicam o conceito de terceiro interessado, dando margem a situações extremamente controversas, como ocorreu no A.C. 54/95 (Copesul e outras), de 11.2.1998.

168 Ver voto da Conselheira-Relatora Hebe Romano, no A.C. 08012.005846/ 99-12, de 30. 3.2000 (Fundação Antonio e Helena Zerrener/Instituição Nacional de Beneficência/Empresa de Consultoria, Administração e Participações /Acap/Braco).

2.5. Da análise do ato de concentração

2.5.1 Alguns aspectos econômicos relevantes

A avaliação da licitude ou não de um ato de concentração deverá observar os critérios estabelecidos no artigo 54, § 1.º, da Lei 8.894/94. Para isso necessária se faz a realização da análise econômica do mercado sob discussão, o que irá possibilitar a verificação dos seus efeitos em relação à estrutura concorrencial e ao bem-estar econômico da sociedade.[169]

É justamente nessa análise, ou seja, na determinação dos prováveis efeitos que poderão ser gerados, que reside um dos maiores problemas do controle dos atos de concentração no Brasil. Como já referido, além do CADE, atuam ainda a SDE e a SEAE nesse procedimento, elaborando cada uma parecer técnico sobre o ato submetido ao exame. Não existe uma delimitação precisa sobre os campos de investigação de cada órgão, razão pela qual, por muitas vezes, os pareceres técnicos de cada autarquia se sobrepõem, sem acrescentar qualquer dado novo para a avaliação pelo CADE.[170]-[171] Encontra-se prevista ainda uma mani-

---

169 J. Franceschini, Edgard Antonio Pereira, As eficiências econômicas sob o prisma jurídico, p. 30, afirmam que a política de defesa da concorrência deve preocupar-se primordialmente com a eficiência econômica, porque esta é que promove o bem-estar material da coletividade, tendo por instrumento a rivalidade entre as empresas. Para eles, essa seria a tese abraçada pelo parágrafo único do artigo 1.º da Lei 8.884/94. Nesse mesmo sentido ver o *Guia para análise econômica dos atos de concentração horizontal SEAE/SDE*, que se refere ao *bem-estar econômico*, diferindo portanto da perspectiva comunitária em que o objetivo buscado é que não seja criada ou reforçada uma posição dominante que venha a entravar de forma significativa a concorrência efetiva no mercado comum. Segundo a SEAE/SDE, "a defesa da concorrência não é um fim em si, mas um meio para se criar uma economia eficiente. Em uma economia eficiente os consumidores dispõem da maior variedade de produtos pelos menores preços possíveis. Em tal contexto, os indivíduos desfrutam de um nível máximo de bem-estar econômico".

170 Como no A.C. 79/96, de 19.11.1997 (Panex/Alcan Alumínio/Alumínio Penedo), e no A.C. 12/94, de 30.9.1994 (Rhodia S.A./Sinasa S.A.).

171 Não obstante a recente Portaria Conjunta SEAE/SDE 50/00 tente minimizar esse problema pelo menos em relação aos dois órgãos.

festação da Procuradoria do CADE sobre esses pareceres e aspectos legais do processo, antes do exame final feito pelo CADE.[172] Mesmo assim, não raro, o CADE, ao receber o ato para verificação, depara-se com insuficiência de informações ou não-aprofundamento da investigação, efetuando também diligências no sentido de suprir a instrução.

Nesses casos, poder-se-á vislumbrar a realização de três investigações sobre um mesmo ato, o que contraria o bom senso. Claro, sem esquecer os evidentes dispêndios de tempo e custos financeiros, a saturação das empresas envolvidas ou outras entidades consultadas (concorrentes, fornecedores, associações de consumidores etc.), que têm de atender às consultas de três órgãos diferentes e, por último, mas não menos importante, a insegurança jurídica que esse procedimento causa aos operadores econômicos. Assim, um ato que poderia ter sido analisado em um lapso temporal razoável (dentro do prazo máximo de 120 dias), prolonga-se por muito mais tempo que o necessário, pois cada nova requisição de informações implica na suspensão desse prazos, acarretando a imprevisibilidade do término do processo.[173]

A SEAE,[174] responsável pela elaboração do parecer técnico sobre os aspectos econômicos, no seu documento de trabalho *Guia para*

---

172 Cf. artigo 10, inciso V, da Lei 8.884/94, junto ao CADE, funcionará uma Procuradoria, que, dentre outras competências, deverá emitir parecer nos processos de sua competência.

173 Essa hipótese pode ser verificada no A.C.79/96, de 19.11.1997 (Panex/Alcan Alumínio/Alumínio Penedo), que foi notificado à SDE no dia 27.5.1996 e somente julgado no dia 19.11.1997, p. 116: "foi demasiado longo o tempo decorrido na apreciação do presente caso, em virtude da necessidade de *instrução adicional.* As informações apresentadas pelas Requerentes foram insuficientes para conformar um quadro minimamente claro dos mercados afetados pela operação e por conseqüência de seus efeitos. Não obstante, os dois pareceres técnicos, que antecederam a análise deste Conselho, mostraram-se satisfeitos com as informações apresentadas. Para melhor analisar o significado e o impacto da operação sobre o mercado, uma vez que a instrução realizada deixava inúmeras questões sem resposta, dirigimo-nos ao mercado, através de inúmeras diligências – assim como as Requerentes – com o objetivo de montar um quadro mais nítido para a análise do processo".

174 Em conjunto com a SDE. Ver Portaria Conjunta SEAE/SDE 50/2001.

Análise Econômica dos Atos de Concentração Horizontal, procurou estabelecer diretrizes para os técnicos encarregados da feitura de tais pareceres. Apesar da sua natureza não-vinculante, esse documento revela os passos que deverão ser observados na preparação do parecer que, em princípio, deverá ser utilizado pelo CADE para a apreciação do ato de concentração. Segundo a SEAE, essa análise seria composta de cinco etapas: a definição do mercado relevante, a determinação da parcela do mercado, o exame da probabilidade de exercício de poder de mercado, a análise das eficiências econômicas geradas pelo ato e a avaliação dos efeitos líquidos do ato.[175]

Na análise de qualquer ato de concentração, a primeira, e uma das mais importantes etapas, consiste na definição do mercado relevante do produto ou do serviço, além da sua delimitação geográfica, uma vez que o exercício do poder econômico revela-se sempre em relação a um mercado específico. Assim, a sua mensuração deverá ocorrer em consonância com *um mercado de bens ou serviços juridicamente individualizados*[176], e ainda relativamente a um mercado geográfico. Esse último deverá compreender a área em que as empresas em causa fornecem e procuram produtos ou serviços relevantes, em que as condições de concorrência são suficientemente homogêneas e que podem distinguir-se de áreas geográficas vizinhas devido ao fato, em especial, de as condições da concorrência serem consideravelmente diferentes nessas áreas.

Para a determinação do mercado relevante deverá ser realizada uma análise global, levando em consideração uma série de fatores e, a partir do resultado alcançado, investigar se aquela integração irá ou

---

175 No A.C. 08000.017575I96-16, de 12.8.1998 (Mahle GmbH/Cofap), o CADE sugere passos semelhantes para avaliar a existência uma posição dominante ou não: a correta definição do mercado relevante, o cálculo das participações e da concentração no mercado; a verificação da presença de barreiras à entrada e o grau de contestabilidade pela concorrência potencial ou, de outra forma, a verificação da factibilidade e da possibilidade de entrada; a verificação da existência de fontes alternativas de oferta (o que se infere da substitutibilidade, das condições e custos de importação e das possibilidade de entrada).

176 Cf. Luís Fernando Schuartz, Poder econômico e abuso de poder econômico no direito de defesa da concorrência brasileiro, p. 14.

não resultar na aquisição de um domínio ou poderá prejudicar a livre concorrência. Os critérios a serem observados pelo CADE para autorizar um ato são os constantes no § 1.º do artigo 54 da Lei 8.884/94.

O conceito de mercado relevante não desperta muita controvérsia, não sendo possível afirmar o mesmo no que diz respeito à sua delimitação. A valoração dos critérios a serem apreciados irá depender do caso em concreto que está sendo analisado.[177] Pode-se asseverar, entretanto, que essa delimitação funda-se no exame da substitutibilidade de um produto ou serviço por outro dentro de um espaço geográfico.[178] Em relação à realidade brasileira, iremos encontrar algumas especificidades que deverão ser consideradas pelo intérprete quando da aplicação da lei, como "o efeito substituição causado pelo aumento de renda", que, se-

---

177 Com o mesmo posicionamento ver J. Franceschini, Introdução ao direito da concorrência, p. 239-241.

178 A SEAE/SDE, *Guia para análise econômica...*, funda a sua análise do mercado do produto ou serviço no denominado *teste do monopolista hipotético*, que "consiste em considerar, para um conjunto de produtos e área específicos, começando com os bens produzidos e vendidos pelas empresas que estão se concentrando e com a extensão territorial em que estas empresas atuam, qual seria o resultado final de um 'pequeno porém significativo e não transitório' aumento dos preços para um suposto monopolista destes bens nesta área. Se a resposta é que a redução das vendas seria suficiente para fazer com que o suposto monopolista não considere o aumento de preços rentável, então a SEAE/SDE acrescentará o produto que é o mais próximo substituto do produto da empresa concentrada e a região de onde provém a produção que é a melhor substituta da produção da empresa em questão à definição original do mercado relevante. O exercício é, em seguida, repetido com referência a este novo mercado e assim sucessivamente, até o ponto em que seja identificado um grupo de produtos e um conjunto de localidades para o qual seja economicamente interessante, para um suposto monopolista impor um 'pequeno porém significativo e não transitório aumento' dos preços". A conclusão a que se chega é que os conjuntos de produtos e áreas geográficas que um hipotético monopolista deve controlar para que possa impor um "pequeno porém significativo e não transitório aumento" dos preços determinam, respectivamente, a dimensão do produto e a dimensão geográfica do mercado relevante.

gundo Lúcia Salgado, "parece ser um fenômeno típico de países em desenvolvimento".[179]

Como aludido, a determinação do mercado relevante para a análise de um ato de concentração revela-se fundamental, pois a apreciação dos seus efeitos será feita dentro do parâmetro em que foi estabelecido. Quanto mais extenso for o mercado relevante do ponto de vista geográfico, e mais amplo sob a perspectiva do produto, menores serão as possibilidades daquele ato vir a produzir efeitos anticoncorrenciais.

Na maioria dos casos verificados pelo CADE, observa-se que o mercado relevante geográfico é definido como o mercado nacional. Excepcionalmente foi constatado como sendo o Mercosul, o mercado mundial[180] ou mercados regionais.[181] Existem ainda casos em que o CADE, ao perceber a desnecessidade da delimitação do mercado relevante geográfico muito precisa, em razão da notória ausência de prejuízos à livre

---

179 Lúcia Salgado, O conceito de mercado relevante, p. 41-43, considerou que, no mercado relevante de aspiradores de pó, as vassouras poderiam ser incluídas, pois, no seu entender, "no caso analisado, a demanda por aspiradores de pó é no Brasil pequena e estagnada, não apenas por razões de hábito mas, principalmente, de renda. É um bem de elevada elasticidade-renda, como indicam as informações de aumento espetacular da demanda após o Plano Real, que significou aumento de renda, principalmente nos extratos mais baixos. É de se presumir que esses consumidores que passaram a adquirir aspiradores de pó, com exceção das novas famílias formadas, já realizavam serviço de limpeza doméstica, de modo que houve efetivamente um efeito substituição de vassouras para aspiradores de pó provocado pelo aumento de renda real dos consumidores".

180 V. A.C. 08012.001501/98, de 15.7.1998 (GE Celma/Varig), em relação ao mercado do serviço de manutenção de turbinas de avião, A.C. 08012.001489/2000-18, de 9.5.00 (Chevron Corporation/Phillips Petroleum), em referência ao mercado de polietilenos; A.C. 08012.002128/2000-99, de 5.6.2001 (The Thomson Corporation/Marquee Acquisition Corporation/Primark Corporation), relativo ao mercado de fornecimento de informações especializadas na área econômico-financeira; e ainda no A.C. 0029/95, de 29.1.1999 (Caraíba Metais/Mineração Caraíba Ltda.), em relação ao mercado de minério de cobre e cobre eletrolítico.

181 Como foi verificado no A.C. 103/96, de 24.6.1998 (Santista Alimentos/Ideal Alimentos), em que o mercado geográfico referente à produção da farinha de trigo compreendia os Estados contidos no mesmo raio de distância entre a cidade de Ilhéus – BA e o Estado do Paraná, ou seja, todos os

concorrência ou da criação ou reforço de uma posição dominante, tem dispensado essa análise mais pormenorizada, acompanhando a tendência da Comissão Européia, quando opta pela chamada análise dinâmica, mesmo que por razões diversas.[182] Esse procedimento foi utilizado, por exemplo, no A.C. 08012.000606/98-41 (Champion Papel/Inpacel/ BAF), no qual concluiu-se que, "se o mercado relevante for definido como o nacional, não haverá qualquer tipo de concentração, dado que as empresas fabricam produtos diversos não substitutos. Se for o internacional, a concentração levará o grupo consolidado a uma participação de 2,1%".[183]-[184] Ressalte-se que, nesse caso, o resultado da investigação não iria ser alterado, independentemente da definição de mercado que se adotasse.

Segundo o procedimento adotado pela SDE e pela SEAE em seu Guia Conjunto, após a delimitação do mercado relevante geográfico

---

Estados das regiões Nordeste, Sudeste e Centro-Oeste, o Estado do Tocantins e o noroeste do Estado do Paraná. Ver também o A.C. 08012.005846/99-12, de 30.3.2000 (Fundação Antonio e Helena Zerrener/ Instituição Nacional de Beneficência/Empresa de Consultoria, Administração e Participações /Acap/Braco), no qual para o mercado relevante de cerveja, entendeu-se que mesmo poderia ser dividido em cinco regiões.

182 V. o desenvolvimento desse tema no Capítulo 1. No Brasil, o CADE opta por esse procedimento quando a delimitação do mercado geográfico revela-se irrelevante naquela análise e, por isso, não se justificariam os custos públicos e privados (em termos de tempo e recursos) na obtenção das informações necessárias, como se verificou no A.C.177/97, de 24.6.1998 (Monsanto/ Companhia Brasileira de Estireno), e ainda no A.C. 08012.008594/98-57, de 16.6.1999 (Oetker Marítima/Tapajós).

183 V. A.C. 08012.000606/98-41, de 22.7.1998 (Champion Papel/Inpacel/BAF).

184 Nesse sentido, ver também A.C. 08012.009758/98-18, de 13.10.1999 (Mercedes-Benz do Brasil/Chrysler do Brasil): "são questões complexas, que exigem uma abordagem, e uma opção antitruste, que no entanto não são absolutamente necessárias neste caso. Aqui, de fato, considero que os dados apresentados são mais do que suficientes para demonstrar que a presente operação não é passível de causar danos ao mercado, prejudicar a concorrência ou resultar na dominação de mercados relevantes. Assim, não se justifica o dispêndio adicional de recursos tanto públicos quanto privados que seriam necessários para um eventual aprofundamento da análise do mercado relevante".

e do produto/serviço, deve-se precisar a parcela do mercado que irá ficar sob o controle daquela nova entidade empresarial. Na hipótese de atos que não tiverem por efeito o controle de uma parcela "suficientemente alta", o parecer será pela aprovação do ato de concentração. Se essa participação no mercado for igual ou superior a 20%, considera-se como "suficientemente alta", ou seja, poderá viabilizar o exercício unilateral do poder de mercado. Admite ainda a SEAE/SDE a possibilidade de uma prática coordenada de poder mercado, ou seja, a posição dominante coletiva, quando a concentração fizer com que a soma da participação de mercado das quatro maiores empresas (C4) seja igual ou superior a 75% e a participação da empresa concentrada for igual ou superior a 10% do mercado relevante.

Sem esquecer da natureza não vinculativa desse documento, a estipulação de percentuais fixos para esse fim é extremamente duvidosa, pois nem sempre a participação de 20% ou 10% em um mercado pode significar a existência de uma posição de domínio ou de "poder de mercado", e mesmo o inverso, nem sempre a simples detenção de uma participação inferior a esse percentual pressupõe a ausência de nocividade ao mercado concorrencial, no máximo uma mera presunção. A parte no mercado, apesar de ser um elemento indicativo de detenção de poder no mercado, não é necessariamente determinante, e deverá ser analisada junto a outros fatores.[185]

No Brasil, um dos instrumentos mais utilizados para verificar se um mercado é muito concentrado é o índice HHI – Herfindhal-Hirschman

185 Nesse sentido ver Varella Bruna, op. cit., p. 116-118. No que diz respeito à prática decisória do CADE, ver o A.C. 71/96, de 28.5.1997 (Electrolux/Umuarama), em que a Conselheira Lúcia Salgado expressa o seu posicionamento no sentido de que "mesmo aquelas operações onde não se verifique um acréscimo na participação do mercado e portanto não geraria aumento da concentração do mercado, era necessária a busca de outros elementos que permitissem avaliar até que ponto essa forma de entrada alterava ou não a dinâmica competitiva do mercado em questão". Mesmo assim, encontramos decisões de autorização fundadas quase que exclusivamente nesse fator, por exemplo, no A.C. 103/96 (Santista Alimentos/Ideal Alimentos), o relator entendeu que o índice HHI do mercado relevante era de 793 pontos, considerado muito "abaixo do padrão de referência norte-americano". Ver também *Relatório Anual*, CADE, 1998/1999, p.87.

Index.[186]-[187] A análise fundada nesse índice segue a experiência norte-americana, o que levanta algum ceticismo quanto à sua eficácia no mercado brasileiro. Ademais, além de a realidade econômica e industrial brasileira possuir caracteres próprios e muito distantes da norte-americana,[188]-[189] a estipulação de valores fixos, como já mencionado, não é louvável, pois estes nem sempre irão revelar a verdadeira face daquele mercado específico.

---

186 Esse índice é calculado pelo somatório do quadrado das participações no mercado de cada firma e, segundo o CADE, *Relatório Anual,* 1996, p. 134-135, de acordo com os critérios da *Federal Trade Commission*, se o HHI variar entre 0 e 1.000 considera-se baixa a concentração; se este variar entre 1.000 e 1.800 considera-se uma concentração moderada e se este for superior a 1.800 considera-se alta a concentração. Os efeitos anticoncorrenciais das concentrações são definidos pelo cruzamento das informações acerca do aumento e do nível do HHI após as fusões. Para as fusões que produzam um aumento do HHI de menos de cinqüenta pontos, em mercados de concentração alta, não devem ter conseqüências sob o ponto de vista da concorrência; para aquelas que produzam um aumento do HHI entre cinqüenta e cem pontos, em mercados de concentração alta, podem gerar efeitos anticompetitivos, e para aquelas que produzam um aumento do HHI em mais de cem pontos, em mercados de concentração alta, presume-se que gerem efeitos anticompetitivos.

187 Esse índice foi utilizado, por exemplo, nos seguintes processos: A.C. 32/94, de 19.3.1997 (Smithkline/Sterling), A.C. 103/96, de 24.6.1998 (Santista Alimentos/Ideal Alimentos); A.C. 41/95, de 6.3.1996 (Hoechst do Brasil/Rhodia S.A.); A.C. 08000.017575I96-16, de 12.8.1998 (Mahle GmbH/Cofap).

188 Críticas à sua utilização ver César Mattos, A evolução recente da defesa da concorrência no Brasil: uma transição incompleta, p. 8, pois "atualmente a economia brasileira contém especificidades que justificam um tratamento menos rigoroso dos atos de concentração em relação à economia americana. Ou seja, o conteúdo estruturalista do modelo híbrido brasileiro de política antitruste deve ser relativamente relaxado, em face dos parâmetros utilizados na experiência americana. Nesse sentido, como primeira precaução para um controle de estruturas mais adaptado à realidade brasileira, seria crucial rever os intervalos concebidos nas *guidelines* da FTC, para efeito de aplicação na análise de atos de concentração no País". Nesse sentido ver também Paula Forgioni, op. cit., p. 378: "sem dúvidas, se a fórmula matemática acima transcrita pudesse determinar, por si somente, a

Após ter sido estabelecida a participação de mercado destinada à nova entidade empresarial, mister se faz a investigação de outros fatores, que irão indicar se existem ou não condições para que seja possível o exercício de poder de mercado. Esse conceito da possibilidade o exercício de poder econômico utilizado no direito brasileiro pode ser comparado ao de posição dominante empregado no direito comunitário da concorrência, como o fazem, aliás, a generalidade da doutrina brasileira[190] e o próprio CADE.[191] Essa circunstância é reforçada pelo texto legal, que indica a presunção (*juris tantum*, que evidentemente pode ser elidida) de posição dominante fundada em quotas do mercado, em que a celebração de qualquer ato que tenha como conseqüência uma concentração econômica que implique na participação de empresa ou grupos de

---

conformidade ou não de uma operação de concentração com a ordem econômica, seria proporcionado aos agentes um confortável grau de segurança e previsibilidade jurídicas. Infelizmente, entretanto, a realidade que se apresenta é bem outra e plena de fatores que não se encontram refletidos em análises puramente matemáticas". Mais recentemente, Gesner de Oliveira, *Concorrência: panorama no Brasil e no mundo*, p. 22: "seria errôneo, por exemplo, transplantar para as economias emergentes as faixas de concentração adotadas como referência em jurisdições, como a dos Estados Unidos, onde o tamanho dos mercados tende a ser significativamente maior do que os da maior parte das economias nacionais".

189 O próprio CADE, *Relatório Anual*, 1996, p. 135, adverte que se deve evitar uma superestimativa da importância dos índices de concentração, ou do estabelecimento de intervalos rígidos como referência para o processo de decisão.

190 Nesse sentido ver o estudo de Luís Fernando Schuartz, op. cit., p. 18-21, ao justificar a opção pelo enfoque estático do estudo do conceito de poder econômico, utiliza o conceito de posição dominante explicitado pelo TJCE, e apresentado na clássica obra de Louis Vogel, *Droit de la concurrence et concentration económique*. Nesse mesmo sentido, ou seja, em conceituar o poder de mercado como expressão sinônima de posição dominante, ver Neide Malard, *Integração de empresas: concentração, eficiência e controle*, p. 53.

191 Por exemplo, na decisão que aprovou parcialmente o A.C. 12/94 (Rhodia/Sinasa), no qual o conselheiro-relator afirma que o poder de mercado da empresa Rhodia, "isto é, sua posição dominante", tinha sido medida em função do mercado relevante em que a mesma atuava.

empresas resultantes em 20% de um mercado relevante necessita ser comunicada aos órgãos de defesa da concorrência. No entanto, é importante considerar que nem sempre a simples detenção de um poder de mercado, ou seja, de uma posição dominante, implica que esta será exercida de forma abusiva ou de modo a limitar ou prejudicar o exercício da livre concorrência.

Deverão ser utilizados vários fatores de natureza econômica, o que torna a análise complexa, mas que irão refletir a probabilidade que existe de que, se aquela nova entidade empresarial for admitida, ela irá exercer o seu poder de forma ilícita; por exemplo: o índice de importações,[192] a possibilidade de ingresso de novos concorrentes, a ausência de barreiras à entrada (legais, técnicas, econômicas),[193] poder de barganha dos clientes,[194] reação dos consumidores, estrutura de incentivos da firma, interação entre as firmas, capacidade de produção, tendências do mercado[195] etc. Acrescente-se que a avaliação de um ato de concentração é sempre feita para o futuro, tendo em conta os prováveis efeitos que poderão surgir e levando em consideração o dinamismo do

---

192 Como foi analisada no caso A.C. 69/96, de 13.8.1997 (DSM Elastômeros Brasil B.V./Nitriflex S/A Indústria e Comércio), no qual apesar de existirem elevadas barreiras à entrada, a operação foi aprovada sem restrições em razão da contestabilidade das importações.

193 No A.C. 22/95, de 14.5.1997 (Bayer S.A/ Companhia Nitro Química do Brasil), verificou-se a existência de uma barreira institucional à entrada nesse mercado, qual seja, a necessidade de concessão para o uso do solo e subsolo, que é de propriedade da União. Já no A.C. 39/95, de 18.2.1998 (Teka – Tecelagem Kuehnrich S/A e Texcolor S/A), verificou-se que a existência de incentivos fiscais em algumas regiões do País (Norte e Nordeste) e a utilização de mão-de-obra semi-especializada facilitavam a entrada de novos concorrentes no mercado.

194 V. A.C. 08012.008063/98-09, de 8.3.2000 (Halliburton Company/Dresser Industries) e A.C. 08012.002128/2000-99, de 5.6.2001 (The Thomson Corporation/Marquee Acquisition/Primark Corporation).

195 V. Gesner de Oliveira, *Concorrência: panorama no Brasil e no mundo*, p. 23-24. Nesse sentido vale mencionar o A.C. 08012.002120/99-09, de 5.6.2001 (Astra AB e Zeneca Group), no qual, apesar das elevadas barreiras à entrada que foram constatadas (elevados investimentos em P&D, necessidade de uma sólida estrutura de distribuição, investimentos em propaganda e *marketing*) e ainda do reforço da posição das empresas

mercado.[196] Trata-se de exame prospectivo, devendo, sempre que possível, buscar uma zona máxima de segurança.

2.5.2 Realização do balanço econômico: preenchimento das condições de eficiência econômica do § 1.º do artigo 54

Tendo sido identificados os atos que devem se sujeitar ao controle, passamos ao ponto fulcral da análise, que é a realização do *balanço econômico*. Até a terceira etapa são examinados apenas dados essencialmente concorrenciais, destinados a delimitar os prováveis efeitos no mercado que poderão advir daquela nova entidade empresarial. Até este ponto, a investigação efetuada sob a perspectiva do direito brasileiro em muito pouco difere da comunitária.

---

envolvidas no mercado relevante em causa, o CADE entendeu que a operação ora em análise não iria causar danos à estrutura do mercado, "em virtude da entrada dos genéricos no mesmo mercado", concluindo que "a dominação do mercado relevante exercida pelas Requerentes é confrontada pelo poder de barganha das empresas já existentes no mercado, pelo ingresso de novas participantes e pelo início da produção dos medicamentes genéricos a partir de março de 2000".

196 É o que no direito comunitário convencionou-se chamar *análise dinâmica do mercado*, como tratado no Capítulo 1. Gesner de Oliveira, *Concorrência: panorama no Brasil e no mundo*, p. 24, comenta a sua importância em economias em transição, pois essas "são caracterizadas por baixa penetração de uma gama variada de bens e serviços, é freqüente a verificação de projeções de taxas de expansão do mercado muito elevadas. A análise dinâmica, neste caso, torna-se relativamente mais importante do que a situação estática de concentração do mercado". Nesse sentido ver o A.C. 08000.017575I96-16, de 12.8.1998 (Mahle GmbH/Cofap), em que se pondera justamente que "uma avaliação cautelosa da existência de posição dominante e da possibilidade de seu exercício abusivo indica que o momento de reorganização por que passa a indústria de autopeças em âmbito mundial com seus reflexos sobre o ambiente de competição no Brasil, redesenhado pelas regras da abertura comercial, da consolidação do Mercosul e do regime automotivo não é favorável ao exercício abusivo de poder de mercado. Contudo a análise dos efeitos de atos de concentração sobre a dinâmica do mercado, é, como se sabe, prospectivo, o que implica a necessidade de se avaliá-los no longo prazo, e não apenas à luz do contexto conjuntural".

No entanto, pressupondo-se que foi constatado que um determinado ato de concentração possui natureza anticoncorrencial,[197] mesmo assim, este poderá ser autorizado, se forem demonstradas as eficiências econômicas[198] que o ato possa gerar.[199] Configura-se, portanto, uma verdadeira *rule of reason*, pois passam a ser considerados outros critérios, que não os de natureza exclusivamente concorrencial. Enquanto sob a égide do Regulamento (CE) 4.064/89 conceitos de eficiência econômica, até o momento,[200] raramente são utilizados, conforme já visto no Capítulo 1,[201] o artigo 54, § 1.º, da Lei 8.884/94 dispõe que os atos de concentração poderão ser autorizados[202] se as condições ali enumeradas estiverem presentes. Essas condições referem-se aos benefícios econômicos que poderão resultar se um certo ato de concentração for

---

197 Como lembra Gesner de Oliveira, *Concorrência: panorama no Brasil e no mundo*, p. 26, "a análise das eficiências associadas à operação somente se faz necessária naquelas casos em que há prejuízo à livre concorrência. Assim, as operações que não prejudicam ou limitam a livre concorrência devem ser aprovadas pela autoridade antitruste sem necessidade de análise das eficiências, ou seja, devem ser aprovadas mesmo que não apresentem eficiências associadas à operação".

198 Segundo Gesner de Oliveira, *Concorrência: panorama no Brasil e no mundo*, p. 26, "eficiências são ganhos de bem-estar oriundos de ato de concentração (como redução de custos, aumento de qualidade e redução das externalidades negativas). Consideram-se ganhos de eficiências aqueles ganhos de bem-estar que foram (i) específicos ao ato de concentração; (ii) prováveis de ser obtidos; e (iii) em alguma medida, verificáveis. É razoável supor que, em uma economia em transição, como a brasileira, a geração de eficiências seja mais importante do que em economias maduras. Isto porque, em virtude do fechamento e estatização do passado, as distorções ainda são relativamente elevadas"

199 Comose verificou na análise do A.C. 08000.004545/96-12, de 9.12.1998 (Supergasbrás Distribuidora de Gás S/A/SHV Calor Brasil B.V.).

200 Ver discussão sobre o assunto no Livro Verde para reforma do Regulamento (CE) 4.064/89 no Capítulo 1.

201 Razão pela qual, *data venia*, não concordamos com Calixto Salomão Filho, op. cit., p. 144, quando o mesmo afirma que a regra da razão venha sendo utilizada pela Comissão no que diz respeito ao controle de concentrações de empresas.

202 Quanto à utilização da expressão "poderá autorizar", é bom destacar que não se trata de uma faculdade do CADE e sim de uma obrigação, desde que

consentido, uma vez que esses benefícios não poderiam se concretizar por outro instrumento, a não ser por meio daquele ato. Aliás, essas condições reproduzem quase que na íntegra as previstas no artigo 81, n. 3, do Tratado CE,[203] no que diz respeito à possibilidade de conceder uma exceção a uma concertação empresarial que, em princípio, encontra-se proibida *per se*. Repita-se mais uma vez a crítica efetuada, quanto à utilização dos mesmos critérios para apreciar condutas e estrutura.[204]

A primeira condição a ser observada é que esse ato tenha por objetivo, cumulada ou alternadamente: aumentar a produtividade, melhorar a qualidade de bens ou serviços e/ou propiciar a eficiência do desenvolvimento tecnológico ou econômico. A segunda condição é que os benefícios decorrentes sejam distribuídos eqüitativamente entre seus

---

estejam presentes os requisitos de eficiência do § 1.º do artigo 54 da Lei 8.884/94. Isso porque a CF, ao eleger a livre concorrência como um dos princípios norteadores da ordem econômica brasileira, garantiu a sua primazia, não podendo o Estado, por meio do CADE, se opor ao seu exercício, como bem advertem J. Franceschini, Edgard Antonio Pereira, op. cit., p. 36.

203 O artigo 81, n. 3, do TCE, dispõe que as proibições aos acordos entre empresas, decisões de associações de empresas e práticas concertadas enumeradas no n. 1 podem ser declaradas inaplicáveis àquelas concertações que contribuam para melhorar a produção ou a distribuição dos produtos ou para promover o progresso técnico ou econômica, contanto que aos utilizadores se reserve uma parte do lucros daí resultante, que não imponham às empresas em causa quaisquer restrições que não sejam indispensáveis à consecução desses objetivos, nem dêem a essas empresas a possibilidade de eliminar a concorrência relativamente a uma parte substancial dos produtos em causa.

204 Segundo Calixto Salomão Filho, op. cit., p. 229, "o legislador brasileiro previu no art. 54 uma regra da razão que pode ser aplicada também às cooperações econômicas. Andou bem ao prever uma regra da razão para ambos os casos. O mesmo não se pode dizer com relação ao conteúdo da regra da razão. O tratamento unitário adotado pelo legislador no art. 54 da lei concorrencial é bastante problemático. O conteúdo da regra da razão a ser aplicada a cada um dos casos não pode ser coincidente, em função da diferença fundamental de natureza entre as duas estruturas. Cabe portanto ao intérprete fazer as diferenças necessárias na aplicação da lei".

participantes de um lado, e os consumidores ou usuários finais de outro.[205] A terceira condição é que não impliquem em eliminação da concorrência de parte substancial de mercado relevante de bens e serviços. A quarta condição consiste em que sejam observados os limites estritamente necessários para atingir os propósitos visados. Em outras palavras, deve ser efetuada uma avaliação respeitando o princípio da proporcionalidade.

São critérios nomeadamente de eficiência econômica, que devem ser tomados em conta no momento da análise do ato, e que sejam de fácil verificação em um futuro próximo.[206] Isso porque a investigação que o CADE efetua é prospectiva e deve procurar, assim, fundar-se na maior certeza e razoabilidade possível. A SEAE e a SDE referem-se como *eficiências específicas à concentração* as "economias de esca-

---

205 Calixto Salomão Filho, op. cit., p. 28-29, critica os teóricos que defendem a aplicação da lei de defesa da concorrência exclusivamente no interesse do consumidor, predefinindo-o como interesse à eficiência econômica, pois esta nem sempre pode ser conveniente para o consumidor, pois, segundo ele, "é preciso ter certeza de que esses ganhos de eficiência serão efetivamente repartidos com os consumidores e não simplesmente apropriados pelo monopolista. Assim, andou bem o legislador brasileiro que, ao tratar do controle das concentrações, impôs como requisito para a sua aprovação não apenas a demonstração do ganho de eficiência (art. 54 § 1.º, inc. I, letra 'c', da Lei n. 8.884, de 11 de junho de 1994), mas, também, que os benefícios decorrentes da concentração (entre eles os benefícios decorrentes da eficiência econômica, representados pela diminuição de custos) 'sejam distribuídos eqüitativamente entre os seus participantes, de um lado, e os consumidores ou usuários finais, de outro' (art. 54, inc. II)". No A.C. 79/96, de 19.11.1997 (Panex/Alcan Alumínio/Alumínio Penedo), uma das justificativas apresentadas para a autorização foi o fato de que se verificava um potencial de redução de preços e aumento da qualidade, o que, se realizado, iria se refletir em ganho para o consumidor.

206 Como adverte a Portaria Conjunta SEAE e SDE 50/01, "são consideradas eficiências econômicas das concentrações os incrementos do bem-estar econômico gerados pelo ato e que não podem ser gerados de outra forma (eficiências específicas da concentração). Não serão consideradas eficiências específicas da concentração aquelas que podem ser alcançadas, em um período inferior a 2 (dois) anos, por meio de alternativas factíveis, que envolvem menores riscos para a concorrência".

la, de escopo, da introdução de uma nova tecnologia mais produtiva, de apropriação de externalidades positivas ou eliminação de externalidades negativas, e da geração de um poder de mercado mais compensatório".[207]-[208]

Diferentemente da Comunidade Européia, não se pode falar na realização de um exame de compatibilidade da operação, mas apenas de uma autorização, inexistindo um conceito orientador do que se pode ser considerado um ato anticoncorrencial ou não. A norma estabelece apenas em que circunstâncias os atos devem ser submetidos à apreciação do CADE, o que não enseja a presunção de que os mesmos estejam proibidos. Essa circunstância, entretanto, não significa que a apreciação efetuada pelo CADE seja discricionária. De fato, argumenta-se que a autarquia, ao definir o que entende por "prejuízo à concorrência" ou "melhoramento da qualidade", estaria emitindo um juízo discricionário e, portanto, não comportaria um exame pelo Poder Judiciário em sua plenitude (mas apenas das questões relacionadas à legalidade), pois o mérito estaria subordinado apenas ao juízo de conveniência e oportunidade do administrador.[209]

---

207 Cf. Portaria Conjunta SEAE e SDE 50/01.

208 Em sentido diverso, ampliando o sentido da norma, ver Neide Malard, Integração de empresas: concentração, eficiência e controle, p. 52, quando defende que "as eficiências reconhecidas pela lei incluem: o aumento da produtividade, a melhoria da qualidade de bens ou serviços; o desenvolvimento tecnológico. *Mas as eficiências não se limitam a essas hipóteses expressamente destacadas na lei, porquanto se utiliza a expressão genérica 'propiciar a eficiência'*. Aqui podem ser incluídas as economias de escala, a melhor integração das instalações para a produção, a especialização da fábrica, e eficiências similares relacionadas à fabricação do produto, aos serviços inerentes à produção e à distribuição".

209 Razão pela qual não concordamos com Paula Forgioni, op. cit., p. 379, quando afirma que "a conjugação de todos esses valores nos leva, indubitavelmente, a *um juízo de conveniência e oportunidade* para a valoração da operação de concentração, principalmente se considerados os termos dos § 1.º e § 2.º do art. 54 da Lei 8.884/94". O julgamento do CADE é de natureza vinculada, não existindo espaço para juízos de conveniência e oportunidade.

Tal assertiva não é verdadeira, pois a análise encontra-se subordinada, em primeiro lugar, à inexistência de efeitos deletérios no mercado ou limitação da concorrência, o que será apurado após a avaliação do mercado relevante em causa, e na hipótese de a operação gerar algum dos efeitos mencionados, à presença das condições do § 1.º do artigo 54, aos requisitos de legalidade e de fundamentação a que devem obedecer quaisquer atos administrativos, e ainda aos princípios constitucionais da garantia da livre concorrência e livre iniciativa,[210] sob pena de serem passíveis de correção pelo Poder Judiciário.[211]-[212] Aliás, não se pode olvidar que todas as atividades que a Administração Pública exerce, direta ou indiretamente, estão subordinadas ao *princípio da legalidade*.[213]

---

210 Com o mesmo posicionamento sobre a natureza vinculada das decisões do CADE ver Varella Bruna, Revisibilidade das decisões do CADE em atos de concentração, p. 134, e Calixto Salomão Filho, op. cit., p. 145-146.

211 Sampaio Ferraz, *Discricionariedade nas decisões do CADE sobre atos de concentração...*, p. 88, explica que, "na verdade, o CADE, ouvida a SDE e a SEAE, com base (no) laudo técnico expresso pelo relator (ou pelo relator designado se o primeiro for voto vencido), toma uma decisão cujo fundamento técnico não expressa um juízo de conveniência e oportunidade mas uma vinculação a ditames legais referentes à proteção da livre iniciativa e da livre concorrência. Sua decisão, assim, não é ato político de governo, conforme diretrizes ocasionais, mas ato que cumpre uma política de Estado, conforme diretrizes constitucionais e legais".

212 Apenas a título de argumentação, mesmo admitindo que o CADE exercesse uma atividade discricionária, a mesma jamais se confundiria com liberdade total, pois, como lembra Celso A. Bandeira de Mello, op. cit., p. 120-121, "a discricionariedade existe, por definição, *única e tão-somente para proporcionar em cada caso a escolha da providência ótima*, isto é, daquela que realize superiormente o interesse público alvejado pela lei aplicada (...) é óbvio que o Poder Judiciário, a instâncias de parte, deverá invalidar atos que incorram nos vícios apontados, pois nestes casos *não há realmente discrição*, mas vinculação, ou a discrição não se estende até onde se pretendeu que existia, já que – repita-se discricionariedade é a margem de liberdade que efetivamente existia *perante o caso concreto*".

213 A Constituição Federal é clara no artigo 37 que a administração pública direta, indireta ou fundacional, de qualquer dos Poderes da União, dos Estados, do Distrito Federal e dos Municípios obedecerá aos princípios de *legalidade*, impessoalidade, moralidade e publicidade. A Lei 9.784/99 em

A segunda ponderação a ser feita é que a análise das operações de concentrações no Brasil efetua-se segundo critérios de eficiência econômica e de difícil determinação, sob uma perspectiva essencialmente jurídica, como a que nos propusemos realizar.[214]-[215] Nesse ponto, como já defendido, o direito deve sempre buscar o auxílio da economia, no sentido de investigar os elementos e executar as precisões necessárias em cada caso, para que o intérprete possa verificar se as condições previstas na lei de defesa da concorrência estão satisfeitas e se é possível aprovar a operação de concentração.

Essa análise dependerá do caso concreto, em que deverá ser investigado, por exemplo, o setor de atuação das empresas, como esse setor se encontra estruturado, qual o tipo de mercado afetado, se os efeitos desse ato irão se refletir apenas naquele mercado ou também em outros (apesar de essa condição não ser essencial, ela revela-se importante em um balanço econômico), se será ou não criado um poder de mercado ou uma posição dominante, o nível da evolução tecnológica daquele setor, se efetivamente aquele ato trará os benefícios alegados e, por último, se

---

seu artigo 2.º estabelece que a Administração Pública obedecerá, dentre outros, aos princípios da legalidade, finalidade, motivação, razoabilidade, proporcionalidade, moralidade, ampla defesa, contraditório, segurança jurídica, interesse público e eficiência. Seabra Fagundes, op. cit., p. 80-81, sobre esse ponto, lembra que o procedimento administrativo não tem existência jurídica se lhe falta, como fonte primária, um texto de lei. Segundo este autor, "não basta que tenha sempre por fonte a lei. É preciso, ainda, que se exerça segundo a orientação dela e dentro dos limites nela traçados. Só assim o procedimento da Administração é legítimo. Qualquer medida que tome o Poder Administrativo, em face de determinada situação individual, sem preceito de lei que a autoriza, ou excedendo o âmbito de permissão da lei, será injurídica. Essa integral submissão da Administração Pública à lei constitui o denominado princípio da legalidade, aceito universalmente, e é uma conseqüência do sistema de legislação escrita e da própria natureza da função administrativa".

214 Com esse idêntico posicionamento ver J. Franceschini, Edgard Antonio Pereira, op. cit., p. 37.

215 Para uma análise completa acerca das eficiências enumeradas no artigo 54, sob a *perspectiva econômica,* ver Calixto Salomão Filho, op. cit., p.140-199.

esses benefícios serão distribuídos eqüitativamente e se não poderiam ser alcançados de outra forma.[216]

Um exemplo desse tipo de investigação identificamos no A.C. 08012.007251/97-94 (Nitriflex/Central de Polímeros da Bahia), no qual se constatou que as empresas do setor de resinas de engenharia operavam com alto grau de ociosidade e o mercado doméstico não possuía demanda para absorver toda a produção nacional. Por esse motivo, seria necessário que as empresas alcançassem uma alta escala de produção, o que era essencial na determinação dos preços para que pudessem competir no mercado internacional (especialmente os asiáticos). Outro aspecto interessante dessa decisão é que uma das empresas envolvidas (Nitriflex) estava enfrentando sérios problemas de escala, preços e resultados, em virtude de não possuir condições de concorrer com os produtos importados, se encontrando numa estratégia de retirada do mercado. Foi concedida a autorização para o ato de concentração, pois concluiu-se que "a transação trará condições à CPB de aumentar a sua capacidade produtiva, enquadrando-se melhor nos parâmetros internacionais, o que a tornará mais apta a competir nos mercados nacional e internacional". Não obstante, vale mencionar que esse acórdão não pode ser considerado um entendimento consolidado do CADE. De fato, no A.C. 08012.011337/99-83, de 11.10.2000 (Copersucar Armazéns Gerais S/A e outras), no qual foi rejeitado o pedido de autorização para o funcionamento da Brasil Álcool, empresa que iria atuar nos mercados nacional e internacional de comercialização de álcool combustível por um período de três anos, prorrogáveis por tempo indeterminado. Essa empresa foi constituída por outras 84, que desenvolviam atividades no mercado em causa, e tinha por principais objetivos "canalizar esforços dos produtores para escoar os excesso de excedentes do mercado brasileiro de álcool combustível mediante a conquista de mercado internacional e aumento da demanda nacional por intervenção governamental; promover o equilíbrio entre a oferta e a demanda no mercado nacional do álcool combustível".

Apesar de se tratar de um *cartel de crise*, admitido em situações excepcionais pela doutrina e jurisprudência antitruste internacional, como

---

216 Defendendo a necessidade de uma rigorosa análise econômica, encontramos Leopoldino da Fonseca, Admissibilidade de atos que limitam a concorrência, p. 27.

reconheceu o parecer da SEAE, uma eventual tolerância à operação "exigiria uma constante atividade de monitoramento do 'cartel', o que se associa a elevados custos para a sociedade", e ainda, dentre outros efeitos negativos da operação, a SEAE conclui que "o que provavelmente ocorrerá será um fenômeno denominado 'armadilha de proteção', caracterizado pelo fato de que, uma vez que a solução apresentada pelos requerentes não resolve o problema estrutural do setor, elas fatidicamente se voltarão para o governo em busca de ajuda no médio/longo prazo".[217]

Outro aspecto importante são as *influências políticas*. Em que medida estas podem influenciar as decisões do CADE? Como já

217 Aliás uma das grandes preocupações da política industrial brasileira é o fortalecimento da indústria nacional para enfrentar a concorrência internacional. Nesse sentido, ver A.C. 41/95, de 6.3.1996 (Hoechst do Brasil/ Rhodia S.A.), no qual a relatora chama a atenção para o fato de que "há de se olhar com muita cautela, na análise dos atos de concentração, a propalada globalização da economia. Ao contrário do que muitos pensam, e chegam até a afirmar, a globalização não implica, necessariamente, a concentração econômica. É certo que a dimensão geográfica de certos mercados relevantes tende a expandir, e que maiores escalas são necessárias para que as empresas se tornem competitivas. Mas não é menos certo que a concentração econômica deva continuar a ser examinada de forma criteriosa, caso a caso, analisando-se as eficiências almejadas pelas empresas integradas e seu real significado para o mercado, seja ele nacional ou global". Nesse sentido ver também a decisão de autorização ao A.C. 05/94, de outubro de 1995 (Carborundum do Brasil Ltda/Norton S.A. Indústria e Comércio), no qual, apesar do aumento de concentração no mercado constatado, o fato de inexistirem barreiras alfandegárias à importação, com o conseqüente aumento da entrada do produto importado teve relevância para o Conselho. Esse argumento voltou a ser explorado no A.C. 08012.005846/99-12, de 30.03.2000 (Fundação Antonio e Helena Zerrener/Instituição Nacional de Beneficência/Empresa de Consultoria, Administração e Participações /Acap/ Braco), tendo a conselheira-relatora, em seu voto, ao analisar a possibilidade de exercício de poder de mercado da Ambev, considerado que "o CADE tem um papel técnico muito maior e mais abrangente, que é o de colaborar com a ordem econômica, fortalecendo-a, de modo a lançar a economia brasileira no contexto da economia mundial para enfrentar eficientemente a competitividade internacional (...) A globalização não consiste apenas em permitir que empresas internacionais ingressem no mercado nacional.

defendido,[218] a política da concorrência consiste em um instrumento para a implementação de políticas públicas, ou seja, ela reflete a preferência de um determinado país ou comunidade por uma meta definida pela lei e que deverá ser observada na sua aplicação. A opção da Constituição Federal de 1988, como já exposto, foi pela liberdade de iniciativa e valorização do trabalho humano, verificando os ditames da justiça social, tendo por objetivo assegurar a existência digna de todos. Assim, na adoção da lei de defesa da concorrência, encontra-se o CADE autorizado a considerar não apenas as condições enumeradas no § 1.º do artigo 54, mas também outros valores que também devem ser respeitados e que podem ser objeto de outras políticas do Governo.[219]

A internacionalização de mercados pela corporação multinacional é útil enquanto elemento capaz de abrir a economia e impulsionar o desenvolvimento científico e tecnológico, com mecanismos de difusão da ciência e da tecnologia, na busca da produção eficiente e da melhor qualidade na oferta ao consumidor. É preciso preparar o país para aceitar a internacionalização de mercados e ser inserido proporcionalmente na economia mundial(...) Em conclusão, o poder de mercado das Requerentes não deve ser visto apenas sob o ângulo de impactos internos, cujas soluções podem ser dados pelo CADE a curto prazo. Deve ser analisado, também, o impacto externo que pode tornar o país mais produtivo e preparado para competir com seus parceiros e, em conseqüência, buscar a melhoria dos salários, do bem-estar social, da oferta de bens e serviços, cuja qualidade será também competitiva".

218 V. Introdução, item 3.

219 Nesse mesmo sentido ver Magali Klajmic, *Defesa da concorrência: política de Estado e interface com políticas de governo*, p. 72, ao defender que, apesar de as decisões do CADE examinarem à exaustão todos outros aspectos considerados relevantes para a autorização dos atos de concentração econômica, "não se pode deixar de lado o fato de que o valor dado a atomização da oferta ou a aproximação daquele mercado ao modelo de competição perfeita, em certo momento de nossa realidade, é tarefa que deve considerar, também, políticas econômicas, industriais, agrícolas, e outras... E é nesse espaço que podemos vislumbrar o ponto de interseção entre atribuições típicas de Estado, no campo de defesa da livre concorrência, e as políticas governamentais que buscam, em seu espectro mais amplo, o bem comum". Aliás, o próprio CADE, no *Relatório Anual,* 1996, p. 33, admite essa necessidade de sintonização "com os demais órgãos do governo,

2.5.3 Derrogações ao § 1.º do artigo 54

Uma *derrogação* à exigência da presença das quatro condições encontra-se no § 2.º, que admite que sejam considerados legítimos os atos desde que atendidas pelo menos três das condições previstas no § 1.º, quando necessários por motivos preponderantes da economia brasileira e do bem comum *e* desde que não impliquem prejuízo ao consumidor ou usuário final. São condições, portanto, *cumulativas*.

No que diz respeito à ausência de prejuízos ao consumidor ou usuário final, não existem grandes questionamentos, pois se relacionam, necessariamente, com aspectos referentes à oferta do bem ou serviço, como o preço, padrão de qualidade, variedade, disponibilidade etc. A dúvida que pode surgir é quanto ao que se entende por "motivos preponderantes da economia nacional e do bem comum".[220] No A.C. 42/95

---

abrindo canais de dupla dimensão. De um lado, procurando assegurar consistência entre a ação do CADE, e as prioridades do Executivo. De outro, transmitindo a ótica da concorrência aos responsáveis pelas políticas públicas", exemplificando com a política da competitividade, do comércio exterior, da defesa comercial e do Ministério do Trabalho. V. também o comentário de Fábio Ulhoa Coelho, *Direito antitruste brasileiro...*, p. 25-26.

220 Gesner de Oliveira, *Concorrência: panorama no Brasil e no mundo*, p. 27-28, em relação a esse conceito, esclarece que, "para uma operação atender a motivo preponderante da economia nacional é necessário que ela gere externalidades positivas para a economia como um todo diferentes daquelas eficiências mencionadas no parágrafo 1.º do art. 54 e conhecidas como eficiências compensatórias. Ao gerar estas externalidades, e desde que não cause prejuízo ao interesse público ou prejuízo ao interesse privado de terceiros não compensados pelo bem geral, está a operação atendendo ao motivo preponderante da economia nacional e do bem comum. No entanto, não podem em quaisquer hipóteses ser prejudicados os interesses dos consumidores ou usuários finais, de maneira que nem um aumento de ganho coletivo com um todo permitiria o sacrifício do interesse daqueles grupos. Note-se o risco de que regras genéricas dessa natureza permitam indesejável subordinação do controle de fusões à política industrial. Recomenda-se, assim, que a aplicação do dispositivo seja parcimoniosa a fim de evitar precedente de isenção à Lei n. 8.884/94. Sua possível aplicação deveria ficar restrita a situações em que, no plano jurídico, envolva a defesa de

(Índico Participações S/A)[221] entendeu-se que a manutenção em funcionamento de uma rede de supermercados envolvida em processo falimentar, com o correspondente resguardo dos empregos de seus funcionários, além do fato de que se conservaria praticamente inalterável a situação do mercado relevante, *poderiam ser considerados um motivo preponderante do bem comum* e, "embora insuficiente à aprovação a realização de investimentos que se resumem em simples aplicação criteriosa das boas regras da Administração, a aquisição de empresa em estado falimentar há de ser examinada sob o prisma social".[222]-[223]

Verifica-se, contudo, que o § 2.º do artigo 54 poderá ser utilizado segundo a conveniência do CADE, atendendo a diretrizes de política de Governo, como mencionado[224], ou ainda levando em consideração o interesse público

2.6 Fase decisória. Tipos de decisões

Elaborados os pareceres da SEAE e da SDE, o processo é encaminhado para o CADE, que dispõe de um período de 60 dias para tomar uma decisão, sob pena de que o ato seja aprovado pelo decurso do

---

princípio constitucional de valor equiparável ao princípio da livre concorrência; e no plano econômico, envolva providências no sentido de prevenir a ocorrência de falhas no mercado relevante ou em mercados conexos".

221 Cf. A.C. 42/95, de 31.7.1996 (Índico Participações).

222 Cf. L. Franceschini, Lei da concorrência conforme interpretada pelo CADE..., p. 677.

223 A *Failing Firm Defence*, já discutida no Capítulo 1, encontra alguma guarida nas avaliações efetuadas pelo CADE, mas seguindo a análise estreita sugerida pelas *Mergers Guidelines* norte-americanas de 1992, como se verifica no A.C. 08000.017575I96-16, de 12.8.1998 (Mahle GmbH/Cofap), em que o CADE, apesar de admitir a possibilidade de aplicação dessa teoria, entendeu que não havia elementos suficientes para considerar que a Metal Leve encontrava-se em situação pré-falimentar. Outra decisão nesse mesmo sentido foi no A.C. 44/95, de 31.12.1997 (Belgo-Mineira/Mendes Júnior).

224 Cf. Calixto Salomão Filho, op. cit., p. 40, com esse dispositivo, atribui-se ao CADE competência para decidir sobre política industrial brasileira, competência essa muito pouco compatível com seus objetivos, sua composição e a desejada independência do Poder Executivo.

prazo.[225] Esse prazo poderá ser suspenso enquanto não forem apresentados documentos ou esclarecimentos solicitados, imprescindíveis à análise do processo.[226] Poderão existir quatro tipos de decisões:

i. "decisão" de autorização pelo decurso do prazo – artigo 54, § 7.º;
ii. decisão de autorização em razão da ausência de prejuízos à livre concorrência ou não formação de posição dominante;
iii. decisão de autorização condicionada à assinatura de Compromisso de Desempenho;
iv. não-aprovação da operação.

2.6.1 Autorização por decurso de prazo

A "decisão" de autorização pelo decurso do prazo encontra-se prevista no artigo 54, § 7.º,[227] e ocorre se dentro dos prazos previstos no § 6.º não existir qualquer deliberação do CADE. Ressalte-se que o CADE é que deve observar esse prazo máximo, o que significa que o desrespeito

---

225 V. §§ 6.º e 7.º do artigo 54 da Lei 8.884/94.

226 O artigo 4.º, § 5.º, da Lei 8.884/94 prevê as hipóteses em que esse prazo de 60 dias poderá ser interrompido.

227 No que diz respeito aos prazos, a redação anterior do § 7.º do artigo 54 dava margem a uma interpretação errônea, ao determinar a sua obediência como condição resolutiva para a eficácia decorrente dos atos a que se referia o artigo 54. Praticados esses atos, eles teriam eficácia imediata e a aprovação iria retroagir à data de sua realização. Se o CADE não os aprovasse no prazo de 30 dias estabelecido no § 6.º (também com a redação antiga), seriam considerados automaticamente aprovados pelo decurso do prazo. Ora, essa situação gerava uma grande controvérsia, pois o dispositivo legal dizia respeito apenas ao prazo do CADE, sem referir-se ao prazo que as outras Secretarias deveriam observar, e dava margem à defesa de certos posicionamentos, como o de Leopoldino da Fonseca, op. cit., p. 29: "deverá ser tomada aquela situação que melhor favoreça à empresa. Se o processo ficar, por exemplo, sessenta dias na SEAE e trinta da SDE, o ato se considerará aprovado, independentemente do pronunciamento do CADE". Essa situação dúbia foi resolvida, entretanto, tendo a Lei 9.021/95 esclarecido que dentro do lapso temporal do § 7.º encontram-se previstos os prazos dos três órgãos, e não apenas o do CADE.

ao prazo de 30 dias pela SDE ou pela SEAE não implica na produção dos mesmos efeitos, podendo vir apenas a "motivar a promoção da responsabilidade dos funcionários responsáveis e, até, quando daí resultem perdas e danos, a responsabilidade civil da União, mas não levam à aprovação tácita do ato. Afinal só o CADE pode decidir da validade do ato e, portanto, só o silêncio deste é que poderá ser tomado como aprovação tácita".[228]

Se os prazos forem estritamente observados, a decisão deverá ser prolatada no máximo em 120 dias. Esse lapso temporal poderá ser prorrogado, todavia, se forem requisitados documentos ou esclarecimentos, pois implicam na sua suspensão até que os requerentes satisfaçam as solicitações.

A decisão por decurso do prazo foi objeto de regulamentação pelo CADE, no artigo 8.º da Resolução CADE 15/98, que dá competência ao conselheiro-relator, por meio de despacho *ad referendum* do Plenário e do preenchimento de um formulário, para tratar o ato ou contrato sob análise, nos termos do § 7.º do artigo 54 da Lei 8.884/94. Nesse caso, não se pode falar necessariamente em uma decisão final, pois o que efetivamente o conselheiro-relator faz é assinar uma *declaração* de que aquele ato "não apresenta indícios que possam caracterizar danos à concorrência, sendo desnecessário qualquer procedimento instrutório complementar",[229] como se verificou no A.C. 08012.000606/98-41 (Champion Papel/Inpacel/BAF) e ainda no A.C. 08012.007329/97-80 (Playcenter S.A./AMF International BCO Holdings B.V.).[230]

---

228 Cf. Nuno Carvalho apud voto da Conselheira Lúcia Salgado, A.C. 71/96, de 28.5.1997 (Electrolux/Umuarama).

229 V. Formulário que consta no Anexo III da Resolução 15/1998. Acrescente-se que para formalizar esse procedimento foi editada a Resolução CADE 17, de 4.11.1998, que trata da publicação desses atos, no sentido de conferir plena segurança e certeza jurídica às decisões tomadas pelo Plenário.

230 Esse procedimento foi objeto de críticas, por exemplo, C. Francisco de Magalhães, Desburocratização com eficiência, p. A-3: "a aprovação de ato restritivo pelo decurso intencional do prazo, em minha opinião, realmente se choca com o objetivo da nossa lei, a qual apenas prevê esse tipo de aprovação em defesa e para o benefício do administrado, que não pode ficar, em negócios de alta relevância, aguardando por muito tempo a prestação administrativa que o órgão judicante lhe deve dar. Ao contrário,

Aliás, esse procedimento lembra a "técnica dos ofícios de arquivamento" utilizada pela Comissão Européia, a partir da primeira metade da década de 70, em relação à aplicação do artigo 81. Na Comunidade Européia, entretanto, essa prática da Comissão sempre foi criticada, pois enfrentava grandes inconvenientes no que diz respeito às exigências de publicidade, transparência, além da segurança jurídica e, justamente por estes motivos, está agora sendo revista.[231]

Voltando ao Brasil, acrescente-se que, por não ser uma decisão formal, conseqüentemente, não se aplicam os instrumentos de revisão ou reapreciação a esse tipo de decisão, como será tratado adiante.

2.6.2 Autorização: em razão de ausência de prejuízos à livre concorrência ou não-formação de posição dominante

Do ponto de vista estritamente legal, se o CADE verificar que o ato de concentração notificado não apresenta os efeitos nocivos previstos no *caput* do artigo 54, a hipótese deveria ser de arquivamento em

---

a lei prevê expressamente a obrigatoriedade do exame coletivo por pelo menos cinco dos sete membros do órgão, objetivando com isso uma melhor decisão, através da riqueza dos debates e discussões entre os integrantes de diferente formação, jurídica e econômica".

231 Cf. *Livro Branco sobre a modernização das regras de aplicação dos artigos 81 e 82 do Tratado CE*, p. 17. Segundo esse documento, esses ofícios permitem informar a empresa de que, em função dos elementos que a Comissão tem conhecimento, o acordo notificado não preenche as condições de aplicação do n. 1 do artigo 81.º (ofício tipo certificado negativo) ou reúne as condições necessárias para beneficiar de uma isenção (ofício tipo isenção). No entanto, essa técnica dos ofícios afigurou-se útil e foi geralmente bem aceita, mas apresenta dois inconvenientes importantes: além da publicidade e transparência a que devem estar sujeitos os atos administrativos, segundo o Tribunal de Justiça, no Ac. de 10.7.1980, Proc. 99/79 (Lancôme/Corsparfrance e o.), Col. 1980, p. 2.511, "não constituem nem decisões de certificado negativo, nem decisões de aplicação do n. 3 do artigo 85.º do Tratado (atual n. 3 do artigo 81.º) e não vinculam os órgãos jurisdicionais nacionais perante os quais é invocada a incompatibilidade dos acordos em causa com o artigo 85.º (atual artigo 81.º). Constituem um elemento de fato que é normalmente tomado em consideração pelos órgãos jurisdicionais e pelas autoridades nacionais".

razão da ausência de prejuízos à livre concorrência ou pela não formação de posição dominante.[232] Não obstante, a posição do CADE nesse ponto é conceder uma *autorização simples*, por entender que uma decisão dessa natureza oferece maior segurança jurídica às partes requerentes do que o arquivamento, como ocorreu no A.C. 32/94 (Smithkline/ Sterling),[233] bem como no A.C. 08012.007539/97-22 (Canale/ Zabet S.A.).[234] Em ambos os casos, o CADE concluiu que as operações em causa não representavam limitação ou prejuízo à concorrência, nem levavam ao surgimento de uma posição dominante no mercado, tendo sido aprovadas sem restrições.

Pode ainda advir que um ato apresente os efeitos anticoncorrenciais previstos no *caput* do artigo 54, isto é, prejudique a livre concorrência ou resulte na dominação de mercados relevantes de bens ou serviços. Sobrevindo qualquer uma dessas hipóteses, o CADE deverá examinar se as condições do § 1.º do artigo 54 encontram-se presentes.[235] Caso estejam, a decisão será necessariamente de autorização e, em princípio, sem ser preciso estabelecer compromisso de desempenho,[236] como se verificou no A.C. 71/96, de 28.5.1997 (Electrolux/Umuarama) e no A.C. 188/97, de 18.3.1998 (DAKO/General Electric). De fato, para

---

232 Neste sentido ver Maurício Costa, Breves observações sobre o compromisso de desempenho, p. 4.

233 V. A.C. 32/94, de 19.3.1997 (Smithkline/Sterling).

234 V. A.C. 08012.007539/97-22, de 1º.7.1998 (Canale/Zabet S.*A*.).

235 Maurício Costa, Breves observações sobre o compromisso de desempenho, p. 4-5, entende que, se a operação atender às condições do § 1.º do artigo 54, ou seja, se apresentar um balanço econômico positivo, ela deve ser aprovada e, nesse caso, o CADE definirá um compromisso de desempenho, "de modo a assegurar o cumprimento das condições estabelecidas no § 1.º do art. 54". Não concordamos com o posicionamento desse autor, pois entendemos que as condições do *caput* do artigo 54 são determinantes para que o CADE aprecie o ato de concentração, e nessa análise, se for necessário em razão de possíveis efeitos anticoncorrenciais do ato, o órgão obrigatoriamente deverá verificar se estão ou não presentes as condições do § 1.º. Se estiverem, não existe a obrigação legal da imposição de compromisso de desempenho.

236 Com esse mesmo posicionamento ver Cynthia Nascimento, Magali Klajmic, Compromisso de desempenho: uma abordagem introdutória, p. 32.

o Plenário "a determinação legal, assim compreendida, é de que o CADE exija compensação à sociedade e ao mercado, analisando e identificando a realização das condições previstas nos incisos do referido parágrafo 1.º, apenas naqueles casos em que há risco de limitação ou prejuízo à concorrência ou de dominação de mercado, nos termos do mesmo *caput*. Agir de modo diverso configuraria na verdade uma intervenção juridicamente indevida nos direitos dos administrados, por arbitrária e imotivada, e no funcionamento do mercado, por desnecessária, e possivelmente contraproducente. Não há dever, nem competência, nos referidos dispositivos legais, para que o CADE imponha condições onde não há qualquer possibilidade fática de dano".[237]

2.6.3 Tratamento das restrições acessórias

A análise das restrições acessórias a uma operação,[238] a exemplo de cláusulas de não-concorrência e licenças de direitos de propriedade industrial e comercial ou de *know-how,* tem passado por um processo evolutivo, com a consolidação de uma jurisprudência do CADE, nomeadamente no que diz respeito às cláusulas de não-concorrência.[239]

---

237 Cf. A.C. 177/97, de 24.6.1998 (Monsanto/Companhia Brasileira de Estireno). No mesmo sentido ver os A.C. 160/97 (CIMPOR/ Santista Alimentos S.A./Bunge) e 143/97, de 3.12.1997 (Prudent do Brasil/Robert Bosh/Arno).

238 Ver esse tema em pormenores no Capítulo 1, item 1.2.6.2.

239 Vale mencionar os comentários do Conselheiro Marcelo Calliari acerca da doutrina das *ancillary restraints*, no A.C. 163/97, de 2.12.1998 (Praxair Comércio e Participações/Rolmaster Indústria Ltda.): "segundo esta doutrina, tais restrições são aceitáveis quando inseridas num contexto maior, de uma outra operação que é o fim, o objeto principal da transação, e da qual elas constituem apenas um elemento auxiliar, acessório, subordinado. A lógica dessa permissão, ressalta Korah, é que o acordo acessório pode constituir um fator importante ou mesmo necessário para dar suporte ou viabilizar a realização da própria transação principal. De fato, a admissão de cláusulas de não-concorrência tem por efeito valorizar o negócio e estimular a realização de transações, já que o comprador tem segurança de que não vai ver o seu investimento desvalorizado e mesmo os seus resultados ameaçados de retorno imediato do vendedor ao mesmo negócio, subtraindo-

As cláusulas de não-concorrência têm sido avaliadas quanto à sua amplitude geográfica e lapso temporal. No A.C. 41/95 (Hoechst do Brasil/Rhodia S.A)[240] foi efetuado o exame de uma cláusula de não-concorrência entre as empresas integradas e suas afiliadas, determinando que estas não deveriam concorrer com a *joint venture* criada na América do Sul, sendo permitido apenas às empresas pertencentes aos grupos Hoechst e Rhône-Poulenc vender os produtos da *joint venture* além do espaço geográfico delimitado. Na decisão de autorização, essa cláusula de não-concorrência foi admitida, com a condição de ser excluída, caso houvesse a retirada de qualquer uma das partes, pois excederia os limites estritamente necessários para atingir os objetivos visados, impedindo a concorrência entre as duas empresas autônomas.

Mencione-se ainda o A.C. 08012.000220/2001-03, de 12.9.2001 (Planup/Monteiro Aranha Participações/PEM Engenharia/EBAL), que tinha por objeto a venda do controle da Prolagos S/A para a EBAL, sendo a primeira empresa concessionária de serviço público de tratamento e distribuição de água e coleta e tratamento de esgoto, detentora de exclusividade de prestação e execução de tais serviços, obras, operação e monitoração dos sistemas de abastecimento de água, coleta e tratamento de esgotos nos Municípios de Armação de Búzios, Arraial do Cabo, Cabo Frio, Iguaba Grande e São Pedro da Aldeia, e somente de distribuição de água potável no Município de Arraial do Cabo. Apesar de a operação não gerar quaisquer efeitos anticoncorrenciais nos mercados relevantes do produto e geográficos analisados, o contrato de compra e venda de ações trazia em seu bojo uma cláusula de não-concorrência de cinco anos, abrangendo todo o território nacional.

O CADE rejeitou essa cláusula sob os argumentos de que a ela exorbitava "relativamente aos objetivos visados com as cláusulas de não-concorrência, comumente aceitas como razoáveis pelo CADE. Em primeiro lugar, a Prolagos não indicou ou comprovou a existência de tecnologias ou informações estratégicas que justificassem sua proteção através de cláusula de não concorrência com a abrangência nacional.

---

lhe em imagem e clientela. Além disso, há um estímulo para que o próprio vendedor invista no *goodwill* do seu negócio, que passa ser negociável e atraente para potencial compradores".

240 V. A.C. 41/95, de 6.3.1996 (Hoechst do Brasil/Rhodia S.A.).

Em segundo lugar, o contrato de concessão garante que os serviços de saneamento básico, no mercado relevante, deverão ser prestados, com caráter exclusivo (já que se trata de uma atividade caracterizada como monopólio natural), pela Prolagos no prazo de 25 anos, o que afasta qualquer possibilidade de ingresso de concorrentes, inclusive das empresas vendedoras, durante este período. Em terceiro lugar, o retorno do investimento realizado pela empresa adquirente deve ser garantido no próprio empreendimento (...) Assim, não tem sentido restringir possíveis entradas das empresas vendedoras em outras regiões que não foram objeto do negócio, objetivando a garantia da recuperação do investimento".[241]

Já em relação à amplitude temporal, o CADE consolidou uma jurisprudência no sentido de que o período máximo permitido para cláusula de não-concorrência seria apenas cinco anos, e, nesse sentido, a maioria das decisões tem adotado esse posicionamento, sem tecer grandes análises acerca do teor da cláusula e os seus possíveis impactos no mercado relevante em causa.[242]

---

241 Nesse sentido ver também A.C. 08012.002439/2001-39, de 10.10.2001 (Carrefour/ Supermercado Guri) e A.C. 08012.002921/2000-98, de 24.10.2001 (Brink's Segurança e Transporte de Valores/TGV – Transportadora de Valores e Vigilância).

242 V. A.C. 163/97, de 2.12.1998 (Praxair Comércio e Participações Ltda./ Rolmaster Indústria Ltda.), A.C. 08012.002746/2000-39, de 11.10.2000 (Turbimax Indústria de Hidrômeros Ltda. e Invensys Metering do Brasil Ltda.), e A.C. 08012.0000643/00-63, de 11.10.2000 (Canadianoxy Chemicals Holdings Ltd. e Aracruz Celulose S/A). Não obstante, vale ressaltar que, em alguns casos, o CADE tem justificado o seu entendimento, como bem precisado no A.C. 109/96, de 23.7.1997 (*Grupo Procter & Gamble e Bombril*): "por todo o exposto, concluo pela legitimidade das cláusulas de não-concorrência ou de não-restabelecimento previstas no Contrato de Compra e Venda de Ações e Ativos celebrado entre P&G e Bombril, bem como dos acordos, que, formados, separadamente, regulam cada uma dessas cláusulas. Trata-se de cláusulas devidamente limitadas geograficamente, cujo prazo de vigência é razoável à consecução do propósito do beneficiário da restrição, ou seja, da P&G, encontrando-se de acordo com os usos e costumes e com a jurisprudência internacional. São cláusulas efetivamente ancilares e necessárias à proteção do negócio principal, ou seja, à efetiva transferência dos bens tangíveis e intangíveis

Entretanto, no A.C. 177/97 (Monsanto/Companhia Brasileira de Estireno),[243] uma cláusula de não-concorrência pela qual a alienante comprometia-se a não retornar ao mercado de estireno por um período de dez anos foi aprovada pelo CADE, apesar do parecer contrário da Procuradoria que considerava que esta deveria durar no máximo cinco anos. A justificativa apresentada para o não-seguimento da "jurisprudência uniforme" foi que cada setor detinha peculiaridades que poderiam justificar prazos diferentes. Entendeu-se ainda, nesse caso, que seria difícil e desnecessário "o dispêndio de tempo e recursos para calcular o que seria um prazo razoável".

Como último exemplo, no A.C. 08012.001501/98 (GE Celma/Varig) foi examinado um contrato exclusivo de prestação de serviços entre a Varig e a nova entidade empresarial que seria formada, prevendo a revisão e manutenção de turbinas por um período de dez anos. O CADE se eximiu da apreciação de tal contrato, pois entendeu que constituía uma escolha da Varig "dos serviços e da forma que desejasse contratar", sendo matéria contratual que não afetava a concorrência no mercado. O posicionamento do CADE nesse caso foi no mínimo controverso. Em primeiro lugar, porque, apesar de não se tratar de uma verdadeira operação de concentração, pois a Varig iria deter apenas 5% das ações da nova empresa, ela seria a sua principal cliente, podendo inclusive se afirmar com capacidade de exercer uma influência determinante sobre as atividades comerciais dessa nova empresa. Em segundo lugar, esse contrato exclusivo de prestação de serviços e, principalmente, uma cláusula com tal amplitude temporal deveriam ser analisados, para a verificação da sua necessidade em relação à operação em causa. Nesse caso, mesmo em se tratando de mera cooperação, em face do entendimento do CADE, equivocado no nosso entender, acerca da obrigatoriedade de notificação prévia dos atos ou contratos que preencham os limiares do § 3.º do artigo 54, a revisão do contrato deveria ter sido efetuada.

---

adquiridos pela P&G, bens estes cujo valor integram o montante total da operação".

243 V. A.C. 177/97, de 24.6.1998 (Monsanto/Companhia Brasileira de Estireno).

2.6.4 Autorização mediante a assinatura de Compromisso de Desempenho

Por fim, poderá ocorrer que um ato de concentração apresente os efeitos anticoncorrenciais previstos no *caput* do artigo 54, mas não preencha as condições do § 1.º. Nesse caso, *em princípio*, a hipótese seria de proibição. A conclusão, entretanto, pode ser diferenciada se a operação já tiver sido realizada,[244] ou, ainda, apesar de as condições de aprovação estarem presentes, elas não se encontram aptas a produzir as eficiências na qualidade desejada e/ou em um prazo razoável.

Dizemos diferenciada, pois, em ambas as hipóteses, se uma decisão de autorização for possível, mediante a celebração de um compromisso de desempenho, essa solução revelar-se-ia menos prejudicial para as partes, para terceiros e para o mercado do que a desconstituição do ato. Nessas situações, o CADE poderá determinar os compromissos que julgar necessários para atingir os objetivos do § 1.º,[245] como fez, por exemplo, no caso Ambev.[246] Aliás, o artigo 7.º, inciso XII, estabelece como competência do Plenário do CADE a apreciação dos atos ou condutas, sob qualquer forma manifestados, sujeitos à aprovação nos termos do artigo 54, *fixando compromisso de desempenho, quando for o caso.*[247] Evidente que as partes poderão optar por não assinar o termo de

---

244 Essa seria a hipótese mais corriqueira, pois, como visto, a Lei 8.884/94 não proíbe o fechamento da operação.

245 Em sentido contrário ver Pedro Dutra, A concentração do poder econômico, aspectos jurídicos..., p. 18-19.

246 Ver A.C. 08012.005846/99-12, de 30.3.2000 (Fundação Antonio e Helena Zerrener/Instituição Nacional de Beneficência/Empresa de Consultoria, Administração e Participações /Acap/Braco), no qual a Conselheira-Relatora Hebe Romano entendeu que a operação resultou em "aumento da posição dominante no mercado de cervejas, sem ocorrência de eficiências internas (no âmbito nacional) capazes de neutralizar as probabilidades de dano à concorrência. No entanto, acredito que a remoção de barreiras elevadas poderão permitir que a concorrência possa ser mais expressiva no que concerne a oportunidades de conquista do mercado de cervejas, com vistas a fazer face à AmBev em condições razoáveis e aceites".

247 Aliás, o CADE tem optado por esse procedimento, como se verifica no A.C. 22/95, de 14.5.1997 (Bayer S.A/Companhia Nitro Química do Brasil),

compromisso e, assim, se a operação já tiver sido concluída, ou se dela já tiver decorrido algum efeito, deverá ser ordenada a sua desconstituição.

Advirta-se que não se pretende fazer com que os compromissos de desempenho se tornem um "passaporte" para a autorização do ato. Sempre irão existir atos que nem sob compromissos poderão ser aprovados, assim como nem sempre a possibilidade de uma autorização sob compromisso irá ser a mais desejável para as partes requerentes, que poderão optar por não aceitá-los e desistir da operação.

2.6.4.1 Alguns aspectos relevantes do Compromisso de Desempenho

O Compromisso de Desempenho representa uma inovação na legislação brasileira em relação à análise de atos de concentração, não sendo encontrada, anteriormente, figura similar na legislação brasileira de defesa da concorrência.[248] -[249] Tem por objetivo assegurar o cumprimento das condições estabelecidas no § 1.º do artigo 54, ou seja, de que as eficiências econômicas serão alcançadas. Dito de outro modo: ele

---

em que foi constatado que em razão da posição de mercado detida pela requerente nos mercados diretamente afetados pela operação vertical, assim como nos mercados afetados transversalmente, para que a operação se adequasse à legalidade antitruste, seria necessário que fossem criadas condições para que os incisos II e IV do § 1.º do artigo 54 da Lei 8.884/94 fossem atendidos e essas condições deveriam ser alcançadas mediante compromissos de desempenho. Já no A.C.69/96, de 13. 8.1997 (DSM Elastômeros Brasil B.V./ Nitriflex S/A Indústria e Comércio), em que se verificaram efeitos anticoncorrenciais decorrentes de uma integração vertical, o CADE optou por não celebrar compromisso de desempenho, mas apenas fazer algumas recomendações em relação à política comercial das empresas no tratamento dos seus clientes. Ver também A.C. 08012.000383/2001-99, de 5.6.2001 (Eybl do Brasil Ltda./Revest Car Indústria e Comércio de Confecções Ltda.).

248 Segundo Cynthia Nascimento, Magali Klajmic, op. cit., p. 32, apesar de não haver disposição legal expressa, as primeiras noções desse instituto já poderiam ser encontradas no período compreendido entre fevereiro de 1991 a junho de 1994 em decisões proferidas pela SDE sob a égide da Lei 8.156/91.

249 Remetemos o leitor para o artigo de César Mattos, op. cit., p. 8-15, que apresenta um estudo crítico sobre os Compromissos de Desempenho no Brasil *sob a uma perspectiva econômica*, que ultrapassa o objetivo do nosso trabalho.

funciona como um contrapeso nas restrições que aquele ato de concentração poderia causar no mercado relevante em causa se fosse aprovado sem as mesmas.

No que diz respeito ao seu conteúdo, o artigo 58 também procura delimitá-lo, nomeadamente em razão do objetivo a ser alcançado, qual seja o de assegurar o cumprimento das condições estabelecidas no § 1.º do artigo 54: aumentar a produtividade ou melhorar a qualidade de bens ou serviços ou propiciar a eficiência e o desenvolvimento tecnológico ou econômico; que os benefícios decorrentes sejam distribuídos eqüitativamente entre os seus participantes, de um lado, e os consumidores ou usuários finais, de outro; não impliquem eliminação da concorrência de parte substancial de mercado relevante de bens e serviços e que sejam observados os limites estritamente necessários para atingir os objetivos visados. São instituídas metas qualitativas e quantitativas a serem alcançadas em prazos predefinidos. Devem ser observadas regras de proporcionalidade para não cair no campo da intervenção na iniciativa privada e na livre concorrência.[250]

Na determinação desses compromissos encontramos grandes diferenças entre as condições *negociadas* no direito comunitário e as que são *impostas* no Brasil.[251] A prática habitual do CADE é decidir

---

250 Maurício Costa, Breves Observações... p. 6, entende que as condições para que não haja eliminação da concorrência, e o respeito ao princípio da proporcionalidade, não deveriam ser formalizadas no compromisso, pois seriam condições que tocam à estrutura e não à sua implementação. *Data venia*, não concordamos com esse autor, pois entendemos que qualquer decisão de autorização, por si só, já implica, pelo menos potencialmente, uma alteração na estrutura do mercado. Acrescente-se ainda que a própria natureza do compromisso de desempenho pressupõe uma ingerência do órgão administrativo na estrutura do mercado. De fato, quando um ato de concentração é submetido ao exame, e este vem a ser autorizado sob restrições, evidentemente que essas restrições deverão conduzir para que os efeitos da operação sob exame não venham a ser prejudiciais à estrutura concorrencial do mercado. Concluindo, não se pode falar, portanto, que o compromisso de desempenho seja condicionante à implementação da operação apenas no aspecto formal.

251 Apesar da nova política adotada pela Comissão Européia em 2001 em relação à celebração de condições e obrigações para aprovação de uma operação,

unilateralmente sobre as condições ou obrigações que deverão constar no Compromisso, e apenas posteriormente, quando da decisão do ato de concentração, é que as partes requerentes são informadas do seu teor. Esse tipo de procedimento tem merecido críticas, pois, além de não se vislumbrar a manifestação da vontade das partes, não existe muita certeza se aquelas condições impostas poderão realmente ser cumpridas pelas empresas e se realmente terão eficácia,[252] o que por si só já compromete a finalidade do instituto.

É claro que existe a possibilidade de as partes requerentes optarem por não assinar o termo de compromisso, e assim estarem manifestando a sua vontade. Todavia, seguramente não estaria sendo concretizado o objetivo maior da própria natureza do Compromisso de Desempenho e ainda do próprio sistema de defesa da concorrência.

Como visto, a Comunidade Européia adota prática diversa, pois, em primeiro lugar, não é ela quem oferece as condições ou obrigações para a concessão de uma decisão de compatibilidade. Ela apenas se manifesta, fundamentadamente, no sentido de que aquela operação, na forma apresentada, poderá criar ou reforçar uma posição dominante incompatível com o mercado comum, apontando os pontos críticos da operação. As partes, se assim o desejarem, é que propõem compromissos com o propósito de sanar aqueles pontos críticos para serem apreciados pela Comissão Européia, que poderá aceitá-los ou não, como ainda propor alterações que poderão ser ou não acatadas pelas partes notificantes. Não obstante, isso não significa que qualquer operação considerada prejudicial ao mercado comum poderá ser passível de aprovação mediante a apresentação de compromissos, como ocorreu no caso Gencor, em que, apesar das propostas manifestadas, a Comissão decidiu pela incompatibilidade da operação de concentração.[253]

---

tem sido objeto de duras críticas dos operadores econômicos, como comentado no Capítulo 1.

252 Como Pedro Dutra observa, A negociação antecipada de condição de aprovação de ato de concentração, p. 6, na realidade, o que as partes e o CADE celebram não é um compromisso de desempenho, mas um verdadeiro *termo de adesão de condições*, unilateralmente fixadas pelo Plenário do CADE, de aprovação de ato de concentração.

253 Nessa decisão (Decisão Gencor/Lonrho, de 24.4.1996), por exemplo, as empresas interessadas na aprovação da operação sugeriram uma série de

Esse exemplo foi apontado em razão dos bons resultados obtidos pela Comissão Européia no que diz respeito à apreciação das operações de concentração. Não existe qualquer impedimento legal para que o CADE adote um procedimento dessa natureza, não necessariamente idêntico, pois são realidades jurídicas e econômicas diversas. O que se sugere apenas é que se assegure às partes a possibilidade de negociarem as condições e obrigações constantes no Compromisso de Desempenho, até como garantia da efetividade da sua decisão de autorização. Realizando uma interpretação teleológica do regime jurídico de defesa da concorrência nacional, se essa prática vier a ser adotada, a mesma se encontra em perfeita consonância com a função preventiva do CADE determinada no artigo 1.º da Lei 8.884/94, e ainda com o teor do próprio artigo 58 ao estabelecer os objetivos do Compromisso de Desempenho, qual seja o de assegurar o cumprimento das eficiências econômicas previstas no § 1.º do artigo 54.[254]

Aliás, como tratado, a Comissão Européia tem uma declarada preferência por condições que referem-se à conformação estrutural da operação no mercado concorrencial, existindo uma certa rejeição por condições de natureza comportamental, pela sua dificuldade de execução e de fiscalização por parte dos órgãos responsáveis.[255]

---

compromissos, mas que dizia respeito apenas à aspectos procedimentais e que, por esse motivo, sequer foi tida como relevante para a Comissão (considerando 216), tendo sido a operação julgada incompatível com o mercado comum. V. também Decisão GE/Honeywell também comentada.

254 Sobre a pertinência legal das negociações prévias ver Pedro Dutra, A negociação antecipada..., p. 9.

255 Pedro Dutra, A concentração do poder econômico. Aspectos jurídicos..., p. 19, comenta que "uma empresa teria dificuldade em se conduzir exclusivamente de uma maneira, se ela não tivesse uma estrutura que suportasse esta conduta". Ele completa, no sentido de que o compromisso de desempenho deve refletir claramente o fato de ele se ligar às eficiências e que estas são maioritariamente de natureza estrutural, o que não significa que, o CADE não possa fixar condutas a serem cumpridas em um compromisso de desempenho. Contra compromissos de desempenho que tratem de temas comportamentais ver J.Franceschini, Edgard Antonio Pereira, op. cit., p. 37.

No Brasil existia uma certa prática do CADE em impor compromissos de natureza comportamental, o que levava à conclusão de que havia uma preocupação muito maior com os aspectos compensatórios dos atos em relação aos consumidores finais, do que efetivamente com a própria estrutura do mercado.[256]-[257]

---

256 V. o quadro analítico preparado por César Mattos, op. cit, p. 23-28, no qual esse autor demonstra que nas dezessete decisões analisadas, apenas cinco continham determinações de natureza estrutural. V. também A.C. 27/94, de 18.9.1996, que aprovou o ato de concentração celebrado entre a Kolynos do Brasil Ltda. e a Colgate-Palmolive Company, sob a condição de que as empresas optassem por uma das três possibilidades impostas: "ou a suspensão temporária do uso direito pela Requerente para fabricação e comercialização destinadas ao mercado interno, pelo prazo de quatro anos, da marca Kolynos e suas variações existentes ou que possam vir a ser criadas, incluindo-se na suspensão de qualquer material de embalagem, propaganda e promoção relacionados a creme dental, ressalvado o seu licenciamento a terceiros, no mesmo período, como marca dupla, com cláusula de desaparecimento gradual da marca Kolynos ou extensões; ou licenciamento exclusivo da marca Kolynos para terceiros durante quatro anos; ou alienação da marca Kolynos e extensões, para a produção e comercialização de creme dental voltadas para o mercado interno, em favor de comprador que não detenha atualmente participação maior que um por cento do mercado interno". Nesse caso, segundo o CADE, o ato de concentração, na forma proposta, implicaria na eliminação substancial da concorrência no mercado relevante de creme dental, e superava os limites necessários para atendimento dos fins visados. Seria criado um poder de mercado tão grande que desencorajaria a entrada de novos concorrentes ou ameaçasse a autonomia dos que se encontravam presentes. As empresas optaram pela primeira possibilidade, ou seja, na suspensão do uso da marca Kolynos durante quatro anos.

257 V. por exemplo, o A.C. 79/96, de 19.11.1997 (Panex/Alcan Alumínio/ Alumínio Penedo), quando um dos compromissos determinados foi no sentido de que as eficiências que deveriam ser geradas naquele caso deveriam dizer respeito à redução de preços e do esforço de melhoria da qualidade das panelas comercializadas sob as diversas marcas no âmbito daquelas voltadas para a exportação, ou o A.C. 047/95, de 3.12.1997 (Laboratórios Silva Araújo Roussel S/A/Merrell Lepetit Farmacêutica e Industrial Ltda.), no qual dentre as condições que constaram no compromisso estava o monitoramento de preços de determinados medicamentos, e ainda

Atualmente se observa uma mudança no padrão decisório do CADE, com um número maior de compromissos ou obrigações de natureza estrutural, com modificações no próprio ato de concentração, como no caso Pains/Gerdau.[258]-[259]

---

o A.C.139/97, de 8.10.1997 (Indústrias Worthington do Brasil Ltda. e Metalplus Metalúrgicas Plus S.A.), no qual uma das condições estabelecidas foi a apresentação de relatório anual, durante quatro anos, com os preços praticados, nas mesmas condições comerciais para os distribuidores de gás que são acionistas e para os não-acionistas, com intuito de monitorar eventual discriminação de preços. Por último, vale mencionar as obrigações assumidas pela Companhia Siderúrgica Belgo-Mineira e pela Dedine S/A no A.C. 14/94, de 24.7.1996, no sentido de realizar investimentos financeiros, aumento de produção, aumento de produtividade, e uma outra série de compromissos de natureza nitidamente comportamental.

258 V., por exemplo, o A.C. 12/94, de 30.9.1994, que aprovou parcialmente o ato de concentração celebrado entre a Rhodia-Ster S.A. e Sinasa S.A., no qual se determinou a desconstituição parcial dos atos sob exame de forma a excluir as atividades pertinentes à fabricação das fibras de acrílico e poliéster. Um outro tipo de compromisso que envolvia direitos de propriedade intelectual pode ser verificado no A.C. 47/95, no qual as empresas assumiram o compromisso de licenciar o medicamento Baralgin M®, para comercialização e pelo prazo de cinco anos, prorrogáveis por iguais períodos. Mais recentemente, A.C. 08012.005846/99-12, de 30.3.2000 (Fundação Antonio e Helena Zerrener/Instituição Nacional de Beneficência/Empresa de Consultoria, Administração e Participações /Acap/ Braco), determinou a alienação da marca Bavaria e cinco fábricas de cerveja no Brasil, além do compartilhamento da rede de distribuição com o comprador durante quatro anos.

259 Essa alteração no padrão decisório, no entender de Cynthia Nascimento, Magali Klajmic, op. cit., p. 37, significa um alinhamento às tendências européias e norte-americanas. Reflete ainda a atual política do CADE, consoante se verifica no *Relatório Anual,* 1997, p. 85, ao afirmar que a orientação geral foi de evitar Compromissos de Desempenho de eficiências, os quais podem implicar interferências indevidas nas decisões do setor privado, sem impacto relevante na concorrência. O entendimento do Plenário do CADE tem caminhado cada vez mais no sentido de compromissos estruturais, que geram impactos mais diretos sobre a concorrência. A própria Portaria Conjunta SEAE e SDE 50/01, em seus itens 89/92, também já aponta uma *preferência* por compromissos de natureza estrutural.

Acrescente-se que o artigo 58 não determina que deverão constar todas as eficiências do § 1.º do artigo 54, ou ainda que exista uma hierarquia entre elas. Essa escolha cabe apenas ao CADE, que, examinando caso a caso, verifica qual a eficiência que teria uma maior importância no mercado em causa.[260] É uma análise na qual os aspectos de natureza econômica prevalecem sobre os de natureza legal.

O § 1.º determina também que, na definição dos compromissos de desempenho, serão levados em consideração o grau de exposição do setor à competição internacional e as alterações no nível do emprego, dentre outras circunstâncias relevantes. Isso não significa, entretanto, que devam constar obrigações dessa natureza no Compromisso de Desempenho. Essas circunstâncias deverão apenas ser avaliadas quando da delimitação dos compromissos destinados a assegurarem a eficácia das eficiências econômicas do § 1.º do artigo 54. Portanto, *e.g.*, ao estabelecer compromissos que tenham por objetivo não eliminar a concorrência em parte substancial de mercado relevante de bens e serviços, o Plenário do CADE *poderá*, não denotando que esteja obrigado, e se for o caso, na mensuração desse compromisso, atenuá-lo em razão da exposição daquele setor à concorrência internacional.

Alterações do nível de emprego também devem ser tomadas em consideração em respeito à orientação constitucional emanada do artigo 170, que determina que a ordem econômica do País deve estar em conformidade com os ditames da justiça social e tem como um dos princípios a *busca do pleno emprego*. De outro lado, essa previsão legal não implica que a imposição da manutenção de postos de trabalho se faz necessária,[261] ou ainda que "o CADE possa subordinar a autorização da operação à ausência de custos sociais, impedir que a empresa dispense os seus funcionários, ou mesmo considerar o impacto social da operação como um critério para a sua aprovação (ou não aprovação)".[262]

---

260 Com ests mesma posição ver Pedro Dutra, A concentração do poder econômico. Aspectos jurídicos..., p. 20.

261 Nesse ponto, apesar dos caminhos diversos percorridos, alinhamos com o posicionamento de Maurício Costa, Breves observações..., p. 6.

262 Cf. Maurício Costa, Breves observações..., p. 8. Em sentido contrário ver Cynthia nascimento, Magali Klajmic, op. cit., p. 40, e José Carlos Martins Proença, op. cit., p. 158-160.

Aliás, no A.C. 2/94, de 27.8.1997 (Ultrafértil/Fosfértil), o CADE precisou exatamente que "a alteração do nível de emprego é uma preocupação do legislador inscrita no § 1.º do artigo 58 da Lei 8.884 cuja leitura deve ser feita *cum grano salis* de modo a compatibilizar a norma com os objetivos da concorrência. Em duas situações o dispositivo em apreço pode ser contemplado. Numa primeira hipótese, o CADE deverá evitar impor condição que gere desemprego. Numa segunda hipótese, sempre que houver redução do quadro de pessoal após a operação, a empresa deverá justificar adequadamente o ganho de eficiência decorrente da dispensa. Ler o § 1.º para além dessas previsões pode gerar resultados de duvidosa legalidade".[263]

A única dúvida que se coloca é o alcance dos termos utilizados "outras circunstâncias relevantes". Podemos apenas assegurar que estas nunca deverão ultrapassar as condições estabelecidas no § 1.º do artigo 54, assim como não podem constituir uma autorização para que sejam criadas outras condições que não aquelas estritamente definidas pela lei, ou, ainda, que não estejam em consonância com os objetivos do sistema de defesa da concorrência brasileiro.[264]

---

263 V. A.C. 2/94, de 27.8.1997 (Ultrafértil/Fosfértil), no qual, em um processo de privatização discutiu-se a inserção de um programa de treinamento de pessoal no compromisso de desempenho, como forma de compensar o despedimento de pessoal que aquele ato acarretaria. A conclusão a que se chegou foi no sentido de que era pouco provável que o patrocínio de um programa de treinamento de pessoal pudesse corrigir eventual externalidade negativa decorrente do processo de reestruturação industrial. A dispensa poderia ser gerada simplesmente pelo enxugamento de um quadro de pessoal inchado, sem nenhuma alteração no processo produtivo ou na quantidade de bens produzidos, e esse tipo de situação ocorria geralmente no caso de empresas do governo que passavam ao controle privado.

264 Que seriam principalmente os definidos no artigo 170 da Constituição Federal e no artigo 1.º da Lei 8.884/94. Sobre essa circunstância, Cynthia Nascimento, Magali Klajmic, op. cit., p. 34, advertem que esse dispositivo legal dá espaço à discricionariedade do Conselho quanto aos pontos que deseja ver melhor atendidos em face das especificidades de cada mercado, sem, contudo, descuidar-se da meta insubstituível, a defesa da concorrência, que se constitui em atividade-fim da autarquia.

A fiscalização do cumprimento dos Compromissos de Desempenho, assim como o alcance de suas metas, são de competência da SDE, *sob determinação do CADE*. É de extrema importância esse acompanhamento para que os compromissos venham a ser cumpridos, bem como verificar a sua real eficácia. Caso contrário, pode ser determinada a sua *revisão* ou *alteração*.[265]

2.6.5 Não-aprovação da operação: efeitos

Apesar de o artigo 54 não esclarecer ou apontar uma definição inequívoca do que se poderia considerar como um ato de concentração proibido, é possível estabelecer alguns parâmetros. Na realidade, em se tratando de uma análise fundada em conceitos de eficiência econômica, não se poderiam determinar regras fixas, como ocorre na legislação comunitária,[266] pois ali, diferentemente do caso brasileiro, a apreciação efetuada pela Comissão é estritamente concorrencial.

Assim, poderíamos, em princípio, dizer que uma decisão de não-aprovação de um ato de concentração poderá ocorrer quando o CADE verificar que aquele ato produzirá efeitos anticoncorrenciais no mercado ou que implicará um reforço no poder de mercado da nova entidade empresarial ou na eliminação da concorrência, ou na criação de barreiras à entrada de novos concorrentes, sem que nenhum benefício econômico seja proporcionado ao mercado e à coletividade (ou seja, não haveria o preenchimento das condições do § 1.º do artigo 54) e, por último, que nem sob compromisso de desempenho aquele ato teria

---

265 Como adverte Varella Bruna, op. cit., p. 134-135, a utilização do termo *revogação* revela-se desapropriada pois, sabendo que a decisão do CADE é uma decisão vinculada, não se poderia falar em revogação, que é figura própria dos atos discricionários. O correto seria utilizar o termo anulação, em caso de ilegalidade, sem juízo de mérito administrativo. Para o autor, a hipótese do § 3.º seria de ineficácia superveniente em razão de inadimplemento de condição resolutiva prevista no próprio ato.

266 O artigo 2.º, n. 3, do Regulamento (CE) 4.064/89 estabelece que devem ser declaradas incompatíveis com o mercado comum as operações de concentração que criem ou reforcem uma posição dominante de que resultem entraves significativos à concorrência efetiva no mercado comum ou em parte substancial deste.

condições de ser aprovado.[267] Uma situação desse tipo foi constatada no A.C. 08000.017575196-16 (Mahle GmbH/Cofap), no qual o CADE não consentiu o ato de concentração em relação ao mercado relevante de camisas, pois, além de os requisitos do *caput* do artigo 54 estarem presentes, não existiam eficiências que justificassem a neutralização do dano ao mercado representado pela produção coordenada ou integrada pela Cofap e pela Mahle.[268]

Outros aspectos norteadores são difíceis de precisar, mas pode-se afirmar que o CADE tem rejeitado atos de concentração que impliquem em formação de um monopólio em um determinado segmento produtivo sem que venha a gerar quaisquer das eficiências elencadas no § 1.º do artigo 54, como no caso Rhodia/Rhône Poulenc.[269]-[270]

2.6.5.1 Da desconstituição do ato de concentração

A possibilidade de desconstituição do ato de concentração encontra-se prevista no § 9.º do artigo 54. Poderá ocorrer se o Plenário do CADE decidir pela não-aprovação de um ato de concentração, não tendo este sido realizado sob condição suspensiva, ou dele já tiverem decorrido efeitos perante terceiros, inclusive de natureza fiscal. Nesse caso, o Plenário do CADE determinará as providências cabíveis no

---

267 O Conselheiro Ruy Santacruz, no seu voto vencido no A.C. 08012.005846/99-12, de 30.3.2000 (Fundação Antonio e Helena Zerrener/Instituição Nacional de Beneficência/Empresa de Consultoria, Administração e Participações/Acap/Braco), precisa justamente que "uma operação que concentra mercado substancialmente só pode ser aprovada se as barreiras à entrada de novos concorrentes forem reduzidas, ou os clientes tiverem suficiente poder de barganha, ou se as elasticidades da demanda forem altas, ou se houver qualquer outro fator estrutural no mercado afetado que impeça o exercício de poder de mercado – e que não há como supor que o detentor de poder de mercado deixará de exercê-lo, se não houver condições estruturais que o impeça. Também pode ser aprovada se sua implementação trouxer ganhos inerentes à operação, que compensem o prejuízo à coletividade. Sem essas condições, uma operação que concentra significativamente um mercado não pode ser aprovada".

268 V. A.C. 08000.017575196-16, de 12.8.1998 (Mahle GmbH/Cofap).

269 V. A.C. 12/94, de 30.9.1994 (Rhodia S.A./Sinasa).

270 Críticas a essa decisão ver Dallal Stevens, op. cit., p. 261.

sentido de que sejam desconstituídos, total ou parcialmente, seja por meio de distrato, cisão de sociedade, venda de ativos, cessação parcial de atividades ou qualquer outro ato ou providência que elimine os efeitos nocivos à ordem econômica, independentemente da responsabilidade civil por perdas e danos eventualmente causados a terceiros.[271]

O dispositivo legal é bastante claro: é o Plenário do CADE que determinará as medidas a serem tomadas, razão pela qual discordamos da posição de Calixto Salomão Filho ao afirmar que "ao CADE não compete determinar a forma societária pela qual a desconstituição será processada. Ele deve apenas decidir pela desaprovação total ou parcial".[272]-[273] E de outra forma não poderia ser, pois, quando o CADE decide pela não-aprovação do ato, ele deverá fundamentar a sua decisão, indicando os motivos de fato e de direito que o levaram a tomar aquele posicionamento, e necessariamente irá precisar os pontos críticos daquele ato que levaram à sua inconformidade com a estrutura concorrencial.

Deixar ao critério das partes pode até "ser mais interessante" para elas mesmas, mas não são apenas estas as interessadas na manutenção de um sistema de defesa da concorrência saudável e imparcial, mas a própria coletividade, titular dos direitos tutelados pela Lei 8.884/94.[274]

---

271 V. A.C. 12/94, de 30.9.1994 (Rhodia S.A./Sinasa).

272 Cf. Calixto Salomão Filho, op. cit., p. 299.

273 Acrescente-se ainda que esse posicionamento nada tem de contraditório com o que foi defendido em relação à necessidade das negociações no estabelecimento do compromisso de desempenho, pois são momentos processuais diversos e com objetivos igualmente diversos. De fato, mediante o compromisso de desempenho se pretende que aquele ato de concentração, que em princípio havia surgido dúvidas quanto à sua licitude, se amolde às necessidades e à estrutura do mercado. Por conseguinte, respeitando os pontos críticos da operação que foram indicados, as partes têm o direito de negociar como acham mais vantajoso que esta nova entidade empresarial venha a se constituir. Já a hipótese de desconstituição só irá ocorrer em casos extremos, em que não existam dúvidas dos efeitos deletérios daquele ato de concentração ao mercado, não havendo lugar para negociação. O ato deverá ser desfeito, buscando recompor o *status quo* anterior.

274 No voto da Conselheira-Relatora Hebe Romano, no A.C. 08012.005846/99-12, de 30.3.2000 (Fundação Antonio e Helena Zerrener/Instituição

Compete também ao CADE, quando opta pela desconstituição de um ato, decidir pela sua amplitude, ou seja, se a mesma será parcial ou total. Essa competência não significa que o CADE possa tomar decisões discricionárias, pois, além da obrigatoriedade da fundamentação, a autarquia deverá ter sempre em conta os princípios da legalidade, da proporcionalidade e da razoabilidade, sob pena de, se assim não fizer, ser possível a impugnação de sua decisão perante o Poder Judiciário.

Se o ato foi realizado sob condição suspensiva, não surgem muitos problemas, pois, em princípio, esse ato não produziu quaisquer efeitos jurídicos, podendo ocorrer a sua desconstituição sem maiores obstáculos. Acontece que essa não é a hipótese mais corriqueira, haja vista que, mesmo o pedido de autorização sendo prévio, nada impede que o seu fechamento suceda, o que tem causado uma série de questionamentos, por exemplo, no que diz respeito à contagem dos prazos, como já tratado. A situação se torna ainda mais complexa quando não se verificam as condições necessárias para que o ato seja aprovado, pois podem advir situações em que já houve a produção de efeitos jurídicos nocivos à ordem econômica. Nesse caso, quando a reversão desses efeitos se revela intransponível,[275] a lei prevê a responsabilidade civil das partes por perdas e danos que possam ter sido acarretados a terceiros.[276]

Uma decisão de não-autorização que implica na desconstituição de um ato[277] é sempre causadora de muitas polêmicas e economica-

---

Nacional de Beneficência/Empresa de Consultoria, Administração e Participações /Acap/Braco), restou claro que, "quando a Lei determinou ao Estado, neste caso ao CADE, que reprimisse os abusos de poder econômico, deu-lhe competência de agir no plano da ação pública, para garantir, pelo poder de polícia, interesses transindividuais, pertencentes a toda uma coletividade. Não há, pois, espaço para discutirem-se interesses jurídicos individuais, os quais excepcionalmente podem se subsumir, em face da proteção maior dos interesses públicos".

275 Nesse sentido ver Fábio Ulhoa Coelho, *Direito antitruste brasileiro...*, p. 128-129, que entende que efeitos materialmente ou juridicamente irreversíveis não poderão ser desconstituídos, visto que a lei não pode obrigar o impossível.

276 Ver artigo 54, § 9.º, da Lei 8.884/94.

277 Segundo Pedro Dutra, A concentração do poder econômico. Aspectos jurídicos..., p. 17, essa possibilidade pode ocorrer "se o CADE não vê

mente indesejável. Essa circunstância se acentua ainda mais quando se percebe que o procedimento decisório dos órgãos de defesa da concorrência é bastante moroso, em razão das deficiências de ordem institucionais já mencionadas. A verdade é que o sistema estabelecido pela Lei 8.884/94, que admite a produção de efeitos jurídicos de um ato de concentração antes que o mesmo seja analisado, acha-se em oposição com a maioria dos sistemas jurídicos de controle de operações de concentração encontrados na atualidade, como verificamos nas legislações comunitária e alemã já citadas. No A.C. 08000.017575I96-16 (Mahle GmbH/Cofap),[278] por exemplo, foi determinado que fossem tomadas providências para a alienação pela Mahle de sua participação no negócio de camisas da Cofap a outro competidor que tivesse condições de se manter no mercado como um *player* independente, ou quaisquer outras medidas que implicassem idêntico resultado ao pretendido com a alienação, ou seja, deveriam ser eliminados os efeitos nocivos à ordem econômica advindos do monopólio constatado na produção de camisas para o mercado de peças originais e a posição dominante no mercado de peças para reposição.

Por último, a lei trata ainda da possibilidade de desconstituição *parcial* de um ato de concentração,[279] ou seja, o CADE não autorizaria

---

possibilidade de os efeitos que se vão irradiar, ou que já se irradiam daquele ato, não concentrarem senão excessivamente poder econômico das empresas que o celebraram, e daí haver a possibilidade, efetiva ou potencial, de se ter abuso de poder econômico. Então ele não aprova o ato, não o ato formal, ele desaprova a recepção no mercado dos efeitos que se irradiam, ou irão irradiar, do ato; ele afasta, ele bloqueia a entrada daqueles efeitos na órbita concorrencial". Não concordamos na íntegra com a posição do autor, pois pode haver a hipótese de que o CADE não tenha como bloquear a entrada daqueles efeitos na órbita concorrencial, razão pela qual o dispositivo legal prevê a responsabilidade perante terceiros de prejuízos que tenham sido eventualmente causados por aquela entidade empresarial.

278 V. A.C. 08000.017575I96-16, de 12.8.1998 (Mahle GmbH/Cofap).

279 Segundo Pedro Dutra, A concentração do poder econômico. Aspectos jurídicos..., p. 17, o CADE poderia tomar tal decisão se entendesse que até um determinado estado, os efeitos que se irradiaram ou se irradiam não são nocivos. A desconstituição aí deveria conhecer estes limites e essas possibilidades, devendo decidir o CADE caso a caso.

parcialmente uma operação. O que essa possibilidade significa? Na realidade, estaríamos perante uma decisão de autorização com a determinação de um compromisso de desempenho de natureza estrutural até o ponto em que aquele ato de concentração deixasse de produzir efeitos nocivos à ordem econômica, o que não impediria, entretanto, que o mesmo continuasse a existir.[280] Por esse motivo, entendemos que não seria o caso, necessariamente, de uma decisão de não-autorização, mas sim de uma decisão de autorização parcial.

2.7 Da possibilidade de revisão da decisão de autorização de um ato de concentração

O artigo 55 da Lei 8.884/94 prevê a possibilidade da revisão de uma decisão de autorização de um ato de concentração,[281] razão pela qual podemos afirmar que a decisão do CADE não possui um caráter definitivo, estando sujeita à condição resolutiva.[282]

Encontram-se legitimados para propor a revisão de uma autorização de um ato de concentração o próprio CADE e a SDE, nas seguintes hipóteses:

i. se a decisão de autorização tiver sido baseada em informações falsas ou enganosas prestadas pelo interessado;

---

280 Confirmando essa tese, vale mencionar, mais uma vez, o A.C. 12/94, de 30.9.1994, que aprovou parcialmente o ato de concentração celebrado entre a Rhodia-Ster S.A. e Sinasa S.A. Nesse caso, como as eficiências propostas pelas requerentes em relação à integração horizontal não preenchiam as exigências dos §§ 1.º e 2.º do artigo 54, determinou-se a desconstituição parcial dos atos sob exame de forma a deles excluir as atividades pertinentes à fabricação das fibras de acrílico e poliéster.

281 Varella Bruna, Revisibilidade das decisões do CADE em atos de concentração..., p. 130, cita, por exemplo, a hipótese de uma concentração de empresas aprovada pelo CADE, sem reservas, que venha a possibilitar a prática de abuso de posição dominante. Entendemos que esse caso não ensejaria a revisibilidade da autorização, mas sim a instauração de um processo administrativo para a investigação de possível infração contra a ordem econômica.

282 Confirmando esse entendimento, ver previsão expressa dessa possibilidade no A.C. 08012.002335/00-43, de 02.05.01 (Varig/TAM).

ii. se ocorrer o descumprimento de quaisquer das obrigações assumidas;
iii. se não forem alcançados os benefícios visados;
iv. se houver o descumprimento injustificado do compromisso de desempenho.

Em relação à primeira hipótese, além da revisão da autorização, o interessado poderá ainda sofrer outras penalizações[283] por ter prestado informações falsas ou enganosas. Em outras palavras, se o interessado forneceu informações falsas à SDE e ao CADE, e com estas obteve uma decisão de autorização, não poderá permanecer beneficiado com o seu "ardil".[284]

A segunda hipótese se confunde com a última, pois essas obrigações assumidas possuem relação direta com a violação do compromisso de desempenho. O artigo 58, § 3.º, além de tratar do descumprimento injustificado, acrescenta que, nesse caso, será estabelecida a abertura de processo administrativo para a adoção de medidas cabíveis. Em nenhum momento essa disposição entra em conflito com a norma do artigo 55, pois no âmbito da revisão não existem quaisquer normas que limitem a sua amplitude. Em outras palavras, não há qualquer

---

283 Pode-se falar inclusive em comunicação ao Ministério Público para tomada de outras medidas judiciais cabíveis, como prevê o artigo 12 da Lei 8.884/94, além da sua competência originária prevista no artigo 129 da CF. Segundo Fábio Ulhoa Coelho, *Direito antitruste brasileiro...*, p. 34: "assim, constatando a prática de crime de competência da Justiça Federal, seja quem for o agente ativo (funcionário da autarquia, Presidente ou Conselheiro do CADE, empresário, administrador ou terceiros), caberá a requisição para a instauração do inquérito policial e, oportunamente, o oferecimento da denúncia. Se o crime for de competência da Justiça estadual, deve encaminhar os elementos disponíveis ao Procurador-Geral de Justiça do Estado em que a ação penal deve em andamento".

284 Segundo Varella Bruna, op. cit., p. 13, "mesmo que não houvesse disposição legal expressa neste sentido, ainda assim seria lícito concluir, com base na teoria dos motivos determinantes, de Direito Administrativo, que o CADE poderia invalidar a decisão em que tivesse sido levado a erro pelo interessado, proferindo nova deliberação com base nos fatos que posteriormente viesse a apurar".

previsão legal indicando se irão ser atribuídas novas obrigações, se o ato irá ser analisado com as novas informações ou se será determinada a sua desconstituição.

No que diz respeito à terceira hipótese, ou seja, o que seriam esses "benefícios visados", poderíamos admitir duas possibilidades. Se a decisão de aprovação não comportou quaisquer obrigações ou compromisso de desempenho, ou seja, o CADE concluiu pela inexistência de efeitos anticoncorrenciais: inicialmente, esse tipo de autorização não comportaria revisão, pois não foram determinados quaisquer benefícios a serem atingidos. Se entretanto essa decisão de autorização demandou um compromisso de desempenho objetivando o alcance de alguma sinergia e esta não foi obtida por razões legítimas, o que quer dizer que o descumprimento não foi injustificado (do contrário, seria o caso de descumprimento das obrigações assumidas), e essa autorização tivesse produzido ou pudesse produzir efeitos anticoncorrenciais no mercado, poderia então se vislumbrar o caso de "benefícios visados" não alcançados.

A possibilidade de revisão justifica-se porque o controle, na maioria das vezes, é efetuado posteriormente à realização do ato de concentração, e ainda pelo habitual caráter impositivo do Compromisso de Desempenho, o que pode fazer com que as sinergias pretendidas possam não ser alcançadas em alguns casos.[285]

E qual seria o âmbito dessa revisão? Como já tratado, o CADE, ao apreciar um ato de concentração, decide pela sua autorização tendo em vista a ausência de efeitos anticoncorrenciais, ou por ter constatado a existência das eficiências do § 1.º; ou, se estas não estiverem presentes ou estiverem presentes de forma não direcionada ou insuficiente, pode determinar a celebração de um compromisso de desempenho para

285 Como se verificou no A.C. 22/95, de 14.5.1997 (Bayer S.A./Companhia Nitro Química), no qual no Compromisso de Desempenho foi imposto o cumprimento de algumas obrigações relacionadas com a manutenção das condições de oferta. No entanto, a própria relatora sugeriu que aquelas condições poderiam ser alteradas, desde que comunicadas previamente ao CADE, e ainda que o seu teor fosse claramente favorável aos parceiros comerciais, como forma de garantir que os benefícios de eficiência a serem obtidos com a operação fossem compartilhados eqüitativamente com o mercado.

possibilitar a realização do "benefício visado", e apenas nesse último caso é que se aplicaria a hipótese de revisão.

De fato, se fosse possível ao CADE estar todo o tempo revisando as suas decisões por ter julgado que a análise efetuada naquele momento foi equivocada (sem entrar aqui no problema de informações falsas ou enganosas, mas apenas em uma decisão de autorização pura na qual foi constatada a presença das eficiências do § 1.º do artigo 54), essa situação geraria uma insegurança jurídica sem limites e comprometeria toda a confiabilidade depositada no sistema de defesa da concorrência nacional. Entretanto, se a decisão é condicionada ao cumprimento de obrigações e esse fato não ocorre, a circunstância já apresenta uma nova feição, pois, se a sua eficácia ou validade estava sujeita ao implemento daquela obrigação, e esta não foi atingida, nada mais justificável do que a possibilidade de revisão daquela decisão, não se falando necessariamente na desconstituição da operação.[286]

---

286 Por esse motivo discordamos de Varella Bruna, op. cit., p. 144, ao afirmar que "nada mais natural em Direito Econômico, no qual forçosamente hão de ser reconhecidas as variações conjunturais que reclamam a pronta atuação do Estado, com vistas a adaptar os meios às finalidades originalmente estabelecidas. Tais decisões, por sua própria índole e dentro das suas premissas iniciais, são atos do tipo que exigem revisão periódica de tempos em tempos, em relação aos quais não se opera a coisa julgada administrativa". Entendemos que a possibilidade de "revisão periódica" de decisão de autorização não é factível, justamente em se tratando em direito da concorrência, e especial no controle de concentrações de empresas, em que se busca a conformação da estrutura do mercado em benefício da coletividade. Essa remota possibilidade geraria uma instabilidade estrutural no mercado, causando uma insegurança jurídica profunda no meio empresarial, constantemente ameaçado pela possibilidade de uma intervenção estatal. Estaria ainda em profundo choque com o artigo 170, inciso IV, da Constituição Federal que elege como um dos princípios norteadores da ordem econômica e financeira do País a livre concorrência. Em última análise, uma autorização de intervenção estatal desta natureza, em vez de incentivar o alcance dos tão pretendidos benefícios, teria um efeito contrário, qual seja do total desestímulo aos investimentos, ao aumento da produtividade, da eficiência, do desenvolvimento tecnológico e da melhoria dos bens e serviços, pois inibiria a livre iniciativa empresarial.

A conclusão é que se o CADE ou a SDE constata que o novo ente empresarial, decorrente de uma determinada operação de concentração, vem atuando de modo a limitar ou prejudicar a livre concorrência, abusando da sua posição no mercado ou aumentando arbitrariamente os lucros, deverá puni-lo pelos meios cabíveis, instaurando um processo administrativo, na forma disciplinada no artigo 30 e seguintes da Lei 8.884/94. Não caberá falar em revisão da decisão de autorização, pois esta implica em mudança das estruturas, enquanto a única circunstância que se vislumbra com um novo ente empresarial constituído sem restrições é que o mesmo tenha procedido de maneira abusiva no mercado. Assim, em se tratando de condutas, os dispositivos legais aplicáveis são apenas os artigos 20 e 21, sendo possível a ocorrência de desconstituição de um ato, mas tão-só com fundamento legal no artigo 24, inciso V.[287]

Por último, no que diz respeito às decisões de aprovação por decurso do prazo, nos posicionamos com Ulhoa Coelho pela impossibilidade de revisão, "porque isso levaria à ineficácia da parte final da norma contida no artigo 54, § 7.º. Ou seja, admitir a possibilidade de revisão de ato aprovado por decurso de prazo é o mesmo que não admitir essa modalidade específica de aprovação, contrariando formalmente o previsto naquele dispositivo da lei antitruste",[288] além do que não seria o caso de condicionamento a compromissos de desempenho, sendo impossível o preenchimento dos requisitos do artigo 55. Acrescente-se ainda que, como visto, não se pode falar sequer em uma verdadeira decisão, mas apenas de uma mera declaração do conselheiro-relator constatando a ausência de indícios que possam caracterizar danos à concorrência.[289]

---

287 Artigo 24, inciso V, da Lei 8.884/94, sem prejuízo das penas cominadas no artigo 23, quando assim exigir a gravidade dos fatos ou o interesse público geral, poderão ser impostas as seguintes penas, isolada ou cumulativamente, dentre elas, a de cisão de sociedade, transferência do controle societário, venda de ativos, cessação parcial de atividade, ou qualquer outro ato ou providência necessários para a eliminação dos efeitos nocivos à ordem econômica.

288 V. Fábio Ulhoa Coelho, op. cit., p. 130.

289 Pode-se perguntar: e se esses indícios vierem a se concretizar, poder-se-ia falar em revisão? Trata-se de uma questão complexa, mas cautelarmente

2.8 Da possibilidade de reapreciação de uma decisão de não-aprovação

Apesar de a Lei 8.884/94 não fazer qualquer referência, o CADE, no âmbito de sua competência prevista no artigo 7.º, inciso XIX, regulamentou no artigo 10 da Resolução 15/98 a possibilidade de reapreciação de uma decisão de não-aprovação. Encontram-se legitimadas as requerentes do pedido de aprovação negado, que poderão exercer esse direito no prazo de 60 dias contados da data da publicação do acórdão, quando se tratar de ato ou contrato ainda não realizado, ou no prazo fixado para a desconstituição do ato, ou ainda no prazo para a manifestação das requerentes sobre as condições de aprovação.[290]

Essa possibilidade somente poderá ocorrer quando a decisão plenária do CADE negar a aprovação do ato de concentração, ou o aprovar sob condições, e desde que se fundamente em fato ou documento novo, capazes de por si sós de lhes assegurar pronunciamento favorável. Trata-se de um procedimento efetuado dentro da própria esfera administrativa, caracterizando-se o que se chama de *controle administrativo*.[291]

A resolução não conceitua o que se entende por fato ou documento novo, e, em razão da autorização prevista no artigo 83 da lei de defesa da concorrência brasileira, pode-se recorrer ao auxílio do direito processual civil no que diz respeito à ação rescisória. O artigo 485 do Código de Processo Civil brasileiro autoriza a rescisão de uma sentença se, depois dela, o autor obtiver documento novo, cuja existência ignorava, ou de que não podia fazer uso, capaz, por si só, de lhe assegurar pronunciamento favorável. Segundo Barbosa Moreira, "por 'documento novo' não se deve entender aqui o *constituído* posteriormente. O adjetivo

---

poderíamos dizer que *não* (pois essa hipótese não está prevista no artigo 55). Nesse caso, a única saída seria a abertura de um processo administrativo para tentar reprimir ou prevenir alguma conduta.

290 V. artigo 12 da Resolução (CADE) 15/98.

291 Seabra Fagundes, op. cit., p. 87, explica que esse autocontrole tem por objetivo corrigir os defeitos de funcionamento interno do organismo administrativo, aperfeiçoando-o no interesse geral e ensejar a reparação a direitos ou interesses individuais, que possam ter sido denegados ou preteridos em conseqüência de erro ou omissão na aplicação da lei.

'novo' expressa o fato de só agora ser ele utilizado, não a ocasião em que veio a formar-se. Ao contrário, em princípio, para admitir-se a rescisória, é preciso que o documento já *existisse* ao tempo do processo em que se proferiu a sentença. Documento 'cuja *existência*' a parte ignorava é, obviamente, documento que existia; documento de que ela 'não pode fazer uso' é, também, documento que, noutras circunstâncias, poderia ter sido utilizado, e portanto existia". Acrescenta ainda o renomado autor que esse documento "deve ser tal que a respectiva produção, por si só, fosse capaz de assegurar à parte pronunciamento favorável. Em outras palavras: há de tratar-se de prova documental suficiente, a admitir-se a hipótese de que tivesse sido produzida a tempo, para levar o órgão julgador a convicção diversa daquela a que chegou. Vale dizer que tem de existir nexo de causalidade entre o fato de não se haver produzido o documento e o de se ter julgado como se julgou".[292]

Um dos casos em que o CADE aceitou um pedido de reapreciação foi em relação à decisão de proibição da *joint venture* entre a Antarctica/ Anheuser-Bush,[293] mas com base nos artigos 27 e 28 da antiga Resolução 5, de 28.8.1996, já revogada. Nesse caso, as partes alegaram que o projeto inicial havia sofrido alterações visando adequar os termos da associação às exigências constantes da decisão do CADE e o relator do processo justificou a sua admissibilidade em razão do "poder-dever que a Administração Pública possui de tutelar os seus próprios atos", "na ampla discricionariedade que tem o CADE no exercício de sua competência para exercer o controle da concorrência, impondo metas quantitativas e qualitativas aos agentes econômicos, com o objetivo de atender aos interesses difusos da coletividade".[294]-[295]

---

292 Cf. José Carlos Barbosa Moreira, *Comentários ao Código de Processo Civil (Lei n. 5.869, de 11 de janeiro de 1973)*, p. 135-136.

293 V. A.C. 83/96, de 18.6.1997 e 23.7.1997 (Cia. Antarctica Paulista e Anheuser-Bush International Inc.). O relatório, votos e acórdão do pedido de apreciação podem ser consultados em Pedro Dutra, *A concentração do poder econômico – Jurisprudência anotada*, p. 1.2571.327.

294 Cf. Relatório do pedido de reapreciação, op. cit., p. 1260.

295 Nesse mesmo sentido ver o Pedido de Apreciação de 20.6.1995 apresentado pela Siderúrgica Laisa (Grupo Gerdau/Siderúrgica Pains).

Não se pode falar necessariamente de que se trata de um "fato ou documento novo", pois esse pedido de reapreciação foi julgado procedente, em razão do redesenho da operação, alteração nas cláusulas consideradas anticoncorrenciais anteriormente, da demonstração do comprometimento com a entrada do concorrente potencial, da quantificação da capacidade de eficiências e benefícios a serem compartilhados com o consumidor. Foi exigido ainda da nova associação que fossem garantidas condições de entrada de concorrente potencial e caracterização de um novo *player*, capazes de agregar o dinamismo e eficiência ao mercado.

Por último, acrescente-se que esse pedido de reapreciação poderá ser indeferido liminarmente, *ad referendum* do Plenário, pelo relator, quando for apresentado fora do prazo, não satisfizer as condições processuais da ação[296] e, finalmente (a única decisão de mérito), a pretensão for julgada manifestamente improcedente. Nesse caso, o único remédio viável é o recurso ao Poder Judiciário.[297]

2.9 Controle pelo Poder Judiciário. Limites?

O Poder Judiciário exerce também um papel significativo no âmbito do controle dos atos de concentração, mas é necessário, em primeiro lugar, estabelecer algumas premissas. Já foi defendido que a decisão do CADE caracteriza-se por ser de natureza vinculada e que, por este motivo, o julgador estaria adstrito a ter em consideração os imperativos do artigo 54, em especial do seu § 1.º, quando da apreciação de um ato de concentração. Por outro lado, o artigo 5.º, XXXV, da Constituição Federal brasileira garante expressamente que a lei não excluirá da apreciação do Poder Judiciário lesão ou ameaça de direito.

Por conseguinte, o nosso sistema jurídico-constitucional abre a possibilidade de propositura de ação perante o Poder Judiciário contra qualquer decisão do CADE em que se verifique lesão ou ameaça de direito,[298] diferentemente do que ocorre no direito comunitário, em que

---

296 Que seriam os requisitos do artigo 11 da Resolução 15/98: o nome e a qualificação das requerentes, o fato ou documento novo, e as razões do pedido de nova decisão.

297 V. artigos 13 e 14 da Resolução CADE 15/98.

298 Washington Souza, op. cit., p. 221, apesar de reconhecer a competência do Poder Judiciário para a apreciação definitiva dos atos de abuso do poder

a atuação do Tribunal de Justiça encontra-se limitada ao exame das questões de legalidade das decisões da Comissão Européia e, ainda, no que diz respeito à dosagem das multas ou sanções pecuniárias compulsórias que tenham sido aplicadas.[299]

Pergunta-se: isso significa que o Poder Judiciário poderá rever as decisões do CADE em sua integralidade? Essa resposta pode ser divida em duas partes. Em *primeiro* lugar, no que se refere às questões técnicas, como a avaliação de poder de mercado, a determinação de mercado relevante e outras apreciações de natureza econômica, que são objetos dos pareceres técnicos emitidos pela SEAE e pela SDE, e desprovidos de natureza vinculativa para o julgador do CADE, entendemos que o Poder Judiciário não teria a competência para alterar qualquer assertiva ali presente, salvo erro manifesto ou em se tratando de alguma nulidade absoluta.[300]

Em *segundo lugar* e respondendo a pergunta, caberia então ao Poder Judiciário intervir no mérito sim, pois, apesar de o julgador do CADE não estar vinculado aos pareceres técnicos das Secretarias, se ele não os aceita, tem a obrigação de fundamentar a sua decisão, sob pena de nulidade absoluta. Nesse ponto, indiscutivelmente, caberia a revisão do Poder Judiciário. E depois, na hipótese de o parecer técnico ser acolhido, caberia ainda a intervenção do Poder Judiciário no que diz respeito à fundamentação da decisão tomada pelo CADE, sendo possível a apreciação não apenas de questões de legalidade, mas também de razoabilidade e proporcionalidade.[301]

---

econômico, o autor entende que nesse julgamento "não se pode registrar plena e segura convicção de que os dispositivos legais sobre política-econômica sejam objeto de seu julgamento".

299 O artigo 16 do Regulamento (CE) 4.064/89 dispõe que o Tribunal de Justiça conhecerá, no exercício da competência de plena jurisdição na acepção do artigo 229 do Tratado CE, dos recursos interpostos contra as decisões da Comissão em que tenha sido aplicada uma coima ou uma sanção pecuniária compulsória; o Tribunal pode suprimir, reduzir ou aumentar a coima ou a sanção pecuniária compulsória aplicadas. Ver mais no Capítulo 1.

300 Voltando, portanto, à discussão do item 2.4.2, na garantia do direito ao contraditório das partes durante toda a fase instrutória da análise do ato de concentração.

301 Como bem lembra José Carlos Martins Proença, op. cit., p. 173-174, "A Administração, na aplicação do direito antitruste, deve fazer uso dos

Ao assegurar o exame de lesão ou ameaça de direito pelo Poder Judiciário, o Poder Constituinte pretendia garantir que nenhuma lei ordinária ou complementar pudesse excluir liminarmente o controle judicial.[302]-[303]

---

conceitos jurídicos indeterminados, levando em conta os objetivos de política econômica sem desrespeitar as garantias constitucionais. As decisões hão de ser orientadas pelos princípios da razoabilidade e proporcionalidade, não se admitindo, assim, que se use meio inadequado à consecução do resultado que se espera. Prepondera uma relação de meio e fim. Não cabe ao Judiciário, no caso de possibilidade de várias soluções, interferir, substituindo decisão administrativa por outra sua. Compete-lhe, entretanto, verificar se a Administração atuou nos limites da legalidade. Isso envolve apreciação do conteúdo e alcance da autorização outorgada à Administração. Essa orientação não ofende a garantia constitucional de acesso ao Judiciário, expressa, antes, aperfeiçoamento do Estado de Direito e suas novas funções".

302 Neste sentido ver Borges da Fonseca, op. cit., p. 59, que adverte que a disciplina legal não afasta o respeito aos parâmetros gerais, nem impede o Judiciário de apreciar a proporcionalidade e razoabilidade das decisões, sem, contudo, avocar para si a discricionariedade técnica da Administração. Seabra Fagundes, op. cit., p. 126-127, apesar de sustentar que o Poder Judiciário não poderia apreciar o mérito dos atos administrativos, pois estes teriam como pressuposto uma opção política, em função das normas da boa administração, termina por confirmar a nossa tese, ao afirmar que em se tratando de "competência vinculada, sendo a atividade do administrador adstrita a um motivo único, predeterminado, cuja ocorrência material lhe cabe tão-somente constatar, e devendo ter o procedimento administrativo por objeto de uma certa e determinada medida, expressamente prevista pela lei, não há cogitar do mérito como um dos fatores integrantes do ato administrativo". Tércio Sampaio Ferraz, Discricionariedade nas decisões do CADE sobre atos de concentração, p. 89, acrescenta ainda que "se tais atos são vinculados, a possibilidade de recurso ao Judiciário deve ser aprovada. O juiz há de apreciar o mérito da decisão e não apenas questões formais de competência e moralidade. Cabe-lhe, assim, examinar à solidez dos critérios técnicos embasadores da decisão. E isto mormente quando se atenta para o fato de que no capítulo do controle de atos e contratos estamos às voltas com um ato de intervenção do Estado no domínio econômico que pode atingir um direito fundamental, qual seja, a liberdade de iniciativa. Submeter a livre iniciativa, direito subjetivo fundamental, a uma técnica, é submeter a liberdade à tirania da técnica, à tecnocracia".

303 Sobre o tema de controle jurisdicional das decisões do CADE, ver também os comentários de José Carlos Martins Proença, op. cit., p.161-182, que, de uma forma resumida, entende que as decisões do CADE fundadas no § 1.º do artigo 54 são passíveis de revisão pelo Poder Judiciário, ao contrário das decisões fundadas no § 2.º do mesmo dispositivo legal.

Capítulo 3 – Controle de Concentrações de Empresas no Mercosul

3.1 O controle da concorrência no Mercosul: algumas questões institucionais prévias

3.1.1 Origem do Mercosul e algumas questões institucionais prévias

O Mercosul surgiu em 26.3.1991 por meio do Tratado de Assunção, firmado entre o Brasil,[1] Argentina, Paraguai e Uruguai,[2] e caracteriza-se como a mais bem-sucedida experiência integracionista ocorrida na América Latina até o momento.[3]-[4]

---

1 Artigo 4.º, parágrafo único, Constituição Federal: a República Federativa do Brasil buscará a integração econômica, política, social e cultural dos povos da América Latina, visando a formação de uma comunidade latino-americana de nações.

2 O Chile e a Bolívia aderiram ao Mercosul, por meio das Decisões do CMC 03/96 e 04/96, mas se encontram em diferentes fases de integração do restante dos países integrantes do Mercosul.

3 As tentativas de integração na América Latina são remotas, apontando alguns autores como o precursor deste movimento Simon Bolívar, que no século XIX lutou pela realização do Tratado da União, Liga e Confederação Perpétua entre as Repúblicas da Colômbia, Centro-América, Peru e Estados Unidos Mexicanos, e pela organização da Grã-Colômbia, unindo Colômbia, Venezuela, Equador e Peru – para ele estas eram as únicas soluções viáveis para a prosperidade da América Latina. No século atual, foram algumas tentativas: Alalc (Associação Latino-Americana de Livre Comércio); Aladi (Associação Latino-Americana de Integração), existindo grandes discussões acerca do sucesso ou não das mesmas, mas o que efetivamente se verifica é que tais processos jamais ultrapassaram a fase de zona de livre comércio, mesmo assim com grandes restrições. Quanto ao Nafta (Acordo de Livre Comércio da América do Norte) e o Pacto Andino, ambos têm propostas diferentes do Mercosul, razão pela qual revela-se descabida a análise comparativa neste trabalho. Segundo Albert van Klaveren, Why integration now? Options for Latin America, p. 116, as dificuldades para a integração latino-americana encontradas no passado não devem ser atribuídas apenas às deficiências nos conceitos e projetos para implementação do processo integrativo, pois também refletem os profundos problemas econômicos e políticos internos sofridos por quase todos os países da região, assim como a deterioração das suas relações econômicas. Para maiores detalhes sobre a

Surge como uma resposta aos processos de integração que estavam ocorrendo em diversas regiões do mundo – tendo em conta a evolução dos acontecimentos internacionais, em especial a consolidação de grandes espaços econômicos e a importância de lograr uma adequada inserção internacional para seus países.[5]-[6]

Por outro lado, como uma reafirmação de que o objetivo integracionista anterior não estava morto, ratificando a vontade política de continuar o processo.[7] Estão previstas nesse tratado as diretrizes básicas que nortearam o processo durante o primeiro período de transição, até a implantação da união aduaneira em 1.º.1.1995.[8]

---

matéria, v. Antonieta Petrilli, Evolução de acordos de integração regional, e Paulo Casella, Integration in the Americas – An overview, p. 412-418.

4 Entretanto, encontramos autores que entendem que o Mercosul não possui um caráter integracionista, como Albert van Klaveren, op. cit., p. 140, pois, para ele, como regra geral, a realidade econômica latino-americana indica que a região é mais adaptada à aplicação de instrumentos mais suaves de integração do que a introdução de modelos avançados como o comunitário. Nesse estágio, áreas de livre comércio parecem mais recomendáveis do que mercados comuns, uma vez que o grau de homogeneidade e convergência *requeridas parece difícil de ser alcançado na América Latina.*

5 Cf. Preâmbulo do Tratado de Assunção. Aliás, esses são os principais fundamentos que explicam a vitalização dos processos de integração regional e sub-regional na América Latina para Francisco Luzarraga, *El acuerdo entre la Unión Europea y el Mercosur en el marco de la intensificación de relaciones entre Europa y América Latina*, p.761-792.

6 Para Werter Faria, A integração econômica e o direito comercial, na sua primeira fase, a proposta do Mercosul diferia da Comunidade Européia, pois "a finalidade imediata é a integração econômica, em lugar da criação de uma organização de integração de natureza supranacional, como a Comunidade Européia. O objeto do Tratado de Assunção – constituir um mercado comum – não corresponde ao do Tratado de Roma – instituir uma comunidade econômica. O mercado comum é uma forma de integração simplesmente econômica e a comunidade outra, mais avançada (político-econômica)". No entanto, como veremos adiante, com a aprovação do Protocolo de Ouro Preto (POP), essa afirmação já não corresponde mais à realidade.

7 Preâmbulo do Tratado de Assunção: conscientes de que o presente Tratado deve ser considerado como um novo avanço no esforço tendente ao desenvolvimento progressivo da integração da América Latina, conforme o objetivo do Tratado de Montevidéu de 1980.

Esse processo revelou-se extremamente positivo[9] para os países integrantes do Mercosul e tem atraído a atenção de países e blocos regionais que não participam do mesmo, como os Estados Unidos,[10] Canadá,[11] a União Européia,[12] países-membros do Pacto Andino etc.

---

8 Considerada pela maior parte da doutrina *imperfeita*, pois não estariam em livre circulação todas as espécies de bens, existindo um regime excepcional para determinadas categorias. V. nesse sentido Lia Pereira, *Tratado de Assunção: resultados e perspectivas*, p. 18-20. Outros autores, no entanto, como Maria Cristina Boldorini, Mecanismos institucionais, consideram que a união não é imperfeita, tem apenas que se completar.

9 Segundo Salomão Quadros, Mercosul: sinopse gráfica, p. 284, "as exportações intra-regionais, isto é, as de cada país do Mercosul para os outros três, somadas, passaram de US$4.127,3 milhões em 1990 para US$10.026,7 milhões em 1993. Em termos relativos, o comércio intra-regional passou de 8,81% das exportações totais para 18,32% no mesmo período. Coincidentemente, as exportações para o restante da América Latina também ganharam terreno, crescendo de 8,17% para 11,36% das exportações totais. Paraguai e Uruguai, que historicamente já destinavam parcelas superiores a 30% de suas exportações para os países do Mercosul, sedimentaram essa tendência. Argentina e Brasil, por outro lado, reorientaram maciçamente suas exportações para o bloco".

10 Segundo Botafogo Gonçalves, *A consolidação do Mercosul: o primeiro ano de vigência da União Aduaneira*, o início das negociações para a implementação do Alca até o ano 2005 tem gerado algumas controvérsias no Brasil, em razão de fortes pressões dos Estados Unidos em querer atrair o Brasil para essa integração, afastando-o do Mercosul. No entanto, o processo de integração do Mercosul não sofre nenhum perigo, haja vista a metodologia adotada pelo Alca, segundo a qual a integração do hemisfério deve ocorrer a partir da convergência gradual dos diversos esquemas regionais existentes (*building blocks*).

11 V. Decisão 14/97 que trata do Projeto de Entendimento de Cooperação em Matéria de Comércio e Investimentos entre o Mercosul e Canadá.

12 A Comunidade Européia é hoje o principal parceiro econômico do Mercosul. Em dezembro de 1995 foi assinado o Acordo Quadro Inter-regional de Cooperação Econômica e Comercial de 29.4.1999, em que estão previstos cooperação à gestão do processo de integração comercial do próprio mercosul e o seu comércio externo; ajuda técnica (investigação e desenvolvimento, sistemas de informação e projetos de telecomunicações europeus); projetos pan-regionais (em matéria de transportes, energia, ambiente,

Atendendo, portanto, a esse processo evolutivo, em 26.31996, foi promulgado o Protocolo de Ouro Preto, que é considerado o instrumento jurídico-institucional do Mercosul. Encontram-se definidos os principais órgãos e suas respectivas competências – Conselho do Mercado Comum (CMC), Grupo Mercado Comum (GMC), Comissão de Comércio do Mercosul (CCM), Comissão Parlamentar Conjunta (CPC), Foro Consultivo Econômico-Social (FCES) e a Secretaria Administrativa (SAM).[13] É importante ressaltar que só a partir desse Protocolo é que o Mercosul passou a existir com personalidade jurídica de direito internacional,[14] adquirindo capacidade para contrair direitos e obrigações como entidade autônoma, negociar com países terceiros e outros blocos econômicos, independentemente dos países-membros que o compõem.

Acontece que, apesar de todo o sucesso ocorrido em um prazo relativamente curto, duas providências básicas não foram tomadas: a criação de um tribunal e a existência de órgãos supragovernamentais.

Em relação ao primeiro problema, há atualmente uma grande discussão a respeito da conveniência ou não da criação de um tribunal. Para a solução das controvérsias que surgirem entre o Estados-partes sobre a interpretação, a aplicação ou o descumprimento das disposições contidas no Tratado de Assunção, no Protocolo de Ouro Preto, dos protocolos e acordos celebrados no marco do Tratado de Assunção, das

---

telecomunicações, ordenamento urbano e outros setores industriais). Para uma completa evolução das relações desenvolvidas entre a Comunidade Européia e a América Latina ver Francisco Luzarraga, op. cit., p.761-792. Consoante *Informe Irela* de 19 de febrero de 1999, Mercosur – Unión Europea: dinámicas y prospectivas de una asociación creciente, p. 1-2, o Mercosul é o principal parceiro econômico da União Européia na América Latina. Em 1997, a União Européia recebeu 23% das exportações do Mercosul e foi origem de 26% de suas importações, o que significa uma participação comercial muito maior do que a existente com os Estados Unidos, que representa apenas 14% das vendas e 22% das compras. No ano de 1998, cerca de metade das importações e exportações da União Européia para a América Latina se dirigiu para o Mercosul.

13 Para a competência de cada um desses órgãos consultar os artigos 3 a 33 do POP.

14 Artigo 34, POP: o Mercosul terá personalidade jurídica de Direito Internacional.

decisões do CMC e das diretrizes da CCM, adota-se o Protocolo de Olivos, de 18.2.2002,[15] que prevê um processo fundado em três etapas básicas:[16]

1.ª Negociações diretas.

2.ª Se não houver um acordo ou a controvérsia for solucionada parcialmente, por mútuo consenso, a situação pode ser examinada mediante um procedimento de natureza administrativa pelo GMC.

3.ª Não tendo sido possível solucionar a controvérsia em âmbito administrativo, os Estados-partes podem recorrer ao procedimento arbitral, em que se constitui um tribunal arbitral para cada caso.

Alguns autores[17] consideram esse procedimento suficiente para atender às necessidades do Mercosul no estágio em que o mesmo se encontra atualmente, pois sequer a união aduaneira está em plena vigência. Verifica-se, no entanto, que tal procedimento não tem obtido ampla aceitação pelas partes interessadas,[18] além do que o mesmo

---

15 Esse protocolo substituiu recentemente o Protocolo de Brasília de 17.12.1991.

16 Ressalte-se que a aplicação desse procedimento não é obrigatória. Nos termos do artigo 1.º, n. 2, do Protocolo de Olivos, as controvérsias que possam também ser submetidas ao sistema de solução de controvérsias da Organização Mundial do Comércio ou de outros esquemas preferenciais de comércio de que sejam parte individualmente os Estados-partes do Mercosul poderão sujeitar-se a um ou outro foro, à escolha da parte demandante. Sem prejuízo disso, as partes na controvérsia poderão, de comum acordo, definir o foro.

17 Neste sentido ver Cachapuz de Medeiros, Assimetrias jurídicas no Mercosul; Antonio Boggiano, As Cortes Supremas de Justiça no processo de integração do Mercosul, Werter Faria, Experiências latino-americanas de integração, Gabriela Manchero-Bucheli, Anti-competitive practices by private undertakings in ANCOM and MERCOSUR: an analysis from the perspective of the EC Law, p. 171, e López-Muñiz, J. L. Martínez, Mercosur: balance actual y perspectivas a la luz de la experiencia de la Comunidade Europea. Posibilidades de un Tribunal Supranacional para asegurar el cumplimiento e interpretación uniforme del derecho del Mercosur, p. 66-67.

18 Cf. Cachapuz de Medeiros, op. cit., "na realidade, o sistema vigente não caiu no agrado de muitos empresários e homens de negócios. Estes, em geral, desconhecem ou acham muito complicado o procedimento de consulta às seções nacionais da Comissão do Comércio do Mercosul e do Grupo do

não proporciona a segurança jurídica que uma estrutura judiciária forneceria.[19]

No que diz respeito à não-existência de um órgão supranacional[20] no Mercosul, o principal e menos salutar efeito é que as decisões, resoluções e demais formas de deliberação presentes passam a ter um cunho político, por estarem sempre a discutir os interesses individuais dos Estados-partes, dificultando o processo integracionista.

3.1.2 O processo evolutivo do controle da concorrência

O controle da concorrência no Mercosul se encontra ainda em estágio bastante primário, apesar da grande evolução que se verifica no

---

Mercado Comum. Preferem levantar sua voz ao notarem prejuízos motivados por atitudes de um dos Estados-partes em transgressão ao direito primário ou secundário do bloco regional. O não acionamento do sistema acaba por gerar uma politização das controvérsias comerciais, levando os Chefes de Estado a se encarregarem pessoalmente de resolver as divergências (cúpulas Menem-Cardoso), para que não aflorem crises que deteriorem o processo de integração econômica e a imagem externa do Mercosul. Na prática, poucas reclamações concretas chegaram à Comissão de Comércio do Mercosul e ao Grupo do Mercado Comum". Paulo Casella, A comparative approach to competition law in the European communities and the Mercosul, p. 49, também considerava esse procedimento suficiente apenas durante um período transitório, mas que a situação poderia se tornar muito complexa, se este fosse adotado como um procedimento permanente.

19 Jürgen Samtleben, Perspectivas para uma corte do Mercosul e a experiência Européia, p. 318-319, ao analisar sobre a conveniência de se adotar o sistema judicial comunitário no Mercosul, conclui que *não*, pois, segundo ele, "as diferenças entre ambos os blocos econômicos são muito grandes. A maior diferença reside na estrutura institucional atual do MERCOSUL e na falta de um órgão independente, porque todos os órgãos com capacidade decisória são de natureza intergovernamental".

20 O únicos órgãos que teriam tal caráter seriam a Secretaria Administrativa, prevista nos artigos 31 a 33 do POP, e o Comitê de Defesa da Concorrência, previsto no parágrafo único do artigo 8.º do Protocolo de Fortaleza. A primeira funciona apenas como *apoio operacional*, responsável pela prestação de serviços aos demais órgãos do Mercosul, não tendo qualquer natureza deliberativa. Quanto ao segundo há apenas a previsão de sua criação, inexistindo qualquer dado acerca do seu efetivo funcionamento.

processo de integração. Os Estados-partes sempre tiveram uma política econômica fundada no protecionismo exacerbado, com proibições de importações, altas taxações visando a inibição da entrada de produtos estrangeiros ao mercado, empresas estatais detentoras de grandes monopólios, controle de preços, além dos subsídios, que em seu conjunto provocaram uma estagnação econômica.[21] Caracterizava-se, portanto, como um mercado altamente distorcido, em que "não havia campo propício ao florescimento dos mecanismos do mercado e, muito menos, da livre concorrência".[22]

Esse processo evolutivo não tem passado despercebido pela comunidade internacional, como se verificam dos acordos de cooperação realizados com diversos Estados soberanos e, especialmente, com a Comunidade Européia. Por outro lado, os únicos países que dispõem de legislação acerca da defesa da concorrência são a Argentina e o Brasil,[23] o que indiretamente poderia ser um fator a dificultar a integração do bloco internacionalmente.[24]

---

21 Isabel Vaz, op. cit., p. 206, faz excelente análise do *quadro econômico em que o Brasil se encontrava*, "cumpre considerar, entretanto, e não menosprezar o fato de não se ter praticado no Brasil o que se poderia chamar, em termos técnicos, uma economia de mercado. Não possuindo o País uma sólida tradição de exercício da livre concorrência no plano interno, torna-se extremamente difícil pretender que, de uma hora para outra, nas relações comerciais internacionais, as empresas brasileiras se encontrem capacitadas a competir com outros agentes econômicos mais hábeis, melhor preparados e mais poderosos, sob vários aspectos. Nessa questão, a idéia darwiniana de luta pela sobrevivência oferece uma imagem bastante adequada para a avaliação das reais possibilidades de sucesso de indústria e do comércio nacionais. Fatores altamente negativos, como o atraso tecnológico, decorrente da escassez de inversões em pesquisa científica aplicada à produção, o descontrole da inflação, agravado pelo alto custo do financiamento ao setor industrial, o aviltamento dos salários, e a diminuição dos investimentos públicos em diversos setores prejudicam a adoção da livre concorrência".

22 Isabel Vaz, op. cit., p. 209.

23 No Brasil, encontra-se em vigência a Lei 8.884, de 11.6.1994, e na Argentina, a Lei 25.156/99. Em 2001 foi apresentado um Projeto de Lei de Defesa da Concorrência no Paraguai, que atualmente está em discussão.

24 Como Rivière Marti, La política de competencia en América Latina, p. 82, adverte, a adoção de regras da concorrência na América Latina constitui um

É dentro desse quadro político-econômico que surge o Mercosul, estando prevista no artigo 1.º do Tratado de Assunção[25] a criação de um mercado comum, fundado na livre circulação de bens, serviços e fatores produtivos, tendo em vista que um dos propósitos ali inseridos é a coordenação de políticas macroeconômicas e setoriais entre os Estados-partes – de comércio exterior, agrícola, industrial, fiscal, monetária, cambial e de capitais, de serviços, alfandegária, de transportes e comunicações e outras que se acordem – *a fim de assegurar condições adequadas de concorrência entre os Estados-partes.*

Dentro desse propósito foram criados subgrupos de trabalho, que atuam em diversos setores, para a conformação do *mercado comum.* A primeira medida tomada relativa à matéria foi a Decisão do CMC de n. 03/92,[26] que trata da Aprovação do Procedimento de Queixas e

---

importante elemento de desenvolvimento econômico e de integração regional daqueles mercados. Assim, onde existe segurança jurídica e certeza de sua aplicação, os riscos de conflito comercial e políticas de defesa comercial se reduzem consideravelmente.

25 Artigo 1.º, TA: Os Estados Partes decidem constituir um Mercado Comum, que deverá estar estabelecido a 31. de Dezembro de 1994, e que se denominará "Mercado Comum do Cone Sul" (Mercosul).
Este Mercado Comum implica:
A livre circulação de bens, serviços e fatores produtivos entre os países, através, entre outros, da eliminação dos direitos alfandegários, restrições não tarifárias à circulação de mercado de qualquer outra medida de efeito equivalente;
O estabelecimento de uma tarifa externa comum e a adoção de uma política comercial comum em relação a terceiros Estados ou agrupamentos de Estados e a coordenação de posições em foros econômico-comerciais regionais e internacionais;
A coordenação de políticas macroeconômicas e setoriais entre os Estados-partes – de comércio exterior, agrícola, industrial, fiscal, monetária, cambial e de capitais, de serviços, alfandegária, de transportes e comunicações e outras que se acordem –, a fim de assegurar condições adequadas de concorrência entre os Estados-partes; e
O compromisso dos Estados-partes de harmonizar suas legislações, nas áreas pertinentes, para lograr o fortalecimento do processo de integração.

26 As deliberações do CMC são denominadas *decisões*, enquanto as do GMC são *resoluções*, sendo ambas obrigatórias para os Estados-partes – V. artigos 9.º e 15 do POP.

Consultas sobre Práticas Desleais de Comércio aplicáveis durante o período de transição.[27] A Decisão 07/93 aprova o Regulamento Relativo à Defesa contra as Importações que sejam objeto de *Dumping* ou de Subsídios, principalmente em relação a países terceiros, visando efetivar a política comercial comum.[28]

No ano de 1994 foram aprovadas as Decisões 20 e 21, sendo a primeira relacionada às diretrizes que devem ser observadas para eliminar as políticas públicas que distorcem a competitividade e a segunda referente às diretrizes a serem seguidas no sentido de harmonização das legislações nacionais de defesa da concorrência.[29]-[30]

---

27 Essa decisão teve vigência até dezembro de 1994. Visava principalmente beneficiar o consumidor, pois "deve se assegurar aos consumidores de direito de não serem induzidos a erro ou engano", e determinava em seu artigo 1.º que os Estados-partes devem aceitar os valores e tolerâncias dos conteúdos dos produtos industrializados pré-medidos, tal como são comercializados internamente segundo as legislações nacionais vigentes no país de origem, até que se proceda a sua harmonização.

28 Esse regulamento se encontra em consonância com as regras do comércio internacional, pois elaborado em observância ao Acordo Relativo à Interpretação e Aplicação do Artigo VI do Acordo Geral sobre Tarifas Aduaneiras e Comércio (GATT, Código *Antidumping*), e o Acordo Relativo à Interpretação e Aplicação dos Artigos VI, XVI e XXIII, do citado Acordo Geral (Código de Subsídios e Direitos Compensatórios).

29 Em ambas as decisões foi prevista a criação de um Comitê Técnico para tratar das matérias com prazo calculado para entregar as propostas até 30.7.1995.

30 A harmonização das legislações entre os Estados-partes deverá também levantar algumas dificuldades no futuro, como lembra Vera Fradera, A circulação de modelos jurídicos europeus na América Latina: um entrave à integração econômica no Cone Sul?, p. 36, ao comparar o Mercosul com a experiência comunitária européia, pois, "após transcorridos tantos anos desde a criação do Mercado Comum, dúvidas e hesitações todavia persistem a respeito da forma ideal de aproximar diferentes ordens jurídicas, no sentido de tornar efetivas as quatro liberdades aqui tantas vezes enumeradas, quais serão os caminhos a serem percorridos pelos membros da Comunidade formada no Cone Sul? Certamente que a construção desse mercado sul-americano será bem menos complexa do que a do seu congênere europeu, porquanto, como já referimos, aqui as diferenças históricas, políticas e

3.1.3 Protocolo de Defesa da Concorrência do Mercosul (Protocolo de Fortaleza)

Em 16.12.1996 esse processo alcançou o objetivo visado, ao ser aprovado o Protocolo de Defesa da Concorrência no Mercosul[31] (Decisão 18/96), e apenas em 9.8.2000 o Governo brasileiro depositou o Instrumento de Ratificação do referido protocolo, passando o mesmo a vigorar internacionalmente e para o Brasil desde 8.9.2000, consoante a regra do artigo 33 do Protocolo de Fortaleza.[32] Em 18.9.2000 esse protocolo foi incorporado ao ordenamento jurídico brasileiro pelo Decreto 3.602.[33]

Esse protocolo já foi ratificado pelo Paraguai, gozando de plena eficácia na Argentina, pois, em conformidade com o artigo 75, inciso 22, da Constituição da Nação Argentina, os tratados têm hierarquia superior às leis. Em outras palavras, pode-se afirmar que o Protocolo de Fortaleza já goza de aplicabilidade direta em relação às práticas anticompetitivas das empresas brasileiras, argentinas e paraguaias, e que venham a se enquadrar em seus dispositivos.

O Protocolo de Fortaleza tem como propósito a defesa da concorrência no âmbito do Mercosul, e as suas regras aplicam-se aos atos

---

jurídicas não são tão relevantes como na Europa, pois os modelos jurídicos europeus foram imitados, é certo, mas conservando-se sempre um substrato, maior ou menor, do antigo sistema colonial, as Ordenações, que representam um fundamento comum dos sistemas em vigor da América Latina".

31 Por ter sido assinado em Fortaleza, passou a ser conhecido como Protocolo de Fortaleza, doravante assim denominado neste trabalho.

32 Esse é outro dos problemas que o Mercosul apresenta, ou seja, a não-aplicabilidade imediata de suas decisões e resoluções, ficando sempre condicionados ao processo legislativo de cada Estado-parte. Segundo Armando Álvares Garcia Júnior, *Conflito entre normas do Mercosul e direito interno – Como resolver o problema? O caso brasileiro*, p. 121, "por enquanto, a hierarquia das disposições dos órgãos do MERCOSUL (já que o tratado e os protocolos obrigatoriamente passam pelo crivo parlamentar) em relação às normas jurídicas internas continuará dependendo, assim como a sua incorporação, dos Estados-partes, de acordo com os princípios e regras previstos nas respectivas Constituições, ou, no silêncio da Carta, na jurisprudência".

33 Publicado no *Diário Oficial da União* do dia 19.9.2000.

praticados por pessoas físicas ou jurídicas de direito público ou privado ou outras entidades, que tenham por objeto produzir ou que produzam efeitos sobre a concorrência no âmbito do Mercosul e que afetem o comércio entre os Estados-partes (artigo 1.º, Protocolo de Fortaleza).[34]

A inserção da conjunção "e" no texto faz com que se torne imprescindível a ocorrência de dois requisitos básicos, que são a intenção ou a própria produção de efeitos anticoncorrenciais e que estes venham a afetar o mercado, o que difere da normativa comunitária, em que já se considera suficiente que o ato seja potencialmente gravoso ao mercado comum, independentemente da produção de resultados.[35]

Apesar de as normas serem aplicáveis às empresas que exercem monopólio estatal,[36] não se observam, no entanto, normas destinadas à regulação dos atos anticoncorrenciais que possam se originar dos Estados-partes. Existe apenas um compromisso no sentido da elaboração de normas e mecanismos comuns que disciplinem as ajudas de Estado que possam limitar, restringir, falsear ou distorcer a concorrência, e sejam susceptíveis de afetar o comércio entre os Estados-partes (artigo 32).

Segundo Mota Campos, em relação à Comunidade Européia, a maioria dos Estados-membros já possuía legislação nacional em matéria de concorrência, razão pela qual o que prevaleceu foi a coexistência do direito comunitário da concorrência, concomitantemente com as

---

34 Gabriela Manchero-Bucheli, op. cit., p. 157-158, comenta a possibilidade de aplicação do conceito desenvolvido no direito comunitário de *entidade econômica* no que diz respeito ao estabelecimento da responsabilidade das sociedades-mãe em relação às suas subsidiárias economicamente dependentes. A conclusão dessa autora é pela negativa, pois para ela os países da América Latina que, em sua maioria, apresentarem economia em desenvolvimento teriam interesse em atrair investimentos, e, portanto, dificilmente os seus órgãos de defesa da concorrência iriam penalizar as sociedades-mãe estabelecidas na Europa ou nos Estados Unidos.

35 Nesse sentido ver Eugênio Silva, A concorrência no Mercosul: considerações preliminares, p. 49.

36 Artigo 2.º, parágrafo único, do Protocolo de Fortaleza: incluem-se entre as pessoas jurídicas a que se refere o *caput* deste artigo as empresas que exercem monopólio estatal, na medida em que não impeçam o desempenho regular de atribuição legal. Até o momento, o único instrumento existente é a Decisão do CMC 20/94 sobre as *Políticas públicas que distorcem a competitividade.*

legislações nacionais, mediante um regime de repartição de competências, em consonância com o artigo 81 do Tratado CE.[37]

Observa-se ainda que o Protocolo de Fortaleza adota um processo de cooperação entre os órgãos próprios de cada Estado-parte que tratam da concorrência e o Comitê de Defesa da Concorrência do Mercosul, no qual os primeiros são responsáveis pela instauração do procedimento (artigo 10), pela investigação da prática restritiva da concorrência (artigo 15) e pela elaboração de parecer acerca da prática que será submetido à análise pelo Comitê.

Não obstante, o Comitê de Defesa da Concorrência não faz uso de qualquer tipo de decisão, medida preventiva ou multa, sem o *referendum* da Comissão do Comércio do Mercosul, órgão de natureza intragovernamental, o que compromete em larga medida a sua independência (artigo 19). Acrescente-se que, na hipótese de não se chegar a uma decisão *por consenso*, o Comitê deverá enviar as suas conclusões para a Comissão de Comércio do Mercosul, que irá adotar Diretiva definindo as sanções aplicáveis à parte infratora ou as medidas cabíveis ao caso.

Repita-se, mais uma vez, que as deficiências de natureza institucional constituem o maior problema enfrentado pelo Mercosul para a implementação da defesa da concorrência. Nem todos os Estados-partes possuem legislação própria acerca da matéria e, por isso, a busca de uma legislação comum constitui elemento de grande relevância para a promoção da integração entre os Estados-partes. Por outro lado, a solução das controvérsias decorrentes da busca de uma concorrência saudável exige soluções mais eficientes e eficazes do que a que existe atualmente, tendo em vista que "os mecanismos de soluções de controvérsias presentes no Mercosul não são adequados para a defesa da concorrência, vez que os destinatários da defesa da concorrência não são os Estados soberanos, mas sim as empresas".[38]

É importante, no entanto, que se proceda a uma integração e a uma cooperação entre os organismos responsáveis pelo controle da con-

---

37 Cf. Mota Campos, op. cit., p. 490-491.

38 Cf. Ernesto Cionfrini, Conselheiro da Comissão Nacional de Defesa da Concorrência Argentina, em reunião organizada pelo CADE, em 12.3.1998, em Brasília, com o tema de "Uma visão crítica da defesa da concorrência no Mercosul".

corrência nos Estados-partes, para que haja a real implementação do Protocolo de Fortaleza nessa fase de integração. Essa postura revela-se recomendável para que haja uniformidade de decisões nos diversos litígios que venham a surgir.[39]-[40]

Evidentemente que, em se tratando de uma zona de comércio ainda em formação, que tem por objetivo não a inibição do seu desenvolvimento, mas sim o seu funcionamento saudável, encontra-se expressamente previsto que a conquista do mercado resultante de um processo natural, fundado na eficiência do agente econômico em relação aos outros competidores, não é indício de procedimento anticoncorrencial (artigo 5.º).

Restou também expressa a responsabilidade objetiva dos agentes econômicos que venham a praticar quaisquer tipos de atos, individuais ou concertados, sob qualquer forma manifestados, que tenham como propósito ou efeito limitar, restringir, falsear ou distorcer a concorrência, ou o acesso ao mercado ou que constituam abuso de posição dominante no mercado relevante de bens ou serviços no âmbito do Mercosul e que afetem o comércio entre os Estados-partes (artigo 4.º).

3.1.4 Perspectivas para a instituição de um controle de concentrações de empresas no Mercosul

O artigo 14 do Protocolo de Fortaleza também traz como norma programática a definição do que será considerado mercado relevante para efeitos de aplicação das regras, dos meios de prova das condutas e

---

39 Aliás, essa preocupação tem sido a pauta principal dos estudiosos do Mercosul, pois não se pode admitir, em primeiro lugar, a possibilidade de decisões irrecorríveis e, por outro lado, a inexistência de uniformidade de decisões sobre matérias da mesma natureza, o que geraria uma grande insegurança jurídica tanto para os Estados como para os particulares. Nesse sentido, ver Werter Faria, Regras de concorrência..., p. 30-32.

40 Nesse mesmo sentido, ver também o comentário de Gesner de Oliveira, Avanços e desafios da defesa da concorrência no Mercosul, "o sucesso da integração na área de concorrência requer não apenas regras similares, mas convergência em seu entendimento. Tal meta só pode ser obtida com o adensamento da jurisprudência e interação permanente entre as agências de defesa da concorrência da região".

os critérios de análise dos efeitos econômicos da prática sob investigação. No entanto, deve-se estar atento para o fato de que a imposição de regras fixas e definições específicas dessas noções podem não ser recomendáveis, em face do dinamismo dos mercados e o conjunto de fatores econômicos que podem variar caso a caso.

Em relação à solução das controvérsias resultantes da aplicação, interpretação ou descumprimento das regras do Protocolo de Fortaleza, está prevista a aplicação do Protocolo de Olivos, o que esbarra nas dificuldades já anteriormente expostas.

O controle das concentrações de empresas, apesar de previsto, encontra-se subordinado a uma regulação posterior (artigo 7.º). Este, com certeza, será um tema difícil nas negociações entre os Estados-partes, nomeadamente em razão das diferenças estruturais de cada mercado nacional. Um outro obstáculo que também pode ser acrescentado decorre dos problemas de natureza institucional já mencionados. Como lembra Gesner de Oliveira, existe uma falta de cultura da concorrência tanto no setor privado como no estatal, pois ambos "ainda não se habituaram ao jogo inerentemente competitivo do mercado. As autoridades revelam vícios intervencionistas e as lideranças empresariais teimam em flertar com a tutela do Pai Estado (...) os setores públicos e privados se encontram desaparelhados para fazer valer as determinações legais. Os departamentos jurídicos e executivos das empresas do Mercosul desconhecem os aspectos básicos da legislação de defesa da concorrência dos países maduros e de seu próprios mercados domésticos. Os órgãos públicos padecem de crônica falta de recursos humanos e materiais".[41]

O estabelecimento de um critério para a notificação das operações, a delimitação das competência das autoridades nacionais (o CADE, no Brasil, e a CNCC – Comissão Nacional de Defesa da Concorrência, na Argentina) e os critérios de análise são temas bastante delicados, que, a exemplo do que aconteceu durante os dezesseis anos que o Regulamento (CE) 4.064/89 foi discutido na Comunidade Européia, deverão também levantar controvérsias no âmbito do Mercosul. Se a solução for submeter ao controle do Conselho da Concorrência todos os casos que

41 Cf. Gesner de Oliveira, Avanços e desafios da defesa da concorrência no Mercosul.

afetem o comércio intra Mercosul, evidente que grande parte das operações de concentrações realizadas no Brasil irá afetar esse mercado, o que poderá enfraquecer o órgão competente brasileiro, ou, ainda, permitir a interferência de outros Estados em questões de política industrial brasileira que não lhe dizem respeito especialmente.[42] Essas regras, portanto, deverão ser delimitadas com bastante cautela.

A defesa do direito da concorrência, como se observa da experiência da Comunidade Européia, foi ferramenta indispensável para alcançar o mercado comum e mantê-lo em funcionamento.[43] De nada adiantam a quebra das fronteiras, a instituição de tarifas externas comuns e demais liberalizações à circulação de bens, capitais e serviços, se não houver controle das práticas empresariais.[44] Por esse motivo,

---

42 Werter Faria, Regras de concorrência e órgãos de julgamento das infrações..., p. 32-33, comenta as duas soluções que ele entende para o problema: a da barreira dupla ou múltipla e da barreira única ou simples: "a primeira nega a possibilidade de conflito entre normas pertencentes à ordem jurídica das mencionadas organizações internacionais e às ordens jurídicas internacionais, aplicando-se o normativo mais severo. A segunda exclui a aplicação das normas de uma das ordens jurídicas se o acordo entre empresas ou o abuso de posição dominante sejam suscetíveis de afetar o comércio entre os Estados-membros, caso em que se aplicam normas supraestatais. Em face do princípio da aplicação uniforme dessas normas, as autoridades nacionais devem ter a oportunidade de solicitar a um órgão integrado a interpretação da regra da concorrência com fundamento na qual irão decidir a causa. Esse órgão integrado poderia resultar da transformação dos árbitros *ad-hoc* do Protocolo de Brasília em árbitros permanentes. Uma seção do órgão teria competência exclusiva para responder as consultas do órgão integrado de primeira instância e para decidir os recursos de suas decisões. Os membros do órgão de primeira instância e do tribunal arbitral seriam escolhidos pelos Estados Partes ou pelo Conselho do Mercado Comum, entre nacionais daqueles, competentes nas matérias mencionadas pela professora Zalduendo. Porém, os membros do órgão de primeira instância e da seção especial de segunda instância seriam nomeados em razão da sua competência em direito da concorrência."

43 Para um estudo comparativo entre o ordenamento jurídico comunitário e do Mercosul no que diz respeito ao direito da concorrência, ver Nuno Ruiz, El derecho y la política de competencia comparados en la Comunidad Europea, el Mercosur y Chile, p. 124-168.

44 Nesse sentido, ver Florencia González, Solución de conflictos en un sistema de integración: los casos del MERCOSUR y la CEE: "una integración

com certeza, uma solução deve ser tentada pelos Estados-partes, mesmo que sejam previstas outras fases de evolução no processo integrativo. Isso porque, como adverte Werter Faria, "os mercados comuns não constituem simples ampliação de mercados nacionais, mas a transformação destes num só, abrangendo os territórios dos Estados participantes dos acordos internacionais celebrados com esse fim, e funcionam à semelhança de um mercado interno".[45] Por outro lado, a defesa do direito da concorrência busca também beneficiar o indivíduo, "cidadão" daquela comunidade, possibilitando ao mesmo maiores possibilidades de escolhas.

A instituição de um regime comum para o controle da concorrência é uma providência salutar, sendo importante, no entanto, que o Mercosul encontre o caminho adequado para a sua realidade socioeconômica.[46] Por outro lado, o seu sucesso esbarra em problemas de natureza institucional que devem ser urgentemente revistos. De nada serve uma legislação moderna e harmoniosa com os ditames do comércio internacional, se não houver condições para a sua real aplicabilidade.[47]

---

constituida en mercado común como es caso del MERCOSUR, debería llevar, en los hechos, a la aplicación de normas del derecho de la competencia a empresas nacionales y a empresas procedentes de otros Estados partes con una relativa asiduidad".

45 Cf. Werter Faria, Regras de concorrência e órgãos de julgamento das infrações e de controle das concentrações, p. 25.

46 Segundo Umberto Celli Júnior, Direito da concorrência no Mercosul, p. 108-109: "o que se quer enfatizar, portanto, é que não se pretende, nem se poderia, retirar da experiência histórica da União Européia fórmulas prontas de organização ou modelos de comportamento político para a conformação institucional do Mercosul, na presente fase de transição. É preciso, sem dúvida, adaptar tal experiência à realidade e às necessidades do Mercosul. Porém, como diz Paulo Roberto de Almeida, em algumas oportunidades, retornar ao passado (europeu) é por vezes a melhor garantia de que a construção do futuro (no Cone Sul) possa ser feita em bases sólidas".

47 Pedro Dallari, Mercosul perante o sistema constitucional brasileiro: "no caso do Brasil, a eventual opção da sociedade pelo aprofundamento das relações institucionais sedimentadas a partir do Tratado de Assunção terá que envolver reformas constitucionais de duas qualidades distintas. Modificações pontuais deverão ser realizadas para a promoção das condições necessárias ao processo de integração, as chamadas cinco liberdades: livre circulação de mercadorias, liberdade de estabelecimento, livre circulação de trabalhadores, liberdade

Por fim, acrescente-se que o artigo 2.º da Decisão 18/96 que aprovou o Protocolo de Fortaleza estabelecia que as investigações de *dumping* realizadas por um Estado-parte relativas às importações originárias de outro Estado-parte iriam ser efetuadas de acordo com as legislações nacionais até 31.12.2000. Não obstante, a Decisão do CMC 16/2001 modificou mais uma vez o referido prazo,[48] estendendo o mesmo até 31.5.2003, quando o Grupo do Mercado Comum deverá determinar um regime de transição até a completa erradicação da defesa comercial entre os Estados-partes do Mercosul. Espera-se que a mesma seja substituída pelos princípios e regras do direito da concorrência.[49]

Conseqüentemente, é fundamental que o Protocolo de Fortaleza seja efetivamente implementado entre os Estados-partes e que sejam criadas regras comuns não apenas no que diz respeito às práticas anticompetitivas que afetem o comércio entre os Estados-partes do Mercosul, mas também ao controle das ajudas de Estado, aos serviços públicos, aos setores regulamentados e às concentrações de empresas. Deverão ser igualmente promovidas a harmonização das legislações

---

de circulação de capitais, liberdade de concorrência. Mas, além disso, deverá novamente ser retomada a discussão em torno da conveniência na realização de alteração constitucional destinada a propiciar a auto-aplicabilidade e a vigência plena, no Brasil, das normas emanadas de entes e sistemas internacionais aos quais o País tenha aderido. O advento do MERCOSUL, por suas implicações práticas, certamente trará à tona o exemplo fornecido por Constituições de países que, com certa tradição autárquica, transformaram-se em cenários de mudanças profundas face à emergência de processo integracionista, no caso, a formação de uma comunidade européia".

48 Esse prazo já havia sido adiado pela Decisão do CMC 28/2000 até 31.12.2001.

49 Aliás, o CADE, em seu *Relatório Anual*, 1998/1999, p. 175, também defende esse ponto de vista pois entende que a adoção da política da defesa da concorrência poderia favorecer o Brasil: "parece razoável supor que a defesa de uma posição mais forte no sentido da substituição do padrão da prova atual do *antidumping* para o de preço predatório incorreria em benefícios líquidos para o País. Uma mudança dessa natureza no âmbito do Mercosul pareceria, além disso, oportuna ao proporcionar o fortalecimento e a consolidação das relações comerciais da União Aduaneira, concentrando as aspirações contidas na letra e no espírito do Protocolo de Fortaleza".

nacionais e a cooperação entre as autoridades de defesa da concorrência nacionais,[50] em especial em aspectos procedimentais, como notificações e troca de informações ou documentos, admitindo-se até a possibilidade de se consagrar um mecanismo de investigação comum entre as autoridades da concorrência dos Estados-partes do Mercosul.

50 Communication from Brazil to the working group on the interaction between trade and competition policy, WT/WGTCP/W/100, 24 September 1998.

BIBLIOGRAFIA

1. DOUTRINA - LIVROS

ALMEIDA, Amador Paes de. *Manual das sociedades comerciais.* 10. ed. São Paulo: Saraiva, 1998.

ALMEIDA, Elizabeth Accioly Pinto de. *Mercosul e União Européia – Estrutura jurídico-institucional.* Curitiba: Juruá, 1996.

ALVES, Jorge de Jesus Ferreira. *Direito da concorrência nas Comunidades Europeias.* 2. ed. Coimbra: Coimbra Editora, 1992.

BANDEIRA DE MELO, Celso Antônio. *Elementos de direito administrativo.* 2. ed. São Paulo: RT, 1991.

BAPTISTA LOBO, Carlos. *Concorrência bancária?* Coimbra: Almedina, 2001.

BARBOSA MOREIRA, José Carlos. *Comentários ao Código de Processo Civil (Lei n. 5.869, de 11 de janeiro de 1973,).* 7. ed. Rio de Janeiro: Forense, 1998. v. 5 (artigos 476 a 565).

BASSO, Maristela. *Joint ventures:* Manual Prático das Associações Empresariais. Porto Alegre: Livraria do Advogado, 1998.

BELLAMY, C.; CHILD, G. *Common market law of competition.* 4. ed. London: Sweet&Maxwell, 1993.

BERLIN, Dominique. *Controle communautaire des concentrations* Paris: Pedone, 1992.

BELLIS, Jean-François – V. VAN BAEL, Ivo.

BOLZE, Christian. *Le marche commun face aux trusts – Etude comparative sur les groupes de sociétés et le droit de la concurrence dans la C.E.E.* Paris: Université Nancy II, 1979.

BORGES DA FONSECA, José Júlio. *Direito antitruste e o regime das concentrações empresariais.* São Paulo: Atlas, 1997.

BRUNET, François – V. COHEN-TANUGI, Laurent.

BRIONES, Juan; FOLGUERA; Jaime, FONT Andrés, NAVARRO, Edurne. *El control de concentraciones en la Unión Europea, la práctica de la Comisión Europea y las novedades introducidas en el Reglamento (CEE) 4064/89 por el Reglamento (CE) 1310/97.* Madrid: Marcial Pons, 1999.

BROBERG, Morten P. *The European commission's jurisdiction to scrutinise mergers*. The Hague – London – Boston : Kluwer Law International, 1998.

BULGARELLI, Waldírio. *Concentração de empresas e o direito antitruste*. 2. ed. São Paulo: Atlas, 1996.

———. *Fusões, incorporações e cisões de sociedades*. 3. ed. São Paulo: Atlas, 1998.

CAMPOS, João Mota de. *Direito comunitário – O ordenamento económico da União Europeia. A União Económica e Monetária*. 2. ed. Lisboa: Fundação Calouste Gulbenkian, 1997. v. 3.

———. ———. v. 2. 1994.

CARVALHO FILHO, José dos Santos. *Manual de direito administrativo*. 4. ed. Rio de Janeiro: Lumen Juris, 1999.

CARVALHOSA, Modesto Souza Barros. *Poder econômico – A fenomenologia – Seu disciplinamento jurídico*. São Paulo: RT, 1967.

CASELLA, Paulo Borba. *A comparative approach to competition law in the European Communities and the Mercosul*. Saarbrücken: Vortrag vor dem Europa-Institut der Universität des Saarlandes Saarbrücken, 1993.

CINTRA, Antônio Carlos de Araújo; GRINOVER, Ada Pellegrini; DINAMARCO, Cândido R. *Teoria geral do processo*. 9. ed. São Paulo: Malheiros, 1992.

COELHO, Fábio Ulhoa. *Curso de direito comercial*. São Paulo: Saraiva, 1998. v. 1.

———. *Direito antitruste brasileiro – Comentários à Lei n. 8.884/94*. São Paulo: Saraiva, 1995.

COHEN-TANUGI, Laurent et al. *La pratique communautaire du contrôle des concentrations – Analyses juridique, économique et comparative Europe, Etats-Unis, Japon*. Bruxelles: De Boeck-Wesmael, 1995.

COLOMBO ARNOLDI, Paulo Roberto. *Teoria geral do direito comercial – Introdução à teoria da empresa*. São Paulo: Saraiva, 1998.

COMPARATO, Fábio Konder. *O poder de controle na sociedade anônima*. São Paulo: RT, 1977.

COT, Jean-Mathieu; LAURENCIE, Jean Patrice de La. *Le contrôle français des concentrations*. Paris: LGDL, 1997.

COUTINHO DE ABREU, Jorge Manuel. *Da empresarialidade (As empresas no direito)*. Coimbra: Almedina, 1996.

COZIAN, Maurice; VIANDIER, Alain. *Droit des sociétés*. 11. ed. Paris: Litec, 1998.

CRETELLA JÚNIOR, J. *Comentários à Lei Antitruste (Lei n. 8.884, de 11.06.1994)*. Rio de Janeiro: Forense, 1995.

CUNHA, Miguel Maria Tavares Festas Gorjão-Henriques da. *Da restrição da concorrência na Comunidade Europeia:* a franquia de distribuição. Coimbra: Almedina, 1998.

CUNHA, Paulo Ferreira. *Lições preliminares de filosofia do direito*. Coimbra: Almedina, 2001.

DINAMARCO, Cândido R. – V. CINTRA, Antônio Carlos de Araújo.

DOWNES, T. Antony; ELLISON, Julian. *The legal control of mergers in the European Communities*, London: Blackstone Press, 1991.

DROMI, Roberto; EKMEKDJIAN, Miguel A.; RIVERA, Julio C. *Derecho comunitario – Sistemas de integración, régimen del Mercosur*. Buenos Aires: Ediciones Ciudad Argentina, 1996.

DUTRA, Pedro. *A concentração do poder econômico – Jurisprudência anotada*. Rio de Janeiro: Renovar, 1999. v. 1 e 2.

EKMEKDJIAN, Miguel A – V. DROMI, Roberto.

ENCAOUA, David – V. COHEN-TANUGI, Laurent.

ENGRÁCIA ANTUNES, José A. *Os grupos de sociedades – Estrutura e organização jurídica da empresa plurissocietária*. Coimbra: Almedina, 1993.

FAULL, Jonathan; NIKPAY, Ali. *The EC law of competition*. London: Oxford University Press, 1999.

FINE, Frank. *Mergers and joint ventures in Europe*. 2. ed. London, 1994.

FOLGUERA, Jaime – V. BRIONES, Juan.

FONT, Andrés – V. BRIONES, Juan.

FORGIONI, Paula. *Os fundamentos do antitruste*. São Paulo: RT, 1998.

FRANCESCHINI, José Inácio Gonzaga. *Lei da concorrência conforme interpretada pelo CADE*. São Paulo: Singular, 1998.

FRIEDEL-SOUCHU, Evelyne. *Extraterritorialité du droit de la concurrence aux Etats-Unis et dans la Communauté Européenne*. Paris: LGDL, 1994.

GARCIA JÚNIOR, Armando Álvares. *Conflito entre normas do Mercosul e direito interno – Como resolver o caso brasileiro* São Paulo: LTr, 1997.

GERMAIN, Michel; VOGEL, Louis. *Traité de droit commercial: G. Ripert/R. Roblot. Tome 1 (Actes de commerce-Baux commerciaux, propriété industrielle, concurrence, sociétés commerciales)*. 17. ed. Paris: LGDL, 1998.

GIESTEIRA, Beatriz; RIBEIRO, Gabriel Jorge de Almeida. *Defesa da concorrência.* Lisboa: Rei dos Livros, 1993.

GOLDMAN, M. Berthold. *Cours de droit du commerce et de la concurrence dans les Communautés Européennes*. Paris: Les Cours de Droit, 1963/1964.

GONÇALVES, Maria Eduarda; LEITÃO MARQUES, Maria Manuel; SANTOS, António Carlos. *Direito económico.* Coimbra: Almedina, 1998.

GRAU, Eros Roberto. *A ordem econômica na Constituição de 1988 (interpretação e crítica).* São Paulo: RT, 1990.

GRINOVER, Ada Pellegrini – V. CINTRA, Antônio Carlos de Araújo.

GUYÉNOT, Jean. *Le régime juridique des ententes économiques et des concentrations d'entreprises dans le marché commun.* Paris: Librairie Générale de Droit et de Jurisprudence, 1971.

HAWK, Barry E.; HUSSER, Henry L. *European Community merger control:* a practitioner's guide. The Hague-Holand, 1996.

HOCHBAUM, Ingfried F. – V. THIESING, Jochen.

HOUSSIAUX, Jacques. *Le pouvoior de monopole – Essai sur les structures industrielles du capitalisme contemporain.* Paris: Sirey, 1958.

HOVENKAMP, Herbert. *Federal antitrust policy – The law of competition and its practice*. St. Paul: Hornbook Series, , 1999.

JEANTIN, Michel. *Droit des sociétés.* 3. ed. Paris: Montchrestien, 1994.

KOVAR, Robert. *Le pouvoir réglementaire de la Communauté Européenne du Charbon et de l´Acier*. Paris: Librairie Générale de Droit et de Jurisprudence, 1964.

LAURENCIE, Jean Patrice de La – V. COT, Jean-Mathieu.

LECUBE, Alejandro Freeland López. *Manual de derecho comunitario – Análisis comparativo de la Unión Europea y el Mercosur*. Buenos Aires: Depalma, 1996.

LEITÃO MARQUES, Maria Manuel – V. GONÇALVES, Maria Eduarda.

LEOPOLDINO DA FONSECA, João Bosco. *Direito econômico*. 2. ed. Rio de Janeiro: Forense, 1998.

———. *Lei de proteção da concorrência – Comentários à lei antitruste*. Rio de Janeiro: Forense, 1995.

LUBY, Monique; POILLOT-PERIZZETTO, Sylvaine. *Le droit communautaire appliqué à l'entreprise*. Paris: Dalloz, 1998.

MARTINS PROENÇA, José Carlos. *Concentração empresarial e o direito da concorrência*. São Paulo: Saraiva, 2001.

MEDAUAR, Odete. *A processualidade no direito administrativo*. São Paulo: RT, 1993.

MIRANDA JÚNIOR, Darcy Arruda et al. *CPC nos tribunais*. São Paulo: Jurídica Brasileira, 1996. v. 10 (artigos 759 a 889).

MOURA RAMOS, Rui Manuel. *Comunidades Europeias a União Europeia – Estudos de direito comunitário*. Coimbra: Coimbra Editora, 1994.

MOUSSI, Nicolas. *As políticas da comunidade Económica Europeia – Políticas horizontais: monetária – económica – social – regional – ambiente – fiscal – concorrência*. Coimbra: Almedina, 1985.

MUCCHEIELLI, Jean-Louis. *Multinationales et mondialisation*. Paris: Seuil, 1998.

NAVARRO, Edurne – V. BRIONES, Juan.

NUSDEO, Fábio. *Fundamentos para uma codificação do direito econômico*. São Paulo: RT, 1995.

ORGANISATION DE COOPÉRATION ET DE DÉVELOPPEMENT ÉCONOMIQUES (OCDE). *Le contrôle des fusions et le monde des affaires – Méthodes et procédures*. Paris, 1994.

PAES ANTUNES, Luís Miguel. *Lições de direito comunitário da concorrência (versão provisória)*. Coimbra: Faculdade de Direito da Universidade de Coimbra, 1996.

PAIS, Sofia Oliveira. *O controlo das concentrações de empresas no direito comunitário da concorrência.* Coimbra: Almedina, 1993.

POILLOT-PERIZZETTO, Sylvaine – V. LUBY, Monique.

PORTO, Manuel Carlos Lopes. *Teoria da integração e políticas comunitárias.* 2. ed. Coimbra: Almedina, 1997.

RIBEIRO, Gabriel Jorge de Almeida – V. GIESTEIRA, Beatriz.

RIVERA, Julio C. – V. DROMI, Roberto.

ROUX, Xavier de; VOILLEMONT, Dominique. *Le droit de la concurrence de la C.E.E.* 4. ed. Paris: Gide-Loyrette-Nouel Éditeurs, Juriductionnaires Joly, 1982.

SALGADO, Lúcia Helena. *A economia política da ação antitruste – O debate conceitual e um exercício para o caso brasileiro.* São Paulo: Singular, 1997.

SALOMÃO FILHO, Calixto. *Direito concorrencial – As estruturas.* São Paulo: Malheiros, 1998.

SALOMÃO NETO, Eduardo. *O trust e o direito brasileiro.* São Paulo: LTr, 1996.

SANTOS, António Carlos – V. GONÇALVES, Maria Eduarda.

SCHRÖTER, Helmuth – V. THIESING, Jochen.

SEABRA FAGUNDES, M. *O controle dos atos administrativos pelo Poder Judiciário.* 6. ed. São Paulo: Saraiva, 1984.

SHIEBER, Benjamim M. *Abusos do poder econômico (direito e experiência antitruste no Brasil e nos EUA).* São Paulo: RT, 1966.

SILVEIRA, Paulo Antônio Calliendo V. da Silveira. *Defesa da concorrência no Mercosul – Acordos entre empresas, abuso de posição dominante e concentrações.* São Paulo: LTr, 1998.

SIRAGUSA, Mario – V. COHEN-TANUGI, Laurent.

SOUZA, Washington Peluso Albino de. *Primeiras linhas de direito econômico.* 3. ed. São Paulo: LTr, 1994.

SOUTY, François. *Le droit de la concurrence de L'union Européenne.* Paris: Montchrestien, 1997.

THIESING, Jochen; SCHRÖTER, Helmuth; HOCHBAUM, Ingfried F. *Les ententes et les positions dominates dans le droit de la C.E.E. –*

Commentaire des articles 85 `a 90 du Traité C.E.E. et de leurs textes d'application. Paris: Jupiter et Navarre, 1977.

VAN BAEL, Ivo; BELLIS, Jean-François. *Competition law of the European Community.* 3. ed. CCH Europe, 1994.

VAN DAMME, J. A. *La politique de la concurrence dans la C.E.E.* Bruxelles: UGA, 1979.

VARELLA BRUNA, Sérgio. *O poder econômico e a conceituação do abuso em seu exercício.* São Paulo: RT, 1997.

VAZ, Isabel. *Direito econômico da concorrência.* Rio de Janeiro: Forense, 1993.

VIANDIER, Alain – V. COZIAN, Maurice.

VITA ROSO, Jayme. *Novos apontamentos à lei antitruste brasileira.* São Paulo: LTr, 1998.

VOGEL, Louis. *Droit de la concurrence et concentration économique – Étude comparative.* Paris: Ed. Économica 1988.

VOILLEMONT, Dominique – V. ROUX, Xavier de.

WAELBROECK, Michel; FRIGNANI, Aldo. *Commentaire J. Mégret – Le droit de la CE – Concurrence.* Bruxelles: Éditions de l'Université de Bruxelles, 1997. v. 4.

WINCKLER, Antoine – V. COHEN-TANUGI, Laurent.

ZACHMANN, Jacques. *Le contrôle communautaire des concentrations.* Paris: LGDL, 1994.

2. DOUTRINA - ARTIGOS

ACCIOLY, Elizabeth Pinto de. O destino do Mercosul: mercado comum ou zona de livre comércio. *Revista de Direito da UEPG*, disponível em: <http://www.uepg.br/rj/a1v1cf2.htm>.

ALONSO SOTO, Ricardo. La aplicación del artículo 85 del Tratado CEE a las concentraciones de empresas (Comentario a la sentencia "Philip Morris", de 17 de noviembre de 1987). *RIE*, v. 15, n. 3, p.769-788, 1988.

ANDRADE, Maria Cecília. Concorrência. In: BARRAL, Welber (Org.). *O Brasil e a OMC* .2. ed. rev. e atual. Curitiba: Juruá, p. 295-323.

ARHEL, Pierre. Organisation Mondiale du Commerce. *CPN*, Bruxelas, Comissão Europeia, n. 1, p. 57-58, Feb. 1999.

------; SCARAMOZZINO, Yannick. Activité des juridictions communautaires en matière d'ententes et d'abus de position dominante. *La Semaine Juridique – EBLR*, supplément 5, n. 39, p.14-22, 25 sept. 1997.

BANKS, J. D. The development of the concept of extraterritoriality under European merger law and its effectiveness under the merger regulation following the boeing/McDonnell Douglas decision, 1997, *ECLR*, issue 5, 1998.

BASSO, Maristela. Os limites entre o direito internacional e o direito da integração. *Estudos Jurídicos*, São Leopoldo: Universidade do Vale do Rio dos Sinos, v. 27, n. 71, set.-dez 1994.

———. Perspectivas do Mercosul através de uma visão econômico-jurídica, *RevJF*, Brasília, n. 2, 1997, disponível em: <http://www.cjf.gov.br/revista/numero2/artigo7.htm>.

BAVASSO, Antonio F. Boeing/McDonnell Douglas: Did the commission fly too high? *ECLR*, issue 4, p.243-248, 1998.

BELLAMY, Christopher Q. C. Mergers outside the scope of the new merger regulation – Implications of the Philip Morris judgment. *APFCLI*, p. 22-1/22-28, 1988.

BERLIN, Dominique. Concentrations (1er janvier 1998 – 31 décembre 1998). *RTDE*, n. 2, p. 299/333, avr.-juin 2000.

———; CALVET, Hugues; VALLETTE-VILLARD, Hugues. Concentrations (1er Janvier – 31 décembre 1996). *RTDE*, 33.º année, n. 3, p.521-

684, juil.-sept. 1997.

BERNINI, Giorgio. As regras de concorrência. *Trinta anos de direito comunitário*, Luxemburgo, Comissão das Comunidades Europeias, p.345-398, 1984.

BILAL, Sanoussi; OLARREAGA, Marcelo. Regionalism, competition policy and abuse of dominant position. *Journal of World Trade*, Geneva, v. 32, n. 3, p. 153-166, June 1998.

BLAISE, Jean-Bernard. Application des règles de concurrence du traité aux opérations de concentration. *RTDE*, n. 3, p. 471-476, 25e année, juil.-sept. 1989.

———. Contrôle des opérations de concentration. *RTDE*, Paris, n. 4, p. 743-778, 26 éme, oct.-dez. 1990.

———; IDOT, Laurence. Concurrence. *RTDE*, 33.º année, n. 3, p. 459-520, juil.-sept. 1997.

BOGGIANO, Antonio. As Cortes Supremas de Justiça no processo de integração do Mercosul. *RevJF*, Brasília, n. 2, 1997, disponível em: <http://www.cjf.gov.br/revista/numero2/artigo12.htm>.

BOLDORINI, Maria Cristina. Mecanismos Institucionais. *RevJF*, n.º 2, Brasília, 1997, disponível em: <http://www.cjf.gov.br/revista/numero2/artigo5.htm>.

BOLZE, C. La conciliation du règlement 4064/89 et des articles 85 et 86 du traité CE. *Hommage a René Roblot-Le contrôle des concentrations d'entreprises*, Paris: LGDL, p.83-106, 1995.

BORSCHETTE, Albert. Les controles Européens des Concentration. *RMC*, n. 168, p. 354-358, 1973.

BONO, Ricardo Gosalbo. Les politiques et actions communautaires. *RTDE*, Paris, n.4, p.769-800, 1997.

BORGES, José Alfredo. Mercosul. Normas de implantação. Força vinculante. *RT*, São Paulo: RT, n. 721, nov. 1995.

BOTAFOGO GONÇALVES, José. A consolidação do Mercosul: o primeiro ano de vigência da União Aduaneira, *BILA*, n. 17.

BOURGEOIS, Jacques H.-J., DRIJBER, Berend-Jan. Le règlement C.E.E. relatif au contrôle des concentrations: un premier commentaire, *RAE*, Paris: LGDL, n. 1, p.15-24, 1990.

BREALEY, Mark. Business secrecy and confidentiality. In: Rt. Hon.

The Lord Slynn of Hadley, Syros A. Pappas (Editores). *Procedural aspects of EC competition law,* Maastricht: European Institute of Public Administration, p.67-76, 1995.

BRIONES, Juan. Oligopolistic dominance: is there a common approach in different jurisdictions? A review of decisions adopted by the commission under the merger regulation. *ECLR*, v. 16, n. 6, p.334-347, 1995.

BROBERG, Morten P. Commitments in phase one merger proceedings: the commission's power to accept and enforce phase one commitments. *CMLR*, v. 34, n. 4, p.845-866, Aug. 1997.

BROWN, Adrian. Judicial review of commission decisions under the merger regulation: the first cases. *ECLR*, v. 15, n. 6, p. 296-305, 1994.

BURNSIDE, Alec. Dance of the veils? Reform of the EC merger regulation. *ECLR*, v. 17, n. 7, p. 371-374, 1996.

CAFARRA, Cristina, YSEWYN, Johan. Two's company, three's a crowd: the future of collective dominance after the Kali & Salz judgment. *ECLR*, issue 7, 1998.

CALVET, Hugues – V. BERLIN, Dominique.

CAMESASCA, Peter D. The explicit efficiency defense in merger control: does it make the difference? *ECLR*, issue 1, p. 14-28, 1999.

CAMPAGNUCIO, Helio. O grande desafio do CADE. *RDE*, Brasília, n. 22, p. 19-24, jan.-mar. de 1996.

CANELLOS, Peter C.; SILBER, Horst S. Concentration in the common market. *CMLR*, v. 7, p. 5-166, 1970.

CANGEMI, Daniele. Contrôle des concentrations et position dominante collective. *EBLR*, n. 1, 1995.

CAPUTO BASTOS, Carlos Eduardo. Harmonização e incorporação de normas: direito comunitário e direito interno, *RevJF*, Brasília, n. 2, 1997, disponível: http://www.cjf.gov.br/revista/numero2/artigo10.htm

CARTOU, Louis. Réflexions sur la politique économique dans la C.E.E. *RTDE*, Paris, p. 28-40.

CARVALHO, Carlos Eduardo Vieira de. Apuração das práticas restritivas à concorrência. *RevIBRAC*, São Paulo, p.16-43, nov. 1994.

CASELLA, Paulo BORBA. A comparative approach to competition law in the European Communities and the Mercosul. *Vortrag vor dem Europa-*

Institut der Universität des Saarlandes, Saarbrücken, den 20, Juli 1993.

———. Integration in the Americas – An overview. *Yearbook of European Law* (16, 1996), Oxford, p. 405-422, 1997.

CAZETTA, Luis Carlos. A aplicação da multa prevista no art. 26 da Lei n. 8.884, de 1994, pela Seae, disponível em: http://www.fazenda.gov.br/portugues/orgaos/seae/artigos/Artigo02.html

CELLI JÚNIOR, Umberto. Direito da concorrência no Mercosul. In: CASELLA, Paulo Borba. *Contratos internacionais e direito econômico no Mercosul – Após o término do período de transição*, São Paulo: LTr, 1996.

CHAMPAUD, Claude. Liberté de la concurrence. *RTDE*, Paris, p. 58-83.

COCUZZA, Claudio; MONTINI, Massimiliano. International antitrust co-operation in global economy, *ECLR*, issue 3, p., 1998.

COELHO, Fábio Ulhoa. Caracterização de infração contra a ordem econômica. *Revista de Direito Civil, Imobiliário, Agrário, e Empresarial*, ano 20, n. 75, p. 86-94, jan.-mar. 1996.

———. Direito da concorrência e seus custos. *Gazeta Mercantil*, São Paulo, p. A-2, 10.9.1998.

———. Direito de empresa e o Mercosul. *Revista do Instituto de Pesquisas e Estudos*, Bauru, p. 17-52, ago.-nov. 1997.

COMPARATO, Fábio Konder. Concorrência desleal. *RT* 375/29-35.

CORDEIRO, Antonio José da Silva Robalo. As coligações de empresas e os direitos português e comunitário da concorrência. *Revista de Direito e de Estudos Sociais*, ano XXIX (II da 2.ª série), n. 1, Coimbra, p. 81-137, jan.- mar. 1997.

COSTA, Maurício de Moura. A presunção do caráter anticoncorrencial das operações de concentração visadas pela Lei 8.884/94. *RevIBRAC,* n. 6, p. 5-15, 1998.

———. Breves observações sobre o compromisso de desempenho, *RevIBRAC*, São Paulo, p.3-8, 1997.

———. Princípio constitucional de livre concorrência. *RevIBRAC*, São Paulo, v. 5, n. 1, p. 7-26, 1998.

COUTINHO DE ABREU, Jorge Manuel. Aspectos do direito económico da União Europeia (Apontamentos a propósito do diálogo UE – Mercosul).

———. L'européanisation du concept d'entreprise. *RIDE*, p.10-29.

COUTINHO, Paulo; OLIVEIRA, André. Regulação prudencial e concorrência no setor bancário. *RDE*, n. 29, p. 77-99, jan.-jul. 1999.

COWIE, Michael G.; MATTOS, César. Antitrust review of mergers, acquisitions, and joint ventures in Brazil. *Antitrust Law Journal*, v. 67, p.113-157, Feb. 1999.

DAGTOGLOU, Prodromos D. A natureza jurídica da Comunidade Europeia. *Trinta anos de direito comunitário*, Luxemburgo: Comissão das Comunidades Europeias, p. 35-44, 1984.

DALLARI, Pedro Bohomeletz de Abreu. Mercosul perante o sistema constitucional brasileiro. In: BASSO, Maristela (Org.). *Mercosul – seus efeitos jurídicos, económicos e políticos nos Estados-Membros*. 2. ed. (atualizada após o Protocolo de Ouro Preto (Dec. 1.901/96), Porto Alegre: Livraria do Advogado, 1997.

DE LUYCK, Peter et al. General Electric/Honeywell – An insight into the Commission's investigation and decision. *Competition Policy Newsletter*, n. 3, p. 5-13, Oct. 2001.

DEMARET, Paul. L'extraterritorialité des lois et les relations transatlantiques: une question de droit de droit ou de diplomatie? *RTDE*, n. 1, p.1-39, jan.-fév., 21 ème anné, 1985.

DEVUYST, Youri. The international dimension of the EC's antitrust Pplicy: extending the level play field. *European Foreign Affairs Review*, v. 3, issue 4, Winter 1998.

DI BIASI, Hector N. Regime jurídico da concorrência. *RevJF*, Brasília, n. 2, 1997, disponível em: <http://www.cjf.gov.br/revista/numero2/artigo11.htm>.

DRANCOURT, Michel; LEPAGE, Henri. Obstacles psychologiques (et politiques) aux concentration et aux fusions intracommunautaires. *RMC*, n. 109, p. 131-142, jan.-fév. 1968.

DRIJBER, Berend-Jan – V. BOURGEOIS, Jacques H.-J.

DUTRA, Pedro. Abuso do poder econômico: prevenção e repressão e a defesa da livre concorrência. *Arché Interdisciplinar– Defesa da Con-*

corrência, Rio de Janeiro, Faculdades Integradas Cândido Mendes Ipanema, ano VII, n. 20, p. 25-39, 1998.

———. A concentração do poder econômico. Aspectos jurídicos do art. 54 da Lei 8.884/94. *RevIBRAC*, São Paulo, n. 8, p.5-24, 1996.

———. A concentração do poder econômico e a função preventiva do CADE. *RevIBRAC*, São Paulo, n. 1, p. 5-19, 1997.

———. A negociação antecipada de condição de aprovação de ato de concentração. *RevIBRAC*, São Paulo, n. 4, p. 5-12, 1998.

———. Poder econômico: concentração e reestruturação. *RevIBRAC*, São Paulo, n. 2, p. 9-30, 1997.

———. Natureza e a finalidade dos pareceres técnicos da SEAE e da SDE, previstos no artigo 54, § 6.º, da Lei 8.884/94. *RevIBRAC*, São Paulo, n. 2, p. 5-18, 1999.

ELLAND, William. The merger control regulation and its effect on national merger controls and the residual application of articles 85 and 86. *ECLR*, v. 8, n. 2, p. 163-172, 1987.

ERSBØLL, Niels Christian. Commitments under the merger regulation, *ECLR*, n. 9, p. 357-364, 2001.

EZRACHI, Ariel. Limitations on the extraterritorial reach of the European merger regulation. *ECLR*, n. 4, p. 137-146, 2001.

FAGUNDES, Jorge; POSSAS, Mário; PONDÉ, João Luiz. Defesa da concorrência e regulação de setores de infra-estrutura em transição. *Arché Interdisciplinar – Defesa da Concorrência*, Rio de Janeiro, Faculdades Integradas Cândido Mendes Ipanema, ano VII, n. 20, p. 63-96, 1998.

FINE, Frank L. EEC antitrust aspects of production joint ventures. *ECLR*, n. 5, p., 1992.

———. The Philip Morris judgment: does article 85 now extend to mergers? *ECLR*, v. 8, n. 04, p. 333-343, 1987.

FERRAZ JÚNIOR, Tércio Sampaio. A concentração econômica e fiscalização administrativa (entendimento do art. 74 da Lei n. 4.137/62 segundo a redação do art. 13 da Lei n. 8.158/91). *RDA*, n. 193, p. 65-78, jul.-dez. 1993.

———. Discricionariedade nas decisões do Cade sobre atos de concentração. III Seminário Internacional de Direito da Concorrência –

Competition Policy and Economic Reform, *RevIBRAC*, São Paulo, p. 87-90, 1997.

———. Lei de defesa da concorrência. Origem histórica e base constitucional. *ArqMinJustiça*, Brasília, 45(180), p.175-185, jul.-dez. 1992.

FARIA, Werter R. A integração econômica e o direito comercial. *RevJF*, Brasília, n. 2, 1997, disponível em: <http://www.cjf.gov.br/revista/numero2/artigo2.htm>.

———. Aplicação das normas emanadas dos órgãos do Mercosul. *Temas de integração*, v. 1, 2.º semestre 1996.

———. Experiências latino-americanas de integração. *RevJF*, Brasília, n. 2, 1997, disponível em: <http://www.cjf.gov.br/revista/numero2/artigo1.htm>.

———. Regras de concorrência e órgãos de julgamento das infrações e de controle das concentrações. *RevIBRAC*, São Paulo, n. 8, p. 25-33, ago. 1996.

FIEBIG, Andre R. International law limits on the extraterritorial application of the European merger control Regulation and suggestions for reform. *ECLR*, v. 19, issue 6, p. 323-331, July 1998.

FISHWICK, Francis. The definition of the relevant market in the competition policy of the European economic community. *Revue d'Économie Industrielle*, Paris, n. 57, p. 174-281, 3.º trimestre 1991.

FONSECA, Antonio. O papel do CADE em face da desestatização (Proposta de aplicação simplificada do art. 54 da Lei n. 8.884/94). *RevIBRAC*, São Paulo, n. 2, p. 31-45, 1997.

———. O papel do Ministério Público na política da concorrência. *RDE*, Brasília, n. 25, p. 71-76, jan.-jul. 1997.

FONTURA, Jorge. Fontes e formas para uma disciplina jurídica comunitária. *RevJF*, Brasília, n. 2, 1997, disponível em: <http://www.cjf.gov.br/revista/numero2/artigo8.htm>.

FRADERA, Véra Maria Jacob de. A circulação de modelos jurídicos europeus na América Latina: um entrave à integração econômica no Cone Sul? *RT* 736/20-39, ano 86, fev. 1997.

FRANCESCHINI, José Inácio Gonzaga. Disciplina jurídica do abuso de poder econômico. *RT* 640/255-262, fev. 1989.

———. Introdução ao direito da concorrência. *RBCC*, n. 14, p. 220-252, abr.-jun. 1996.

———. Legislação de defesa da concorrência comparada: Brasil-Argentina. Contribuição ao Tratado Mercosul. *BILA*, Brasília, n. 7, p. 26-31, out.-dez. 1992.

———. Roteiro do processo penal-econômico na legislação de concorrência. *RevIBRAC*, n. 10, p. 7-67, 1998.

———; PEREIRA, Edgard Antonio. As eficiências econômicas sob o prisma jurídico. *RDE*, Brasília, n. 23, p. 25-37, abr.jun. 1996.

———; PEREIRA, Edgard Antonio; SILVA, Eleni Lagroteria da. Denunciação de práticas anticompetitivas: ganhos privados e custos públicos. III Seminário Internacional de Direito da Concorrência – Competition Policy and Economic Reform, *RevIBRAC*, São Paulo, p. 91-106, 1997.

FRONTINI, Paulo Salvador. Caracterização de condutas contrárias à ordem econômica – Notas sobre a nova lei antitruste. *RDMIEF*, n. 96, p. 101-109, out.-dez. 1994.

GARNIER, Gaelle – V. DE LUYCK, Peter.

GHERSI, Carlos A. Funciones y Responsabilidad de la Empresa en el Mercosur. *RT* (Cível), ano 85, v. 723, jan. 1996.

GIOTAKOS, Dimitri – V. DE LUYCK, Peter.

GLAIS, Michel. L'application du règlement communautaire relatif au contrôle de la concentration: Premier Bilan. *Revue d'Économie Industrielle*, Paris, n. 60, p. 94-115, 2.º trimestre 1990.

GOLIN KRAMMES, Alexandre – V. ILHA, André de Oliveira Godoy.

GONZÁLEZ, Florencia. Solución de conflictos en un sistema de integración: los casos del Mercosur y la CEE. *Integración Latinoamericana* 185, año 17, dic. 1992.

GONZÁLEZ-ORÚS, Jerónimo Maillo. Empresas en participación concentrativas y artículo 81 del Tratado CE: dos años de aplicación del artículo 2(4) del Reglamento CE de control de las operaciones de concentración. *Instituto de Estudos Europeos – Centro de Política de la Competencia*, Madrid, n. 3, 2001.

GRAVISSE, Caroline; LESGUILLONS, Henry. Two years of application of the EEC concentration regulation. *RDAI*, n. 8, p. 977-992, 1992.

GRIFFIN, Joseph P. Antitrust aspects of cross-border mergers and acquisitions. *ECLR*, issue 1, p.12-20, 1998.

GRINBERG, Mauro. O Estado, suas empresas e o direito da concorrência. *RevIBRAC*, São Paulo, p.47-59, 1997.

———. A responsabilidade dos administradores de sociedades na legislação de defesa da concorrência. *RevIBRAC*, São Paulo, v. 5, n. 1, p. 27-40, 1998.

GROTTI, Dinorá Adelaide Musetti. Intervenção do Estado na economia. *Cadernos de Direito Constitucional e Ciência Política*, São Paulo, ano 4, n. 15, p. 73-88, abr.-jun. 1996.

GUDIN, Charles-Étienne. La négociation Comission/Entreprises dans le cadre du contrôle communautaire de concentrations. *RAE*, n. 1, p.15-29, 1993.

HAWK, Barry E. La révolution antitrust américaine: une leçon pour la Communauté Économique Européenne? *RTDE*, Paris, n. 25 (1), p. 5-44, jan.-mars 1989.

HITTERS, Juan Carlos. Solución de controversias en el ámbito del Mercosur (hacia un derecho comunitario). *Revista de Processo* 87130-146, jul.-set. 1997.

IDOT, Laurence – V. BLAISE, Jean-Bernard.

IDOT, Laurence; MOMÈGE, Chantal. Faut-il réviser le règlement sur le contrôle des concentrations? *Briefs propos sur l'affaire de Haviland*, Europe, ano 2, n. 1, p. 5, jan. 1992.

ILHA, André de Oliveira Godoy; GOLIN KRAMMES, Alexandre. O Conselho Administrativo de Defesa Econômica (CADE) e as privatizações. *Revista de Direito Econômico Internacional*, n. 4, disponível em: <http://www.ccj.ufsc.br:80/~rdei/rdei4/ilha.html#nota5>.

IMMENGA, Ulrich. Le contrôle de concentration: l'experience allemande. *Hommage a René Roblot-Le contrôle des concentrations d'entreprises*, Paris, LGDL, p.107-124, 1995.

INFORME DO IRELA. Mercosur – Unión Europea: dinámicas y prospectivas de una asociación creciente, 19.2.1999.

———. Preparando la Asociación UE-Mercosur. Beneficios y obstáculos, 20.11.1998.

JUHEL, Erwan. Les engagements acceptés lors du contrôle des concentrations. *RAE*, p. 39-46, avr. 1996.

KERZE, Christopher. Access to the file. *Procedural aspects of EEC competition law,* Maastricht, European Institute of Public Administration, p. 55-66, 1995.

KLAJMIC, Magali. Defesa da concorrência: política de Estado e interface com políticas de Governo. *RDE*, Brasília, n. 22, p. 69-72, jan.-mar. 1996.

———; NASCIMENTO, Cynthia. Compromisso de desempenho: uma abordagem introdutória. *RDE,* Brasília, p.29-45, 1997.

KRAUSE, Hartmut. Article 6(1)b EC merger regulation: improving the reliability of commitments. *ECLR*, v. 15, n. 4, p. 209-216, 1994.

LANDE, Robert H. Ascensão e queda (próxima) da eficiência como reguladora do antitruste. *RDE*, Brasília, n. 23, p. 39-65, abr.-jun. 1996.

LANGE, Wilmer G. F.; BYRON SANDAGE, John. The wood pulp decision and its implications for the scope of EC competition law. *CMLR*, n. 26, p. 137, 1989.

LARGO GIL, Rita. La notificación de las concentraciones empresariales en el ámbito de la defensa de la libre competencia. *Estudios de Derecho Mercantil em Homenaje al Profesor Manuel Broseta Pont*, Valencia, t. II, p.1903-1947, 1995.

LAURENT, Philippe. Le contrôle communautaire de la concentration et la position dominante collective. *Contrats-Concurrence-Consommation*, n. 3, (Chr. 3 Comm. 41 à 66), p. 1-2, 1993.

———. Contrôle communautaire des concentrations. *Concurrence-Consommation*, Paris, Éditions Techniques, fascicule 470, Juris-Classeurs, p.1-20, 1994.

LECOURT, Robert. Concentrations et fusions d'entreprises, facteurs d'integration européenn? *RMC*, n. 109, p. 6-24, jan.-fév. 1968.

LEMES, Selma M. Ferreira – V. DEL CHIARO, José.

LEOPOLDINO DA FONSECA, João Bosco. Admissibilidade de atos que limitam a concorrência. *RevIBRAC*, São Paulo, v. 4, n. 5, p. 5-34, 1997.

LEPAGE, Henri – V. DRANCOURT, Michel.

LOBO, Jorge. Direito dos grupos de sociedades. *RDMIEF*, n. 107, ano

XXXVI Nova Série, p. 99-122, 1997.

LÓPEZ-MUÑIZ, J. L. Martínez. Mercosur: balance actual y perspectivas a la luz de la experiencia de la Comunidade Europea. Posibilidades de un Tribunal Supranacional para asegurar el cumplimiento e interpretación uniforme del derecho del Mercosur. *Revista de Derecho del Mercosur*, Buenos Aires, año 3, n. 4, p. 54/67, ago. 1999. -

LOUSSOUARN, Yvon. La concentration des entreprises dans la Communauté économique européenne. *RCDIP*, Paris, t. LXIII, p. 235-271, 1974.

LOWE, Philip. Recent developments in EC merger control. *APFCLI*, p.139-163, 1995.

LOZANO, Néstor O. Pérez. Los grupos empresariais en el Mercosur. In: DUBOIS, Eduardo M. Favier (Director). Negocios Internacionales y Mercosur. *Instituto de Derecho Comercial – U.N.A*, Ad Hoc S.R.L., Buenos Aires, 1996.

LUPATELLI JR., Alfredo; MARTINS OCTAVIANO, Eliane Maria. Defesa da concorrência e "joint ventures" no Brasil. *Revista de Derecho del Mercosur*, Buenos Aires, año 3, n. 4, p. 180-185, ago. 1999.

LUZARRAGA, Francisco Aldecoa. El acuerdo entre la Union Europea y el Mercosur en el marco de le intesificacion de relaciones entre Europa y America Latina. *RIE*, Madrid, v. 22, n. 3, p.761-792, 1995.

MAGALHÃES, Agamenon. Abuso de poder econômico. *RF*, p. 601-605, ago. 1949.

MAGALHÃES, Carlos Francisco de. Desburocratização com eficiência. *Gazeta Mercantil*, São Paulo, p. A-3, 14.9.1998.

MAGALHÃES, José Carlos de. Defesa da concorrência no Mercosul. *RDE*, Brasília, p. 53-60, jan.-jul. 1997.

MALARD, Neide Terezinha. Integração de empresas: concentração, eficiência e controle. *RevIBRAC*, São Paulo, p. 44-73, nov. 1994.

MANCHERO-BUCHELI, Gabriela. Anti-competitive practices by private undertakings in ANCOM and MERCOSUR: An analysis from the perspective of the EC Law. *ICLQ*, v. 47, p. 149-173, jan. 1998.

MARQUES, Fernando de Oliveira. Do sigilo das averiguações preliminares. *RDE*, v. 29, p. 123-127, jan.-jul. 1999.

MARTÍN-CRESPO, María Pilar Bello. La reforma del reglamento comunitario sobre el control de operaciones de concentración. *GJCEC*, serie D (D-29), p. 207-244, Sep. 1998.

MARTÍNEZ LAGE, Santiago. Restricciones verticales a la competencia: cambio de la Comisión Europea (I). *GJCEC*, Boletín 139, p. 1-3, dic. 1998.

MÁRTIRES COELHO, Inocêncio. A defesa da livre concorrência na Constituição de 1988. *Arquivos do Ministério da Justiça*, Brasília, 47(184), p. 5-18, jul.-dez. 1994.

MASSEY, Patrick. Reform of EC competition law: substance, procedure and institutions, *APFCLI*, p. 91-123, 1996.

MATIAS PEREIRA, José. A defesa da concorrência no Mercosul. *RevIBRAC*, São Paulo, p. 1-15, nov. 1994.

MATTOS, César. The recent evolution of competition policy in Brazil: an incomplete transition. III Seminário Internacional de Direito da Concorrência – Competition Policy and Economic Reform, *RevIBRAC,* São Paulo, p.175-206, 1997.

MATTOS, César – V. COWIE, G. Michael.

MEDEIROS, Cachapuz de. Assimetrias jurídicas no MERCOSUL. *Revista Direito e Justiça – Revista da Pontifícia Universidade Católica do Rio Grande do Sul*, v. 18, ano XIX (1997), Porto Alegre, disponível em: <http://ultra.pucrs.br/direito/artigo/htm>.

MEZIAT, Armando. A defesa comercial no Brasil. III Seminário Internacional de Direito da Concorrência – Competition Policy and Economic Reform, *RevIBRAC,* São Paulo, p. 207-210, 1997.

MIRANDA LONDOÑO, Alfonso. El derecho de la competencia en el sector de las telecomunicaciones. III Seminário Internacional de Direito da Concorrência – Competition Policy and Economic Reform, *RevIBRAC*, São Paulo, p.133-174, 1997.

MIRANDA SERRANO, Luis María. La rule of reason en el derecho de la competencia: a propósito de la transmisión de empresas (Consideraciones en torno a la resolución del TDC en el asunto "ICI Paints España SA"). *Estudios de Derecho Mercantil em Homenaje al Profesor Manuel Broseta Pont*, Valencia, t. II, p.2315-2352, 1995.

MODRALL, James R. Ancillary restrictions in the commission's merger regulation: non-competition clauses. *ECLR*, v. 16, n. 1, p. 40-48, 1995.

MOHAMED, Sideek. National interests limiting E.U. cross-boarder bank mergers. *European Competition Law Review*, London, n. 5, 2000, p. 248-257.

MONTEIRO, Marcelo. Mercosul – União Européia – Um inédito acordo inter-regional. *Rev.Mercosul*, n. 36, ano 96/ene.-feb., disponível em: <http://www.etm.com.br/index.html>.

MONTI, Mario. Antitrust in the US and Europe: a history of convergence. Discurso apresentado no General Counsel Roundtable organizado pela American Bar Association, em Washington DC, 14 November 2001

———. The commission notice on merger remedies – one year after. Speech/02/10, discurso apresentado no CERNA (Centre d'économie industrielle, Ecole Nationale Supérieure de mines) em Paris em 18 de janeiro de 2002.

NASCIMENTO, Cynthia – V. KLAJMIC, Magali.

NERI, Sergio. Le controle des concentrations. *EBLR*, n. 1, p. 325-353, 1973.

NOËL, Pierre-Emmanuel. Efficiency considerations in the assessment of horizontal mergers under European and U.S. antitrust law. *ECLR*, issue 8, p., 1997.

———. La théorie de l'entreprise en difficulté et la notion de position dominante collective en matière de contrôle communautaire des concentrations. *RIDAI*, n. 4-5, p. 893-917, 1998.

NOURRY, Alex – V. VAN KERCKHOUVE, Marleen.

NUSDEO, Ana Maria de Oliveira. Agências reguladoras e concorrência. In: SUNDFELD, Carlos Ari (Coord.). *Direito administrativo econômico*. São Paulo: Malheiros , p. 159-189, 2000.

OCHOA, Juan Carlos da Silva. Economía de mercado y concentración de empresas en la Comunidad Europea. *Revista de Administración Pública*, Madrid, n. 134, p. , mayo-ago. 1994.

OCTAVIANO MARTINS, Eliane Maria. Direito comunitário: União Européia e Mercosul. *Repertório IOB de Jurisprudência,* Caderno 3, n. 2/99, p. 38-41, 2.ª. quinzena de janeiro 1999.

OCTAVIANO MARTINS, Eliane Maria – V. LUPATELLI JR., Alfredo.

OECD – Organisation for Economic Co-operation and Development. Mergers in Financial Services, *DAFFE/CLP* (2000) 17, 15.09.2000.

OLIVEIRA, André – V. COU TINHO, Paulo.

OLIVEIRA, Gesner. Avanços e desafios da defesa da concorrência no Mercosul. Disponível em: <http://www.mj.gov.br/cade>.

———. Globalização, abertura e concorrência. *RDE*, Brasília, n. 23, p. 9-11, abr.-jun. 1996.

———. Quem tem medo da desburocratização. *Gazeta Mercantil*, p. A-3, 08.09.1998.

———. Recent developments in Brazilian merger control. *Global Competition Review*, p. 24-25.

———. Regimento Interno do CADE e segurança jurídica. *RevIBRAC*, v. 5, n. 4, p. 13-20, 1998.

OLMI, Giancarlo. Introdução. In: *Trinta anos de direito comunitário*, Comissão das Comunidades Europeias, Luxemburgo, p. 1-34, 1984.

PALMA, Maria João. Direito da concorrência na Comunidade Europeia: Perspectivas para o Mercosul. In: PIMENTEL, Luiz Otávio (Org.). *MERCOSUL no Cenário Internacional:* direito e sociedade. Curitiba: Juruá, 1998. p. 301-312.

PAPPALARDO, Aurelio. Les nouvelles règles en matière de contrôle communautaire des concentrations d'entreprises. *RIDE*, Bruxelles, n. 2, p. 177-213, 1998.

———. Le règlement CEE sur le contrôle des concentrations. *RIDE*, Bruxelles, n. 1, p. 3-41, 1990.

———. Nouvelles orientations de la Comission dans la interpretation du règlement n. 4064/89 sur le contrôle des concentrations. *EBLR*, n. 1, p. 1995.

PENDIBENE, Raffaele. Is the concept of dominant position different under the merger regulation? *EBLR*, v. 5, p. , 1995.

PEREIRA, Ana Cristina Paulo. Responsabilidade administrativa do empresário na concorrência. *RDE*, Brasília, n. 23, p. 73-84, abr.-jun. 1996.

PEREIRA, Edgard Antonio. Pontos para uma agenda econômica para a ação antitruste. *RDE*, Brasília, n. 23, p. 13-24, abr.-jun. 1996.

PEREIRA, Edgard Antonio – V. FRANCESCHINI, José Inácio.

PEREIRA, Lia Valls. Tratado de Assunção: resultados e perspectivas. In: ———; SALAZAR BRANDÃO, Antônio P. (Org.). *Mercosul – Perspectivas de integração.* 2. ed. São Paulo: Fundação Getúlio Vargas, 1997.

PEREIRA, Sylvio. Poder econômico e abuso. *Revista de Administração de Empresas,* São Paulo, v. 6, n. 18, p. 137-157, mar. 1966.

PETIT, Laurent – V. DE LUYCK, Peter.

PETRILLI, Antonieta. Evolução de acordos de integração regional. *RevJF*, Brasília, n. 2, 1997, disponível em: <http://www.cjf.gov.br/revista/numero2/artigo7.htm>.

PONDÉ, João Luiz – V. FAGUNDES, Jorge.

PORCHIA, Ornella – V. MARESCA, Maurizio.

POSSAS, Mário – V. FAGUNDES, Jorge.

PRADO, Viviane Muller. Noção de grupo de empresas para o direito societário e para o direito concorrencial. *Revista de Direito Bancário e do Mercado de Capitais*, São Paulo: RT, n. 2, p. 140-155, maio-ago. 1998.

QUADROS, Salomão. Mercosul: Sinopse gráfica. In: BRANDÃO, Antônio Salazar P.; VALLS PEREIRA, Lia (Org.). *Mercosul – Perspectivas de integração*. 2. ed. São Paulo: Fundação Getúlio Vargas, 1997.

REQUIÃO, Rubens. Consórcio de empresas – Necessidade de uma legislação adequada. *RT* 430/21-24, ago. 1971.

RICHEMONT, Jean de. Concentrations et abus de positions dominantes. Article 86.º du Traité de Rome. Affaire Continental Can. *RTDE*, n. 1, p. 463-491, jan.-mars 1973.

RIDYARD, Derek. An economic perspective on the EC merger regulation. *ECLR*, issue 6, p. 247-254, 1990.

RIVIÈRE MARTI, Juan Antonio. La políitica de competencia en América Latina. *RDE*, Brasília, p. 77-84, jan.-jul. 1997.

ROMANO, Frank. The Boeing/MDD merger and the EC/US agreement on the application of their antitrust rules. *RIDAI*, n. 4-5, p., 1998.

ROWAT, Malcom. Cross-country comparison of competition

rules/institutions and the interface with utility regulation. III Seminário Internacional de Direito da Concorrência – Competition Policy and Economic Reform, *RevIBRAC*, São Paulo, p. 217-230, 1997.

RUIZ, Nuno. El derecho y la política de competencia comparados en la Comunidad Europea, el Mercosur Y Chile. *Boletím Latino Americano de Competencia*, Bruxelas, n. 7, p. 124-168, jul. 1999.

SAADI, Jairo. Concentração no sistema financeiro Nncional. *RDE*, Brasília, n. 26, p. 29-36, ago.-dez. 1997.

SALGADO, Lúcia Helena. Análise da experiência antitruste brasileira. *RDE*, Brasília, n. 25, p. 9-28, jan.-jul. 1997.

———. Aspectos econômicos na análise de atos de concentração. *RevIBRAC*, São Paulo, p. 33-41, jan. 1997.

———. O conceito de mercado relevante. *RDE*, Brasília, n. 26, p. 37-46, ago.-dez. 1997.

SAMPAIO, Onofre. A regra da lei. *Gazeta Mercantil*, São Paulo, 25.8.1998.

SAMTLEBEN, Jürgen. Perspectivas para uma corte do MERCOSUL e a experiência européia. *Scientia Ivridica, Rev. de Direito Comparado – Português e Brasileiro*, n. 262-264, 1996.

SCHAUB, Alexander. EC competition law – The millennium approaches. *APFCLI*, p. 225-256, 1997.

SCHIEBER, Benjamin M. O conceito de dominação dos mercados nacionais na lei antitruste. *RT* 338/27-39, 1963.

SCHUARTZ, Luís Fernando. Poder econômico e abuso de poder econômico no direito de defesa da concorrência brasileiro. *RDMIEF*, n. 94, p. 13-27, abr.-jun. 1994.

SCHUMAN, Robert. L'impact du droit communautaire sur l'ordre juridique interne des états membres. *Droit de la Concurrence*, Comission Européenne, p. 21-57, 1998.

SCHYMURA, Luiz Guilherme. As deliberações sobre atos de concentração: o caso brasileiro. III Seminário Internacional de Direito da Concorrência – Competition Policy and Economic Reform, *RevIBRAC,* São Paulo, p. 231-240, 1997.

SILBER, Horst S. – V. CANELLOS, Peter C.

SILVA, Eleni Lagroteria da – V. FRANCESCHINI, José Inácio.

SILVA, Eugênio. A concorrência no Mercosul: considerações preliminares. *RDE*, Brasília, n. 25, p. 45-51, jul. 1997.

SILVA, Miguel Moura e. Controlo de concentrações na Comunidade Europeia. *Direito e Justiça – Revista da Faculdade de Direito da Universidade Católica Portuguesa*, v. 8, t. 1, p.135-199, 1994.

SILVEIRA, João Marcos – V. DEL CHIARO, José.

SOUZA, Romildo Bueno de. A eficácia do sistema de solução de controvérsias no Mercosul. *RevJF*, Brasília, n. 2, 1997, disponível em: <http://www.cjf.gov.br/revista/numero2/artigo15.htm>.

STEPTOE, Mary Lou; WILSON, Donna L. Developments in exclusive dealing. *RevIBRAC*, São Paulo, p. 43-60, jan. 1997.

STEVENS, Dallal. Competition law in Brazil. *ECLR*, issue 4, p. 255-261, 1995.

———. Covert collusion and conscious Parallelism in oligopolistic markets: a comparison of E.C and U.S. competition law. *Yearbook of European Law*, Oxford, (15-1995), p. 47-78, 1996.

STRENGER, Irineu. Condições gerais do contrato no comércio do MERCOSUL: uma proposta. In: CASELLA, Paulo Borba. *Contratos internacionais e direito econômico no MERCOSUL – Após o término do período de transição*. São Paulo: LTr, 1996.

TAVARES GUERREIRO, José Alexandre. Formas de abuso de poder econômico. *Revista de Direito Mercantil*, n. 66, p. 41-52, 1987.

TINEO, Luis. Políticas de competencia en América Latina, *RDE*, Brasília, p. 85-98, jan.-jul. 1997.

VALLETTE-VILLARD, Hugues – V. BERLIN, Dominique.

VAN GERVEN, Walter. EC jurisdiction in antitrust matters: the Wood Pulp judgment. *APFCLI,* p. 451-483, 1989.

VAN KERCKHOUVE, Marleen; NOURRY, Alex. EU merger control: application and recent developments. *Competition Law Handbook 2001*, 5. ed., London: Practical Law Company Ltd., p. 5-20, 2001.

VAN KLAVEREN, Albert. Why iIntegration now? Options for Latin America. In: SMITH, Peter H. *The Challenge of Integration – Europe and Americas*. Miami: Transactions Publishers, p. 115-141, 1993.

VAN MIERT, Karel. EU Competition policy in the banking sector, Belgian Bankers' Association, Brussels, 22 September 1998.

———. International cooperation in the field of competition: a view from the EC. *APFCLI*, p. 14-25, 1997.

———. La Organización Mundial del Comercio y la política de competencia: la necesidad de considerar negociaciones. *Boletim Latinoamericano de Concorrência*, n. 4, p. 59-70, ago. 1998.

VAN OMMESLAGHE, Pierre. L'application des articles 85 et 86 du Traité de Rome aux fusions, aux groupes de sociétés et aux entreprises communes. *RTDE*, Paris, 3e année, n. 1, p. 457-506, 1967.

———. Le reglement sur le controle des operations de concentration entre entreprises et les offres oubliques d'acquisition. *EBLR*, Bruxelles, Vingt-Septième Année, n. 3-4, p. 259-316, 1991.

VARELLA BRUNA, Sérgio. Revisibilidade das decisões do CADE em atos de concentração. *Arché Interdisciplinar – Defesa da Concorrência*, Rio de Janeiro, Faculdades Integradas Cândido Mendes Ipanema, ano VII, n. 20, p. 125-148, 1998.

VASCONCELOS FREIRE, Marusa. A atuação do CADE diante da desestatização. *RDE*, Brasília, n. 23, p. 67-72, abr.-jun. 1996.

VAZ, Isabel. Legislação de defesa da concorrência e extraterritorialidade. III Seminário Internacional de Direito da Concorrência – Competition Policy and Economic Reform, *RevIBRAC*, São Paulo, p. 263-274, 1997.

VELJANOVSKI, Cento. The economics of the relevant market in EC competition law. *IRCL*, n. 185, p. 4-10, 1998.

VENIT, James S. Two steps forward and no steps back: economic analysis and oligopolistic dominance after Kali&Salz. *CMLR*, v. 35, n. 5, Oct. 1998.

VOGEL, Louis. Competition law and buying power: the case for a new approach in Europe. *ECLR*, issue 1, p. 4-11, 1998.

———. Contrôle des concentrations et politique industrielle. *Hommage a René Roblot-Le contrôle des concentrations d'entreprises*, Paris, LGDL, p. 57-82, 1995.

———. Droit de la concurrence – La pratique en 500 décisions (Droit français et droit communautaire – Jurisprudence – Commentaires – Textes). *Contrats-Concurrence-Consommation*, Paris, Hors Série, p.

358-383, mars 1997 (129 à 147).

XAVIER, Alberto P. Subsídios para uma lei de defesa da concorrência. *Ciência e Técnica Fiscal*, Lisboa, n. 138, jun. 1970.

WAELBROECK, Michel. Trente-cinq années de politique communautaire de la concurrence. *Custiones Actuales de Derecho Communitario Europeo, IV, Cuadernos de Derecho Internacional*, Córdoba, n. 9, p. 329-341, 1998.

WILSON, Donna L. – V. STEPTOE, Mary Lou.

3. Documentos da Comissão

III- A – Comunicações/Relatórios/Artigos oficiais:

Decisão 24/54 da Alta Autoridade de 6.5.1954 (respeitante ao regulamento de execução do n. 1 do art. 66.º do Tratado, relativo aos elementos que constituem o controlo de uma empresa).

Decisão 25/54 da Alta Autoridade de 6.5.1954 (respeitante ao regulamento relativo às informações a prestar nos termos do n. 4 do art. 66.º do Tratado).

Decisão 26/54 da Alta Autoridade de 6.5.1954 (respeitante ao regulamento relativo às informações a prestar nos termos do n. 4 do art. 66.º do Tratado).

Memorandum de la Commission de la Communauté Economique Européenne sur la concentration dans le Marché Commun, *RTDE*, 2e année, n. 1, jan.-avr. 1966.

Regulamento (CE) 4.064/89 do Conselho, de 21.12.1989, *JO* L 395, de 30.12.1989, p. 1 (relativo ao controlo de concentração de empresas).

Comunicação da Comissão (94/C 385/01) relativa à distinção entre empresas comuns com carácter de concentração e empresas comuns com carácter de cooperação, nos termos do Regulamento (CE) 4.064/89 do Conselho de 21.12.1989, publicada no *JOCE* C 203 de 14.8.1990, p. 10.

Decisão do Conselho 95/445/CE de 30.10.1995, relativa à conclusão do acordo-quadro de cooperação entre a CCE e a República Federativa do Brasil, publicada no *JOCE* L 262 de 1º.11.1995, p. 53-66.

Comunicação da Comissão – Os serviços de interesse geral na Europa – Comissão Européia, 1996, *JO* C 281 de 26.9.1996, p. 3.

Regulamento (CE) 1.310/97, de 30.6.1997, que altera o Regulamento (CE) 4.064/89 relativo ao controlo das operações de concentração de empresas, publicado no *JOCE* L 180, de 9.7.1997, p. 1-6.

Comunicação da Comissão relativa ao conceito de empresas comuns que desempenham todas as funções de uma entidade econômica autônoma, nos termos do Regulamento (CE) 4.064/89 do Conselho, relativo ao controlo das operações de concentração de empresas, publicado no *JO* L 180 de 9.7.1997, p. 1.

Comunicação da Comissão COM (1998) 544 final, relativa à aplicação das regras comunitárias de concorrência às restrições verticais – Seguimento do Livro Verde sobre as restrições verticais, Bruxelas, 30.9.1998.

Livro Branco sobre a Modernização das Regras de Aplicação dos artigos 85.º e 86.º do Tratado CE, Programa da Comissão99/027, Bruxelas, 28.4.1999.

Relatório (COM (2000) 399 final) a apresentar ao Conselho sobre a aplicação dos limiares previstos no Regulamento das Concentrações, Comissão Européia, Bruxelas, 28.6.2000.

Comunicação da Comissão relativa a um procedimento simplificado de tratamento de certas operações de concentração nos termos do Regulamento (CE) 4.064/89 do Conselho, publicada no *JOCE* C 217, de 29.7.2000, p. 3.

Comunicação da Comissão sobre soluções passíveis de serem aceites nos termos do Regulamento (CE) 4.064/89 do Conselho e do Regulamento (CE) 447/98, publicada no *JOCE* C68, de 2.3.2001, p. 3-11.

Decisão (2001/462/CE,CECA) da Comissão de 23.5.2001, relativa às funções do auditor em determinados processos de concorrência, publicada no *JOCE* L 162, de 19.6.2001, p. 21-24.

Comunicação da Comissão relativa às restrições diretamente relacionadas e necessárias às operações de concentração, publicada no JOCE C 188, de 4.7.2001, p. 5-11.

Livro Verde relativo à revisão do Regulamento (CE) 4.064/89 (COM 20001/745 final), apresentado pela Comissão Européia em 11.12.2001.

III-B- Decisões:

Décision 69/243 CEE, 24.7.1969, relative à une procédure au titre de l'article 85 du traité C.E.E. (IV/26.267 - Matières colorantes), *JOCE* L

195 du 7.8.1969, p. 11-17.

Décision 71/224/CEE, 2.6.1971, relative à une procédure au titre de l'article 86 du traité C.E.E. (IV/26760 – GEMA), *JOCE* L 134 du 20.6.1971, p. 15-29.

Décision 75/497 CEE, 15.7.1975, relative à une procédure au titre de l'article 85 du traité C.E.E. (IV/27.000 – règles IFTRA pour les producteurs d'aluminium brut), *JOCE* L 228 du 29.8.1975, p. 3-16.

Décision 77/135/CECA, 22.12.1976, autorisant l'acquisition par Klöckner-Werke AG d'une participation majoritaire au capital de Eisenwek-Gesellschaft Maximilianshütte mbH (article 66 CECA), *JOCE* L 43 du 15.12.1977, p. 32-36.

Décision 85/78/CEE, 12.12.1984, relative à une procédure au titre de l'article 85 du traité C.E.E. (IV/30.666 – Meniver – PPG), *JOCE* L 35 du 7.12.1985, p. 54-57.

Decisão87/100/CEE, 17.12.1986, relativa a um processo de aplicação do art. 85.º do Tratado CEE (IV/31.340, Mitchell Cotts/Sofiltra), *JOCE* L 41 de 11.2.1987, p. 31-37.

Decisão 87/406/CEE, 10.7.1987, relativa a um processo de aplicação do art. 85.º do Tratado CEE (IV/31.192, Tipp-Ex), [IV/31.507 – Tipp-Ex (contrato-tipo)] *JOCE* L 222 de 10.8.1987, p. 1-11.

Decisão 88/501/CEE, 26.7.1988, relativa a um processo de aplicação dos arts. 85.º e 86.º do Tratado CEE (IV/31.043-Tetra Park I – Licença BTG), *JOCE* L 272 de 4.10.1988, p. 27-46.

Decisão 89/93/CEE, 7.12.1988, relativa a um processo de aplicação dos arts. 85.º e 86.º do Tratado CEE (IV/31.906, vidro plano), JOCE L 33 de 4.2.1989, p. 44-73.

Decisão n.º 89/29/CECA, 19.12.1988, relativa à autorização da concentração entre a Eschweiler Bergwerks-Verein Aktiengesellschaft, Herzogenrath e a Ruhrkohle Aktiengesellschaft, Essen, in JOCE n.º L 14, de 18.1.1989, p. 37-39.

Decisão 90/46/CEE, 12.1.1990, relativa a um processo de aplicação do art. 85.º do Tratado CEE (IV/32.006 – Alcatel Espace/ANT Nachrichtentechnik), *JOCE* L 32 de 3.2.1990, p. 19-26.

Decisão 90/410/CEE, 13.7.1990, relativa a um processo de aplicação do art. 85.º do Tratado CEE (IV/32.009 – Elopak-Metal Box-Odin), JOCE L 209 de 8.8.1990, p. 15-22.

Decisão 1/251/CEE, 12.4.1991, que declara a compatibilidade de uma operação de concentração com o mercado comum (Proc. IV/MO42 – Alcatel/Telettra), JOCE L 122, de 17.5.1991, p. 48-55.

Decisão 91/391/CEE, 29.4.1991, que declara a compatibilidade de uma operação de concentração com o mercado comum (Proc. IV/MO73 – USINOR/ASD), *JOCE* C 193, de 29.7.1991.

Decisão 91/403/CEE, 29.5.1991, que declara a compatibilidade com o mercado comum de uma operação de concentração (Proc. IV/MO43) – Magneti Marelli/CEAc), JOCE L 222, de 10.8.1991, p. 38-41.

Decisão 91/535/CEE, 19.7.1991, que declara a compatibilidade de uma operação de concentração (IV/M068 – Tetra Pak/Alfa-Laval), JOCE L 290 de 22.10.1991, p. 35-44.

Decisão 91/595/CEE, 31.7.1991, que declara a compatibilidade com o mercado comum de uma operação de concentração (Proc. IV/MO12 – Varta/Bosch), *JOCE* L 320 de 22.11.1991, p. 26-34.

Decisão 91/391/CEE, 26.8.1991, que declara a compatibilidade com o mercado comum de uma operação de concentração (Proc. IV/M124) – BNP/Dresdner Bank – Czeho – Slovakia), *JOCE* C 226, de 31.8.1991.

Decisão 91/619/CEE, 2.10.1991, que declara a incompatibilidade de uma operação de concentração com o mercado comum (IV/M.053 – Aerospatiale-Alenia/de Havilland), JOCE L 334 de 5.12.1991, p. 42-59.

Decisão 92/553/CEE, 22.7.1992 (Proc. IV/M 190 – Nestlé/Perrier), JOCE L 356, de 5.12.1992, p. 1-31.

Decisão 91/390/CEE, de 17.12.1991, que declara a compatibilidade com o mercado comum de uma operação de concentração (Proc. IV/M.0027 – Promodes/Dirsa), *JOCE* C 321, de 21.12.1991.

Decisão 91/121/CEE, de 18.12.1991, que declara a compatibilidade com o mercado comum de uma operação de concentração Pproc. IV/M121 – Ingersoll-Rand /Dresser), *JOCE* C 086, de 7.4.1992, p.

Decisão 91/147/CEE, de 18.12.1991, que declara a compatibilidade com o mercado comum de uma operação de concentração (Proc. IV/M147 – Eurocom/RSCG), *JOCE* C 332, de 21.12.1991.

Decisão 91/113/CEE, de 19.12.1991, que declara a compatibilidade com o mercado comum de uma operação de concentração (Proc. IV/M113 – Courtaulds/SNIA), *JOCE*C 333, de 24.12.1991.

Decisão 93/9/CEE, 30.9.1992, que declara a compatibilidade de uma operação de concentração com o mercado comum (Proc. IV/M 214 – Du Pont/ICI), *JOCE* L 7, de 13.1.1993 (CELEX).

Decisão92/392/CE, de 5.10.1992, declarando a compatibilidade de uma operação de concentração com o mercado comum (Proc. IV/M.157 – Air France/Sabena), *JOCE* C 272, de 21.10.1992 (CELEX).

Decisão 93/252/CEE, 10.11.1992, relativa a um processo de aplicação dos artigos 85.º e 86.º do Tratado CE (Proc. IV/33.440 – Warner-Lambert/ Gillette e outros e IV/33.486 BIC/Gillette e outros), *JOCE* L 116, de 12.5.1993, p. 21-32.

Decisão 93/247/CEE, 12.11.1992, que declara a compatibilidade de uma operação de concentração com o mercado comum (Proc. IV/M 212 – Mannesmann/Hoesch), *JOCE* L 114, de 8.5.1993, p. 34-48.

Decisão 94/449/CE, 14.12.1993, relativa a um processo de aplicação do Regulamento (CE) 4.064/89 (Proc. IV/M.308 – Kali + Salz/MdK/ Treuhand), *JOCE*L 186 de 21.7.1994, p. 38-56.

Decisão 94/208/CE, 31.1.1994, que declara a compatibilidade de uma operação de concentração com o mercado comum (Proc. IV/M 315 – Mannesmann/Vallourec/Ilva), *JOCE* L 102, de 21.4.1994, p. 15-37.

Decisão n.º 94/811/CE, de 8.6.1994, que declara a compatibilidade de uma operação de concentração com o mercado comum (proc. IV/M 269 – Shell/Montecatini), in JOCE n.º L 332, de 22.12.1994, p. 48/70.

Decisão n.º 95/354/CE, de 14.2.1995, relativa a um processo de aplicação do Regulamento (CE) n.º 4064/89 do Conselho (proc. IV/M 477 – Mercedes-Benz/Kässbohrer), in JOCE n.º L 211, de 6.9.1995, p. 1/21.

Decisão 95/255/CE, de 17.2.1995, que declara a compatibilidade de uma operação de concentração com o mercado comum (Proc. IV/M.468 – Siemens/Italtel), *JOCE* L 161, de 12.7.1995, p. 27-41.

Decisão 96/177/CE, de 19.7.1995, que declara uma concentração incompatível com o mercado comum e com o funcionamento do Acordo EEE (Proc. IV/M 490 – Nordic Satellite Distribution), *JOCE* L 53, de 2.3.1996, p. 20-40.

Decisão 96/204/CE, de 20.9.1995, que declara uma concentração compatível com o mercado comum e com o funcionamento do Acordo EEE (Proc. IV/M 582 – Orkla/Volvo), *JOCE* L 66, de 16.3.1996, p. 17-35.

Decisão 96/346/CE, de 20.9.1995, relativa a um processo de aplicação do Regulamento (CE) 4.064/89 do Conselho (Proc. IV/M 553 – RTL/ Veronica/Endemol), *JOCE* L 134, de 5.6.1996, p. 32-52.

Decisão 96/222/CE, de 14.11.1995, que declara uma concentração compatível com o mercado comum e com o funcionamento do Acordo EEE (Proc. IV/M 603 – Crown Cork & Seal-Carnaud Metalbox), *JOCE* L 75, de 23.3.1996, p. 38-60.

Decisão 96/435/CE, de 16.1.1996, relativa a um processo de aplicação do Regulamento (CE) 4.064/89 do Conselho que declara uma concentração compatível com o mercado comum e com o funcionamento do Acordo EEE (Proc. IV/M 623 – Kimberly-Clark/Scott), *JOCE* L 183, de 23.7.1996, p. 1-39.

Decisão 96/471/CE, de 28.2.1996, que autoriza a aquisição da Raab Karcher Kohle GmbH pela Ruhrkohle Handel GmbH (Proc. IV/CECA. 1147 – Ruhrkohle Handel/Raab Karcher Kohle), *JOCE* L 193, de 3.8.1996, p. 42-53.

Decisão 96/648/CE, de 24.4.1996, que altera a Decisão 94/811/CE que declara a compatibilidade de uma operação de concentração com o mercado comum (Proc. IV/M 269 – Shell/Montecatini), *JOCE* L 294, de 19.11.1996, p. 10-13.

Decisão 97/26/CE, de 24.4.1996, que declara uma concentração incompatível com o mercado comum e com o funcionamento do EEE (Proc. IV/M 619 – Gencor/Lonrho), *JOCE* L 11, de 14.1.1997, p. 30-69.

Decisão 97/469/CE, 17.7.1996, relativa a um processo nos termos do Regulamento 4.064/89 (Proc. IV/M.737 – Ciba-Geigy/Sandoz), *JOCE* L 201, de 29.7.1997, p. 1-47.

Decisão 96/649/CE, de 19.11.1996, relativa a um processo nos termos dos Regulamentos (CEE) 4.064/89 do Conselho (Proc. IV/M 553 – RTL/ Veronica/Endemol), *JOCE* L 294, de 19.11.1996, p. 14-17.

Decisão 97/277/CE, de 20.11.1996, que declara a incompatibilidade de uma operação de concentração com o mercado comum (Proc. IV/M 784 – Kesko/Tuko), *JOCE* L 110, de 26.4.1997, p. 53-73.

Decisão 97/540/CE, de 22.1.1997, que declara a compatibilidade de uma operação de concentração com o mercado comum e com o funcionamento do Acordo EEE (Proc. IV/M 794 – Coca-Cola/Amalgamated Beverages GB), *JOCE* L 218, de 9.8.1997, p. 15-42.

Decisão 97/409/CE, de 19.2.1997, que impõe medidas para restabelecer as condições de uma concorrência efectiva (Proc. IV/M 784 – Kesko/ Tuko), *JOCE* L 174, de 2.7.1997, p. 47-50.

Decisão 98/335/CE, de 23.4.1997, que declara a compatibilidade de uma operação de concentração com o mercado comum e com o funcionamento do Acordo EEE (Proc. IV/M 754 – Anglo American Corporation/ Lonrho), OCE n.º L 149, de 20.5.1998, p. 21-42.

Decisão 97/815/CE, de 14.5.1997, que declara uma concentração compatível com o mercado comum e com o funcionamento do Acordo EEE (Proc. IV/M 856 – British Telecom/MCI-II), *JOCE* L 336, de 8.12.1997, p. 1-15.

Decisão 97/816/CE, 30.7.1997, que declara a compatibilidade de uma operação de concentração com o mercado comum (Proc. IV/M.877 – Boeing/McDonnell Douglas), *JOCE* L 306, de 8.12.1997, p. 16-47.

Decisão 98/455/CE, 3.12.1997, relativa a um processo de aplicação do Regulamento (CE) 4.064/89 do Conselho (Proc. IV/M.942 – VEBA/ Degussa), *JOCE* L 201, de 17.7.1998, p. 102-111.

Decisão 98/1076, de 15.1.1998, que declara a compatibilidade de uma operação de concentração com o mercado comum (Proc. IV/M. 1076 – ACERALIA/ARISTRAIN), *JOCE* C 046, de 11.2.1998.

Decisão 98/398, de 10.3.1998, que declara a compatibilidade de uma operação de concentração com o mercado comum (Proc. IV/M. 1086 – Promodès/S21/Gruppo GS), *JO* C 205 de 01.7.1998 (Base de Dados – CELEX).

Decisão 98/666/CE, de 6.5.1998, que declara uma concentração compatível com o mercado comum e com o funcionamento do Acordo EEE (Proc. IV/M. 970 – TKS/ITW Signode/Titan), *JOCE* L 316, de 25.11.1998, p. 33-47.

Decisão 98/1060/CE, de 26.5.1998, que declara uma operação de concentração compatível com o mercado comum (Proc. IV/M. 1060 – Vendex/Bijenkorf), *JOCE* C 280, de 9.9.1998.

Decisão 98/1124, de 6.7.1998, que declara uma operação de concentração compatível com o mercado comum (Proc. IV/M. 1124 – Maersk Air/LFV Holdings), *JOCE* C 253, de 12.8.1998.

Decisão 98/475, de 29.7.1998, relativa à aplicação do Regulamento 4.064/ 89 (Proc. IV/M. 986 – AGFA Gevaert/DuPont), *JOCE* L 211, de 29.7.1998.

Decisão 98/1315, de 15.10.1998, relativa à aplicação do Regulamento 4.064/89 (Proc. IV/M 1315 – ENW/Eastern), *JOCE* C 344, de 12.11.1998.

Decisão 99/287, de 8.7.1998, que declara uma operação de concentração compatível com o mercado comum e com a aplicação do Acordo EEE (Proc. IV/M.1069 – WorldCom/MCI), *JOCE* L116, de 4.5.1999, p. 1-35.

Decisão 9/594, de 18.2.1998, relativa à aplicação de coimas pelo não cumprimento do dever de comunicação e pela realização de uma concentração em infracção ao n. 1 do artigo 4.º e ao n. 1 do artigo 7.º do Regulamento (CE) 4.064/89 (Proc. IV/M.920 – Samsung/AST), *JOCE* L 225, de 26.8.1999, p. 12-19.

Decisão 98/JV 11, de 15.09.1998, que declara a compatibilidade de uma concentração com o mercado comum (Proc. IV/JV.11 – @Home Benelux B.V.), *JOCE* C 178, de 23.6.1999.

Decisão 99/641, de 25.11.1998, que declara a compatibilidade de uma concentração com o mercado comum e com o funcionamento do Acordo EEE (Proc. IV/M. 1225 – Enso/Stora), JOCE L 254, de 25.9.1999, p. 9-21.

Decisão 1327/1998, de 3.12.1998, que declarou a compatibilidade de uma concentração com o mercado comum e com o funcionamento do Acordo EEE (Proc. IV/M.1327 – NC/Canal+/CDPQ/BankAmerica, publicada no *JO*).

Decisão 99/459, de 10.2.1999, que aplica coimas por não notificação e realização de três concentrações em infracção ao artigo 4.º e ao n. 1 do artigo 7.º do Regulamento 4.064/89 (Proc. IV/M.969 – A.P. Moller), *JOCE* L 183, de 16.7.1999, p. 29-32.

Decisão, de 4.6.1999, relativa à aplicação do Regulamento 4.064/89 (Proc. IV/M. 1467 – Rohm and Haas/Morton), *JOCE* C 157, de 4.6.1999.

Decisão 1.439/99, de 13.10.1999, que declara a compatibilidade de uma concentração com o mercado comum (Proc. COMP/M. 1439 – Telia/Telenor), *JO* L, de 9.2.2001, p. 1-62.

Decisão, de 28.10.1999, relativa à aplicação do Regulamento 4.064/89 (Proc. IV/M. 1571 – New Holland/Case), *JOCE* C 130, de 11.5.2000.

Decisão 200/1672, de 14.3.2001, que declara a incompatibilidade de uma concentração com o mercado comum e o funcionamento do Acordo

EEE (Proc. COMP/M. 1672 – Volvo/Scania, publicada no *JOCE* L, de 29.5.2001, p. 74-132.

Decisão 2000/1975, de 12.4.2000, que declara a compatibilidade de uma concentração com o mercado comum (Proc. COMP/M. 1795 – Vodafone Airtouch/Mannesman), *JO* C 141, de 19.5.2000, p. 19.

Decisão 2000/1969, de 4.8.2000, que declara a compatibilidade de uma concentração com o mercado comum (Proc. IV/M. 1969 – UTC/ Honeywell/i2/MY AIRCRAFT.COM), *JO* C 289, de 12.10.2000.

Decisão 2000/1845, de 11.10.2000, que declara uma concentração compatível com o mercado comum (Proc. COMP/M. 1845 – AOL/Time Warner), *JO* L 268, de 9.10.2001.

Decisão 2000/2050, de 13.10.2000, que declara uma concentração compatível com o mercado comum e com o funcionamento do Acordo EEE (Proc. COMP/M.2050 – Vivendi/Canal+/Seagram), *JO* C 311, de 31.10.2000, p. 3.

Decisão 2001/2097, de 31.1.2001, que declara a incompatibilidade de uma concentração com o mercado comum e o funcionamento do Acordo EEE (Proc. COMP/M. 2097 – SCA/Metsä Tissue), ainda não publicada no *JOCE.*

Decisão 2001/2220, de 3.7.2001, que declara a incompatibilidade de uma concentração com o mercado comum e o funcionamento do Acordo EEE (Proc. COMP/M. 2220 – General Electric/Honeywell), ainda não publicada no *JOCE.*

Decisão 2001/2333, de 25.7.2001, que declara a compatibilidade de uma concentração com o mercado comum (Proc. COMP/M.2333 – De Beers/ LVMH), ainda não publicada no *JOCE.*

Decisão 2001/2337, de 27.7.2001, que declara a compatibilidade de uma concentração com o mercado comum (Proc. COMP/M.2337 – Nestlé/ Ralston Purina), *JO* C 239, de 25.8.2001.

Decisão 2001/2187, de 17.10.2001, que declara a incompatibilidade de uma concentração com o mercado comum e o funcionamento do Acordo EEE (Proc. COMP/M.2187 – CVC/Lenzing), ainda não publicada no *JOCE.*

Decisão 2001/2416, de 30.10.2001, que declara a incompatibilidade de uma concentração com o mercado comum e o com o funcionamento do Acordo EEE (Proc. COMP/M.2416 – Tetra Laval/Sidel), ainda não publicada no *JOCE*.

Decisão 2001/2533, de 20.12.2001, que declara a compatibilidade de uma concentração com o mercado comum e com o funcionamento do Acordo EEE (Proc. COMP/M.2533 – BP/E.ON), ainda não publicada no *JOCE*.

IV – Acórdãos do Tribunal de Justiça e do Tribunal de Primeira Instância

Ac. de 6.4.1962, do TJ (proc. 13-61), Bosh e outros/Comissão, *RJC*, p. 89-101, 1962.

Ac. de 13.7.1966 do TJCE (Processos apensos 56/64 e 58/64), Consten SARL e Grundig-Verkaufs-GmbH, Col. 1964-1965, TJCE, p.423-482.

Ac. de 14.7.1972, do TJCE (Proc. 48/69), Imperial Chemical Industries Ltd./Commission, *RJC*, p. 619-668, 1972.

Ac. de 25.10.1977 do TJCE (Proc. 26/76), Metro SB-Grossmärkte GmbH & Co. KG/Comissão, Colectânea da Jurisprudência do TJ, 1977, TJCE, p. 659/685.

Ac. de 10.07.1980 do TJCE (Processos apensos 253/78 e 1 à 3/79), Procureur de la République et autres contre Bruno Giry et Guerlain AS et autres (demandes de décision préjudicielle, formées par le tribunal de grande instance de Paris), *RJC*, p. 2327-2401, 1980-6.

Ac. de 11.12.1980 do TJCE (Proc. 31/80), NV L'Oreal et AS L'Oreal contre PVBA "De Nieuwe AMCK" (demande de décision préjudicielle, formée par le Rechtbank van koophandel d'Anvers), *RJC*, p. 3775-3805, 1980-6.

Ac. 9.11.1983 do TJCE (Proc. 322/81), Michelin/Commission, *RJC*, p. 3461-3547, 1983-10, .

Ac. de 11.10.1984, do TJCE – Primeira Secção (Proc. 103/83), Union sidérurgique du Nord et de l'Est de la France "Usinor"/Commission, *RJC*, p. 3483-3499, 1984-9.

Ac. de 11.10.1984, do TJCE – Première Chambre (Proc. 151/83), Société Aciéries et laminors de Paris "Alpa"/Commission, *RJC*, p. 3519-3545, 1984-9.

Ac. de 30.1.1985, do TJCE (Proc. 123/83), Bureau National Interprofessionnel du cognac/Guy Clair, *RJC*, p. 391-426, 1985-1.

Ac. de 28.1.1986, do TJCE (proc. 161/84), Pronuptia de Paris GmbH/ Pronuptia de Paris Irmgard Schillgalis, Colectânea da Jurisprudência do Tribunal, 1987, TJCE, p. 353/389.

Ac. de 30.04.1986, do TJCE, (Processos apensos 209 a 213/84), Lucas Asjes e outros/Andrew Gray e outros/Jacques Maillot e outros/Léo Ludwig e outros (pedido de decisão prejudicial apresentado pelo Tribunal de Police de Paris), Colectânea da Jurisprudência do Tribunal, 1986-4, TJCE, p.1425-1473.

Ac. de 22.10.1986, do TJCE (Quarta Secção), Metro SB-Grossmärkte GmbH & Co. KG, Colectânea da Jurisprudência do Tribunal, 1986-9, TJCE, p. 3074-3096.

Ac. de 11.11.1986, do TJCE – Quinta Secção (Proc. 226/84), British Leyland Public Limited Company/Comissão, Colectânea da Jurisprudência do Tribunal, 1986, TJCE, p. 3263-3308.

Ac. de 30.11.1986, do TJCE (Processos apensos 209 a 213/84), Ministério Público contra Lucas Asjes e outros, Colectânea da Jurisprudência do Tribunal, 1986, p. 14251473.

Ac. de 27.01.1987, do TJCE (Proc. 45/85) Verband der Sachversicherer e. V./Comissão, Colectânea da Jurisprudência do Tribunal, 1987, TJCE, p.405 e ss.

Ac. de 17.11.1987, do TJCE – Sexta Secção (Processos apensos 142 e 156/84), British American Tobacco Company Ltd. e R. J. Reynolds Industries Inc./Comissão.

Ac. de 2.2.1988, do TJCE, Grécia/Comissão (Proc. 57/86), Col. 1986, p. 2855 e ss.

Ac. de 27.9.1988, do TJCE (Processos apensos 89, 104, 114, 116, 117 e 125 a 129/85), A.Ahlström Osakeyhtiö e outros/Comissão, p. 5193-5247.

Ac. de 11.04.1989, do TJCE (Proc. 66/86), Ahmed Saeed Flugreisen e outros/Zentrale zur Bekämpfung e outros (pedido de decisão prejudicial apresentado pelo Bundesgerichtshof), Colectânea da Jurisprudência do TJ e do TPI, 1989, p. 803-857.

Ac. de 11.07.1989, do TJCE (Quinta Secção), SC Belasco e outros/ Comissão, p. 2117-2198.

Ac. de 10.07.1990, do TPI (Proc. T-51/89), Tetra Park Rausing AS/ Comissão, p. II-309/II-365.

Ac. de 23.4.1991, do TJCE – Sexta Secção (Proc. C-41/90), Klaus Höfner e Fritz Elser/Macrotron GmbH, p. I-1979/I- 2021

Ac. de 24.10.1991, do TPI – Primeira Secção (Proc. T-1/89), Rhône-Poulenc AS/Comissão, Colectânea da Jurisprudência do TJ e do TPI, 1991-8/II, p. II-867/II-1086.

Ac. de 24.10.1991, do TPI – Primeira Secção (Proc. T-2/89), Petrofina SA/Comissão, Colectânea da Jurisprudência do TJ e do TPI, 1991-8/II, p. II-1087/II-1175.

Ac. de 10.12.91, do TJCE (Proc. C-179/90), Merci convenzionali porto di Genova SpA/Siderurgia Gabrielli SpA (pedido de decisão prejudicial apresentado pelo Tribunal de Genova), p. I-588.

Ac. de 12.12.1991, do TPI – Segunda Secção (Proc. T-30/89), Hilti AG/ Comissão, p. II-1439/II-1496.

Ac. de 10.03.1992, do TPI – Primeira Secção (proc. T-11/89), Shell International Chemical Company Ltd./Comissão, Colectânea da Jurisprudência do TJ e do TPI, 1992-3/II, p. II-757/II-906.

Ac. de 28.10.1993, do TPI – Segunda Secção (Proc. T-83/92), Zunis Holding SA, Finan Srl e Massinvest SA/Comissão, Colectânea da Jurisprudência do TJ e do TPI, 1993, p. II-1169/II-1185.

Despacho do Presidente do TPI de 10.05.1994 (Proc. T-88/94 R), Société commerciale des potasses et de l'azote e Entreprise minière et chimique, Colectânea da Jurisprudência do TJ e do TPI, 1994 – 4/5, p. II-265/II-284.

Ac. de 19.05.1994, do TPI – Primeira Secção (Proc. T-2/93), Société anonyme à ouvrière Compagnie nationale Air France/Comissão, Colectânea da Jurisprudência do TJ e do TPI, 1994 – 4/5, p. II-323/II-359.

Ac. de 15.12.1994, do TJCE – Quinta Secção (Proc. C-250/92), Gøttrup-Lim e o. Grovvareforeninger/Dansk Landbrugs Grovvareselskab AmbA (DLG), p. I-5641/I-5695.

Ac. de 12.01.1995, do TPI – Primeira Secção (Proc. T-102/92), Viho Europe BV/Comissão, Colectânea da Jurisprudência do TJ e do TPI, 1995-1/2, p. II-17/II-44.

Ac. de 27.01.1995, do TPI – Segunda Secção Alargada, (Proc. T-96/92), Comité central d'entreprise de la Société générale des grands sources e o./Comissão, Colectânea da Jurisprudência do TJ e do TPI, 1995-3/4, p. II-1212/II-1245.

Ac. de 27.4.1995, do TPI – Segunda Secção Alargada (Proc. T-12/93), Comité central d'entreprise de la Société anonyme Vittel e o. /Comissão, Colectânea da Jurisprudência do TJ e do TPI, 1995-3/4, p. II-1247/II-1280.

Ac. de 08.10.1996, do TPI – Terceira Secção Alargada (Processos apensos T-24/93, T-26/93 e T-28/93), Compagnie maritme belge transports SA e o./Comissão, p. II-1201/II-1282

Ac. de 11.1.1996, do TJCE – Quinta Secção (Proc. C-480/93 P), Zunis Holding SA e o./Comissão, Col. 1996, p. I-1/I-30.

Despacho do Presidente do Tribunal de Primeira Instância de 12.7.1996 (Proc. T-52/96) R, Sogecable SA/Comissão, Col.1996, p. II-799/II-814.

Ac. de 14.11.1996, do TJCE – Quinta Secção (Proc. C-333/94 P), Tetra Park International AS/Comissão.

Ac. de 11.12.1996, do TPI – Quarta Secção (Proc. T-49795), Van Megen Sports Group BV/Comissão, p. II-1799/II-1824.

Ac. de 08.10.1996, do TPI – Terceira Secção Alargada (Processos apensos T-24/93, T-26/93 e T-28/93), Compagnie maritme belge transports SA e o./Comissão, p. II-1201/II-1282.

Ac. de 27.11.1997, do TPI – Segunda Secção Alargada (Proc. T-290/94), Kayserberg SA/Comissão, p. II-2137/II-2214.

Ac. de 31.3.1998, do TJCE, Processos apensos C-68/94 e C-30/95, França e outros/Comissão.

Ac. de 25.3.1999, do TJCE, Gencor/Comissão.

Ac. de 28.4.1999, do TPI – Quarta Secção Alargada (Proc.. T-221/95), Endemol/Comissão.

V – Documentos – Brasil:[1]

Relatório Anual 1996, CADE, Brasília, 1997.

Relatório Anual 1997, CADE, Brasília, 1998.

Relatório Anual 1998/1999, CADE, Brasília, 1999.

Relatório de Gestão – Exercício 2000, Brasília, 2001.

---

1 Esclarece-se que os atos de concentração e consultas estão organizados de acordo com a data de julgamento pelo Plenário do CADE.

Resolução do CADE 12, de 31.3.1998, que aprova o Regimento Interno do Conselho Administrativo de Defesa Econômica.

Resolução do CADE 15, de 19.8.1998.

Resolução do CADE 17, de 4.11.1998.

Resolução 18, de 25.11.1998.

Portaria Conjunta da SEAE e da SDE 50, de 1.º.8.2001, publicada no *DOU* de 17.8.2001.

A.C. 48/95, de 18.12.1995, SKF & Dormer Tools S.A.

P.A. 61/92, de 14.2.1996, Federação Nacional das Empresas de Seguros Privados e Capitalização/Associação Médica Brasileira – AMB, Franceschini.

A.C. 41/95, de 6.3.1996, Hoechst do Brasil, Química e Farmacêutica e Rhodia S.A.

A.C. 28/95, de 19.6.1996, Nalco/Exxon Energy Chemicals Brasil Ltda.

A.C. 14/94, de 24.7.1996, Companhia Siderúrgica Belgo-Mineira e Dedini S.A. Siderúrgica.

A.C. 87/96, de 13.8.1996, Banco Francês Brasileiro S.A./Americas Finance Company Limited.

A.C. 32/94, de 19.3.1997, Smithkline Beecham PLC & Sterling.

A.C.22/95, de 14.5.1997, Bayer S.A. e Companhia Nitro Química do Brasil.

A.C. 116/96, de 14.5.1997, Arco Química do Brasil Ltda., e Olin Brasil Ltda.

A.C. 19/97, de 21.5.1997, Consulente: Secretaria de Agricultura e Abastecimento do Governo do Estado de São Paulo.

A.C. 71/96, de 28.5.1997, Electrolux Ltda. e Umuarama Participações e Administração de Bens S.A.

A.C. 83/96, de 23.7.1997, Companhia Antarctica Indústria Brasileira de Bebidas e Conexos, Budweiser do Brasil S.A. e Anheuser – Bush International Inc.

A.C. 109/96, de 23.7.1997, Grupo Procter&Gamble e Bombril S.A.

A.C. 69/96, de 13.8.1997, DSM Elastômeros Brasil B.V. e Nitriflex S/A Indústria e Comércio.

A.C. 2/94, de 27.8.1997, Ultrafértil S.A. Indústria e Comércio de Fertilizantes e Fertilizantes Fosfatados S.A./Fosfértil.

A.C. 139/97, de 8.10.1997, Indústrias Worthington do Brasil Ltda. e Metalplus – Metalúrgicas Plus S.A.

Consulta 20/97, de 22.10.1997, Ferrero do Brasil Ind. Doceria Alimentar.

A.C. 160/97, de 12.11.1997, Cimpor – Cimentos de Portugal S.G.P.S. S.A., Santista Alimentos S.A. e Bunge International Limited.

A.C. 79/96, de 19.11.1997, Panex S/A Indústria e Comércio, Alcan Alumínio do Brasil S/A e Alumínio Penedo Ltda.

A.C. 143/97, de 3.12.1997, Prudent do Brasil Ltda., Robert Bosh Ltda., Fellipe Arnstein Arno e Carlos Sérgio Arnstein Arno.

A.C. 047/95, de 3.12.1997, Laboratórios Silva Araújo Roussel S/A & Merrell Lepetit Farmacêutica e Industrial Ltda.

A.C. 54/95, de 11.2.1998, Cia. Petroquímica do Sul – Copesul, OPP Petroquímica S.A., OPP Petroquímica S.A., OPP Polietilenos S.A., Ipiranga Petroquímica S.A.

A.C. 39/95, de 18.2.1998, Teka – Tecelagem Kuehnrich S/A e Texcolor S/A.

A.C. 8/97, de 18.3.1998, Indústria e Comércio Dako do Brasil e General Electric do Brasil S.A.

A.C. 126/97, de 18.3.1998, Sherwin-Williams do Brasil Indústria e Comércio Ltda., Sumaré Indústria.

A.C. (Consulta Prévia) 08012.007251/97-94, de 1.º.4.1998, Nitriflex Indústria e Comércio S.A. e Central de Polímeros da Bahia S.A. – CPB.

A.C. 103/96, de 24.6.1998, Santista Alimentos S.A. (Grupo Bunge) e Ideal Alimentos Ltda.

A.C. 177/97, de 24.6.1998, Unigel Participações, Serviços Industriais e Representação Ltda. (Monsanto do Brasil Ltda.) e Companhia Brasileira de Estireno.

A.C. 141/97, de 1.º.7.1998, Canale do Brasil S.A. e Isabela S.A. Produtos Alimentícios.

A.C. 08012.007539/97-22, de 1.º.7.1998, Canale do Brasil S.A. e Zabet S.A. Indústria e Comércio.

A.C. 08012.007.871/97-79, de 15.7.1998, Becker Holding do Brasil Ltda. e Eldorado Automotiva Ltda.

A.C. 08012.001501/98, de 15.7.1998, GE Celma S.A. e Varig – Viação Aérea Rio-Grandense S.A.

A.C. 08012.000606/98-41, de 22.7.1998, Champion Papel e Celulose Ltda. e Inpacel Indústria de Papel Arapoti S.A. e BAF Bamerindus Agro-Florestal.

A.C. 135/97, de 5.8.1998, Polibrasil Polímeros S/A Indústria e Comércio e Polibrasil Resinas S/A.

A.C. 18 e A.C. 08012.0017767/98-14, de 12.8.1998, TRW Automotive Systems Limited e Lucas Industries PLC.

A.C. 08000.017575I96-16, de 12.8.1998, Mahle GmbH e Companhia Fabricadora de Peças – Cofap.

A.C. 08012.002740/98-02, e A.C. 08012.992730/98-41, de 19.8.1998, Lazzuril Tintas S/A, Indústrias Químicas Elgin Ltda. e Sherwin Willians do Brasil Indústria e Comércio Ltda.

A.C. 133/97, de 19.8.1998, Madeco S/A e Ficap S/A.

A.C. 08000.013756/97-08, de 26.8.1998, National Starch Chemical & Industrial Ltda. e Grace Brasil S.A.

Consulta 08012.003442/98-21, de 30.9.1998, Sansuy S/A Indústria de Plásticos e Benecke-Kaliko AG.

A.C. 08012.007329/97-80, de 4.11.1998, Playcenter S.A. e AMF International BCO Holdings B.V.

A.C. 163/97, de 2.12.1998, Praxair Comércio e Participações Ltda. e Rolmaster Indústria Ltda.

A.C. 08000.004545/96-12, de 9.12.1998, Supergasbrás Distribuidora de Gás S/A e SHV Calor Brasil B.V.

A.C. 08012.004166/98-91, de 9.12.1998, Companhia Siderúrgica Nacional-CSN e Thyssen-Krupp Stahl AG.

A.C. 08012.006169/98-51, de 20.1.1999, AgipLiquigás S.A. e Cia. São Paulo de Petróleo.

A.C. 0029/95, de 29.1.1999, Caraíba Metais S.A. e Mineração Caraíba Ltda., publicado no *DOU* de 10.2.1999.

A.C. 08012.009987/98-61, de 31.3.1999, Innova S/A e Perez Companc Internacional.

A.C. 08012.000164/99-03, de 2.6.1999, Du Pont do Brasil S.A. e Haci Ömer Sabanci, *DOU*, Brasília, de 28.6.1999, p. 3.

A.C. 08012.010081/98-15, de 5.6.1999, Arno S.A. e SEB Internationale S.A.

A.C. 08012.08482/98-23, de 9.6.1999, Hercules Incorporated e BetzDearborn Incorporated, *DOU*, Brasília, de 18.6.1999, p. 58.

A.C. 08012.008594/98-57, de 16.6.1999, Oetker Marítima Ltda. & Cia. e Administradora Tapajós S.A., *DOU*, Brasília, de 28.6.1999.

A.C. 08012.009758/98-18, de 13.10.1999, Mercedes-Benz do Brasil S.A. e Chrysler do Brasil Ltda.

A.C. 08012.007505/98-47, de 15.12.1999, Terminal Vila Velha S/A e Companhia Docas do Espírito Santo.

A.C. nº 08012.010065/98-69, de 26 de Janeiro de 2000, Bayer Corporation e Chiron Diagnostics Corporation.

Consulta 0069/00, de 7.2.2000, Synteko Produtos Químicos S/A.

A.C. 08012.008063/98-09, de 8.3.2000, Halliburton Company e Dresser Industries, Inc.

A.C. 08012.005846/99-12, de 30.3.2000 (Fundação Antonio e Helena Zerrener/Instituição Nacional de Beneficência/Empresa de Consultoria, Administração e Participações /Acap/Braco).

A.C. 08012.011337/99-83, de 11.10.2000, Copersucar Armazéns Gerais S/A e outras.

A.C. 08012.002746/2000-39, de 11.10.2000, Turbimax Indústria de Hidrômeros Ltda. e Invensys Metering do Brasil Ltda.

A.C. 08012.0000643/00-63, de 11.10.2000, Canadianoxy Chemicals Holdings Ltd. e Aracruz Celulose S/A.

A.C. 08012.08012.008111/99-22, de 18.10.2000, Standard, Ogilvy & Mather Ltda. e Datasearch Tecnologia em Bancos de Dados Ltda.

Consulta 0055/00, de 25.10.2000, Telespart Indústria e Comércio Ltda.e Volex Group Plc.

Consulta 0064/00, de 25.10.2000, Cosan S/A Indústria e Comércio e Union DAS.

A.C. 08012.1000765/00-41 (Banco Credibanco S/A, Credibanco S/A Distribuidora de Títulos e Valores Mobiliários, Marcop S/A Consultoria, Estudos e Planejamento, Creditrading Fomento Comercial Ltda.), *DOU* de 30.10.2000.

A.C. 08012.011337/99-83, de 22.11.2000, AES Sul Distribuidora Gaúcha de Energia S.A. e Cia. Centro-Oeste de Distribuição de Energia.

Consulta 0061/00, de 13.12.2000, Siemens AG.

Consulta 0068/00, de 13.12.2000, Souza Cruz S.A. e Companhia de Bebidas das Américas – Ambev.

A.C. 08012.00262/99-85, de 7.3.2001, Hayes Wheels International Inc. e Lemmerz Holding Gmbh.

A.C. 08012.000035/00-68, de 14.3.2001, Gas Brasiliano Distribuidora Ltda., SNAM S.p.A. e Societá Italiana per II Gas p.A.

A.C. 08012.004234/2000-15, de 14.3.2001, Alcan Aluminium Limited (Alcan) e Alusuisse Group Ltd. (Alusuisse).

A.C. 08012.002335/00-43, de 2.5.2001, Varig S/A Viação Aérea Rio-Grandense e TAM – Transportes Aéreos Meridionais S/A.

A.C. 08012.001489/2000-18, de 9.5.2001, Chevron Corporation e Phillips Petroleum Company.

A.C. 08012.008101/99-79, de 30.5.2001, Varig S/A – Viação Aérea Rio-Grandense, Fundação Rubem Berta, Transbrasil S/A Linhas Aéreas e Amadeus Global Travel Distributions S/A.

A.C. 08000.013801/97-52 (A.C. 155/97, de 30.5.2001, Companhia do Vale do Rio Doce (CVRD) e Valepar S/ª

A.C. 08012.002128/2000-99, de 5.6.2001, The Thomson Corporation, Marquee Acquisition Corporation e Primark Corporation.

A.C. 08012.002120/99-09, de 5.6.2001, Astra AB e Zeneca Group, PLC.

A.C. 08012.000383/2001-99, de 5.6.2001, Eybl do Brasil Ltda. e Revest Car Indústria e Comércio de Confecções Ltda.

A.C. 08012.001372/2001-15, de 13.6.2001, CNP Assurance S/A e Caixa Seguradora S/A.

A.C. 08012.006048/2000-11, de 13.6.2001, ING Groep N.V. e Aetna Inc.

A.C. 08012.000220/2001-03, de 12.9.2001, Planup S/A, Monteiro Aranha Participações S/A, PEM Engenharia S/A e EBAL – Empresa de Águas Livres S/A

A.C. 08012.002810/00-74, de 12.9.2001, Shell Brasil S.A. e Agip do Brasil S/A

A.C. 08012.007069/00-45, de 19.9.2001, Mycogen Corporation e Dinamilho Carol Produtos Agrícolas Ltda.

A.C. 08012.002439/2001-39, de 10.10.2001, Carrefour Comércio e Indústria Ltda. e Supermercado Guri Ltda.

A.C. 08012.002921/2000-98, de 24.10.2001, Brink's Segurança e Transporte de Valores e TGV – Transportadora de Valores e Vigilância Ltda.